方壮猷文存

FANGZHUANGYOU WENCUN

辛智慧 选编

清华大学国学研究院 主编

江苏人民出版社

图书在版编目(CIP)数据

方壮猷文存/清华大学国学研究院主编；辛智慧选编.—南京:江苏人民出版社,2024.1
ISBN 978-7-214-28739-7

Ⅰ.①方… Ⅱ.①清…②辛… Ⅲ.①方壮猷-文集 Ⅳ.①C53

中国国家版本馆 CIP 数据核字(2023)第 219912 号

书 名	方壮猷文存
选 编	辛智慧
责 任 编 辑	张晓薇
装 帧 设 计	姜 嵩
责 任 监 制	王 娟
出 版 发 行	江苏人民出版社
地 址	南京市湖南路 1 号 A 楼,邮编:210009
照 排	江苏凤凰制版有限公司
印 刷	江苏凤凰新华印务集团有限公司
开 本	652 毫米×960 毫米 1/16
印 张	43 插页2
字 数	580 千字
版 次	2024 年 1 月第 1 版
印 次	2024 年 1 月第 1 次印刷
标 准 书 号	ISBN 978-7-214-28739-7
定 价	218.00 元

(江苏人民出版社图书凡印装错误可向承印厂调换)

1955 年方壮猷在汉口,时年 53 岁

1929 年方壮猷与张芹芬在上海合影

1946 年方壮猷全家在汉口合影。左起：方克强、张芹芬、方克明、方克立、方壮猷、方克定。

1948 年 6 月 15 日武汉大学历史系民国三七级学生毕业时师生在校园合影。前排左起：吴廷璆、方壮猷、系主任吴于廑、李剑农、唐长孺、邓启东、梁园东。

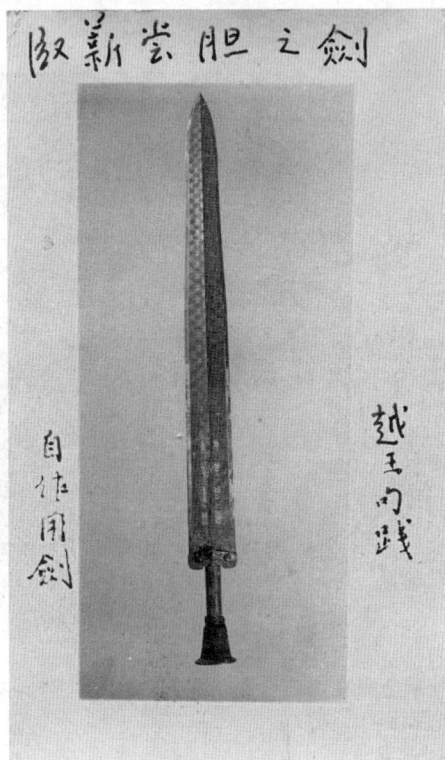

1965 年冬季在湖北江陵出土的越王勾践剑

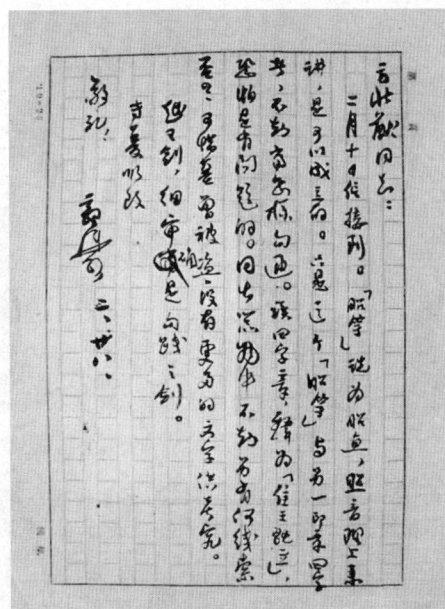

1966 年 2 月 28 日郭沫若复信讨论厘定越王勾践剑

总　序

晚近以来,怀旧的心理在悄悄积聚,而有关民国史的各种著作,也渐次成为热门的读物。——此间很重要的一个原因,当然是在蓦然回望时发现:那尽管是个国步艰难的年代,却由于新旧、中西的激荡,也由于爱国、救世的热望,更由于文化传承的尚未中断,所以在文化上并不是空白,其创造的成果反而相当丰富,既涌现了制订规则的大师,也为后来的发展开辟了路径。

此外还应当看到,这种油然而生的怀旧情愫,又并非只意味着"向后看"。正如斯维特兰娜·博伊姆在《怀旧的未来》中所说:"怀旧不永远是关于过去的;怀旧可能是回顾性的,但是也可能是前瞻性的。"——由此也就启发了我们:在中华文明正走向伟大复兴、正祈望再造辉煌的当下,这种对过往史料的重新整理,和对过往历程的从头叙述,都典型地展现了坚定向前的民族意志。

正是在这样的背景下,本院早期既昙花一现、又光华四射的历程,就越发引起了世人的瞩目。简直令人惊异的是,一个仅存在过四年的学府,竟能拥有像梁启超、王国维、陈寅恪、赵元任、李济、吴宓这样的导师,拥有像梁漱溟、林志钧、马衡、钢和泰及赵万里、浦江清、蒋善国这样的教师,乃至拥有像王力、姜亮夫、陆侃如、姚名达、谢国桢、吴其昌、高亨、刘盼遂、徐中舒这样的学生……而且，无论是遭逢外乱还是内耗，这个如流星般闪过的学府，以及它的一位导师为另一位导师所写的、如今已是斑驳残损的碑文内容——"独立之精神，自由之思想"，都在激励后学们去保持操守、护持文化和求索真理，就算不必把这一切全都看成神话，但它们至少也是不可多得的佳话吧？

可惜在相形之下，虽说是久负如此盛名，但外间对本院历史的了解，总体说来还是远远不够的，尤其对其各位导师、其他教师和众多弟子的总体成就，更是缺少全面深入的把握。缘此，本院自恢复的那一天起，便大规模地启动了"院史工程"，冀能在深入研究的基础上，最终以每人一卷的形式，和盘托出院友们的著作精选，以作为永久性的追思缅怀，同时也对本院早期的学术成就，进行一次总体性的壮观检阅。

就此的具体设想是，这样的一项"院史工程"，将会对如下四组接续的梯队，进行总览性的整理研究：其一，本院久负盛名的导师，他们无论道德还是文章，都将长久地垂范于学界；其二，曾以各种形式协助过上述导师、后来也卓然成家的早期教师，此一群体以往较少为外间所知；其三，数量更为庞大、很多成为学界中坚的国学院弟子，他们更属于本院的骄傲；其四，等上述工作完成以后，如果我们行有余力，还将涉及某些曾经追随在梁、王、陈周围的广义上的学生，以及后来在清华完成教育、并为国学研究作出突出贡献的其他学者。

这就是本套"清华国学书系"的由来。尽管旷日持久、工程浩大、卷帙浩繁，但本院的老师和博士后们，却不敢有丝毫的懈怠，而如今分批编出的这些"文存"，以及印在其前的各篇专门导论，也都凝聚了他们的辛劳和心血。此外，本套丛书的编辑，也得到了多方的鼎力支持；而各位院友的亲朋、故旧和弟子，也都无私地提供了珍贵的素材，这让我们长久地铭感在心。

为了最终完成这项任务，我们还在不停地努力着。因为我们深知，只有把每位院友的学术成就，全都搜集整理出来献给公众，本院的早期风貌才会更加逼真地再现，而其间的很多已被遗忘的经验，也才有可能有助于我们乃至后人，去一步一步地重塑昔日之辉煌。在这个意义上，这套书不仅会有很高的学术史价值，也会是一块永久性的群英纪念碑。——形象一点地说，我们现在每完成了一本书，都是在为这块丰碑增添石材，而等全部的石块都叠立在一起，它们就会以一格格的浮雕形式，在美丽的清华园里，竖立起一堵厚重的"国学墙"，供同学们来此兴高采烈地指认：你看这是哪一位大师，那又是哪一位前贤……

我们还憧憬着：待到全部文稿杀青的时候，在这堵作为学术圣地的"国学墙"之前，历史的时间就会浓缩为文化的空间，而眼下正熙熙攘攘的学人们，心灵上也就多了一个安顿休憩之处。——当然也正因为那样，如此一个令人入定与出神的所在，也就必会是恢复不久的清华国学院的重新出发之处，是我们通过紧张而激越的思考，去再造"中国文化之现代形态"的地方。

清华大学国学研究院

2012 年 3 月 16 日

凡　例

一、本《文存》所录文字尽量取自最初发表之刊物，并参考作者手稿校补，文末注明发表、转载、修订等情况。

二、本《文存》尽量保持原文格式，但为兼顾现代阅读习惯与格式规范，对部分行文格式略作调整。原文中尾注等注释一律改为脚注。

三、为尊重原著，原文中因时代原因或作者语言习惯所形成的特定用词，如支那、那里（哪里）等，均保留原貌。对于字迹漫漶但可大致确定者，以及有确据为误字者，均径为改正。

四、原文无标点或仅有简单句读者，一律改为新式标点。原文标点不当或与现代通行标点使用规范不符者，则对其做部分改动。

五、本《文存》采用简体横排形式，在个别特殊情况下，如无对应简体字或因原文所述内容要求须以其他字体形式出现者，为求表达忠实准确，仍沿用原字体。

目 录

导言　方壮猷的生平与学术

方壮猷(1902—1970),原名方彰修,学名方兴,字欣安,或作欣庵、新安、心安,又字闿元,湖南湘潭人,现代知名学者。方壮猷先生一生治学涉及多个领域,包括中国文学史、边疆民族史、宋辽金元史、楚地考古与楚文化研究等,是民国学术的重要预流者与推动者。然而由于种种历史原因,今人对方壮猷先生的生平及学术已多不能言其详,故结合本《文存》的选编过程,试对先生的学行做一简要介绍,以为读者知人论世之助。

一、方壮猷的生平经历

与 20 世纪许多知识分子一样,方壮猷先生的一生,经历了晚清、民国和中华人民共和国三个时期。大体而言,可以细分为:早年求学与工作阶段、中年任职武汉大学阶段和晚年的入仕阶段。以下就依照此一顺序,对方壮猷先生的生平经历简述如次。

1. 早年的求学与工作(1902—1935)

1902 年 6 月 28 日(光绪二十八年五月二十三日),方壮猷出生于湖南湘潭县十四都环山乡(今分水乡彭何村)的一个农民家庭。据族谱记载,湘潭方氏的始祖方秩(字天序),元末参加抗元农民起义军,明洪武初以军功授潭州卫千户所世袭百户职,遂由茶陵迁居湘潭县十四都环山乡。方壮猷祖父方荣黻(字彩成)是佃农,其父方华崧(字瑞清)在他出生时,年19岁,母亲左重慈年20岁,皆在家务农。

方家家境贫寒,生活窘迫。方壮猷在七八岁时,曾因赶上天灾,有过与祖母一起外出讨饭的经历。从方壮猷10岁起(1911),缘于家贫无计,其父方华崧便开始在湘潭县城打工。最初是在莫元兴土果行(土产商店)当厨师,后至同姓族人开设的裕成厚、裕华长等土果行当学徒,出师后为店员。每月固定工资及加班费共计银圆10元左右(当时乡村粮食价格每担稻谷3元左右)。为了一家糊口,他有时晚饭后还会到码头去挑脚,以赚取计件工资。

虽然家境艰难,但由于族学的存在,方壮猷并未失学。1912年,方壮猷11岁,开始入方氏族学的私立明伦小学读书。该校经费来源于本族各大小祠堂祭田租谷,所授课程为每日上午国文、算术,下午四书五经。四年后,方壮猷15岁,从明伦小学毕业,考入湘潭县第七区立振铎高等小学堂。振铎高小有教师五六人,除学习教科书的内容外,方壮猷此时还读过《昭明文选》《宋元学案》之类的书籍。也有老师喜欢看报,讲说时事,激励学生爱国热情。此为方壮猷接受新式教育的开端。

振铎高小的校长为方宗轫(1851—1930),字鹤卿,是方壮猷族曾祖。方宗轫思想开明,学问笃实,并旁及西学,在家乡坚持办学二十余年,是湖南近代教育家之一。因为成绩优异,方壮猷颇受方宗轫赏识。方宗轫帮助方壮猷从祠堂祭学田谷中,每年借贷数担,作为学费。其中读高小一年,可以借谷四担,读中学可借六担,读大学可借八担。方宗轫还照顾他半工半读,利用晚上时间,替学校刻写、油印讲义,以补贴学费。并且在传统文史的学习上,方宗轫也给予方壮猷关爱和指授。可以说,方宗轫早年的提携和帮助,对方壮猷后来的人生展开具有重要作用。1930年方宗轫去世后,方壮猷回首此段往事,依旧对方宗轫的恩情感念不已:

忆自壬子猷始奉家祖[方宗鉷]命负笈族校，至甲寅岁，我祖掌教于斯，而猷始得亲聆训诲。猥以愚钝，谬承奖许。然不多时，而我祖遂长乡校振铎，犹复谆谆以猷升学为嘱。知猷家贫无以供膏火，乃并嘱族中父老春汀、春堂祖等设法助之。丙辰，猷始得就学振铎，自是亲随左右，日接謦欬者亘二载。课余灯下，寒暑假期，犹循循为猷讲授经史、诸子及古今文学不稍切，至于此极耶！今而后将复何从而得指导殷勤培植恳切如我祖者耶！（方壮猷：《方鹤卿诔文》）

方壮猷振铎高小毕业后（1918），到荫棠村地主方薰生家教蒙馆。此时家境极塞，每天只吃两顿饭，且为一顿干饭，一顿稀饭。第二年7月，因方宗鉷的私人关系，赴长沙私立岳云中学附设的工场当学徒。当年10月，考入湖南第一师范学校。学膳费由国家供给，同时仍得到家乡族学借谷的补助。方壮猷读书时的湖南一师，风气比较开放，师生较有新思想，毛泽东曾于1914—1918年在该校读书。方壮猷当时比较喜欢接近的教员有：国文教师夏丏尊、生物教师辛树帜，以及冯三昧、沈仲九等人。此时方壮猷作为一名初出茅庐的青年，和大多数年轻人一样，关心新文学，热爱创作，曾发表过批评许地山作品的文学评论《〈商人妇〉〈缀网劳蛛〉的批评》（署名方兴）。并与同学组织过飞鸟文学社，编辑出版过一期《飞鸟》文学杂志。

1923年7月，方壮猷从湖南一师毕业后，欲北上继续求学，但由于家贫的原因，父亲及乡族前辈多不赞成。还是因为得到族曾祖方宗鉷的大力支持，才得以于同年8月赴北京考入北京师范大学（原名北京高师）预科。北京高师学膳费原来完全由政府供给，改为师大后，每月收膳费三元。方壮猷此时向家乡族学的告贷，每年增至十担借谷，由在长辛店扶抡中学任教的族人方云锦负责拨兑。另一方面，由同学朱达之介绍，利用晚间在张恨水工作的通讯社做抄写、校对工作，继续勤工俭学。

两年后的1925年7月6、7、8三日，方壮猷参加清华学校国学研究院的招生考试，8月1日，国学院首届录取名单公布，正取30名，备取2名，分别为：刘盼遂、吴其昌、程憬、徐中舒、余永梁、杨鸿烈、王庸、关文瑛、刘纪泽、周传儒、杨筠如、孔德、方壮猷、蒋传官、王镜第、高亨、裴学海、李绳熙、杜钢百、闻惕、史椿龄、赵邦彦、陈拨、王竞、冯德清、李鸿樾、姚名达、黄淬伯、谢星朗、余戴海、何士骥、汪吟龙。方壮猷榜上有名，从而开始了他在清华国学研究院的岁月。

在清华尚未开学的暑期，国学院邀请王国维为全院学生演讲。方壮猷的记录稿，后以《最近二三十年中中国新发见之学问》为题，发表于1925年9月《学衡》第45期。其节略稿后以《近三十年中国学问上之新发见》为题，发表于1930年《女师大学术季刊》第1卷第4期。其中王国维提出"古来新学问之起，大都由于新发见之赐"的著名观点，并将殷墟甲骨文、西域及敦煌之汉晋木简、敦煌文书、内阁大库档案、中国境内之古外族遗文，当作近代以来的重要发见和学术生长点。这一名文，既成为王国维的代表作品，也成为民国学人预流国际汉学，与西人一争学术高下的重要见证。方壮猷能够参与记录，应当亦有荣焉。他后来关注域外对中国西北少数民族语言历史的研究，或即肇基于此。

入学国学院之后，方壮猷因为家庭经济困难，同样继续勤工俭学。经研究院办公室介绍，他给当时任地质调查所所长的丁文江当私人秘书，负责标点《徐霞客游记》和撰写《徐霞客年谱》初稿。每月报酬20元，由地质调查所支付。

1926年3月18日，北京学生组织示威游行，反对段祺瑞政府的对日妥协投降政策，刘和珍等26名学生被军警开枪镇压，制造了著名的"三一八惨案"。方壮猷也参加了游行活动，反动军警开枪时，混乱中被挤倒在地，险遭不测。长辛店负责拨兑借谷的族人方云锦得知此事后，曾以不但不能继续借款，并且以前的借款也要本利还清相警告，要求其专心学业，远离学生运动。

同年6月21日，清华国学院举行第11次教务会议，决定给成绩优秀的杨筠如等16名学生，每人颁发奖学金100元，方壮猷名列其中。6月23日，研究院办公室公布"毕业生名单及成绩等级表"，方壮猷名列甲等第九名。清华国学院的学制当时仅为一年。方壮猷于 1925 年入学国学院时，选定的研究题目为《诗三百篇之文学的研究》。但第二年毕业时提交的论文略有改变，共提交了三文：《儒家的人性论》《章石斋先生传》《中国文学史论》。其中《中国文学史论》应当即为入学时选定之《诗三百篇之文学的研究》一文的拓展。然而方壮猷的毕业成果似乎并未完稿，此三文今已不可得见。梁任公 1926 年 5 月 30 日致王国维的一封书信，透露了当时情形：

> 静安先生：诸生成绩交到此间者已大略翻阅，内中颇有可观者。如高亨、赵邦彦、孔德、王庸皆甚好（方壮猷稿未成。规模太大，颇驳杂，用力亦勤），乃至汪吟龙亦颇有见地，不失学者矩矱，实出意外也。①

可见方壮猷是颇为用功的学生之一，其毕业论文曾得到任公的注意和肯定。

1926 年 5 月，丁文江调任淞沪商埠督办公署总办，又委托方壮猷代编《民国军事近纪》下册。7 月方壮猷从国学院毕业后，即赴上海，以助理秘书的名义，在淞沪商埠督办公署领了几个月的工资，每月 30 元。1927 年 1 月，方壮猷完成《民国军事近纪》下册的编撰，离沪返京。因同乡亲友的推荐，任北京农科大学、美术专科学校中国文学讲师。6 月 2 日，国学院导师王国维自沉于昆明湖。7 月，方壮猷赴上海，为纪念王国维先生，开始编写《王静安先生年谱》。后因湖南一师的老师夏丏尊介绍，任暨南大学历史社会系中国古代史讲师，复旦大学、音乐学院中国文学史讲师，中华艺术大学中国戏曲史讲师，南洋大学（后改为交通大学）国文讲师。当时学人在大学的任教，多是为衣食奔波，四处兼课，故时有课程结束，工作亦停止的状况。今存清华国学院同学周传儒 1928 年致谢国

---

① 马奔腾辑注：《王国维未刊来往书信集》，北京：清华大学出版社，2010 年，第 47 页。关于此信写作日期及事由的考订，参见孟凡茂先生发表于网络的文章《关于梁启超致王国维四封书信》，http://www.tsinghua.org.cn/publish/alumni/4000382/10069986.html

桢的一封书信，道及方壮猷当时的工作情形："方君壮猷，原任复旦、暨南功课，后不满暨南当局，辞去教职，专在复旦。旋又任南洋大学国文讲师，假中加钟点，改专任，辞不就，亦可谓头头是道，掉臂游行者也。"①可以看出，刚出校门的方壮猷，虽然在工作上不得不为稻粱谋，但还是有所为有所不为，情操高洁。方壮猷此时至1929年出国前，同时兼任商务印书馆的编辑工作，其间曾赴苏州约请钱穆先生撰写《王守仁》和《墨子》两书。

1929年1月19日，国学院导师梁启超病逝于北平协和医院。6月底，在中国现代学术史上声名赫赫的清华国学研究院正式宣告结束。成立四年当中，国学院共培养70多名毕业生，后来绝大多数成为某一领域的专家学者，为中国现代学术的发展作出了重要贡献。蓝文徵在《清华国学研究院始末》一文中说："研究院的特点，是治学和做人并重，各位先生传业态度恳挚，诸同学问道心志敬诚殷切，穆然有鹅湖、鹿洞遗风。每当春秋佳日，随侍诸师，徜徉湖山，俯仰吟啸，无限春风舞雩之乐。院中都以学问道义相期，故师弟之间，恩若骨肉，同门之谊，亲如手足，常引起许多人的羡慕。因同学分研中国文史哲诸学，故皆酷爱中国历史文化，视同性命。"国学院师生间的亲密感情，在方壮猷身上也有体现，据其女公子方克明先生回忆："梁启超先生亲题了一副对联送给父亲，上联是'更能消几番风雨'，下联是'最可惜一片江山'。梁先生这种忧国忧民的情怀，对父亲影响很大。他即请人将对联装裱成两个条幅，予以珍藏。抗日战争期间，父亲随武汉大学师生西迁四川乐山，便将这副对联悬挂在租住外厅的墙上。由于非常切合当时国家危亡的实际，长兄克强对这副对联印象很深，至今都能一字不差地背诵下来。同时，王国维先生也亲题了一首七律送给父亲。抗战胜利后，武汉大学师生迁回武昌珞珈山，父亲就将这幅题词悬挂在客厅的墙上。后来又以王先生的题词为主，母亲和我在下面作陪衬，一起合影留念。鉴于两位导师的墨宝现已

① 周传儒：《从上海给研究院同学谢国桢君的一封信》，《清华周刊》第29卷第2期，1928年。

见不着,我们只有找出该照片的底片,洗出放大后逐字加以辨认,初步判断出王先生的题词是'岳阳楼上独凭阑,昨夜新霜镜里斑。欲塞黄河终有土,要除白发更无丹。紬书满架春灯晚,杕射连场腊雪乾。一笑故人双鬓改,他年相见在长安。闇元仁弟雅属观堂王国维。'"①这些当年师生间的文墨交往,让今日的我辈多生感慨。而方壮猷在国学院的经历,尤其是王国维先生的学术取向,对其后来学术方向的选择也产生了重要影响。

1929年7月,在夏丏尊先生的撮合下,方壮猷与夏的干女儿张芹芬女士订婚。张芹芬(字近芬)是浙江省新昌县人,毕业于振闺女学和绍兴女子师范学校。当时正在开明书店任校对,并跟随夏丏尊学习日语。订婚之后,方壮猷即回乡省亲,准备留学日本。方壮猷在上海的生活随即告一段落。

同年8月,方壮猷入东京帝国大学文学部,师从当时著名的东洋史教授白鸟库吉研究东方民族史,从而踏上了赴东瀛求学之路。同年12月3日,张芹芬女士亦赴日,与方壮猷在东京结婚。白鸟库吉(1865—1942)是日本著名的东洋史奠基人,在北方民族史、西域史、朝鲜史、中国神话研究方面皆有重要成果,是日本运用西方史学方法研究亚洲古史的开创者。葛兆光指出:"日本东洋学,从明治以来,以白鸟库吉为代表,一方面与西洋人在亚洲历史地理语言之研究竞争,一方面则带有大东亚主义表面下的大日本主义色彩。在明治中后期,日本学界研究'满洲'、蒙古和朝鲜,也研究西藏和新疆。既有现代学术色彩,也有帝国政治意图。先是他们的'满鲜研究'非常兴盛,后来他们的'满蒙研究'也大为高涨。说起来,那个时代日本的领土欲望(包括对台湾),一直和学术研究纠缠在一起。"②

方壮猷留学日本,是受当时商务印书馆编译所史地部主任傅运森的

① 见方克明2020年9月致笔者的信件。
② 葛兆光:《葛兆光再谈"从周边看中国"》,《东方早报·上海书评》2013年12月8日。

推荐。傅运森(1872—1953),湖南宁乡人,与方壮猷算是同乡,当时居住在上海闸北宝山路宝山里,与开明书店经理章锡琛为邻,二人来往密切。而方壮猷所居住的开明书店编译所的宿舍,也在宝山里,经章锡琛介绍,方壮猷得以与傅运森相识,而傅运森与白鸟库吉是老同学。职是之故,方壮猷与白鸟库吉得以结识,并赴日本留学。

但在日本期间,方壮猷的心情并不舒畅。当时日本军国主义侵略中国的野心日渐显露,部分日本人敌视中国的情绪和做法也越来越明显,思想警察经常到中国留学生宿舍盘问,再加上白鸟库吉的许多学术观点为帝国主义侵略中国张目,皆使方壮猷萌生了弃学归国的念头。1930年2月底,方壮猷只身归国,在北平与师友商量学业和人生的去向问题。4月中旬再赴日本,6月即携妻彻底归国,放弃了在日本的学习。

方壮猷虽然在日本学习前后仅八个月,但白鸟库吉的研究视角、问题意识,甚至是研究主题,都深深地启发了他。此后,方壮猷正式编写了一系列与北方边疆民族史相关的论文,引起了学术界的注意。即《契丹民族考》(分上下两篇,发表于《女师大学术季刊》第1卷第2期,1930年6月;第1卷第3期,1930年9月)、《匈奴王号考》(《燕京学报》第8期,1930年12月)、《鲜卑语言考》(《燕京学报》第8期,1930年12月)、《匈奴语言考》(《国立北京大学国学季刊》第2卷第4号,1930年12月)、《三种古西域语之发见及其考释》(《女师大学术季刊》第1卷第4期,1930年12月)、《室韦考》(《辅仁学志》第2卷第2期,1931年9月)、《鞑靼起源考》(《国立北京大学国学季刊》第3卷第2号,1932年6月)。不得不承认,当时中国学术界在此一领域的研究尚属榛莽初辟阶段,积累颇为薄弱,虽然方壮猷文史功底过硬,但处于草创期的研究,还是不得不在问题意识、研究方法,甚至研究材料等方面,多借镜外人,然后补充以被外人忽略的中国史籍材料,综合酝酿编写而来。方壮猷自己在1931年6月出版的《燕京学报》第9期的《编辑委员会启事》中即坦承:"《匈奴王号考》一文,其主旨在说明冒顿以后匈奴模仿秦制之一点,虽取材有借镜之处,而文旨则系个人年来研讨较久所发见者。至《鲜卑语言考》一文,多取材于白鸟博士所著《东胡民族考》之前部,复因他事未及终篇,仓卒加以头尾而发表之。虽于绪论及结论中已略叙其原委,而语焉不详。原拟俟下篇完成时补叙,以琐事匆匆,久未如愿。"同样在 1931 年 9 月发表的《室韦考》的"附言"中,方壮猷表示:"本文内容虽多自抒己见之处,然取材于白鸟博士《室韦考》之说者亦甚多……撰者近治东北史地,曾根据博士《东胡民族考》及《蒙古民族之起源》二文之一部分,亦间附以己见,为《匈奴语言考》《鲜卑语言考》《契丹民族考》三文以介绍博士之新学说,顾原以充讲习之用,匆遽属草,颇多未尽之处,印刷上亦不免有误漏之点,深以为憾。"此亦为中国现代学术在引进西学以整理国故,建立现代学科过程中的一时现象,以今日的学术规范严格论之自多见不妥,但亦当考虑时代综合背景而平情看待。

方壮猷从日本回国后,主要在北平各大学兼职,任北京大学、北平女子师范大学、燕京大学、辅仁大学兼职讲师,主讲宋辽金元史和日本史。九一八事变之后,为了配合国联国际调查团的工作,国民政府外交部在国联调查团来华之前,委托中央研究院史语所所长傅斯年组织编写《东北史纲》一书,以驳斥日本人别有用心的"满蒙在历史上非支那领土"的论调。方壮猷负责其中第二卷,即"隋至元末之东北"部分的编撰,该卷当时已经完稿,但后并未出版。全书曾由李济节译成英文送交国联李顿调查团,为维护中国领土,驳斥日人谬论起到了积极作用。

1932 年 10 月,方壮猷举家迁往南京,为继续中断的留学生活做准备。不过此次他把目的地选在了法国,欲图师从当时世界东方学中鼎鼎大名的伯希和学习东方民族史。翌年 1 月,他将妻儿送回浙江新昌岳父家,3 月返湘探亲。8 月,经湖南一师教师辛树帜介绍,任南京国立中央大学历史系讲师,专讲宋元史,顺便就近方便向教育部申领出国留学证书,向外交部申领出国护照。

1934 年 5 月,方壮猷再次踏上出国留学之旅,入巴黎大学法兰西学院和民族学院学习。介绍他与伯希和相识的,是陈寅恪和冯承钧。冯承钧(1887—1946),是我国早期中外交通史和边疆史专家,曾师从伯希和。

方壮猷在北京时,曾跟随冯承钧学习法文,而冯承钧的长子,也是方壮猷任教的辅仁大学历史系的学生。故赴法之前,冯曾专门写信给伯希和,积极引荐方壮猷。方壮猷初至法国,法语水平并不算高,他和伯希和的交流,主要依靠汉语。伯希和当时还兼任巴黎大学中国学院教授,故介绍方壮猷在该院兼职做一些查考中国书籍、整理中文资料的工作,以赚取学费。当时的同学有王重民、陆侃如、冯沅君、徐寿轩、刘叔鹤等。

留法期间,方壮猷曾两次漫游欧洲。第一次是 1935 年 6 月至 8 月,分别游历了英国首都伦敦、比利时首都布鲁塞尔,以及德国的柏林,外加埃森、科隆、波恩、科布伦茨、威尔巴登、美因茨、法兰克福等莱茵河流域诸胜地。第二次是 1936 年 4 月,游览了瑞士的日内瓦,意大利的罗马、那不勒斯、庞培、佛罗伦萨、威尼斯,南斯拉夫的贝尔格莱德,匈牙利的布达佩斯,奥地利的维也纳,德国的明兴(即慕尼黑)、柏林等地。这两次壮游,对方壮猷开阔眼界、增长见识、了解欧洲,起到了积极的作用。

第二次游历之后的 1936 年 5 月,方壮猷即取道莫斯科、西伯利亚归国。在法前后两年,方壮猷的生活十分艰苦,是典型的穷学生。午餐常去犹太人的饭馆,三法郎一顿。当时一般工人和学生是五法郎一顿。晚餐花两法郎买个面包,不吃菜。住宿也是最便宜的旧楼房,即所谓的“天堂”(无电梯)与“地狱”(地下室,无阳光),一个月房租 40 法郎。由于经费有限,留学时间短,方壮猷并没有拿博士学位。留学期间共花费约5 000 元,其中来回旅费 2 000 元,在法期间生活费月均百元左右。此笔费用主要来自几个方面:一是北京教书时期的积蓄;二是翻译《东胡民族考》一书的稿酬;三是师友借贷,其中清华国学院的同学徐中舒借助1 000元,湖南一师的老师辛树帜借助 700 元,旅法同学王重民借助回国旅费数百元。

结束法国的留学之后,方壮猷就正式结束了求学生涯,开启了在武汉大学 13 年的任教生活。

2. 任职武汉大学时期(1936—1949)

1936 年 6 月,方壮猷经满洲里、哈尔滨、长春、沈阳抵达北京,7 月即赴浙江新昌接回妻儿。8月,经清华同学皮名举和国学院同学吴其昌的推荐,出任国立武汉大学历史系教授,讲授宋辽金元史。当时的学生回忆方壮猷此一阶段的讲课情形称:

> 一九三六年先生来武大任教时,正值日本帝国主义侵占了我国东北领土。这年先生讲授宋辽金元史,详细介绍了建立辽金元王朝的契丹族、女真族和蒙古族发源于中国东北地区和蒙古地区的史实,论证满蒙地区自古就是中国领土,日本帝国主义占领东北是不可容忍的侵略,用以教育和激发青年学生的爱国热情,奋起抗日,收复失地。①

可见方壮猷的教书,能够与时代形势结合,体现了民国士人中常见的以学术卫国的崇高品格。1937年7月7日卢沟桥事变之后,日军帝国主义发动全面侵华战争。第二年,武汉大学被迫西迁入蜀,方壮猷作为"迁校委员会"的成员之一,从2月到9月,全程参与了武大迁校过程中的各种具体工作,为武大西迁作出了重要贡献。迁校开始之前,方壮猷先将妻儿送回湘潭老家居住。同年12月,因李剑农的去职和推荐,方壮猷被聘为历史系代主任。1939年11月,被正式聘为历史系主任,一直任职到1941年。

1939年7月,方壮猷还曾参加中英庚款董事会组织的川康科学考察团,任社会历史考古组副组长。考察团的团长是邵逸周,时任武大工学院院长,社会历史考古组组长为冯汉骥,时任四川大学历史系教授兼四川省博物馆馆长。考察团从四川乐山出发,到川西和西康省的雅安、芦山、天全、荥经、汉源、泸定、康定等县进行调查研究,历时半年以上,至1940年1月20日返校。调查工作分两组进行:一组主要调查四川省乐山专区和西康省西昌专区以大小凉山为中心的彝族奴隶社会制度;另一

---

① 薛国中:《怀念方壮猷老师》,载湖北省档案馆藏档案《方壮猷同志纪念会发言》,1987年3月30日。转引自方克立等编:《高风楚天阔:献给父亲方壮猷教授和母亲张芹芬女士》,打印稿。

组主要调查西康省雅安专区、康定专区的藏族封建社会制度。同年 5 月,张芹芬与长子克强、次子克定由方壮猷妹夫唐远景护送,从湘潭原籍抵达乐山。幼子克立因年幼和战时旅途轰炸、道路险阻,被留在湖南老家,由其祖父母抚养。

此后一直至抗战胜利,方壮猷皆在乐山任武汉大学历史系教授。1944 年 7 月,另参加过边区建设研究会组织的雷波、马边、屏山、峨边、沐川、犍为、峨眉、乐山八县的彝族调查工作,任研究会副主任。主任是乐山警备司令韩文源,他的八县议长的身份以及与当地彝族头人的交往,为调查工作提供了便利。调查的主要方式是通过各县参议会专办彝务的秘书,介绍进城的彝族头人访谈,了解情况,再结合抄录县政府和县参议会所保存的有关档案材料,然后整理成调查报告。本次调查研究持续了约半年时间。1945 年 5 月,方壮猷另应东北大学文学院院长、清华国学院同学陆侃如之约,赴四川三台东北大学兼课三个月,讲授宋辽金元史。在东北大学期间,与赵纪彬、杨荣国等教授相往还,第一次接触到了唯物史观和社会发展史观,对方壮猷影响较大,从此之后,他即力图将其贯彻到所讲授的中国社会史等课程中去。

内迁四川乐山的几年,武大师生的学习、生活、工作条件都十分艰苦,方壮猷亦不例外。当时方家租借私人房屋居住,家里只有一张床,其他人都睡地板。由于国难当头,物价飞涨,法币年年跌,早晨领了工资必须马上去换银圆,否则头天还可以买四石米,到了第二天就只能买三石了。薪俸也常常不能按期足额发放,所以家庭生活甚为艰难,其间方壮猷次子克定患肺炎,亦无钱医治。当年中国学人的情况大多如此,这从今日所能见到的回忆文章或日记等材料中皆可以看出。

抗战胜利后,方壮猷于 1946 年 2 月随武汉大学复原,离开乐山,迁返武汉,依旧任武汉大学历史系教授。曾于 1947 年 6 月至 9 月,应兰州大学校长辛树帜和西北师范学院院长黎锦熙之聘,到两校任特约教授四个月。在兰大主讲宋辽金元史,在西北师院主讲中国社会史。1948 年,值武汉大学学术休假一年,他又赴长沙应湖南大学特约教授兼史学系主任之聘，定期一年，主讲中国社会史，内容与武大、西北师院相同。

1949 年 5 月 16 日，武汉解放。方壮猷当时与湖南大学经济系教授、中共地下工作者肖杰五最为接近，几乎每天晚饭后都一起散步。听从肖的劝告，方壮猷于 4 月 10 日从湖南大学请假，提前回武昌迎接解放。同年 11 月，方壮猷将珍藏的古籍 500 余册捐赠给武汉大学图书馆，其中有史料价值较高的《汉州志》《嘉定府志》《崇祯存实钞》《夷门广牍》等。

留学法国归来后，或许是受伯希和等人的影响，方壮猷的学术兴趣主要集中在宋辽金元史和史学史、社会史方面，学术成果计有：1936 年武大排印的《元史讲义》共 216 页，1937 年排印的《金史讲义》共 98 页，1939 年排印的《元史讲义附录》共 61 页；并从 1939 年 9 月起，即组织学生开始共同编纂《宋史类编》，按照政治、军事、官制、兵制、法制、科举、赋税、农业、手工业、矿冶、商贾、经学、文学、史学、艺术、对外关系、农民起义等大类编排，并于 1944 年初夏将完成的稿本十余册送交重庆正中书局出版，可惜后因政局变动，此稿下落不明；在武大期间，还开设过史学概论、中国史学史、中国社会史等课程，其中中国史学史的讲稿，于 1947 年 4 月在中国文化服务社出版，题名《中国史学概要》，中国社会史也编有油印讲义；在东北大学、兰州大学、西北师范学院、湖南大学等校的兼职，也多开设宋辽金元史和中国社会史的课程，现存有《中国中世社会史》讲稿一部（分四册，打印稿一册、油印稿三册，其中两册书口处有"国立湖南大学"字样）。

目前另存有手写稿多部，应当也是方壮猷在这一时期及中华人民共和国成立后陆续编写的，计有《中国中世封建社会史》两册（上下卷）、《中国古代奴隶社会史》两册（上下卷）、《中国阶级制度史》一册、《成吉思汗的故事》一册、《传记丛书》一册、《中国文化史选读》一册、《中国经济史丛书》一册、《宋人生没著述表》一册、《方氏家乘》一册、《湘潭方氏日新堂家史稿》两册、《桐庐方氏家乘　茶陵方氏家乘》合一册。这些手写稿，皆为方壮猷用毛笔书写，或为备课之用，或为计划著作的草稿，目前皆藏存于方氏后人处，从中可以看出方壮猷涉猎范围之广与治学之勤，令人敬佩。

方壮猷先生的女公子方克明老师在给笔者的信中,曾对方壮猷先生有动情的回忆:"回想起来,父亲的记忆力很好,但凡提到历史上的故事往往拈手即来,滔滔不绝、兴致极高。他很关心时政,注意收集相关资料,认真地将报纸上的重要数据记在专门的小本子上。他喜欢写毛笔字,特别是隶书写得劲道、漂亮,凡是著作封面一律使用隶书体。他经常自己动手做稿本,先用纸搓成细条,后把两、三根纸条分别穿过稿纸,订成本子。他还喜欢收藏图章,等等。"现存方壮猷著作的这些手稿,可能多数是在这样的工作习惯下完成的。

可以说,方壮猷任职武汉大学的 13 年,是他在"七考"之后,在学术上又一有重要创获的时期。与此同时,这一阶段恰赶上抗日战争和解放战争时期,国内大多数学校迁往西南,学人随之在颠沛流离中饱尝战乱之苦。虽然研究资料匮乏、生存条件恶劣,但包括方壮猷在内的学人,依旧黾勉向学,弦歌不辍,维持中华学术于不坠,付出的辛劳和努力是值得后人尊敬的。

3. 晚年的入仕阶段(1950—1970)

中华人民共和国成立之后,方壮猷热情迎接新中国和新政权,积极参与国家的新建设。他的人生道路亦随之出现转折,逐渐从一名大学教授,转行从事文化行政领导工作。1950 年 1 月,方壮猷参加了武汉市高等教育联合会主办的讲习班,学习马列主义、毛泽东思想。4 月,调任中南军政委员会文化部文物处副处长。原本方壮猷被任命为处长,但他以多年搞古代史,不熟悉近现代革命史;刚参加革命工作,没有行政管理经验;不熟悉党的文物政策,难以胜任等为由固辞,后被重新委任为文物处副处长,专管古代文物。正处长由中南文化部副部长许凌青兼任。方壮猷在武汉大学的教课坚持到当年暑假,后正式离任赴中南文化部(汉口)就职。

关于这一时期的具体状况,女儿方克明回忆说:

在新中国建立初期,首先是成立各级人民政府,需要从各单位抽调一批干部到相关部门任职。第一批调到湖北省人民政府的有：武大农学院院长叶雅各教授调到省农林厅任技术室主任、副厅长。第二批调到中南军政委员会的有：中共武汉大学党委书记、副校长徐懋庸调到中南文化部任副部长，武大农学院涂允成教授调到中南水利部任农田水利处副处。1950年4月，父亲也被调到中南文化部文物处任处长。当时接受这一调动意味着把自己交给组织，全身心地投入革命工作。由于对家庭生活会造成很大影响，不少人是不愿意接受的。但作为一名进步学者，父亲毅然服从组织的调遣，离开从教十五年的武大，从武昌搬到汉口，在中南文化部文物处的办公室住了下来。在父亲"入仕"的影响下，我家每个成员都作出了顺应时代的选择。长兄克强是武大化学系学生，于1950年3月24日加入中国共产党。是年9月，次兄克定就读北京大学地质系，并于1952年7月1日加入中国共产党。1950年秋季，在全国青年参军参干、保家卫国的运动中，长兄克强带头报名参军参干；母亲张芹芬是武大教职员工家属组织"武大妇工团"的负责人，带头宣布送子参军。1951年1月13日，长兄克强正式参军①，成为空军中南预科总队直属大队三中队学员、区队长。1951年3月，母亲也决定走出小家庭，投身到武汉市妇联的革命工作中；于是我家退掉了武大二区教工宿舍，母亲带着8岁多的我，搬进了市妇联机关的集体宿舍。至此可以说，我们全家都参加了革命。②

一九五〇年，他接受了政府的调动，离开武汉大学，去中南军政委员会文化部工作。这一变动，意味着放弃珞珈山舒适的住所和幽静的环境，放弃二级教授优厚的工薪③和自我提高、著书立说的机会，放弃中国史学史、社会史、宋辽金元史等钻研了二十几年的专业

---

① 当时是为了响应国家抗美援朝的号召，方克强时为武汉大学化学系三年级学生。

② 见方克明2020年9月致笔者的信件。

③ 此处记忆有误，新中国的一级教授、二级教授设立于1956年。此点承刘迎胜教授指正，特此致谢。

方向。这一变动,还使我们家整个拆开了:父亲把大批书籍先后捐赠给武大图书馆和中南图书馆,带着随身衣物搬到机关安了家;母亲带着我,也搬进了机关的集体宿舍。八九年过去了,父亲的工作单位变动了好几次,但一直没有改变住办公室、吃集体伙食的生活方式,我们也一直没有一个家的概念。①

可见此一阶段的方壮猷一家,完全投入到了新中国的建设之中。1951年,方壮猷又兼任中南文化部社会文化处处长。是年中南文化部接收湖北省图书馆,改为中南图书馆,方壮猷兼任代馆长。通过与中南地区以及北京、上海等地的一些大藏书家和古玩商人广泛联系,他为中南文化部、中南图书馆收购了大量的古版图书、字画、敦煌写经、古器物等珍贵文物,其中仅各省地方志就收集有数千种之多。比如,大藏书家徐行可的藏书逾千箱、近十万册,即大部分捐赠该馆,并且为了保护这批图书,还聘任了其子徐孝宓为中南图书馆馆员。方壮猷自己也以身示范,将大部分藏书捐给了中南图书馆和武汉大学图书馆。

1952年,通过积极联系,方壮猷又将张国淦无倦斋所藏方志1 698部、18 696册购入中南图书馆珍藏。后经过不断积累,直到目前,湖北省图书馆所藏的方志,已成为该馆重要的特色馆藏。可以说,方壮猷在中南文化部任职期间,为中南地区的文物和图书收集工作奠定了开拓性的基础。其当年一起工作的老部下回忆称:

> 建国伊始,百废待兴,文物事业也不例外,矛盾重重,首先抓什么? ……他[方壮猷]和同志们一道,下力气抓文物立法,除及时转发贯彻中央人民政府发布的一系列文物法令外,结合中南地区的实际情况,起草并通过政府颁布了一系列地方性文物法规;抓文物古籍的征集收藏,动员各地在社会改革运动(如土地改革)中收集保护文物,千方百计为国家收购古籍图书,为中南地区博物馆、图书馆积

---

① 方克明:《忆父亲》,载湖北省档案馆馆藏档案《方壮猷同志纪念会发言》,1987年3月30日。转引自方克立等编:《高风楚天阔:献给父亲方壮猷教授和母亲张芹芬女士》,打印稿。

累了大量文物藏品和藏书;抓配合基建工程的科学考古发掘,如治淮工程、荆江分洪水利工程等,他都亲自组织力量进行配合,从而防止了工程中的文物破坏,获得了大量的考古资料;尤其是抓专业干部队伍的建设与培训,如举办图书馆干部培训班、组织六省二市文物干部到长沙,成立长沙近郊古墓葬清理工作队,边发掘,边训练,并亲自去授课,为各省市培训了一批业务骨干,等等。①

上文提到的"中南地区图书馆干部训练班",为中南地区培养了一批图书馆工作的骨干。方壮猷还积极组织编写《中南图书馆中文图书分类法(简表)》,为图书馆的图书分类工作提供指导。与此同时,为进一步管理馆藏,并且为读者查找相关资料提供方便,还组织编写了《中南图书馆馆藏方志目录》。

1954 年,中南大区撤销,中南图书馆移交给湖北省文化局,改名为"湖北省图书馆"。翌年 2 月,方壮猷调任湖北省文化局局长。他利用赴京开会的时机,又为湖北省图书馆争取到侨居北京的湖北学人所收藏的湖北地方文献,包括"楚学精庐"的 527 种、6 736 册图书,以及石荣暲老先生的私人藏书 400 余种、1 413 册。

在湖北省文化局局长任上,方壮猷的工作多集中在领导日常行政工作层面,如政治学习,参加会议,检查、部署、参与省的各项文化工作等。比如 1956 年 3 月,曾赴应城县和黄滩区胜利农业社,检查农村文化工作;1957 年 3 月,曾赴北京列席中共中央的全国宣传工作会议等。此时方壮猷行政工作较多,比较繁忙,同时他自己也努力加强马列主义的学习,为国家忘我工作的热情非常饱满,曾两次递交入党申请书。其子方克立先生对其学习马列主义的状况有所描述:

> 父亲所受的教育无疑还是唯心史观,抗战时期他在四川三台东北大学兼课时,与赵纪彬、杨荣国等教授共事,初步接触到唯物史

---

① 谭维四:《方壮猷先生与湖北的文物考古事业》,《江汉考古》1987 年第 2 期。

观,此后他在编写《中国社会史》讲义时,就比较重视土地所有制和农奴制度等问题,试图运用生产力决定生产关系、经济基础决定上层建筑的原理来说明中国社会的发展过程。解放后,他更加重视对马克思主义理论的学习,家里马列经典著作很齐全,许多书上都有密密麻麻的各种阅读记号和批语,说明他真下过功夫,这一点给我的印象也很深。①

1957 年筹建中国科学院武汉分院,方壮猷被指定为筹备委员之一,并于 1958 年 5 月调任新成立的中国科学院武汉分院哲学社会科学研究所研究员,担任历史组负责人。湖北省文化局局长一职,由下放来省工作的全国作协副秘书长黎辛接任。同年 9 月,张芹芬女士从汉口武汉市直属机关健康幼儿园,调任中国科学院武汉分院幼儿园主任,全家搬到小洪山宿舍,才结束了新中国成立以来八年各自住机关办公室或宿舍、吃集体食堂,没有"家"的生活。

方壮猷转入武汉哲学社会科学研究所之后,由于工作需要,逐渐将自己的科研重点由先前的偏重古代,转向近现代革命史的研究。参与了多次老革命根据地的史料调查活动,并组织编写多种革命地方史料,为湖北省的革命史料保存作出了贡献。其学生回忆说:

湖北省在中国近代革命史上处于重要地位。辛亥革命,武昌首举义旗;第一次国内革命战争时期,武汉是革命首都;第二次国内革命战争时期,有中国共产党领导的鄂豫皖、湘鄂赣、湘鄂西等大片红色根据地。除文字记载者外,群众中蕴藏着丰富的革命史料。方壮猷先生和其他史学工作者一道,积极向中共湖北省委宣传部建议,组织力量进行革命史料的普查,得到省委领导的赞同和支持。一九五八年至一九五九年,武汉有关大专院校历史学科师生参加的湖北全省党史调查,就是由此开始的,成为中国史学工作的一次创举,

① 张天行:《方克立:为人治学崇平实》,《学问在道——学部委员访谈录》上册,北京:方志出版社,2007 年,第 4—5 页。

产生了广泛的影响,受到了党中央的注意。年近花甲的方老,也于一九五八年秋冬之季,亲自带领一些人徒步到湖北麻城县乘马区革命根据地,深入群众进行访问调查,收集了大量第二次国内革命战争时期的第一手资料。方老具体指导整理这些宝贵资料,强调要尽量保持口述史料的原始性,以保证史料的真实性。编成了《麻城革命史料》两辑。一九五八至一九六〇年,方老又领导和指导收集第一、二次国内革命战争时期的报刊文字资料千万字,编成《第一次国内革命战争时期湖北革命史稿》(油印本)、《收回汉口九江英租界史料汇编》(已出版)、《第二次国内革命战争时期鄂豫皖根据地大事记》(油印本)。他自己还撰写并发表了《武汉农讲所史料剪辑》。①

除忙于此类革命史料的收集之外,方壮猷晚年的学术工作逐渐转移到楚国史的研究上,期望结合中南地区的地下考古资料,撰写一部楚国史。但是缘于"文化大革命"的爆发,这一方面的工作最终没有完成。方壮猷所收集的资料,大部分保存在湖北省博物馆的资料室,"在楚史方面,有上十本史料,没有成书,主要是从各种古书中摘下来的,有的我们还看不大懂。另外还剪贴了战国史编年资料上十本"②。

此一阶段,方壮猷还撰有以下论文:1962年,参加纪念成吉思汗诞生八百周年蒙古史学科讨论会,发表《从元代农业生产力的发展看忽必烈的重农政策》;1963年,为湖北史学年会提交论文《中国历史上的百家争鸣》;1964年在《考古》杂志上发表《战国以来中国步犁发展问题试探》;另外还写成《宋代中国人口发展问题试探》等文。

1965年,方壮猷离开哲学社会科学研究所,调任湖北省文物管理委

① 薛国中:《怀念方壮猷老师》,载湖北省档案馆藏档案《方壮猷同志纪念会发言》,1987年3月30日。转引自方克立等编:《高风楚天阔:献给父亲方壮猷教授和母亲张芹芬女士》,打印稿。
② 《湖北省博物馆怀念方壮猷教授座谈会记录》,1981年12月7日,丁永芳发言。转引自方克立等编:《高风楚天阔:献给父亲方壮猷教授和母亲张芹芬女士》,打印稿。

员会副主任委员。当年10月,赴江陵领导楚墓发掘工作时,出土宝剑一柄,靠近剑格处有八个鸟篆铭文,方壮猷在工地上认出其中六个,但最为关键的人名却难以确定。方壮猷从当年年底开始,致书郭沫若等当时国内一流的古文字与古史专家,商讨该字,最终各方统一意见,认定是越王勾践之剑,从而使得此次考古发掘,成为新中国的重大考古发现之一,载入史册。

随着1966年"文革"的爆发,一直到方壮猷过世的接近四年的时间里,方壮猷成了湖北省文博系统的打倒对象,始终处于被审查、被批斗和被专政的处境。但他自知没有重大的政治历史问题,心态一直较为豁达,并力求避免卷入派性斗争中去,体现了较强的自我保护能力。可惜老伴张芹芬由于是新中国成立后才参加工作,一直是妇联系统和幼教系统的先进人物,是受人爱戴的"张妈妈",突遭变故,精神上受到较大刺激,整天喃喃自语,使原本在新中国成立后充满革命、进步气氛的和谐家庭,坠入灰暗的深渊。

最终,1970年3月30日,方壮猷因动脉硬化性心肌梗塞,病逝于湖北医学院第二附属医院。4月4日的《湖北日报》第六版,发布了题为《方壮猷先生逝世》的简短消息:"全国人民代表大会代表、湖北省政协常委、原湖北省文物管理委员会副主任委员方壮猷先生,因患病医治无效,于一九七〇年三月三十日二十时五十分逝世,终年六十九岁。"同年5月28日,老伴张芹芬也因脑动脉硬化病逝,享年65岁。第二年7月,二人合葬于武昌九峰山革命烈士公墓。

1986年,方壮猷长子方克强征得家人同意后,致书湖北省委统战部、湖北省文化厅领导,提出为在"文革"中受到迫害的方壮猷彻底平反,重新作出全面结论和公正评价。信件得到了湖北省委、省政府的重视,第二年3月,湖北省文化厅党组作出《关于进一步为方壮猷同志落实政策的决定》,"对方壮猷同志在'文化大革命'中所遭受的迫害,予以彻底平反,推倒一切污蔑不实之词,对其一生的贡献重新作出评价"。这一还其清白的重新评价,距离方壮猷过世已17年。

可以说,方壮猷的一生,不论是早年求学,中年教书育人,还是晚年从事行政领导工作,皆与时代的风云变幻密不可分。方壮猷初入学的 11 岁,已经是 1912 年,清朝刚覆亡,新式学堂已在各地普遍展开。在这种新旧交替的时代,方壮猷自幼既接受了传统文史的教育,又全面受到当时新式学校和时代氛围的影响与培养,体现出鲜明的民国特色,为其日后的学术研究打下了良好的基础。与此同时,正因为民国时代的动荡不安,当时大多数普通学人,不得不为衣食而奔波兼课,学术研究与教学相比,往往不是他们工作的重点,方壮猷作为他们中的一员,也并不例外。再加上家境原本贫寒,为积攒继续求学的学费,方壮猷四处兼课,本是再正常不过之事。入职武汉大学之后,原本生活似乎可以相对安定下来,但随即开始的抗日战争,又将学人带入辗转流徙的艰难岁月中。在炮火声中度日,为柴米油盐犯愁,就更难奢谈学术研究的条件。因此,方壮猷的著作大多以稿本的样态存在,就变得既情有可原,又让人既悲且悯。新中国成立之后,饱经苦难的一代学人,终于迎来了国家的安定,全身心投入到新国家的建设之中,是当时很多人发自内心的真诚选择。可是时代再次拨弄了他们,晚年的不公待遇,还是降临到他们身上。因此在回首方壮猷这一代学人的命运时,常令人五味杂陈,一夕三叹。

二、方壮猷的学术研究及其贡献

除早年在家乡求学的经历外,方壮猷一生的学问方向基本与其人生不同阶段的履历相关。主要涉及四个方面:在清华国学院前后,方壮猷初登学术舞台,受师友影响,多有文学史考证之作;在游学日本前后,受王国维、白鸟库吉等人的影响,多关注北方边疆民族语言、历史的研究;留法归来之后,则将精力贯注于宋辽金元史及史学史、社会史的研究;新中国成立后由于工作职务的调整,多关注楚地的文物考古与历史文化。以下即以此四个方面为题,对方壮猷一生的研究工作做一简要述评。

1. 早年的文学史考证

已有论者指出,1926 年清华国学院第一届 29 名毕业生所完成的毕业论文中,属于纯粹文学性质的只有两篇,即方壮猷的《中国文学史论》和赵邦彦的《说苑疏证》。如上所述,方壮猷的这篇文章,与另外两篇一同提交的论文成果《儒家的人性论》《章石斋先生传》,可能并未完成,现已不可得见。但目前所能见到的几篇方壮猷在国学院时期最早的文章,也都与文学相关,可能即为《中国文学史论》中的部分内容。现存者共有四篇,分别是:《中国文艺的起源》(《清华周刊·十五周年纪念增刊》,1926 年)、《词的起源和发展》(《一般》第 3 卷第 3 号,1927 年 11 月)、《中国戏剧之起源》(《一般》第 4 卷第 4 号,1928 年 4 月)、《白话小说起源考》(《国立中山大学语言历史学研究所周刊》第 5 集第 52 期,1928 年 10 月24 日)。此四篇文章性质相近,分别是对文艺、词、戏曲、白话小说起源问题的考察。

这里所谓的文艺,包括歌舞、诗文等广义的文学艺术,方壮猷借鉴了当时西方文学、人类学的研究成果,认为文艺有两种来源:一是人类的表现冲动,即 Self Exhibition Impulse,人类的情感冲动、游戏冲动、模仿冲动等都包括在内;二是产生于实际的应用,如爱情表达、战争需要及宗教仪式等。他列举了《毛诗》《吕氏春秋》《庄子》《路史》等古代文本中的材料,以说明此一问题。而具体到词,方壮猷接受了王国维一代有一代之文学的观念,认为词在五代两宋,"可算最有精彩的时代文学了"。并且指出,"词体酝酿于盛唐、中唐,产生于晚唐,成立于五代,而极盛于两宋"。而词的起源,也离不开两个原因,一是历史进化的渊源,二是时代环境的促成。既是诗体进化的自然趋势,又是胡乐输入的自然结果:

> 因为晚唐五七言诗的途穷,所以天才的作家,不得不别创新体以自解脱;因为胡乐与中国古乐结合的结果,又有别创新体,以图协乐的需要与可能;因此词体便应运而产生了。词的体例既是倚声填字,长短错落,可以随音乐的变化而变化,自然也随音乐的发展而发

展。词之在五代两宋文坛上成为时代的骄子,也就是历史的与环境的必然趋势。(《词的起源和发展》)

对于词产生的具体时间,方壮猷认为前人有词产生于三百篇或三百篇之前说、源于六朝说、源于李白的《忆秦娥》《菩萨蛮》等词说。方壮猷列举了丰富的例证,对这三种说法皆予以否定。并考察了词体从诗到词逐渐过渡的痕迹,认为词的产生,是由于诗体变化、音乐变化、诗乐调谐的变化等,而逐渐酝酿成长出来的,是一种自然的趋势,而非某人的凭空独创。大约"播种于唐玄宗时代,酝酿蓓蕾于中唐,葩萼于晚唐,至五代始舒瓣吐蕊争妍斗丽起来"。

至于戏剧,方壮猷认为中国的戏剧可以分为歌戏、话戏和技戏。歌戏为原始民族的歌舞演化而成。话戏以滑稽戏为最著,产生甚早,春秋战国时代的"优"即为显例。而所谓技戏,指民间各种杂耍、把戏、魔术等,也为上古已有。并大抵根据王国维《宋元戏曲史》中的材料,认为在外来音乐的刺激下,此三种戏,各有其演化之迹。

而对于白话小说,方壮猷认为中国的小说,以南北宋为界,可以划分为两大时期。周秦至北宋的志怪、传奇等,与南宋以后的白话小说,在语体、文风、结构、创作主体等方面皆截然不同,故不能认为白话小说源自北宋以前的笔记小说,而应当是从唐宋时代优伶娟妓的唱诗唱词中蜕变而来。伶妓为了适应普通观众的口味,逐渐在唱诗唱词中加入解说,以使所唱的诗词意思更加显白。后来积习相沿,遂成惯例。起初解说较少,至后来则逐渐增多,最终造成喧宾夺主、婢作夫人的结果。他认为这种变化主要经历了三个时期:唐五代至北宋初,以唱诗唱词为主,解说为辅;北宋至南宋,评话代替歌唱,说白加多,诗词渐少;元明及其后,以著述代替评话,散文为主,犹稍引诗词为证。

从以上的简要概括可以看出,方壮猷的文学观念已经是一种新式的、从西方引进的文学观念。他所梳理的这几种文学体裁,也大致对应了西方所谓的文学范畴,因此与我们今日文学史书写中的文学理解基本相符。我们知道,晚清民初以来,由于西学东渐的影响,"文学",传统的孔门四科之一,逐渐演变为近代学科之一,用以指称以语言为表达方式的艺术。新文化运动后,更逐步确立了以西方纯文学史观为核心的文学观念。① 而在这一观念之下,中国古代的"文学"内容,自然会经历被重新选择和言说的过程,不论是"文学"的分类(比如传统的诸多文类,多被逐出现有的文学范畴,而现有的文学,则多以小说、戏剧、诗歌、散文为类),还是对其源头的追述,都是在一种新观念之下的产物。因此,与其将这样的梳理看作是"文学"事实本身,不如将其当作一种叙述事实更接近真实。② 方壮猷作为一个在 20 世纪 20 年代才进入北京高等学府的青年学人,他更少受传统观念的束缚,而更容易接受时代新潮的文学观念。当时的北京,不论是北大,还是清华,学术界流行的是五四运动以来胡适、陈独秀、周作人等人所提倡的新文学观念,方壮猷只是在师长们所开创的大路上,继续前行而已。这从他的上述四篇文学考证文章即可看出:他追述的皆为"起源",而范围则为文艺、词、戏剧、小说,无一不是新观念下的产物。然而,时代风潮总是峰回路转,学术研究也随之上下颠簸,从80 年代开始,尤其是进入 21 世纪以来,中国文学界普遍出现反思文学史书写的声音,对过往文学史书写中存在的以西释中、以西格中的问题与局限,也日渐有所警惕。不过到目前为止,学理探讨是一方面,写作实践是另一方面,二者都还在继续摸索之中。不过可以肯定的是,即使迟至今日,我们的文学史书写依旧很难彻底在五四运动以来的思潮范围之外有所创辟。方壮猷的这四篇文章,既然是当时历史生成期的文本,那么自然除了文本本身所具有的学术价值,同时具有后人欲图对文学学科进行知识考古的参考价值,值得放在一个更大的学术背景中继续解读。

2. 北方边疆民族语言与历史研究

1929 年 8 月方壮猷赴日留学,第二年 6 月归国。如上所述,在日本

---

① 余明来:《"文学"观念转换与 20 世纪前期的中国文学史书写》,《文学遗产》2013 年第 5 期。
② 王峰:《"文学"的重构与文学史的重释》,《华东师范大学学报》(哲学社会科学版)2008 年第 2 期。

的近一年当中，方壮猷主要受白鸟库吉的影响，关注"东方民族史"。归国后，因为讲课需要，他参考白鸟库吉等人的著述，再结合中文史籍以补缺漏，编译改写出著名的"七考"。用他自己的话说，是既有"取材借镜处"，也"多自抒己见之处"。可惜当年学术规范并不如今日严格，他在发表时没有提前说明，后来不免遭到一些非议，汲取了教训。所谓"七考"，即《契丹民族考》(1930 年 6 月、9 月两期发表)、《匈奴王号考》(1930 年12 月)、《鲜卑语言考》(1930 年 12 月)、《匈奴语言考》(1930 年 12 月)、《三种古西域语之发见及其考释》(1930 年 12 月)、《室韦考》(1931 年 9月)、《鞑靼起源考》(1932 年 6 月)。需要说明的是，当时对于中国边疆民族的研究，主要是被西方和日本学术界掌握着话语权，中国学者在此一领域的积累非常薄弱。方壮猷的文章甫一发表，立刻引起学术界的重视，成为方壮猷学术生涯中的一个重要阶段。

此"七考"皆以当时国际学术界流行的历史比较语言法，来考订历史上与北方少数民族相关的诸问题，方法与领域皆较为集中和单一。比如《契丹民族考》中，方壮猷通过对史籍中所能见到的词汇，包括契丹的国号、宫名、王号、官号、地名、物名、动词、数词等，共 91 个，逐一考订比较其与通古斯语、满语、蒙古语、突厥语等语言在音义上的同异，最终认定：此 91 语中，与今蒙古语类似者最多，有 70 语；与通古斯语类似者次之，有 60 语；而与突厥语类似者不过 20 余语而已。因此赞同白鸟库吉的观点，即"契丹民族之种属当以今蒙古种为骨子，而渗合通古斯种之成分于其中之混合种也"。

《匈奴王号考》则专注于考订"单于"的本义和源流，此一少数民族君主的称号，流行于秦末至晋末的史籍中，此后则逐渐被"可汗"所代替。方壮猷通过钩稽相关史籍，认为"单于"之号，开始于冒顿，与秦始皇所造之"皇帝"，同为大帝大王之义。而冒顿之前，匈奴君主的称号为"于"，与"汗""干""今""加"等为一语之转，同为"大王"之义。而"冒顿单于"之义，亦类同于"始皇帝"，即为"始单于"之义。而其子稽粥单于，乃仿二世皇帝之称，"稽粥"亦即今蒙古语之"二"也。同理，其七世孙句黎湖单于，乃七世皇帝之义。

《鲜卑语言考》则专注于国号、人名、王号、人称、地名等共 18 个见诸史籍的鲜卑语词的考释,认为音义可与蒙古语相类者 15 语,与通古斯语相类者 11 语,而可与突厥语相类者仅 7 语。由此,同样再次印证了白鸟库吉的结论,即"鲜卑民族属今蒙古族及通古斯种之混合种"。

《匈奴语言考》与上文类似,是通过考释见诸史籍的匈奴国号、王号、官名、人名、地名、物名等共 26 个,认为与今突厥语相类似者 11 语,与今通古斯语相类似者 12 语,与今蒙古语相类似者 20 语。与今突厥语、通古斯语、蒙古语可以共同比拟的,有四五语;可与今突厥语、蒙古语二种共同比拟,而不能与通古斯语相比拟的,有六七语;可与今通古斯语、蒙古语共同相似,而不能与突厥语相通的,有六七语。同时,可以与通古斯语、突厥语相通,却不能与蒙古语相通者,则绝无之。因此,方壮猷认为,就比较语言学的结论而言,认为匈奴为今蒙古族的远祖,是恰当的。再一次印证了白鸟库吉的结论。

《三种古西域语之发见及其考释》一文,所考释者,乃 19 世纪下半叶至 20 世纪初叶,欧洲与日本、俄国等国的殖民探险者在中国西北地区的大量考古发现。其中有三种此前未曾见过的语言文字,后经过逐渐辨识,确定为窣利语(又名粟特语或康居语)、龟兹语、于阗语。方壮猷详细叙述了此三种语言的发现及辨识过程,并根据中国史籍,尤其是玄奘的《大唐西域记》,描述出此三种语言在古代的使用范围,即葱岭以西,以铁门为界,北为窣利语通行之地,南至印度,为吐火罗语通行之地;葱岭以东,各国文字皆取法印度,然各有小异:以大戈壁为界,南以于阗国为宗,北以焉耆、龟兹、疏勒为宗。方壮猷同时指出,此三种语言的发现,对语言学及史学具有重要影响,并概括为六个方面,大多为当时国际学术界关注的一些热点问题。在此文之后,当期《女师大学术季刊》(第四期),还刊载了方壮猷翻译的另两篇相关文章,即法国 Sylvain Levi 作的《龟兹国语及其研究之端绪》、挪威 Sten Konow 作的《所谓"东依兰语"即"于阗国语"考》,另外还刊载了冯承钧翻译、法国 Robert Gauthiot 作的《窣利语字母之研究》。可见方壮猷的《三种古西域语之发见及其考释》一文，是被当作这一学术小专题的引言而使用的。

《室韦考》一文中，方壮猷认为蒙古族和女真族，皆起源于唐之室韦民族，故对室韦民族进行了通盘的考索。他从室韦一名始见的后魏开始考察，下及隋、唐、辽三个朝代，详细考索了室韦国所在的地界、疆域、人员迁徙及部族分化等问题。结论认为室韦起初或为汉代鲜卑之苗裔，魏时不过是兴安岭东嫩江流域的一个小国。至隋代，柔然为突厥所灭，其遗类托室韦之名以自存，因而室韦民族之范围骤然扩张及兴安岭西之俱伦泊南北。至唐代，西南徙至贝加尔湖以南至幽州之地。唐末以后，兴安岭西之室韦，以鞑靼之名行世，后为契丹所征服，遂不复显。而兴安岭东嫩江流域之如者室韦（俞折国），至辽末已南徙至松花江流域，至阿骨打出，更灭辽而建大金。兴安岭西额尔古纳河下游之蒙兀室韦（蒙瓦部），亦渐西南徙于鄂嫩河、克鲁伦河之间，此即为后来蒙古族的来源。

《鞑靼起源考》中，方壮猷所考述的"鞑靼"，乃取其较狭义，即蒙古族之别称。故此文所考述者，即为蒙古族的起源问题。方壮猷通过钩考各种史籍，认为鞑靼为柔然之苗裔，本自号柔然，突厥人呼之为大檀，音讹而为达靼（即鞑靼）。柔然为突厥所灭，遗民东附室韦。突厥衰而达靼乃渐蕃息。回纥强盛之时，达靼与契丹同役属之。回纥衰，达靼与契丹各争雄长，南徙内地。契丹盛时，达靼首当其冲，被迫北徙。契丹衰亡，达靼多有助之者。女真盛时，达靼雄踞漠北。至女真衰而成吉思汗出，乃统一漠北，入主中原，渐至欧洲，缔造了一大帝国。

可以看出，以上七文不但研究领域非常接近，研究方法也十分类似。其中前五文，都是通过历史比较语言学的方法，来考察历史民族问题。最后两文，则直接使用传统的历史考据方法，综合各种历史材料，来考察民族问题。历史比较语言学是 19 世纪在欧洲逐渐发展起来的一门语言学科，其研究重点是印欧语系诸语言的语音系统。19 世纪末至 20 世纪初，由于西方殖民者在中国西北探险中发现了大量古代文物，西方和日本的汉学家逐渐将这一研究方法应用到中国古代少数民族语言历史的研究中来。而方壮猷的"七考",可以看作是将这些研究方法及成果介绍到中国的早期努力,其开创之功,在近年的研究中也被屡屡提及。如苏丹在《20世纪80年代以来契丹族族源研究综述》中称:"1930年,方壮猷发表《契丹民族考》(上、下),可视为我国学者对契丹族源研究的发端。方氏在该文中对契丹族源史料的疏证,及对日本学者白鸟库吉的相关研究成果的梳理,引起了学界对契丹族源的关注。"①

但是在进入20世纪之后,西方学术界普遍对历史比较语言学的局限进行了反思,认为:"对在所有子语言中都无残存表现的母语特征,比较方法是无法揭示出来的。同时,它也很难确定某一特征到底是原始母语的特征,还是在分化后的子语言中独立发生的平行性变化。再有,历史比较方法偏重于语言的前后相继,忽略了语言之间的相互影响。根据这套方法所拟定的原始母语,是一个内部无方言差别的语言系统。现代学者则认为,一种语言,尤其是通行于广大地区的语言,无论怎么古老,内部只是基本相同,并非完全一致。"②这就使得通过比较不同语言的个别词汇,来确定其背后之历史的方法,特别需要警惕,因为很容易将一些语言间的相异与相似,做出过度僵化的解释,遮蔽了语言内部相互影响的复杂真相。再则,这一方法,类似于章太炎曾经批评的某些比较研究方法,"弃其大体绝异者,独取小小衾盍,以为比类。此犹揣豪于千马,必有其分刌色理同者",难免有附会的嫌疑。因此在新的学术进展中,运用这一方法所得的多数研究结论,皆遭到了再评估。同样,方壮猷的"七考"研究,也得到了学人的反思,如林幹先生就曾指出:"二十世纪前期,日本学者白鸟库吉及我国学者方壮猷,均曾用比较语言学的方法致力于匈奴语和鲜卑语的研究,但因只凭对音,所比不甚精确。马长寿及缪钺二先生对此均作过评论。"③刘浦江也对方壮猷考释契丹语"奇首"二字的

---

① 姜维东主编:《东北亚研究论丛》第5辑,北京:社会科学文献出版社,2012年,第277页。
② 中国大百科全书总编辑委员会编:《中国大百科全书·语言文字》,"历史比较语言学"条,北京:中国大百科全书出版社,1988年,第255页。
③ 林幹:《中国古代北方民族史新论》,呼和浩特:内蒙古人民出版社,2007年,第203页。

结论不太赞同,称:"方壮猷先生则谓奇首之'奇'与契丹之'契'音通,并解契丹之'丹'为'斯坦',大概是将'契丹'一词理解为'奇首之领地'了吧。这恐怕比《辽史语解》的附会更不着边际。"①

不过即使在当时,方壮猷对此一比较语言法,亦有所警觉,认为是限于研究条件,在考古学、民俗学等其他学科和方法发展不完备的情况下,所不得不采取的一种临时权宜研究方法而已:

> 人种学家考定某民族应属何种类时,或从体质学方面研究人体、毛发、皮肤、眼鼻、头骨、面貌、齿牙等之异同,或从史地学方面研究民族起源进化之迹及发祥地、发展地之异同,或从考古学、民俗学等方面研究日用器具、居处饮食、衣服装饰、礼俗习惯等之异同,或从比较语言学方面研究语言之异同,此皆考定民族问题所必根据之重要标准也。今此等古代民族过去既久,而史料之被保存至今可供考证之资者为数极少,故欲求此等民族问题之解决,必有待于考古学发达之后,地下材料之新发见有足供此等问题考证解决之资者然后乃为定论。今日考古学尚未至十分发达之时,欲就现有之数据以考证此等问题,则比较语言之方法实为最重要之一端,虽不能视为解决此问题之锁钥,然亦不能不视为解决此问题之一大启示也。
> (《鲜卑语言考》)

我们后来的研究者,由于研究条件及学科进展的优势,对前人的研究结果进行突破与推进,是学术界的正常现象。不过依旧不能否认,在20世纪30年代,中国学术界普遍感到中国学术被法国和日本学者领先,而人人急于争胜的情形下,并且在中国学术正处于新旧转换关头,新的学术范式、研究视角、研究方法,皆需要借鉴西人的情况下,方壮猷的"七考"为北方少数民族研究在中国的展开,提供了初步的基础和范式,为此一领域的进一步研究,作出了自己的贡献,这是需要特别予以肯定的。

---

① 刘浦江:《契丹族的历史记忆——以"青牛白马"说为中心》,《漆侠先生纪念文集》,保定:河北大学出版社2002年版,第160页。

3. 宋辽金元史及史学史、社会史研究

1936 年 6 月,方壮猷留法归来之后,应聘为武汉大学历史系教授,开始了新一阶段的学术旅程。但一年后的 1937 年 7 月 7 日,卢沟桥事变爆发,日本全面侵华开始,方壮猷随同武汉大学被迫西迁入蜀,一直到抗战胜利之后的 1946 年才复原回到武汉。之后内战爆发,到 1949 年中华人民共和国建立之前,国内的政局亦并不安定。从法国回国到新中国建立的这 13 年,是方壮猷从 35 岁到 48 岁的阶段,原本是一个人文学者成长和积淀的学术黄金期。但由于大多数时间处在转徙流离的状态下,不但研究所必需的书籍、设备不能凑手,甚至饮食起居也常难以为继,学术研究就更显艰难。这当然是日本帝国主义在中华大地上所制造的累累罪恶中的一端,却也是当时整整一代学人的不幸。比如方壮猷在国学院的导师陈寅恪先生,就因为抗战期间逃难播迁,书籍流散,而最终没有写成心中计划的种种著述。中国学术界的这种损失,是永世无法弥补的。

方壮猷入职武汉大学之后,即逐渐开设了宋辽金元史、史学史、社会史等课程,现留存的学术著作,绝大部分为当时的讲稿,之所以没有进一步形成更加完整的著作,就应该与时代状况及方壮猷后来的人生轨迹相关。如上文所述,现存讲稿计有 1936 年武大排印的《元史讲义》共 216 页,1937 年排印的《金史讲义》共 98 页,1939 年排印的《元史讲义附录》共 61 页;1947 年 4 月于中国文化服务社出版的《中国史学概要》,约 15 万字;1948 年在湖南大学等校授课的讲稿《中国中世社会史》一部,约 15 万字。另外 1939—1944 年,方壮猷组织学生编纂了《宋史类编》稿本十余册,现已不知下落。

由于这些讲稿,除《中国史学概要》曾公开出版外,其他皆一直藏于武汉大学图书馆或方壮猷家人手中,世人不易得见,故有必要对其内容及学术价值略作叙述如次:

《元史讲义》(包含《附录》),共包括两部分内容。其一为柯劳斯著、姚从吾译的《蒙古史发凡》一文,原载于《辅仁学志》1929 年第 1 卷第 2 期。该文共分四部分:导言、上编蒙古人之近讨远征与国家的组织、下编蒙古时代东西间之交通、附录(共 4 篇)。这篇文章,对蒙古的种族、起源,乃至蒙古史纲要(从成吉思汗崛起、远征,一直叙述到元朝倾覆,以及明代之蒙古,印度蒙兀耳帝国等)、蒙古时代的中西交通等问题,皆有较为完整的叙述,作为课程讲义,应该能予学生以完整的蒙古史印象。其附录除文章注释二十四则外,主要为三篇文章:《若翰教士考》《蒙古人与基督教》《西文蒙古史重要史源与参考书举要》。可以为学生进一步研究提供线索和便利。

《元史讲义》的第二部分,同样为附录,共有 16 条(与上文顺承排序,为附录 5 至附录 20)。包括"蒙古人所建察合台汗国、奇卜察克汗国(即钦察汗国)、伊儿汗国(即伊利汗国)世系表,以及柯劭忞《新元史》载各汗国统治者及诸王列传,《新元史》和屠寄《蒙兀儿史记》之帖木儿列传。第三部分是一些蒙元史研究资料及参考书的相关内容摘录,涉及日文参考书目、洪钧《元史译文证补》、《蒙兀儿史记》、《新元史》、《元史》、邵远平《元史类编》、霍渥特(今译作霍渥士)《九至十九世纪蒙古史》等"①。方壮猷基本参考日文资料和中文资料,补充蒙古史研究的最新进展,以及日本、西方和中国的参考书目。有论者准确地指出,《讲义》体现出方壮猷既重视历史语言与考证相结合的方法,同时重视新材料,具有宽广的国际学术视野,充分体现出民国学术思想界与国外中国学界预流乃至争胜的时代氛围。②

《金史讲义》可以看作是《元史讲义》的续篇,全稿共分为八章,分别是:第一章绪论——关于史料,第二章女真民族之起源及金国先世之经略,第三章阿骨打之建国,第四章金国初年对宋之侵略,第五章金国之政府组织及军队组织,第六章金国之疆域及人口,第七章金国之民生状况,第八章金国之文化学术。与《元史讲义》不同,《金史讲义》所使用的材料主要为中国的正史,包括《金史》《金史详校》《大金国志》《辽史》《元史》

---

①② 徐红:《论方壮猷的史学贡献——以武汉大学图书馆藏〈元史讲义〉为中心》,《武汉大学学报》(人文科学版)第 67 卷第 1 期,2014 年 1 月。

《宋史》《廿二史札记》《四库总目提要》等。一般在一个主题之下，排比诸史籍中的材料，略作分说。因为供讲课之用，皆点到为止，并未作过多发挥。其主要目的，当还在于给学生提供基本知识与背景，供进一步钻研之用。

《中国史学概要》是在方壮猷讲授"史学概要"和"史学史"的基础上写成的课程讲义。因抗战时期学校经费窘迫，无法持续油印讲义，方应出版社之约而付剞劂。全书共七章，十余万字。除第一章论史学起源外，剩余章节按照中国史书体裁分为纪传、编年、纪事本末、制度文物史、方志与家谱。每一种体裁之下，皆对此一体裁之重要史籍逐一介绍，历叙其卷帙、篇章结构等，详评其长短得失，几乎将中国重要史籍，如《史记》等二十四史，《资治通鉴》《通鉴纲目》《通鉴纪事本末》《绎史》《通典》等皆囊括在内。叙述简要而完整，作为导学入门之作，既因应了当时学子的需要，又体现了较高的学术水准。邓广铭作序称赞说："中国史籍，浩如烟海，在昔学人已多有无从读起之叹。今者世事之纷纭错杂，学术内蕴之扩充离析，均什百倍于曩昔。对此繁颐之乙部图书，其几何而不使人愈益望之而却步耶？况夫各史所载，重见叠出，利病互陈，即就正史而论，班马固多复沓，陈范岂无雷同？欲学人之周览，旷日费时犹多不能窥得其窍要，是则举撮各书之纲要，略论得失之所在，俾初学之人得即类求书，循作途辙，如方心安先生壮猷《中国史学概要》之作，固最足应时代需求，予士子以便利者矣。""以史体为经，时次为纬，条析绳贯，区为章节。各章后又附载后人考校、注释、订补诸作。汇万殊于一编，驭繁碎于简要。另识心裁，既非专言目录者所可几及；参稽评骘，亦多《史通》等书之所未备。有志治史之士，手此一编，遵彼权衡而知所取舍，斯可因其指引而奠厥始基。若济巨川，此其津梁；若作远游，此其南针。日力可借兹而省，兴会可油然以生。行见莘莘学子群兴而致志乎史学之途，则吾国史学之前途有非往哲成就之所可限量者矣。然则方先生兹编之作，其为功顾不伟哉！"

《中国中世社会史》同样为方壮猷在湖南大学等校讲课时之讲稿，但从稿件笔迹看,新中国成立后尚在不断补订。整个稿件共分两部分:第一编庄园制度,第二编农奴制度。另有单独一部分,题名为"中世封建社会"。方壮猷讲稿的内容,囊括了从汉末一直至清代的中国社会史内容,主要关注庄园土地制度、农奴制度和门阀制度。如上编庄园制度共分为四章:第一章概说,第二章豪门庄园,第三章寺院庄园,第四章政府庄园和皇室庄园,第五章结论。其中有些章下又分小节,如第二章下分三节,分别为:豪门庄园的发展概况、豪门庄园的来源、维系豪门庄园的大家庭共财制。第五章结论部分,下分四节:庄园制度的形成发展鼎盛及其崩溃、欧洲庄园制度的规模、中国庄园制度的规模、庄园制度的影响。可以看出,整个讲稿问题集中、论述完整、视野开阔,体现出较高的学术水准。尤为难得的是,方壮猷从各种史籍中,钩稽统计相关时代的土地数量、税额等,资料翔实,使得论述扎实有据。如第一章中的"中国历代耕地增损表",就引用了《汉书·地理志》《续汉书·郡国志》《通典·食货典》《隋书·地理志》《新唐书·地理志》《文献通考》《治平会计录》《明史·食货志》《清实录》等史籍,对汉平帝以来一直至新中国1954年的耕地面积,做了相关的统计。作为一部课程讲稿,尤其是在抗日播迁资料稀缺的时代,完整体现了方壮猷作为一名历史学家,细密爬梳史料,注重史论结合的治学精神,显得难能可贵。

在武大任教的这一时期,除上述几部讲稿外,方壮猷由于不满《宋史》编撰的繁芜舛误,另带领学生编撰《宋史类编》,按照政治、军事、官制、兵制、法制、科举、赋税、农业、手工业、矿冶、商贾、经学、文学、史学、艺术、对外关系、农民起义等大类编排。从此一编撰体例,亦可以看出方壮猷以现代史学观念重新整理旧史的意图和学术眼光。可惜这一耗费师生数年精力并且已经完成的工作,在送交出版的过程中被遗失了,这不能不说是彼时、今日之学术界的一大损失。方壮猷这一重修宋史的工作,目前也得到了学者的关注,并对其工作的意义有准确的把握:"宋代三百二十年文物灿烂,成为民国一代学者心目中共同的传统文化象征。重修宋史也是向世人展示中国传统文化最辉煌灿烂的时刻,其中无疑饱含着深沉的爱国情感和史学家的责任心。面对当时剧烈的社会政治变动，以及西方与日本史学进步的冲击，方壮猷等人唯有以书生报国的使命感来著史以唤起民族自信心，他们所争的不单是国家独立的问题，更是中国学术要领先世界的学术自尊心。方壮猷修《宋史类编》，傅斯年与陈寅恪带领史语所重修宋史皆是如此。"①

除这些讲稿外，此一阶段，方壮猷尚公开发表有多篇文章，基本集中在文物考古、宋辽金元史及少数民族调查等领域。有些篇章，因为学术性较强，在"文革"后还得到重刊，如《南宋编年史家二李年谱》一文，即初刊于 1944 年 5 月的《说文月刊》，后又重刊于 1981 年的《史学史研究》。由于此类文章皆易获睹目，此处就不再一一缕述。

总之，如果将屠寄、洪钧、王国维、罗振玉等学者当作中国现代史学建立，尤其是北方少数民族史学建立的第一代学者，则方壮猷、于道泉、韩儒林、翁独健、邵循正、邓广铭等学者，可看作是这一领域的第二代开拓者。与上一代相比，第二代学者大多出身于正规的新式学堂，所接受的史学教育更多吸收了西方的史学精神和规范，因而其治史也更符合现代的史学潮流，更加具有世界眼光。正是他们的披荆斩棘，使得后来人有轨辙可循。而他们的学术工作，其取得的成就，又是在时代战火频仍，居无定所，谋食维艰的状况下得来的，其精神品格，更值得后人继承。有学者论曰：

> 在中国学术界经历了 60 余年的跌宕起伏之后，如方氏一般前辈学人的治学方法、学术视野及现实关怀，更显得弥足珍贵。尽管时光会不断淡化人们的记忆，当年先贤们念兹在兹的民族存亡、西北舆地问题，在一般人的心目中已逐渐模糊，不过，蕴藏在他们身上孜孜问道、上下求索的精神，以及无论顺境逆境始终持守理想的境

---

① 张婷：《民国时期方壮猷重修宋史考论》，《宋史研究论丛》2017 年第 1 期。

界,却未曾远去,并值得后人琢磨寻味。①

4. 楚文化考古与楚史研究

中华人民共和国成立后,像方壮猷这样出身贫苦的学人,大多对新政权充满了期待与好感。因此方壮猷放弃了自己的教授职位,服从国家安排,投身到国家的文化建设上来,出任了多个国家文化部门的领导职位。而随着新中国成立后楚地文物的不断发现,他的工作重心也逐渐从史学转移到了考古。

此时方壮猷作为部门领导,不但身先士卒,亲自参与多处考古工地的发掘,而且立足于自己的职务职责,注重培养人才梯队,提高考古工作队的管理及职业水平,并且重视配合基本建设工程抢救出土文物,如曾配合治淮水利工程在河南发现大批史前新石器时期的遗址,配合基本建设工程在长沙近郊发掘清理古墓葬,配合荆江分洪工程在荆州地区发现唐家山楚墓等。可以说,方壮猷在新中国成立初期的工作,为湖北省考古工作的展开和提高立下了功劳。当年与他一起工作的年轻人谭维四回忆说:

> 我初识先生是五十年代初在中南文化部所组织的长沙近郊古墓葬清理工作队。那时,中南各地大规模基本建设工程的开展,大批古墓葬被揭露出来,苦于掌握田野考古科学技术的人才奇缺,为了解决这个尖锐的矛盾,当务之急是要培训专业人才。中南文化部调集了一批业务工作人员到长沙,组成了长沙近郊古墓葬清理工作队,由考古学家、当时中南文化部文物处文物科科长顾铁符先生主持,采取边工作、边学习培训的办法,在完成古墓发掘任务的同时,为各地培训业务骨干。方先生亲自到长沙给我们讲课、谈话,作思想工作。以他渊博的学识,海内外的见闻,从我国悠久的历史、灿烂的古代文明及其在世界文明史上的重要地位,阐述文物考古的重要

① 徐红:《论方壮猷的史学贡献——以武汉大学图书馆藏〈元史讲义〉为中心》,《武汉大学学报》(人文科学版)第67卷第1期,2014年1月。

意义,向我们进行爱国主义教育,激发我们热爱文物考古事业的热情;并绘声绘色地描绘考古发现的重要意义及其研究工作的远大前途,启发我们树立坚定的专业思想。他还千方百计从各方面请专家来给我们讲课,给工作队立了一个规矩,凡有来参观考察的学者专家,热情接待的同时,必请他们讲课。在他的热情邀约下,中山大学的商承祚、湖南大学的杨树达等先生都来讲过课。他和顾铁符先生,还动员组织工作队的同志们能者为师,互教互学。后来的实践证明,从这里学习和工作出来的这批年轻人,都成了各地文博部门的业务骨干或领导干部。方先生的苦心,终于结出了硕果。①

以上回忆,让我们很容易感受到新中国成立之初百废待兴的时代氛围。方壮猷就是在这样的基础之上,发挥自己的学术特长,将湖北的考古事业提升到了专业的水平。谭维四又称:"湖北省解放前考古工作基本是个空白点。后在方老领导下,第一期北京考古学习班派了程欣人去,程现在为我省科学考古的元老;第二期有白绍芝;第三期有我和王劲;第四期是丁安民。所以我省考古的这支队伍,是解放后方老领导下培养建立起来的。"②新中国建立后的 1952 年至 1955 年,为了解决新中国考古人才严重匮乏的问题,由文化部与中国科学院考古研究所、北京大学联合举办了四期考古工作人员训练班,当时留在大陆的文物考古界知名学者几乎都参与了授课。其学员后来都成为各地考古队伍中的骨干,对新中国的文物考古事业作出了重要贡献,后来这四期学员被誉为考古界的"黄埔四期"。③ 方壮猷为湖北省考古队伍培养年轻人的工作,也正是在这一时代背景下展开的。

当时方壮猷不顾年迈,与大家一起奋力工作的情形,谭维四也有回忆。为还原历史场景,不避烦琐,征引如下:

---

① 谭维四:《深切怀念方壮猷先生》,《文物天地》1987 年第 5 期。
② 《湖北省博物馆怀念方壮猷教授座谈会记录》,1981 年 12 月 7 日上午,谭维四的发言。
③ 孙秀丽:《考古的"黄埔四期"——记 1950 年代考古工作人员训练班》,《中国文化遗产》2005 年第 3 期。

在中南文化部任职期间,他[方壮猷]的足迹遍及六省二市的许多城镇乡村和考古发掘现场,尤其是少数民族地区,常一去数月始归。1964 年任湖北省文物管理委员会副主任委员后,他不顾此时已年过花甲,对楚文化考古与楚史研究仍壮心不已,上任不久即奔赴荆州,和中青年考古工作者一道,住工棚,跑田野,历尽艰辛。1965年冬,我就陪他在楚郢都纪南故城周围的江陵、荆门、当阳三县境内,跑了几十个小山丘,踏勘了上百座古冢。有一次为寻找楚庄王陵墓,骤遇天雨,时近黄昏,吉普车抛锚,被困在江陵、荆门、当阳三县交界处一个山村,幸得不远处一所乡村小学教师们的相助,深夜留宿,课堂当卧房,课桌当铺板,围炉向火,烤饼充饥,方得安然度过寒夜。而就在这时,他仍不忘访寻古墓所在。请来山乡老人,夜半促膝谈心,终于取得不少新线索,高兴之余,他诙谐地说:"天不作美人作美,冻饿反招来者音,乐在其中也! 真是妙哉!"后来,他把这些调查勘察与文献资料汇集辑成《楚国墓葬》资料好几大本,为后人的楚文化考古研究,提供了有价值的学术资料。①

新中国成立后方壮猷一心扑在湖北考古事业上的情形,如在目前。此一阶段,方壮猷利用自己在学术方面的积累以及与学术界的交往,为考古事业提供帮助。其中最为著名的,是前文所述的对越王勾践剑铭文的辨识。此剑出土于 1965 年 10 月的江陵城西北望山寺地区,起初标示剑主人姓名的鸟篆铭文并未被辨识出来。方壮猷参照二号墓的两方烙印章文,将其初步释读为"邵滑",但并不敢自信,为此致信当时国内考古及古文字方面的专家郭沫若、夏鼐、唐兰、陈梦家、于省吾、徐中舒、容庚、商承祚、罗福颐、苏秉琦、胡厚宣、王振铎、顾铁符、朱芳圃、马承源等,并附剑上铭文的摹本、拓片和照片,请求予以鉴定。从 1966 年 1 月上旬到2 月中旬,不到两个月时间,方壮猷陆续收到上述学者来信达 40 多封,最终一致同意唐兰的辨识,认为即是"鸠浅"二字,乃"勾践"的通假字。参

---

① 谭维四:《深切怀念方壮猷先生》,《文物天地》1987 年第 5 期。

与这次讨论的学术阵容可谓强大,皆国内一时之选。事后,方壮猷将此次参与讨论专家的来函汇编成《楚墓通讯集》,1970 年方壮猷去世后,子女按照其遗愿,将这批珍贵信函原件捐赠给了湖北省博物馆。

可以说,新中国成立后方壮猷是以饱满的工作热情,投入到湖北省的考古工作中的。而湖北省又是新中国最为重要的考古发现地域之一,新中国成立以来的种种重大发现,早已震惊中外,改写了我们诸多历史认识。方壮猷作为早期工作的开拓者和组织者,付出了自己的诸多辛劳。但在另一方面,由于工作性质的调整以及重心的转移,方壮猷在新中国成立后所写的专业论文明显减少,只有《宋代百家争鸣初探》《战国以来中国步犁发展问题试探》等少数几篇,而其在武汉大学时期的几部讲稿以及部分毛笔手稿,也没有进一步整理成书,这不能不说是最大的遗憾。

虽然在这一阶段方壮猷发表论文较少,但还是值得一述。如《宋代百家争鸣初探》,初写于 1957 年,后作为报告论文,参加过湖北历史学会1962 年的会议。但最终的发表,是在"文革"后 1982 年的《中国哲学》第8 辑。该文除前言和结语外,共分为四部分:第一部分交代宋代百家争鸣的社会背景,主要从经济基础的角度着眼,描述了宋代农工商的生产力水平;第二部分和第三部分,是论文的主体,描述了宋代科学界的百花齐放和思想界的百家争鸣,对当时各种科学技术、各个学术派别进行了描述;第四部分叙述了百家争鸣对后世的重大影响。可以看出,这篇文章主要目的是描述宋代在"百家争鸣"这一主题之下的大致情况,考虑到它的写作年代,当是为了满足时代需要而作。

《战国以来中国步犁发展问题试探》和《初论江陵望山楚墓的年代与墓主》是方壮猷在新中国成立之后仅有的两篇与考古相关的公开论文,前文发表于《考古》1964 年第 7 期,后文写作于 1966 年 2 月,发表于方壮猷身后的 1980 年第 1 期《江汉考古》。中国是耕犁和畜耕起源最早的国家之一,方壮猷的第一篇文章,主要结合大量当时所见的考古资料和文献记载,考察利用牲畜拖拉的步犁从战国以来的发展变迁问题。涉及犁的式样、构件，以及耕犁技术、耕作方式等的流变，是较早对此一问题进行研究和总结的论文，成为此一领域的基础文献，受到当今相关研究的征引和重视。在文章末尾，方壮猷特别提到，此文是受某农具厂的委托匆促写成，并曾得到夏鼐的指正，同样彰显了方壮猷在新中国成立之后服务国家建设的学术热情。后一篇文章涉及的望山楚墓，即为越王勾践剑出土的墓葬。方壮猷根据出土的零星材料，对一号墓的年代及二号墓的主人两个问题，进行了大胆推测与论证，显示出方壮猷在历史方面的积累对其在新中国成立后领导考古工作所提供的便利。

这些新中国成立后仅有的学术写作，还是体现了较高的学术水准，为后来的研究提供了基础。在一定程度上，也让我们透过这些仅有的作品，约略感受到方壮猷当时的工作内容与工作状态，对其新中国成立后二十余年虽然从事行政领导工作，但并没有脱离学者本色的人生，有了进一步的认识。可以说，如果以古人所谓的立功立言的标准来衡量，很明显，新中国成立前的方壮猷主要展现的是立言的一面，新中国成立后则展现了为现世立功的一面，他为湖北考古事业所作出的贡献，为世人所铭记。

通观方壮猷的学术研究，早年注重学习当时学术界新潮的学术方法（如历史比较语言学等），而在其学术成熟的后期阶段（武汉大学任教时期），则不再见此类方法的提倡，而更注重对基本史料的收集、考辨和整理。但前后一贯的，是他对于北方少数民族历史和语言的关切，是他利用现代学术新观念、新视角研治历史的尝试。他尤其注重以社会史的视野，从政治、经济、民族、语言等方面来进行古史研究，体现出现代历史学者的视角和特点，从而也取得了较好的学术成绩。不论在当时还是在今天，他的很多文章都依旧是相关研究领域的基本参考资料。方壮猷先生的一生，除其出身贫寒但不断进取令人印象深刻外，他对新思潮的敏感与执着，也给人明晰的印象。比如二十几岁时，即写出新文学观念指导下的对中国文学的考证研究，再比如对白鸟库吉和伯希和所提倡的中国北方边疆少数民族语言与历史的研究与介绍等，都体现了他学术视野的开阔和对新思想的敏感,从而在一定程度上,既为中国学术带来了新鲜血液,也让人领略到他在学术上不甘人后的拼搏状态。虽然因为时代动荡和新中国成立后的工作调整,他的很多学术志业并没有充分展开,他的诸多学术成果也没来得及完善(比如对宋史的研究、对楚国史的研究,以及未完成的大量手稿等,可能都留有遗憾),但目前所见的这些成果,已经让我们对他一生勤于治学的特点深有体会,其取得的成就和具有的价值,相信会在今后更为细致地认识和考察民国学术的过程中更为彰显。

三、选编原则

据现有调查,方壮猷先生存世文献共有三种类型:一,编著的著作稿本;二,在各大学授课的讲义,其中绝大多数同样为油印稿;三,在各种报刊公开发表的论文。其中,方壮猷的著作稿本包括:1927 年,王国维过世之后,方壮猷应徐中舒之约,编写的《王静安先生年谱》,现存两册,曾在近年的拍卖市场上出现,现为私人收藏家所有,笔者无缘得见;1931 年九一八事变之后,方壮猷应傅斯年之邀,编写《东北史纲》第二卷《隋至元末之东北》以应国联调查团之需,该稿本已佚;1939—1944 年,方壮猷带领学生编成《宋史类编》十余册,1944 年夏初送交出版过程中遗失;据梁廷灿《年谱考录》著录,方壮猷尚编有《胡文忠公年谱》,现已佚。此四种著作稿本,或为藏家所有难得一见,或已遗失无从寻觅,故本文存皆未得以选入。

目前另存有毛笔手写稿多部,计有《中国中世封建社会史》两册(上下卷)、《中国古代奴隶社会史》两册(上下卷)、《中国阶级制度史》一册、《成吉思汗的故事》一册、《传记丛书》一册、《中国文化史选读》一册、《中国经济史丛书》一册、《宋人生殁著述表》一册、《方氏家乘》一册、《湘潭方氏日新堂家史稿》两册、《桐庐方氏家乘 茶陵方氏家乘》合一册。这些手写稿,或为备课之用,或为计划著作的草稿,尚有待整理,故本次选编亦未采录。

　　方壮猷的大学讲义,现存以下七种:《尚书学讲义》,1928 年在暨南大学兼课期间与徐中舒合编;《俄国史》,1936 年武汉大学排印;《元史讲义》,1936 年武汉大学排印;《金史讲义》,1937 年武汉大学排印;《元史讲义附录》,1939 年武汉大学排印;《中国史学概要》,1947 年中国文化服务社出版;《中国中世社会史稿》,1948 年湖南大学油印,新中国成立后续有修订。此七种讲义,由于是供课程讲授之需,故多采撷当时学界相关前沿研究,大部分内容并不是方壮猷个人的研究成果。并且其在武汉大学讲授的五种讲义,已经全部收入新近出版的大型丛书《民国时期武汉大学讲义汇编》之中,已获取不难。故本文存对讲义稿亦概不收入。

　　方壮猷公开发表的各类学术文章共有 30 余篇,由于方壮猷从未出版过个人文集,本次选编,本着以学术为主,尽量全面的原则,共收入其各类文章 26 篇,基本依照其一生的学术活动及著述的顺序分为以下五类:早年的文学史研究、北方民族研究时期的“七考”、宋辽金元史研究、西南少数民族调查、考古研究。大致按照以类相从的原则,并照顾发表时间先后进行编排。

　　此外,本次选编,是方壮猷先生论著的第一次结集出版,得到了方壮猷先生家属,尤其是方克立先生的大力支持,无论是对方壮猷生平学术的介绍,还是对方壮猷论著材料的提供,均给予了极大的帮助,让我们的选编工作得以顺利进行。尤其是方家兄妹四人编撰的家集《高风楚天阔:献给父亲方壮猷教授和母亲张芹芬女士》,收集了方壮猷先生和张芹芬女士的大量资料,并编制了详细的年谱,为本书提供了十分珍贵的重要资料,本文撰写的方壮猷生平及书后所附学术年谱,多取材于此,在此特别说明,并致以衷心的感谢。然而不料在本书送交出版的过程中,方克立先生邃归道山,未及见到其心心念念的父亲著作的结集出版,令我们深以为憾,在此也谨以此书表示我们对老先生的怀念和感谢。

　　本书作为方壮猷先生的第一本选集,难免存在各种不足,尚请读者赐正。

《商人妇》《缀网劳蛛》的批评

一

文学批评的任务和目的：一方面固在提出文学创作品的优点，鼓励作家，使其努力向上，和规正创作品的谬误思想，指导作家，使其改良进步；而他一方面则在把文学创作品的内容，分析或比较地将作品的根本用意所在，介绍读者，提醒社会对于文学的注意，供给读者对于文学的理解的方法。所以创作家必赖着批评家做向导，才能产生最新的作品；而社会又全赖着批评家的帮助，才能鉴赏作品的真相。

近代西洋文学创作品非常发达，所以文学批评，也极丰富，甚且批评文学比纯粹创作的文学更加发达，往往一种作品有许多批评，而批评又有批评。差不多把文学批评成立了一门独立的科学。因之西洋文学的进步月异而日不同，而社会上鉴赏的程度，也就日益增高，以致有今日西洋文学的现象。中国民性本来缺乏研究的态度和批评的精神，所以真正的作品从来很少，而批评文学更不曾多见。

批评文学本来是一件极不容易的事，不但对于作品的中心思想，要贯彻了解；而且对于作品中所包含的东西的时代价值要辨别明晰；和其中的力和美的质素,要分析清楚。中国几千年来养成了一种虚伪矫饰的习气,一般号称文人者,大都竞尚虚饰,毫没有觉悟。忏悔的精神,即称一有批评文学发现,便要弄出孩儿气的笑柄。"感情"和"面子"的魔力,使面孔熟的人,不能负批评的责任。然而在中国现在的文学界,批评文学,又是万分紧要,迫不及待的事,所以我很希望国内的批评家,能应批评文学的急需的要求,破除一切顾"情面"的旧习惯,急起直追,勉作国内创作家读者的南针。

我本来不是专攻文学的人,在此不过想把个人的一点直觉,和片面的感想,不量力地来讨论一下。或者使我个人理解谬误的地方,能得大家的指教,那更是我分外的幸福呢。

二

《小说月报》上所发表的创作这样多,那末我为什么必先提出这两篇呢?因为我是想选两篇事实与意味相类似的作品来比较一下的,而这两篇同是描写一个可怜的妇人,被无情的凶残的丈夫弃掉,伤害着的事实,而且这两位妇人又都很有觉悟,毫不悲观绝望,厌世轻生,能拿奋斗不倦的精神,从荆棘丛中找着生路。

《商人妇》里表现的人生的悲哀,有几处很明了,容易看得出来:

写惜官口述他们起初夫妇间的爱情:像荫乔因赌博失败,倒闭了糖店回家的时候,惜官的哭泣以代慰劝;荫乔过番时,又典当手镯以作盘费;以及荫乔安慰惜官哭泣的谈话,和出厦门后复回家叮咛的情形与言辞;是何等浓厚缠绵呵!谁能料到后来竟会被他反眼相待,而且竟把伊卖掉的毒举呢?

写阿噶利马待惜官的仁厚亲爱:像教伊学习文学,劝伊日用装饰,和安慰伊,体贴伊,临产时帮助伊的许多事实和言辞,都足令人非常感动!却不幸因救恤邻妇哈那被其丈夫瞥见,即因此被丈夫休弃;其次写惜官脱离苦海后,却因财产的恶魔势力,引起家中人的鬼蜮心肠,使惜官多方受窘迫,不得已抛弃应得产业而逃走,当惜官别阿噶利马,说:"'杀人放火金腰带;修桥整路长大癫',这两句话实是人间生活的常例。"这段话何等沉痛!末尾描写到鸿渐,去打听良姆的消息的话:"那橄榄树下的破屋,满被古藤封住,从门缝儿一望,隐约瞧见几座朽腐的木主搁在桌上,那里还有一位良姆",这一段虽轻轻淡淡的下笔,却非常动人!

但这篇虽密布着人生悲哀,却又下了许多解答,所以不致引读者陷入悲境,且足令人于忧虑后得着安慰。惜官的话"你必定疑我为什么不死。唉!当时我也有这思想。……久而久之,我底激烈的情绪过了,不但不愿死,而且要留着这条命往前瞧瞧我底命运到底是怎样的。"作者自己说"我只对她说:你在那漂流的时节,能够自己找出这条活路,实在可敬……"这两段都可为笼罩在悲观厌世,自杀轻生的消极的人生观的浓雾中的青年底兴奋剂,救命汤。

篇末惜官回答的话说"人间一切的事情本来没有什么苦乐的分别:你造作时是苦,希望时是乐;临事时是苦,回想时是乐。……眼前所遇的都是困苦;过去未来的回想和希望都是快乐。……若是我自己想起来,久别,被卖,逃亡等事情,都有快乐在内。……"这段话便是本篇的根本思想。现在一般青年的头脑,充满了热烈的纯洁的细胞,蕴蓄一生无限的希望。可是因为平日对于社会的敬礼太高,自己想像的兴味也太浓厚;所以一旦闯入社会里,遇着恶浊的势力所打击,于是渐渐看破了"人生之谜",于是平日敬礼社会的热忱,渐渐地云消雾散。这时他们失了希望的目的,只剩下自己独往独来,孤寂凄凉地在这生命途中翻转,于是世界是虚伪的,人生是痛苦的观念沸腾脑海中,因此走错了人生的正路,往消极的方向摸索。假使大家都有"过去未来的回想和希望的都是快乐"的观念,那末一时的挫折与失败,有什么可消极的危险发生呢?

这篇还有两层可以注意的地方:像惜官被卖后,觉得因自己不能写信,使荫乔有所借口,便愿意在那举目无亲的时候,学习些文字;当逃脱苦海,自营生活时,又不愿偷闲度日,即入女校念书。到处漂泊流离,艰苦备尝之后,犹有这种奋斗不懈的精神,真可以给一般因循苟安、因噎废食的人一剂兴奋汤呵！惜官说读《天路历程》和《鲁滨孙漂流记》，最受感动，得到许多安慰和模范。这也可见真的人的文学足以感人至深，文学支配人生的力量的伟大呵！

其次惜官因为怕中鬼蜮心肠的同家人的暗算，便毅然决然地弃产逃走；逃走后又觉得自己被卖的原故，虽由于荫乔之无情，却悔自己不应找到新加坡去依赖他，于是又决定独立生活的主意。这种觉悟，这种勇气，不很足给读者一个模范吗？

三

《缀网劳蛛》一篇描写一个不求人知道伊自己的行为，也不计较别人的行为的只求良心上的安慰的妇人，为伊凶残卑污的丈夫所妒忌和伤害的事实。却借蜘蛛结网的不免时有外力破坏，以喻人的命运途中的不免时有舛厄。但蛛网破了，蜘蛛却把它收藏起来，从不灰心，等有机会，再就破裂处补缀结成一个更好的，以示人在生命途中也该这样。看了劈头的诗和末后的比喻，便很容易明了。

在这篇中所表现人生是什么和人生究竟怎样的两个问题，还有两处很明显很正确地解答了。我们只看：

尚洁答史夫人的一段话"……我们都从渺茫中来，在渺茫中住，往渺茫中去。若是怕在这条云封雾锁的生命路程里走动，莫如止住你的脚步；若是你有漫游的兴趣，纵然前途和四围的光景暧昧，不能使你赏心快意，你也是要走的。横竖是往前走，顾虑什么？"

尚洁到土华后的思想："这采珠的工夫赐给她许多教训，因为她这几个月来常想着人生就同入海采珠一样：整天冒险入海里去，要得着多少，得着什么，采珠者一点把握也没有。……她见那些人每天迷朦朦地搜求，不久就理会她在世间的历程也和采珠的工作一样，要得着多少，得着什么，虽不在她的权能之下，可是她每天总得入海一遭，因为她的本分就是如此。"

这两段是对于人生是什么和人生应该怎样的解释。也就是作者人生观的表现。人生在世,究竟能够得到怎样生活,确是渺渺茫茫,一点把握都没有。但人既然生到了这渺茫的人世上,谁也不会没有漫游的兴趣,所以便不能因为前途茫茫没有把握而灰心。中途的梗塞虽是不能免的,我们还是要奋然前进,不断的搜求补缀。因为做了采珠者,每天总得入海一遭;做了蜘蛛,总得补缀重结。我们的本分是如此,所以我们不得不如此呵!现在一般青年因一时的挫折失望,便感着世界是空虚的,人生是梦幻的,于是发生悲观绝望,烦闷轻生的观念,如果他们读到"横竖是往前走,顾虑什么?"和"她每天总得入海一遭,因为她的本分就是如此"及"他是蜘蛛,不得不如此"这几处地方,不会感着一线光明照耀到他们心里,使他们重燃生命之火吗?

这篇中似乎再三描写尚洁的顺乎自然的命运观,譬如:"……外间的闲话是听不得的。这事我全不计较。……我虽不信命定的说法,然而事情怎样来,我就怎样对付。毋庸在事前预谋什么方法。"

"……外间传说我和谭先生有秘密关系,说我是淫妇,我都不介意。……我并不辩白。……我不管人家怎样批评我,也不管他怎样怀疑我,我只求自己无愧……等到事情临到我身上,自有方法对付……"

"我底行为本不求人知道,也不是为要得人家的怜恤和赞美。人家怎样来,我就怎样受,从来不计较的……"

"他既规定他自己的行程,又何必费工夫去寻找呢?我是没有成见的,事情怎样来,我就怎样对付就是……"

这几段表面上看来,似乎是带"逆来顺受"无预防、无抵抗的乐天的命运观。其实中间却含有很热烈的眼泪,对于人与人间的隔膜,有无限哀痛。我们只看"世上没有一个人能把真心拿出来给人家看;纵然能够拿出来,人家也看不明白;那么,我又何必多费唇舌呢?人对于一件事情一有了成见,就不容易把真相观察出来。凡是人都有成见,同一件事,必生出异样的评判,……"这一段话便可知道尚洁并不是不想预防,可是伊深知人们都有"成见",虽预防也是不中用的呵!这类赤裸裸的描写人间的隔膜无情，很可使热烈的人顿觉懊丧。但尚洁却迁居异地，对于前途，不但没有一点灰心，而且更加奋勉。这不是伊底"横竖是往前进，顾虑什么？"的正确的人生观的力量吗？我爱这类的作品，我爱这样能把人生真相毕露，而又不致使人悲观的人的文学！

还有一层可以注意的地方，便是对于"爱情"的见解。你看"……我从不会在别人身上用过一点男女的爱情；别人给我的，我也不曾辨别过那是真的，这是假的。夫妇不过名义上的事，爱与不爱，只能稍微影响点精神生活，和家庭的组织是毫无关系的。"

"他怎样想法子奉承我……然而我却没有领他底情，因为他从没有把自己的行为检点一下。……我常想着从不自爱的人所给的爱情都是假的。"

末后史先生的话"他是出于激烈的爱情所致。因为他爱你的缘故，所以伤了你。……"

尚洁说"爱情本是极利的斧子；用来剥削命运，常比用来整顿命运的时候多些……"

看了这几段，可见爱情的魔力的伟大，往往能支配人底生活和人生观。可是真正的爱情，必得要自己纯洁自爱，再推而及人，这样才有价值。假使自己犹放辟邪侈，无所不为，因己度人，对于所爱者便不怀好意，甚而竟加以伤害，像长孙可望这样的男子，晓得什么真的爱情，不过盲目的冲动罢了。伊说"从不自爱的人所给的爱情都是假的。"这句话何等真切！但在这层中我却有一个不能同意的地方，就是伊认"家庭是公的；爱情是私的。爱情只能稍微影响点精神生活；与家庭的组织，没有关系。"伊因有这种见解，所以不脱离长孙可望，这是我极不赞成的。因为我相信家庭的组织，是以爱情为基础的；家庭的生命，完全靠爱情维持。没有爱情的家庭，便是形式的，枯燥无趣的傀儡了，那末人与人间只用隔膜障蔽，没有了解之时，精神上只有痛苦而无快乐。这种生活，是人的生活吗？这种家庭不该破坏吗？像同可望这样不自检点，行为卑污而且凶残的男子所组织的家庭，有什么可维持的价值呢？尚洁这层思想未免太不彻底罢！

四

这两篇,大概已就个人的片面的直觉所感到的批评过了。现在且总括起来作一个结束:

事实——这两篇的事实,我觉得都很真实而且很普通。因为我读了之后,便仿佛觉得荫乔、可望、惜官、尚洁……这些人都曾在我眼中或耳中阅历过似的。一般的男子,往往远出家庭,因兽性冲动,在外边"燕尔新婚",不惜把原来爱情浓厚的妻室弃掉的,不知道有多少呢?——尤其是商人、学生——我不知道他们看了惜官这样漂泊流离的苦楚和缠绵不尽的情致,也有动于衷否?而一般放辟邪侈的男子,往往以自己的行为,不以好意度人,怀疑,误会,甚且加以凶残的待遇,把女子当牺牲品,像尚洁这样被伤的事,更属夫妻间所习见常闻。我不知道他们看了尚洁这样的纯洁,也觉自惭否?至于因环境压迫而失志的妇女,读了这两篇,必能消除消极的观念,感着奋发的觉悟。但我尤希望一般遇着荫乔、可望这样无情、凶残的男子的妇女,不要痴情留恋!

立意——这两篇都是把人与人间的隔阂障蔽、冥漠无情,赤裸裸地写出来,以针砭一般过眼浮云,或放辟邪侈的人心。虽对于人生含着无限的悲哀与痛恨,却又处处含勇往奋斗的精神,于人生究应怎样的问题,以正确完满的解答。使人读了不但不因此悲观,而且足使一般对于人生怀疑,对于世界怀疑的,在生命之途中摸索,在烦闷厌世的浓雾中过生活的青年,大见光明,重燃生命之火!

(原载于 1922 年《小说月报》第十三卷第九期)

中国文艺的起源

文艺的起源远在人类文化未甚发达,文字未曾创作以前。所以人类有文艺的历史比人类有文字的历史更长。这是什么原故:古今中西学者的解说很多,归纳起来有下之二说:

一,由于人类的表现冲动 Self Exhibtion Impulse,或称创作冲动。因为人类都是有生机、有情感的动物,无论文化发达与否,文字造成与否,智识高明与否,然而衣食之营求,男女婚姻之要求,乃有生之伦所同俱,因衣食之营求,则不能无工作,工作之结果而收获丰多,则不能无欢欣鼓舞,工作过劳苦则不能无呼吁嗟叹,因衣食婚姻之要求又不能无战斗争夺,战争胜利则不能无欢欣鼓舞,战斗失败则不能无呜咽悲叹。凡此种种外感于物,则内动于情,自然流露,莫知其所然。这些欢欣鼓舞,悲呼咏叹之声,就是原始人民的文艺,不必定要有文字之后,也不必要有文化发达之后方能有的。中国古来学者也有知道这个意思的,《诗序》说:

> 诗者志之所之也,在心为志,发言为诗。言动于中而形于言;言之不足,故嗟叹之;嗟叹之不足,故咏歌之;咏歌之不足,不知手之舞之,足之蹈之也。

这算是表现冲动的文艺起源说之最有力的说法了。后来孔颖达、朱熹的说法都从此段引申的。孔颖达《诗正义》中也说得很好。他说：

> 乐之所由起，发于人之性情，性情之生，斯乃自然而有，故婴儿
> 孩子，则怀嬉戏踊跃之心，玄鹤苍鸾，亦合歌舞节奏之应。岂必有诗
> 而不成乐。上古之时，徒有讴歌呼吟，必无文字雅颂之声。

朱熹《诗集传序》中也说：

> 人生而静，天之性也，感于物而动，性之欲也。夫既有欲矣，则不
> 能无思；既有思矣，则不能无言；既有言矣，则言之所不能尽，而发于咨
> 嗟咏叹之余者，必有自然之音响节族而不能已焉，此诗之所以作也。

以上三说都是以证明表现冲动的文艺起源说是不错的。原始人民
的表现冲动，大抵感物兴怀，因时动念，情感冲动，自然流露，并不含有实
际应用的目的。所以有些研究文艺的学者又有文艺起于人类的游戏冲
动 Play Impulse 说的。又因为原始人民的文艺，有的摹拟鸟兽的声音、
虫鱼的模样，所以又有些研究文艺的学者主张文艺起于人类的模仿冲动
Imitative Impulse 说的；但是无论游戏冲动说，或模仿冲动说，他们之以
文艺为人类情感的表现则是相同的。

第一，由于实际的应用。最初的文艺固然全由娱乐而起，情之所至
自然流露，莫知其然而然。但是文艺既起，表现的人自身既感觉有种快
乐，于是渐渐有人想把这种快乐与人共之，想把这种快乐去悦人。最初
的实用就是男女两性的媒介。吁嗟歌唱的人不但用以自娱，且用以求媚
于异性，其次就是应用于战争，当战斗开始的时候，歌呼鼓舞助战士的勇
气，激动他们奋斗的兴会。战后讲和的时候，欢唱抃跃以连结民族的善
感。再次就是宗教的仪式，歌唱舞蹈以娱鬼神。这都是由娱乐的目的而
演进为应用的目的的明证。这在中国文艺史料中也可以找出证据来。

《归藏》曰：

> 蚩尤出自羊水，八肱八趾疏首，登九淖以发空桑，黄帝杀之于青
> 丘，作枫鼓之曲十章，一曰雷震惊；二曰猛虎骇；三曰鸷鸟击；四曰龙

媒蝶;五曰灵夔吼;六曰雕鹗争;七曰壮士夺志;八曰熊罴哮咆;九曰石荡崖;十曰波荡壑。

《归藏》虽伪书,但此节述原始人民战胜凯旋之歌,颇近情理。又《乐府诗集》引蔡邕《汉书·礼乐志》称黄帝使岐伯作短箫铙鼓,以建扬武德,讽劝战士。这些歌辞不传,因为最初的文艺是不必定要有文学的传写,而常用口耳传诵的。除爱情与战争的文艺外,起源较早当然是宗教的文艺,王静安先生论歌舞起源,足以证明此说:

> 歌舞之兴,其始于古之巫乎?巫之兴也,盖在上古之世,《楚语》:"古者民神不杂,民之精爽不携贰者而又能齐宿衷正。……如此则明神降之,在男曰觋,在女曰巫。……及少暤之衰,九黎乱德,民神杂糅,不可方物,夫人作享,家为巫史。"然则巫觋之兴,在少暤之前,盖此事与文化俱古矣。巫之事神,必用歌舞,《说文解字》云:"巫,祝也,女能事无形舞降者也。象人两褎舞形,与工同意。"故《商书》言恒舞于官,酣歌于室,时谓巫风。(《宋元戏曲史》)

这都足以说明文艺之由娱乐而渐进于实用的目的了。但是这些歌辞虽然为得实用,而最早的还是产生在人类未有文字以前,因为人类之有男女爱情,人类之有战斗,人类之有宗教迷信是与人生俱来,是不必要在有文字之后然后始能有的。所以最早的歌辞多半失传了。

文艺的起源既远在人类文化尚未发达,文字尚未创造之前,则原始人民的文艺当然是不传了。即使有在文字发生后有人记录下来的,也不过是绝无仅有,几万分之一二而已。所以我们要文艺的最初历史,自然不能完全凭藉故纸堆中搜集材料。近代西洋学者多有凭藉人种学家及社会学家研究现代各地未开化野蛮民族之生活状况,以推论古代各民族之生活现象的。因为现代各地未开化民族之生活状况,无论澳洲的土人,美洲的土人,非洲的土人,亚洲南部的土人,地方相差不知多少远,而他们的生活状况的相差是有限的。他们的文化程度固然很低,他们的艺术也大致相同,没有多少"民族的特性"和"气候的影响、地理的特性",因为这种缘故,所以近代一般社会学家、人种学家都相信古代各民族的生活状况与现代各未开化民族的生活状况相差是很有限的,虽然时代有古今之不同。因为人种学及社会学研究现代各地未开化民族之生活状况的结果,知道未开化民族文字虽然未有,但艺术却是有的。因为未开化民族的表现情感多由于歌舞 Ballad Dance,所以近代西洋学者多谓歌舞为一切文艺的原形质,歌舞在中国古代又称"讴歌"或称"风谣",完全是用口耳传诵的,发生于未有文字之前的。到了文化发达,文字产生以后,歌舞进化为诗歌,由诗歌再进化为散文。这是文艺进化的程序。

歌舞乃是现代未开化民族最普遍、最有影响的艺术。未开化民族的习惯,当部落战争的战胜凯旋,必开歌舞会以庆祝胜利,当战后讲和或两民族联欢时,也必开歌舞以表示亲善。此外如男女成亲、儿童成年、过年度节等,也常举行大规模的歌舞会,以表示庆祝之乐。这种歌舞会举行的地方或择树林阴翳、山明水秀之境,或在空谷小村间阎茅舍之中,开会的时间或在明月如昼、惠风和畅之夜,且烧以火光,红焰与明月交辉,或在春日载阳、风光明媚之候,呜呜喈喈,无处非悦耳怡心之感。开会时青年男子排列跳舞,则妙龄女郎结队而歌,若女子跳舞,则男子唱歌。舞的姿势,有用体操式,有用游戏式,或摹拟各种动物的情状,如袋鼠式,野犬式,鸵鸟式,蝴蝶式,虾蟆式等等,或摹拟人生的活动,如摇船式,死人复活式等等。若庆祝婚姻之歌舞会,则红男绿女,手相携,肩相倚,或用上身摇曳,或用胫腿展缩作态,双双对舞,终乃心心相印,于是有情人成眷属。这就是原始人民的生活现象。所以最早的文艺不是关于男女两性上的事,就是关于部落战斗的事。也就是因为最初的歌舞会,多半为庆祝战胜凯旋及男女成亲等事而起的缘故。

歌舞会的目的由娱乐式的歌舞而渐有宗教式的歌舞,为原始人民文化未开,智识幼稚的缘故,看见宇宙间之风云变化,人间世之生死疾苦,不能索解,以为冥冥之中有鬼神为作主宰,于是崇拜鬼神,迷信宗教。迷信鬼神所以重祭祀,他们平时觉得歌舞足以自娱,于是祭祀鬼神时,遂欲以歌舞娱乐鬼神,或在歌舞会中摹拟鬼神的形像,于是歌舞会便由娱乐的而进于宗教的了。所以最初的文艺除关于男女间事及战争的事而外,以宗教的颂歌为较早,这种歌舞会在现代各种未开化民族是很普遍的,尤以澳洲各地的土人为最盛。

这种歌舞为什么便是一切文艺的起源,原因为歌舞的时候,同时有歌辞、音乐、舞蹈三种活动并行。歌辞以道其事为主,音乐以泄其情为主,舞蹈以肖其形为主,这三种要素就是由歌舞演进为诗歌的起点。歌舞会中的歌辞起初只由口耳传诵,到后来文字产生之后,用文字把这些记录起来,就是原始的诗歌。歌舞之为原始文艺,中国文艺史料中也很可以看出这种痕迹。《吕氏春秋》有一段话可以引来作例:

> 昔葛天氏之乐,三人摻牛尾投足以歌八阕:一曰载民,二曰玄鸟,三曰遂草木,四曰奋五谷,五曰敬天常,六曰达帝功,七曰依帝德,八曰总万物之极。(《文心雕龙》曰:"葛天氏乐辞云,《玄鸟》在曲。")

> 昔阴康氏之始,阴多滞伏,而湛积水道,壅塞不行,其原民气郁阏而滞著,筋骨瑟缩不达,故作为舞以宣导之。(《古乐篇》)

我们看葛天氏之乐"三人摻牛尾投足以歌八阕",则其乐已备具歌辞、音乐、舞蹈三种形象了。阴康之乐,"作为舞宣导之"其为原始人民之歌舞,亦明显之事。古代诗歌合音乐与舞蹈者,《尚书》《毛诗》属传皆其明例:

> 《尚书》云:"诗言志,歌咏言,声依韵,律和声。八音克谐,无相夺伦,神人以和。"

> 《乐记》曰:"言之不足故长言之;长言之不足,故嗟叹之;嗟叹之不足,故永歌之;永歌之不足,不知手之舞之足之蹈之也。"

> 《诗毛传》曰:"古者教以诗乐,诵之,歌之,弦之,舞之。"

由上数例可见古代歌舞之起,实合歌辞与音乐、舞蹈三者同时并作之象而为一。至诗歌与乐章相附丽,例证更多。

> 《庄子》云:"黄帝张咸池之乐,有焱氏为颂曰:听之不闻其声,视之不见其形,充满天地,包裹六极。"

> 《路史·后纪》云:"帝尧制七弦,徽大唐之歌,而民事得,制咸池

之舞,而为经首之诗,以享上帝,命之日大咸。帝舜作大唐之歌,以声帝美,声成而绯凤至。故其乐曰,舟张辟雍,鸽鶄相从,八风回回,凤凰喈喈,言其和也。"

作歌的一定同时作乐,作乐的也一定同时作歌。相传古来有东西南北四音,《吕氏春秋》云:

> 夏后氏孔甲田于东阳蕢山……乃作破斧之歌,实始为东音;禹行功见涂山氏之女……女乃作歌,歌曰:侯人兮猗,实始为南音;……殷整甲徙宅西河,犹思故处,实始作为西音;有娀氏有佚二女,为之九成之台,……燕遗二卵,北飞遂不反,二女作歌,一终日燕燕往飞,实始作为北音。……

《吕氏春秋》所传史料虽不能十分尽信其为真确,但是古来诗歌与音乐合一,则是毫无疑义的事。所以孔颖达《毛诗正义》曰:"五帝以还,诗乐相将,故有诗则有乐。"歌舞之由诗歌、音乐、舞蹈三部合奏,不但原姓民族如此,即到文化进步已有相当程度的周初,这种现象,还可考见。周武王伐纣之后,作了一部《大武》乐章,这种《大武》乐章的奏演就是歌舞的现象。《乐记》中记《大武》乐的奏演说:

> 夫《武》始而北出;再成而灭商;三成而南;四成而南国是疆;五成而分周公左、召公右;六成复缀以崇天子。夹振之而四伐,盛威于中国也。分夹而进,事早济也。久立于缀以待诸侯之至也。

> 《礼记》云:"朱干玉戚,冕而舞《大武》。"
> 《周官》云:"奏无射,歌夹节,舞《大武》。"

《大武》是《周颂》中重要的篇章,而其用在舞。舞时与音乐、诗歌同奏。表演《大武》的姿态是一段一段扮成武之伐纣的样子:第一段扮演出师北伐的样子;第二步表演武王灭商的样子;第三段扮演战胜凯旋的样子;第四段演出战胜声威远震的样子;第五段演出序封功臣、功成建国的样子;第六段表演待诸侯来朝的样子。不但秩序井然,就是他们表演的姿态也可仿佛想见。此种表演已为文化程度较高的时代之现象,隐然为后代戏剧的起源,但其来源与原始人民战胜之后开歌舞以庆祝凯旋之意,完全相同。《诗经》中也有几首诗足以表以原始民生的状况。《陈风》:

> 东门之枌,宛丘之栩。子仲之子,婆娑其下。
>
> 榖旦于差,南方之原。不绩其麻,市也婆娑。
>
> 榖旦于逝,越以鬷迈。视尔如荍,贻我握椒。
>
> ——《东门之枌》

> 子之汤兮,宛丘之上兮。洵有情兮,而无望兮。
>
> 坎其击鼓,宛丘之下。无冬无夏,值其鹭羽。
>
> 坎其击缶,宛丘之道。无冬无夏,值其鹭翿。
>
> ——《宛丘》

上面两首诗都有去原始民族生活不远的痕迹。前者写男女相舞于野,相舞于市,舞后复以礼物相赠而别。后者写歌舞时状况,把音乐与舞蹈的情形都写出了。据《汉书·地理志》记陈地风俗云:"陈太姬妇人尊贵,好祭祀,用史巫,故其俗信巫鬼,《陈诗》曰:'坎其击鼓,宛丘之下,无冬无夏,值其鹭羽。'又曰:'东门之枌,宛丘之栩,子仲之子,婆娑其下。'此其风也。"郑康成《诗谱》也有同样之说。可见中国古代的所谓巫人,乃以歌舞为职,以乐神人者也。这是宗教式的歌舞之一种。此外祭祀祖先的歌舞会,《诗经》中有好几首可以看出这种情形,《商颂》中的《那》更为明显:

> 猗与那与,置我鞉鼓。奏鼓简简,衎我烈祖。……
>
> 鞉鼓渊渊,嘒嘒管声。既和且平,依我磬声。……
>
> 庸鼓有斁,万舞有奕。我有嘉客,亦不夷怿。……
>
> ——《商颂·那》

《那》是《商颂》中第一首,这诗已经把诗歌、音乐、舞蹈三者的样子都完全写出来了。

(原载于 1926 年《清华周刊·十五周年纪念增刊》)

词的起源和发展

一

中国文学的主潮，可以表现时代精神的作品，自周代的四言诗，楚汉的辞赋，六朝的骈文以及五言诗，唐代的五七言古近体诗以后，五代两宋的词，元代的曲，可算最有精彩的时代文学了。

当我们研究唐诗的时候，看见盛唐、中唐的五七言古近体等诗，正如游览汪洋大海，满目波澜纵横，气象万千，无论写情描景，无不极尽诗国的能事，令人有"叹观止矣""蔑以加矣"的观感。然而穷则生变，变乃又通，正如"山重水复疑无路，柳暗花明又一村"，当林尽水穷时，忽于峰回路转处，发现一个新的天地出来，这便是晚唐五代时词的产生了。

词与诗本没有根本上的差别，不过形式上有些两样罢了。老实说，词不过是诗歌中的一体，与律诗、绝句、古体等等同为诗歌的一体是一样的。就音乐上分别，诗歌中大别为入乐的与不入乐的两种，词便是合乐的歌词。就字句上分别，诗歌中大别为字句整齐与长短错落两种，词便是字句长短错落的诗歌。本来文学上的分类往往不以内容差别而以形体差别为标准，中国文学之以形体分类，更为历史上显明的事实，即如国风与楚辞,就内容论同为诗歌,但以篇幅长短不同,便分别称为诗与赋了。词之得名,其理亦无不同;因为唐代的诗以五言七言为宗,词的字句长短错落与诗不同,遂别立新名以别于诗。实则词的内容不但与诗没有两样,而且词的形式,更适宜于抒情诗的园地,更可算为诗中的诗。所以唐代五七言诗之变而为五代两宋的词,乃是诗的形体上多生一种变化,多出一种花样,而且是抒情的园地长足发展的一种新方向而已。

词体酝酿于盛唐中唐,产生于晚唐,成立于五代,而极盛于两宋。

当五代两宋时候词的发达,真可谓登峰造极了;就作者方面论,上自帝王卿相,下至走卒贩夫,多会作词,著名的作家,更指不胜屈;就作品方面论,则名篇佳制,更仆难数;如李后主词所云,"商女不知亡国恨,隔江犹唱后庭花",叶梦得所记一西夏归朝官云,"凡有井水处,即能歌柳(永)词",由此可见五代两宋的词不但普遍到了民间,而且远播到边陲外族去了。

但是晚唐五代正是中国政治最混乱的时期,晚唐是藩镇势焰大张,许多节度使各霸一方,不服从朝廷命令的时期,结果便变到五代十国的割据的局面。在这种政治混乱,人民生活不安的时期,居然产生了一个更进步、更自然、更适于表达情绪的新诗体,而且由产生而逐渐发达至于成立;这种事实不能不使我们发生下列的两个问题:

(1) 词为什么会产生?

(2) 词究竟产生于何时? 创始于何人?

我们要研究五代两宋的词,不能不先知道五代两宋词的来源,所以上面的两个问题有先解答的必要。

二

据陆游《花间集序》所说,"唐季五代诗愈卑,而倚声者辄简古可爱,能此不能彼,未易以理推也"。又说"斯时天下岌岌,士大夫乃流宕如此,或者出于无聊"。依陆放翁的意思,词之创于晚唐,兴于五代,是不可以理喻的。然而我们承认一种新的文体的产生,是从天上掉下来的,完全没有理由的吗? 不会,决不会。我们相信无论何种新的文学的产生必定有下面两种原因:

(1) 历史进化的渊源,

(2) 时代环境的促成,

现在我们且就上面两点来试着探寻词体产生的缘因:

(一) 诗体进化的自然趋势。诗至盛唐中唐已经成功到"登峰造极""叹观止矣"的地步了,无论五言与七言,古体与近体,都已平均发展,各尽其能了。惟是流行既久,模仿自多,到了晚唐而末流之弊,自成习套,千篇一律,气格愈形卑下,形式愈觉单调,即有天才的作家出来,而旧模型里也变不出新的戏法来,于是卓落不羁之徒,遂不得不自出心裁,进而为新体的尝试。因为五言七言的形体太整齐划一,而且太单调枯燥的缘故,于是乃脱掉这种束缚,进而为长短错落参差间叠的体裁,以构成无穷的新的形体,与新的园地;因此诗歌中遂又开辟一个新的天地来,而诗便呱呱坠地了。这是词的产生的历史的原因。我们现在再引前人的学说以证实这个假设的来源:

顾炎武说:

三百篇之不能不降而为楚辞,楚辞之不能不降而汉魏,汉魏之不能不降而六朝,六朝之不能不降而唐也,势也。诗文之所以代变者,有不得不变者。(《日知录》)

王静安师(国维)说:

四言敝而有楚辞,楚辞敝而有五言,五言敝而有七言,古诗敝而有律绝,律绝敝而有词。盖文体通行既久,染指遂多,自成习套,豪杰之士,亦难于其中自出新意,故遁而作他体,以自解脱。(《人间词话》)

由此很可说明词的产生的第一个原因了。

(二) 胡乐输入的自然结果。词是合乐的诗歌,以协乐为主,是中国古代乐府歌词的一种变体。汉代古乐府十种，到东汉末渐就散佚，至曹植时已不易识，到齐梁时更亡佚殆尽，到东晋时古乐府仅存了清商曲的一部分而已。六朝时代诗歌与音乐已完全分道，当时沈约等所倡的四声八病的音韵学说虽然流行，然而不过修饰字句，整齐韵脚，与音乐无关。到了唐代，律诗盛行，诗歌与音乐相离更远了。唐诗中虽然也有乐府之名，然而所谓古乐府大都拟古之作，借题抒意而已。所谓新乐府也就是五七言古诗，完全是纯文学方面的事，与音乐绝无关涉。那时中国古乐存者仅清商曲中的清乐一部分，而诗歌入乐以与清商曲相协的，也仅有绝句一种。并且这时虽以绝句协乐，实则歌词自歌词，乐谱自乐谱，诗人独自作诗，乐工独自以诗谱入乐中，与诗人各不相谋。后来外族音乐（所谓胡乐）逐渐输入中国来，如凉州、甘州、伊州、天竺、高丽、龟兹、安西、疏勒、高昌、康国等乐渐渐为中国朝野所采用；到了天宝末年，因为唐玄宗（明皇）好诗歌，精音律的缘故，既曾创设梨园，至是又下诏令"道调法曲，与胡部新声合奏"。这是中国音乐公然与外国音乐结婚。结果产生了一种新的音乐，唐教坊所传习的大曲小曲便是。所以唐乐十部中除清商曲所遗存的清乐一部分外，其余都是外国音乐。这些外国音乐，初与中国音乐结合的时候，不得不沿用中乐所习用的绝句作歌词，然而绝句本是独立存在的一种特殊诗体，它的音数一定，格律整齐，不能随便变动，而音乐则反是，音乐以声律为主，长短错落，活动不居，拿固定的不活动的绝句，来配合活动的声律，自然发生许多困难，乃不得不在歌词的字句中添插许多散声与和声，以调剂之。现在举相传为唐玄宗所作的《好时光》一词为例：

　　宝髻（偏）宜宫样，（莲）脸嫩体红香，眉黛不须（张）（敞）画，天教入鬓长。

　　莫倚倾国貌，嫁取（个）有情郎，彼此当年少，莫负好时光。

这首词是不是唐玄宗所作，尚待考证。但是词中偏、莲、张、敞、个五字，当是当时插入的泛声和声，经后人改作实字的，则甚明显。这是歌词与乐谱渐就接近的时会。但是这种插入和声的办法有许多弊病,往往把整齐的字句改作散乱的字句,有时失去原意,有时或竟与原意相反。后来逐渐进步,诗人能通音律的日多,受音乐的影响日大,于是为救济这种困难起见,乃以现成的乐曲为本位,按着曲谱的长短,音数的参差,逐为填字,于是这种歌词不是五七言而是长短错落的了,不是整齐固定的而是活动自然的了,这种歌词便是后来的所谓"词"了。这便是词的产生的环境的原因。我们现在再举些前人的记载,以证明这个假设的根据:

王灼说:

隋民取汉以来乐器歌章,古调,并入清乐,余波至李唐始绝。唐中叶虽有古乐府,而播在声律则鲜矣。

唐时古意亦未全消,《竹枝》《浪淘沙》《抛球乐》《杨柳枝》,乃时中绝句,而定为歌曲。

凉州曲,唐史及传载称,天宝乐曲皆以边地为名,若《凉州》《甘州》之类,曲遍声繁名入破。又诏:道调法曲与胡部乐合作。(《碧鸡漫志》)

朱熹说:

古乐府只是诗,中间却添许多泛声。后来怕失了泛声,逐一添个实字,遂成长短句,今曲子便是。(《语类》)

《全唐诗注》说:

唐人乐府,原用律绝等诗,杂和声歌之。其并和声作实字,长短其句,以就曲拍者为填词。

方成培说:

唐人所歌五七言绝句,必杂以散声,然后可被之管弦。……后来遂谱其散声,以字句实之,而长短句兴焉。故词者所以济近体之穷,上承乐府之变也。(《词麈》)

纪昀说:

古乐府在声不在词。唐人不得其声……其时采诗入乐者仅五七言绝句,或律诗割取其四句。依声制词者,初体《竹枝》《柳枝》之类,犹为绝句,继而《望江南》《菩萨蛮》等曲作焉。至宋而传其歌词之法,不传其歌诗之法。

上面的几个例子,虽然各人所说不同,但是词的产生,由于合乐,因绝句整齐固定不适于乐谱,所以创为长短不定的活动自然的词,以协乐谱,却是很明白的事实了。这是词的产生的第二大原因。

现在可以作个简单的结论如下:

因为晚唐五七言诗的途穷,所以天才的作家,不得不别创新体以自解脱;因为胡乐与中国古乐结合的结果,又有别创新体,以图协乐的需要与可能;因此词体便应运而产生了。词的体例既是倚声填字,长短错落,可以随音乐的变化而变化,自然也随音乐的发展而发展。词之在五代两宋文坛上成为时代的骄子,也就是历史的与环境的必然趋势。

三

上面已经把词为什么会产生的一个问题约略解答了。但是还有第二个问题跟着来的,就是词究竟产生于什么时候? 创始于什么人呢? 这个问题比第一个问题更为复杂。以前的人对于这个问题,很有许多不同的意见,归纳起来,大概有下列三种说法:

(一) 词起源于三百篇或三百篇以前说。——这类的人以为词就是长短句,五代北宋的词与古代的长短句的诗绝无分别。以为古代的长短句发生极早,三百篇中固然不少长短句,即三百篇以前自然也早有长短句了,所以《词综》序说:

自有诗而长短句即寓焉,《南风之操》《五子之歌》是已。周之《颂》三十一篇,长短句居十八,汉《郊祀歌》十九篇,长短句居其五,至《短箫铙歌》十八篇篇皆长短句,谓非词之起源乎?

彭孙适说：

> 词之长短错落，实发源于三百篇。（《词统源流》）

俞彦说：

> 溯其源流，咸自鸿濛上古而来，如亿兆黔首，固皆神圣之裔矣。

根据上面的举例，则词之发生，不但在三百篇，而且在鸿濛上古之世了。这是一种误解。实则词固然是长短句，但古代的一般长短句决不能都称为词。因为词是合乐的歌词，以音乐为主，且韵律比律诗更严，而古代的长短句有的合乐，有的并不入乐，所以古代的长短句并非都是古乐府，更非可全称为词。

（二）词起源于六朝说——这类的人以为词就是乐府，五代两宋的词与汉魏六朝的乐府歌曲原无差别，所以说六朝的歌曲就是词的始祖，如：

徐釚说：

> 填词原本乐府，《菩萨蛮》以前追而溯之，梁武帝《江南弄》、沈约《六忆诗》，皆词之祖，前人言之详矣。（《词苑丛话》）

杨用修说：

> 填词必诉六朝者，亦探河穷源之意，长短句如梁武帝《江南弄》……梁僧法云《三洲歌》……梁臣徐勉《迎客送客曲》……隋炀帝《夜夜饮时眠曲》……王睿《迎神歌》《送神歌》……此六朝风华靡丽之语，后世词家之所本也。

此外同样的例子很多，不再举了。这种误解以为词就是乐府，而乐府也就是词。实则词固然是由乐府演变而来，但是五代的词与古代乐府并非完全相同。（一）古代的诗乐合一，大部分是以诗歌为本位，先有诗歌，然后制乐协歌的；五代以后的词则大部分以音乐为本位，先有曲谱，然后制词协乐的；（二）古代的乐府大部分以中国音为主，所以诗乐合一，比较方便；五代以后的词，乃中国音乐与外国音乐结合后的结果，内容比较复杂；（三）词的音律更严于律诗，故词之产生决不能在律诗未完成之前。

如李清照《词论》说："晏元献、欧阳永叔、苏子瞻，学际天人，作为小歌词，直如酌蠡水于大海，然皆句读不葺之诗尔，又往往不协音律，何耶？盖诗文分平仄，而歌词分五音，又分五声，又分音律，又分清浊轻重。且如近世所谓《声声慢》《雨中花》《喜迁莺》，既押平声韵，又押入声韵。《玉楼春》本押平声韵，又押上去声，又押入声。本押仄声韵，如押上去声则协，如押入声则不可歌矣。王介甫、曾子固文章似西汉，若作小歌词则人必绝倒，不可读也。乃知别是一家，知之者少。"这段论词律严于诗律的话，很可看出在沈佺期、宋之问以前律诗尚未完成，是决不能产生音律比律诗更严的词体的。（采范开昃君说）

根据上面的三个理由，我们可以断定词的产生决不能在唐玄宗以前；所以词创于三百篇或三百篇以前的说法，固然不可相信，即词起源于六朝的说法，也一样的不可相信了。此外还有

（三）词起源于李白的《忆秦娥》《菩萨蛮》等词说。——这类的人以为李白为盛唐最大诗人，有创造新体的可能，而无主名的《忆秦娥》《菩萨蛮》二词又恰是倚声填谱的佳制，于是便嫁名太白，硬派为词的始祖了。如

黄升说：

　　李氏《菩萨蛮》《忆秦娥》二词为百代词曲之祖。（《花庵绝妙词选》）

宋翔凤说：

　　词起于唐人绝句，如太白之《清平调》即以被之乐府，太白《忆秦娥》《菩萨蛮》皆词之变格，为小令之权舆。（《乐府余论》）

这都是以《菩萨蛮》《忆秦娥》二词为词的始祖的。此外相同的说法尚多，不遍举了。然而这两词究竟是不是李白所作，前人已提出许多疑问了。

李白不肯作词与二词气调不类白作说，如胡应麟云：

　　予谓太白当时直以风雅自任，即近体盛行，七言律诗，鄙不肯

为，宁屑事此？且二调虽工丽而气衰飒，于太白超然之致不啻霄壤，藉令真出青莲，必不作如是语；详其意调，绝类温方城辈。盖晚唐人词，嫁名太白耳。（《笔丛》）

李白集中无此二词说。——如吴衡照所说：

> 唐词《菩萨蛮》《忆秦娥》二阕，花庵以后咸以为出自太白，然太白集中本不载。至杨齐贤、萧士赟注始附益之。胡应麟《笔丛》疑其伪托，未为无见，谓详其意调绝类温方城则殊不然。如"暝色入高楼，有人楼上愁"，"西风残照，汉家陵阙"等语，神理高绝，却非金荃手笔所能。（《莲子居词话》）

李白时尚无《菩萨蛮》曲，白不能预填此词说。——如苏鹗云：

> 大中初（大中乃唐宣宗李忱年号）女蛮国贡双龙犀明露锦，其国人危髻金冠，璎珞被体，故谓之菩萨蛮，当时倡优遂歌《菩萨蛮》曲，文士亦往往效其词。《南部新书》亦载此事，则太白之世。唐尚未有斯题，何得预填其篇耶。（《杜阳杂编》）

又《词源》引《唐音癸签》云：

> 大中初，女蛮国入贡，其人危髻金冠，璎珞被体，人谓之"菩萨蛮"，当时倡优遂制此曲。

就上举的三个例子中所说的四个理由加以分析，则胡应麟所说晚唐人词嫁名太白的假设虽可成立，然而他举的两个理由却是不能使人心服的：第一李白既以风雅自任，词又何尝不风雅？何至不屑为？第二《菩萨蛮》《忆秦娥》二词意调气象皆甚高拔，绝非如胡氏所云之衰飒，吴衡照驳胡氏的话是很不错的。惟第三点李太白集中不载此词，却不失为有力的反证之一。至于第四点苏鹗所举的《菩萨蛮》曲创于唐宣宗大中初年，盛唐时的李白决不能预填此曲，则更为牢不可破的铁证。此外《乐府诗集》遍收李白的乐府歌辞并收中唐的《调笑》《忆江南》等词，而独不收《菩萨蛮》《忆秦娥》诸词，也是证据之一。

　　此外《尊前集》中更载李白的词十二首,即《清平乐》五首,《清平调》三首,《菩萨蛮》三首,《连理枝》一首。《平林漠漠》一首,即在《菩萨蛮》三首之中,惟不录《忆秦娥》一首。至《全唐诗》则录白词竟至十五首之多,除上述十二词外,更加入《陆殿秋》二首。我们现在看来,除《清平调》三首原为整齐的绝句诗似系李白作品外,《连理枝》一首已有人疑为宋人《小桃红词》之半,《陆殿秋》二首有人疑为李德裕辈所伪托,《清平乐》五首气象意调确像温庭筠作品,决非白作,且有人疑白既有《清平调》三绝句,不应复有《清平乐》词。其为伪托的作品已无疑了。要而言云,李白为盛唐最伟大的诗人,如果真有如许新的创作,则赵崇祚编《花间集》时,遍收蜀词(李白蜀人),且上及晚唐温庭筠词,决无不收白词之理。且当时李白果有如许新制,则当时唱和仿效之者必且蹿起,决不至中绝百年,至晚唐而词体始风行。这是文学发展的自然的历程,不能轻轻跳过的。根据上述的理由,我们认为胡应麟所谓"晚唐人词嫁名太白"的假设,是比较近真的事实。这样则李白词坛始祖的尊号,便不得不"革命"了。

　　然则词的起源究竟始自何时? 创自何人呢? 我们以为词的产生是由诗体变化,音乐变化,诗乐调协的变化等等渐渐酝酿,渐渐生长,渐渐成熟而来,决不是任何个人所能凭空创造而来,也不能硬派定任何个人与任何作品为词的始祖的。大概的说,词的起源乃播种于唐玄宗时代,酝酿蓓蕾于中唐,葩萼于晚唐,至五代始舒瓣吐蕊争妍斗丽起来。

　　相传唐玄宗(明皇)好音乐诗歌,爱戏剧,既创梨园,为中国戏院之祖,又曾下诏令胡乐与中国古乐合奏,他自己也喜制曲,据《碧鸡漫志》所著录者,有《紫云回》《万岁乐》《夜半乐》《还京乐》《凌波神》《荔枝香》《阿滥堆》《雨淋铃》《春光好》诸词,据《辇下岁时记》所载尚有《踏歌词》,《开元轶事》尚载有《秋风高》词,《梅妃传》载有《一斛珠》词等等,今皆失传,仅存者相传《春光好》一词,见《全唐诗》,兹举如下:

　　　　宝髻(偏)宜宫样,(莲)脸嫩,体红香;眉黛不须(张)(敞)画,天教入鬓长。

莫倚倾国貌,嫁取(个)有情郎。彼此当年少,莫负好时光。

这明明是一首五言八句的诗,因为迁就乐谱的缘故,插入几个和声,如偏、莲、张、敞、个,五字原来都是插入的和声,后来为便记诵起见,将每个和声填个实字便成就上面的样子了。这首歌词还只能算是诗,不能看作纯粹的词,这首歌词究竟是不是唐玄宗的作品已经是问题,即使果是唐玄宗的作品,也可证明那时候词体尚在播种酝酿之中,尚没有到发芽吐萼的时地。

最初的词都是从五七言诗脱胎蜕化出来,其蜕化的痕迹与线索大约还可抽绎得出来。大概地说,最初的所谓词,大都脱不了五七言绝句的窠臼,将五七言绝句增加或减少三数字,增加些和声或散声以便配合音乐,这就是词的先声了。我们且先看七言绝句蜕化为词的痕迹:

张志和的《渔歌子》(又名《渔父》)

> 西塞山前白鹭飞,桃花流水鳜鱼肥。
>
> 青箬笠,绿蓑衣,斜风细雨不须归。

这明明是一首七言绝句,因为要配合乐谱的缘故,便将第三句裁去一字变为六字二句了。又如:

韩翃的《章台柳》

> 章台柳,章台柳,昔日依依今在否?
>
> 纵使长条似旧垂,也应攀折他人手。

这也是一首七言绝句,将第一句裁去一字,变为六字二句,以便协乐的。又如:

刘禹锡的《潇湘神》

> 湘水流,湘水流,九疑云物至今愁,
>
> 若问二妃何处所,零落芳草露中秋。

这也是七言绝句,将第一句裁去一字变作六字二句,这首与《章台柳》字句相同,所不同之点,只在《章台柳》起句可叠可不叠,而这首则起句必叠而已。又如：

元稹的《樱桃花》

> 樱桃花，一枝两枝千万朵，
> 花砖曾立采花人，窣破罗裙红似火。

这首是七言绝句，将第一句裁去四字而成的。以上都是七言绝句蜕化为词的例子。现在再看五言绝句蜕化为词的痕迹，如：

段成式的《闲中好》

> 闲中好，尘务不萦心，
> 坐对当窗木，看移三面阴。

这明明是一首五言绝句，为协乐的缘故，把第一句减去二字的。又如：

李端的《拜新月》

> 开帘见新月，便即下阶拜。
> 细语人不闻，北风吹裙带。

这完全是一首五言绝句。此外如《何满子》《杨柳枝》《醉公子》《一片子》《罗贡曲》《长命女》《纥那曲》《长相思》等曲，大都是从五言绝句蜕变出来的。不过五言绝句因字数、音数太少的缘故，较长的乐谱不能应用，所以没有七言绝句那样盛行就是了。

以上所举的例子都是在诗体变化的酝酿中，不脱五七言诗体的几个曲子。渐脱五七言诗体进而与词体渐相接近的，则有《调笑令》《忆江南》等曲。试看

韦应物的《调笑令》：

> 河汉河汉，晓挂秋城漫漫。愁人起望相思，塞北江南别离。别离离别，河汉虽同路绝。

王建的《调笑令》：

> 团扇团扇，美人并来遮面。玉颜憔悴三年，谁复商量管弦。管

弦弦管,春草昭阳路断。

白居易的《忆江南》:

> 江南好,风景旧曾谙:日出江花红胜火,春来江水绿如蓝——能
> 不忆江南。

刘禹锡的《忆江南》:

> 春去也,共惜艳阳年。犹有桃花流水上,无辞竹叶醉尊前,惟待
> 见青天。

以上几个例子可以看出渐渐与词体逐渐演变的痕迹,足以表现词体由蜕
化而成立的渊源线索来。不过上面这些例子虽然普通也称为"词",实则
仍不脱五七言古近体诗的窠臼,不能算作纯粹的词。而且这些作词的人
也不过偶有三数首,如白居易、刘禹锡之流,他们的诗虽然可以卓然成
家,然而他们的词则大半是未成熟的作品。专努力于词的创作,脱离五
七言古近体诗的束缚,自创新体,自制新调,卓然自成一家为词坛之宗
者,实始于晚唐之温庭筠。

四

温庭筠字飞卿,并州人,初名岐,后乃改名庭筠,曾为方城尉,故亦称
温方城。其貌陋,故时号温钟馗,少负不羁之才,敏悟工为文章,与李商
隐(义山)齐名,号温李。性豪放,恃才傲兀,不修边幅,好邪狭游,与贵胄
裴诚、令狐滈辈蒲饮狎昵以为常。数举进士不中第,然才思神速,常为人
作文,以德行尘杂,致为当涂者所鄙薄,名宦均不得进。后卒以言触宣宗
怒,被贬为方城尉,遂坎壈终身,流落而死。

庭筠虽为西昆派健将,他的诗实不及李义山。惟有他的词却能破五
七言诗的窠臼,卓然成家的作品。庭筠词有《金荃集》等,为词家有专集
之始。《金荃》词中佳制甚多,而以《菩萨蛮》十四首最有名,兹举一二首
为例:

小山重叠金明灭,鬓云欲度香腮雪,懒起画蛾眉,弄妆梳洗迟。
照花前后镜,花面交相映,新贴绣罗襦,双双金鹧鸪。(其一)

南园满地堆轻絮,愁闻一霎清明雨。雨后却斜阳,杏花零落香。
无言匀睡脸,枕上屏山掩。时节欲黄昏,无憀犹倚门。(其十一)

这词共十四阕,明明是写闺中离情妇人思夫之作。张皋文附会以为感士不遇之作,以为如此则可以推尊词体,附会风骚。不知君主专制时代,士大夫之做官心切者,其希望君上推恩,与妇人之望夫者固无十分差别,然此亦徒足表示专制时代士大夫人格之卑下耳。《菩萨蛮》这个曲子大约创自宣宗大中初年,据苏鹗《杜阳杂编》说:

大中初,女蛮国贡双龙犀、明霞锦,其国人危髻金冠,璎珞被体,故谓菩萨蛮。当时倡优遂歌《菩萨蛮》曲,文士亦往往效其词。《南部新书》亦载此事。

又《全唐诗话》说:

宣皇爱唱《菩萨蛮》词,丞相令狐绹假其修撰,密进之,戒令无泄,而遂言于人,由是疏之。

由上举的两段记载中我们可以知道,(一)《菩萨蛮》一曲实创于唐宣宗大中时代,凡大中以前的词都是伪托的。(二)因为当时倡优盛歌此曲,文人相率仿曲制词,这种新调传到了宫廷,而唐宣宗亦爱了此曲,于是庭筠受丞相的运动,替令狐绹密制此词以进宣宗。是当时制此词者虽不止一人,然而庭筠实为首制《菩萨蛮》词之一人,且为最著之一人。庭筠尚有《更漏子》词为后人所称。

柳丝长,春雨细,花外漏声迢递。惊塞雁,起城乌,画屏金鹧鸪。
香雾薄,透帘幕,惆怅谢家池阁。红烛背,绣帘垂,梦长君不知。

玉炉香,红蜡泪,偏照画堂秋思。眉翠薄,鬓云残,夜无枕衾寒。
梧桐树,三更雨,不道离愁正苦。一叶叶,一声声,空阶滴到明。

这几首词写闺意离情,神韵悠然,结尾处更有有余不尽之意。但是《尊前集》载此词为冯延巳所作。冯延巳《阳春集》则谓别作温庭筠,《全唐诗》则两收之,究竟是温作抑冯作,我们没有别的证据可以断定。此外庭筠的词,还有《忆江南》一首也是好词:

> 梳洗罢,独倚望江楼。过尽千帆皆不是,斜晖脉脉水悠悠,肠断白蘋洲。

又如他的《河传词》

> 湖上,闲望,雨潇潇,烟浦花桥,路遥。谢娘翠蛾愁不销,终朝梦魂迷晚潮。 荡子天涯归棹远,春已晚,莺语空断肠。若耶溪,溪水西,柳堤,不闻郎马嘶。

这首词极长短错落之致,是真能破五七言之窠臼者。此外温庭筠所创各体如《酒泉子》《女冠子》《南歌子》《遐方怨》《蕃女怨》《定西番》《荷叶杯》《玉蝴蝶》《思帝乡》《诉衷情》《归自谣》《河渎神》等曲,多由五七言古近体诗脱胎出来。因为他能解音律,所以能逐弦歌之音,制绮丽的词。昔人称其"描写富贵处赡丽典雅,芊绵绮合,为人所不能及。"后蜀赵崇祚收辑晚唐五代诸家词为《花间集》,以庭筠词冠其编,可谓卓识。王阮亭说:"温李齐名,然温实不及李,李不作词,而温为《花间》鼻祖,岂亦'同能不如独胜'之意耶? 古人学书不胜去而学画,学画不胜去而学塑。其善于用长如此。"刘熙载说:"飞卿词精艳绝人。"王静安师说:"飞卿之词句秀也。……'画屏金鹧鸪',飞卿语句也,其词品亦似之。"都能道着痒处。就词论词,造语绮丽,确是温词的长处,同时也正因为造语绮丽之故,往往不能把深蕴的情思,自然地尽量地刻划出来,也就是温词尚未到十分成熟的症结所在。

庭筠而外,晚唐词人尚有皇甫松、司空图、韩偓、张曙诸人,兹各举其一首为例:

皇甫松的《忆江南》

> 楼上寝,残月下帘旌。梦见秣陵惆怅事,桃花柳絮满江城,双髻

坐吹笙。

司空图的《酒泉子》

买得杏花,十载归来方始坼,假山西畔药栏东,满枝红。 旋开旋落渐成空,白发多情人更惜,黄昏把酒祝东风,且从容。

韩偓的《生查子》

侍女动妆奁,故故惊人睡。那知本未眠,背面偷垂泪。 懒卸凤凰钗,羞入鸳鸯被。时复见残灯,和烟坠金穗。

张曙的《浣溪沙》

枕障熏炉隔绣帷,二年终月苦相思,杏花明月始应知。 天上人间何处去,旧欢新梦觉来时,黄昏微雨画帘垂。

以上就是晚唐的词了。我们细细考察晚唐的词,可以看出词体由五七言古近体诗中渐渐蜕化,由酝酿时期到蓓蕾时期,由蓓蕾时期到成立时期的渊源线索来。

以上是拙编《文学史稿》中的一章,因为急于交稿,所以很粗率地拿来塞责了。付印之后,又找到胡适之先生的《词的起源》一文,细看一遍,觉得我们的主张大体相同。本想根据胡先生的文章将本文增订数处,但既付印,亦不便过烦手民了。

(原载于 1927 年 11 月《一般》第 3 卷第 3 号)

中国戏剧之起源

中国戏剧可大别为歌戏、化戏及技戏三类,而以歌戏为中心。歌戏本由原始民族的歌舞(Ballad Dance)演进而成。其起源较一切文艺为最早,据西洋人种学家及社会学家研究现存未开化民族生活状况之所得,知未开化民族表现情感生活的原始的最普遍的方式为歌舞。盖未开化民族的风俗,每当部落战争胜利之时,往往举行歌舞以庆凯旋;当部落战后议和,或各部落间联系时,亦常举行歌舞以表亲善。他如男女成婚,儿女成年,老者逢寿及其他佳节良辰无不举行大规模的歌舞会以表庆祝以为娱乐。此种歌舞最初,全为娱乐而起,情之所至,自然流露,本不含任何实际应用的意味。惟未开化民族之见宇宙万象,变换不常,如气候之有寒暑,时间之有昼夜,人类之有寿夭等等,皆超越人类能力以上,不得其解,遂以为冥冥之中有神灵为之主宰,认神鬼为有意志,因为崇拜神鬼,迷信宗教,隆重祀祷。又觉歌舞足以自娱,因推及于神,且描摹种种神灵的形象,以崇拜之。于是原来为娱乐而起的歌舞,乃变而为应用的宗教式的歌舞。此种歌舞即为后世戏剧之滥觞。

一、歌戏之渊源

歌舞与音乐不能分离,故中国古来舞曲多称乐章。古史相传黄帝做

72

《云门》之乐,少皞做《大渊》之乐,颛顼做《六茎》之乐,帝喾做《六英》之乐,唐尧做《大咸章》之乐,虞舜做《大韶》之乐,夏禹做《大夏》之乐,商汤做《大濩》之乐等等。皆无信史可考,兹置不论。今存古代舞曲之可考见者,以周初《大武》舞曲六章为最古,《大武》舞曲为周武王伐纣功成以后庆祝胜利之作。舞曲六章即演武王自出师北伐,以至战胜班师,叙功臣朝诸侯的经历。《乐记》记《大武》舞曲所象之事及舞容云:

> 夫《武》始而外出;再成而灭商;三成而南;四成而南国是疆;五成而分周公左、召公右;六成复缀以崇天子。夹振之而四伐,盛盛于中国也;分夹而进事早济也;久立于缀,以待诸侯之至也。

此段记载,不但将《大武》舞曲所象之事一段一段表出,有条不紊;且当时扮演的姿势容态亦可仿佛想见。兹为一简表如次:

舞的姿态	所象之事	《大武》舞曲
总立山干	北出	一成
发扬蹈厉	灭商	再成
夹振四伐	而南	三成
夹振四伐	南国是疆	四成
分夹而进	分周公左、召公右	五成
久立于缀以待诸侯	复缀以崇天子	六成

《大武》舞曲六章,歌词今存《毛诗·周颂》中。《周颂》三十一章,大抵为舞曲。阮元释《颂》云:"颂字,即容字也。故《说文》曰'颂,儿也'。……'容,养,羕'声之转……今世俗传之'样'字,从'颂,容,羕'转变而来。……所谓'商颂'、'周颂'、'鲁颂'者,若曰'商之样子'、'周之样子'、'鲁之样子'而已。何以三《颂》有样而《风》《雅》无样也?《风》《雅》但弦歌笙间,宾主及歌者皆不必因此而为舞容,惟三《颂》各章皆是舞容,故称曰《颂》。若元以后戏曲,歌者舞者与乐器全动作也。《风》《雅》则但若宋人之歌词弹词而已,不必为鼓舞以应铿锵之作也。"

此种说法,颇有理致。舞曲以扮演的样子为最要。《大武》舞曲,即扮演武王伐纣时的一段一段的样子,显然为后世戏剧的起源。

由为娱乐而起的歌舞,更演变而为娱乐神鬼的宗教式的歌舞,在中国古代社会中有所请"巫",以女为之,歌唱舞蹈,以娱乐鬼神为职。《楚语》谓"少皞之时家为巫史",《商书》谓"恒舞于宫,酣歌于室,时谓巫风",可见其起源盖甚早。惟古代史料缺佚,无从考其歌舞之容态。今可考见者惟《毛诗·陈风》中《东门》《宛丘》二诗皆言歌舞,班固《汉书·地理志》记陈国风俗云:

> 陈国今淮阳之地……周武王封舜后妫满于陈,是为胡公。妻以元女大姬。妇人尊贵祭祀用史巫,故其俗巫鬼。陈诗曰,"坎其击鼓,宛丘之下,亡冬亡夏,值其露羽。"(《宛丘》)又曰"东门之枌,宛丘之栩,子仲之子,婆娑其下。"(《东门之枌》)此其风也。

郑康成《诗谱》,于《陈风》亦主此说。可见中国古代所谓"巫",实以歌舞娱神为事。此种巫风,南方尤盛,战国时代楚国巫风更著,王逸《楚辞章句》云:

> 楚国南部之邑,沅湘之间,其俗信鬼而好祠。其祠必做歌乐鼓舞,以乐诸神。屈原见俗人祭祀之礼,歌舞之乐,其词鄙俚,因作《九歌》之曲。

楚人称"巫"曰灵,《楚辞·九歌》谓"灵偃蹇兮姣服","灵连蜷兮既留",皆指巫之歌舞而言。巫之歌舞,乃宗教式的歌舞之一种,与后世歌舞之发达,有极密切的关系。

二、话戏之渊源

歌戏而外为话戏与技戏。中国古代的话戏,以滑稽戏为最著。滑稽戏之渊源亦甚早,春秋战国时代有所谓"优",以男为之,以言语调戏,行动突梯,娱乐帝王贵族之人为职。《史记·滑稽列传》所载"优孟""优旃"

诸人的行为,即其显例,如:

（甲）优孟的故事——优孟者故楚之乐人……楚庄王之时有所爱马……病肥死,使群臣丧之,欲以棺椁大夫之礼葬之。左右争之,以为不可。王下令曰:"有敢以马谏者罪至死。"优孟闻之,入殿门,仰天大哭。王惊而问其故。优孟曰:"马者,王之所爱也,以楚国堂堂之大,何求不得,以大夫礼葬之,薄,请以人君礼葬之,……诸侯闻之,皆知大王贱人而贵马也。"王曰:"寡人之过,一至于此乎?为之奈何?"优孟曰:"请为大王六畜葬之……"于是王乃以马属太官,无令天下久闻也。——楚相孙叔敖……死……数年,其子穷困负薪,逢优孟,……优孟……即为孙叔敖衣冠,抵掌谈话,岁余,像孙叔敖,楚王不能别也。庄王置酒,优孟前为寿。庄王大惊,以为孙叔敖复生也,欲与为相。优孟曰:"……妇言慎无为,楚相不足为也。如孙叔敖之为楚相,忠心为廉,以治楚,楚得以霸。今死,其子无锥之地也,贫困负薪以自饮食。必如孙叔敖,不如自杀。"……于是庄王谢优孟,乃召孙叔敖之子,封之寝丘。（《滑稽列传》）

（乙）优旃的故事——优旃者,秦倡侏儒也,……始皇尝议欲大苑囿……优旃曰:"善,多纵禽兽于其中,寇从东方来,令麋鹿触之足矣。"始皇以故辍止。——二世立,又欲漆其城。优旃曰:"善,主上虽无言,臣固将请之。漆城虽于百姓愁费,然佳哉。漆城荡荡,寇来不能上。即欲就之,易为漆尔。顾难为荫室。"于是二世笑之,以其故止。《滑稽列传》

（丙）幸倡郭舍人的故事——武帝时有所幸倡郭舍人,……武帝少时,东武侯母常养帝,帝壮时号之曰大乳母,……乳母家子孙奴从横暴长安中,……有司请徙乳母家室,处之于边。……乳母见郭舍人,为泣下。舍人曰:"即入见,辞去,疾步,数还顾。"乳母知其言,谢去,疾步,数还顾。郭舍人疾言骂之曰:"咄,老女子何不疾行?陛下已壮矣,宁尚需汝乳而活耶?尚何还顾?"于是人主怜焉,悲之,乃下

诏无徒乳母。（褚先生补《滑稽传》）

此外如《左传》载晋之优施为乌乌之歌，以说里克。《穀梁传》载颊谷之会，齐人使优施舞于鲁君之幕下，孔子谓其笑君，罪当死，使司马行法云云。可见古代之优，皆以男为之，以言语调戏为事，与后世优人颇相类似。实即后世滑稽戏之滥觞。

三、技戏之骤盛

所谓技戏，乃指民间各种"杂耍"、"把戏"、"魔术"等等而言。此种杂技，古已有之，如《晋语》谓"侏儒扶卢"即后世寻撞之戏所由起。而角抵戏则来自国外，《史记·大宛传》云：

> 安息以黎轩善眩人献于汉，是时上方巡狩海上，乃悉从外国客，大觳抵，出奇戏诸怪物及加其眩者之工。而觳抵奇戏岁增变甚盛，益兴，自此始。

此种角抵戏自安息输入后，即大盛行。当时演艺之地在平乐观。据张衡《西京赋》所记平乐观事，可见当时所谓角抵戏，虽以角技角力等杂耍为主，而实糅合歌舞滑稽等在内，试观《西京赋》所载，有：

（甲）角力角技——如乌获抗鼎，都卢寻撞，冲狭燕濯，胸突铦锋，跳剑挥霍，走索相逢等。

（乙）加眩者之工——如巨兽为蔓延，舍利化仙车，吞刀吐火，云雾杳冥等。

（丙）假面之戏——如总会仙倡，戏豹舞熊，白虎鼓瑟，苍龙吹虎等。

（丁）做古人之形象——如女娲坐而长歌，洪崖立而指挥。

（戊）敷衍故事——如东海黄公赤刀粤祝，冀厌白虎卒不能救等。

张衡而后，李尤《平乐观赋》所记汉代角抵戏之情况与张衡所记略同。此种角抵戏，后世谓之百戏。南北朝时，颇盛行。至隋炀帝时百戏尤盛。《隋书·柳彧传》云：

炀帝时每岁正月,万国来朝,留至十五日,于端门外,绵亘八里,列为戏场。伎人皆衣锦绣缯彩。其歌舞者多为妇人服,鸣环佩,饰以花旄者殆三万人。故柳彧上书谓"鸣鼓聒天,燎炬照地,人戴兽面,男为女服,倡优杂技,诡状异形"。

所谓"人戴兽面,男为女服"等已与后世之"神怪戏"、"灯彩戏"相近似。观此则当时戏剧之盛可见一斑。

四、外来音乐及外来戏剧之影响

南北朝时印度佛教输入中国,而北朝之魏、齐、周三朝皆以外族入主中原,其与西域诸国交通频繁。天竺、龟兹、康国、安国等乐相继输入。其时外国戏剧,当亦随之俱来,如"拨头戏"之盛行唐代,即为明证。《旧唐书·音乐志》云:

> 拨头戏者,出西域胡人为猛兽所噬,其子求射杀之,为此舞以象之也。

王静庵师云:

> 拨头为外国语之译音。其入中国不审在何时。按《北史·西域传》有拔豆国,去代五万一千里。隋唐二《志》即无此国。盖于后魏之初,一通中国,后或亡或隔绝,已不可知。如使拨头与拔豆为同音异译,而此戏出于拔豆国,或由龟兹等国而入中国,则其时自不应在隋唐以后。或北齐时已有此戏,而《兰陵王》《踏摇娘》等戏,皆模仿而为之者矣。

王先生这种假设,是很近情理的。自六朝以来,佛教盛行中国,中国文学受其影响,变迁极大,兹不赘述。而中国乐舞之受西域传来的外国乐舞的影响尤为显然。如:

(甲)汉张骞使西域时,得摩呵兜勒之乐归国;

(乙)晋吕光平西域时,得龟兹之乐而变其声;

（丙）魏太武平河西，得龟兹乐，谓之西凉乐；

（丁）北齐后主好胡戎乐，自能度曲，亲执乐器，使胡儿阉官辈齐唱和之。伶人曹妙达、安马驹之徒，至有封王开府者；

（戊）北周太祖辅魏时，得高昌伎，教习以备飨宴之礼。及武帝太和间，罗掖庭四夷乐，其后帝聘皇后于北狄，得康国、龟兹等乐，使大司乐习之；

（己）隋初太常雅乐并用胡声，而龟兹之八十四调，遂由苏祗婆郑译而显。当时九部伎，除清乐文康为江南旧乐外，余如西凉、龟兹、天竺、康国、疏勒、安国、高丽等七部，皆外国乐。

五、歌舞戏之演进

由上所述，可见我国音乐，自汉魏以来，所受外来音乐之影响为何如。戏剧大抵由音乐歌舞而演化，外来音乐之影响既大，则其有助于中国戏剧之进展者当亦不小，此可断言者。

印度戏剧，许多学者都承认是受了希腊戏剧的影响。希腊戏剧起源最早，公元前五世纪时，已有伟大的剧本作家，伟大的悲剧喜剧脚本，与宏敞的公共戏场出现。印度戏剧的源始，旧说谓公元三一九年的笈多朝（晋元帝太兴二年）始有剧本。惟近来新疆吐鲁番所发现的梵书中，发现马鸣菩萨所造的三个剧本。其中主要的是《舍利补特》（Cariputra）一本，共分九出，剧中表演舍利弗与目犍连等皈佛的故事。剧词中有许多乃从马鸣菩萨的《佛所行赞》中取出来的。标题有马鸣的父亲苏伐拿支（Suvarnakai）的名字。马鸣是贵霜朝迦腻色迦王的诗歌供奉，大乘佛教的开创者。故梵剧体例的形成，当与大乘佛教的发展同时，且有直接的关系。由此可见梵剧的渊源很早，马鸣菩萨似当为梵剧作家中第一人。马鸣以后，公元后三五零年上下有婆娑（Kalidaca），四一零年上下有客利多婆（Kalidasa）等，都是梵剧的创作者。马鸣的《舍利弗》等三剧，何时输入中国，虽不能确知，但马鸣的《佛所行赞》乃晋时十六国中的北凉人昙无谶译。故《舍利弗》等三剧本输入的时代，当不甚远。由此可知中国戏剧之受梵剧影响，是很可能的。王静安师谓南北朝时的《兰陵王》《踏摇娘》一类的歌舞戏，或受西域输入的拨头（拔豆）戏的影响的话，可谓极尽情理的假设。

中国戏剧所演故事，以历史的故事为最多，次之始为民间传说，而史剧之中又多敷演战事，此由戏剧起源多由两军交战之后，胜利者庆祝凯旋，遂有制作。如周之《大武》舞曲，即庆祝武王伐纣胜利而作者。其后如唐之《樊哙排闼》剧，为唐昭宗祝盐州雄毅军使孙德昭破刘季述而作。宋之《讶鼓戏》为王子醇破燕河后所作，皆其显例。而北齐之《兰陵王破阵曲》，亦即兰陵王恭破周胜利后所作。《旧唐书·音乐志》云：

> 代面出于北齐。北齐兰陵王长恭才武而面美，常假面以对敌，尝击周师金墉城下，勇冠三军，齐人壮之，为此舞以效其指挥击刺之容，谓之《兰陵王入阵曲》。

此外如《乐府杂录》及《教坊记》所载《兰陵王》曲故事，与此略同。惟《乐府杂录》谓"戏者衣紫，腰金，执鞭"，则并演者服饰亦明言之。此种舞曲，有歌有舞以演故事，与周之《大舞》舞曲，颇相类似。惟其着假面以演战争的史实，后世戏剧中之"脸谱"当自此出。实为中国戏剧之一创例。

北齐歌舞戏之演社会故事者，有《踏摇娘》一种，《教坊记》云：

> 《踏摇娘》，北齐有人姓苏，齄鼻，实不仕而自号为郎中，嗜饮酗酒，每醉辄殴其妻。妻衔悲诉于邻里。时人弄之。丈夫着妇人衣徐步入场，行歌。每一叠，旁人齐声和之云："踏摇和来，踏摇娘苦和来"。以其且步且歌，故谓之踏摇，以其称冤，故言苦。及其夫至，则作殴斗之状以为笑乐。

此戏亦称《苏中郎》，又称《苏郎中》，又名《胡饮酒》。《旧唐书·音乐志》《乐府杂录》亦载此事，与此略同。（惟《唐书·乐志》谓苏为隋末河内人，《杂录》谓苏为后周士人，齐周隋三代相距甚远。）此戏以男子着妇女衣，当为后世戏剧之"乔装"所自出。亦中国戏剧上之一创例。凡此皆南北朝时代歌舞剧之一部分。至其歌词,则略见于《乐府诗集·舞曲歌辞》中,兹不赘。

《兰陵王》《踏摇娘》诸曲至唐代仍甚盛行。唐明皇好声色,精音乐,置内教坊于蓬莱宫侧,奖励散乐倡优,其时内外教坊近三千人。又选择其子弟三百人,于梨园亲自教授。当时名伶如李龟年、马仙期、雷海青、贺怀智、黄旛绰之徒,多精音乐,善歌舞。其时歌舞有健舞、软舞之分,杨贵妃所擅长之《霓裳羽衣曲》,即为软舞。其时歌舞戏除《拨头戏》《兰陵王》《踏摇娘》诸曲仍盛行外,新创之戏,尚有《樊哙排君难》一剧(一称《樊哙排闼》剧)。《唐会要》云:

> 光化(昭宗)四年正月宴于保宁殿。上制曲,曰"赞成功"。时盐州雄毅军使孙德等杀刘季述反正。帝乃制曲以奖之。仍作《樊哙排君难》戏以乐焉。

此剧陈旸《乐书》亦称《樊哙排闼》剧。宋敏求《长安志》所载与《会要》略同,惟孙德昭改作李继昭而已。《樊哙排君难》乃演《史记·项羽本记》鸿门宴故事,羽《本记》云:

> 沛公旦日从百余骑来见项王,至鸿门,……项王即日因留沛公与饮……范曾起出召项庄曰:"君王为人不忍,若入前为寿,寿毕,请以剑舞,因击沛公于坐,杀之"……于是张良至军门,见樊哙,哙曰:"今日之事何如?"良曰:"甚急,今者项庄拔剑舞,其意常在沛公也。"哙曰:"此迫矣,臣请入,与之同命。"哙即带剑拥盾入军门。交战之士,欲止不纳。樊哙侧其盾以撞,卫士仆地。哙遂入,披帷西向立,瞋目视项王,头发上指,目眦尽裂,项王按剑而怨曰:"客何为者?"张良曰:"沛公之骖乘樊哙也。"项王曰:"壮士,赐之卮酒。"则与斗卮酒。哙拜谢起立而饮之,项王曰:"赐之彘肩。"则与一生彘肩。樊哙覆其盾于地,加彘肩上,拔剑切而啖之。项王曰:"壮士,能复饮乎?"哙曰:"臣死且不避,卮酒安足辞? 夫秦有虎狼之心,……天下皆叛之……今沛公先破秦入咸阳,毫毛不敢有所近,封闭宫室,还军霸

上,以待大王来。故遣将守关者,备他盗出入与非常也。劳苦而功高如此,未有封侯之赏。而听细说,欲诛有功之人,此亡秦之绪耳。窃为大王不取也。"项王未有以应,曰:"坐。"樊哙从良坐。坐须臾,沛公起如厕,因招樊哙出。项王使部尉陈平招沛公。沛公曰:"今者出,未辞也,为之奈何?"樊哙曰:"大行不顾细谨,大礼不辞小让。如今人方为刀俎,我为鱼肉。何辞为。"于是遂去。……沛公则置车骑,脱身独骑。与樊哙、夏侯婴、靳疆、纪信等四人持剑盾步走。从郦山下,道芷阳,间行,……间至军中。

观《项羽本纪》此节,即可见《樊哙排闼》戏之内容一斑。唐代为乐舞戏剧极盛时期,当时盛行之故事戏必不止此。惜多不传耳。至唐代歌舞戏之歌词,当为大曲。《乐府诗集》(卷十九)近代曲词中尚存唐代大曲曲词数套。兹举唐《水调歌》大曲曲词为例如次:

《水调歌》第一

平沙落日大荒西,陇上明星高复低。孤山几处看烽火,壮士连营侯鼓鼙。

第二

猛将关西义气多,能骑骏马弄雕戈。金鞍宝铰精神出,笛倚新翻水调歌。

第三

王孙别上绿珠轮,不羡名公乐此身。户外碧潭春洗马,楼前红烛夜迎人。

第四

陇头一段气长秋,举目萧条总是愁。只是征人多下泪,年年添作断肠流。

第五

双带仍分影,同心巧结香。不应须换彩,意欲媚浓妆。

《入破》第一

细草河边一雁飞,黄龙关里挂戎衣。为受明王恩宠甚,从事经年不复归。

第二

锦城丝管日纷纷,半入江风半入云。此曲只应天上有,人间能得几回闻。

第三

昨夜遥欢出建章,今朝缀赏度朝阳。传声莫闭黄金屋,为报先开白玉堂。

第四

日晚笳声咽戍楼,陇云漫漫水东流。行人万里向西去,满目关山空自愁。

第五

千年一遇圣明朝,愿对君王舞细腰。乍可当熊任生死,谁能伴凤入云霄。

第六徹

闺烛无人影,罗屏有梦魂。近来音耗绝,终日望君门。

此外如唐《伊州曲》有第一至第五,及《入破》第一至第五等凡十章。《凉州曲》有第一至第三,及《排遍》第一、第二等凡五章。皆此类。其分"第一"、"第二"……乃每曲之若干叠。所谓"如破"、"排遍"等名,即曲之节拍紧松处。所谓"徹",乃《入破》之末一遍,即尾声也。各曲词中每支不相联贯,但取唱时音节谐叶。如"锦城丝管日纷纷"乃取杜甫诗句入曲,其余取唐人诗句者当复不少。唐时诗人以诗句能入乐为美谈,如王之涣"黄河远上白云间"一首,旗亭画壁,传为佳话。盖其时曲体与诗体不甚相远,尤以五言七言绝句为一时风尚。由此可见唐代《兰陵王》《踏摇娘》《拨头戏》《樊哙戏》及最著名之《霓裳羽衣曲》等,其曲今虽不传,然可断其必为五言七言绝句,与《水调歌》《凉州曲》《伊州曲》等相近似。观此可见唐代戏曲文词之结构,实开宋代曲词之先河。

宋代循旧制设四部教坊。宋太宗颇通音乐,曾亲制曲三百余首。仁宗时海内太平,宫中无事,宴乐遂盛,《宋史·乐志》云:

> 每春秋圣节三大宴,小儿队、女弟子队,各进杂剧队舞。

其杂剧队舞之内容,据《乐志》所载则如次:

春宴

　一、教坊致语

　二、口号

　三、勾合曲

　四、勾小儿队

　五、队名

　六、问小儿

　七、小儿致语

　八、勾杂剧

　九、放小儿队

秋宴又加

　十、勾女弟子队

　十一、队名

　十二、问女弟子

　十三、女弟子致语

　十四、勾杂剧

　十五、放女弟子队

《宋史·乐志》云:小儿队凡七十二人,其队各十:

一曰、拓技队

二曰、剑器队

三曰、婆罗队

四曰、醉胡腾队

五曰、君臣万岁乐队

六曰、儿童感圣乐队

七曰、玉兔浑脱队

八曰、异域朝天队

九曰、儿童鲜红队

十曰、射雕回鹘队

又云:女弟子队凡一百五十三人,其队各十

一曰、菩萨蛮队

二曰、感化乐队

三曰、抛球乐队

四曰、佳人剪牡丹队

五曰、拂霓裳队

六曰、采莲队

七曰、凤迎乐队

八曰、菩萨献香花乐队

九曰、彩云仙队

十曰、打球乐队

其装饰各由队名而异,如佳人剪牡丹队,则衣红生色砌衣,戴金冠,剪牡丹花。采莲花,则执莲花。菩萨献花队,则执香花盘。每歌者一队,且歌且舞,故亦名队舞。各队之名,皆以歌曲之名为名,则每队所歌,皆有专习之曲可知。此中女弟子十队中第五为拂霓裳队,而王灼《碧鸡漫志》谓"石曼卿作拂霓裳传踏,述开元天宝遗事"。可见歌曲之词,多咏故事。"传踏"亦谓之转踏,最初原以诗一曲相间,前有勾队词,后有放队词,皆用骈语。至北宋末及南宋时而勾队词变为引子,放队词变为尾声,其间原以诗曲相间亦变为两曲迎互循环,谓之缠令缠达。此种舞队所用致语亦谓之念语,又谓之乐语。多用骈体四六之文,宋人文集中不少其例,如苏轼《与龙节集英殿宴乐》语,即最著者,兹节录如次:

勾小儿队

    鱼龙奏技,毕陈诡异之观;髫龀成童,各效回旋之妙。嘉其尚幼,有此良心仰奉宸慈,教坊小儿入队。

勾杂队

    金奏铿纯,既度九韶之曲。霓裳合散,又陈八佾之仪。舞缀暂停,优伶间作。再调丝竹,杂剧来与。

放小儿队

    游童率舞,逐物性之熙怡。小技毕陈,识天颜之广大。清歌既阕,叠鼓频催。再拜天街,相将归去。

勾女童队

    垂髫在侧,敛袂稍前。岂知北里之微,敢献南山之寿。霓旌岔集,金奏方谐。上奏威颜。两军女童入队。

勾杂剧

    清静白化,虽莫测于宸心。谈笑杂陈,示俯同于众乐。金丝再举,杂剧来与。

放女童队

    分庭久立,暂移爱日之阴。振袂再成,曲尽回风之态。龙楼却望,鼍鼓频催。再拜天阶,相将归去。

此外间中儿队,问女童队,小儿教语,女童致语等,皆用骈体四六之文,与勾队放队之词相类似。(惟口号用七言诗一首)此种致语皆用口诵而不歌唱。而歌唱之词不载。盖此种队舞多以声与舞为主,不以词为主,故多有声无词者。惟调笑转踏,前有勾队词用骈语,终以放队词用七绝一首,而其中主文则为诗曲,(一诗一曲相间而成)。如秦观、晁补之、毛滂、郑仅之徒均有之。见曾慥《乐府雅词》。举兹郑仅(字彦能,神宗时官吏部侍郎)之调笑转踏为例:

勾队(此与东坡所作乐语之勾队词相类。)

> 良辰勿失,信四者之难并。佳客相逢,实一时之盛会。用陈妙曲,正助清欢。女伴相将,调笑入队。

诗(《罗敷采桑》)

> 秦楼有女字罗敷,二十未满十五余。金环约腕携笼去,攀枝折叶城南隅。使君春意如飞絮,五马徘徊芳草路。东风吹鬓不可亲,日晚蚕饥欲归去。

曲

> 归去,携笼女,南陌春愁三月暮。使君春意如飞絮,五马徘徊频驻。蚕饥日晚空留顾,笑指秦楼归去。

(此下尚有十一回,分咏莫愁,文君,桃源,青楼,冯子都,吴姬,苏小,阳关,太真,采莲,苏苏等十一事,文繁不备录)

放队(此用七绝与东坡所作乐语之放队词不同)。

> 新词婉转递相传,振袖倾鬟风露前。月落乌啼云雨散,游人陌上拾花钿。

他如秦观之《调笑曲》凡十首,(一王昭君,二乐昌公主,三崔徽,四无双,五灼灼,六兮兮,七崔莺莺,八采莲,九《烟中怨》,十《离魂记》),晁补之之《调笑曲》凡七首(一西子,二宋云,三大堤,四解佩,五回文,六唐儿,七春草),毛滂之《调笑曲》凡八首(一崔徽,二秦娘,三盼盼,四《美人赋》,五灼灼,六莺莺,七苕子,八张好好),无名氏之《集句调笑曲》凡八首(一巫山,二桃源,三洛浦,四明妃,五班女,六文君,七吴娘,八琵琶)。秦观之作仅有诗词,晁补之之作仅有致语,毛滂之作则有白语(致词),有遣队

（放队），无名氏之《集句调笑》则有致语，有口号，有放队。《乐府雅词》又录无名氏《九张机》十二首为一调，亦此类。其后转踏又变为缠令缠达，而勾队词变为引子，放队词变为尾声。勾队后放队前主文之一诗一曲相间者，亦变而用两曲。故引子后有两腔迎互循环。缠达词今无存者，而《梦粱录》所载可以知其大概，后世元杂剧中正宫套曲之用《滚绣球》《倘秀才》，两腔迎互循环，仙吕之用《后庭花》《金盏儿》，两腔迎互循环，其体例皆自此出。

徽宗更精音乐，设大晟乐府，因爨国人来朝而作《五花爨弄杂剧》，当时圣节典礼尤盛，孟元老《东京梦华录》云：

> 小儿队舞，选十二三岁小儿二百余人，列四行。每行队头一名，四人簇拥，并小隐士帽，着绯绿紫青生色花衫，各执花枝排定。先有四人，裹脚帕，头紫衫者，擎一彩殿子，内金贴字牌，擂鼓而进，谓"队名牌"。上有一联，谓如"九韶祥彩凤，八佾舞青鸾"之句，乐部举乐，小儿队舞步而前，直叩殿陛。参军色（副末）作语，"问小儿"。班首近前进"口号"。杂剧皆打和毕，乐作，舞合唱，且舞且唱，又唱"破子"毕。小儿班首入进"致语句"。杂剧入场，一场两段。内殿杂剧，为有使人在座，不敢深作诙谐。惟用群队，装其似像"市语"谓之"拽串"。杂剧毕，参军色作语"放小儿队"。又群舞应天长曲出场。女弟子"队舞"，"新剧"与小儿略同，惟节次稍多。此徽宗圣节典礼也。

此与《宋史·乐志》所记仁宗时乐舞略同。观此则北宋歌舞之盛可见一斑了。

六、滑稽戏之演进

唐宋二代与歌舞戏并行者有滑稽戏。滑稽戏以言语调戏，讽刺时事为主，其源还自周秦汉之俳优，而其形成乃出于参军戏。参军有谓始于汉馆陶令石耽者，有谓起自晋后赵馆陶令周延者，唐段安节《乐府杂录》云：

开元中，黄旛绰、张野狐弄《参军》，始自汉馆陶令石耽，耽有赃犯，和帝惜其才，免罪。每宴乐，即令衣白夹衫，命俳优弄辱之。经年乃放。后为参军。误也。开元中有李仙鹤善此戏，明皇特授韶州同正参军，以食其禄。是以陆鸿撰词，言韶州参军，盖由此也。

又《赵书》云：

石勒参军周延为馆陶令，断官绢数万匹，下狱，以八议宥之。后每大会，使俳优著介帻，黄绢单衣。优问："汝何官，入我辈中。"曰："我本为馆陶令。"斗数单衣曰："正坐取是，入汝辈中。"以为笑。

王静安师谓后汉时尚无参军之官，则段安节《乐府杂录》谓参军戏起石耽之说当不可信，而以《赵书》谓参军起周延之说为近是。此戏不演故事而演时事，又以言语调笑为主，与后世滑稽相类。且后世滑稽戏中脚色以参军为主角，与仓鹘相对，亦自此出。"参军"初为戏命，至唐代以后则一切假官，皆谓之参军，由是"参军"乃变为戏中主要脚色之名。如赵璘《因话录》云：

肃宗宴于宫中，女优有弄假官戏，其"绿衣秉简"者，谓之参军椿。

姚宽《西溪丛语》云：

徐知训怙戚骄淫，调谛王（杨隆演）无敬长之心。尝登楼狎戏，"荷衣木简"。自称参军，令王鬅髻鹑衣为苍头以徒。

郑文宝《江南余载》云：

徐知训在宣州，聚敛苛暴，百姓苦之。入觐，伶人戏作"绿衣大面"，若鬼神者，傍一人问谁，对曰："我宣州土地也，吾主人入觐，和地皮掘来，故得至此。"

唐无名氏《玉泉子真录》云：

崔公铉之在淮南，尝俾乐工集其家僮，教以诸戏。一日，其乐工告以成就,且请试焉。铉命阅于堂下,与妻李氏坐观之。僮以李氏妒忌,即以数僮衣妇人衣,曰妻曰妾,列于旁侧。一僮"执简束带",旋辟唯诺其间。张乐命酒,不能无属意者。李氏未知悟也。久之,戏愈甚,悉类李氏平昔所尝为。李氏虽少悟,以其戏偶合,私谓不敢而然,且观之。僮志在发悟,愈益戏之。李氏怒,骂之曰:"奴敢无礼,吾何如此。"僮指之,且出曰:"赤眼而作白眼讳乎。"铉大笑,几至绝倒。

此类例尚不少,然即此已可见唐代滑稽戏实出自参军戏。参军为滑稽戏中之主角,上述之"绿衣秉简"(《因话录》)"荷衣木简"(《西溪丛话》)"绿衣大面"(《江南余载》)"执简束带"(《玉泉子真录》),都是所谓"参军"者装扮,即为明证。又范摅《云溪友议》谓"元稹廉问浙东,有俳优周季南、季崇及妻刘自春自淮甸而来,善弄'陆参军,歌声彻云'"。所谓"陆参军",当仍为一种歌舞戏之名,与普通参军戏之专以言语滑稽,讽刺时事者不同。宋代此种滑稽戏更盛,(至明代犹未衰),王静安师《宋元戏曲史》中有《宋之滑稽戏》一章,所引凡四十余事,考之极详。兹录数则为例,以见一斑,如刘放《中山诗话》云:

祥符中,杨大年、钱文喜、晏元献、刘子仪以文章立朝,为诗皆宗李义山,后进多窃义山句。当内宴,优人有为义山者,衣服败裂。告人曰:"吾为诸馆职挦扯至此。"闻者欢笑。

曾敏行《独醒杂志》云:

大农告乏时,有献廪俸半之议。优人乃为衣冠之士,自束带衣裾披身之物辄除其半。众怪而问之,则曰减半。已而两足共穿半裤,蹩而来前,复问之,则又曰减半。乃长叹曰:"但知减半,岂料难行。"语传禁中,遂能议。

洪迈《夷坚志》云:

绍兴中,李椿年行经界量田法,方事之初,郡县奉命严急,民当其职者,颇困苦之。优者为先圣先师鼎足而坐,有弟子从末席起,咨叩所疑。孟子奋然曰:"仁政必自经界始,吾下世千五百年,其言乃盛世所旋用,三千之徒皆不如。"颜渊默默无语。或笑于旁曰:"使汝不是短命而死,也须做出一场害人事。"时秦桧主李议,闻者畏获罪,不待此段之毕,即以谤亵圣贤叱执送狱。明日杖而逐出境。

此外类此之例甚多。王静安师《宋之滑稽戏》一章,读者可以参阅。兹不备举。

宋代滑稽戏一称杂戏,又称杂剧。吕本中《童蒙训》谓:"作杂剧者,打猛诨入,却打猛诨出。"吴自牧《梦粱录》谓:"杂剧全用故事,务在滑稽。"孟元老《东京梦华录》谓:"圣节典礼内殿杂剧,以有使人在座,不敢深作诙谐。"可以想见宋代滑稽的内容,纯以言语调戏为主,未当被以歌舞,与唐之滑稽戏相去无几。自金人陷汴京,高宗南渡以后,宋金分立,中国戏剧遂分南北二大支,下章另详,兹不赘。

此为拙编《中国戏剧发展史讲义》中第二章。大抵根据王静安师《宋元戏曲史》之说,而间有自抒己意处。惟时间仓促,参考书亦不备,致缺略尚多,容将来全书付印时再行增订。读者欲知其详,可先读《宋元戏曲史》。

（原载于 1928 年 4 月《一般》第 4 卷第 4 号）

白话小说起源考

一

去年我在复旦大学文学科讲授文学史的时候，讲到小说史的部分，对于宋代白话小说怎样发生的问题，因时间短促，未及作详晰的说明。当时颇有几位同学对于这个问题很有兴趣，欲作进一步的探讨，我于是立了一个假设，认定宋代白话小说的发生是由于唐宋时代优伶娼妓的唱诗中蜕变出来的。那时我所持的简单的理由不过是：

（1）宋代的小说多称"诗话"或"词话"；

（2）宋元以后的小说中尚有不少"有诗为证""有词为证"的遗痕可寻。

后来陆续搜集例证，现在虽然尚不曾使我的假设到了完全成熟的时期，但是我却敢相信这种假设是比较近于事实的，所以先发表出来供大家的讨论。

二

我以为中国的小说，很可以把南北宋为分野线，截然划分为两大时

期:自周、秦、汉、魏、六朝、唐、五代以迄北宋初年的所谓小说,大概可以
括为三类:(1)是六朝的志怪书,(2)是唐朝的传奇文,(3)是各时代的笔
记稗史。这些所谓小说与北宋以后的白话小说至少有下列四点是不相
同的:

(1)南宋以前的志怪传奇笔记稗史之类的小说,大体是文言的,有的
是绮丽秾艳的骈文,有的是高深简洁的古文。北宋以后的白话小说则大
体都是白话的,俚言俗语,皆所不避。

(2)南宋以前的文言小说,有的用骈文的体裁,有的用古文的体裁,
但是每书每篇之中文体整齐,并不杂入韵文,很可以分别归入骈文或古
文的系统里去,就文体论是传统的、因袭的。北宋以后的白话小说则文
体复杂,每书或每篇之中多以诗词为引首,以诗词为结尾,中间亦多插诗
词为证,乃是从诗词蜕变出来,另成一派的新体裁,就文体论是创造的。

(3)南宋以前的文言小说的发生大概都是文人著述的余事。北宋以
后白话小说的发生,则大概是从民间的娼妓优伶唱诗说书中蜕变出
来的。

(4)文言小说,文字艰深,仅仅可以供资产阶级,智识阶级消遣之资,
非一般民众所能享受,只能算是贵族的文学。白话小说本来起源于唱诗
说书时的口讲指画,写成话本亦平易浅显,妇人孺子都能了解,是平民的
文学。

看了上述的几个差别,我们可以断言北宋以后的白话小说与南宋以
前的文言小说完全是截然不同的两个系统的文学作品,我们可以把中国
小说的历史截然划分为两大时期。

三

北宋以后的白话小说与以前的文言小说既是两个系统的作品,是则
白话小说的非由唐代传奇演变而来已可断言了。但是我们相信凡是一
种新兴文体的发生,必定要经过一番长时间的历史的酝酿,一种新兴文

体的发达又必定要当时有适可的环境的培养,决不是一蹴可几,或偶然可从天上掉下来的。自唐初以迄北宋初年都是传奇文盛行的时代,然则白话小说的发生究竟是从什么蜕变出来的,是如何蜕变出来的呢? 这种先决问题,我们不能不设法先找出一个解答。我们的假设是认白话小说的发生是由于唐宋时优伶娟妓唱诗唱词中蜕变出来的。我们认定一切文学作品的原始形式为诗歌,换句话说,就是诗歌为一切文学的总源,无论何种新兴的文学来源,直接或间接地都是与诗歌有关系的。小说与戏剧大体都由于叙事诗中的故事诗蜕变出来的,例如先有白居易的《长恨歌》一类的故事诗,后来自然有陈鸿的《长恨传》一类的小说,及洪升的《长生殿》一类的南剧出来,先有汉乐府中的《秋胡行》一类的故事诗,后来自然有唐写本的《秋胡》小说一类的作品产生。又如印度的佛经,最初也是韵文的喝体为多,后来乃渐渐有散文的经典,以补喝体的不足。这都是很显明的例子。至于北宋以后的白话小说,我们也认定是由唐宋娟妓优伶唱诗唱词演变而来,其蜕化的痕迹可以分为三个时期:

第一期　以唱诗唱词为主,后来顺听者的要求稍加说明。(唐五代北宋初)

第二期　以评话代歌唱,应社会的需要,说白加多,诗词渐少。(北宋南宋)

第三期　以著述代评话,散文为主,犹稍有诗词于引首结尾插证等处,示不忘本。(元明及其后)

照上面所述,白话小说的来源是由唱诗唱词蜕变为评话,由评话然后变为著述。是则我们现在所当研究的自然是下面的三个问题:

(1) 未有评话以前唱诗唱词的情形如何?

(2) 唱诗唱词为什么需要变成评话?

(3) 唱诗唱词变成评话中间蜕化的痕迹如何?

对于第一个问题的解答,我们知道唐代是诗歌的全盛时期,著名的诗人辈出不穷,名篇杰制更不知有多少。优伶娟妓以善唱诗词自矜,凡著名诗人每有一篇新的诗词出来,各方名妓名伶争先习唱,以为取欢主

顾的工具,甚且诗人要定诗名高下,也要凭娼妓优伶能唱自己所作诗词多少以为标准的,如:

《碧鸡漫志》云:"开元中诗人王昌龄、高适、王涣之,诣旗亭饮,梨园伶官,亦招妓聚宴,三人私约曰,我辈擅诗名,未第甲乙,试观诸伶讴诗分优劣。一伶唱昌龄二绝句。一伶唱适绝句。涣之曰,佳妓所唱如非我诗,终身不敢与子争衡,不然,子等列拜床下。须臾,妓唱涣之诗。涣之揶揄二子曰,田舍奴我岂妄哉。以此知唐伶妓取当时名士诗句入歌曲,盖常事也。"

白居易《与元九书》云:"……再来长安,闻有军使高霞寓者,欲聘娼妓,妓大夸曰,我诵得白学士《长恨歌》,岂同他妓哉。由是增价。……又昨过汉南日,适遇主人集众娱乐他宾,诸妓见仆来,指而相顾曰,此是《秦中吟》《长恨歌》主耳……"

我们看了上面的例可以看出两点:(1)唱诗是唐代优伶娼妓的最盛行的技业;(2)伶妓唱诗,对于《长恨歌》一类的长篇故事诗更觉矜贵。

至于伶妓唱诗为什么会变成评话呢?我们认为由唱诗变成评话,便是由单纯的音乐的作用变成音乐的与文学的两重作用,是艺术中的一大进步。原来伶妓的唱诗唱词不过是音乐的美,在诗人学士的听众方面,固然一方面可以享领音乐方面的美,同时尚可以懂得歌辞本身方面的文学意趣。但唐代伶妓唱诗的风气既盛行,大受智识阶级的欢迎,于是渐渐推行到非智识的阶级。智识低浅的听众,对于唱诗的音乐的美固可领会,然而对于歌辞本身的了解究竟很少,然如《长恨歌》之类,又很容易引起人们求知的欲望,迫使他们在伶妓唱诗已完或未完之间对于歌辞的故事内容有所质询,自然是很近情理的事。伶妓为顺应听众的要求,满足社会的欢心起见,于问时随加解答,渐渐进步,乃唱时或唱后随加说明,积习相沿,遂成惯例。因此唱诗唱词的时候渐渐加了说白。但是最初的说白,原不过唱诗唱词的批注,那时候歌唱时诗词多而说白少,这是最初的现象。

社会上的人们,终究是智识低浅的人居多,对于说白的了解较易,而对于诗词的领赏力小。因此娼妓优伶为顺应多数人的要求起见,唱诗唱词的时候,说白的分量日渐加多,诗词的分量日渐减少,也是自然的趋势。说白加多,诗词减少,这又和宋代的评话渐渐接近了。因为优伶娼妓唱诗唱词的技业大受社会的欢迎,于是市井中无业的人们尤而效之,藉说唱为换取衣食之资,到了唐代末年,杂戏场中已经有市人小说一类的评话出现了。如:

《酉阳杂记》云,予因弟生日观杂戏,有市人小说,呼"扁鹊"作"褊鹊"字,上声。所谓市人小说即宋代评话四科之一,《酉阳杂记》作者段成式乃唐末人,可见唱诗之变成评话早见于唐末了。其他一方面由娼妓的唱诗又变为瞽女的唱陶真之类,如:

《尧山堂外纪》云,杭州瞽女唱古今小说评话,谓之"陶真"。

《七修类稿》云,间阎"淘真"之本之起,亦曰太祖太宗真宗帝,四祖仁宗有道君。据《七修类稿》所纪,淘真的引首乃七言诗句,知淘真当由唱诗变来,其内容当与评话无甚差别也。

四

说唱蜕变而为评话,到宋代乃大盛,繁衍之后,乃至分门别类,各有专家,据孟元老《东京梦华录》,周公谨《武林旧事》,耐得翁《古杭梦游录》,吴自牧《梦粱录》诸书所纪,可见北宋的汴都,南宋的杭州,市井杂色伎艺人中,杂剧、傀儡、影剧之外,更有小说、讲史、谈经、合生等伎艺,称为说话四科,执此业者都称说话人,诸书所纪,稍有异词,兹为略表如次:

《梦华录》	小 说	说三分 说五代史	○ ○	说诨话	合 生
《武林事》	小 说	演 史	说 经 诨 经	说诨话	○ ○
《梦游录》	小 说	说 史	说 经 说 参	○ ○	合 生
《梦粱录》	小 说	讲史书	谈 经 说参请 说诨经	○ ○	合 生

这四科当中自以小说、讲史二种与后来白话小说的发生有直接的关系,据周公谨《武林旧事》京师伎艺人条载,小说有蔡和以下五十二人,讲史有乔万卷以下二十三人,谈经有长啸和尚以下十七人,说诨话有蛮张四郎一人,吴自牧《梦粱录》亦谓"说话有四家,以小说为最盛"。可见小说与讲史两种实为评话四家中的主要部分。自残本《京本通俗小说》及《五代史评话》二书发现以来,于是小说与讲史的话本内容,已可考见其大概,要之与现在的大鼓说书相近似,小说讲史两种相同之点约有三:

(1) 二者话本都用白话俗语体;

(2) 二者都杂入诗词于引首结尾插证等处;

(3) 二者都是对于细琐事极力铺陈,于重大处轻轻放过。

因为二者相同之点颇多,所以到了元明由评话变为著述以后,便没有再行区别的必要,通通名之为小说了。但是在宋时二者所以区分的缘故,大概因为:

(1) 小说的材料多采当时民间流传的事迹;讲史的材料多取历史上的兴废战争的故事。

(2) 小说多是短篇,短时间可以讲完;讲史多是长篇,非长时间不能讲完。

因为这些小小的差别,所以二者在当时各别为科,现在分别叙述如次:

小说 在评话中为中坚的部分已如前述,据耐得翁《古杭梦游录》所纪,则当时小说一科又分三门:

(1) 说银字儿,如烟粉灵怪传奇之事

(2) 说公案,如搏拳提刀赶捍及发迹变态之事

(3) 说铁骑儿,如士马金鼓之事

此种小说于今年发现的《京本通俗小说》可以为例,通俗小说不知原为若干卷,今存卷十至卷十六凡七种,其目如次:

卷十　碾玉观音

此种小说都是短篇,每篇各具首尾,与后来的短篇小说相近似,其材料多取当时民间口头流传的故事,其体裁各以诗或词为引首,中间转入本文,最后以一诗结尾,本文中间,亦多插诗词为证,本文之前,有的并引其他相似或相反的故事一段以为陪衬照映,例如拗相公一篇要说王安石的事迹,却先引周公与王莽两人的事做陪衬。冯玉梅团圆一篇,要说冯玉梅与范希周双镜重圆的故事,却先引徐信与其妻崔氏,刘俊卿与其妻王氏交互姻缘的故事以为照映。错斩崔宁一篇为要说明一个官人刘贵"酒后一时戏笑之言,遂至杀身破家,陷了几条性命"的故事,却先引了"一个少年举子魏鹏举因一句戏言,撒漫了一个美官"的故事来,"权做个得胜头回",兹举之为例如次:

> 聪明伶俐自天生,懵懂痴呆未必真;
>
> 　嫉妒每因眉睫浅,戈矛时起笑谈深。……

> 　这首诗单表为人难处,只因世路窄狭,人心巨测,大道既远,人情万端,熙熙攘攘,都为利来;蚩蚩蠢蠢,皆纳祸去,持身保家,万千反复,……

这是本篇的引首,接下是引的另一故事衬托:

> 　这回书单说一个官人,只因酒后一时戏笑之言,遂至杀身破家,陷了几条性命——且先引下一个故事来,权做个得胜头回。我朝元丰年间,有一个少年举子,姓魏名鹏举……上京应取……一举成名……除授京职……差人接取家眷入京,书上先叙了寒温及得官的事,后却戏写一行道"我是在京中早晚无人照管,已讨了一个小老

婆,专侯夫人到京,同享荣华。"……魏生接书拆开来看了,只说道"你在京中娶了一个小老婆,我在家中也嫁了一个小老公,早晚同赴京华也。"魏生见了,也只道是夫人取笑的说话……这封家书一节,顷刻间传遍京邸,……把锦片也似一段美前程等闲放过去了,……

以上陪衬完了,接下才转入本文:

今日再说一个官人,也只为酒后一时戏言,断送了堂堂七尺之躯,连累了二三个人,枉害了性命,却是为着甚的,有诗为证:

> 世路崎岖实可哀,傍人笑口等闲开;
>
> 白云本是无心物,又被狂风引出来。

却说高宗时建都临安,繁华富贵,不减那汴京故国。去那城中箭桥左侧,有个官人姓刘名贵……与同浑家王氏,年少齐眉,后因没有子嗣,娶下一个小娘子姓陈,家中都呼二姐……却说刘官人驮了钱,一步一步捱到家中敲门,小娘子二姐闭了门在灯下打瞌睡,……那官人一来有了几分酒,二来怪他开得门迟了,且戏言吓他一吓,便道"说出来,又恐你见怪,不说时,又须通你得知,只是我一时无奈,没计可施,只得把你典与一个客人,又因舍不得你,只典得十五贯钱。若是我有些好处,加利赎你回来;若是照前这般不顺溜,只索罢了。"那小娘子好生摆脱不下,我须先去爹娘家里说知,沉吟了一会,款款的开了门出去,……不想却有一个做不是的,日间赌输了钱,没处出豁,夜间出来掏摸些东西,却好刘官人门首因是小娘子出去了,门儿拽上不关,那贼略推一推,豁地开了,捏手捏脚,直到房中……也是人急生智,被他掉起一斧,正中刘官人面门,扑地倒了……却说那小娘清早出了邻舍人家,挨上路去,行不上一二里,早是脚疼走不动,坐在路旁,却见一个后生……小娘子道,"告哥哥则个,奴家爹娘也在褚家堂左侧,若得哥哥带挈奴家同走一程,可知是好"……正行不到二三里田地,只见后面两个人脚不点地赶上前来,赶得汗流气喘,衣服拽开……后生道,"小人自姓崔名宁,与那小娘子无半面之识，……"众人那肯听他分说，……当下大娘结扭了小娘子，王老员外结扭了崔宁，四邻舍都是见证，一哄入临安府中来……当下众人将崔宁与小娘子死去活来拷打了一顿。可怜崔宁和小娘子受刑不过，只得屈招了，说是见财起意，杀死亲夫，劫了十五贯钱同奸夫逃走是实。左邻右舍都指画了十字，将两人大枷枷了，送入死囚牢里。……

本文完了，最后引一诗作结：

……有诗为证：

善恶无分总丧躯，只因戏语酿灾危；
劝君出语须诚实，口舌从来是祸基。

由上面的例子，可以看见小说体裁的一斑。但是《京本通俗小说》七种中《碾玉观音》《西山一窟鬼》《志诚张主管》《菩萨蛮》等四篇各以诗或词引首，诗词之后即接入正文，不用其他故事陪衬，篇末亦引诗作结，与前例大体相同。

近出《京本通俗小说》，虽系影印元人写本，然就篇中文字考察，可以定为南宋人作品，如：

《碾玉观音》篇云：绍兴年间，行在有个关西，延州延安府人，……

《菩萨蛮》篇云：话说大宋高宗绍兴年间，……

《西山一窟鬼》篇云：却说绍兴十年间，……

《拗相公》篇云：如今说先朝一个宰相……是北宋神宗皇帝年间一个首相，姓王名安石……后人论我宋元气都为熙宁变法所坏，……

《错斩崔宁》篇云：我朝元丰年间，……

《冯玉梅团圆》篇云：我宋建炎年间，……

由上举的这些例可以证明这些小说都是南宋的作品了。这七种小说中又有《错斩崔宁》《冯玉梅团圆》二种与钱遵王《也是园书目·戏曲部》所录宋人词话名目十五种中的《错斩崔宁》《冯玉梅团圆》二种名目恰恰相同，又钱目十五种中的《大宋宣和遗事》一种今存，内容属于讲史一

类,其他十二种,目前虽不得见,想其内容亦当与通俗小说相近似,兹录其名目如次:

《灯花婆婆》　　　　　　《女报冤》

《种瓜张老》　　　　　　《小亭儿》

《紫罗盖头》　　　　　　《小金钱》

《风吹轿儿》　　　　　　《五阵雨》

《简帖和尚》

《西湖三塔》

这几种中《灯花婆婆》一种曾被罗贯中引入《水浒传》为致语,嘉靖中郭勋重刻《水浒》,始被删削(《水浒传全书发凡》)。大概这类的小说影响于后来的短篇小说极大。后来小说如《喻世明言》《警世通言》《醒世恒言》《拍案惊奇》《醉醒石》《今古奇观》等短篇都是模仿这类的作品。

　讲史　一科据耐得翁《古杭梦游录》谓即讲说通鉴,汉唐,历代书史文传,兴废战争之事。孟元老《东京梦华录》于讲史一科又分为二门:

(1)说三分

(2)说五代史

说三分即说三国时故事,李商隐《骄儿》诗云,"或谑张飞胡,或笑邓艾吃"。《东坡志林》云:"王彭尝云,涂巷中小儿薄劣,为其家所厌苦,辄与钱令聚坐,听说古话,至说三国事,闻刘玄德败,频蹙眉,有出涕者,闻曹操败,即喜唱快"云云。可见唐代末年三国已流行于民间,至宋已有说三分的评话普及于闾巷了。这种说话的原本虽不传,然明罗贯中所纂辑的《三国志演义》,虽曾经过许多人的润色,但其底本当然也是由唐宋说三分的故事递演下来的。

说五代史的话本近年出现的残本《五代史评话》,就是代表。残本《五代史评话》共分十卷,其目如次:

新编五代梁史评话二卷(下卷缺)

新编五代唐史评话二卷

新编五代晋史评话二卷

新编五代汉史评话二卷（下卷缺）

新编五代周史评话二卷

这种讲史的体裁，也是以诗为引首，次入本文，以诗作结，中间并插诗为证。材料则自每朝的初起，全盛，以至衰亡，按时叙述。于史书认为重大之处则轻轻抹过，于细小委琐处则极力铺陈，又杂诙谐诨词以供笑娱。而《梁史》上卷更从天地开辟，历代兴亡说起，直到隋炀帝荒淫无道，唐高宗夺了天下时止是为全书开篇，兹举为例如次：

> 诗曰：
>
> > 龙争虎战几春秋，五代梁唐晋汉周；
> >
> > 兴废风灯明灭里，易君变国若传邮。
>
> 粤自鸿荒既判，风气始开，伏羲画八卦而文藉生，黄帝垂衣裳而天下治，作十三卦以前民用便有个弦木为弧，剡木为矢，做着那弓箭，威服乖争。那时诸侯皆已顺从，独蚩尤共着炎帝侵暴诸侯，不服王化，黄帝乃帅诸侯，兴兵动众，驱着那熊罴貔貅犰虎猛兽做先锋，与炎帝战于阪泉之野，与蚩尤战于涿鹿之地，门经三合，不见输赢，有那老的名做风后，乃握机制胜，做着阵图来献黄帝。黄帝乃依阵布军，遂杀死炎帝，战胜蚩尤，万国平定。这黄帝做着个厮杀的头脑，教天下后世习用干戈。此后虞舜征三苗……汤伐桀，武王伐纣……刘季杀了项羽，立着国号曰汉……曹操篡夺献帝的位，立国号曰魏……在后司马懿也学他这局段篡了魏，隋杨坚篡了周，炀帝杀了父亲，淫了父妾，自立为帝，荒淫无度，靠他混一天下，张着锦帆，造着迷楼，一向与妃子游荡忘返，便饿殍荐臻，盗贼蜂起，都不顾着，邵康节有诗道是：
>
> > 蝼蚁人民食土地，沙泥金帛悦姬姜。

这便是讲史的引首，以下入了正文，便自唐高祖李渊起兵入长安，杀炀帝，自立为帝至王仙芝倡乱，黄巢起事，朱温篡唐的故事。现在再引

《周史》的正文一段为例：

诗曰：

五代都来十二君,世宗英特更仁明。

出师命将谁能敌,立法均田非徇名。……

　　且说梁唐晋汉周的五代,共得五十六年,大都有十二代人君,其间贤君之可称者几何? 先儒曾说道,五代之君,周世宗为上,唐明宗次之,其余无足称者。且说周世宗才登大位之后,便遭那北汉主刘崇举兵伐丧,倘如冯道的说,则退然自怯,保守一方,待他诱致强虏,长驱而来,亦付之无可奈何而已。世宗天性英武聪明,锐意求治,愤然以亲征为第一事,是洞然见得大计之所系,不区区为儿女曹苟效目前计尔。世宗自怀州倍道疾驱,不旬月间已到泽州……

　　由以上例可见讲史话本内容的一斑了。讲史以叙述历史的事实为主,篇幅多属冗长,故事皆有连续性,故开篇常以天地开辟历代兴亡得失为引首。如《大宋宣和遗事》,本欲叙徽宗的荒淫及被掳的惨痛,其开篇亦述天地开辟,唐虞揖让,及夏桀、商纣、周幽、楚灵王、陈后主、隋炀帝、唐明皇,诸帝的荒淫无道,以至王安石变法祸国,都是引首,以下才转入徽宗用蔡京、童贯、王黼、高俅、朱勔之流,掌政权,信道士林灵素,幸娼妓李师师,然后有被掳之惨。《水浒传》,本来专叙述梁山泊故事,亦有楔子一篇,自赵宋开国说起,然后自太宗、真宗、仁宗、英宗、神宗、哲宗以至徽宗,乃入正文。这都是讲史的惯例。这类的话本,影响后来小说者极大,后来如《三国演义》《隋唐演义》《列国演义》等等都是模仿此等而作。

　　以上所述都是第二时期的现象,由说唱变为评话,因顺应听众的需要,于是说白由婢升作夫人,诗词由大国变为附庸了。但是由评话蜕变为著述的第三时期的现象又怎样呢? 我们知道评话与戏剧之分,在评话仅有说唱,戏剧则于说唱之外,兼有动作的表演,其感动观众更为直接而确切,智识低浅的观众,其欢迎戏剧必更甚于评话,此势之必然者。金元以北人入主中国,文化较低,戏剧乘之勃盛,评话稍衰,好事者收辑各种

话本,编辑之,润饰之遂变而为著述,其蜕化的痕迹,《水浒传》更为显然
的代表。兹举《水浒·楔子》为例:

> 纷纷五代乱离间,一旦云开复见天。
>
> 草木百年新雨露,车书万里旧江山。……

> 话说这八句诗乃是故宋神宗天子朝中一个名儒姓邵讳尧夫道
> 号康节先生所作,为五代残唐天下干戈不息,那时朝属梁,暮属晋,
> 正是朱李石刘郭,梁唐晋汉周,都来十五帝,播乱五十秋,后来感得
> 天道循环,向马甲营中,生下太祖武帝黄帝来……神宗十八年传位
> 与太子哲宗,那时天下太平,四方无事,且住,若真个太平无事,今日
> 开书演义,又说着些什么,看官不要心慌,此是楔子,下文便有,……

看了上例我们可以注意几点,(1) 有"话说"二字,可见《水浒传》原是
说评的话本;(2) 有"开书演义"四字,可见水浒原是属于说话四家中的讲
史科;(3)有"且住"二字,可以想见当时说话时亦必有一种乐器如鼓或他
物为点板节拍之用也。因为《水浒》原是评话的话本,评话原由唱诗唱词
变来,考原本《水浒传》中所留诗词颇多,只因浅陋的观众与读者特别欢
迎说白,所以后来《水浒传》中的诗词,也被坊贾刊落去了。胡应麟《少室
山房笔丛》云:

> 余二十年所见《水浒传》尚极足寻味,十数年来为闽中坊贾刊
> 落,止录事实,中间游词余韵,神情等寄寓处一概删之,遂几不堪覆
> 瓿,……

可见评话变为著述的最初,所留诗词颇多,后来坊贾为迁就浅陋的
读者起见,将诗词刊落,专留事实,于是小说由诗词的痕迹遂渐渐泯灭
了。这是第三期的现象。

五

说话四科中主要部分的小说、讲史,已分述如上了。现在要再研究

四科的谈经与合生两科的情况：

谈经 据耐得翁《古杭梦游录》，吴自牧《梦粱录》所纪，谈经诨经说参请一科，即演说佛书参禅悟道等事。周公谨《武林旧事》诸色伎艺人条，载说经诨经有长啸和尚以下十七人，内有陆妙慧、陆妙静二女流。可见谈经皆僧人僧姑为之。其宗旨在有目的的宣传佛教教义，与其他职业的伎艺人徒以说话换取衣食者有别。故孟元老《东京梦华录》说话四科仅有小说讲诨话合生，而不载谈经一科也。但是此种谈经来源甚早，大概由于佛教的诵经与唱导两种方法中蜕变出来的。佛教经文，文字简洁，义蕴精深，自西域传到中国后，和尚们要宣传教旨，常把经文向群众宣读，所以极注重读经的方法。印度文字本来极重音韵，佛教经典，最初多是用韵文的唱体写的。所以读经的时候，容易哼出音调节拍来。这种法子由西域传到中国，叫做转读。但是佛经的奥义，徒然诵读，尚不足叫人了解，于是不得不更进一步把经文翻译成通俗的韵文，于是有"俗文""变文"的佛经唱本产生，如唐五代时的"维摩变文"之类的通俗唱本即是。由这种"俗文""变文"的经文，蜕化到谈经的一条路上，是很自然的趋势。

诵经之外，佛教宣传的方法尚有一种唱导的制度。佛教中惯例，每当斋会的时候，夜静月明之际，常请名师大僧，升座，说法，"或杂叙因缘，或旁引譬喻"，"谈无常则令心形战栗，语地狱则使怖泪交流，征昔因则如见往事，核当果则已示来报，谈怡乐则情抱畅悦，叙哀戚则泪洒含酸"。像这样的唱导乃是佛教宣传方法的一大进步，口讲指画，形容惟肖，不但使听众容易懂得，而且使听众容易感动，容易增加信仰心。由这种唱导的制度蜕化到谈"参禅悟道"的"说参讲"的一条路上，又是很自然的趋势了。（佛教的诵经方法与唱导制度，详见慧皎《高僧传》、道宣《续高僧传》，胡适之先生《白话文学史》第十章引释颇详可参考）

至于佛经本身对于后来白话小说产生的影响也很大。佛经中如《佛所行赞》《佛本行经》都是长篇韵文的释迦牟尼传，《普曜经》也是用散文兼杂韵文体叙释迦牟尼一生的故事。至于《维摩诘经》《思益梵天所问经》等都是半小说半戏剧体的长篇故事,尤以《须赖经》一类的经文更是近于小说的作品。他如小乘律中如《四分律》《十二分律》《十诵律》等,其中引用带小说意味的故事以解说经文的更多。大概佛教义蕴精深,了解非易,所以佛家宣道说法,多是先诵一段经文,次便引一段故事以证释经文,最后以一喝作结。著书说法的,亦复如是。后来说话人的讲说故事,大都先引一首或几首诗词,次便接入故事本文,最后引一诗作结,其体裁结构亦大体相似。可见佛教的经文及宣传方法,都于白话之发生有极大的影响。

合生　是说话四家中较特殊的一科。他的表演不但有说有唱而且有舞蹈,似为杂剧中的一门。故周公谨《武林旧事》京师伎艺人条,于杂剧、傀儡、影戏之外,仅列小说、演史、谈经、诨话四科而无合生。我疑心,合生当包括在周氏所列杂剧之中。按合生亦来自外国,起源在唐中宗时,《唐书·武平一传》云:

> ……宴两仪殿,帝命后兄光禄卿婴监酒,婴滑稽敏给,召学士嘲之,婴能抗数人。酒酣,胡人袜子何懿等唱"合生",歌言浅秽,欲夺宋廷瑜赐鱼。平一上书谏曰,伏见胡乐施于声律,本备四夷之数,比来日益流宕,异曲新声,哀思淫溺,始自王公,稍及闾巷,妖伎胡人,街童市子,于御座之前,或言妃主情貌,或列王公名质,咏歌舞踏,名曰"合生"……

又高承《事物纪原》引此云:

> ……比来妖妇胡人于御座之前……咏歌舞踏,名曰合生……即合生之原起于唐中宗时也,今人亦谓之唱题目,……

由上例看来合生是说唱与舞踏并重的,其源来自外国,唐中宗时入中国,后人谓之唱题目。按陶宗仪《辍耕录》载金人院本名目六百九十种中有题目院本二十种,疑即合生一类的唱本。

我很疑心,中国戏剧之有脚本,与白话小说之有话本当系同时,其内容初亦无甚分别。换句话说,就是在唐宋之际,小说与戏剧不但同源,他们的底本的写定多系同时而且他们底本的内容也是相差不远的。陶宗仪《辍耕录》所载金人院本六百九十种中,有一部是戏剧的脚本(其中唱本仅十分之一),也有一部分是小说的话本(其中十分之九是话本),虽原书不存,无从考定,但这种假设也并不是毫无佐证的:

> 《事物纪原》云:仁宗朝,市人有能谈三国事者,或采其说加缘饰作影人……
>
> 《梦粱录》影戏条云:其话本与讲史书者颇同。

可见影戏、傀儡之类,源出讲史,其脚本即采自讲史的话本而略加点窜者。现在社会流行的影戏、傀儡犹存遗意,大抵演述历史的故实,其脚本或采《三国演义》或采《西游记》,或《隋唐演义》等等亦可证戏剧与小说同源者实多。又钱遵王《也是园书目》把宋人词话十五种列入戏曲部,王静安师《曲录》因之,宋人的所谓"诗词""词语"都是评话的话本,《错斩崔宁》《冯玉梅团圆》及《宣和遗事》三种皆其明证,而钱遵王列入戏曲部,想亦宋代戏剧脚本与小说话本无甚分别之证也。

(原载于1928年10月《国立中山大学语言历史学研究所周刊》第5集第52期)

契丹民族考

一、导　言

　　近代西方人士多称中国为支那(China)，而亚洲西部及欧洲东部诸国人士则仍称中国为克泰(Cathay)，支那之名大抵为秦字之转音；然西方学者之间犹有其他种种拟说，未成定论。若克泰之名，为契丹二字之转音，则东西学者之间殆无异议[1]。

　　契丹原为中国东北地方一小部族之名，南北朝时始起于辽水中游今热河东北之地，为游牧民族，领地不过数百里，历隋至唐，西北臣于突厥、回纥，南臣于中国，不能有大发展。直至唐末五代之世，突厥、回纥相继衰灭，中国复多内乱，契丹民族始得乘时勃兴，时耶律阿保机为八部统主，北伐室韦，遂领东北诸地，西征沙陀、党项，领内蒙古西部诸地，南侵中国，占领河北、山西之北边诸地，东灭勃海，占领松花江流域之地，国势日张。后唐明宗天成二年(西纪 927 年)契丹太宗复助唐叛将石敬塘灭后唐，得燕云十六州之地。敬塘自尊为帝，复称臣于契丹。晋天福二年

---

① 参看张星烺著:《中西交通史料汇篇》第二册，第 579 页，《支那名号考》。

（西纪 937 年）契丹改国号辽。天福八年敬塘不复称臣，出帝开运元年（西纪 944 年）辽攻晋陷贝州，开运三年辽复大举攻晋，执出帝北去，晋亡而契丹势益盛，置五京六府：州军城百五十六，县二百零九，部族五十二，属国六十。东至于海，南至白沟（今京西琉璃河），北至庐朐河（今外蒙古车臣汗部克鲁伦河），西至金山（今阿尔泰山），暨于流沙，为当时东亚第一大国，于是威名及于西域诸国，自后西域诸国只知有契丹而不知有中国，遂误以契丹为中国之称；其后契丹虽亡于女真，而西方学者之记载东方事情者，沿其误而不改，仍称中国为契丹，如西纪 1245 年（宋理宗淳和五年）普拉奴加比尼（Plano Carpini）奉教皇命使蒙古，1247 年（蒙古定宗二年）返欧，其游记中有一章记中国事情者，即称中国为契丹（Kythay）。西纪 1253 年（宋理宗宝祐元年）鲁布鲁克（Rubruck）奉法王圣路易命使蒙古，1255 年（蒙古宪宗五年）归欧，其纪行书中有一章记中国事情者，即称中国为大契丹国（Great Cathay）。西纪 1246 年（宋理宗淳和六年）小亚美尼亚亲王珊普德（Sempad）奉命使蒙古，1250 年归国，其致西普拉斯岛（Cyprus）王之书中称中国为克泰（Chata）。又西纪 1307 年（元成宗大德十一年）小亚美尼亚国戈利葛斯亲王海放敦（Haithon，Prince of Gorigvs）流寓法国，为教皇述东方诸国风土记（History and Geography of the Eastern Kingdams）中有一章记中国风土者，即名《契丹国记》（Du Roiaume de Cathay）。而最要者尤推马哥孛罗游记之称中国为契丹，影响最大[①]。故元亡后中国与欧洲之交通虽绝，而契丹之名仍未忘于欧人之心目中，十五世纪末哥仑布之发见美洲，亦由于寻访契丹而起，可知契丹之名，于世界史中之重要为何如矣。

契丹原不过中国东北地方一部族之名，西人误以为中国之通称，至今亚洲西部及欧洲东部如俄罗斯、希腊、土耳其、中央亚细亚、波斯诸国虽犹沿其误而不改，然契丹民族之非中华民族，则东西学者之间尽人皆知，不待辩证。惟今日中国北方各部族之间，经人类学者、语言学者、史

---

① 参看《中西交通史料》第二册，第 53 页至 55 页，及第三册，第 7 页。

地学者之研究,大抵括为通古斯、蒙古、土耳其三族。论其起源,古代契丹民族果应属于此三族中之何族,则东西学者之间,意见尚未一致,犹未至完全解决之时也。

1. 中国史乘关于契丹民族问题之记载

欲考契丹民族之种属问题,必先据六朝以来之中国记载。然吾征之历代史籍,关于契丹民族种属问题之意见,约有下列诸说:

(甲)契丹与库莫奚同为东部宇文别种说:

据《魏书》卷一百《契丹传》云:

> 契丹国在库莫奚东,异种同类,(为慕容氏所破)俱窜于松漠之间,登国中国军大破之,遂逃迸与库莫奚分背,经数十年,稍滋蔓,有部落于和龙之北数十里,多为寇盗。(同书云,库莫奚国之先东部宇文之别种也,初为慕容元真所破,窜于松漠之间)

《通典》卷二百《契丹传》云:

> 契丹之先与库莫奚异种而同类,并为慕容氏所破,俱窜于松漠之间(同书云,库莫奚闻于后魏及后周,其先东部鲜卑宇文之别种也,初为慕容晃所破,遗落者窜匿松漠之间——其地在今柳城郡之北)

(乙)契丹为鲜卑遗种说:

《唐书》卷二一九《契丹传》云:

> 契丹本东胡种,其为匈奴所破,保鲜卑山,魏青龙中部酋比能桀骜为幽州刺史王雄所杀,众遂微,逃潢水之南,黄龙之北,得鲜卑之故地,故以为鲜卑之遗种。

《五代史》卷七十二《契丹传》云:

> 契丹自后魏以来名见中国,或曰与库莫奚同类异种,其居曰袅罗个没里,没里者河也,是为潢水之南,黄龙之北,得鲜卑之故地,故又以为鲜卑遗种。

程大昌《北边备对》云：

契丹在潢水之南，黄龙之北，鲜卑故地，或云鲜卑遗种，战国之世名为东胡者也。

《辽史》卷六十三《世表》云：

炎帝之裔曰葛乌菟，世雄朔陲，后为冒顿可汗所袭，保鲜卑山以居，号鲜卑氏，既而慕容燕破之，析其部曰宇文，曰库莫奚，曰契丹，契丹之名昉见于此。

又云：

汉（时）冒顿可汗以兵袭东胡灭之，余众保鲜卑山，因号鲜卑。魏青龙中部长比能桀骜，为幽州刺史王雄所害，散徒潢水之南，黄龙之北。晋（时）鲜卑葛乌菟之后曰普回，有子莫那自阴山南徙，始居辽西，九世为慕容晃所灭，鲜卑众散为宇文氏，或为库莫奚，或为契丹。元魏（时）契丹国在库莫奚东，异族同类，东部鲜卑之别支也，至是始自号契丹。为慕容氏所破，俱窜松漠之间，道武帝登国间大破之，遂与库莫奚分背，经数十年稍滋蔓，有部落于和龙之北，数百里。

据上所举诸例观之，则契丹民族为东胡鲜卑之遗种与宇文部库莫奚部皆为同种别支甚明。

（丙）然《旧唐书》及《旧五代史·契丹传》所载尚有匈奴种、突厥种等异说：

《旧五代史》卷一三七《契丹传》云：

契丹者匈奴之种也。

《旧唐书》卷一九九《契丹传》云：

臣本突厥，好与奚斗，不利则遁保青山及鲜卑山。

此可见契丹民族之种属问题，东胡、鲜卑种说之外，尚有匈奴种、突厥种等说。

又《辽史》卷七十二《耶律曷鲁传》云：

> 契丹与奚语言相通，实一国也。

然《契丹国志》第二十二卷四京本末条云：

> 奚有六节度都省统领，言语风俗与契丹不同。

又《大金国志》卷三十九初兴风土条云：

> （女真）与契丹言语不通。

《辽史》谓契丹与奚言语相通，而《契丹国志》又谓其言语风俗不相同，其矛盾若此。女真语言经近世西方语言学者之研究，定为通古斯语系，殆成定论，契丹语言既与女真语不相通，则契丹民族已非纯粹通古斯种甚明。

又《唐书》卷二一九《契丹传》云：

> 太宗曰契丹、突厥不同类。

《辽史》卷六十四《皇子表》迭剌条云：

> 回鹘使至，无能通其语者，太祖曰迭剌聪敏可使遣迓之，相从二旬，能习其语言书，因制契丹小字，数少而该贯。

据上所举之例观之，则契丹与回鹘言语原不能相通，其不同族固明甚，然契丹小字乃皇子迭剌通回鹘语后所制，其必有所摹仿，亦无容疑，而后世契丹语中之含有土耳其语成分亦为不足怪之事，而《旧唐书·契丹传》之"臣本突厥"一语，殆因契丹曾臣属于突厥，故如此云云也。

自南北朝以来，关于契丹民族问题之记载，其矛盾既如上述。至清代而契丹民族问题始有较真确之认识。《钦定辽史国语解》每卷之首必曰：

> 辽以索伦语为本。

可见《辽史·国语解》之编者以契丹语为索伦系甚明。又隋唐之际契丹之君号大贺氏,后析为八部,臣于突厥,大贺氏清代官书亦称达瑚尔,曾载入《满洲姓氏录》,今俄属贝加尔湖以东尚有 Dakhur 民族,可见清代官书之编者早已视今达瑚尔 Dakhur 民族为古契丹大贺部之苗裔矣。

2. 西方学者关于契丹民族问题之意见

然中国古来史籍所载异说既多,清代官书所载虽较近真,然其所列举多数之例证犹未足使读者信之不疑也。西方初期汉学家之研究此问题者,亦复如此,例如德国汉学家克拉普罗多氏(Klaproth)所著《亚洲各国方言汇书》(Asia Polyglotta)曾据契丹十数语以为契丹民族属今通古斯种之证,兹引如次:

契丹语	原义	译音	译意	备考(订误)
阿主	父祖之称	Enŏi	Vater	
忒里蹇	皇后之称	Teligian	Konigen	
暴里	恶人之称	Booli	Schlechter Menseh	
沙里	郎君也,管众人之官	Sali	Gross Vater	误译为祖父之义
捏褐耐	犬首	Nai-eho-nai	Grosser Kopf	译译为大首之义
阿思	宽大	Aszii	Trenr Minister	误译为贵官之义
阿鲁盌	辅佐	Cho-lu-uan	Helfen	
耶鲁盌	兴旺	Jalu-uan	Erhaben, schatze	
蒲速盌	兴旺	O'n-su-uan	Erhaben, schatze	
窝笃盌	挈息	Ao-tu-uan	Mitleidig sein	
瓜	百	Cuo	Hundert	瓜乃爪之误
监毋	遗留	Dsian-u	Lassen nicht nehmen	
夺里本	讨平	Daoliben	Tasse weing lass sala	误译
得失得本	孝	Desideben	Eltern ehren	
女古	金	Nni-kn	Gold	

契丹语	原义	译音	译意	备考(订误)
孤稳	玉	Ku-nen	Jade(Mandju, gn)	
虎斯	有力	Chu-szü	Starke, (Mandju, Chusun)	
赛咿呢奢 赛离舍	月好	Sai-i-cl-še	Gntcr Jag. (Glücklic-her) Mandju, sain inenggi	译误为好日之义

案克氏列举上述十数语中,孤稳、虎斯、赛咿呢奢三语,可与后世者满洲语相比较,因而推定契丹民族为今通古斯种之祖先。然克氏所举十数语在今存契丹语中为数过少,且此十数语中又仅三语可与今满洲语相比拟,若细考之,则即此三语之可与满洲语相比者,亦非尽当,例如契丹语谓有力曰虎斯,满洲语谓有力曰 Chusun,固与契丹之虎斯相近;而蒙古语谓有力曰 Knci,土耳其语曰 Kuě,亦何尝不与虎斯之语音相酷似;又契丹语谓月好曰赛咿呢奢,亦曰赛离舍,而蒙古语谓月曰 Sara,谓好曰Sain,与契丹语之赛离舍亦相类似,故克氏据契丹语十数词,即推定契丹为通古斯族,犹不免于武断之嫌也。

继克氏而介绍契丹语于西方,且根据其言语以推论其民族者,为 W. Schott 氏,氏尝自 Howorth 氏处得契丹语三十余语,英译之,且以通古斯语、满洲语、蒙古语及中国语比较之,揭于《契丹及哈喇契丹考》(Kitai und kara kitai)论文中,其所录契民语中约可分为下列五类:

契丹语之可与通古斯语比较者:

契丹语译音	契丹语译意	通古斯语拼音	汉语	《辽史》	《钦定语解》
Choor	two	dassclbe	二		
tikin	four	digin	四		
Nungkoo	six	dasselbe	六		
Chaon	hundred	dsehaghun, dschaghu, dschan	百	爪	joo
Aya	good	dasselbe	好		

续表

契丹语译音	契丹语译意	通古斯语拼音	汉语	《辽史》	《钦定语解》
taha	near	daga	近		
foorkoo	fat, corpulent	burgu	肥胖		
tile	head	dil	头		
nooleutih	hair of the head	nurikta haar	头发		
tooleih	winter	tugo	冬		

契丹语之可与满洲语相较者：

契丹语	译意	满洲语	汉语	《辽史》	《钦定语解》
asre	large	aszuru viel	大	阿思	aguo
kwawan	jade stone	gugjo, gugui	玉石	孤稳	gu
peishin	jungle	budschan	丛林		
silitsih	armour	szele eisen?	武装		
talkokile	to burn	talkia blitzen	焚烧		
tama	to contract an enclosure	tama zusammenzeihen	结围		

契丹语之可与蒙古语比较者：

契丹语	译意	蒙古语	汉语	《辽史》	《钦定语解》
cholo	stone	tschilaghuu tschilun	石		
kemta	easy	kimta unsekwer, leicht	容易		
taulu koorpooko	ta shut heres	taulai harbuchn	禁止邪说		
tarak	field	tari	田	达刺割	taragha
Walooto	Camp	ordu	宫	干鲁朵	ordu
Wookoore	ox, bull	üker	牛	乌骨哩	ukuri

契丹语之可与中国语比较者：

| pooshuwang | prosperous | 溥爽 puschwàng | 兴旺 | 蒲速盌 | fussengge |
| tscangkwan | a captain genernl | 将车 tsjang-kün | | | |

契丹语之无比较者：

chook	jurt or temporary felt-tent?	临时毳幕		
haloowan	to assist?	辅佐	阿鲁盌	
keenmoo	to leave?	遗留	监母	giyamun
kwooleen	to take a country?	收国	国阿辇	ges uniyan
neukoo	gold	金	女古	munggee
taloo	bark of atree?	树皮	徐吕	
tektih	continued darkness or inferiority?			
tihtipun	filiapiety?	孝	赤实得本 得失得本	
tolepui	to trangquillize?	讨平	夺里本	dailha
toor	half grown pig?	未长成的猪		
wotowan	parental affection?（慈爱）	挛息	窝笃盌	adun
yasloowan	prosperous?	兴旺	耶鲁盌	iruwa

　　案 Schott 氏据上述契丹语三十余语中，有数词 Choor（二）tikin（四）Nungkoo（六）三语与通古斯语相类似，故推定契丹民族与女真满洲族有密切关系（见 Kitai und Karakitai p. 6）。然 Schott 氏所据之契丹三十余语，自称得自曾著蒙古史之 Howorth 氏，而 Howorth 氏又得自俄国 Palladins 氏，至 Palladins 氏果由何处而得此三十余语，则全不明。今收此三十余语与《辽史》《辽史拾遗》《契丹国志》《钦定辽史国语解》等书中所见之契丹语比较之，则其相同或相类不过四分之一，其余则概不知其出处，此诚可怪之事也。

　　3. 契丹属蒙古种说之首倡者

　　然著蒙古史之 Howorth 氏曾以契丹之风俗制度与蒙古多有类似之

处,故主张契丹民族与蒙古种有密切关系之说,是为契丹民族属蒙古种之始倡者,继之而起者,如《支那地志》①记契丹云:

> 辽之先契丹者,达瑚尔氏也,契丹之名,其出处虽不可考,然达瑚尔氏则《满洲姓氏录》亦有之,今黑龙江沿岸至俄领后贝加尔州之间,尚有土著称达瑚尔人者,其为同种无疑也。契丹据满洲之地,久历年所,且太祖兼中国北部,其制度文物取于汉土者虽多,然就古来史籍所见,其犹保存达瑚尔人之风习者,亦往往有之。太祖尝语人曰,吾亦能汉语,道不绝口,以其效汉,遂至怯弱也。《辽史》中所记,鸭子河及混同江结冻之际,辽帝亲往穿水钓鱼以开宴,称之曰头鱼宴。又置鹰人、獐人、鹿人等官,以猎兽为岁时常例。此皆达瑚尔人之风俗也,又达瑚尔人信萨满教,疾病出入,必祈于萨满以卜吉凶;辽帝每有攻伐进退,必卜之萨满而后决行。又《唐书》所记挂死尸于树上而不埋葬,此皆本于萨满教者也。

此以契丹风俗信仰习惯与今达瑚尔人有相同之点,因推定契丹民族属今达瑚种,固不失为考证契丹民族问题之一种方法,然人类学家对于人种分类之标准,不但根据风俗信仰习惯之异同,尤须从人种学方面研究其体质之异同,从语言学方面研究其语言之异同,从史地学方面研究其发祥繁荣之地理及时代,然后始为近真也。

日本东洋史家白鸟库吉博士,尝著《东胡民族考》论文,中有契丹一节,搜辑《辽史》《契丹国志》《辽史拾遗》诸书中所存之契丹语之大部分,与今通古斯语、蒙古语、土耳其语比较解释之,始提出契丹民族属今蒙古种与通古斯种之混合种之说②,其结论虽犹有可商之点,未为定论;然其论据之详密,则较之前此诸学者已大有进步,此亦学术随时代而进化之自然趋势也。

---

① 《支那地志》卷二十五。
② 《史学杂志》卷二十三、四。

二、契丹国号考

1. 引言

人种学家对于各民族之分类,必有体质方面、语言方面、历史地理方面、风俗信仰习惯方面等之根据。今欲求契丹民族问题之解决,必先于契丹民族之发祥地及其繁荣地之辽水中游、上游地方,作大规模之发掘,俟得到多数新材料后,再从人类学、语言学、史地学、民俗学、考古学、古物学等方面分别研究之,然后此问题乃有确切解答之日。今国内考古之学,犹未十分发达,新材料之发见,未知何日始有实现之望,则欲据旧有之材料以推究此问题,舍比较语言学之方法外,其道末由矣。

2. 中国史籍所记关于契丹一名之意义

元修《辽史》,以辽之初兴与奚室韦密迩,土俗言语大概近俚,史之所载,官制、宫卫、部族、地理,率以契丹国语为称号,不有注释以辨之,则世无从知,后无从考,因撰次《辽国史解》以附其后,然于契丹国名原取何义,则未采入。故契丹国名迄无正确之解释,惟契丹于后晋天福二年(西纪 937 年)改国号曰辽,而《辽史拾遗》卷十一引《金太祖实录》云:

> 太祖先为完颜部人,以辽天庆五年建国,曰,"辽以镔铁为国号,镔铁虽坚,终有销坏;唯金一色,最为珍宝,自今本国可号大金。"

案此以辽之国号乃取镔铁之义,然考金属中虽有名镣者,乃系银类而非铁类。又《三朝北盟会编》云:

> 上阿骨打尊号为皇帝,国号大金,以水名阿赤阻为国号。阿赤阻,女真语金也,以其产金而名之,故曰大金,犹辽人以辽水名国也。

案此以辽之国号之采辽水之义,与金之国号取义于金水者同例。然金水之金为女真语阿赤阻之意译,(案女真语谓金曰按春,满洲语曰 Aisin,蒙古语曰 Alta,又曰 Altan,土耳其语曰 Altun,皆与阿赤阻之语音相近似），而辽水之辽，其义为远，此字与镔铁二字似无何等关系。

3. 东西学者关于契丹一语之解释

据克拉普罗多氏（Klaproth）之《亚洲诸国方言汇书》（Asia polyglotta p. 280）载 Djungar 之 Ölot 方言谓"钢铁曰 Khatin"，与"契丹"一语音相酷似，考

突厥阙特勤碑文称契丹曰 Kytai[1]，

Tonjukuk 碑文称契丹曰 Kytang[2]，

加比尼（Plano Carpini）游记称中国曰 Kythay，

卢布鲁（Rubruck）纪行书称中国曰 Great Cathay，

珊普德（Sempad）致 cyprus 岛王书称中国曰 Chata，

中央及西部亚细亚及土耳其人尚称中国曰 Khatai，

今俄国人尚称中国曰 Kitai，

蒙古人称中国曰 Kitat，

此皆契丹二字之异译，与 Ölot 语谓钢铁曰 Khatin 之语音皆相酷似，故 W. Schott 氏之契丹及哈喇契丹考（Kitai und Karakitai p. 10）一文中，曾谓：

蒙古语谓切断、杀害曰 Kitu-khu，

谓苅物等　　曰 Kadu-khn，

谓小刀　　　曰 Kitu-gu, Kito-gha，

此 Kitu, Kito, Kadu 即契丹二字之对音，原为切断之义云云。而白鸟库吉氏又谓：

通古斯语族中之 Managir 语谓小刀曰 Kato, Koto', Kotto，

Jenissei 语谓小刀曰 Kotto，

Jakut 语谓小刀口曰 Koto'，

---

[1] 参看俄国拉特禄夫（Radloff）氏的 Die AIt Turkischen Inschriften des Mongolei(p. 110).
[2] Die Inschrift des Tonjukuk (p. 94).

Urulginsk 语谓小刀曰 Koto，

Udskoje 语谓小刀曰 Koto[1]，

又通古斯语族之索伦 Solon 语谓小刀曰 Koto'[2]，

蒙古语族之达瑚尔 Dakhur 语谓小刀曰 goto-go[3]，

此 Koto，Kotto，goto 等语皆与契丹二字有语脉相通之故云云，此近代东西学者探索契丹语之语源所得之解释也。

4. 契丹与曷术

然契丹语谓铁曰曷术，《辽史》卷六云：

> 坑治则自太祖始并室韦，其地产铜铁金银，其人善作铜铁器。又有曷术部者多铁，曷术国语铁也。

又《辽史》卷三十三《营卫志·部族下》圣宗三十四部中有曷术部云：

> 曷术部，初取诸宫及横帐大族奴隶，置曷术石烈，曷术铁也。

曷术亦作葛术，《辽史》卷三十二营卫志中部族上云：

> 部落曰部，氏族曰族……有部而不族者，特里特免、稍瓦、葛术之类是也。

案特里特勉部，称瓦部与葛术部皆为圣宗三十四部之一，曷术与葛术之为同一语，甚明；然曷术为契丹语铁之义。而北方语族中之

通古斯语族中之女真语谓铁曰塞勒，

满洲语谓铁曰 Sele，

蒙古语族谓铁曰 timur，

土耳其语族谓铁曰 timur，demur，

可见契丹语之曷术、葛术，与今普通之通古斯语、蒙古语、土耳其语皆纯

---

① 德国 Grube 氏之 Goldisches worterverzei chniss(p. 36).

② Iwanowski 氏之 Mandjunca(p. 66).

③ 同上(p. 76).

不相类。惟唐时黠戛斯语谓铁曰"迦沙"声颇相近,《唐书·回鹘传》黠戛斯条云:

> 有金铁锡,每雨俗必得铁,号"迦沙",为兵,绝犀利,常以输突厥。

此迦沙一语,与葛术、曷术则颇相类似。又

> 蒙古语族之 Dakhur 方言谓铁曰 Kaso,
>
> Samoyed 语族之 Tomsk 方言谓铁曰 Kose,
>
> > Karassen 方言谓铁曰 Kuése,
> >
> > Ostjak 方言谓铁曰 Kues,
> >
> > Ket,Tym,Narym 方言谓铁曰 Kuos,

此诸语与葛术、曷术、迦沙亦皆相类似,若更广索其语源,则:

> 通古斯语中之女真语谓小刀曰哈子哈[1],
>
> > 满洲语谓小刀曰 Khuedzi[2],
> >
> > > 曰 hasha,hashun[3],
> >
> > Gold 语谓小刀曰 Kuĕe,
> >
> > Olca 语谓小刀曰 Kuĕe,
> >
> > Oroĕen 语谓小刀曰 Knĕi-ga,Kuĕi-ge,Kuĕka[4],
> >
> > > 又朝鲜语谓剪刀曰 Kasai,
>
> 又蒙古语族中之东蒙古语谓苅物曰 Haiĕi[5],
>
> > Seleginsk 语谓苅物曰 xaiĕe,
> >
> > Khorinsk 语谓苅物曰 Xaisi,
> >
> > Tunkinsk 语谓苅物曰 xaisi,

---

[1] Grube(p. 92).
[2] Klaproth《亚洲方言汇书》。
[3]《清文汇书》卷二。
[4] Grube(p. 30).
[5] Castrén(p. 221).

Nižendiusk 语谓苎物曰 Kaise①，

通古斯语之 Urulginsk 语谓苎物曰 Kaiti②。

上述诸语中如哈子哈，hasha，hashun，Haiěi，Xaiěe，Xaisi 等语与契丹语之曷术皆相酷似；如 Kuěe，Kuei，Kue，Kasai，Kaise 等语则与契丹语之葛术，黠戛斯语迦沙相类似；又 Kaiti 一语与契丹二字更为相似。案中世纪以来欧洲人于契丹二字，初译为起泰（Khitai），复译为迦特（Kathai），又译为克瑟（Cathag），各因时因地因人而异其音读，以此之例推之，则契丹民族于南北朝之际称铁曰契丹，历隋唐五代至宋，经时颇久，转辗传讹，至宋代之际遂变为葛术、曷术等一类之音，亦事实上所可许也。

5. 与女真蒙古国号之比较

案宋彭大雅《黑鞑事略》云：

> 黑鞑之国号大蒙古。沙漠之地有蒙古山，鞑语谓银曰蒙古。
>
> 女真名其国曰大金，故鞑名其国曰大银。

案女真以金为国号，其事甚明，东西学者之间殆无异议。惟蒙古以银为国号，则西方学者尚有其他种种异说③。考蒙古二字源出《旧唐书》卷一九九《室韦传》之蒙兀室韦，及《新唐书》卷二一九《室韦传》之蒙瓦部。然据《旧唐书·室韦传》蒙兀室韦与落俎（落坦之误）室韦隔望建河而居，蒙兀室韦居河南，落坦室韦居河北。《新唐书·室韦传》以望建河作室建河，河南有蒙瓦部，河北有落坦部。落坦部亦作骆丹部，又作骆驼室韦，考古来翻译外国语之以母音始者，往往省略之，如 Orkhon 河之译为鹿根

① Rasid-eddin 氏谓蒙古一语为鲁钝孱弱之义；Schmidt 氏谓蒙古一语为勇敢无畏之义，而非鲁钝孱弱之义；Schott 氏则折衷二说，谓蒙古一语原由愚钝之义转为狂悍无谋之义，再转而为勇敢无畏之义云云。

② Grube(p. 30).

③ Rasid-eddi 氏谓蒙古一语为鲁钝孱弱之义；Schmidt 氏谓蒙古一语为勇敢无畏之义，而非鲁钝孱弱之义；Schott 氏则折衷二说，谓蒙古一语原由愚钝之义转为狂悍无谋之义，再转而为勇敢无畏之义云云。

河即其例,故知落坦,骆丹,骆驼等语殆即蒙古语 Alta 或 Altan 之音译,即金部落之义也。果然,室建河北岸之落坦部既为金部落之义,则室建河南岸所住之蒙兀部乃取银部落之义,两两对抗,亦属可能之事也。

又 通古斯语族之女真语谓银曰蒙古温[1],

满洲语谓银曰 Menggun[2],

索伦语谓银曰 Monggún, Menggun[3],

Capogir 语谓银曰 Mongon,

Mangazeja 语谓银曰 Mongun,

Nercinsk 语谓银曰 Mongun,

Burguzin 语谓银曰 Mangun,

Jakut 语谓银曰 mànguni,

Uuter-tunguska 语谓银曰 mongon,

Ober-Angara 语谓银曰 maun,

Ochotsk 语谓银曰 myngin,

Lamut 语谓银曰 myngin[4],

又 蒙古语族之长城附近蒙古语谓银曰 munggu,

Khalka 语谓银曰 munggu,

Burjot 语谓银曰 monggú,

Ölot 语谓银曰 monggun, münggo[5],

Dakhur 语谓银曰 munggú, múuggn, múngo[6]。

案上述诸语与蒙古、蒙兀、蒙瓦、蒙骨斯、朦骨、蒙古里、蒙古斯、肓骨子、忙豁勒、梅古悉等称皆相酷似。可知蒙古之名原为银部落之义,颇不

---

① Grube (p. 30).
② Klaproth《亚洲方言汇书》(p. 46).
③ Iwanowski(p. 70).
④ Grube (p. 30).
⑤《亚洲方言汇书》(p. 282).
⑥ Iwanowski(p. 70).

谬也。

若上所考证,女真以金为国号,蒙古以银为国号之事实为不误,则契丹之以铁为国号,自非偶然之事,何足怪哉。

6. 契丹二字之新释

若上所述为不然,则契丹二字之丹,当如西域地名之:

> Hindustan(印度斯坦,1300—1405),
>
> Turkestan(土耳其斯坦),
>
> Afghauistan(阿富汗斯坦),
>
> Baluohistan(俾路芝斯坦),
>
> Luristan(在伊兰境),
>
> Kafiristan(在克什米尔西),
>
> Khuzistan(在波斯湾北),
>
> Kurdistan(在小亚细亚东),
>
> Daghestan(在里海西岸),

等,凡语尾"斯坦(Stan)"皆 Stand 之略,巴利文凡 Stand 皆变为 Tand,表示所在地之义契丹之丹,或亦类此。

又契丹之契,与相传之契丹始祖曰"奇首可汗"之奇字声音相类,当亦有语脉相通之故也。

三、契丹宫名考

1. 释斡鲁朵(宫卫)

契丹语谓宫卫曰斡鲁朵,《辽史》卷三十一《营卫志》云:

> 有辽始大,设制尤密,居有宫卫谓之斡鲁朵,出有行营谓之捺钵,分镇边围,谓之部族。
>
> 辽国之法,天子践位置宫卫,分州县,析部族,设官府,籍户口,备兵马……太祖曰弘义宫(即算斡鲁朵),应天皇后曰长宁宫(即蒲

速盌斡鲁朵),太宗曰永兴宫(即国阿辇斡鲁朵),世宗曰积庆宫(即耶鲁盌斡鲁朵),穆宗曰延昌宫(即夺里本斡鲁朵),景宗曰彰愍宫(即监母斡鲁朵),承天太后曰崇德宫(即孤稳斡鲁朵),圣宗曰兴圣宫(女古斡鲁朵),兴宗曰延庆宫(窝笃盌斡鲁朵),道宗曰太和宫(阿思斡鲁朵),天祚曰永昌宫(阿鲁盌斡鲁朵),孝文皇太弟曰敦睦宫(赤实得本斡鲁朵)。

案斡鲁朵,女真语亦作斡里朵,《金史语解》云:

> 斡里朵,官府治事之所,斡里朵即鄂呼多。

蒙古语又作斡耳朵,《元史·舆服志》云:

> 斡耳朵,华言账房也,《辽史》称斡鲁朵,音之转也。

《草木子》云:

> 元君立,别设一账房,极金碧之盛,名为斡耳朵,及崩即架阁不用。新君立,更作一斡耳朵。

此可见辽之制与元之制大概相同,此斡鲁朵一语清乾隆时《钦定辽史国语解》作 Ordu,W. Schott 氏译作 Walooto(Camp),与蒙古语 Ordu 相拟,皆是也。

> 满洲语谓宫殿,亭楼曰 Ordo,
> 蒙古语谓宫殿,阵营曰 Ordu[1],
> 土耳其语族之 Baraba 语 Kirgiz 语谓宫殿、城郭曰 Orda,
> Căgatai 语 Osman 语谓军营曰 Orpu,
> Uigur 语谓阵营曰 orpu,
> Aderbaigan 语 Taranĕi 语谓 Sultan 之牙帐曰 Orpu[2]。

可知契丹语之斡鲁朵,女真之斡里朵,蒙古之斡耳朵殆皆上述之 Ordo、

---

[1] Kowalewski 氏之《蒙古字典》(p. 446).

[2] Radloff(p. 1071).

Ordu、Orda 等之对音也。

2. 算斡鲁朵(心腹宫)

契丹语谓心腹曰算,太祖即位时所置之弘义宫亦名算斡鲁朵,《辽史》卷三十一《营卫志》条云:

> 算斡鲁朵,太祖置,国语心腹曰算,宫曰斡鲁朵,是为弘义宫。
>
> 以心腹之卫置,益以渤海俘锦州户,其斡鲁朵在临潢府。

又《辽史·国语解》营卫志条云:

> 算斡鲁朵,算腹心拽剌也,斡鲁朵宫也。

案余靖《武溪集》契丹官仪条记契丹语呼"巡警曰拽剌",《续文献通考》职官条谓"走卒曰伊喇",《唐书·回鹘传》同罗条谓"健儿曰曳落",故知算乃契丹语心腹巡警,或心腹健儿,心腹走卒之义也。

> 通古斯语谓思考曰 Zon-am[1],
>
> 蒙古文语谓思考曰 Sana,
>
>   谓思想、记忆、意见曰 Sanaghan[2],
>
>   Khalkha 语谓思考曰 Sana,
>
>   Seleginak 语谓思考曰 Sana,
>
>   Dakbur 语谓思想曰 Saná,
>
>   谓思考曰 Sanbé[3],
>
> 土耳其族Kirgiz 语谓精神、记忆、道理曰 Sana,
>
>   Taranei 语谓精神、记忆、道理曰 Sana,
>
>   Altai 语谓精神、记忆、灵魂曰 Sanā,
>
>   Schor 语谓精神、记忆、灵魂曰 Sanā,
>
>   Telent 语谓精神、记忆、灵魂曰 Sanaga,

---

[1] Castrén (p. 101).

[2] Kowalewski (p. 1281).

[3] Iwanowski(p. 63,66).

Cagatai 语谓用意周到曰 Sanag,

Orman 语 Krim 语谓思考曰 San①,

Kirgiz 语谓思考曰 San。

契丹语之算与上述诸语中之 San 殆同语源,又《钦定辽史国语解》谓腹心曰苏斡延(Suwayan),与通古斯语之 Zon-am 亦相类似也。

3. 国阿辇斡鲁朵(收国宫)

契丹语谓收国或牧国曰国阿辇,辽太宗即位时所置之永兴宫亦曰国阿辇斡鲁朵,《辽史·营卫志》云:

国阿辇斡鲁朵太宗置,牧国曰国阿辇,是为永兴宫……其斡鲁朵在游古河侧。

又《辽史·国语解》营卫志条云:

国阿辇,收国也。

案《钦定辽史国语解》以国阿辇为 Ges Uniyen 之对音,而 W. Schott 氏译音为 Kwooleen,又译其意为 To Take a country.

通古斯之女真语谓国曰国伦尔,

满洲语谓国曰 gurun,

Gold 语谓国曰 gurún②。

契丹语国阿辇之国字,殆即上述诸语之略译也。

又满洲语谓取曰 alimbi③。

契丹语国阿辇之阿辇,殆即上述 alimbi 之略译也。由此亦可见契丹语之文法,名词在前,动词在后,与今北族法语相同也。

4. 耶鲁盌斡鲁朵(兴盛宫)

契丹语谓兴盛曰耶鲁盌,辽世宗即位时所置之积庆宫亦曰耶鲁盌斡

---

① Radloff(p. 295).

② Grube (p. 37).

③《清文汇书》。

鲁朵,《辽史·营卫志》云:

> 耶鲁盌斡鲁朵世宗置,兴盛曰耶鲁盌,是为积庆官。……其斡
> 鲁朵在土河东。

又《辽史·国语解》营卫志条云,耶鲁盌,兴旺也。《钦定辽史国语解》以
耶鲁盌 Iruwa 为之对语。W. schott 氏译音为 Yasloowan,译意为
Prosperous。

> 蒙古语谓兴起、孳生、蕃殖曰 Urgu[1],
> Tunkinsk 语谓兴起、蕃殖曰 Urga,
> Balagask 语谓兴起、蕃殖曰 Urga[2]。

契丹语之耶鲁盌殆与上述二语有语脉相通之缘也。

5. 蒲速盌斡鲁朵(兴隆宫)

契丹语谓兴隆曰蒲速盌,故应天皇太后所置之长宁宫亦曰蒲速盌斡
碎朵,《辽史·营卫志》云:

> 蒲速盌斡鲁朵应天皇太后置,兴隆曰蒲速盌,是为长宁宫……
> 其斡鲁朵在高州。

案《钦定辽史国语解》以蒲速盌为 Fussengge 之对音。W. Schott 氏译音
为 Pooshuwang(Prosperous),并以之与中国语溥爽(Puschwàng)比拟
之,似系附会。案

> 满洲语谓孳生、蕃殖曰 Fusembi,
> 谓凡物孳生之多曰 Fusen[3]。

契丹语之蒲速盌当系 Fusen 之对音也。

6. 夺里本斡鲁朵(讨平宫)

契丹语谓讨平曰夺里本,故辽穆宗所置之延昌宫亦曰夺里本斡鲁

---

[1] Kowalewski (p. 464).
[2] Podgorbunski(p. 266).
[3]《清文汇书》卷十二。

朵,《辽史·营卫志》云：

> 夺里本斡鲁朵,穆宗置,是为延昌宫,讨平曰夺里本,……其斡
> 鲁朵在糺雅里山南。

又《辽史·国语解》营卫志条云"夺里本,讨平也。"《钦定辽史国语解》以夺里本为 dailha 之对音,W. Schott 氏译音为 Tolepui,译意为 To trangquillize(治平之义),Klaprath 氏译音为 Daoliben,译意为 Tasse weinglass Sala 者误也。案

> 满洲语谓讨平曰 dailambi,
> 蒙古语谓讨平曰 dailakhu,谓兵曰 dain。

契丹语之夺里本之夺里,殆即上述 daila 之对音,语末之本字则其表示动词之语尾也。

7. 监母斡鲁朵(遗留宫)

契丹语谓遗留曰监母,故辽景宗所置之彰愍宫亦名监母斡鲁朵,《辽史·营卫志》云：

> 监母斡鲁朵景宗置,是为彰愍宫,遗留曰监母,……其斡鲁朵在合鲁河。

又《辽史·国语解》宫卫条云"监母,遗留也。"《钦定辽史国语解》以监母为 giyamun 之对音；Klaproth 氏译音为 Dsiamu,译意为 Lassen nichtnabmen；W. Schott 氏译音为 Keenmoo 译意为 To leave.

8. 女古斡鲁朵(黄金宫)

契丹语谓金曰女古,故辽圣宗所置之兴圣宫亦名女古斡鲁朵,《辽史·宫卫志》云：

> 女古斡鲁朵圣宗置,是为兴圣宫,金曰女古,……其斡鲁朵在女混活直。

《辽史·国语解》营卫志条云"女古,金也。"是契丹语谓金曰女古明甚。案

通古斯族之女真语谓金曰按春，

亦曰阿赤阻①，

满洲语谓金曰 Aisin，

蒙古语谓金曰 Alta，Altan，

土耳其语谓金曰 Altun。

此等语与契丹语之女古皆不相类，惟《契丹国志》初兴本来条云：

袅罗个没里，复名女古没里者……华言所谓黄河也。

据此，则女古一语殆即黄色之义也，（袅罗个，乃蒙古语 Sirakha 之对音，微黄色之义）。案

通古斯语族之女真语谓黄曰琐江，

满洲语谓黄曰 Soho，Sohon，suwayan，

Gold 语谓黄曰 Sogzo，

Olca 语谓黄曰 sogzo，

Orocen 语谓黄曰 Sokco Sogzo，sokde②。

契丹语之女古殆即 soho 之对音，原为黄色之义，因金之色黄，故由黄色之义转而为金字之义也。例如高丽语谓黄曰"那论"，谓黄金曰"那论义"，今朝鲜语谓黄曰 nu-ru，谓黄犬则曰 nu-ron-gi，亦皆由黄色之义转而为黄色之物之称之例证也。

9. 窝笃盌斡鲁朵（孳息宫）

契丹语谓孳息曰窝笃盌，故辽兴宗所置之延庆宫亦曰窝笃盌斡鲁朵，《辽史·营卫志》云：

窝笃盌斡鲁朵兴宗置，是为延庆宫，孳息曰窝笃盌。……其斡接朵在高州西。

———————————————————

① 《三朝北盟会编》。

② Grube（p. 28，94）.

《辽史·国语解》营卫志条云："窝笃盌，孳息也。"《钦定辽史语解》以窝笃盌为 Adun 之对音；Klaproth 氏译其音为 Ao-tu-uan，译意为德文 Mitleidig Sein；又 W. Schott 氏译意为 Wotowan，而译意为 Parental affection 者误也。案

> 蒙古语族之Tunkinsk 语谓蕃殖曰 ütxe-（xu），
>
> Aralsk 语谓蕃殖曰 ütxu，
>
> Seleginsk 语谓蕃殖曰 üsxu①。

契丹语之窝笃盌殆与上述诸语同源也。

10. 阿思斡鲁朵（宽大宫）

契丹语谓宽大曰阿思，故辽道宗所置之太和宫亦名阿思斡鲁朵，《辽史·宫卫志》云：

> 阿思斡鲁朵道宗置，是为太和宫，宽大曰阿思，……其斡鲁朵在好水泺。

《辽史·国语解》营卫志条云"阿斯，宽大也。"案 Klaprath 氏译阿斯音为 Aszii，而误译意为 Trenr Minister。又 W. Schott 氏译其音为 Asre（large），以之与满洲语 Aszru viel 相比拟。而《钦定辽史语解》以阿思为 Aguo 之对音。又《钦定辽史语解》卷六云：

> 阿古齐 Akuěi 蒙古语宽敞也，卷一作遏古只，阿骨只，阿古只，卷二十七作阿鹊产，卷六十六作罨古只，卷百十三作罨谷只，卷百十四作阿古哲。

案《辽史》卷一《太祖纪》神册二年三月条云，"封后弟阿骨只为统军"，则阿骨只乃契丹人名甚明。余疑此阿骨只与阿思亦系一语。案

> 通古斯语族Tunguse 语谓大曰 ügdi②，

---

① Podgorbunski（p. 311）.
② Castrén.

> Gold 语谓大、多曰 agdi，
>
> Oroě 语谓大曰 okdi，okdy，
>
> Bargusin 语谓大曰 okdi，
>
> Anadyr 语谓大曰 ögdän，
>
> Lamnt 语谓大曰 ögzón[①]，
>
> Ochozk 语谓大曰 egzán，egdén，
>
> Olca 语谓大曰 igde，
>
> Ober-Angara 语谓大曰 xogdi[②]。

契丹语阿思斡鲁朵之阿思，殆即上述诸语（默 g 音 k 音不读）之对译，而阿骨只等语则其全译者也。

11. 阿鲁盌斡鲁朵（辅祐宫）

契丹语谓辅祐曰阿鲁盌，故辽天祚皇帝所置之永昌宫，亦名阿鲁盌斡鲁朵，《辽史·营卫志》云：

> 阿鲁盌斡鲁朵，天祚皇帝置，是为永昌宫，辅祐曰阿鲁盌。

《辽史·国语解》营卫志条云"阿鲁盌，辅佐也。"Klaproth 氏译其音为 Cho-lu-uan，译意为德文 Helfen（德文帮助之义，与英文 help 同字）。W. Schott 氏译音为 haloowan，译意为 To assist。案《金史》四十四《兵志》云"士卒之副从曰阿里喜。"此阿里喜与阿鲁盌同义，殆系一语之转。

> 满洲语谓次序副位曰 ilhi，
>
> 谓副管　　曰 ilhi-kadalara，
>
> 谓副使　　曰 ilhi-taluraku[③]。

此与女真语之阿里喜之为一语固不待论，而与契丹语之阿鲁盌当亦有语脉相通之故也。

---

① Klaproth.

② Spassky 及 Gessfeld.

③《三合便览》百二十，《清文汇书》卷一。

12. 赤实得本斡鲁朵（孝宫）

契丹语谓孝曰赤实得本，故辽孝文皇太弟所建之敦睦宫亦名赤实得本斡鲁朵，《辽史·营卫志》云：

> 孝文皇太弟敦睦宫谓之赤实得斡鲁朵，孝曰赤实得本。

《辽史·国语解》营卫志条云"得实得本，孝也。"此赤实得本与得失得本之为一语之异译固不待言。Klaproth 氏译其音为 Desideben，又 Schott 氏译其为 Tihtipun，皆据得失得本为音读，实则此语当读如赤实得本，案

> 通古斯族之女真语谓孝曰塞革更，
>
> 谓血曰塞吉，
>
> 满洲语 谓孝、亲爱曰 Senggime，
>
> 谓和睦、同族的曰 Senggimbi，
>
> 谓血缘曰 Senggi，
>
> Gold 语谓孝及亲戚曰 Sénggisal，
>
> 谓血缘曰 Séksa。

通古斯语谓有血的、涂血的之义曰 Saksa-ti 曰 saksa-ĕi[1]。

> 蒙古语族之 Nizneudinsk 语谓血曰 Šughun，
>
> 谓有血的曰 Šuhu-tê，
>
> Tunkinsk 语谓血曰 Šnghun
>
> 谓有血的曰 Šuhu-tai
>
> Khorinsk 语谓血曰 Šughun
>
> 谓有血的曰 Šuhu-tai
>
> Seleginsk 语谓血曰 Čoso，曰 Čusun，
>
> 谓有血的曰 Čoso-toi[2]。

契丹语赤实得本、得失得本之"赤实""得失"，与上述诸语之 Saksa，

---

① Grube (p. 30).

② Grube (p. 30).

Šughun, Čoso 等语颇类似, 又"得失得", "赤实得"与通古斯语之 Saksati, Saksaěi, 蒙古语之 Šuhute, Šuhutai, Čosotoi 等亦同语源。而赤实得本、得失得本之"本"则表动词之语尾, 与前述夺里本之本同例矣。

13. 孤稳斡鲁朵(玉宫)

契丹语谓玉曰孤稳, 故辽承天太后所置之崇德宫亦名孤稳, 《辽史·营卫志》云:

> 孤隐斡鲁朵承天太后置, 是为崇德宫, 玉曰孤稳, ……其斡鲁朵在土河东。

《辽史·国语解》营卫志条云"孤稳, 玉也。"《钦定辽史语解》以孤稳为 gu 之对音, Klaproth 氏译其音为 Kn-nen, 亦以满洲语 gu 比拟之, Schott 氏译音为 Kwawan, 又以满洲语之 Gugjo, Gugui 二语比拟之。案

> 通古斯族之女真语谓玉曰古温(Ku-wen),
>
> 满洲语谓玉曰 gu,
>
> 蒙古语族之 Dakhur 语谓玉曰 gu。[1]

契丹语之孤稳与女真语之古温尤为酷似, 其为一语盖甚明也。

14. 虎思斡鲁朵(有力宫)

契丹语谓有力曰虎思或虎斯, 《辽史》卷三十《天祚帝纪四》云:

> 天祚皇帝改元延庆……得善地, 遂建都城, 号虎思斡耳朵, 改延庆为康国。

又《辽史语解》天祚纪条云:

> 虎思斡鲁朵, 思亦作斯, 有力称。斡鲁朵, 宫帐名。

又《辽史语解》诸功臣传条云"虎斯, 有力称, 《纪》言虎思, 义同。" Klaproth 氏译其音为 Chu-szui, 译意为德文 Stark, Stärke, 与满洲语之 Chusun, 蒙古语之 Kuǎi, 土耳其语之 Kuǒ, Jakut 语之 Küa 相比拟者是

---

① Iwanowkei (p. 52).

也。案

> 通古斯族之女真语谓有力曰忽孙，
>
> > 满洲语谓有力曰 hosun，
> >
> > Gold 语谓有力曰 kusún，kūsū，
> >
> > Oroǒen 语谓有力曰 kusun①。
>
> 蒙古族之东蒙古语谓有力曰 khéun，
>
> > Nizuendinsk 语谓有力曰 kušeng，
> >
> > Tunkinsk 语谓有力曰 khušen，khuši，khušin，
> >
> > Seleginsk 语谓有力曰 khuěi，khuěe，
> >
> > Balagansk 语谓有力曰 kbuši，khušin，
> >
> > Khorinsk 语谓有力曰 kbuši，khušin②。
>
> 土耳其族之 Uigur 语 Cagatai 语谓有力曰 kuě，
>
> > Jakut 语 Kara-kirgiz 语谓有力曰 küs③。

契丹语之虎思、虎斯与上述诸语同语源，不待论矣。

15. 释捺钵（行宫）

契丹语谓行辕、行营、行在、行宫等义曰捺钵，《辽史》卷三十一《营卫志》上云：

> 有辽始大，设制尤密，居有宫卫，谓之斡鲁朵；出有行营谓之捺钵。分镇边圉，谓之部族。

又《辽史》卷三十二《营卫志中》行营条云：

> 辽国尽有大漠，浸包长城之境。因宜为治，秋冬违寒，春夏避暑，随水草就畋渔，岁以为常。四时各有行在之所，谓之捺钵。

《辽史·营卫志》行营条载有春夏秋冬四捺钵，春捺钵在鸭子河泺，

---

① Grube（p. 30）.

② Castrén, Podgorbuuski（p. 277）.

③ Vambery（p. 104）.

夏捺钵无定所,多在吐儿山,秋捺钵在伏虎林,冬捺钵在广平淀。据《辽
史拾遗》卷四十一引《北昌杂录》曰:

> 北人谓住坐处曰捺钵,四时皆然,如春捺钵之类是也,不晓其
> 义。近者彼国中书舍人王师儒来修祭奠,余充接伴使,因以问师儒。
> 答曰,是契丹家语,犹言行在也。

又《大金国志》卷十一云:

> (皇统三年)秋七月境内大风,自河南北转至山东而止,主谕尚
> 书省,将循契丹故事,四时游猎,春水秋山,冬夏剌钵(注云剌,芦达
> 切,剌钵者,契丹行在之意)。

可见捺钵(nat-pat)、剌钵(lat-pat)实一语之转,案

> 蒙古语谓营盘曰嫩秃[1],
>> 谓故乡曰 nu-túk[2],
>> 谓野营,住所曰 nutuk[3],
> Tunkinsk 方言谓村落曰 nutuk[4],
> Seleginsk 方言谓村落曰 nütük[5]。

契丹语捺钵 not-pat 之捺 nat 当即上述诸之略译。又

> 女真语谓地方曰卜阿,
>> 谓地面曰卜阿朵(buana),
> 满洲语谓处所曰 ba,
> 朝鲜语谓处所曰 pa,
> 日本语谓处所曰 ba。

---

① 《元秘史》。
② 《蒙语类解》。
③ Kowalewski(p. 683).
④ Podgorbunski(p. 75,275).
⑤ Podgorbunski(p. 75,275).

契丹捺钵之钵即上述诸语之音译,表示处所,所在之义之语尾也。

四、王号官号及其他

1. 释何骨蔑(提认天子)

契丹语谓提认天子曰何骨蔑,《辽史拾遗》卷十五引《燕北录》曰:

> 清宁四年(辽道宗四年即西纪 1058 年,宋仁宗嘉祐三年)戊戌
> 岁十月二十三日,戎主一行起离骅匋,往西北乌二百七十余里,地名
> 永兴匋,行柴册之礼。于十月一日,先到小禁围宿泊,于二日先于契
> 丹宫内选择九人与戎主身材一般大小者,各赐戎主所着衣服一套,
> 令结束,九人假作戎主,不许别人觉知。于当夜子时,戎主共十人相
> 离,出小禁围,分投各一帐,每帐只有蜡烛一条,椅子一只,并无一
> 人。于三日辰时,每帐前有契丹官僚一员,各自入账列"何骨蔑"(汉
> 语提认天子也)。若提认得戎主者,宣赐牛羊驼各一千。当日宋国
> 大王(戎主亲弟)于第八帐内提认戎主。番仪须得言道,"我不是的
> 皇帝"? 其宋国大王却言道,"你是的皇帝"。如此往来,番语三徧,
> 戎王方始言道"是便是"。

据此,契丹语谓提认天子曰何骨蔑,案北族言语文法组织,名词在前,动
词在后,是何骨二字为名词,天子之义,蔑字为动词,提认之义,盖甚明。
案《辽史》卷三十《天祚纪四》云:

> 又西至起而漫,文武百官册立大石为帝,以甲辰岁二月五日即
> 位,年三十八,号"葛儿罕",复上汉尊号曰天祐皇帝,改元延庆。

《辽史·国语解》天祚纪条云:

> 葛儿罕,漠北君王称。

案鲜卑柔然突厥称君主曰可汗,女真称君主曰罕安,蒙古称君主曰合罕,
皆 Kagan, Khaghan 等语之对音,契丹语之葛儿罕与上述诸语之同源固

不待论，即契丹何骨鵆之何骨亦即 Khaghat 之对音也。又

> 通古斯族之女真语谓哨探曰哈喇安，
>
> > 满洲语谓瞭望曰 karun[1]，
>
> 蒙古语谓提认、视察曰 khara(khu)，
>
> Tunkinsk 语谓提认、观察曰 xara-(xa)[2]，
>
> Balagansk 语谓提认、观察曰 xara-(xa)，
>
> 土耳其族之 Uigur 语谓眼目、望视曰 karak，
>
> > Čagatai 语谓视、见、求曰 kara-(mak)，
> >
> > Altai 语谓目、见曰 kara，
> >
> > Yakut 语谓目、见曰 kara，
> >
> > Cuwas 语谓眺望、求索曰 kara[3]。

契丹语何骨鵆之鵆(khat)殆即上述诸语 khara 之略译也。

2. 释腻俚骞(皇后)

契丹语谓皇后曰腻俚骞，《辽史》卷七十一《后妃传》云：

> 辽因突厥称皇后曰可敦，国语谓之腻俚骞。尊称曰褥斡麼，盖以
> 配后土而母之云。

《辽史·国语解》列传条云"忒里蹇，辽皇后之称。"Klaproth 氏译其音为
Teligian，译意为 Konigen(皇后之义)。案

> 通古斯族之 Tunguse 语谓老媪曰 atirkan，
>
> > 谓老翁曰 ätirkän，atyrkán，
>
> > Managir 语谓老媪曰 atirakan，
> >
> > 谓老翁曰 ötörikan，
> >
> > 谓妻室曰 atirkan，

---

[1] Grube(p. 92，又 p. 129).

[2] Kowalewski(p. 831)；Podgorbunski(p. 61).

[3] Vambery 之 Etymologischen worterbuch der Turko-Tatarischen sprache (p. 78).

> Managir-solon 谓妻室曰 atirkán。
>
> 谓老翁曰 etirkán①

契丹语之忒里蹇殆即诸语 Atirkan 等语之省略首音后 Tirkan 之对音也。又

> 通古斯族之Anadir 语谓妻、老媪曰 atekan,
>
> Ochozk 语谓妻、老媪曰 atykun,
>
> 蒙古文语谓妇人、女巫曰 udugan, udagan,
>
> Khorinsk 语谓妇人、女巫曰 udagan,
>
> Aralsk 语谓妇人、女巫曰 odogon,
>
> Balagansk 语谓妇人、女巫曰 odigon②,
>
> 土耳其族之Kirgiz 语谓妇人、巫女曰 utigan, utjugun,
>
> 曰 uduan, duan③,
>
> Jakut 语谓妇人、巫女 曰 udagan④,
>
> Tatar 语谓主妇 曰 yudege。

案契丹语之忒里蹇与上诸语亦有语脉相通之缘,盖通古斯语之 Atirkan 等语转为 Atekan, atykun 等语,与蒙古语之 udugan, odogon 等语相似,已无"r"音,再变为 udunan,又去"k,g"音,又变为 dugan, duan 等语更省去首之"a"音,其转变之痕迹,尚可得而寻也。

　3. 释耨斡麽(地皇后)

　契丹语谓后土母或地皇后之义曰耨斡麽,亦曰耨斡改。《辽史》卷七十一《后妃列传》云:

> 辽因突厥称皇后曰可敦,国语谓之俚腻蹇。尊称曰耨斡麽,盖以配后土而母之云。

---

① Iwanowski (p. 16,20,28).
② Kowalewski (p. 386) Podgorbunski (p. 40).
③ Troscenski 氏之 Samans-stwo. (p. 118).
④ Botl. (p. 42).

《辽史·国语解》列传云：

> 耨斡麽，麽亦作改，耨斡，后土称；麽，母称。

又《辽史》卷一《太祖纪》载太祖即帝位时，

> 群臣上尊号曰天皇帝，后曰地皇后。

据此可知契丹语耨斡麽即地皇后之义，地皇后与后土母其义相同，中国素以皇天与后土对称，契丹仿之，译为契丹语遂为耨斡麽或耨斡改矣。案

> 通古斯族之女真语谓地土曰纳（nah），
>
> 满洲语谓地土曰 na，
>
> Gold 语、Managir 语谓地土曰 na，
>
> Olĕa 语、Oroĕen 语谓地土曰 na[1]。

契丹语耨斡麽之耨斡，殆即上述 na，或 nah 之封音。又

> 通古斯族之 Gold 语谓母曰 mama，
>
> 谓老妇曰 ma'ma，
>
> Orocen 语谓母曰 mama。

契丹语耨斡麽之麽，当即上述 mama 之音译。又

> 蒙古文语谓母曰 eke，
>
> Nizueudinsk 语谓母曰 eke，
>
> Khalkha 语谓母曰 ekhe，
>
> 长城附近蒙古语谓母曰 ege，
>
> Tunkinsk 语谓母曰 ike，
>
> Wolga-olot 语谓母曰 äkä[2]。

---

[1] Grube(p. 3, 67).

[2] Klaproth (A. P. 第 280 页)；Castrén (p. 91)；Podgorbunshi(p. 152).

契丹语耨斡改之改,殆亦上述诸语之对音也。

4. 释耶律(黄)

契丹君主以所居地名为姓曰耶律氏,《新五代史·四夷》附录《契丹传》云:

> 阿保机自僭称天皇王,以所居地名为姓,曰世里,译者谓之耶律。

《契丹国志》卷二十三族姓原始条云:

> 契丹部族本无姓氏,惟以所居地名呼之,婚嫁不拘地里,至阿保机变家为国之后,始以王族号为横帐,仍以所居之地名世里没里著姓。世里者,上京东二百里地名也。今有世里没里,以溪语群之,谓之耶律氏。

《辽史》卷一《太祖纪》云:

> 太祖大圣大明神烈天皇帝姓耶律氏,讳亿,字阿保机,小字啜里只,契丹迭剌部,霞濑益石烈乡,耶律弥里人。

《辽史》卷百十六《国语解》耶律氏、萧氏条云:

> 本纪首书太祖姓耶律氏,继书皇后萧氏,则有国之初已分二姓矣。有谓始兴之地曰世里,谓者以世里为耶律,故国族皆以耶律为姓……又有言以汉字书者曰耶律……以史丹字书者曰移剌……则亦不可考矣。

案《辽史》卷三十一《营卫志》载辽之行政区域划为八级,曰州、曰县、曰提辖司、曰石烈、曰瓦里、曰抹里、曰得里、曰闸撒,而阿保机为迭剌部霞濑益石烈乡耶律弥里人,《辽史·国语解》谓"弥里,乡之小者"。故知石烈为乡之大者,而弥里与抹里当是一语之异译。案《金史国语解考证》谓"谋克,百夫长也,谋克即墨由克,索伦语谓乡里为墨由克"。则弥里、抹里与谋克、墨由克二语,亦有语脉相通之故。

据《五代史·契丹传》及《契丹国志》族姓原始条,谓耶律为世里之转音,而世里为上京东二百里之地名。而《契丹国志》又以耶律弥里为世里没里之转音,案《辽史》卷三十七《地理志一》上京道祖州条云:

> 祖州天成军上节度,本辽右八部世(里)没里地,太祖秋猎多于此,始置西楼,后因建城号祖州,以高祖照烈皇帝,曾祖庄敬皇帝,祖考简献皇帝,皇考宣简皇帝所生之地,故名。

此世没里当亦世里没里之脱误,没里当与弥里抹里为一语,《五代史·四夷》附录《契丹传》云:

> 契丹自后魏以来名见中国……其居曰袅罗个没里。没里者,河也,是为潢水之南,黄龙之北。

又《契丹国志》初兴本末条云:

> 袅罗个没里……华言所谓黄河也。

今辽河上游之在热河省境内者,曰西喇穆楞或曰西剌木伦,乃蒙古语 Sira Muren 之音译,即黄河之义。

> 蒙古文语及长城附近蒙古语谓黄曰 šira,
> 西喇木伦及老哈木伦流域之蒙古语谓黄曰 šara,
> Burjat 语 olöt 语谓黄曰 šara[1],
> Dashur 语及 Butha-solon 语谓黄曰 šára,
> Managir-solon 语谓黄曰 šara 曰 šare[2]。

西喇木伦之西喇及古来之饶乐水,作乐水,弱洛水,浇洛水等名皆 šira 等语之对音。又蒙古语表色之微弱,例于语尾加 ha, han 或 kha, kban,故谓黄曰 sira 曰 sara,谓微黄则曰 sira-kha, sara-kha,袅罗个没里之袅罗个,及古来之如洛环水,如洛瓌水,洛孤水等名皆其对音也。

> 蒙古语谓河曰 muren,

---

① Castrén (p. 138).
② Iwanowski (p. 63).

Dakhur 语谓河曰 muru①。

袅罗个没里之没里,即 muren, muru 之对音也。古来翻译外国语言遇 s, š, ž, d 等音往往译为 y 音,例如印度 Asoka 王之译为阿育王(A-yuk),突厥官名 žabgu 之译为叶护(yap-go),Sugdak 国之译为粟弋(sok-yok),皆将 s, ž, d 等音译为 y 音之例。故契丹语世里之译为耶律,固不足怪。又耶律二字之以契丹字书者曰移剌,案移字音 yi,其传至安南音 dji,可知移之古音亦当读 dji, ši, si 之类也。

若上之考释为不误,则耶律一语殆因西喇河而得名。盖此河流域为契丹民族之发祥地,故以之名其姓也。

王静安先生《元朝秘史之主因亦儿坚考》附录云:

> 契丹初起时之人名部名中如耶律氏之始祖,其名为泥礼(《旧唐·契丹传》),或涅里(耶律俨《辽实录》),或雅里(金陈大任《辽史》)其姓为耶律或世里,而其部名则为迭剌。遥辇氏之始祖其姓名为迪辇纠里,其部名则为遥辇。六奚部中姚里部之最初部长其名为哲里,而金元奚人亦多以瑶里、姚里为姓。又辽之道宗字涅邻,小字查剌。耶律仁先字纠邻,小字查剌。萧得里底字剌邻。综合此诸名观之,其间似有一种之关系。此外如部之涅剌,姓之述律,名之女里、沤里孙、欧里思、欧里斯,亦皆与此有关。颇疑此等诸名,本出一源,当时故小异其音读以区别其或为名,或为姓,或为部;又以之区别此部与彼部,此人与彼人;故音读时有不同。

案此问题甚大,姑引于此,以待今后之考证。

5. 释阿保机(大)

契丹开国之祖为阿保机,阿保机亦作阿保谨、阿布机、安巴坚等异译,《说郛》卷四十载欧阳修《归田录》云:

> 契丹阿保机当唐末五代时最盛,开平中屡遣使聘梁,梁亦遣人

---

① 同上(p. 60).

报聘。人世传李琪《金门集》有赐契丹诏,乃为阿布机,当时书诏不
应有误。而自五代以来见于他书者皆为阿保机,虽今契丹之人自谓
之阿保机,亦不应有失。又有赵志忠者,本华人也,自幼陷北,为人
明敏,在北中举进士,至显官,既脱身而归国,能述北中君臣世次,山
川风物甚详,又云阿保机其人实谓之阿保谨。未知孰是。此圣人所
以慎于传疑也。

又《旧五代·外国传》契丹条云:

> 沁丹政衰,有别部长耶律安巴坚最称雄劲,族众渐盛,遂代沁丹
> 为主。

故乾隆时《钦定辽史国语解》亦改阿保机为安巴坚,以安巴为满洲语谓大
曰 amba 之音译,以坚为满洲语谓理曰 giyan 之音译。案《清文汇书》卷
一满洲语谓大样、壮大曰 amlaki,殆即阿保机之对音也。

6. 释阿主沙里

契丹语谓父祖曰阿主,《辽史》卷一《太祖纪》载太祖阿保机少年时
事云:

> 既长,身长九尺,丰上锐下,目光射人,关弓三百斤,为挞马狨沙
> 里,时小黄室韦不附,太祖以计降之,伐越兀及乌古六奚比沙狨诸部
> 克之,国人号阿主沙里。

《辽史·国语解》太祖纪条云:

> 挞马狨沙里,挞马,人从也;沙里,郎君也。管率众人之官,后有
> 止称挞马者。

> 阿主沙里,阿主,父祖称。

又《语解》世宗穆宗纪条云"挞马,扈从之官"。
据此则沙里乃官名,挞马狨沙里即管率扈从人众之官,阿主沙里则国人
推戴阿保机之智勇而上之尊称,甚为明了。Klaproth 氏之《亚洲诸国方
言志》(Asia polyglotta)所引契丹语中以阿主(enĕi)为父(vater)之称,固

然,但以沙里(sali)为祖父(Gross vater)之称则误也。

通古斯族之 Managir-solon 语谓父曰 eĕige, ute, uté,

Butha-solon 语谓父曰 aĕá,

蒙古族之　Dakhur 语谓父曰 aĕá①,

Burjat, seleginsk 等语谓父曰 etsege,

Tunkinsk 等语谓父曰 esege,

Balagansk 等语谓父曰 esege②,

Ölöt 语谓父曰 ezegé, eĕiga,

Khalkha 语谓父曰 eeige,

长城附近语谓父曰 eeige③,

土耳其族之突厥语谓父祖曰 aĕai,

Altai 语谓父、伯叔父、兄曰 aĕa, 谓父亦曰 ada,

Čagatai 语 sart 语谓母, 姊曰 aĕn, 谓兄曰 aĕn, azi,

谓父曰 ata, 谓伯叔父曰 atik,

Osman 语谓老翁曰 ätsä, 谓父曰 ata,

Yakut 语谓父曰 ese④。

契丹语之阿主与上述诸语皆有语脉相通之迹,而与达瑚尔语及索伦语之 aĕn 尤露酷似也。

又元代蒙古语谓镇戍藩地诸部族之兵曰"探马赤"或"探马臣军",此探马赤之赤与探马臣之臣乃表司某役之人之词,故蒙古语之探马与契丹语挞马狘沙里之挞马为亦系同语。朝鲜语谓伴从曰 Tong-mo,与挞马、探马亦同语源也。

7. 释押番臣僚

契丹语谓群臣曰押番臣僚,《辽史拾遗》卷十六引《契丹国志》曰:

---

① Iwanowski(p. 76).

② Podgorbunski 氏之《蒙古语字典》(p. 195).

③ Klaproth 氏之《亚洲方言志》(p. 283).

④ Radloff 氏之 Versuch einers worterbuch der Turk-Dialect(p. 866).

岁十月五京进纸造小衣甲并枪刀器械各一万副,十五日一时堆
垛,国主与"押番臣僚"望木叶山奠酒拜,用番字书状一纸,用焚烧奏
木叶山神,云寄库。

案《辽史》卷五十三《礼志六》嘉仪下,岁时杂仪条记此风俗云"十五日天
子与'群臣'望祭木叶山",可知《契丹国志》所谓押番臣僚,即《辽史·礼
志》所谓群臣也。

> 通古斯族之女真语谓大、甚之义曰安班(an-pan),
>
> 满洲语谓臣僚、大臣曰 amban,
>
> Gold 语谓大、甚之义曰 ambá,谓鬼、怪物曰 Ambán,
>
> Orocen 语谓鬼、怪物曰 amba①,
>
> 蒙古族之 Dakhur 语谓大物曰 ambán②。

契丹语之押番殆与上述诸语有语缘也。

8. 释鲁阿敦(盛名)

契丹语谓盛名曰阿鲁敦,或曰阿底朵里,亦作阿点,《辽史》卷一《太
祖纪》云:

> 神册元年春二月丙戌朔上在龙化州,迭剌部夷离堇耶律葛鲁率
> 百僚请上尊号……建元神册……三月丙辰以迭剌部夷离堇曷鲁为
> 阿庐朵里于越,百僚进秩,颁赍有差。

《辽史》卷七十三《耶律曷鲁传》云:

> 太祖命曷鲁总领军事,……乃请制朝仪建元,率百官上尊号。
> 太祖既备礼受册,拜曷鲁为阿鲁敦于越。阿鲁敦者,辽言盛名也。

《辽史语解》太祖纪条云:

> 阿庐朵里,一名阿鲁敦,贵显名,辽于越官兼此者唯曷鲁耳。

---

① Grube(p. q).

② Iwanowski(p. 36).

又云：

> 阿点夷离的，阿点，贵称；夷离的，大臣夫人之称。

据此则阿鲁敦，阿庐朵里，阿点皆系一语，甚明也。案

> 满洲语谓光、光彩圣德曰 elden，
>> 谓人有姿色、有光辉曰 eldenge，
>> 谓光辉曰 eldembi，
>> 谓功德曰 erdenu①，
> 蒙古语谓宝石、宝物、贵重曰 erdeni，
>> 谓才能功德、卓绝曰 erdem②。

契丹语之阿点，阿鲁敦，阿庐朵里三语与上述诸语当有语脉相通之故也。

9. 释皮室军（金刚军）

契丹语谓金刚石曰皮室，故以皮室名其警卫之军，《辽史》卷三十五《兵卫志中》御帐亲军条云：

> 辽太祖宗室强盛，分迭剌部为二，宫卫内虚，经营四方，未遑鸠集。皇后述律氏居守之际，摘蕃汉精锐为属珊军。太宗益选天下精甲，置诸爪牙，为皮室军，合骑十五万，国威盛矣。

又《辽史》卷四十六《百官志二》北面军官条有左右北南四皮室详稳司及黄皮室详稳司，注曰：

> 太宗选天下精甲三十万为皮室军，初太祖以行营为宫，选诸部豪健千余人置为腹心部，耶律老古以功为右皮室详稳，则皮室军自太祖时已有，即腹心部是也。太宗增多至三十万耳。

又《辽史拾遗》卷十三云：

> 渤海亦有宿卫者，又有左右等五比室（比音牌，又音栉比之比）

---

① 《清文汇书》卷一。
② Kowalewski(p. 259, 260).

契丹谓金刚为比室,取其坚利之名也。

据此则契丹之皮室军即金刚军之意,取其坚利,故以名军,案

蒙古语谓金刚石曰 Wašira,谓宝石曰 Vasn[1],

Khalkha 语谓坚固曰 böxö, büxü, bexi,

Tunkinsk 语谓坚固曰 böxö, büxü, bexi。

案北方民族之语言凡 S,h,x 等音可以互易,上述之 böxö, büxü, bexi 或系 boso, busu, besi 等之转讹亦未可知。若然,则契丹语之皮室一语,殆由坚固之义变而为金刚石之义者耶?

10. 释拽剌

契丹语谓走卒,巡警曰拽剌,《辽史》卷四十六《百官志》北面军官条云:

拽剌军详稳司,走卒谓之拽剌。

旗鼓拽剌群稳司,掌旗鼓之事。

《辽史语解》礼乐志条云"旗鼓拽剌,拽剌官名,军制有拽剌司,此则掌旗鼓者也。"《续文献通考·职官考》载契丹职官引此条云"伊喇军祥兖司,走卒谓之伊喇",已将拽剌改为伊喇。又余靖《武溪集》契丹官仪条云"巡警名拽剌。"又《唐书·回鹘传》同罗条云:

安禄山反,劫其兵用之,号曳落河者也,曳落河者,犹言健儿也。

此曳落与拽剌亦系同语。

蒙古语谓男子,勇健曰 ere[2],

土耳其语谓勇士、壮夫曰 är,

Cagatai 等语谓男子之力、勇健曰 ärlik。

契丹之拽剌,殆即 ere 之对音,而回鹘之曳落河,则 ärlik 之对音也。

---

[1] Schmidt(p. 378);Kowalewski(p. 1085);Podgorbunski.

[2] Kowalewski(p. 246).

11. 释小底

契丹语谓官奴婢曰小底,《辽史》卷四十五《百官志一》有承应小底局一条,下有笔砚小底、寝殿小底、佛殿小底、司藏小底、习马小底、鹰坊小底、汤药小底、尚饮小底、盥漱小底、尚膳小底、尚衣小底、裁造小底诸名。《辽史语解》诸功臣传条云"寝殿小底,官名,辽制多小底官,余不注。"余靖《武溪集》契丹官仪条云:

> 官人呼小底,官奴婢之属也。

案　通古斯族之 Gold 语谓朋友,同辈,伙计,邻人,从者曰 že, žasi, žuse,
　　　Oiĕa 语谓朋辈,介绍人,从者曰 že,
　　　Oroĕen 语谓同朋,介绍人,伙计,从者曰 dĕewi①。

又契丹语谓朋友曰朝廷,《续通鉴》卷二云:

> (唐)明宗即位,遣供奉官姚坤告哀于契丹,契丹恸哭曰,我朝廷儿也。朝廷犹华言朋友也。

白鸟氏以为契丹语谓朋友曰朝廷,与上述诸语亦有语脉相通之故,然二语内含非尽相同,未可据为定论也。

12. 释十里鼻(奴婢)

契丹语谓奴婢曰十里鼻,《辽史》卷二十四引《燕北杂记》曰:

> 北界汉儿,多为契丹凌辱骂作十里鼻。十里鼻者,奴婢也。

据此则契丹语骂人之词十里鼻一语,必含卑贱之意甚明。案

　　　蒙古语族之Khalkha 方言谓奴婢曰 zaratsa,
　　　　　Tunkinsk 等方言谓奴婢曰 zarusa,
　　　　　　　谓使唤曰 zarulta②。

契丹语之十里鼻,殆与上述诸语有语脉相通之缘也。

---

① Grube(p. 62).
② Podgorbunski(p. 281).

13. 释暴里(恶人)

契丹语谓恶人曰暴里,《辽史》卷一《太祖纪》载太祖以弟剌葛数为叛逆,因更剌葛名暴里,《辽史语解·太祖纪》条云"暴里,恶人名"。案

满洲语谓滥、妄、胡乱、放肆曰 balai[1],

蒙古语谓不正、虚伪、欺诈、颠倒曰 burughu[2]。

契丹之暴里与上述二语可以比拟也。

14. 释贺跋支(执衣人)

契丹谓执衣防閤人曰贺跋支,《陔余丛考》卷二十四引沈存中《笔谈》载刁约使契丹,戏为诗云:

押宴移离毕(如中国执政官),

看房贺跋支(执衣防閤人),

饯行三匹裂(小木罂),

密赐十貔狸(形如鼠而大,辽人以为珍饈)。

案移离毕即夷离毕,《辽史语解·太祖纪》条云"夷离毕,即参知致事,后置夷离毕院,以掌刑政。宋刁约使辽有诗云,押宴夷离毕,知其为执政官。"至贺跋支乃执衣之人而防閤者。

蒙古族之东蒙古语谓衣服曰 khubtsasun,

Khalkha 语谓衣服曰 khubtsusu, kuptsjusu, kupzahà,

Seleginsk 语谓衣服曰 khubtsu, khupsahan, khupěan,

Tunkinsk 语谓衣服曰 khubsahan, khubsagxan, khubsugxun,

Balagansk语谓衣服曰 khupsagxan, khubsa,

Khorinsk 语谓衣服曰 khupsahan,

Burjat　　语谓衣服曰 kubsabàn,

Olot　　语谓衣服曰 kuptzuzù,

---

① 《清文汇书》卷三。

② Kowalewski(p. 1215).

长城附近蒙语谓衣服曰 gobzazu[①]。

契丹语之贺跋当即上述诸语之略译,贺跋支之支,乃蒙古语法中表示司某役之人之语尾,其例甚多,不复枚举也。

15. 释石烈,瓦里,抹里,得里,闸撒

《辽史·营卫志》宫卫条云"辽国之法,天子践位,置宫卫,分州县,析部族,设官府,籍户口,备兵马。崩则扈从后妃宫帐,以奉陵寝。有调发则丁壮从戎事,老弱居守。"宫卫官制如下表:

太祖弘义官有州五,县一,提辖司四,石烈二,瓦里四,抹里四,得里二,

太宗永兴官有州四,县二,提辖司四,石烈一,瓦里四,抹里十三,闸撒七,

世宗积庆官有州三,县一,提辖司四,石烈一,瓦里八,抹里十,

应天后长宁官有州四,县三,提辖司四,石烈一,瓦里六,抹里十三,

穆宗延昌官有州二,——,提辖司四,石烈一,瓦里四,抹里四,

景宗彰愍官有州四,县二,提辖司四,石烈二,瓦里七,抹里十一,

承天后崇德官有州四,县一,提辖司三,石烈三,瓦里七,抹里十一,闸撒五,

圣宗兴圣官有州五,——,提辖司四,石烈四,瓦里六,抹里九,闸撒五,

兴宗延庆官有州三,——,提辖司四,石烈二,瓦里六,抹里六,

道宗太和官有——,——,——,石烈二,瓦里八,抹里七,

天祚永昌官有——,——,——,石烈二,瓦里八,抹里八,

孝文太弟敦睦官有州三,——,提辖司一,石烈二,瓦里六,抹里

---

① Klaproth, A. P. (p. 279); Castrén(p. 200); Podgorbunski(p. 187).

二，闸撒二，

文忠王府有州一，——，提辖司六，——，——，——。

据此则辽时宫内行政乃有州，县，提辖司，石烈，瓦里，抹里，得里，闸撒八种，除其中州、县、提辖司为中国名称外，其余石烈，瓦里，抹里，得里，闸撒，皆系契丹语甚明。《辽史》卷四十六《百官志》北面宫官十二宫职名总目谓某宫有某宫使，副使，太师，太保，侍中。某宫都部署部司，有都部署，副部署，判官。某宫提辖司，官制未详(《语解》百官条云提辖司，诸宫掌兵官)马群司，侍中，敞史，其下文云：

> 某石烈，石烈县也(《语解》太祖条云霞濑益石烈，乡名，诸宫下皆有石烈，设官治之)夷离堇，本名弥里马特本，改辛衮(《语解》百官条云，弥里马特本，官名，后升辛衮)麻普本名达剌干，会同元年改(《语解》太宗条云，达剌干，县官也，后升副使)；麻都不县官之佐也，后升为令；百官志条云，麻普即麻都不，县官之犯罪没入瓦里，(《语解》营卫志条云，瓦里，官府名，宫帐部皆副也，初名达剌干牙书，会同元年置。某瓦里，内族外戚世官设之，凡宫室外戚大臣犯罪没入于此)，抹鹘(《语解》百官条云，抹鹘，瓦里司之官)。某抹里(《语解·营卫志》条云，抹里，官府名)。闸撒狨(《语解》世宗穆宗纪条云，闸撒狨，抹里司官，亦掌宫卫之禁者。《语解》营卫志条云，闸撒狨，亦抹里官之一)。某得里，官名，未详。

又《辽史》四十六《百官志》北面部族官条大部族有某部大王，左宰相，右宰相，太师，太保，太尉，司徒，某部节度使司，节度使，节度副使，节度判官，某部族详稳司，详稳，都监，将军，小将军其下文云：

> 某石烈，某石烈夷离堇，某石烈麻普亦曰马步，本名石烈达剌干(《语解》太宗条云马步未详何官，以达剌干升为之)。某石烈牙书某弥里，弥乡也(《语解》太祖条曰弥里，乡之小者)。辛衮本曰马特本(《语解》百官条云石烈辛衮，石烈官之长，又云，弥里马特本官名，后升辛衮)。

据上例观之,则所谓石烈,瓦里,抹里,得里,闸撒诸官之等第,大抵不过县邑,乡镇,村落之长之义,不难推知也。《金史语解考证》云"谋克百夫长也,谋克即墨由克,索伦语谓乡里为墨由克"。可见墨由克一语由乡里之义转而为百夫长(即乡里之长)之义,石烈,瓦里,抹里,得里,闸撒诸语之义,亦犹是矣。兹述其可知者如次:

瓦里

蒙古文语谓邻里村落曰 ail,

Balagask 语谓邻里村落曰 ájl①,

Dakhur 语谓邻里村落曰 aile②,

通古斯之 Solor 语谓邻里村落曰 ail③,

土耳其之 Altai 语谓穹庐曰 ail,

    Telent 语谓村落曰 ajil,

    Kirgiz 语谓村落曰 ail,谓一群村落曰 aul,

    Osman 语谓栏栅曰 agil,

    Schor 等方言谓村落曰 āl,

    Jakut 语谓村落曰 ial,

    éuwaš 语谓村落曰 jal④。

契丹语之瓦里,殆与上述诸语有语脉相通之迹也。

弥里

通古斯族之女真语谓百夫长曰谋克。

    索伦语谓乡里曰墨由克⑤。

    满洲语谓乡里曰 muhun。

---

① Kowalewski(p. 3);Podgorbunski(p. 275).

② Iwanowski(p. 62).

③ Iwanowski(p. 62).

④ Radloff(p. 34,74,163,222,350).

⑤《金史国语解考证》。

朝鲜语谓村邑曰 maal。

契丹语之抹里，或弥里与上述诸语当有语脉相通之缘可知也。

得里

又　　蒙古文语谓城市曰 tura[1]。

Khorinsk 语谓村落曰 tura。

Tunkinsk 语谓村落曰 tirgen[2]。

Nižuendinsk 语谓村落曰 tirgen。

土耳其族之 Altai 语 Telent 语谓城市曰 tura[3]。

契丹语之得里与上述诸语相近似，殆即其对音也。

闸撒

又　　通古斯族之女真语谓村曰哈沙，

满洲语谓村曰 gašan，

Gold 语谓村曰 gasan, gasen，

Oiěa 语谓村曰 gasa，

Oroěn 语谓村曰 kasan[4]。

契丹语之闸撒当系上述诸语之对音矣。

五、地名及其他

1. 释胡都(山)

契丹语谓山曰胡都或胡底，《契丹国志》四京本末条云：

有讷都鸟河，番语山为胡都，水为鸟。

---

[1] Kowalewski(p. 1876).

[2] Podgorbunski(p. 78).

[3] Radloff（p. 1446).

[4] Grube(p. 33).

《辽史拾遗》卷十三云：

> 蕃语谓山为讷都，水为鸟。

金王寂著《辽东行部志》云：

> （明昌）丁巳次胡底千户寨，宿温迪罕司狱家，胡底，汉语山也，以其寨山下，故以为名。

据此可知胡底与胡都实系一语之转，而讷都则其误写也。

> 通古斯之女真语谓山之上锐者曰哈丹，
> > 满洲语谓山峰曰 hada 谓山曰 gukda，
> > Gold 语谓山曰 gugda，
> > Oroěen 语谓山曰 gugda，
> > Managir 语谓山曰 gugdá，
> > Nerěinsk 语谓山曰 gógda，
> > Udskoje 语谓山曰 gôgdâ，
> > Ochozk 语谓山曰 gudán, gutgai，
> > Lamut 语谓山曰 gúndan[1]，
>
> 蒙古语谓山曰 xada，
> 达瑚尔语谓山曰 xàda[2]。

契丹语之胡都、胡底当即上述诸语之对译也。

2. 释鸟（水）

契丹语谓水曰鸟，例见上节。

> 蒙古语谓水曰 usu，
> > Burjat 语谓水曰 ugxan, ugxun[3]，
> > Dakhur 语谓水曰 óso, ózo，

---

① Grube(p. 36).
② lwanowski(p. 62).
③ Podgorbunski(p. 35).

通古斯之 Solon 语谓水曰 osó, ozó①。

契丹语之乌即上述诸语之略译也。

3. 释没里(河)

契丹语谓江河曰没里,《五代史·契丹国传》云:

> 其居曰枲罗个没里,没里者河也。
>
> 今蒙古语谓河曰 muren,
>
> 达珊尔语谓河曰 muru②。

没里盖即上述二语之对音也。

4. 释枲罗个没里(黄水)

《五代史·四夷》附录第一《契丹传》云:

> 契丹自后魏以来,名见中国,或曰与库莫奚同类异种,其居曰枲罗个没里,没里者,河也,是名潢水之南,黄龙之北。

《契丹国志》初兴本末条云:

> 本其风物地有二水……曰枲罗个没里,复名女古没里者,又其一也,源出饶州西南平地松林,直东流。华言所谓黄河也。

据此则枲罗个与女古二语,皆为黄色之义,甚明也。

> 蒙古族之文语谓黄色曰 šira,
>
> 辽水上游蒙古语谓黄色曰 šara③,
>
> Dakhur 语谓黄色曰 šára④,
>
> Burjat, Olot 语谓黄色曰 šara⑤,
>
> 通古斯之Butha-solon 语谓黄色曰 šára,

---

① Iwanowski.

② Iwanowski(p. 60).

③ Castrén(p. 188).

④ Iwanowski(p. 63).

⑤ Castrén(p. 188).

Managir-solon 语谓黄色曰 šára, šare[1]，

土耳其族之 Altai，Kirgiz，

Tatar，Baškir 语谓黄曰 sari，

Teleut 语谓黄曰 saru，

Taranĕi 等方言谓黄曰 serol, sariɡ，

Uigur 语谓黄曰 sarik，

Karagass 语谓黄曰 sareg，

Koibal 语谓黄曰 sârak, sâréx, sâryɡ[2]。

契丹语之袅罗个与上述诸语语脉相通,不待言矣。

5. 释女古没里(黄水)

契丹语谓黄色曰袅罗个,亦曰女古,例见上节。

通古斯族之女真语谓黄曰琐江，

满洲语谓黄曰 soho, sohon, suwayan，

Gold 语谓黄曰 sogžo，

Olĕa 语谓黄曰 Sogžo，

Oroĕon 语谓黄曰 sogžo, sokĕo, sokde[3]。

契丹语之女古疑即上述诸语之转讹也。

6. 释北乜里没里(土河)

《契丹国志》初兴本末条云：

本其风物地,有二水曰北乜里没里,复名陶猥思没里者,是其一也。其源出自中京西马孟山,东北流。华言所谓土河是也。

可见契丹语之北乜里,陶猥思二语皆土字之义。

通古斯族之女真语谓泥土曰卜勒其，

---

① Iwanowski(p. 63).

② Castrén(p. 148)；Radloff(p. 70 - 80).

③ Grube(p. 33).

満洲语谓泥土曰 buraki①，

Tuunguse 语谓泥土曰 bolangir, bulä,

Lamut 语谓尘土曰 bulá,

Ochozk 语谓尘土曰 bula,

Barguzin 语谓尘土曰 buló②,

蒙古语谓泥曰 balĕik 谓尘曰 bulangir,

Burjat 语谓尘曰 bulangir, bulangur, bulunger③,

土耳其语族谓尘曰 bulsrak, bulzrak, balzarak, bylĕirak, bolzak, balĕok, pylĕek borri, bor。

案契丹语之"北乜里"疑系"北也里"之误写，即通古斯语 bula, bulo 等之音译。盖契丹语月为赛离，亦作赛伊儿（即蒙古 sara 之音译），谓日为捏离，亦作捏伊儿（即蒙古语 Nara 之音译）延长母音 a 插入 y 音，乃常见之例，可以类推也。

7. 释陶猥思没里

契丹语谓土河曰北也里没里，亦曰陶猥思没里，已见上节。

蒙古语谓尘土曰 toghosun, toghosu,

Burjat 语谓尘土曰 tôhong, tôs④,

土耳其语谓尘土曰 tuz,

Uigur 语谓尘土曰 tus,

Tatar 语谓尘土曰 tuzan⑤。

此诸语与契丹语之陶猥思颇不相类，然通古斯语、蒙古语中凡母音之间挟有 gh, g, h 音者，往往可转为 w 音或 y 音，例如

---

① Grube(p. 497).

② Klaproth, A. P. (p. 44).

③ Castrén(p. 170).

④ Kowalewaski(p. 1803)；Castrén(p. 215).

⑤ Klaproth, Uigur(p. 11).

> 通古语谓火曰 toggo，tógo，tog，toho，tohó，
>
> 亦作 tawó，tawá，tawa。

以此推之，则蒙古语之 toghosu 亦可转为 to-wo-su，则与陶猥思（tao-wei-sz）之音读近似矣。

8. 释赛离　赛咿呪（月）

契丹语谓月为赛离，或赛咿呪。《契丹国志》卷二十七岁时杂记中元条云：

> 此节为赛离舍，汉人译云，赛离是月，舍是好，谓月好也。

《辽史》卷五十三《礼志六·嘉仪下》云：

> 五月重五日午时采艾叶和绵着衣七事以奉天子，北南臣僚各赐三事，君臣宴乐，渤海膳夫，进艾糕，以五彩丝为缠臂，谓之合欢结，又以彩丝宛转为人形簪之，谓之长命缕。国语谓是日为讨赛咿呪。讨，五；赛咿呪，月也。

又云：

> 七月十三日夜天子于官西三十里卓帐宿焉，前期备酒馔，翼日诸军部落从者皆动蕃乐，饮宴，至暮乃归行官，谓之迎节。十五日中元，动汉乐大宴。十六日昧爽复往西方随行诸军部落大噪三，谓之送节。国语谓之赛咿呪奢。奢，好也。

《辽史·国语解》礼乐志条云"赛咿呪奢，日辰之好也"，故 Klaproth 氏音译为 sai-i-elze，并误译其意为 Gutar Tag，GHicklicher（德文好日之义）以与满洲语好日之义之 sain inenggi 比拟也。案

> 蒙古语谓月为 sara，saran，
>
> Tunkinsk 语
>
> Balagansk 语　谓月为 Gxara(khara)①，
>
> Aralsk　　语

---

① Podgorbunski(p. 148).

Dakhur 语谓月为 sàra, saroro①。

契丹语之赛离,赛咿哯殆即上述诸语之对译或其转讹者也。

9. 释捏离　捏咿哯(日)

契丹语谓日为捏离或捏咿哯。《辽史》卷五十三《礼志六·嘉仪下》岁时杂仪条云:

> 正旦,国俗以糯米和白羊髓为饼丸之若拳,每帐赐四十九枚,戊夜各于帐内窗中掷丸于外,数偶,动乐饮宴,数奇,令巫十有二人鸣铃执箭绕帐歌呼,帐内爆盐炉中,烧地拍鼠,谓之惊鬼,居七日乃出。国语谓正旦为乃捏咿哯。乃,正也;捏咿哯,旦也。

《辽史语解》礼乐志条云"乃捏咿哯,正月朔旦也。"(案 W. schott 氏 Kitai und Karakitai 文中所举契丹语有 shikwan 译意为日[sun],并以通古斯语谓日为 schigin, sygun 二语拟之,此语与捏咿哯之音读全异,但寻之《辽史》《辽史拾遗》《契丹国志》等书中皆不见,不知有何根据。)

> 通古斯语之Ochozk 语谓日为 Nultan,
>
> 　　Lamut 语谓日为 Njultan,
>
> 　　Oroěen-solon 语谓日为 nari②,
>
> 蒙古语谓日为 nara,
>
> Dakhur 语谓日为 nára③。

契丹语之赛离或赛咿哯,殆即上述诸语之对译或其转讹者耶?

10. 释旪(时)

契丹语谓时日之时为旪,《辽史》卷五十三《礼志六·嘉仪下》岁时杂仪条云:

> 二月一日为中和节,国舅族萧氏设宴以延国族耶律氏,岁以为

---

① Iwanowski(p. 65).

② Iwanowski(p. 70).

③ Podgorbunski(p. 287).

常。国语是日为悝里叴。悝里,请也;叴,时也。悝读若狎,叴读
若颇。

《辽史拾遗》卷二十四引《燕北杂记》曰:

腊月戎装饮酒,呼粆离叴,粆离是战,叴是时。

案通古斯族之

女真语谓时曰伏湾朵,

满洲语谓时曰 fon,

Gold 语谓时计曰 báo[①]。

契丹语之叴似即上述 fon, báo 之对译也。

11. 释笪郐(日蚀)

契丹语谓日蚀曰笪郐,《辽史拾遗》卷二十四《南部新书》曰:

卢文进,幽州人也,至江南李氏封范阳王,尝云陷入契丹中,屡
入绝塞,正旦方猎,忽天色晦黑,众星灿,问蕃人云,所谓笪郐日也,
以此为常,顷之乃明,方午也。

案满洲语谓日蚀为 sun ěyembi,蒙古语谓日蚀为 nara burikhu 与契丹语
之笪郐皆不相类。惟

通古斯族女真语谓云曰秃吉(túh-kih)谓雾曰塔马吉(táhmakih),

满洲语谓云曰 tugi 谓雾曰 talman,

Gold 语谓云曰 tywaksá, tàuaxsa,谓雾曰 támnaxsa,

Oročen 语谓云曰 tokso 谓雾曰 tamna,

Managir 语谓云曰 tukšn, tuksé,谓雾曰 tamnakśn,

Udskoje 语谓云曰 tuksu,又谓雾曰 tamnaxśn,

Kondogir 语谓云曰 tuksu,又谓雾曰 tarnnákša,

Witui-tunguse 语谓云曰 tuksu,又谓雾曰 tamnakšan,

[①] Grube, Gold(p. 115).

Amur-tunguse 语谓云曰 tuhu, 又谓雾曰 tamnaxsa,

Jakut 语谓云曰 túhu,

Ochozk 语谓云曰 togosen,

Lamut 语谓云曰 tohaśen,

Nerĕinsk 语谓云曰 tokše[1]。

契丹语之筥邻与上述诸语中之 tukšu 等殆同语源也。

12. 释阿古轸（雷）

契丹语有阿古轸，阿姑轸，阿古真等语与满洲语谓雷曰 akžan 相似。《钦定辽史语解》卷八，七丁云：

> 阿克展 akžan，满洲语雷也，卷十七作阿古轸，卷十八作阿姑轸，卷十九作阿古真。

案《辽史》卷十七《圣宗纪八》有萧阿古轸其人，此人之为契丹人，固不待言。

> 通古斯族之 Nerĕinsk 语 Manazeja 语谓雷曰 ákdi,
>
> Jenissei 语谓雷曰 akdi,
>
> Barguzin 语谓雷曰 agdú,
>
> Lamut 语谓雷曰 àgdu。

契丹语之阿古轸，阿古真，阿姑轸等语与上述诸语非同语源耶？

13. 释坤不剌　坤不克（旋风，魂风）

契丹语谓风曰不剌，或曰不克，《契丹国志》曰：

> 契丹人见旋风，合眼用鞭望空打四十九下，口道坤不剌七声。

又《辽史拾遗》卷二十四引《燕北录》曰：

> 戎主及契丹臣庶每闻霹雳声，各相钩中指，口作吃雀声，以为禳厌。戎主及契丹臣庶等，如见旋风时，便合眼用鞭子空中打四十九

---

① Grabe(p. 81); Castrén(p. 151).

下,口道坤不克七声,汉语魂风也。

据此则契丹语谓魂风曰坤不剌亦曰坤不克。案

> 朝鲜语谓风曰 param,
> 蒙古族之 Seleginsk 语谓吹雪曰 burgang,
> > Nižuendinsk 语谓吹雪曰 barodohang,
> > Khorinsk 语
> > Tunkinsk 语 谓吹雪曰 borodohon,
> > Aralsk 语谓吹雪曰 barodogon[1],
> 土耳其族之 Čagatai 语谓旋风,暴风曰 buragan, buraxan, buran,
> > Jakut 语谓吹雪,暴风曰 buraxan,
> > Osman 语谓吹雪,暴风曰 buragen, buran,
> > Koibal 语
> > Karagass 语 谓吹雪,暴风曰 buran,
> > Čuwaš 语谓吹雪,暴风曰 puràn[2]。

契丹语之不剌,当即上述 boran, buran 等之对译,不克则 buragan 之略译者也。又

> 通古斯族之满洲语谓怪异曰 ganio[3],
> 蒙古族之 Tunkinsk 语
> Khorinsk 语等 谓灵魂,精灵曰 gxunegxen[4]。

契丹语之坤或即上述语谓之略译者耶?

14. 释合不剌(春)

契丹语中有合不剌一语,与蒙古语谓春曰 habur 相近似,《钦定辽史语解》卷四,十三丁云:

---

① Castrén(p. 212);Podgorbunski(p. 16).
② Bernhard Munkaczi, Peitrage zu der Turkisehen.
③《清文汇书》卷三。
④ Podgorbunski(p. 81).

哈布尔(habur)蒙古语春也,六十八作合不剌,山名。

案《辽史》卷六十八游幸表云"会同六年障鹰于合不剌山"。则合不剌乃契丹之山名甚明。

> 蒙古文语谓春曰 khabur,
>
>   Nižuendinsk 语谓春曰 kabar,
>
>   Khalkha 语谓春曰 khabur,
>
>   Tunkinsk 语谓春曰 khabar[1]。

契丹语之合不剌,与上述诸语为同一语亦未可知也。

15. 释勃鲁里(秋)

契丹语中有勃鲁里一语,与满洲语谓秋曰 bolori 相近似,《辽史语解》卷八,四丁云:

> 博罗哩(bolori),满洲语秋也,卷十亦作勃鲁里。

案《辽史》卷十六《兴宗纪七》云"品打鲁瑰部节度使勃鲁里",则勃鲁里亦契丹人名,甚明也。

> 通古斯族之女真语谓秋曰卜罗厄林(pul-lo-oh-lin),
>
>   满洲语谓秋曰 bolori,
>
>   Gold 语谓秋曰 bōlō,
>
>   Olěa 语谓秋曰 bōlō,
>
>   Oročen 语谓秋曰 bolo,
>
>   Managir 语谓秋曰 boloni,
>
>   Wilui-tungnse 语谓秋曰 bolóno[2]。

契丹语之勃鲁里,或与上述诸语为同一语源亦未可知也。

---

① Kowalewski(p. 757);Podgorbunski(p. 27).

② Grube(p. 112).

六、物名及其他

1. 释堕块（门）

契丹语谓门为堕块，《辽史》卷三十三《营卫志》部族条云：

> 奚王府六部五帐分……初为五部，曰遥里，曰伯德，曰奥里，曰梅只，曰楚里，太祖尽降之，号五部奚。天赞八年有东扒里厮胡损者恃险，坚壁于箭，箭山以拒命，揶揄曰，大军何能为，我当饮堕块门下矣。太祖灭之，以奚府给役户并括诸部稳丁，收合流散置堕块部，因堕块门之语为名。遂号六部奚。

《辽史拾遗》卷二十引诸史夷语曰：

> 奚酋胡损门名堕块，太祖灭奚，因其门名置为堕块部。

《辽史语解·地理志》条云"堕块，门名，辽有堕块部。"案

> 通古斯族之女真语谓门曰都哈，
>
> 　　　　满洲语谓门曰 duka[1]。

契丹语之堕块当即上述二语之对音也。

2. 释匹裂（小木罍）

契丹语谓小木罍曰匹裂，《辽史拾遗》卷二十四云：

> 匹裂小木罍，以色绫木为之，加黄漆。

又《陔余丛考》卷二十四引沈存中《笔谈》载宋子约使契丹戏为一诗，第三句云：

> 践行三匹裂（注云小木罍）。

据此则匹裂即小木罍之名甚明。

---

[1] Grube(p. 11).

通古斯族之 Gold 语谓器皿曰 pelé，

Oroěen 语谓器皿曰 pèle，pile①，

蒙古族之 Khalkha 语谓器皿曰 pile②。

契丹族之匹裂，当即 pele，pile 之同语矣。

3. 释郭离（沙袋）

契丹语谓沙袋曰郭离，《辽史拾遗》卷十五引《燕北录》曰：

> 沙袋（番呼郭离）以牛皮爽焚如鞋，底内盛沙半升，柄以木作，胎亦用牛皮裹，约长二尺。

据此则契丹语之郭离，即沙袋之义可知。案

通古斯语谓沙土曰 kair③，

蒙古语谓沙土曰 khair，

Balagansk 方言谓沙土曰 xor④，

土耳其族之 Cuwaš 语谓沙土曰 khyer⑤。

契丹语郭离之郭当即上述诸语之略译也。

4. 释撒剌（酒罇）

契丹语酒罇曰撒剌，《辽史》卷七十三《耶律斜捏赤传》云：

> 耶律斜捏赤，字撒剌……始字铎益，早隶太祖幕下，尝有疾，赐罇酒，饮而愈，辽言酒尊曰撒剌，故诏易字焉。

《辽史语解》诸功臣传条云"撒剌，酒樽名"，又《元史语解》卷一云"察喇，注酒器也。"可知察喇与撒剌，实为一语。案

① Grube(p. 108).

② Podgorbunski(p. 302).

③ Castrén(p. 78).

④ Kowalewski(p. 711)；Podgorbunski(p. 209).

⑤ Klaproth，A. P. (p. 25).

满洲语谓酒海曰 cara①，

蒙古语谓鼎镬曰 tsara②。

契丹语之撒剌即上述二语之对译也。

5. 释曜辣（圭，石）

契丹语谓圭曰曜辣，《辽史拾遗》卷二十四引《嘉祐杂志》曰：

契丹谓圭为曜辣。

案通古斯之女真语谓玉曰古温，满洲语谓玉曰 gu，蒙古语谓宝石曰
Vasu，谓宝物曰 erdeni，此与曜辣皆不相类。

通古斯族之Gold 语谓石 žolo，

Olca 语谓石曰 žolo，

Oroěen 语谓石曰 žolo，zolo，colo，dǎolo，

Nerěinsk 语谓石曰 žöllò，

Jenissei 语谓石曰 dišollo③，

Managir-Solon 语谓石曰 tsolo④，

蒙古族之Khalkha 语谓石曰 ěoru，

Khorink 等方言谓石曰 šulu，sulun，

Olot 语谓石曰 ěulu⑤，

Dakhur 语谓石曰 ěolo⑥。

契丹语之曜辣疑即上述诸语之对音，原仅石字之义，以意推之，契丹语称
圭之语应为 erdenizolo（宝石），或因汉人为简便计单取其后一语亦未可
知也。

---

① 《清文汇书》卷八；《四体合璧文鉴》卷二十五。

② Kowalewski(p. 2112).

③ Grube(p. 95).

④ Iwanowski(p. 64).

⑤ Klaproth, A. P(p. 280)；Podgorbunski(p. 119).

⑥ Iwanowski(p. 64).

6. 释查拉、瓜拉（帽）

契丹语谓帽曰瓜拉曰查拉，《辽史拾遗补》卷五引《通雅》曰：

> 中人帽曰瓜拉，徐文长曰辽主名查拉，或服是帽转为瓜拉，近者
> 高丽王帽，京师呼为瓜拉。

《辽史语解》太祖纪条云"契丹豪民要裹头巾者纳牛驼十头马百匹，乃给官，名曰舍利。后遂为诸帐官，以郎君系之。"案此舍利之名亦要裹头巾者而起，则此舍利与瓜拉、查拉当亦有语脉相通之故。

通古斯族之 Gold 语谓袋子曰 sómala，

Oroěen 语谓袋子曰 sumala，

Unter-tunguse 语谓袋子曰 sumna[1]，

蒙古族之 Balagansk 语谓袋曰 simek，

谓包曰 šuragha[2]，

又朝鲜语谓橐袋之类曰 ŏaro, ěaru[3]。

契丹语之爪拉等语，与上述诸语皆有语脉相通之迹也。

7. 释睹发（爪）

《辽史拾遗》卷十五引《燕北录》曰"铁爪（番呼发睹）以热铁打作，八片虚合，或用柳木作柄，约长三尺。"案

通古斯之 Gold 语谓爪曰 tukpé，

Olěa 语谓爪曰 tukpa，

Oroěen 语谓爪曰 typpo，

Managir 语谓爪曰 tipkasú，

Butha-solon 语谓爪曰 tebkosún[4]。

---

① Grube(p. 95).

② Podgorbunski(p. 162).

③ Gale《高丽字典》(p. 720).

④ Grube(p. 76)；Castrén(p. 128).

契丹语之睰发（原颠倒为发睰）与上述诸语有语脉相通之迹也。

8. 释徐吕、斜喝里（黑皮）

《辽史拾遗》卷十五引《演繁露》曰：

> 今使北者，其礼例中所得，有韦而红光滑可鉴，问其名则"徐吕皮"也。问何以名之，则徐氏吕氏工为之也。此说信否殊未可知。予案《燕北杂记》曰，契丹兴宗尝禁国人服金玉犀带，及"黑斜喝里皮"并红虎皮靴，及道宗即位，以为靴带也者，用之可以华国，遂弛其禁，再许服用。此为靴带之制矣及"徐吕皮"所自出，则曰"黑斜喝里皮"谓回鹘野马皮也，用以为靴，骑而越水，水不透里，故可贵也。红虎皮者回鹘獐皮也，揉以碙砂，其软熟用以为靴也。本此而言，则知"徐吕皮"，则"斜喝里"声之转也。然斜喝里之色黑，而徐吕皮之色红，恐是野马难得，而碙砂熟韦可以常致，故染而红之，以为獐皮，为欲高其品名，遂借"斜喝里"以为名呼也。

此以徐吕皮与斜喝里皮为一物之音转，然斜喝里皮为黑色野皮，徐吕皮为红色獐皮（红虎皮），其非一物也明矣。案

> 蒙古语谓皮革曰 siri，曰 sirin[1]，
>
> 谓黄色曰 sira，曰 sara。

徐吕皮之徐吕，谓即 sira 或 sira 之对音也。又

> 通古斯族之女真语谓黑色曰撒哈良，曰撒合辇，
>
>   满洲语谓黑色曰 sabaliyan，
>
>   Gold 语谓黑色曰 saxarin，saxár，
>
>   Oiĕa 语谓黑色曰 saxar，
>
>   Oroĕen 语谓黑色曰 sakai，sykger，
>
>   Ochozk 语谓黑色曰 sákarin，èakarin，

---

[1] Kowalewski（p. 1523）.

Lamut 语谓黑色曰 sakhrin①。

契丹语黑斜喝里皮之斜喝里,与上述诸语酷似,当即其对译也。

9. 释掠胡(赤娘子)

契丹语谓赤娘子曰掠胡。《辽史拾遗》卷十五引《燕北录》曰:

> 赤娘子者,番语谓之掠胡,奥偌传是阴山七骑所得潢河中一妇人,因生其族类,其形木雕彩装,常时于木叶山庙内安置。一新戎主行柴册礼时,取来作仪注,第三日送归本庙。

案木叶山为契丹民族所崇拜之神庙所在地,《辽史》卷五十三《礼志·嘉仪下》岁时新仪条载每岁十月十五日,天子与群臣望祭木叶山,焚烧纸造甲兵,即此可见赤娘子则木叶山所奉之神名,契丹语之掠胡,案蒙古语族之长城附近语及 Khalkha 方言谓娘子曰 Kuk,掠胡之胡,或即 Kuk 之对译,亦未可知,然

> 通古斯族之女真语谓赤色曰弗剌江曰活腊胡②,
> 满洲语谓赤色曰 fulgiyan,
> Gold 语谓赤色曰 folgen,
> Jakut 语谓赤色 xorarin,
> čapogir 语谓赤色曰 xorin,
> Butha-solon 语谓赤色曰 xulá,
> Kondogir 语谓赤色曰 xuláma,
> Ochozk 语谓赤色曰 xulanja,
> Noril 语谓赤色曰 huloma,
> Managir 语谓赤色曰 ularin, olarén,
> Barguzin 语谓赤色曰 ularin③,

---

① Grube(p. 89).
②《华夷译语》;《金史国语解》。
③ Grube(p. 116).

蒙古文语谓赤色曰 ulaghan,

Tunkinsk 语谓赤色曰 ulan,

Seleginsk 语谓赤色曰 ulân①,

Dakhur 语谓赤色曰 xulá②。

契丹语之掠胡或系胡掠之倒文,即上述诸语之对译亦未可知。

10. 释喝呵(猪)

《契丹国志》中契丹初兴本末条云:

复有一主号曰喝呵(一作喝呵),戴野猪头,披猪皮,居穹庐中,有事则出,退复隐入穹庐如故,后因其妻窃其猪皮,遂失其夫,莫知所如。

据此则喝呵,喝呵戴猪头,披猪皮,殆即因猪而取义者,案

蒙古语族之长城附近语谓猪曰 khakai,

Djungar-olot 语谓猪曰 gagai,

Wolgo-olot 语谓猪曰 gakhai③,

Nižaeudinsk 语谓猪曰 gakai,

Tunkinsk 语谓猪曰 gakhai④,

Dakhur 等语谓猪曰 gakai, gakha⑤。

契丹语之喝呵殆即上述诸语之对音也。

11. 释捏褐(犬)

《辽史》卷五十三《礼志·嘉仪下》岁时杂仪条云:

八月八日国俗屠白犬于寝帐前七步瘗之,露其喙后七日中秋,移寝帐旋其上。国语谓之捏褐耐。捏褐,犬(误为大);耐,首也。

---

① Castrén(p. 102).
② Iwanowski(p. 64).
③ Klaproth, A. P. (p. 282).
④ Castrén(p. 213).
⑤ Iwanowski(p. 70).

据此则契丹语谓犬曰捏褐甚明。案

> 蒙古族之长城附近语谓犬曰 nogai，
>
> Khalkha 语谓犬曰 nokhoi，
>
> Olot 语谓犬曰 nokhoi①，
>
> Burjat 语谓犬曰 nokhoi②。

契丹语之捏褐谓即上述诸语之同语也。

12. 释蒌珍思(熊虎)

契丹语谓熊虎曰蒌珍思，《辽史》卷二十四引《燕北录》曰：

> 汉兵多以得胜及必胜二字为号，诸番兵以蒌珍思为号，汉语熊
> 虎二字也。

据此则蒌珍思乃熊与虎二语所合成，非一语也。

> 通古斯族之女真语谓熊曰勒付(leh-fu)，
>
> 满洲语谓熊曰 lefu。

契丹语蒌珍思之蒌，谓即 lefu 之略译。又

> 通古斯族之满洲语谓虎曰 tasha，
>
> Gold 语谓虎曰 tasha，
>
> Olĕa 语谓虎曰 dušе，
>
> Oročen 语谓虎曰 duša，duse③。

契丹语蒌珍思之珍思，当系 dušе 之对音也。

13. 释陶里(兔)

契丹语谓兔曰陶里，《辽史》卷五十三《礼志六·嘉仪下》岁时杂仪
条云：

---

① Klaproth，A. P. (p. 279).

② Podgorbunski(p. 285).

③ Grube.

三月三日为上巳，国俗刻木为兔，分朋走马，射之，先中者胜，负朋下马列跪进酒，胜朋马上饮之。国语谓是日为陶里桦，陶里，兔也；桦，射也。

据此则契丹语之陶里，即兔之义甚明。案

蒙古文语谓兔曰 tulaj[①]，

长城附近语谓兔曰 taolai，

Oiöt 语谓兔曰 toolài，tunlai[②]。

契丹语之陶里当即上述诸语之对译也。

14. 释兀古邻（牛）

《钦定辽史语解》卷六云：

蒙古语乌库哩 ukuri，牛也，卷七十三作兀古邻，卷八十作乌古邻，卷十作乌骨里，女名。

案《辽史》卷七十三《耶律颇德传》云"颇德，字兀古邻，弱冠事太祖"。则兀古邻乃契丹人名可知也。

蒙古文语谓兽畜，有角兽畜曰 üker，

Khorinsk 语谓兽畜，有角兽畜曰 ükhür，

Seleginsk 等语谓兽畜曰 ükher[③]。

契丹语之兀古邻，乌女邻，乌骨里诸语，疑即上述诸语之对音也。

15. 释拖古烈（牛犊）

《钦定辽史语解》云：

图古勒 tugûl，蒙古语牛犊也，卷二十二作拖古烈，地名。

案《辽史》卷二十二《道宗纪》云"八年六月丙子朔，驻跸拖古烈"，是拖古

---

① Podgorbunski(p. 100).

② Klaproth, A. P. (p. 178).

③ Kowalewski(p. 562)；Podgorbunski(p. 270).

烈乃契丹地名也。

> 蒙古族之 Nižuendinsk 等方言谓牛犊曰 tugul，
>
> Balagansk 等方言谓牛犊曰 togol①。

契丹语之拖古烈疑即上述诸语之对音也。

16. 释控骨里（黄马）

契丹语有控骨离，控骨里等名，《钦定辽史语解》卷七云：

> 满洲语崆郭啰 konggoro，黄马也，卷十二作控骨离，卷十六作控骨里。

案《辽史》卷十二《圣宗纪三》云"以遥辇副使控骨离为舍利拽剌群稳。"则控骨离为契丹人名可知也。案

> 朝鲜语谓黄马曰 kora②，
>
> 满洲语谓黄马曰 konggoro③，
>
> 蒙古文语谓黄马曰 khongor，kongguro④。

契丹语之控骨里，控骨离等语，即上述诸语之对译也。

17. 释特马哥（骆驼）

契丹语之特马哥，《钦定辽史语解》卷八云：

> 特默格 temege 蒙古语骆驼也，卷二十九作特母哥。

案《辽史》卷二十九《天祚纪》谓特母哥为辽之太保，则此为契丹人名可知。

> 通古斯族之满洲语谓骆驼曰 temen，
>
> Butha-solon 语谓骆驼曰 temughe⑤，

---

① Podgorbunski(p. 303).
②《蒙文类解》下。
③《清文汇书》。
④《蒙文汇书》卷二，Kowalewski(p. 873).
⑤ Iwanowski(p. 58).

　　　　蒙古文语谓骆驼曰 temeghe，temeghen①，

　　　　　　Khalkha，Tunkinsk 等方言谓骆驼曰 temèn②。

契丹语之特母哥疑即上述诸语之对译也。

　　18. 释杓窊（鸷鸟）

　　契丹谓鸷鸟曰杓窊，《辽史》卷五十七《仪卫志三》符印条云：

　　　　杓窊印，杓窊，鸷鸟之总名，以为印纽，取疾速之义。行军诏赐
　　将帅用之，道宗赐耶律仁先鹰纽印即此。

《辽史语解》景宗圣宗纪条云：

　　　　杓窊印，杓窊，鸷鸟总称，以为印纽，取疾速之义，凡调发军马
　　　　则用之，与金鱼符银牌略同。

《辽史》卷三十三营卫志下，部族下圣宗三十四部条云：

　　　　稍瓦部，初取诸宫及横帐大族奴丝置稍瓦石烈，稍瓦鹰坊
　　　　也，居辽水东，掌罗捕飞鸟。

据此则杓窊与稍瓦乃系一语之异译。而《武备志》载北虏语鸟曰"失保"，
与此语亦颇近似，案

　　　　蒙古文语谓鸟曰 sibagon，siwagon，

　　　　Burjat 语谓鸟曰 sobun，subun，subung③，

　　　　Olot 语谓鸟曰 subôn，šnbún④，

　　　　Khalkha 语谓鸟曰 šobo。

契丹语之杓窊、稍瓦谓与上述诸语有语脉相通之迹也。

----

① Kowalewski(p. 1726).

② Podgorbunski(p. 25).

③ Podgorbunski(p. 253)；Castrén(p. 220).

④ Klaproth，A. P. A(p. 283).

七、动词及其他

1. 释悍里　瞎里（邀请）

契丹语谓请客之请曰悍里，亦作瞎里，《辽史》卷五十三《礼志六·嘉仪下》岁时新仪条云：

> 二月一日为中和节，国舅族萧氏，设宴以延国族耶律氏，岁以为常。国语是日悍里呫。悍里，请也；呫，时也。悍读若狎，呫读若颇。

又云：

> 六月十八日国俗耶律氏设宴以延国舅族萧氏，亦谓之悍里呫。

《辽史拾遗》卷二十三引《燕北杂记》曰：

> 二月一日番中萧姓请耶律姓者著本家筵席，番中呼此节为瞎里呫。六月十八耶律姓请萧姓者，亦名瞎里呫。

据此则契丹谓请宴之请谓悍里，亦作瞎里，甚明。案

> 通古斯族Gold 语谓请，愿，乞，求曰 galigu, galinda, galindi,
> 　　　　谓要曰 gali, goli,
> 　　　　Oročen 语谓请，愿，乞，求曰 kalekha, galaktyi,
> 　　　　　　谓要曰 gali, kala,
> 　　　　Olĕa 语谓要曰 gali,
> 　　　　Ochozk 语谓要曰 galeren,
> 　　　　Wiliu-tunguse 语谓要曰 galadam,
> 　　　　Kondogir-tunguse 语谓要曰 galakterin,
> 　　　　Unter-tunguse 语谓要曰 galaktažam[①],

---

① Grube(p. 32).

> Tunguse 语谓要曰 galaktažam①,
>
> 谓请曰 galam②。

契丹语之怦里或瞎里,即上述诸语中 gali 之对译也。

2. 释粆离　炒伍俪(战争)

契丹语谓战争曰粆离,亦作炒伍俪,《辽史拾遗》卷二十四引《燕北杂记》曰:

> 腊月戎装饮酒,呼粆离旵,粆离是战,旵是时。

《辽史》卷五十三《礼志六·嘉仪下》岁时杂仪条云:

> 腊辰日,天子牵北南臣僚并戎服戍夜坐朝,作乐饮酒等第赐甲仗羊马。国语是日为炒伍俪旵。炒伍俪战也。

据此则契丹语谓战曰粆离亦作粆伍俪甚明。案

> 通古斯族之 Manikowsk 语谓战曰 Cärik③,
>
> 蒙古语之 Khalkha 语 Khorinsk 语 Seleginsk 语 谓战争,兵力曰 tserik
>
> Tunkinsk 语 Balagansk 语 谓战争,兵力曰 serek④,
>
> 土耳其族之 Osman 语谓战争,兵卒,军队曰 ëäri,
>
> Altai, Teleut 语谓战争,兵卒,军队曰 eärü,
>
> Uigur, Taranei, ĕagatai 语谓战争,兵卒,军队曰 ëärik,
>
> Jenissei 语谓兵卒曰 ĕirü,
>
> Kuzuezk 语谓兵卒曰 ăerü,
>
> Jakut 语谓兵卒曰 ăerri,

---

① Middendorff.

② Castrén.

③ Castrén(p. 92).

④ Podgorbunski(p. 39).

　　　　Saga，Koibal 语谓兵卒，军队，战争曰 serig①。

契丹语之秒离当即上述 eärik 等之对译也，又北族语中往往一语之间可以延元音插入喉音 g，h 者，如谓湖水曰 nōr 或 marr 亦可作 nagor 即其例，以此例类，eärik 若延音元音插入 g 音，则当为 eagorik 与契丹语之炒伍俪相近似矣。

　3. 释鹘里（偷窃）

契丹语谓偷曰鹘里，《辽史拾遗》卷二十五引《燕北录》曰：

　　正月十三日放国人作贼三日，如盗十贯以上，依法行遣，北呼鹘里叴。汉人译言，鹘里是偷，叴是时。

　　通古斯族之女真语谓贼曰虎剌孩，
　　　　满洲语谓盗贼曰 hulha 谓盗窃曰 hulhambi，
　　　　Gold 语谓盗人曰 holhai，kholkha，
　　　　Managir 语谓盗人曰 kolaká②，
　　蒙古族之文语谓盗窃、掠夺曰 khulaghai，khulaghu，
　　　　Khalkha，Khorinsk 语，
　　　　Balagansk，Seleginsk 语谓盗窃，掠夺曰 khulagaila，khulu，
　　　　Nižuendinsk 语谓盗窃、掠夺曰 kulu③，
　　　　Dakhur 语谓强盗曰 khnalàga④，
　　土耳其族之 Uigur 语谓贼人曰 kharak-ěi，
　　　　Tatar 语谓贼人曰 karak-ěi，
　　　　Čagatai 语谓盗窃曰 karak 谓强盗曰 karak-ěi，
　　　　Kazan 语谓盗贼曰 korák，
　　　　Čazi，Baraba 语谓盗贼曰 karak，

---

① Redloff(p. 461，p. 967)；Klaproth，A. P(p. 87).
② Grube(p. 18,44)；《清文汇书》卷三.
③ Kowalewski(p. 923)；Podgorbunski(p. 41).
④ Iwanowski(p. 60).

> Teleut，Kazan 语谓盗贼曰 karak-ǒi，
>
> Kirgiz 语谓盗贼曰 kerak，karak-śi①。

契丹语之鹘里，殆即上述诸语之对译也。

4. 释戴辣（烧甲）

契丹语谓燃烧，焚烧曰戴，谓焚烧兵甲曰戴辣，《辽史》卷五十三《礼志六·嘉仪下》岁时杂仪条云：

> 岁十月，五京进纸造小衣甲枪刀器械万副，十五日天子与群臣望祭木叶山，用国字书状并焚之，国语谓之戴辣。戴，烧也；辣，甲也。

《辽史国语解·礼乐志》条云"戴辣，烧甲也"。案

> 通古斯族女真语谓火曰 toh-wei，
>
> 满洲语谓火曰 tawa，
>
> Gold 语谓火曰 tawá，taua 谓燃，光曰 táwa，
>
> Olěa 语谓火曰 taua，
>
> Managir 语谓火曰 tawó，taó，
>
> Oroěen-solon 语谓火曰 tóo，tua，
>
> Oroěen 语谓火曰 to，
>
> 又朝鲜语谓燃烧曰 tǎi，töi，tǎ②。

契丹语戴辣之戴岂非上述诸语之对译耶。

5. 释桦（射）

契丹语谓射曰桦，《辽史》卷五十三《礼志六·嘉仪下》几时杂仪条云：

> 三日三日为上巳，国俗刻木为兔，分朋走马，射之……国语谓是日为陶里桦。陶里，兔也；桦，射也。

---

① Radloff(p. 150)；Vambery(p. 80)；Klaproth, A. P. (p. 87).
② Grube(p. 74).

据此则契丹语之桦即射字之义甚明。

> 通古斯之 Gold 语谓射曰 harpé，harpandé，harpaxá，
>
>   　Olĕa 语谓射曰 harpé，hurpaxá，
>
>   　Noril 语谓射曰 karpodáp，garmadám[①]，
>
>   　蒙古文语谓射曰 xarbo，
>
>   　Aralsk 方言谓射曰 xarbo，
>
>   　Balagansk 等方言谓射曰 xarba[②]。

契丹语之桦殆即上述诸语之略译也。

6. 释捏骨地（跪）

契丹语谓跪曰捏骨地，《契丹国志》云：

> 男女拜皆通，其一足跪，一足着地，以手动为节，数止于三，彼言捏骨地者，即跪也。

案　通古斯族之女真语谓跪曰灭苦鲁，

　满洲语谓跪曰 niyakorombi[③]，

　蒙古族之 Balagansk 语谓屈曲曰 boxojlgo，

　　　Tunkinsk 语谓屈曲曰 buxujlgo[④]。

契丹语之捏骨地殆即满洲语 niyakoro 之对译，而与蒙古语之 boxojlgo 亦有语脉相通之缘也。

7. 释匦列（复来）

契丹语谓复来曰匦利，《辽史》卷七十四《韩延徽传》云：

> 延徽来聘……太祖召与语，合上意。命参军事……居久之，慨然怀其乡里，赋诗见意，遂亡归唐，已而与他将王缄有隙，惧及难，乃省亲幽州；匿故人王德明舍，德明问所适，延徽曰吾将复走契丹……

---

① Grube(p. 58).

② Podgorbunski(p. 297).

③ Grube.

④ Podgorbunski(p. 240).

既至,太祖问故,延徽曰,忘亲非孝,弃君非忠,臣虽挺身逃,臣心在陛下,臣是以复来。上大悦,赐名曰匣列,匣列,辽言复来也。

案　　蒙古文语谓复归故乡,还故乡等义曰 kharikhu[①],

　　　Balagansk 语

　　　　　　　　谓还乡等义曰 xarkhu[②]。

　　　Tunkiusk 语

契丹语之匣列与上述二语似有语脉相通之迹也。

8. 释提烈(种田)

契丹语谓种田曰提烈,《辽史》卷二十四引《燕北杂记》曰"契丹呼种为提烈。"又《钦定辽史语解》卷四云"蒙古语塔喇喝 taragha,田也,卷十五作挞利割,泳名。"案《辽史》卷十五《圣宗纪》开泰四年冬十月驻跸挞刺割泳,则此名亦契丹语可知。案

　　　通古斯族之索伦语谓耕种者曰达胡哩[③],

　　　满洲语谓莳种子曰 tari,

　　　Gold 语谓莳种子曰 tari, tarriare, tariaxa,

　　　Olěa 语谓莳种子曰 tattare,

　　　Managir 语谓莳种子曰 taran[④],

　　　蒙古语谓植,莳种子曰 turi,

　　　Khalkha 等方言谓莳种子曰 tari[⑤],

　　　土耳其族之Uigur、Osman 语谓莳种子曰 tara,

　　　　　　Čagatai 语谓莳种子曰 tari,谓种子曰 tarik,

　　　　　　Taraněi 语谓莳种子曰 teri,

　　　　　　Karagass 语谓莳种子曰 tárir,

---

① Kowalewski(p. 837).

② Podgorbunski(p. 36).

③《金史国语解》。

④ Grube(p. 74).

⑤ Podgorbunski(p. 301).

Jakut 语谓莳种子曰 targat①。

契丹语之提烈与上述诸语皆有语脉相同之迹可见也。

9. 释拜洗(受赐)

据《中山诗话》《琅琊代醉篇》《陔余丛考》三书载余靖使契丹,作胡语诗,即于中国诗中插入契丹语。三书所载稍有异同,《辽史拾遗》卷二十四引《中山诗话》云:

> 余靖两使契丹,虏情益亲,能胡语,作胡语诗,虏主曰卿能道,我为卿饮,靖举曰:
>
> 夜筵设罢(侈盛)臣拜洗(受赐)
>
> 两朝厥荷(通好)情感勤(厚重)
>
> 微臣雅鲁(拜舞)祝若统(福佑)
>
> 圣寿铁摆(嵩高)俱可忒(无极)

虏主大笑,遂为称觞云。

又《琅琊代醉篇》卷三十五载此诗云:

> 夜筵设逻(侈盛)臣拜洗(受赐)
>
> 两朝厥荷(通好)情干勒(厚重)
>
> 微臣雅鲁(拜舞)祝若统(福佑)
>
> 圣寿铁摆(嵩高)俱可忒(无极)

又《陔余丛考》卷二十四载此诗云:

> 夜筵没罗(言侈盛)臣拜洗(言受赐)
>
> 两朝厥荷(言通好)情干勒(言厚也)
>
> 微臣雅鲁(言钝)祝君统(……)
>
> 圣寿铁摆(言嵩高)俱可忒(言无疆)

案　　通古斯族之女真语谓谢恩曰伯亦沙埋恩,

---

① Rodloff(p. 846,849);Vambery(p. 162).

满洲语谓谢礼曰 bailtsawga①,

蒙古语之 Bdagansk 语谓感谢曰 bažiba。

女真语之伯亦沙埋即满洲语 bailtsawga 之对译,感谢之义动词,恩字则汉语,名词也。据此则契丹语之拜洗,殆与上述诸语中之伯亦沙,Bailsaw, Bazi 有语脉相通之故也。

10. 释感勒(厚重)

又　　蒙古语谓重要、尊重之义曰 kundu②,

　　　　Balagansk 语、Tunkinsk 语谓厚重曰 xündc③,

　　　　Dakhur 语谓厚重曰 xuadu④,

　　　土耳其族之 yakut 语谓贵重曰 küudü⑤。

契丹语之感勒乃上述诸语之转讹,盖 l,d 音互换,乃北族语言中常见之例也。

11. 释若统(福佑)

又　　通古斯族之女真语谓幸福曰忽秃儿⑥,

　　　　满洲语谓幸福曰 kutori⑦,

　　　　Tunguee 语谓幸福曰 kutu, kotu⑧,

　　　蒙古语谓幸福曰 khutuk,

　　　土耳其语谓幸福曰 kut⑨。

契丹语之若统与上述诸语当同语源也,《钦定辽史语解》云"呼图克

---

① Grube(p. 97,19).
② Selanidt(p. 179).
③ Podgorbunski(p. 309).
④ lwsnowski(p. 72).
⑤ Bothl(p. 73).
⑥ Grube(p. 97,19).
⑦《清文汇书》卷三。
⑧ Castrén(p. 104,28).
⑨ Ralloff(p. 970).

Khutuk,蒙古语福也,卷十五作胡都古。"案《辽史》卷十五《圣宗纪》有皇侄名胡都古,此胡都古与若统一,语声音上虽有歧异之处,然古代译名不统一,因时因地而有不同,亦势所难免也。

12. 释铁摆(嵩高)

案　　　通古斯族之满洲语谓高峰突出曰Čoh,

蒙古族之seleginsk 语谓冈,丘陵曰 dobo,

tunkinsk 语谓冈,丘陵曰 dobun[1],

土耳其族之Čagatai 语谓冈,丘陵曰 daban,

Kazan 语谓冈,丘陵曰 tiba,

Bakir、baraba 语谓冈,丘陵曰 tuba,

Nogai 语谓冈,丘陵曰 toba, tepe,

Toholsk、Kuzuezk 语谓冈,丘陵曰 tübe,

Qasach 语谓冈,丘陵曰 tupa,

Osman 语谓冈,丘陵曰 tepē, depé[2]。

契丹语之铁摆当系上述诸语之对音也。

13. 释奢舍(好)

契丹语谓美好曰奢,亦曰舍,《契丹国志》卷二十七《岁时杂记》条云:

(中元)此节为赛离舍,汉人译云,赛离是月,舍是好,谓月好也。

《辽史》卷五十三《礼志六·岁时杂仪》条云:

七月……十五日中元,动汉乐大宴……国语是日谓之赛咿晼奢,奢,好也。

案《元史》谓"太宗称其弟拖雷曰赛因。赛因者,华言大好也"。又云"杨汉英,字熙载……世祖赐赛因不花,丘文庄正史纲云,君赐臣名,将以为荣也,译以华言,赛因好也,不花牛也,称曰杨好牛,荣耶辱耶。"可见元

---

① Castrén(p. 104,28).

② klaproth, A, P. (p. 31).

时蒙古语谓好曰赛因,与契丹语之奢,颇为近似。

> 通古斯之女真语谓好曰塞因,
>
> 满洲语谓好曰 sain①,
>
> 蒙古族之古代语谓好曰赛因,
>
> Khalkha 等方言谓好曰 saiu,
>
> Seleginsk 等方言谓好曰 sain,saing②,
>
> Dakhur 语谓好曰 sain,sen③。

契丹语之奢或舍殆即上述诸之略译,若不然则朝鲜语谓好曰 ĕo,与舍之语形更为近似也。

14. 释操刺(雄猛)

契丹语谓雄猛曰操刺,《辽史拾遗》卷五引《十七史商榷》曰:

> 《五代史·汉高祖纪》耶律德光指知远曰,此都军甚操刺。今人以雄猛为插刺,操刺当即此意。

此以操刺与插刺同语,甚是。

> 蒙古文语谓雄大,威严、勇猛曰 siir④,
>
> Khalkha 语谓英气、勇猛曰 zorik⑤。

契丹语之操刺当即上述二语之对音也。

八、数词考释

1. 释耐,迺(第一)

契丹语谓元旦之元曰迺,谓头首之首曰耐,《辽史》卷五十三《礼志

---

① Grube(p. 28).

② Podgorbunski(p. 323);Castrén(p. 196).

③ Iwanowski(p. 72).

④ Kowalewski(p. 131);《蒙文汇书》卷九。

⑤ Podgorbunski(p. 159).

六·岁时杂仪》条曰：

> 正旦国俗以糯饭和白羊髓为饼，丸之若拳，每帐赐四十九枚……国语谓正旦为逎捏咿呪。逎，正也。捏咿呪，旦也。

同书同条又云：

> 八月八日国俗屠白犬于寝帐前七步瘗之，露其喙，后七日中秋移寝帐于其上，国语谓是日为捏褐耐，捏褐犬。耐，首也。

案头首之首，与元始之元，意义原可相通，故逎与耐二语声音相近，或系一语之异译亦未可知。

> 通古斯语族谓始初之初曰 Nogn，xogut，
>
> 蒙古语谓一曰 Nige，Nigen，Negé，Nēgen
>
> 　　　谓首领曰 Noyan，Noin，Nojan，
>
> Dakhur 语谓一曰 Nege，Neke，
>
> Tunkinsk 语谓始曰 Noilxo，
>
> 　　　　谓首领曰 Nojin，
>
> Balagansk 语谓始曰 Nojalxo。

契丹语之逎或耐与上述诸语颇有语脉相通之迹可寻也。

2. 释讨（五）

契丹语谓五曰讨，《辽史》卷五十三《礼志六·岁时杂仪》条曰：

> 五月重五日午时采艾叶和绵着衣七事，以奉天子。北南臣僚，各赐三事，君臣宴乐。……国语谓是日为讨赛咿呪。讨，五；赛咿呪，月也。

据此则五之数词契丹语谓之讨，甚明，兹试探其语源：

> 通古斯之女真语谓五曰顺札（šun-čah），
>
> 　　　满洲语谓五曰 sunža，
>
> 　　　　Orečen 语谓五曰 tungo，

索伦语谓五曰 tunghá，tungá，tungán，tuangan。

此诸语与契丹语之讨颇不相类。

蒙古族之长城附近语谓五曰 tabun，

Khalkha 语谓五曰 tabu，

Olot 语谓五曰 tabù，tabun，

Barjat 语谓五曰 taban，tabun，

Dakhur 语谓五曰 tábu，táwan。

此诸语则与契丹语之讨相类似，而尤以达瑚尔语之 táwan 为酷似也（又朝鲜语谓五曰 taset、tasyot，tat，与契丹语之讨亦甚相似也）。

3. 释爪（百）

《辽史》卷六十四《皇子表》肃祖四子条云"洽慎，字牙新，行第一，有德行，分五石烈为七，六爪为十一。"《辽史国语解·皇子表》条云：

五石烈，即五院，非是分院为五，以五石烈为一院也。

六爪，爪百数也。辽有六百家奚，后为院，义与五院同，二院即迭刺部析之为二者是也。

据此则爪者契丹语数词百字之义也。Klaproth 氏之《亚洲方言志》（Asia Polyglottn）译其音为 Guo 者误也，至 W. schott 氏译其音为 chaou 固然，但以之与通古斯语谓百曰 dschan，dschaghu，dschaghnn 相比拟，则有疑问。案

通古斯族之女真语谓百曰汤古（tang-ku），

满洲语谓百曰 tanggn，

Orĕcen 语谓百曰 tanku 曰 njami，

索伦语谓百曰 tiangé，uamázi，nimázi。

此与契丹语之爪皆不相类。惟

蒙古族之长城附近语谓百曰 žüü，axun，zakhun，

Khalkha 语谓百曰 žo，žon，žun，

Olot 语谓百曰 žo, suhu,

Burjat 语谓百曰 zun,

Dakhur 语谓百曰 zǎo, tao。

此与契丹语之爪则相近似,而尤以达瑚尔语之 zao 为酷似也。

4. 释必里迟离(九月九日)

契丹语谓九月九日重阳节日必里迟离,《辽史》卷五十三《礼志六·岁时杂仪》条云:

> 九月九日天子率群臣部族射虎,少者为负,罚重九宴,射毕,择高地卓帐赐蕃汉臣僚饮菊花酒,兔肝为臡,鹿舌为酱,又研茱萸酒洒门户以禬禳。国语谓是日为必里迟离,九月九日也。

《辽史国语解·礼乐志》条云"必里迟离,重九日也"。

> 通古斯族之女真语谓九日兀也温,
>
> > 满洲语谓九日 ujun,
> >
> > Olěa, Orěcen 语谓九日 xuju, xogó,
> >
> > 索伦语谓九日 jaghin, jeohén, jein, uin,
> >
> > 蒙古语谓九日 jeús, jesun, jisu, jisun, žisun, jibún,
> >
> > 达瑚尔语谓九日 jisu, jisú。

案此诸语与契丹语之必里迟离皆不相类。姑记之于此以待考。

5. 释 choor(二)Tikin(四)Nungkoo(六)

W. schott 氏著《契丹及哈喇契丹考》(Kitai and kara kitai)论文中曾介绍契丹语数词三语,即 choor(二),tikin(四),nuugkoo(六)是也。此三语不见于汉籍,不知出自何处。然此三语与通古斯语族之数皆极近似。而与蒙古语族之数词则不相类,兹分释之如次:案

> 通古斯语族之女真语谓数词二曰拙(čoh),
>
> > 满洲语谓数词二曰 žuwe,
> >
> > Gold 语谓数词二曰 žúr,

索伦语谓数词二曰 šo，žúo，žur，žúru，dur。

此诸语与 choor 一语声音上极相酷似，甚为明白。

蒙古长城附近语谓数词二曰 gojer，

Khalkha 语谓数词二曰 khoir，

Olot 语谓数词二曰 khojur，

Burjat 语谓数词二曰 koir，xojir，

Balagansk 语谓数词二曰 xagar，xojor，

Tunkinsk 语谓数词二曰 xojar，xoir，

Dakhur 语谓数词二曰 Xojúr，xoirá，xoira，Koiro。

此诸语与 Choor 一语虽不甚相似，而语脉则仍相通也。又

通古斯族之女真语谓数词四曰都因（tu-in），

满洲语谓数词四曰 dain，

索伦语谓数词四曰 duin，digen，dighin，deghin，degin。

此诸语中尤以索伦语中之 dighin，deghin 与 Tikin 一语相近似。

蒙古语谓数词四曰 durban，durba，dorbo，dorbon，

达瑚尔语谓数词四曰 durba，durbe，burábo。

此诸语与 Tikin 一语则全不相类矣。又

通古斯族之女真语谓数词六曰宁住（Ning-ŏu），

满洲语谓数词六曰 Ninggun，

Oiŏa 语谓数词六曰 Nunggu，

索伦语谓数词六曰 Ningho，Ningin，Ningun，Núngún。

此诸语与 Nungkoo 一语极为类似。

蒙古语谓数词六曰 zurgá，žurgan，žergón，ziroha，zirkhokban，

达瑚尔语谓数词六曰 zargho，zirgho。

此诸语与 Nungkoo 一语虽非近似，然其语脉亦有相通之迹也。

九、结 论

上述契丹诸语。兹为总括之以成一表如次：

契丹语	语意	通古斯语	蒙古语	土耳其语
契丹	镔铁	Kaiti	Kaso	Khatin
斡鲁朵	宫殿	Ordo	ordu	orda, orpu
算	心腹	Zouam	sann	sanag
国	国	Gurnn	—	—
阿辇	收	alimbi	—	—
耶鲁盌	兴盛	—	urgu	—
蒲速盌	兴隆	Fusembi	—	—
夺里本	讨平	dailambi	dailakhu	—
女古	黄金	sohon	—	—
窝笃盌	孳息	—	iitxu	—
阿思	宽大	okdi	—	—
阿鲁盌	辅佑	ilhi	—	—
赤实得本	孝	saksa-ti	suhn-te	—
孤稳	玉	gu	gu	—
虎思	有力	kusun	khušen	küě
镎钵	行营	—	nutuk-ba	—
何骨	天子	—	khaghat	khaghat
葛儿罕	君王	—	khaghan	kagan
薁	提认	karun	khara	kara
忒俚蹇	王后	atirkan	udngan	ntigan
耨斡	地	na	—	—
麼	后	mama	—	—
改	后	—	eke	äkä

契丹语	语意	通古斯语	蒙古语	土耳其语
耶律			šira	sarag
阿保机	壮大	ambaki	—	—
阿主	父祖	ača	cěiga	ačai
押番	大臣	amban		
阿鲁敦	盛名	elden	erdeai	
皮室	金刚	—	väsu	—
拽剌	巡警	—	ere	ärlik
小底	奴婢	žuse		
十里鼻	奴婢	—	zarusa	
暴里	恶人	balai	burughu	—
贺跋支	执衣人	—	gobzazu-ci	
瓦里		ail	ail	ail
弥里		mubun	—	—
得里			tura	tura
闸撒		gasan		
堕块	门	duka	—	
㘡	时	boa	—	—
炒离	战	čarik	serek	serig
坤	魂	ganio	gxunegxen	
不剌	风	—	burgang	buran
拜洗	受赐	bailtsawga	baziba	—
感勒	厚重	—	xinde	
若统	福佑	kutori	khutuk	kut
铁摆	嵩高	čab	doban	tuba
匹裂	木罂	pele	pile	—
曜辣	圭,石	žolo	čoru	

契丹语	语意	通古斯语	蒙古语	土耳其语
徐吕	皮	—	siri	—
斜歇里	黑	soxar	—	—
喎呵	猪	—	gakai	—
捏离	犬	—	nogai	—
赛离	月	—	Saran	—
舍	好	sain	sain	—
郭离	沙袋	kair	khair	khyer
曷尤	铁		kaso	
匣列	复来	—	khari-khu	—
怦里	邀请	galigu	gni-khu	—
鹘里	偷窃	hulha	khulu	karak
捏离	日	nari	nara	
捏骨地	跪	niyakorambi	boxojlgo	—
萎	熊	lefu	—	
珍思	虎	tasha		
掠	赤	fulgiyan	ulan	—
胡	娘子	—	kuk	—
撒剌	酒罇	čara	tsara	
失剌孙	豹		siilüsün	
查拉	帽	sumalo	sumek	—
操剌	雄猛	—	sür	—
构宄	鸳鸟	—	sobon	
戴	烧	tawa		—
笪却	日蚀	tokso	tumaxai	
提烈	种田	tari	tari	tara
覘髮	铁爪	tukpa	—	

契丹语	语意	通古斯语	蒙古语	土耳其语
陶里	兔	—	taolai	—
桦	射	harpe	xarbo	—
胡都	山	gugda	xada	—
乌	水	oso	usu	—
设里	河	—	muren	—
袅罗个	黄	šara	šara	šareg
北也里	土	bula	bulunger	—
陶猥思	土	—	toghosun	tuzan
勃鲁里	秋	boloni	—	—
阿古轸	雷	akžan	—	—
特母哥	骆驼	temenghe	temenghen	—
兀古邻	牛	—	khur	—
撒哈	须	—	saxal	sagal
拖古烈	犊	—	tugul	—
合不剌	春	—	khabur	—
撒不烈	鞋	sabu	šabur	—

案上述数十语中之可以与今蒙古语比拟之者为数最多,凡得七十语,其可以与今通古斯语比拟之者次之,得六十语,而可以与今土耳其语比较之者,则不过二十余语而已。故白鸟库吉氏于《东胡民族考》中遂据此推定契丹民族之种属当以今蒙古种为骨子,而渗合通古斯种之成分于其中之混合种也。

今东三省及俄属西比利亚地方所住之民族中,有被西人认为蒙古种及通古斯种之混合种者,即索伦(Solon)民族及达瑚尔(Dakhur)民族是也。此二民族原游牧于黑龙江上游额尔古纳河(Argun)流域,清初俄国渐由西比利亚南侵,清廷恐此二民族为俄国所掠虏,遂令其南迁黑龙江省之嫩江流域,其后并将索伦民族编入满洲八旗之内,将达瑚尔民族编入蒙古八旗之内,然此二民族之体质风俗语言等皆亲蒙古种及通古斯种之成分,互相近似,不易辨别,故东西学者之间皆视为蒙古种及通古斯种之混合种也。据 Leapald von Sehrenck 氏从人种学上研究之结果,谓此二民族皆当属于通古斯种,但含有多量之蒙古种之成分于其中。据 Sehmidt 氏从语言学上研究之结果,则谓达瑚尔民族之语言,非通古斯系而当属于蒙古语系,与贝加尔湖附近之 Burjat 方言尤为近似云。异说纷纷,莫衷一是,至 1890 年 Iwanowski 氏始亲赴嫩江流域之齐齐哈尔、摩尔根、瑷珲等地从事调查,乃搜集此二民族之语言而研究之,于 1894 著着 Mandjuriea 一小字典,始考定达瑚尔民族之语言,以蒙古语为骨子,而渗合多量之通古斯语之成分于其中;而索伦民族之语言,以通古斯语为骨子,而渗合多量之蒙古语成分于其中。其语言之特征,尤于其数词中见之,兹为一略表,示例如次:

数词	蒙古语	达瑚尔语	索伦语	通古斯语
一	nige	nege	amo	omu
二	gojer	xojar	žur	žur
三	gurba	gurba	ilan	Ilan
四	durban	darba	dui	degin
五	tuban	tabu	tungha	tuaga
六	zurga	zurgho	uingho	nunggu
七	dolokhon	dolo	nada	nada
八	naima	naima	zabkun	žukpun
九	jisuu	jisu	jeghin	xuju
十	arbun	gharba	žuan	žuwan
廿	xorin	xori	orin	orin
卅	xuěin	gatsi	gutin	gosin
四〇	duěin	dutsi	deghi	dehi
五〇	tabin	tabi	tuanghi	susai

数词	蒙古语	达瑚尔语	索伦语	通古斯语
六〇	ziran	zora	uinžu	ninžu
七〇	dulan	dala	nadanžu	nadanžu
八〇	najan	naije	nabxunžu	žakunžn
九〇	jaran	jire	jiron	ujunžu
百	žaxun	žao	tnangan	tanggu

案上表所述达瑚尔语之数词,皆与蒙古语之数词相近似;而索伦语之数词,则皆与通古斯语之数词相近似;故达瑚尔语之属蒙古语系,而索伦语之属通古斯语系,遂成定论矣。案《黑龙江外纪》云,"索伦语多类满洲,达呼尔语多类蒙古,听之熟觉其中皆亲汉语"云云,其说与 Iwanowski 氏实地调查研究所得之结论相合,可知清代分索伦民族隶于满洲八旗中,置达瑚尔民族于蒙古八旗之中,当必有所根据,而非漫无准绳之举矣。

案《钦定辽史语解》于每卷之首必注曰:"辽以索伦语为本",是编《辽史语解》者以契丹民族与今索伦民族相比拟也明矣,然索伦民族之语言属于通古斯语,而上述之契丹语数十语中以属于蒙古语系者其数为最多,而属于通古斯语系者次之。今若将索伦语与达瑚尔语之数词与上所述之契丹语数词比较之,则契丹语之应属何种类,亦可得而明矣。兹亦为一略表如次:

契丹语数词	语意	出处	蒙古语达瑚尔语	索伦语通古斯语
耐或酒	一	《辽史·契丹国志》	nige, nege	Emo, amo
讨	五	《辽史》	tabu, tawun	Sunža, tunga
爪	百	《辽史》	žo, žao	Tanggo, tuangen

据上表所述,则契丹语之数词三语,与蒙古语、达瑚尔语相酷似,而与通古斯语、索伦语则绝不相类,此可见契丹之应属何种系统矣。

但 W. schott 氏所著之《契丹语与哈喇契丹》(Kátai und Kara-kitai)

一篇中,亦举契丹语数词三(即 Choor(二),tikin(四),nungkoo(六))则皆与通古斯语及索伦语颇相近似,兹亦略表如次:

契丹语数词	语意	通古斯语索伦词	蒙古语达瑚尔语
Choor	二	žwe, žur	gojer, xojur
tikin	四	duin, degin	durban, durba
nungkoo	六	ninggun, nungin	žurgan, žurgho

观上表所述,则似契丹语之数词,亦有当属于通古斯语索伦语系统者,然此等三语,索之《契丹国志》《辽史》《辽史语解》《辽史拾遗》《辽史拾遗补》等诸书中,皆不得见,据 W. Schott 氏自称得自著蒙古史之 Howorth 氏,而 Howorth 氏,又得自俄国 Palladius 氏,至 Palladius 氏果自何处而得此等语言,则不得而知。故此问题仍有待于将来新材料之发见,始得而证明之,迄于今日,犹未可据以为定论也。

(正误)

本文第二章《契丹国号考》第六节《契丹二字之新解释》谓"凡语尾斯坦'Stan'皆 Stand 之略,巴利文凡 Stand 皆变为 Tand 表示所在地之义"云云,排印有误,应改正为"凡语尾斯坦'Stan'皆与英语'Stand'同语源,表示所在地之义。"

(原文分两期刊载于 1930 年 6 月及 9 月《女师大学术季刊》第一卷第二期、第三期)

匈奴王号考

一、单于之称始于冒顿

古来北方外族君主之自称，有两种极通行之尊号，一曰"单于"，一曰"可汗"。此二语适与中国君主之自称"皇帝""大帝""大王"同义，单于之称，自秦末以迄于晋末，凡六百年间（约当西元前 206—西元 394 之间），为匈奴及鲜卑民族君主所通用，至柔然君主社仑自称丘豆伐可汗（晋太元十九年，即后魏登国九年，西纪 394 年）以后，于是柔然及突厥、回纥诸族君主无不以可汗为号，而单于之尊号自此渐废。

案《史记》《汉书·匈奴传》所载匈奴君主称单于者始于冒顿之父头曼，然余意匈奴之称单于者必始于冒顿，而头曼之称单于必系冒顿自称单于后所追尊。《汉书·匈奴传》云：

> 单于姓挛鞮氏，其国称之曰"撑犁孤涂单于。"匈奴谓天为撑犁，谓子为孤涂。单于者，广大之貌，言其象天单于然也。

由此可见匈奴君主所戴之单于尊号，有象天之广大之义。中国语天字从一从大，朝鲜语谓大曰 Ha, Han 或 Kan，而谓天曰 Hanal，可见天字多由大字转来。单于二字之语源或亦类此。《北周书》卷一《文帝纪》载宇文

196

氏祖先得姓之由来，云：

> 普回得玉玺三纽，有文曰"皇帝玺"。普回心异之，以为天授，其俗谓天曰宇，谓君曰文，因号宇文国，并以为氏。

案普回得玉玺之传说未可尽信，然宇文语之"谓天曰宇，谓君曰文"则颇可信。且宇文氏原系匈奴之裔，观《魏书》及《北史·匈奴宇文莫槐传》与《北周书》卷一《文帝纪》所载宇文氏之起源及世系皆相合，可以证明。（余别有考）此宇文之宇，与单于之于，其为同语异译亦不待论。观《匈奴传》记冒顿单于遗汉帝书自尊曰：

> 天所立匈奴大单于敬问皇帝无恙。

又老上单于覆汉帝书自尊曰：

> 天地所生日月所置匈奴大单于敬问汉皇帝无恙。

此可见配单于尊号之匈奴君主，已有覆载天地万物，抚有天下万民之气焰，与中国秦汉时代君主之称天子、称皇帝者遥遥相对，不相上下也。

然中国古代君主或称帝，或称王，至春秋时，大国诸侯亦有僭称王者。战国时代，七国君主并自称王，于是王之尊号、尊严乃大减往昔。故秦始皇灭六国统一宇内之时，遂觉王之称号不足表其威严，乃有别造更尊严皇帝之称号之需求。《史记·秦始皇本纪》云：

> 秦初并天下，令丞相御史曰，"……寡人以眇眇之身，兴兵诛暴乱；赖宗庙之灵，六王咸伏其辜，天下大定。今名号不更，无以称成功，传后世。其议帝号。"丞相绾，御史大夫劫，廷尉斯等皆曰，"昔者五帝地方千里，其外侯服、夷服诸侯或朝或否，天子不能制。今陛下兴义兵诛残贼，平定天下，海内为郡县，法令由一统，自上古以来未尝有，五帝所不及。臣等谨与博士议曰，古有天皇，有地皇，有泰皇，泰皇最贵。臣等昧死上尊号为泰皇。命为制，令为诏，天子自称曰朕。"王曰，"去泰着皇，采上古帝位号，号曰皇帝。他如议。"……追尊庄襄王为太上皇。

由此可见中国古代君主皆不过部落首长为其他部落所共戴,实未尝有真统一之事,故或称帝或称王而已自足。至春秋时代诸侯互相兼并,由数百国并为数十国,至战国时更并为七大国,并皆称王。至秦始皇灭六国,始有真统一之事,故始皇不甘于王之称号,而有别造一更尊严之称号之需求,固势所必然也。

案《经籍篡诂》云:"皇,君也,美也,大也。"《说文》云:"单,大也。"可见皇帝、单于二称,同为大帝大王之义。然《匈奴传》所载匈奴始称单于之君主,头曼适与秦始皇同时,与秦相争,为秦将蒙恬所败,遁而北徙,且其时东有东胡,西有月氏,皆强国,与匈奴势力相等,其后且竟为子冒顿所弑。余谓以处如此狼狈之势之头曼,以与配皇帝尊号之秦始皇遥遥相抗,自配以与皇帝相等之尊号曰单于,实为极不自然之事实。然头曼之子冒顿崛起于秦之衰亡,楚汉相争,中国内乱,无暇北顾之际,破东胡,败月氏,统一漠北,建一大帝国,且更南与中国争雄,围汉高于平城,其心目中殆已不知有汉。此等功业,与秦始皇之灭六国,统一中国,不相上下。故冒顿为欲表彰其勋业与威严起见,遂仿秦始皇故事,欲特造一与皇帝相等之尊号,以为自荣之具,亦自然之势也。

因此,故余以匈奴君主之称单于者自冒顿始,而《匈奴传》记冒顿之父亦配单于之称号者,亦犹秦始皇自尊为皇帝后,更追尊其父庄襄王为太上皇也。

二、冒顿以前匈奴君主皆称"于"

匈奴君主之称单于始于冒顿,既如上述,然则冒顿以前匈奴君主之称号果何如耶,不可不更进而讨论之也。余以冒顿以前"于"为匈奴君主之通称,其证有四。《汉书·匈奴传》王莽天凤二年条云:

> 因谕说改其号,号匈奴曰恭奴,单于曰善于,赐印绶。

《通典·匈奴传》载王莽改匈奴国号、王号,并厚加赏赐,而匈奴寇盗如故,莽怒,改匈奴曰降奴，单于曰服于。

由此可见匈奴王号之单于二字中"单"字可改为"善"，亦可改为"服"，而"于"字则终不改。想"于"字必系匈奴原有之君号，如中国语之王字、帝字，不可改易；"单"字则为后来所增之形容词，故可随意改易也。此其证一。

又《匈奴传》云：

> 乌珠留时，左贤王数死，以为不详，更易左贤王曰"护于"。护于最贵，次当为单于，故乌珠留以授其长子，欲传以国。咸（乌珠留单于之异母弟乌累若鞮单于之名）怨乌珠留单于贬贱己号，及立，贬护于为左屠耆王。

案左屠耆王即左贤王（匈奴谓贤曰屠耆），左贤王可改为护于，则"于"之一语必为匈奴称君主之固有语益可信矣。此其证二。

匈奴官制，《史》《汉·匈奴传》记冒顿之时，单于以下有左右贤王，左右谷蠡王，左右大将，左右大都尉，左右大当户，凡五等官号，《汉书·匈奴传》云：

> 至冒顿而匈奴最强大，……其世传官号乃可得而记云。置左右贤王，左右谷蠡王，左右大将，左右大都尉，左右大当户，左右骨都侯。……自左贤王以下至当户，大者万余骑，小者数千，凡二十四长，立号曰万骑。……而左右贤王，左右谷蠡王为最大国，左右骨都侯辅政。诸二十四长亦各置千长，百长，什长，裨小王，相封，都尉，当户，且渠之属。

由此可见冒顿之时，匈奴官制，自左右贤王至左右大当户各领万骑或数千骑，各自独立为一国，且可各设官职，其必各有封地，不难推知，惟左右骨都侯则为单于左右辅政之官耳。至后汉时，南匈奴虽附属于汉，而其官制仍未改易。《南匈奴传》云：

> 其大臣贵者左贤王，次左谷蠡王，次右贤王，次右谷蠡王，是为

四角;次左右日逐王,次左右温禹鞮王,次左右斩将王,是为六角:皆单于子弟次第当为单于者也。异姓大臣,左右骨都侯,次左右尸逐骨都侯。其余日逐,且渠,当户诸官号,各以权力优劣,部众多少,为高下次第焉。

案此所记南匈奴官制,左右贤王,左右谷蠡王与前书相同,惟左右大将,大都尉,大当户改为左右日逐王,温禹鞮王,斩将王而已。且数仍相同,或原系同名,而有音译意译之异,亦未可知。至魏晋之间,南匈奴被曹操分为五部,其官制名目较前且益加多,《晋书·四夷传》北狄节云:

> 匈奴之类,总谓之北狄。……其国号有左贤王,右贤王,左奕蠡王,右奕蠡王,左于陆王,右于陆王,左渐尚王,右渐尚王,左朔方王,右朔方王,左独鹿王,右独鹿王,左显禄王,右显禄王,左安乐王,右安乐王,凡十六等,皆用单于亲子弟也。其左贤王最贵,唯太子得居之。其四姓有呼衍氏,卜氏,兰氏,乔氏,而呼衍氏最贵,则有左日逐,右日逐,世为辅相;卜氏则有左沮渠,右沮渠;兰氏则有左当户,右当户;乔氏则有左都侯,右都侯。又有车阳、沮渠、余地诸杂号,犹中国百官也。

案此所载匈奴官制,除左右贤王与前相同,左右谷蠡王变为奕蠡王,明系同名异译之外,其余名称与前不同,且数目亦有增益。而于陆王,渐尚王,朔方王,独鹿王,显禄王,安乐王,六语之中,朔方,安乐之系汉语甚为明白,显禄亦似汉语,其余于陆,渐尚,独鹿三语则明系胡语之音译,惟渐尚与斩将语音相近,然斩将亦似汉语,此等问题尚待将来考证。然冒顿之时,匈奴贵官之大将,大都尉,大当户三名,至南匈奴以后皆改称王,则甚明。其中最可注意者即大当户之"当户"亦作"当于",此亦可见"于"之一语为匈奴王号之通称,而当户、当于之"当"则形容语也。此其证三。

又匈奴单于之妻称阏氏,此阏字疑于字之同语异译。案突厥等族称君主曰可汗(Kaghan),称可汗之妻曰可贺敦(Kaghatun),可贺(Kagha)即可汗之音转,而敦则突厥语表女性之语尾也。今土耳其族之 Cuwas 语称父曰 Ama,称母曰 Ame-si 或 Am-si,此 si 亦为表女性之语尾,与阏氏之氏,语尾极为酷似,故余以为阏氏之阏即单于之于之同语异译也。若此推测为不误,则于为匈奴王号之通称益可信矣。此其证四。

因有以上四证,余故谓匈奴冒顿以前,其君主必通称曰"于",亦犹秦始皇以前,中国君主通称曰王也。此"于"之一语,冒顿以后为部落长官之通称,然冒顿以前,匈奴未尝有真统一之事,其君主原不过大部落之酋长,为多数弱小部落所推戴,如始皇所云"五帝之世,诸侯或朝或不朝,天子不能制",其势原与后世部族首长无异,亦能安于"于"之称号也。

三、"于"与"汗","干","今","加"诸语为一语之转

"于",今读"羽俱切,音 ü"或读"云俱切,音 Yü",但古音则可读"休居切,音 Hü"。又"于阗"一语乃梵语"翟萨旦那"(Kusthana)之音变,今亦作"和阗"(Khotan)。可见"于"之古音可读"Kü 或 Khö"。又"当户"(Dang-gu)亦作"当于"——则于字之古音亦可读"Gü"。余故以于之一语,古音读 Kü 或 Kö,其后渐变为 Khü 或 Khö,又变而为 Hü 或 Hö,又变为 ü 或 ö,最后乃变为 yü,即今通行之音也。

考古代朝鲜各族王号有"加","瑕","岐","吉支","纪武","今","干"等号,与匈奴之"于"当系一声之转,《后汉书·东夷传》扶余国传云:

> 以六畜名官,牛加,马加,狗加,其邑落皆主属诸加。

又《魏志》卷三十《扶余国传》云:

> 国有君王,皆以六畜名官,有马加,牛加,猪加,狗加,大使,大使者,使者;邑落有豪民,下户皆为奴隶,诸加别主四出道,大者主数千家,小者数百家。

又《魏志》卷三十《高句丽国传》云:

> 其置官有对卢则不置沛者,有沛者则不置对卢。王之宗族,其大人得称"古邹加"。涓奴部本国主,今虽不为王,适统大人得称"古

邹加",亦立宗庙,祀灵星社稷。绝奴部世与王婚,加"古邹加"之号,
诸大加亦自置使者皂衣先人,名皆达于王,如卿大夫之家臣。

又《周书》卷四十九《百济国传》云:

> 王姓夫余氏,号"于罗瑕",民呼为"鞬吉支",夏言并"王"也。

又任那国之王公贵人称"旱岐",新罗国之王公贵人称"汉纪武",又新罗
国之王号有"尼师今","居西干","麻立干"等称。

案上所述之加,瑕,今,干,吉支,纪武等语皆属一语之转,中国语
"王"字之义。于罗瑕之"于罗",则朝鲜语谓长者之义曰"Orun",土耳其
语谓首位王公之义曰"ilik",皆可比拟之,鞬吉支之"鞬"(Keu),汉纪武之
"汉"(Kan),及旱岐之"旱"(Kan),皆朝鲜语谓大曰 Ha,Han,Kan 之对
音。合言之,则皆"大王"之义也。

余谓匈奴单于之"于",古音若读 Kü 或 Kö 之类,与上述诸语原系一
语,不过因时因地而音有转讹耳。

至单于之"单",读音如善(žen),若探其语源于今乌拉尔阿尔泰语族
之中,则

> 通古斯语谓强盛广大之义曰 Šinkai,谓伸展之义曰 Saniyan;
> 蒙古语谓强盛广大之义曰 Šinkha,谓伸展之义曰 Saniyaku;
> 土耳其语谓强盛广大之义曰 Šong,谓伸展之义曰 Sun;

想"单"之一语与上述诸语之语根 Šin 或 San 等或有语脉相通之故也。

四、冒顿单于即仿始皇帝之称

秦始皇为不欲子议其父,臣议其君,故废除谥法;为欲图子孙帝王万
世之业,故自号始皇帝。《史记·始皇本纪》云:

> 制曰:朕闻太古有号毋谥,中古有号,死而以行为谥,如此,则子
> 议父,臣议君也,甚无谓,朕弗取焉。自今以来,除谥法,朕自为始皇

帝。后世以数计,二世三世至于万世,传之无穷。

《史记·匈奴传》"冒顿死,子老上稽粥单于立"条,徐广注云:

> 一作稽粥第二单于,自后皆以第别之。

由此可见冒顿单于之子称第二单于,与秦始皇之子胡亥之称二世皇帝之例相同;而"自后皆以第别之",更与秦始皇之"后世以数计,二世三世以至万世"之用意相同。冒顿单于之子老上稽粥单于既仿秦制二世皇帝之例,则冒顿单于之必仿秦始皇帝之称"始皇帝"之例而自称"始单于"无疑焉。

又余以此例计算之,冒顿以后二世为老上稽粥单于,三世为军臣单于,四世为伊稚斜单于,五世为乌维单于,六世为詹师庐单于,七世为句黎湖单于。考"句黎湖"即蒙古语谓七曰"Dolokhu"之对音,此亦可以推证冒顿之必为"始单于"之义也。

余之浅陋,索之蒙古、满洲、土耳其语中,虽尚未见有与冒顿一语相类似之对音,但日本语亦与乌拉尔阿尔泰语族同属黏着语系,而日本语谓本始之义曰"Moto",此 Moto 一语含义甚广,如(1)物之首始,(2)事物之起原,(3)事物起原之原因,(4)制造之原料,(5)物之本质,(6)酿造之酵母等,皆曰 Moto,此"Moto"一语与"冒顿"一语在声音上极为相似。又

> 日本语谓先后之先曰 Madsu,
> 朝鲜语谓嫡长之嫡曰 Mot,
> 古高丽语谓头曰麻帝(见《高丽遗事》),
> > 谓长上之上曰 Matai(见《训学字会》),
> > 谓根柢之义曰 Mit,

上列诸语固皆有首始之义,而其语音亦与冒顿相近似者也。

德国夏德(Hirth)氏谓冒顿为土耳其语"Baghtur"之对音,乃英雄、勇者之义,(《阿的拉王统考》"Die Ahnentafel Attilas Nach Johannes Von

Thurocy"及《支那古代史》第五章第三十九节），日本白鸟库吉氏谓冒顿
为蒙古语"Bogda"之对音，神圣之义，(《蒙古民族起源考》见《史学杂志》；
《大月氏考》见《东洋学报》)，似皆属臆测，非其本真也。

五、稽粥单于即仿二世皇帝之称

稽粥单于乃二世皇帝之义，已如前述。兹更将"稽粥"二字与今蒙古
语比较之。

蒙古语族之

长城附近	语谓二	曰	Gojer,	曰 Haya,	
喀尔喀	语谓二	曰	Khoir,		
Burjat	语谓二	曰	Koir,	曰 Xojir,	
Tunkinsk	语谓二	曰	Kois,	曰 Xojar,	
Balagansk	语谓二	曰	Xojar,	曰 Xojor,	
Seleginsk	语谓二	曰	Xojar,		
Aralsk	语谓二	曰	Xojar,		
Ölöt	语谓二	曰	Khojur,	曰 Khojür,	
达瑚尔	语谓二	曰	Xojur,	曰 Koirs,	曰 Xoirs。[1]

此等语与"稽粥"二字之"稽"颇类似，想"稽"(Ke)即 Koir，Xoir 等之对

[1] 此等蒙古语皆据下列诸书：

1. Klaproth 氏著《亚洲方言汇编》(Asia Polyglotta).
2. Schmidt 氏著《德俄"蒙古语"字典》(Mongolisch-Deutsch-Russisehes Worterbuch).
3. Kowalewski 氏著《俄法"蒙古语"字典》(Dictionaire Mongol-Russe-Francaise).
4. Podgorbunski 氏著《俄文"蒙古 Burgat 方言"字典》(Russko-Mongol-Burgatiski-Slowar).
5. Iwanowski 氏著《"满洲"字典》(Mandjurica).
6. 日本蒙古研究会编《蒙和辞典》。
7. 日本韩穆清阿驾渊一著《蒙和辞典》。
8. 日本岛居龙藏氏著《日蒙类似语》。
9. 日本白鸟库吉氏著《蒙古之起源》。
10. 《蒙文汇书》。

音也。

又蒙古语表示数之次第，例于语尾添"Tügar"或"Düger"，

故谓第二曰 hoja-tugar；Koir-duger，

又 Burjat 语表示数之次第，例于语尾添"Deki"，

故谓第二曰 Khojer-deki；

又 Tunkinsk 语表数之次第，例于语尾添 Daxi 或 Txi，

故谓第二曰 Xoir-daxi 或 Xojur-txi。[1]

由上诸例，可见蒙古语言凡表示数之次第之词，例于语尾附加一词，而蒙古语表数之词 Tügar，Düger，deki，daxi，txi 等皆与稽粥之粥相近似。盖粥字"之六切，音祝"，或读"余六切，音育。"颜师古注曰，"稽音鸡，粥音育"；《史记·匈奴传》荤粥之粥，徐广曰，"粥音戈六切"；又粥字传入安南读如"Thue"，育字传入安南读如"Due"，可见古粥育二字皆读"之六切"或"戈六切"，此与蒙古语之 Düger，Tugar，Deki 等相似，当其对音也。

由上所述观之，则稽粥单于乃二世皇帝之义，不但在中国史籍中有例可证，而以今之蒙古语比较之，亦可证明此说之不误矣。

六、句黎湖单于乃七世皇帝之义

如上所述，匈奴单于世系，自冒顿以下第七代为句黎湖单于。颜师

---

[1] 此等蒙古语皆据下列诸书：

1. Klaproth 氏著《亚洲方言汇编》(Asia Polyglotta).
2. Schmidt 氏著《德俄"蒙古语"字典》(Mongolisch-Deutsch-Russisehes Worterbuch).
3. Kowalewski 氏著《俄法"蒙古语"字典》(Dictionaire Mongol-Russe-Francaise).
4. Podgorbunski 氏著《俄文"蒙古 Burgat 方言"字典》(Russko-Mongol-Burgatiski-Slowar).
5. Iwanowski 氏著《"满洲"字典》(Mandjurica).
6. 日本蒙古研究会编《蒙和辞典》。
7. 日本韩穆清阿鸳渊一著《蒙和辞典》。
8. 日本岛居龙藏氏著《日蒙类似语》。
9. 日本白鸟库吉氏著《蒙古之起源》。
10.《蒙文汇书》。

古注云，"句音钩"。《史记·匈奴传》亦作呴犁湖，注云，"呴音钩，又音吁"。考蒙古语谓数字七曰 Dolokhu，曰 Dolokhon，谓第七曰 Dolo-dugar，①即"句黎胡"之对音也。（蒙古语谓七亦有作 Dolon，或 Dolo 者，则 Dolokhon 之转讹也。）

有此一例，既可以证匈奴王号模仿秦制以第为别之例，又可以证明冒顿单于之必模仿秦始皇帝而自称为始单于也。

（原文载于 1930 年 12 月《燕京学报》第 8 期）

---

① 此等蒙古语皆据下列诸书：

　1. Klaproth 氏著《亚洲方言汇编》(Asia Polyglotta).

　2. Schmidt 氏著《德俄"蒙古语"字典》(Mongolisch-Deutsch-Russisehes Worterbuch).

　3. Kowalewski 氏著《俄法"蒙古语"字典》(Dictionaire Mongol-Russe-Francaise).

　4. Podgorbunski 氏著《俄文"蒙古 Burgat 方言"字典》(Russko-Mongol-Burgatiski-Slowar).

　5. Iwanowski 氏著《"满洲"字典》(Mandjurica).

　6. 日本蒙古研究会编《蒙和辞典》。

　7. 日本韩穆清阿驾渊一著《蒙和辞典》。

　8. 日本岛居龙藏氏著《日蒙类似语》。

　9. 日本白鸟库吉氏著《蒙古之起源》。

　10.《蒙文汇书》。

鲜卑语言考

一、导　言

古代史家多认鲜卑为黄帝之裔，如《魏书》卷一云：

> 昔黄帝有子二十五人，或内列诸华，或外分荒服。昌意小子受
> 封北土，国有大鲜卑山，因以为号。

《晋书》卷百八《慕容廆载记》云：

> 其先有熊氏之苗裔，世居北夷，邑于紫蒙之野，号曰东胡。其后
> 与匈奴并盛，控弦之士二十余万，风俗官号与匈奴略同。秦汉之际
> 为匈奴所败，分保鲜卑山，因以为号。

案以鲜卑为黄帝之裔，正与以匈奴为夏后之裔同例，其为附会伪托，固不
待论。惟鲜卑族出东胡，古来史籍所记无异议。近年丁谦氏著《历代外
国传地理考证》，以匈奴、鲜卑、乌斯为塞北三大种族，而东胡不过鲜卑族
这一支云云，其为谬误，稍有近世人种学知识者皆能道之，亦不待辩。至
东胡民族之果属今通古斯种抑或属今蒙古种，则近代东西学者之间，意
见犹未一致。自法国支那学者勒米萨特（Abel Remusat）氏于 1820 年

（嘉庆二十五年）著《鞑靼语言考》（Reserches sur les langues Tartares），首倡东胡即通古斯（Tunguse）之对音之说，并谓通古斯乃此民族之自称，而东胡者汉人翻译此名称时，既译其音，兼取其义，以示此民族所处之方位者也云云。同时德国支那学者克拉布罗多（Klaproth）氏于 1831 年（道光十一年）著《亚洲方言汇书》（Asia Polyglotta），亦主东胡即通古斯之对音之说，而惊通古斯一名起源之早。其后英国支那学者巴克（Parker）氏于 1895 年（光绪二十一年）著《鞑靼千年史》（A Thousand years of the Tartars），谓东胡者指东方之胡而言，乃汉人称朝鲜满洲人之总名。通古斯一语为土耳其语豕之义，盖土耳其种之匈奴人闻汉人呼其东邻之人曰东胡，其间适与彼民族（匈奴）语称豕曰通古斯者相近似，故即称东胡族曰通古斯以侮之。如或不然，则必系匈奴人因其东邻之人喜食豕肉，故称之曰通古斯以侮之，汉人闻其语而音译之曰东胡云云。后此学者赞成此种理论者颇居多数。

惟德国地理学者力特（Ritter）氏著《亚细亚志》（Erdekunde von Asien），其第七编中提出不赞成"东胡"即"通古斯"之对音之说，谓古之东胡乃东方之胡（Ostliche Barbaren），实包括通古斯与蒙古二种之泛称，不独指通古斯族而言云云。其后日本白鸟库吉氏著《东胡民族考》（载于《史学杂志》），始提出东胡民族为蒙古族及通古斯族之混合种之说。鸟居龙藏氏又著《东蒙古之有史以前》一篇，亦主东胡属蒙古种之说。至今两说之间，犹未至成定论之时也。

二、鲜卑族国号人名考释

1. 释鲜卑

鲜卑为汉代东胡苗裔之一国名。此鲜卑一语之起源，有谓因鲜卑山而得名者，如《魏志》卷三十引《魏书》云：

> 鲜卑亦东胡之余也，别保鲜卑山，因号焉。

《后汉书·乌桓鲜卑传》云：

> 鲜卑者,东胡之支也,别依鲜卑山,故因号焉。

或见鲜卑民族原属东胡,东胡为匈奴所破,此民族别保鲜卑山,遂以为号。杜佑《通典》边防部北狄鲜卑条云,"鲜卑亦东胡之支也,别依鲜卑山,因号焉。"注云,"今在柳城郡界。"是鲜卑山之位置,亦颇明了。然《通典》又云:

> 柳城有鲜卑山,在县东南二百里棘城之东。塞外亦有鲜卑山,在辽西之北一百里。未详孰是。

据此则鲜卑山之位置,杜佑时已有二说并存,莫能定其孰是。自后《太平寰宇记》诸书皆两仍其说。《热河志》六八鲜卑山条亦作不定之辞,其说谓:

> 《一统志》原本据《后汉书》,鲜卑以季春月大会于饶乐水上,谓辽之中京大定府在饶乐水南,则古鲜卑山当相去不远。饶乐水为今英金河,流经赤峰、建昌、朝阳三县地,则鲜卑山究难据以审定了。

是《热河志》亦无定说。又《读史方舆纪要》十八直隶青山条又有鲜卑山即青山之说:

> 旧志,柳城东二百里有鲜卑山,东胡因以为号。或曰,鲜卑山即青山。

又云:

> 青山在营州东南,《通典》徒河县青山在柳城东百九十里。

据此则鲜卑山即青山,其位置已明。但《旧唐书》一九九《契丹传》云:

> 臣本突厥,好与奚斗,不利则遁保青山及鲜卑山。

是鲜卑山与青山明为二山,不可混同。又《蒙古游牧记》科尔沁右翼中旗塔勒布拉克条云:

> 七十里接左翼中旗界,旗西三十里有鲜卑山,土人名蒙格。

据此则蒙古亦有鲜卑山。由此诸例,可见鲜卑山之名,各地皆有之,其位置若何,迄无一定之说,自唐之杜佑时已然。可见《魏书》以鲜卑国名原由鲜卑山而起之说之果为事实与否,尚不能为明确之判定也。且即退一步承认鲜卑族由于鲜卑山而得名,而鲜卑一语之意义果何在,亦不可不更进而探索之也。

案鲜卑二字有西卑,私鈚,师比,犀比,犀毗,胥纰诸异名,音皆相近,原系鲜卑族所特用之胡服上一种革带(并带钩)之名。此鲜卑之名最早见于楚辞,《大招》篇云:

> 小腰秀颈,若"鲜卑"只。(注云,"鲜卑,衮带头也,此即古所云犀毗亦曰鲜卑者也。")

其次见于《战国策》云:

> 赵武灵王赐周绍胡服,衣冠具带,黄金"师比",以传王子。

此"师比"二字,延笃注云"胡革带钩也",鲍彪注云"带饰之佩也,犹具剑。"又师比亦作"私鈚",《淮南子·主术训》篇谓"赵武灵王具带鵔鸃而朝,赵国化之。"高诱注云:

> 以大具饰带胡服鵔鸃,读曰"私鈚头",二字三音曰郭洛带。

案高诱此注,当有脱文,云"私鈚头"者即指师比言之,又鵔鸃为鵔鸃之误。《佞幸传》,"孝惠时,郎中冠鵔鸃具带",即其证也。

又鲜卑亦作"西卑",《尔雅·释畜》疏云:

> 魏时西卑献千里马,西卑即鲜卑也。

此"鲜卑","西卑","师比","私鈚"之名,《史记》亦作"胥鈚",《匈奴传》汉文帝前六年遗冒顿单于物品中有:

> 黄金饰具带一,黄金胥鈚一。

《汉书·匈奴传》变作"黄金饰具带一,黄金犀毗一。"其黄金饰具带条,孟康云,"要中大带也。"其"胥鈚"条则注说颇多,师古曰:

> 犀毗，胡带之钩也；亦曰鲜卑，亦谓师比，总一物也，语有轻重耳。

又张晏曰：

> 鲜卑郭洛带，瑞兽名也，东胡好服之。

一作犀比金头带，班固《与窦宪笺》云：

> 复赐固犀比金头带。

一作鲜卑绲带，《东观汉记》云：

> 邓遵破匈奴，诏赐鲜卑绲带一具。

案绲带当系绲洛带之脱讹。亦单作郭洛带，《魏志》注引《典略》谓：

> 文帝尝赐刘侦郭洛带。

又《积古钟斋彝器款识》卷十《丙午神钩》（汉钩）解云：

> 右丙午神钩，七字，银丝填文，元所藏器。案造铜器必于丙午日，取干支皆火，元所见带钩有作"丙午钊君宜官"者，有作"五月丙午造"者，此云"丙午"，亦铸钩之日也。"君高迁"者，颂祷之词。此钩嵌金银丝，作神人鸟喙抱鱼食象，首作兽面，故曰神钩。考《山海经·大荒南经》云，"白水山生白渊，昆吾之师所浴，有人名曰张弘，在海上捕鱼。海中有张弘之国，食鱼，使四鸟。有人焉，鸟喙有翼，方捕鱼于海。"郭注，"昆吾，古王者号。"《音义》曰，"昆吾，山名，溪水内出善金。"盖当时取善金作钩，因象其地之神人以为饰也。

首作兽面，盖"师比"形。《史记》汉文帝遗匈奴黄金胥纰一，《汉书》作"犀毗"，张晏云，"鲜卑郭洛带，瑞兽名。"《战国策》"赵武灵王赐周绍黄金师比以傅王子"，延笃云，"师比，革带钩也。"班固《与窦宪笺》云，"复赐固犀比金头带。"《东观汉记》"邓遵破匈奴，上赐金刚鲜卑绲带一。"然则师比，胥纰，犀毗，鲜卑，声相近而文互异，其实一也。

据上列各例，则胥纰，犀毗，犀比，师比，私鈚，鲜卑诸语，皆互相近

似,其为同一语源之异译可知。兹欲求其语源,不可不先求此等诸语之古音。据《唐韵正》鲜字条云:

> 鲜,相然切,古音犀。……诗"有兔斯音"笺云,"斯,白,也。"今俗语斯白二字作鲜,齐鲁之间声近斯。《尚书大传》,"西方者何,鲜方也。"《白虎通》,"洗者,鲜也。"西本音先,今读犀;鲜本音犀,今读仙;洗本音铣,今读先礼反;三字互误。今鲜字在五支韵音斯,《说文》从雨鲜声。上声,则先礼反。《诗·新台》首章,"新台有泚,河水弥弥,燕婉之求,籧篨不鲜。"当改入齐韵。

据此考证,则鲜卑之鲜,古音读犀 ša 或 sai,今温州语鲜读 sie,扬州语鲜读 Hsie。又朝鲜语师读 ša,鲜读 syön,胥犀西读 syö。日本语师私读 ši,鲜读 sen,犀读 sai,胥读 šō,西读 sai。此等字音,传至邻国,尚存古音之旧,如朝鲜语之师读 ša,日本语之犀西读 sai,皆与古音近似。据此则师比,私鈚,犀毗,犀比,胥纰,鲜卑,西卑之师,私,犀,胥,鲜,西等语之古音,皆可读 ša 或 sai 也。

兹试依据张晏谓鲜卑郭落为"瑞兽"之义而求其语源,则满洲语谓祥瑞吉兆灵异曰 Sabi,谓禽之兽曰 Gurugu[1],可见"鲜卑郭落"即满语 Sabi-gurugu 之音译,瑞兽之义也。(蒙古语谓兽 guruksu,亦与郭落之音酷似,当系同一语源。)又满洲语谓麒曰 Sabitun,谓麟曰 Sabintu,此等所谓麒麟,亦皆所谓瑞兽也,而其音 Sabitun, Sabintu,与鲜卑,西卑,师比,私鈚,犀毗,胥纰等语亦皆酷似,可知其同语源也。

若上所考证为不误,则鲜卑诸语,原为满洲语祥瑞吉兆之义,因鲜卑地方产麒麟等所谓瑞兽,故其国之服饰所用之革带钩头多刻此种瑞兽于其上,于是鲜卑等语遂由祥瑞吉兆之义及瑞兽之义转而为代表革带或带钩之名,故后来注家所释稍有异同也。

2. 释慕容

慕容部系鲜卑种,故慕容之名亦必系鲜卑语之汉译无疑。然古来皆

---

[1] 参看德国葛鲁伯(Grube)所著《哥底语字典》(Goldisebes worter verzeichniss, pp. 88 - 90)。

以慕容为汉语而解释之,如《晋书》记慕容起原云:

> 时燕代多冠"步摇冠",莫护跋(慕容部渠帅)见而好之,乃敛发袭冠,诸部因呼之为"步摇",其后音讹遂为"慕容"焉。或云"慕二仪之德,继三光之容",遂以慕容为氏。至孙涉归,魏封为鲜卑单于。

胡三省《通鉴·晋纪》慕容部条注云:

> 余谓步摇之说诞。或云之说,慕容氏既得中国,其臣子从而为之辞。

陈毅《魏书官氏志疏证》"莫舆氏后改为舆氏"条云:

> 毅曰:莫当为慕,声之误也。《通志略》五,分"莫舆""慕舆"为二氏,非。《晋书·慕容俊载记》有领军慕舆根,《慕舆暐载记》有左卫慕舆于,《慕容德载记》有尚书左仆射慕舆拔,又有慕舆护。《通志略》称前燕有将军慕舆虎,《通鉴·晋纪》成帝咸和九年,"城大慕舆埿",史炤《释文》云,"慕舆,代北复姓,本慕容氏,音讹为慕舆。"胡三省《辩误》云,"埿为慕容皝臣,岂有君姓慕容,臣讹慕舆之理。予谓慕容、慕舆同出鲜卑,其初各自为氏,犹拓拔之与拔拔,非音讹也。"案,胡说非是。《姓纂》十一暮,《通志略》五,并云,"慕容音讹为慕舆。"《晋载记》慕舆根,《御览》七百四十四引《燕书》正作慕容根。容之转舆,犹鱼之翻为喁。盖氏出辽西,本为慕容,时其支裔有迁居代北者,因随其方音为慕舆,后遂成二氏。

就上所述,慕容起于"慕二仪之德,继三光之容"之说,其由臣下所附会而为之辞者,固不待论。慕容既与慕舆为同名,诚如陈毅所考,则慕容、慕舆之为同一鲜卑语之异译亦甚明了。又慕舆亦作莫舆(陈毅之说),按《魏书》《北史》等于蒙古语之 Bagatur 译作莫贺咄,《唐书》于突厥语之 Baga 译为莫贺,以此例之,则慕容、莫舆之慕或莫,其原音当为 Ba 可知。又步摇冠之说虽系附会之辞,然其附会之由则因步摇与慕容音近致讹,步摇当音 Pa-yu 或 Po-yu,是亦慕容之慕之语源当音 Ba 或 Pa 之证也。

据此所考证,则慕容二字之原音当读 Ba-yung 甚明。

考古来北方民族之君长,其以 Bayan 为称号者颇多,如《史记·匈奴传》谓"其明年(元朔二年)卫青霍去病复出云中以西至陇西,击胡之楼烦'白羊'王于河南",即其一例。此外至元代以来北族君长之称 Bayan 者尤多,此史家所习知,不用多举例也。

女真语谓富曰伯羊,[1]

通古斯语谓富曰 Bayan,Bayin,Bain,Bata,Bai,[2]

蒙古语谓富曰 Bayan,

Burjat 语谓富曰 Bayen,Bayeng,Baying,[3]

土耳其语谓富曰 Bayan,Bai,Pai,

据此则慕容之名殆即上述 Bayan,Bayen,Bayin,等之对音,与伯羊,白羊诸语同一语源,即富之义也。

3. 释吐谷浑

吐谷浑民族,诸史皆以为出鲜卑种无异议,而吐谷浑又原系鲜卑慕容部之人名,则此语必系鲜卑语无疑。《宋书·鲜卑吐谷浑传》云:

阿柴虏吐谷浑,辽东鲜卑也。父奕洛韩有二子,长曰吐谷浑,少曰若洛廆。

案谷字之读音有 Kok 与 Yak 二种,如

(1)《唐韵》《集韵》《韵会》《正韵》皆谓"谷,读古禄切,音榖。"

(2)《广韵》"谷,读余蜀切。"《集韵》《韵会》皆谓"谷,读俞玉切,音欲。"

又《康熙字典》谷字条云:

---

[1] 见《华夷译语》及德国 Grube 氏所著《女真语言文字考》(Die Sprache und Sebrift der Juĕen, p. 49).

[2] 见德国 Castren 氏所著 Vorlesungen über die Altaischen völker(p. 167).

[3] 见 Grube 氏所著《哥底语字典》(p. 109).

> 北魏有谷浑氏,又吐谷浑氏,《金壶字考》音"突浴魂。"

据此则吐谷浑之音读当为 To-yok-hun。

> 蒙古语谓尘土曰 Toghosun, Toghosu,
>
> Burjat 语谓尘土曰 Tohong, Tos。[①]

案蒙古语中凡母音间挟有 gh,g,h 音者,往往可以默不发音,故 Toghosun 可变为 Tohong。吐谷浑之原音若读 To-yo-hung,则与蒙古语之 Toghosun 相近似;其后变而为 To-yo-hung,则与蒙古语之 To hong 相似。因其语间之 gh 不发音,而插半母音之 y。至唐代吐谷浑省称吐浑或退浑,尤与 Burjat 语之 To hong 相近似。若此考查为无误,则吐谷浑者,蒙古语尘土之义也。

4. 释乞伏

乞伏部乃鲜卑种,则乞伏之名当系鲜卑语无疑。《晋书·乞伏国仁义载记》纪乞伏国仁之来由云:

> 乞伏国仁,陇西鲜卑人也。在昔有如弗斯出连叱庐三部,自漠北南出大阴山,遇一巨虫于路,状若神龟,大如陵阜,乃杀马而祭之,祝曰,"若善神也便开路,恶神也遂塞不通。"俄而不见,乃有一小儿焉。又有乞伏部有老父无子者,请养为子,众咸许之,老父欣然,自以有所凭依,字之曰纥干。纥干者,夏言依倚也。年十岁,骁勇善骑射,弯弓五十斤,四部服其雄武,推为统主,号之曰乞伏可汗托铎莫何。

案乞伏亦作乞佛,又作乞扶。陈毅《魏书官氏志疏证》乞扶氏条云:

> 毅曰:《朱荣传》有乞扶莫于,案扶当为伏,音之轻重也。《晋书·乞伏国仁载记》云,"有一小儿,乞伏部老父养为子,年十岁,号曰乞伏可汗。"国仁本书亦有传。又《高宗纪》有乞佛成龙,乞佛亦乞

---

① 俄国 Kowalewski 所著《蒙古语字典》(Dictionaire Mongol-Russe-Francaise, p. 1567).

伏,声之变,《陆真传》正作乞伏成龙。《孝感传》云,乞伏保,高车人。

据上所举例证,则"乞伏""乞佛""乞扶"皆同一胡语之异译。欲求其语源,势必求之于乞伏国仁诞生养育之故事。此故事虽属一荒诞之传说,不足置信,然乞伏之名当即因此而起。因思乞伏国仁以十岁小儿而为君长,国人仰慕之,即由此得名亦未可料。匈奴詹师庐单于年幼即位,国人谓之"儿单于",亦与此类似。故据此传说之风趣,及乞伏二字之声音,而试探其语源于蒙古语族之中。

> Burjat 语谓儿子曰 xöbün,
>
> Tunkinsk 语谓儿子曰 xöbun, xübun,
>
> Nizuindinsk 语谓儿子曰 köbung,
>
> Seleginsk 语谓儿子曰 xöbung,
>
> Khorinsk 语谓儿子曰 xöbung,
>
> Ölöt 语谓儿子曰 kübün, köböhn,
>
> 长城附近语谓儿子曰 Kobegün,
>
> 喀尔喀语谓儿子曰 kö。[1]

据此则乞伏,乞佛,乞扶殆皆与上述之 köbun 等语同一语源,即儿子之义也。

5. 释檀石槐

鲜卑最盛之世,其君长为檀石槐。檀石槐之世,统一漠北,尽据匈奴故地,东西万四千余里,南北七千余里,分其地为三部,东接夫余濊貊二十余邑为东部,从右北平以西至上谷十余邑为中部,从上谷以西至敦煌接乌孙二十余邑为西部,各置大人主之。盖檀石槐时代之鲜卑,殆与冒顿单于时代之匈奴相埒焉。案,《魏志·鲜卑传》裴松之注引王沈《魏书》记檀石槐诞生故事云:

---

[1] 见德国 Klaproth 氏所著《亚洲方言志》(Asia Polyglotta, p. 279).

俄国 Podgorbunski 氏所著《蒙古 Burjat 方言字典》(p. 151).

德国 Castren(p. 200).

> 桓帝时,鲜卑檀石槐者,投鹿侯从匈奴军三年,其妻在家生子。
> 投鹿侯归,怪欲杀之。妻言尝昼行闻雷震,仰天视而雹入其口,因吞
> 之,遂妊身,十月而产此子,"必有奇异",且长之。投鹿侯固不信,遂
> 弃之。妻乃语家令收养焉,号檀石槐。长大,勇健智略绝众。

此故事虽荒诞,然而玩索其文,则檀石槐之名殆因"必有奇异"而命名者。
兹试因其声音之类似而探其语源如次:

> 蒙古语谓快乐奇怪灵异不可思议之意曰 Tangsuk,
>
> 谓颇愉快颇奇异之意曰 Tangsukhan,[①]
>
> 土耳其语系之 Čagatai 语谓不可思议之物曰 Tansug,
>
> 又谓惊异之意曰 Tang,[②]

据此则檀石槐之名殆与上述之 Tangsuk,Tangsukhan,Tansug 等语同
语源,即表示惊异奇怪不可思议之意也。又

> 满洲语谓疼爱幼儿曰 Tangsu,
>
> 蒙古语谓爱抚幼儿曰 Tangsu,[③]

是则 Tangsu 与上述之 Tangsuk,Tansug 等语当亦存语脉相通之故也。

6. 释托铎

《晋书·乞伏国仁传》谓"四部服其雄武,推为统主,号之曰乞伏可汗
托铎莫何。托铎者,言非神非人之称也。"是则托铎乃鲜卑语神怪灵异之
义可知。兹试寻其语源:

> 蒙古语谓奇异狡猾诡计曰 Žik-tei,Žik-tü,[④]
>
> Aralsk 语谓狡狯曰 Žik-tey,
>
> Tunkinsk 语谓惊异曰 Žik-tê,[⑤]

---

① 见俄国 Kowalewski 氏所著之《蒙语字典》(p. 1567).

② 见匈牙利 Vambery 氏所著《Čagatai 语之研究》(p. 256).

③ 见《清文汇书》卷六及六十二。

④ 见俄国 Golstunski 氏所著《蒙古语字典》(Mongoliko-Russki-Slowar 卷三,p. 365).

⑤ 见 Podgorbunski(p. 321).

又　　　蒙古语谓奇怪之意曰Žik-tei，[1]

　　　　谓奇怪的之意曰Čik-toi。[2]

上述诸语之 Žik，Čik 为语根，奇异狡狯诡计之义，而 Tei，Tu，Tê 等皆系语尾，与汉语"的"字同作用，表示形容词者也。据上所考证，则鲜卑语托铎之托，似即上述 Žik 之对音，表奇异之意，而托铎之铎似即上述诸语中之 Tei 或 Tu 等之对音，表形容词或副词之语尾也。

三、鲜卑族王号及人称考

1. 释可汗，可寒

鲜卑民族称君长之尊号曰"单于"，与匈奴同。晋时入居中国北部者亦称帝，史籍所载甚明。然鲜卑民族称君长之尊号，尚有一语曰"可寒"，惟鲜卑民族之盛时用之者甚少，至柔然突厥兴起，而此"可汗"之称遂代单于之称号而盛。可汗称号之起于鲜卑民族，其证非一，当鲜卑最盛之时，檀石槐、轲比能等之尊号如何，虽史无明文可征，然鲜卑之苗裔如托拔部、乞伏部、慕容部、吐谷浑部等称君长之尊号皆有可汗之名，则甚明。今试引之如次：

（甲）托拔部之君长有称可汗之事。《通鉴·魏纪》九景元二年条云：

是岁鲜卑索头部大人拓拔力微始遣其子沙漠汗入贡，因留为质。力微之先，世居北荒，不交南夏。至可汗毛始强大，统国二十六，大姓九十九。后五世至可汗推寅，南迁大泽。又七世至可汗邻………

若如《通鉴》所记推算之，托拔毛之十四代孙力微当魏景元二年（西二六一年）遣子入贡，以三十年为一世之通则逆推之，则其远视托拔毛约当西历纪元前一五九年，即汉景帝及匈奴军臣单于之世。据《魏书》帝纪之世

---

[1] 见《四体合璧清文鉴》卷十九。

[2] 见《蒙语类解补编》。

系,托拔珪于晋隆安二年迁都于代,后自称皇帝。托拔珪以前凡二十七世,即成帝毛,节帝贷,庄帝观,明帝楼,安帝越,宣帝推寅,景帝力,元帝俟,和帝肆,定帝机,僖帝盖,威帝侩,献帝邻,圣武帝诘汾,始祖神元帝力微,文帝沙漠汗,章帝悉鹿,平帝绰,思帝弗,昭帝禄官,桓帝猗㐌,穆帝猗卢,太祖平文帝郁律,惠帝贺傉,炀帝纥那,烈帝翳槐,昭成帝什翼犍,此皆托拔珪自称皇帝以后所追尊之号也。编《通鉴》者于采集此等史料之时,凡皇帝之称者皆以可汗二字易之,未尝加以详审也。盖力微既被托拔珪追封为始祖神元皇帝,则力微以前之事迹,其为有意造作以夸世系门阀之古者甚明。托拔毛之毛字,殆即今通古斯语系谓第一之一曰Emo,Amo,Emun,Omu 等之对音之略译也。又自托拔毛至力微之间,除托拔推寅,托拔诘汾外,余皆以一字一音为名,此亦明系摹仿中国风俗而起者。然彼时托拔氏僻居漠北,与中国交通未繁,何得摹仿中国风俗如此之深,此甚可疑也。且考古代通古斯、蒙古、土耳其语中,皆未有以"l""r"二音始者,而明帝讳楼,景帝讳利,献帝讳邻,皆以"l"始音,此亦极不可解也。据此则力微以前之世系,其出后世杜撰者,不难推知。

又英国支那学者拜克(Parker)氏以"沙漠汗"之"汗"为君主之尊称,因谓汗之尊号,自三国之世已行于鲜卑民族之间。但德国学者米勒(Müller)氏则以"沙漠汗"三字为满洲语 Šaborgan 之音译,乃固有名词云。[①]

又俄国 Bretschneider 氏所著《中世研究》(Mediaeval Researches)谓当西历三一二年托拔部之 Ili Khan 有援汉人破匈奴之事,中国史上汗之称号大抵始见于此云云,按氏于元明时代塞外之地理颇有研究,然此所云云则殊不足信。据《魏书》有穆皇帝猗卢,据阴山之南,势力甚盛,于西晋怀帝永嘉六年顷(即西历三一二年)援西晋之刘琨破匈奴苗裔刘聪之军,但托拔猗卢受晋怀帝之封为大单于代公,而未尝见有自称汗之事,则

---

① 见德国 Müller 氏之 Uigurische Glossen Ost-Asiatische Zeit Schrift.・Festschrift fur F. Hirth
(p. 318).

氏之说殊无根据。然《通鉴·魏纪》景元二年拓拔毛条注云"宋白曰,虏俗呼天为可汗",则可汗原为神祇之尊称,当时或已流行于鲜卑民族之间矣。

(乙)乞伏部之君长亦有称可汗之事。《晋书·乞伏国仁载记》云:

> 乞伏国仁,陇西鲜卑人也。在昔有如弗斯、出连、叱卢三部,自漠北南同大阴山,遇一巨虫于路,状若神龟,大如陵阜,乃杀而祭之,祝曰,"若善神也便开路,恶神也遂塞不通。"俄而不见,乃有一小儿焉。又有乞伏部有老父无子者,请养为子,众咸许之,老父欣然,自以有所凭依,字之曰纥干。纥干者,夏言依倚也。年十岁,骁勇善骑射,弯弓五十斤,四部服其雄武,推为统主,号之曰乞伏可汗托铎莫何。托铎者,言非神非人之称也。其后有祐邻者,即国仁五世祖也,泰始初率户五百迁夏缘,部众稍盛。

案若乞伏国仁之五世祖乞伏祐邻于晋武帝泰始元年(西二六五年)尚生存,则乞伏可汗虽不能断言为三国或后汉时代之人物,而其为西晋以前之人物则不待论。然乞伏可汗故事明系一种传说,不能认为史的实在。玩索此故事之性质,"乞伏可汗托铎莫何"乃其国人所上之尊号,则鲜卑语中确有此可汗之名亦未可知。《通鉴·魏纪》托拔毛条谓"虏俗呼天为可汗",乞伏可汗之故事颇有灵异神怪之性质,可汗之名殆亦因此而起者欤?

(丙)慕容部及吐谷浑部之对君长亦有可汗之称。《宋书·吐谷浑传》云:

> 阿柴虏吐谷浑,辽东鲜卑也。父奕洛韩有二子,长曰吐谷浑,少曰若洛廆,若洛廆别为慕容氏。浑庶长,廆正嫡,父在时分七百户与浑。浑与廆二部具牧马,马斗相伤,廆怒,遣信谓浑曰,"先公处分,与兄异部牧马,何不相远而致斗争相伤?"浑曰,"马是畜生,食草饮水,春气发动,所以致斗,斗在于马,而怒及人耶! 乖别甚易,今当去尔万里。"于是拥马西行,日移一顿,顿八十里。经数顿,廆悔悟,深

自咎责,遣旧父老及长史乙那楼追浑令还。浑曰,"我乃祖以来,树
德辽右,又卜筮之言,先公有二子,福祚并流子孙。我是庶卑,理无
并大,今以马致别,殆天所启。诸君试拥马令东;马若还东,我当相
随去。"楼喜拜曰,"处,可寒。"虏言处可寒,宋言"尔,官家"也。即使
所从二千骑共遮马令回。不盈三百步,欻然悲鸣突走,声若颓山,如
是者十余辈,一向一远。楼力屈,又跪曰,"可寒,此非复人事。"

案《宋书》明言可寒为鲜卑语,即汉语官家之义。此故事《魏书·吐谷浑
传》《北史·吐谷浑传》亦载之,"可寒"皆作"可汗",其为同语异译,自不
待论。慕容廆在位为晋武帝泰始五年至东晋成帝咸和八年(即西历二六
九年至三三三年),《宋书·吐谷浑传》成于沈约之手,时代相去甚近,宜
可信。然则可汗之称,于晋武帝至东晋成帝之间已行于鲜卑诸族之
间矣。

又《晋书·吐谷浑传》云:

树洛干九岁而孤,其母念氏聪惠有姿色,乌纥提妻之,有宠,遂
专国事。洛十岁便自称世子,年十六嗣位,率所部数千家奔归莫何
川,自称大都督车骑大将军大单于吐谷浑王,化行所部,众庶乐业,
号戊寅可汗。

又《宋书·吐谷浑传》云,"视黑子树洛干立,自称车骑将军,义熙初也。"
案晋安帝义熙元年,即西历四〇五年,据文义推之,此戊寅之号乃臣民所
尊称,犹非其自称也。故《北史·吐谷浑传》云:

太和五年,拾寅死,子度易侯立(西四八一年)。死,子伏连筹
立,终宣武世至正光(西五〇〇至五二二年)。伏连筹死,子夸豆立,
始自号可汗。

案《北史》谓至夸豆时始自称可汗,则夸豆以前树洛干之号戊寅可汗,慕
容部长史乙那楼之称吐谷浑为可寒,皆臣民对君长之尊称可知也。

盖可汗之号,原为尊崇神祇上天之称,其后假借而为臣民呼君主之

尊称,例如中国君主自尊曰皇帝,而臣民更尊之曰天子,匈奴君主自尊曰单于,而臣民更尊之曰撑犁孤涂(天子之义),鲜卑诸族之君主自尊曰单于,曰王,曰帝,而臣民更尊之曰可汗。其初犹仅臣民呼君主之尊称也,后之君主乃更僭越之而以此自称焉。当东晋孝武帝太元十九年(托拔魏登国九年,西历三九四年),柔然国之君主社仑征服诸部,统一漠北,乃摹仿秦始皇统一中国后自号"始皇帝",及匈奴冒顿统一漠北后自称"冒顿单于"(始皇帝之义)之例,而自尊曰"邱豆伐可汗",邱豆伐犹言驾驭开张,可汗犹言皇帝,是亦首出御世之皇帝之义,《通典·蠕蠕传》谓"可汗之称始此",是也。又《通典·突厥传》谓"突厥之先臣于蠕蠕,后魏末,其酋帅土门部落稍盛,始到塞上通中国;至西魏大统十二年,乃求婚于蠕蠕,蠕蠕主阿那瓌大怒,使人骂辱之,曰'尔是我锻奴,何敢发是言也。'土门发兵击蠕蠕,大破之于怀荒北,阿那瓌自杀,土门遂自号伊利可汗,犹古之单于也。"杜氏又自注云,"后魏太武帝时,蠕蠕主社仑已自号可汗,突厥又因之。"可见单于称号至唐时已不复行于北族之间,此时北族间君长之尊号皆用可汗之名,近由蒙古元和林故地所发见之突厥阙特勤碑,称君主曰 Kagan,即可汗、可寒之对音也。[1]

可汗之尊号,鲜卑民族之间已早有之,然初不过臣民用以尊称君主之号也;至蠕蠕君长统一漠北之后,乃采以为自称。而蠕蠕之部属嚈哒(即西史之 Ephtbalite)崛起于中央亚细亚土耳其斯坦地方,与波斯相交通,遂将此可汗之称号介绍于波斯。又此时侵入欧洲之 Avar 人自称蠕蠕之同族,其君主亦冒可汗之称,(Byzantin 史书谓之 Kagavas)。至南北朝之末,突厥崛起,灭蠕蠕,并嚈哒,更扩充领土于西方,其君主土门自称伊利可汗,于是可汗之称乃扩传于世界。承突厥之后者如回鹘黠戛斯等皆袭此可汗之称。自后亚洲北族间遂统以此名为君主之尊称矣。

据女真译语,金国称皇帝曰罕安,元代蒙古称皇帝曰合罕,明清间满洲称皇帝曰 Hân,亦皆可汗一语之异译或转讹者也。今

---

[1] 见俄国 Radloff 氏之 Die Alt-Turkischen Inschriften der Mongolei.

土耳其语中Uigur 语称皇帝曰 Kagan, Kaan,

Teleut, Lebed 语称君主曰 kān,

Kirgiz, Koibal 等语称君主曰 Kan,

Tarantschi 语称皇帝曰 Khan,

Osman 语称皇帝曰 Khān,

Yakut 语称君主曰 Khan,①

Yenisei-ostjak 语称君主曰 Khan, Kan,

Kott 语称君主曰 Kan,②

又　　　蒙古语之 Burjat 语称君主曰 Kang, Khan。③

此外如波斯语谓君主赐臣下最高的荣爵曰 Khan,波斯记录中称君主曰 Ghabān,亚刺伯之史书称君主曰 Kakân④,皆可汗之同语也。然 Khan, Kan 等语,古代常略去末音而称 Kha, Ka 者,盖通古斯蒙古语族于一语末之附有 N 音者或省略之,于语根之原意无何等影响,例如通古斯主谓数字之七曰 Nadan,亦曰 Nada,蒙古语谓日曰 Naran,亦曰 Nara,类此之例,不胜枚举。以此类推,则 Khan, Kan 之略称 Kha, Ka,亦不足怪矣。若此推测为不误,则古来东夷朝鲜之扶余、高丽、任那、新罗诸国大官贵族之称"加""今""干""吉""岐"等与北狄之称汗(Kan)亦可互相比拟矣。《后汉书·东夷传》夫余国条云:

其人粗大强勇而谨厚,不为寇钞,以弓矢刀矛为兵,以六畜名官,有马加,牛加,狗加,其邑落皆主属诸加。

《魏志·夫余国传》云:

国有君王,皆以六畜名官,有马加,牛加,猪加,狗加诸加,别主四出道,大者主数千家,小者数百家。

---

① 见 Radloff 氏之 Versuch eines Worterbuches der Turk-Dialecte.

② 见 Castren 氏之 Versuch einer Burjätische Sprache(p. 194).

③ 见 Castren 之 Versuch einer Jenisei-Osrjakischen und Kottischen Sprache(p. 239).

④ 见 Blanchet 氏之 Les Inscriptions Turgues de l'orkhon(p. 29 – 31).

《魏志·高丽国传》云：

> 其置官有对卢则不置沛者，有沛者则不置对卢。王之宗族，其大人得称古雏加。涓奴部本国主，今虽不为王，适统大人得称古雏加，亦立宗庙，祀灵星社稷。绝奴部世与王婚，加固古雏加之号。诸大加亦自置使者皂衣先人，名皆达于王，如卿大夫之家臣。

《周书·百济国传》云：

> 王姓夫余氏，号于罗瑕，民呼为鞬吉支，夏言并王也。《南史》记新罗国之官名有子贲旱岐，壹旱岐，齐旱支，谒旱支，奇贝旱支等。此旱支亦名汉纪武，日本书记则作"旱岐"，又新罗国之王号有居西干，麻立干，尼师今等名。案夫余高丽之王公贵人之号曰加，与北狄之汗（Khan）可以视为一语之转。又百济国王号于罗瑕之"瑕"，亦加之异译，又"于罗瑕"民间亦称"鞬吉支"之"吉支"，旱岐之"岐"，新罗国称岐亦曰汉纪武之"纪武"，及新罗国王号麻立干，居西干之"干"，尼师今之"今"，皆与夫余高丽之称"加"，北狄之称"汗"为同一语之转也。而于罗瑕之"于罗"乃朝鲜语 Orun 之对音，长者之义，鞬吉支"鞬"，旱岐之"旱"，汉纪武之"汉"，皆朝鲜语 Keun 或 Kan 之对音，大之义也。[1]

又契丹国亦有类似汗（Kan）之称号。《契丹国志》记契丹开国之古传说云：

> 后有一主号曰乃呵，……复有一主号嗢呵，……次复有一主号曰昼里昏呵。……

案此三"呵"字附于三君主名称之末，自不能认为三王名之语尾，而当系王号之专称。就其声音之类似观之，当亦与朝鲜诸国王分尊号称"加"同例，即北狄称汗之转讹者也。

寻可汗二字之原义，W. Schott 氏以"裁断"之义解之，H.

---

[1] 见白鸟库吉之《朝鲜古代王号考》(über die Alt-Koreanischen Konigstitel)，见《史学杂志》第七篇，及一九〇三年之《东方评论》Keleti Szemle-Revue Orientale。

Rowlinson 氏则以 Susian 语 Ethiopia 语等谓王之义曰 Keak 者解之,皆未可信也。《通鉴·魏纪》托拔部可汗毛条注云"宋白曰,虏俗呼天为可汗。"《隋书·高丽传》云,"俗多淫祠,祀灵星及曰箕子可汗等神。"今土耳其种之阿尔泰(Altai)人奉神灵曰以可汗(Kaan)之尊号,例如所谓 Kaan,Kudai 之类是也。据上述诸例推之,则可汗之名殆即由"神灵""上天"等之尊号借而为君主帝王尊号者也。

2. 释恪尊,可孙(可敦)

鲜卑民族称君主之妻曰可孙,或曰恪尊,与突厥民族之称"可敦"或"可贺敦"实为同一语。《南齐书·魏虏传》云:

> 佛狸所居云母等三殿,又立重屋居其上,饮食厨名河真,厨在西,"皇后可孙"恒出此厨求食。

又《魏书·吐谷浑传》云:

> 伏连筹死,子夸吕立,始自号为可汗,……号其妻为恪尊。

案恪尊当读 Khatsun 或 Katsun,可孙当读 Khasun 或 Kasun,而突厥谓皇后曰可贺敦(Khaghatun),曰可敦(Khatun),皆系同语也。元时蒙古语亦作合敦,或合屯,译曰夫人,(见《元秘史》)。据 W. Schott 氏之说以为可贺敦(Khaghatun)一语,即包含可汗一语于其中。今案蒙古语与土耳其语中,凡一语之中间或末尾有"n"音者,往往可以省略而不变其意义,例如蒙古语谓山曰 Ekulan,亦曰 Aula,土耳其语谓铁鹰曰 Toghan-Timur,亦作 Togha-Timur,即其例也。其余类似之例,不胜枚举。故 Khaghatun 一语中之 Khagha 为 Khaghan 之略,乃极不足怪之事。又蒙古语土耳其语中凡两母音之间挟有 gh, g, h 等音者,往往默不发音,故可汗(Khaghan)之略为汗(Khan),与可贺(Khaghatun)之变为可敦(Khatun)亦属此例也。由此观之,可汗(Khagban)既与可贺(Khagha)为同语,则可贺敦之敦(Tun)乃系语尾,亦甚明也。[1] 据 Blanchet 氏之说,

---

① 见德国 W. Schott 氏之 Altaische Studien(p. 3 - 6).

以为此可贺敦之敦（Tun）乃乌拉尔阿尔泰（Aral-Altai）语族表示女性之语尾，例如土耳其语谓黄鼠曰（Bulughan）而谓雌性之黄鼠曰 Bulugha-čin；蒙古语谓牡牛曰 Bokâ 而谓牝牛曰 Bokâ-tschin；此 Bulugha-čin 之语尾 Čin 及 Bokâ-tschin 之语尾 tschin 皆表示女性之词也。[1] 白鸟库吉氏亦同此说，谓宇文氏称母曰磨敦[2]之敦，及托拔语谓皇后可孙（Kasun）之孙（Sun），吐谷浑语谓皇后曰恪尊（Khatsun）之尊（tsun），皆表示女性之语尾云。[3]

　　兹试寻其语源于蒙古土耳其语中，则

　　　　蒙古语谓皇后公主贵妇曰 Khatun，[4]
　　　　土耳其语 Osman 语谓贵妇人曰 Kadin，
　　　　　　　Baraba 语谓妻妇女曰 Kadin，
　　　　　　　Altai，Lebed 语谓妻曰 Kadit，
　　　　　　　Telent，Kumandu 语谓妻曰 Kāt，
　　　　　　　Schor，Koibal 等语谓妻曰 Kat，[5]
　　　　　　　Mesčerek 语谓妻曰 Katyn，
　　　　　　　Nagai，Khiwa 语谓妻曰 Khatun，
　　　　　　　Čynlim 语谓妻曰 Kudit，
　　　　　　　Jenisei 语谓妻曰 Kaddy，
　　　　　　　Qaračai 语谓妻曰 Katin，
　　　　　　　Qumug 语谓妻曰 Khatin，[6]
　　　　　　　Kirgiz，Koman 等语谓妻妇女曰 Katin，[7]

---

[1] 见 Blanchet 氏之 Les Inscriptions Turques de l'Orkhon.
[2] 见《诸史夷语解义》上。
[3] 见白鸟库吉氏之《可汗及可敦称号考》。
[4] 见 Kowalewski(p. 781).
[5] 见同上 (pp. 277 - 327).
[6] 见 Klaproth 氏之《亚洲方言志》(p. 39).
[7] 见 Radloff(p. 28).

Yakut 语谓主妇曰 Xotun。①

上述诸语与鲜卑语之可孙,恪尊,及突厥语之可敦,可贺敦,皆同语源也。又 Vanbery 氏谓土耳其语族之 Čagatai 语 Osman 语 Uigur 语,谓身傍之人随从之人曰 Kat,Katy,Kat-mak,谓伴侣或朋友曰 Kataš,故知土耳其语谓妻曰 Katun,即由身傍之人伴侣者之义引申而来云。②

3. 释莫贺,莫何

鲜卑语谓父曰莫贺。《宋书·吐谷浑传》云:

> (叶延)年四十三,有子四人,长子碎奚立。碎奚性纯谨,三弟专权,碎奚不能制,诸大将共诛之。碎奚忧哀不复摄事,遂立子视连为世子,悉之事,号曰莫贺郎。莫贺,宋言父也。

据此则吐谷浑语谓父曰莫贺甚明。寻其语源,则

蒙古语之喀尔喀语谓父曰 Aba,③

Burjat 语谓伯叔父曰 Abaga,

Seleginsk 语谓伯叔父曰 Abaga, Abagay,

Tunkinsk 语谓伯叔父曰 Abagay,④

又　　　通古斯语谓伯叔父曰 Awaga,⑤

满洲语谓继父曰 Amaka, Amha,

Wilui-Tunguse 语谓祖父曰 Amaka,

想吐谷浑语之莫贺与上述诸语中之 Abaga 当同语源,翻译之时省略首音 a,故为莫贺;而 Abagay, Aba, Amaka 诸语又系 Abaga 之转讹者也。

又《晋书·乞伏国仁载记》谓"四部服其雄武,推为统主,号之曰乞伏可汗托铎莫何",莫何亦莫贺之异译。例如臣下称皇帝曰"万岁爷",清末

---

① 见 Bohtlingk 氏之 Jakutische-Deutsches Worter verzeichmiss(p. 86).

② 见 Vambery 氏之 Etymologisches Worterbuch der Turko-Tartarischen Sprachen(p. 88).

③ 见 Klaproth 氏所著《亚洲方言志》(p. 283).

④ 见 Podgorbunski(p. 82).

⑤ 见 Castren(p. 108).

臣下称慈禧太后曰"老佛爷"之"爷",乃臣下对君上之敬称;乞伏可汗之被称为"莫何",当亦此例之类也。白鸟氏以蒙古语系中谓少年曰 Baga,曰 Bakba[①] 等语为莫贺之对音,殆失其正鹄也。

4. 释磨敦

据《诸史夷语解义》,谓"宇文氏称母为磨敦",而《辽史·国语解》谓"耨斡干,后土称;磨,母称",可知鲜卑语之磨敦,与契丹语之磨为同一语源。我国称母曰 mo,曰 ma,而世界各国语称母曰 mo,曰 ma,曰 ama 者,乃极普遍之事,即亚洲北部各民族中亦不少其例,兹举数则如次:

> 通古斯之 Gold 语称母曰 Mama,称老妇曰 Máma,
>
> Oročen 语称母曰 Mama,
>
> Oročen-Solon 语称老妇曰 Mama-ča,
>
> 满洲语称母曰 Eme,称祖母曰 Mama。[②]

其余类此之例不胜枚举。鲜卑语磨敦之磨,契丹语之磨,与上述诸语之 Ma 当同语源。而磨敦之敦乃亚洲北方民族中表女性之语尾,与可贺敦之"敦"同一性质。

5. 释阿于

《宋书·吐谷浑传》记吐谷浑与其弟若洛廆因马斗相伤,兄弟龃龉,吐谷浑拥马西行,遭晋乱遂得上陇,后廆追思,作"阿于"之歌,鲜卑语呼兄为"阿于"。

此阿于二字,《晋书吐·谷浑传》则作"阿干"。今寻其语源于通古斯语系及蒙古语系中,凡称兄之词皆与"阿干"之音相近似,而与"阿于"之音则相差甚远。兹试举例证之:

> 通古斯语系之 Gold 语,Olča 语谓兄曰 Agá,[③]
>
> Oročen 语谓兄曰 Aka, Axá,

---

① 见 Klaproth(A. P. 279);Podgorbunski(p. 151).

② 见 Grube(p. 118).

③ 见 Grube(p. 2).

Anadyr 语谓兄曰 Aka,

Managir 语谓兄曰 Akki, Axùm,①

Ochotsk 语谓兄曰 Akkī, Akmú,②

Capogir 语谓兄曰 Aki,

Mangaseya 语谓兄曰 Agi,

Bargusin 语谓兄曰 Ekdan, Akkinni,

Udskoje 语谓兄曰 Akan,

Buhta-Solon 语谓兄曰 Aká, Akái,

Oročen-Solon 语谓兄曰 Akīn,

Lamut 等语谓兄曰 Akī,

Amur-Tungnse 语谓兄曰 Akin,③

Unter-Tunguse 语兄曰 Akin, Akâ。④

更求之

蒙古语系中东蒙古语谓兄曰 Axa,谓长者曰 Akai,⑤

Burjat 语谓兄曰 Akái,⑥Aka, Axa,⑦

Ölöt 语谓兄曰 Acha, Acho,

Dakbur 语谓兄曰 Aká。⑧

又

土耳其语系中Čagatai 语谓兄曰 Aka,

Krym 语谓兄曰 Agá, Akkl,

---

① 见俄国 Iwanowski 氏所著 Mandjurica.

② 见 Klaproth，A. P.

③ 见 Gerstfeld 氏所著书。

④ 见 Castren.

⑤ 见 Kowalewski(p. 22)。

⑥ 见 Kiaproth，A. P. (p. 276).

⑦ 见 Castren(p. 188).

⑧ 见 Iwanowski(p. 59).

Kirgz 语等谓兄曰 Aga。①

据上所述,则鲜卑语之阿干与此等诸语声音皆相近似,其语源相同甚明。

6. 释赀,赀虏

鲜卑语谓奴婢曰赀,一谓之赀虏。《南齐书·河南传》云:

> 河南,匈奴种也。汉建武中,匈奴奴婢亡匿在凉州界,杂种数千人。虏名奴婢为赀,一谓之赀虏。鲜卑慕容廆庶兄吐谷浑为氐王,……宋世始受爵命,以吐谷浑拾寅为河南王。

案赀虏出匈奴,居甘凉等处,见于《魏略》。而白马氏居仇池,在吐谷浑南,与吐谷浑亦不相同。又河南本非国名,以刘宋时吐谷浑为河南王,故称之,其立国本末详见《晋》《魏》《宋书》。本传以河南为赀虏,吐谷浑为氐王,皆谬误也。《南史·河南王传》谓"河南王者,其先出自鲜卑慕容氏,吐谷浑西徙上陇,出凉州,西南至赤水而居之,地在河南,因以为号",盖可信也。又《魏志·东夷传》注引《魏略》谓"匈奴语谓奴婢曰赀,或曰赀虏",则匈奴语与鲜卑语称奴婢之词皆相同也。兹试探其语源:

蒙古语谓普通公事差役之人曰 Jarucha,

通古斯之 Oročen 语谓从仆伴者曰 Dčewi,

Gold 语 Olča 语谓仆人伴随曰 Že。②

观此,则赀字殆即 Že 之对音,而赀虏则 Jarucha 之同语也。

7. 释处

鲜卑语表示"然诺"之词曰"处"。《宋书·吐谷浑传》,慕容廆令长史乙那楼追吐谷浑令还,吐谷浑谓诸君试拥马令东,马若还东,我当相随去,楼喜拜曰"处,可寒",虏言"处,可寒",宋言"尔,官家"也云云。又《魏书·蠕蠕传》谓"吴提死,子吐贺真立,号处可汗,魏言唯也。"由此可知蠕

---

① 见 Radloff 及 Vambery。

② Grube(p. 63)。

蠕语表然诺之词亦与鲜卑同也。兹试寻其语源：

> 蒙古语表然诺之词曰 Dje，①
>
> Burjat 语表然诺之词曰 Djüb，Züb，Zöb，②
>
> 又满洲语表然诺之词亦曰 Dje。③

由此可知鲜卑语之"处"与蒙古满洲语之 Dje 及 Burjat 语之 Djub，Züb，Zöb 皆同语源也。

四、鲜卑族地名考

1. 释祁连山

鲜卑语谓天曰祁连。《汉书·武帝本纪》天山条，师古曰"即祁连山也，匈奴谓天为祁连，祁音巨夷反，今鲜卑语尚然。"

案祁连二字，Watters 氏以梵语谓天曰 Iswara 一语比拟之，其声音颇不相类。惟 Schmidt 氏以满洲语谓天曰 Kulum 一语比拟之，④则殆可信也。

2. 释弹汗山

弹汗山为鲜卑最盛时君长檀石槐设置王庭之地。弹汗山之位置，据《后汉书·鲜卑传》云：

> 檀石槐年十四五，勇健有智略，⋯⋯由是部落畏服，遂推以为大人。檀石槐乃立庭于弹汗册歠仇水上，去高柳北三百余里，兵马甚盛，东西部大人皆归焉。

案檀石槐分割其国为三区，与匈奴冒顿之划区相同。《汉书·匈奴传》记匈奴区域云，"诸左王将居东方，直上谷以东，接秽貉朝鲜；右王将居西

---

① 见《清文汇书》卷九。

② 见俄国 Golstunski 氏所著之 Mogolisch-Russisches Wörterbuen 卷三(p. 341).

③ 见《清文汇书》卷九。

④ 见 Schmidt 氏所著之 Der Lautwandel in Mandschu und Mongolischen(p. 48).

方，直上郡以西，接氐羌；而单于庭直代云中。"盖代北云中之地为形胜之要塞，统驭漠北，南侵中国，最为便宜适中之处，古来北狄之据此地常致富强，得地利之故也。匈奴之后，乌桓亦据此处致富强，《后汉书·乌桓传》云：

> 光武初，乌桓与匈奴连兵为寇，代郡以东尤被其害，居止近塞，朝发穹庐，暮至城郭，五郡民庶家受其害。其在上谷塞外白山者最为强富。建武二十年，伏波将军马援将三千骑出五阮关掩击之，乌桓逆知，悉相率逃走。

由此文可见上谷塞外白山，乃乌桓最强盛部所据之地。《后汉书·马援传》亦云，"明年秋，援乃将三千骑出高柳，行雁门代郡上谷障塞；乌桓候者见汉军至，虏遂散去。"可见代郡上谷塞外白山实为历代北狄所据之要塞。上谷在今大同与广灵之间，而高柳则在今大同东北与察哈尔省邻近之阳高县之境，（据《历代地志韵编今释》）与上谷相距不远，是则距高柳三百余里之弹汗山必在上谷障塞之地，不难推知也。上谷塞外之白山，原为乌桓最强盛之部所据，则鲜卑檀石槐所建庭之弹汗山，殆即此白山之胡名欤。兹试采其语源如次：

> 蒙古语谓白曰Čagan，
> Burjat 语谓白曰 Šagan，Sagang，①
> Dakhur 语谓白曰 Šigan，
> Solon 语谓白曰Čigan，Čiga，②
> 又女真语谓白曰上江 Šankiang 或 Sanggyan，
> 满洲语谓白曰 Šangyan，Šanggiyan，Šangan，
> Olča 语谓白曰Čākža，
> Orocen 语谓白曰Čeke，

---

① 见 Castrén(p. 221).
② 见 Iwanowski(p. 69).

Gold 语谓白曰 Čāngža, Čagžǎn, Čažan,

谓白眼犬曰 Cakkē,

谓黑白斑犬曰 Cakkō。[1]

此可证鲜卑檀石槐设庭之弹汗山,殆即乌桓最强部所据之白山,而弹汗山即白山之胡名也。

3. 释饶乐水,作乐水

《后汉书·鲜卑传》云:

其言语习俗与乌桓同,唯婚姻先髡头,以季春月大会于饶乐水上,饮燕毕,然后配合。

案饶乐水亦曰作乐水。《魏志·鲜卑传》引《魏略》云,"其地东接辽水,西当西域,常以季春大会作乐水",可知"饶乐""作乐"盖同一胡名之异译也。此水名自魏晋以来,异译尤多,《读史方舆纪要》直隶省饶乐水条云,"饶乐水在卫北,源亦出马盂山,其下流东北入潢河。《志》云,'魏武北征乌桓之后库莫奚,建牙于此。大宁三年,石勒遣宇文乞得归攻慕容廆,廆遣世子皝等击之;乞得归据浇水拒皝,皝等大破之,'浇水即浇乐矣。亦曰弱落水,太元十三年拓拔珪破库莫奚于弱落水南。又谓浇乐水,隆安二年时慕容宝还都龙城,议袭库莫奚,北渡浇洛水,不果,皆此水也。"《热河志》饶乐水条云,"案饶乐水,《魏书》作弱落水,《十六国春秋》作浇乐水,《通典》又作如洛环水,称名虽有稍异,实一水也。"案《通典·库莫奚传》谓"经饶乐水北,即鲜卑故地",其注云"一名如洛环水,盖饶乐之讹也。"而如洛还水,《魏·勿吉传》亦作如洛瓌水,又作洛孤水,《魏书·勿吉传》所记自和龙(即朝阳)至勿吉之道程云,"自和龙北二百余里有善玉山,山北行十三里至祁黎山,又北行七日至如洛瓌水,水广里余,又北行十五日至太鲁水,又东北行十八日至其国。"其下文纪自勿吉至和龙之道程云,"初发其国,乘船泝难河西上,至太伱河沈船于水,南出陆行,渡洛

————————

[1] 见 Grube(p. 58 - 60).

孤水,从契丹界达和龙。"又如洛环亦作衺罗个。《五代史·四夷附录》云,"契丹自后魏以来见中国,或曰与没里库莫奚同类而异种。其居曰衺罗个没里,没里者,河也。"

据上所考证,如饶乐水,作乐水,浇落水,浇水,弱落水,弱水,中洛环水,如洛瓌水,洛孤水,衺罗个没里等,皆同一胡语之音译,故因时因地因人而异其称,决不足怪者。今试更进一步而求此等诸异译之胡语之原义。《契丹国志》"契丹初兴本末"条云:

> 本其风物地有二水,……曰衺罗个没里,复名女古没里者,又其一也。源出饶州西南平地松林,直东流,华言所谓黄河也。

案没里,胡语河字之义,故知衺罗个乃黄字之义。《读史方舆纪要》直隶省饶乐水条云:

> 《辽志》,库莫奚为慕容皝所破,徙居松漠间,既复于饶乐水南,温榆河北,唐因置饶乐都督府,亦谓之黄河,以其下流入潢水也。《北边事实》谓黄河离蓟门边约三千三百里,水不甚深广,俗多驻牧于此,亦曰北黄河,译名哈剌母林,或谓之乌龙江。旧志大宁在乌龙江南,渔阳塞北,即饶乐水矣。

案《方舆纪要》据《契丹国志》《北边事实》等书,以饶乐水即此黄河,译名哈剌母林,按母林与没里皆蒙古语 Muren 之音译,即"河"字之义,今译木伦或穆楞,皆同一语也。考今辽河之上游在热河省境内者,北有西剌木伦(Sira-muren)。西剌(Sira)者,蒙古语黄字之义,而哈剌母林者亦黄河之义,哈剌盖西剌之转讹,皆蒙古语 Sira 之音译也。由此可知上述之饶乐,作乐,浇落,弱洛,如洛,衺罗,哈剌等名,皆 Sira 一语之对音,黄之义也。

> 长城附近蒙古语及蒙古文语谓黄曰 Šira,
> 西剌木伦及老哈木伦附近之方言谓黄曰 Šara,
> 黑龙江畔之达瑚尔语索伦语谓黄曰 Šára,

Managir-Solon 语谓黄曰 Šára, Šare, [1]

Burjat, Ölöt 语谓黄曰 Šara。[2]

又蒙古语凡表示色之微弱之意,例于其本色之词末附以 Ha, Xa, Han, Xan 等语尾,例如:

谓黄曰 Šira,则谓微黄曰 Šira-ha, Šira-xa, Šira-han, Šira-xan

谓黄曰 Šara,则谓微黄曰 Šara-ha, Šara-xa, Šara-han, Šara-xan。

故知上述之如洛环,如洛瓌,如洛孤,裒罗个等语,即蒙古语 Šira-xa 或 Šara-xa 等之音译,微黄之义也。

4. 释乌侯秦水

《魏志·鲜卑传》引《魏略》云:

鲜卑众日多,田畜射猎不足给,后檀石槐乃按行乌侯秦水,广袤数百里淳不流,中有鱼而不能得。闻汗人善捕鱼,于是檀石槐东击汗国,得千余家,从置乌侯秦水上,使捕鱼以助粮。

案此则乌侯秦水乃以产鱼著称。此乌侯秦水,《后汉书·鲜卑传》亦作乌集秦水,可知"乌侯秦""乌集秦"二名为同一胡语之异译也。而乌侯秦,乌集秦殆皆为鸟侯秦之误,盖鸟字今虽读 Niao 而古音则读 Tao 或 To,据《广韵》"鸟,都了切",《集韵》《韵会》"鸟,丁了切",并音茑,然《前汉书·地理志》鸟夷,孔读鸟为嶋,可见鸟之古音当读岛(Tao)。若此推测不误,则鸟侯秦当读 Tao-hu-tsin。此鸟侯秦水至隋唐亦作托讫臣水。《隋书·契丹传》云,"契丹当辽西北二百里,依托讫臣水而居。"又托讫臣水亦讹为回纥临水。《通典·契丹传》云,"当辽西正北二百里,依回纥临水而居",即其例也。其托纥臣水至唐宋间遂称为土护真水或吐护河。《旧唐书·安禄山传》云,"渡吐护真河三百里,就潢水南契丹衙与之战。"《新唐书·奚传》云,"其国西抵大洛泊,距回鹘牙三千里,多依土护真

---

① 见 Iwanowski(p. 63).

② 见 Castrén(p. 138).

水。"《新唐书·地理志》云"蓟州渔郡东北渡滦河有古卢龙,自古卢龙北至奚王帐六百里,又东北行傍吐护真河五百里至契丹牙帐。"据此则鸟侯秦水,托纥臣水,土护真水,皆同一胡语之异译可知也。《热河志》老哈河条云:

> 按老河之为土河,至今两名互称。《隋书》托纥臣水,《唐书》称土护真水,"土护真"即"托纥臣"译言之转音。辽金二史谓之土河,为土护真之省文。《金史》及《元一统志》又称涂河,则当属转音耳。

案《热河志》此条考证精详,鸟侯秦水本以产鱼著称,而《辽史》本纪载契丹国主于天显九年,十一年,会同九年,保宁七年,统和二年,四年,十五年,二十七年诸条皆记有在土河钓鱼之事,则此河鱼类之多,可以推知。又张穆《蒙古游牧记》老哈河条谓"老哈河下流石壁高耸,县为飞瀑,蒙古相传,瀑水已下,鳞类甚多,而已上绝无,亦甚奇云",此亦鸟侯秦水即土河之一证。惟《热河志》以涂河为土河之转音,固然,而以土河为土护真河之省略则不可信。"鸟侯秦""托纥臣""吐护真"为同一胡语之异译,既如上述,则涂河土河之名殆即其胡名之汉译(意译)者欤? 今试探其语源如次:

> 蒙古语谓尘土曰 Toghosun, Toghosu,
>
> Burjat 语谓尘土曰 Tuhong, Tos。

此 Toghosun 一语与"吐护真"诸名音极相似,义亦相同,其为一语之音译甚明。而鸟侯秦,托纥臣诸语,皆吐护真转讹也。

5. 释屈海,曲海

《北史·吐谷浑传》云:

> 吐谷浑北有乙弗勿敌国,国有屈海,海周回千余里,种有万落;风俗与吐谷浑同。

案屈海之名,《通鉴》引作曲海,《通鉴·晋纪》安帝隆安四年条注云:

> 乙弗亦鲜卑种,居西海。《北史》曰,"吐谷浑北有乙弗勿敌国,

国有曲海,海周回千余里,种有万落,风俗与吐谷浑同。"

《北史》又曰,"乙弗世为吐谷浑渠帅,居青海,号青海王。"

据此,则乙弗乃吐谷浑中一部落之称,地在屈海,亦作曲海,又名青海,故号青海王。案今青海之形状为瓜形而非屈曲之形,则青海殆即其汉名,而所谓屈海或曲海者殆即其胡名之音译也。

案曲海之曲,广东音读 Kuk,此字传至朝鲜读 Kok,传入日本读Kyok,今西藏语称青海曰 Tso-ngong-bo,可知屈海或曲海之名必非出于西藏,惟蒙语称青海曰 Koko-Nor 之 Koko 与屈曲音并相近,殆即其对音也。今更求其语源于

> 蒙古语系中长城附近蒙古语谓青曰 Küke, Khukhu,
>
> 喀尔喀语谓青曰 Kükü, Xöxö,
>
> Burjat 语谓青曰 Koú, Xöxö,
>
> Ölöt 语谓青曰 Kökö Kokö,①
>
> Nižuiuginsk 语谓青曰 Kökö,
>
> Seleginsk 语谓青曰 Xöxö,
>
> Tunkinsk 语谓青曰 Kökö,②
>
> Khorinsk 语谓青曰 Xöxö,③
>
> Bargu-Mongol 语谓青曰 Guke。④

又

> 土耳其语系中Cazi 语谓青曰 Kok,
>
> Yakut 语谓青曰 Kög,
>
> Kangaz 语谓青曰 Kük,

---

① 见 Klaproth, Asia Polyglotta(p. 276).

② 见 Gastrén(p. 189).

③ 见 Podgorbunski(p. 277).

④ 见 Iwanowski(p. 76).

Osman 语谓青曰 Gök，①

Altai 等语谓青曰 Kök，

Kirgiz 等语谓青曰 Kök。②

案上述诸语与屈海或曲海之屈或曲字声音酷似，故知屈海或曲海乃青海之胡名也。

五、结　论

以上所述诸语，为便于明了起见，兹为一表如次：

鲜卑语	意义	通古斯语	蒙古语	土耳其语
鲜卑	祥瑞	Sabi	—	—
慕容	富	Bayan	Bayan	Bayan
吐谷浑	尘土	—	Toghosun	—
乞伏	儿子	—	Köbön	—
檀石槐	灵异	—	Tangsuk	Tansug
托铎	黠慧	—	Žik-tai	—
可寒	皇帝	加,干	Khagan	Khagan
可孙	王后	—	Khatun	Katin
莫贺	父,爷	Amba	Abaga	—
磨敦	母,妈	Mama	—	—
阿干	兄	Aga	Aka	Aga
赀虏	奴	Že	Jarucha	—
处	尔,唯	Dje	Dje	—
祁连	天	Kulum	—	—
弹汗	白	Sagyan	Čagan	

① 见 Klaproth(p. 29).
② 见 Radloff(pp. 1423，1585，2218).

鲜卑语	意义	通古斯语	蒙古语	土耳其语
饶乐	黄	Šara	Šira	Sareg
鸟侯秦	土	—	Toghosun	—
屈海	青海	—	Kükü	Kök

　　案上述十八语中,可以蒙古语比拟者得十五语,可以通古斯语比拟者得十一语,而可以土耳其语比拟者则仅七语,故白鸟库吉氏遂据此以为鲜卑民族属今蒙古种及通古斯种之混合种之证也。

　　案人种学家考定某民族应属何种类时,或从体质学方面研究人体、毛发、皮肤、眼鼻、头骨、面貌、齿牙等之异同,或从史地学方面研究民族起源进化之迹及发祥地、发展地之异同,或从考古学、民俗学等方面研究日用器具、居处饮食、衣服装饰、礼俗习惯等之异同,或从比较语言学方面研究语言之异同,此皆考定民族问题所必根据之重要标准也。今此等古代民族过去既久,而史料之被保存至今可供考证之资者为数极少,故欲求此等民族问题之解决,必有待于考古学发达之后,地下材料之新发见有足供此等问题考证解决之资者然后乃为定论。今日考古学尚未至十分发达之时,欲就现有之数据以考证此等问题,则比较语言之方法实为最重要之一端,虽不能视为解决此问题之锁钥,然亦不能不视为解决此问题之一大启示也。

　　　　　　　　　　(原文载于 1930 年 12 月《燕京学报》第 8 期)

匈奴语言考

一、导　言

今日中国北部所居之民族，因其体质、语言、风俗、历史、住地等之各异，名类虽繁，然据近世人种学家、地理学家、语言学家、民俗学家等从种种方面研究之结果，知此等民族大体可括为通古斯族、蒙古族及土耳其族三大支。通古斯族据今满洲及西比利亚之地；蒙古族居长城以北之蒙古地方；土耳其族则分布于新疆及中央亚细亚等处。溯此等民族之起源，其见于历代史籍者名目繁多，而匈奴、东胡、月氏、乌孙、康居、鲜卑、突厥、回鹘、黠戛斯、契丹、女真、蒙古、满洲等其最著者也。其中如女真满洲之属今通古斯族，突厥、回鹘、黠戛斯之属今土耳其族，蒙古之属今蒙古族，经东西学者之研究，殆无异议。惟匈奴、东胡、月氏、乌孙、康居、鲜卑、契丹等民族之种属问题，东西学者之从事考证者虽多，而意见分歧，至今犹未有确切之定论也。

中国古来学者殆皆公认匈奴出自汉人种之说，盖自司马迁《史记·匈奴传》倡匈奴为夏后氏苗裔之说，班固《前汉书·匈奴传》因之，后此史家如杜佑、郑樵、司马光、马端临之流，注释家如颜师古、司马贞、王先谦等无不祖述其说,而未尝有怀疑之者。然《史记·匈奴传》载匈奴既无文字,复与中国异语言;逐水草迁徙,随畜田猎禽兽为生,而无城郭宫室耕田之业;衣皮革旃裘,而无布帛缯絮;食畜肉、饮湩酪,而无肴馔;贵壮健、贱老弱,父死妻其后母,兄弟死皆取其妻妻之,而不知礼义;此皆匈奴与中国不同种族之明证。盖中国古来政治思想,素以四海兄弟,天下一家为尚,故有此附会之说也。

自明末清初以来,中西交通日繁,西方人士东来者日多,其治汉学者亦渐众,于是匈奴民族之种属问题遂亦随之而起。然自清初顺康雍乾时代之西方汉学者,大抵以匈奴与西史之 Hunnen 相比拟,以东胡鲜卑等为今通古斯族之祖先,以匈奴为今蒙古族之远祖,而以乌孙、月氏、康居、突厥 等列之今土耳其族,如 Visdelou, Pallas, Bergman, Jakinth, Bicurin, Neumann, Schmidt, Howorth 等诸氏皆主此说者也[1]。至嘉庆时代法国汉学家 Remusat 氏、德国汉学家 Klaproth 氏,同倡匈奴与西史之 Hunnen 非同一民族之说,谓西史之 Hunnen 属今 Finn 人种,而匈奴则属今土耳其族,又以乌孙、月氏、康居等列入欧洲人种系统。二氏皆当时法德二国汉学名家,故其学说颇受多数者之尊信。[2] 且清季国势日坏,学术亦衰,于是西方学者对于汉民族创造中国古代文明之能力,渐滋疑虑,因而中国人种、中国文化起源西方之说日盛,于是乌孙、月氏、康居属欧洲人种之说,益受欢迎。乌孙等既列入欧洲人种,则乌孙等族以东之匈奴民族其不能不列入土耳其族,亦必然之势也。此外尚有倡匈奴与西史之 Huns 皆属今 Finn 人种之说,如 Saint Martin 氏等,虽亦有崇信之者,惟其势甚微耳。要之匈奴民族属今蒙古族抑属今土耳其族之二

---

① Daude de Uisdelou 氏,汉名刘应,生于 1656 年即清顺治十三年,殁于 1737 年乾隆二年,曾著《鞑靼史》(Histoire de la Tartare),以匈奴与拉丁纪录之 Hunni, Chunni 等相比拟。

② Abel Remusat 氏生于 1788 即乾隆五十三年,殁于 1832 即道光十二年,氏为有名汉学家,于 1815 即嘉庆二十年就巴黎法兰西学院(College de Francaise)第一任汉学讲座。著有《鞑靼语言考》(Researches sur les langues Tartares),又 Klaproth 氏为德国著名汉学家,著有《亚洲方言志》(Asia Polyglotta),《亚洲史表》(Tableaux Historiques de I'Asie)等书,皆以语言为标准,将亚洲北部民族加以分类,以东胡为通古斯之略译,以匈奴属土耳其族。

说,实为本问题之主要意见。近来西方汉学家大抵依违或折衷于此二说之间,有谓匈奴之名乃一种政治上之团体而非一种民族之称者,如Lacouperie 氏等[1],有谓匈奴原为土耳其族,然及其盛时则已混合通古斯族、蒙古族及 Finn 族等之成分于其中者,如 Castrén 氏、Hirth 氏等[2],盖氏等因匈奴民族问题异说纷歧,故执此调和两全之说也。至最近日本学者白鸟库吉氏又力倡匈奴、东胡皆属今蒙古族与通古斯族之混合民族之说,[3]亦颇持之有故,言之成理,于是匈奴民族今属蒙古族之旧说遂有复活之势焉。

案人种学家之考定某民族之应属某种,必须从体质学、民俗学、史地学、语言学等各方面考察之。然匈奴民族过去既久,其史料之足资考证者又仅中国史中所存之一部分,故欲此问题之解决,必有待于考古学之发达,如能在长城内外要地作大规模之发掘,则或有地下所藏之史料足以供此问题解决之助者亦未可料。今考古学犹未大昌,欲从现有之史料以探讨此问题,则舍比较语言学之方法外,其道末由。故前此东西学者之研究此问题者亦大抵就中国史中之《匈奴列传》所保存之匈奴语言,从比较语言学上解释之,以为立论之根据。余治历代外国传,首及匈奴,爰

---

[1] Terrien de Lacouperie 氏著《中国文化起源西方论》(The Western Origine of the Chinese Civilization)谓匈奴语之遗于后世者,有可以今通古斯语解者,有可以今蒙古语解者,有可以今土耳其语解之者,故知匈奴为一政治团体之名,而非一种民族之称云云。

[2] Castrén 氏所著 Vorlesungen Uber die Altaischen Volker 一书中对匈奴民族问题主折衷之说。

    又 Friedrich Hirth 氏(汉名夏德),原籍德国,于 1867 年来华任税务官,历二十五年,公务之暇,兼治汉学,于中国文化之起源,中西文化之交通,及中国绘画之源流等,皆有研究,于 1885 年著《大秦全传》(China and the Roman Orient)一书,遂一跃而为西方第一流之汉学家,于 1902 年被聘为美国哥伦比亚大学汉学教授,其所授中国古代史讲义(The Anciet History of China)第五章第三十九节亦谓匈奴民族之主干为土耳其族,然亦混合多少异种族之成分,与其视为民族的团体,毋宁视为政治的团体之为适当云云。

[3] 白鸟库吉氏著《蒙古民族起源考》,载于《史学杂志》及《世界杂志》。

    又《匈奴起源考》(Sur I'Origine des Hiong-Nu)载于巴黎出版之《亚细亚杂志》(Journal Asiatique)第二〇二卷。

    又鸟居龙藏氏著《满蒙之有史以前》一书,其第二编题曰《东蒙古之有史以前》,亦主东胡属今蒙古种之说。

将东西学者研究此问题之结果汇而述之,为日较久,间亦自有所得,如匈奴冒顿单于模拟秦始皇帝之称,稽粥单于模仿二世皇帝之号,句黎湖单于为七世皇帝之类,颇有为前此东西学者所未道者,亦并述之,以就正于海内外之大方博识焉。

二、匈奴国号、王号、官名、人名考释

匈奴语言之传于后世者,以关于王号、官名及人称者为较多,然此等称号之意义亦不尽可识,其可以现代语言比拟之者如单于,撑犁孤涂,头曼,冒顿,稽粥,句黎湖,若鞮,屠耆,骨都侯,于除建,阏氏,居次等,兹一一释之如次:

1. 释匈奴胡

匈奴民族为我国秦汉时代最强之敌国。然匈奴之名至司马《史记》始多见之。《山海经》及《逸周书·王会解》伊尹四方令,虽均有匈奴之名,皆后人追记之辞,不足为据。然以匈奴之大国自不能起于偶然,故《史记·匈奴传》记匈奴起源,历举唐虞以上居于北蛮之山戎、猃狁、荤粥,周初之畎夷,西周末之犬戎,春秋时代燕北之东胡山戎,晋北之林胡楼烦之戎,岐梁泾漆以北之义渠大荔乌氏朐衍之戎,陇以西之绵诸畎戎狄獂之戎,以为战国秦汉时代最强盛之匈奴民族之祖先。而后之注家亦无不以荤粥、猃狁为匈奴之别名。然近来日本白鸟库吉氏著《周代戎狄考》一文,据《贾子新书·匈奴》篇"将必以匈奴之众为汉臣民,制之令千家为一国,列处之塞外自陇以西至辽东,各有分地以卫边,以备月氏灌窳之变云云",谓此灌窳与《史记·匈奴传》冒顿单于北服浑庾,《魏略》谓匈奴北有浑窳国,皆同一胡名之异译,而此浑窳、灌窳、浑庾,与荤粥、熏育、獯鬻、猃狁、猃狁亦皆同一胡名之异译,因而推定匈奴为今蒙古民族之祖,而荤粥、猃狁为今土耳其民族之祖。余谓此言未尽可信也,案《史记·三王世家》,记武帝封其子刘闳为齐王,刘旦为燕王,刘胥为广陵王,乃各因其才力智能及土地之刚柔人民之轻重,为作策以申戒之。其《燕

王策》云：

> ……小子旦受兹玄社，朕承祖考维稽古建尔国家，封于北土，世为汉藩辅。于戏，荤粥氏虐老兽心，侵犯寇盗，加以奸巧边萌。于戏，朕命将率徂征厥罪，万夫长，千夫长，三十有二君皆来降旗奔师。荤粥北徙，北州以绥……

褚先生补曰：

> 燕士硗埆，北迫匈奴，其人民勇而少虑，故诫之曰，荤粥氏无有孝行而禽兽心……荤粥徙域远处，北州以安矣……

观此则荤粥之名乃匈奴民族之雅称，甚为明了。又《史记·卫青霍去病列传》，记霍去病征匈奴时所获俘虏曰荤粥之士，其原文云：

> 骠骑将军去病率师躬将所获荤粥之士，约轻赍，绝大幕，涉获章渠以诛比车耆……

观此所谓荤粥之士，其指匈奴俘虏固甚明。又徐广注云"粥，一作允"是荤粥一作荤允（即獯狁），可知荤粥獯狁并为匈奴之别名，益无可疑矣。

又匈奴民族之名不惟著于汉史，自冒顿单于统一漠北，建一大国，声势浩大，因西域胡人之传播，遂远及于印度欧洲诸国。印度人之记录中有 Huna 之名，亚麦尼亚人之记录中有 Hunik 之称，罗马人记录中有 Hunni 及 Chunni 之名，希腊人之记录中亦有类此之名号，经东西汉学家之研究，知皆指匈奴人之辞也。此等诸名盖皆匈奴原名之音译，Hun，Chun 等为语根，当系指此民族之称，而 ni，na 等为语尾，则指此民族之人民而言之也。《汉书·匈奴传》载王莽尝改匈奴曰恭奴，《通典·匈奴传》又载王莽尝再改匈奴曰降奴，匈、降、恭皆声相近，故随意更改，以示爱恶之意，而奴字不改者，或即因其专指此民族之人民之称，无由改之之故也。

又匈奴民族亦自称曰胡，匈奴单于遗汉帝书云"南有大汉，北有强胡，胡者，天之骄子也云云"，即其例证。汉以后胡之称号渐施于西域人之间,然战国秦汉间则胡之名乃匈奴民族之专称,服虔谓"东胡乌丸之先,后有鲜卑,在匈奴东,故曰东胡",即其例证。又《匈奴传》谓汉西置酒泉郡以隔绝胡与羌通之路,则羌胡二族之截然区别可知。而《西域传》所载西域各国之官名中,如鄯善国有却胡侯,疏勒国有击胡侯,龟兹国有击胡侯,却胡都尉,却胡君,尉犁国有击胡君,危须国有击胡侯,击胡都尉,击胡君,焉耆国有击胡侯,却胡侯,击胡左右君,击胡都尉,击胡君,车师后王国有击胡侯。盖此等诸国皆近匈奴,屡为所侵,乃效忠汉室,故设此等专防匈奴(胡)之官以理之。是知凡单言胡者皆指匈奴。至后汉以来对西域诸国亦称西胡,此则明因彼等在匈奴之西,胡汉人以此名之,而非彼等之自称也。

　　匈奴之自称曰胡,既如上述,胡字之音,与匈奴之匈,降奴之降,恭奴之恭皆相近,似视可为同一语源。此语之原系何义,史无明文可考,今欲求其语原,非就今通古斯语,蒙古语及土耳其语中求其声音类似之语以比较之,则不可得。今

　　　　蒙古语族中:

　　　　Khalkha 语谓人曰 Kun,

　　　　Kalmuk 语谓人曰 Kun, Ku,

　　　　Dakhur 语谓人曰 Khun, Ku,

　　　　Buriat 语谓人曰 Khung, Kung, Kun,[1]

　　　　今土耳其语族中:

　　　　Turk 语谓人曰 Kun, Kunen,[2]

　　　　Woghul 语谓人曰 Kum, Khum. Kum[3],

---

[1] Klaproth 氏著 Asia Polyglotta.

　　又 Castrén 氏著 Versuch einer Burjatische Sprachlehre.

　　又 Schmidt 氏著 Mongolisch-Deutsch-Russisches-Worterbuch.

　　又 Iwanowski 氏著 Mandjurica.

[2] Wolf 氏著 Geschichte der Mongolen.

[3] Klaproth 氏著 Asia Polyglotta.

又　　　匈牙利语谓人曰 Kun,

又谓群众军队等曰 Koun。①

案上述诸语之 Ku，Ku，Kun，Kun，Khun，Hun 等与匈奴之自称曰胡，语音酷似，又匈奴之匈，降奴之降，恭奴之恭，亦皆近似，殆系同一语源。考世界各地未开化民族之人民，常选"人"字或"住民"之义之语以为其民族之自称，而亚洲北部各民族中此例尤多，如：

Tunguse 人自称曰 Boya，Boye，Bye，Donki，②

Giljak 人自称曰 Nikbun，Nibakh，③

Yakut 人自称曰 Sakha，④

又　　Kamcadal 人自称曰 Itelmen，⑤

Nyenyez 人自称曰 Nenez，⑥

虾夷人自称曰 Ainu，

皆"人"或"住民""土民"之义也。由上述诸例观之，其选人字之义之语以为其民族之自称者，乃亚洲北部民族之普遍风俗，故 Klaproth 氏，Wolf 氏，Erdmann 氏，Grémm 氏，Vamlery 氏，白乌库吉氏等解释匈奴民族之名称，皆谓即蒙古语、土耳其语等之 Ku，Ku Kun，Khun，Hun 等语之对音，即人民，住民之义，盖不失正鹄者也。

　　2. 释单于

　　匈奴语谓君主曰单于，《汉书·匈奴传》云，"单于者，广大之貌，言其象天单于然也"，是则匈奴之称单于，亦有覆帱天下万物，抚驭天下万姓之慨，与中国君主之称皇帝者同其意义甚明也。然单于二字读音不一，单音丹(tan)，亦音善(Sen)，于音云俱切(Yu)，亦音休居切(hu)，故欲求

---

① Vámbéry 氏著 Der Ursprung der Magyaren(p. 43).

② Vámbéry 氏著 Der Ursprung der Magyaren(p. 43).

③ Schrenck 氏著 Die Volker des Amurlandes(p. 99).

④ Radloff 氏著 Die Yakutische Sprache(p. 53).

⑤ Schlözer 氏著 Allegmeine Nordische Geschichte(p. 434).

⑥ Klaproth 氏著 Asia Polyglotta.

其语源于今北方各族之语言中者,遂可作种种假设焉。

日本白鸟库吉氏曾将单于二字读作 Zen-gu 而以下列诸语比较之:

> 满洲语谓强盛广大曰 Cinkai,
>
> 蒙古语谓强盛广大曰 Cinkha,
>
> 土尔其族 Cagatai 语谓强盛广大曰 Cong 或曰 Zengiz。[①]

案此等诸语如 Cinkai,Cinkha,Cong,Cingiz 与元太祖成吉思汗之名,声音相类似。因考定单于二字为上述诸语之对音。氏亦曾将单于二字读为 San-yu 而试寻其语源,将下列诸语比拟之:

> 满洲语谓伸张曰 Saniyam-bi(动词)Saniyan(名词),
>
> 蒙古语谓伸张曰 Saniya-ku(动词),
>
> 土耳其语谓张手曰 Sun。

案此等诸语与单于二字在声音上虽有类似之点,然《汉书·匈奴传》载王莽曾改单于之名曰善于,杜佑《通典·匈奴》篇载王莽曾再改单于之名曰服于,又《汉书·匈奴传》载“乌珠留时左贤王数死以为不祥,更易左贤王曰护于,护于最贵,次当为单于,故乌珠留授其长子,欲传以国。咸怨乌珠留贬贱己号,及立,贬护于为左屠耆王”云云。可见单于之单,可随意改为善或服,而单于之于,卒未加以改易,则于之一语殆系匈奴王号之专称,不得而改之之故,观左贤王亦可改为护于,则于之一语必系匈奴王号之专称,益信而有征矣。案《集韵》云“于,邕俱切,音纡,广大貌”,今蒙古族之 Burjat 语谓广大、非常、充分等义亦曰 u,匈奴语单于,护于之于,殆即其同语也。

又单于之单,《说文》云“单,大也”,中国君主称皇帝之皇,《汉书·礼乐志》注云“皇,大也”,《经籍纂诂》云“皇,君也,美也,大也”,兹更索单字之语于今北方语族中,

---

① Kowalewski 氏著 Dictionaire Mongol-Russe-Francais(p. 2139).

又 Sejx Sulejman Efendis 著 Cagatai-Osmanisches Wörterbuch(p. 52).

满洲语谓高曰 den,谓山巅曰 ten,

　　谓甚、至、极之义曰 den,①

蒙古语谓甚、至、极之义曰 den, déng, ding,②

土耳其语谓甚、至、极之义曰 téng, däng。③

单于之单,殆即上述 ten, den, deng, téng, däng 等之对音,至大之义也。若上所考察为无误,则单于之于为匈奴语对君主之专称,而单乃表至大之义,合言之,则与大王,大帝,皇帝同一意义也。

中国古代君主或称王,或称帝,至秦始皇始自称皇帝,《史记·秦始皇本纪》载"秦并天下,令丞相御史曰,寡人以眇眇之身,兴兵诛暴乱,赖宗庙之灵,六王咸服其辜,天下大定,今名号不更,无以称成功,传后世,其议帝号。丞相、御史、廷尉等皆曰,今陛下兴义兵诛残贼,平定天下,海内为郡县,法令由一统,自上古以来未尝有,五帝所不及,古有天皇、有地皇、有泰皇,泰皇最贵,臣等昧死,上尊号王为泰皇。王曰去泰著皇,采上古帝位号,号曰皇帝,他如议"云云。可见皇帝之称,乃秦始皇统一中国后为表彰其威力与尊严而制之者,而匈奴单于之称,与此同义,其为模仿秦制盖甚明。考秦始皇时匈奴君主曰头曼,头曼不胜秦北徙,且东胡月氏迫于东西,以如此狼狈之地位,其不能与秦皇并驾而称单于也明甚。余意头曼为匈奴君主之时,其尊号必单称曰于,至其子冒顿乘秦衰亡楚汉相争之际,破东胡月氏,统一漠北,更南向与汉争雄,围刘邦于平城,此与秦皇之并六国之勋业颇相类似,则冒顿为表彰其威力与尊严计,遂仿效秦皇自称皇帝之例,由称于而更尊曰单于,亦题中应有之义也。

3. 释撑犁孤涂

匈奴君主自称曰单于,如中国君主之自称皇帝,既如上述,而匈奴国

---

① Kowalewski 氏著《蒙古语字典》(p. 1665).

　　Castrén 氏著 Altaischen Völker(p. 158,213).

② Kowalewski 氏著《蒙古语字典》(p. 1665).

　　Castrén 氏著 Altaischen Völker(p. 158,213).

③ Böthlinck p. 5.

民称其君主曰撑犁孤涂,亦犹中国臣民称君主曰天子,《汉书·匈奴传》云:

> 单于姓挛鞮氏,其国称之曰撑犁孤涂单于。匈奴谓天为撑犁,
> 谓子为孤涂,……

案撑犁孤涂四字颇有异文,《后汉书·南匈奴传》云,单于姓虚连题,唐章怀太子李贤注云"前书曰单于姓挛鞮氏,其国称之曰撐犁孤屠,匈奴谓天为撐犁,谓子为孤屠,与此不同"。是撑犁亦作撐犁,孤涂亦作孤屠。又《史记索隐》云,其国称之曰"樘犁孤涂"是撑犁一作樘梨。又突厥阙特勤碑铭云"尊撡梨之口口,受屠耆之宠任"。则撑犁又作撡梨。撑犁之撑,苏林曰"音掌距之掌"师古曰"音丈庚反",则当读 dank,撑字传入安南正读 dank,传入朝鲜读 T'aing,与古音相合。今欲求其比较之语于今北部民族语言之中,则:

> 蒙古语谓天曰 Tangri, Tengri, Tangara,
> 土耳其语谓天曰 Tangri, Tengere, Tegri, Tangite。

匈奴语之撑犁,樘犁,撡黎,撡梨当系 Tangri 等语之音译也。

又孤涂二字《后汉书·南匈奴传》注引作孤屠,今若求其比较之语于北族语中,则通古斯语、蒙古语皆有语脉相通之语可见。

> 通古斯语族中:
>
> | Barguzin | 语谓子曰 Guto, |
> |---|---|
> | Yakuzk | 语谓子曰 hutto, |
> | Capagir | 语谓子曰 hutta, |
> | Mangazeya | 语谓子曰 huttan。[1] |

德国汉学家夏德氏(Hirth)以上述诸语为孤涂之对音,颇得正鹄也。又

> 蒙古语系中:

---

[1] 德国汉学者 Klaproth 氏著 Asia Polyglotta(p. 40).

长城附近蒙古语谓子曰 Köbögun,

Khalkha	语谓子曰 Kö,
Burjat	语谓子曰 Xöbun,
Nizuindinsk	语谓子曰 Köbung,
Seleginsk	语谓子曰 Xöbung,
Khoriusk	语谓子曰 Xöbung,
Tunkinsk	语谓子曰 Köbun, Xubun,
Ölöt	语谓子曰 Köböhn, Kubun。①

余意上述诸语与匈奴语之孤涂、孤屠亦可比拟,《史记·匈奴传》匈奴谓贤曰屠耆,徐广曰屠一作诸,是屠诸二字古音相通,诸字今读若 Zo,或 Cyo 与 Köbö, Köbun 之 bö 或 bun 音相近似,可以转讹也。

此外土耳其语谓子曰 Ogle 亦与孤涂、孤屠之孤声相近。盖通古斯、蒙古、土耳其同属乌拉尔阿尔泰语群,故语源、语脉相通相似者多也。

4. 释头曼

匈奴冒顿单于之父曰头曼,颜师古注,曼音莫安反,韦昭注,曼音瞒,是则头曼当读为 Toûman,今若求其比较之语于北族各语中,

蒙古语谓万曰 tumun,

Dakhur 语谓万曰 túmo,

土尔其语谓万曰 tumen, tumün。

头曼二字与上述诸声音酷似,殆即其语源也。考印度欧罗巴语系各国语之数词中有千字而无万字,惟清光绪间欧洲考古队在新疆所发现之甲种吐火罗语(即焉耆语)、乙种吐火罗语(即龟兹语),皆为万曰 Tmann 与 Tuman,与土耳其语、蒙古语相近似,或亦借用土耳其语或蒙古语者也。

---

① 俄国 Podgorbunski 氏著 Russko-Mongol-Burgatski Slowar(p. 151)。
  又德国 Castrén 氏著 Uersuch einer Burjatischen Sprachlehre(p. 200)。
  又 Klaproth 氏著 Asia Polyglotta(p. 279)。

5. 释冒顿

秦末汉初之际匈奴最强,其时单于曰冒顿。冒顿二字,宋祁注云音墨毒,其意义如何,古来学者未尝从事解释。近代德国汉学家 Hirth 氏乃以土耳其语谓英雄勇士之义曰 Baghtur 一语比较之[1],日本东洋史家白乌库吉氏又曾以蒙古语谓神圣之义曰 Bogda,Bogdo 之语比拟之。余按蒙古语之 Bagatur 一语,《北魏书》等皆译为"莫贺咄",与冒顿二字声音颇不相类,而 Bogda 一语亦与冒顿二字之音相差颇远。

案匈奴人称君主曰撑犁孤涂,乃天子之义,而匈奴君主之自称单于乃大王,大帝,皇帝等之义,既如上述,此等称号其为模仿中国风气而起者毫无疑义。中国古代君主或单称王,或称帝,至秦始皇并吞六国,统一海内,为欲表彰其功业之盛为前古所未有,故自尊曰皇帝,又欲为子孙帝王万世之业,故自号始皇帝,而其子胡亥继位号二世皇帝,当秦始皇自加尊号之时下制曰:

> 朕闻太古有号毋谥,中古有号,死而以行为谥。如此则子议父,臣议君也,甚无谓,朕弗取焉。

> 自今以来除谥法,朕为始皇帝,后世以数计,二世三世至于万世,传之无穷……

余案《史记·匈奴传》冒顿死,子稽粥立,号曰老上单于,徐广注曰:

> 一作稽粥第二单于,自后皆以第别之。

两相比较,则匈奴单于之名乃以次第计数,与秦始皇所定之制相同,其为模仿秦制甚明。老上单于之亦称稽粥第二单于,与秦始皇之子胡亥之称二世皇帝同例,由此可知冒顿单于之冒顿,殆即模仿始皇帝之"始"而得名者也。

冒顿二字,余于蒙古语、土耳其语、通古斯语中尚未见到可以比较之语,但日本语之モト(moto)与此酷似,按日本语之モト(moto)有下列诸义:

（1）物之首始　（2）事之起始　　（3）事物起原之因由

---

[1] Hirth 氏著《亚的拉(Attilas)世系考》及《中国古代史》第五章。

　　（4）物之本质　　（5）制造之原料　　（6）酿造之酵母等[①]

又日本语谓先后之先或第一之义曰マッ(madu)，朝鲜语谓嫡长之嫡曰mot, mat，谓长上之上曰matai(《训字学会》)，古高丽语谓头首曰麻帝(《高丽遗事》)。此等诸语与冒顿二字，皆声音相近，则冒顿一语为匈奴语"始"字之义，非无据矣。

　　北族英武之君主其模仿秦始皇之称号者，固不仅冒顿单于而已。《魏书》及《北史·蠕蠕传》记蠕蠕君主社仑统一漠北之后，曾自上尊号曰丘豆伐可汗，且谓"丘豆伐犹言驾驭开张也，可汗，犹言皇帝也"云云，可知丘豆伐可汗，亦即始皇帝之义，与冒顿单于之称，其例相同。又蠕蠕自社仑以后之第十代君主丑奴，号豆罗伏跋豆伐可汗，其第十一代君主阿那坏号敕连头兵豆伐可汗。可知豆伐二字为单词，《魏书》谓豆罗伏跋豆伐为彰制之义，敕连头兵豆伐为把揽之义。致敕连二字《魏书》于蠕蠕第四代君主敕连可汗条谓系神圣之义，今蒙古土耳其语谓天及神圣之义曰Tegri 即其对音。又豆罗二字，今蒙古语谓法制制度曰 turu 即其语源。可见头兵豆伐即把揽之义，伏跋豆伐为实施制裁（彰制）之义也。又由"丘豆伐"即驾驭开张之义观之，则豆伐一语，实有把揽，实施，驾驭诸义，即统治之意，然则丘伐豆岂非首出御世，开始统治（开张驾驭）之义耶？又《蠕蠕传》云，"蠕蠕之俗，君及大臣，因其行能即为称号，若中国立谥，既死后不复追称"云云，与秦始皇之不欲子议父、臣议君于死后，而废除谥法同例，此亦蠕蠕模仿秦制之一旁证也。

　　6. 释稽粥

　　《匈奴传》冒顿死，子稽粥立，号曰老上单于，老上稽粥单于初立，文帝复遣宗室女翁立为单于阏氏云云。徐广曰"一云稽粥第二单于，自后皆以第别之。"日本宫崎道三郎以稽粥为匈奴语第二之义是也。致匈奴君长之称单于乃摹拟秦始皇之称皇帝，始自冒顿之统一漠北以后，冒顿之子老上单之称稽粥第二单于，亦即模仿秦始皇子胡亥之号二世皇帝

---

①《日本类语大辞典》第一五三九页。

而来,殆属当然之事也。

考稽粥二字之音,颜师古注曰"稽音鸡,粥音育",又《匈奴传》荤粥之"粥"颜师古注曰"粥音戈六反",而粥字传至安南读 thuc,育字安南读 duc,是稽粥二字之古音当读 kê-duk。致北方各语族中如朝鲜语、满洲语、蒙古语、土耳其语之表示数之顺序之词皆于基数之词之末加语尾,则 Kê-duk 之 duk 殆即表示数之顺序之语尾也。今试探其语源:

土耳其之古语谓二曰 iki,谓第二曰 iki-nti,而 nti 为表示数之次第之词,今土耳其语系之 Karagas 语,表数之顺序之词于语尾加 nde 乃同一语形也。又同语系之 Koibol 语表数之顺序之词,于语尾加 eske,又osman 语表数之顺序之词,于语尾加 unzu,或 inzu,据此诸例,则匈奴语之稽粥一语其非土耳其语甚明也。兹更求之

通古斯语族中女真语谓二曰拙 Coh,

满洲语谓二曰 Zuwe,

索伦语谓二曰 Zo, Zùo, Zur, Zùro, Zùrn, dur,

Manägir 语谓二曰 Zùo, Zul, Zur, Zure, Zuru, dûr,

Tunguska 语谓二曰 Zur, diuhr,

Ochozk 语谓二曰 Zur, d'or,

Mangazeyz 语谓二曰 Zur, dùr,

Orocen 语谓二曰 Zur, dù,

Wilni-Tunguse 语谓二曰 Zura,

Yenisei 语谓二曰 Zur,

Anadir 语谓二曰 dor,

Lamut, Barguzin 语谓二曰 Zùr,

Goldi, Olca, Yakuzk, Nercinsk, Kondogir, Ober Angara 语谓二曰 Zur,

朝鲜语谓二曰 tul,

又朝鲜语表数之次第之词语 Cai 故第二曰 tul-Cai,

> 满洲语表数之次第之词曰 Zi，或 Ci 故第二曰 Zuwe-zi，
>
> Goldi 语表数之次第之词曰 Zima 故第二曰 Zùr-Zima，

据此则匈奴语之稽粥，其非通古斯语系亦甚明矣。兹更求之

> 蒙古语系
>
> 长城附近之蒙古语谓二曰 Gojer，
>
> Khalkha 语谓二曰 Khoir，
>
> Burjat 语谓二曰 Koir，Xojir，
>
> Olot 语谓二曰 Khojur，Khojur，
>
> Tunkinsk 语谓二曰 Xoir，Xojar，
>
> Balagansk 语谓二曰 Xojor，Xojar，
>
> Seleginsk 语谓二曰 Xajar，
>
> Alarsk 语谓二曰 Xojar，
>
> Dakhur 语谓二曰 Xojúr，Xoirò，koirò，Xoirá。[1]

据此则匈奴语稽粥之稽 ke，即上述诸语之略译或传讹，即二之义也。又

> 蒙古语表数之次第之词曰 tugar，故第二曰 hoya-tugar，
>
> Burjat 语表数之次第之词曰 deki，故第二曰 khayer-deki，
>
> Tunkinsk 语表数之次第之词曰 daxi，故第二曰 Xoir-daxi，
>
> 又曰 txi，故第二曰 Xojur-txi。

据此则蒙古语族表示数之次第之语，如 tugar，deki，daxi，txi 皆属同一语源，且其顺序皆接于基数字之后，成为通则。考稽粥之粥，原有"余六切""之六切"之二音，若音之六切当读 Cuk，或 Cik，又《汉书·匈奴传》熏粥之粥，师古曰音戈六反，则当读 duk，此字传至安南读 thuc，又育字安南音读 duc，此等粥（thue）育（duc）与蒙古语系表示数之次第之词如

---

① Iwanowski 氏著 Mandjurica(p. 62).

  Podgorbunski 氏著 Russko-Mongol-Burgatski Slowar(p. 72).

  Castrén 氏著 Burjatische Sprachlehre(p. 125).

tugar，deki，doxi，tyx，其语形皆互相近似，其有语脉相通之故可知也。

7. 释句黎湖

匈奴君长之称单于,始于冒顿,其第二世为老上稽粥单于,第三世为军臣单于,第四世为伊穉斜单于,第五世为乌维单于,六世为詹师卢单于,七世为句黎湖单于,八世为且鞮侯单于,九世为狐鹿姑单于,十世为壶衍鞮单于。徐广曰"老上单于,亦称稽粥第二单于,自后皆以第别之"。考冒顿之自尊曰单于,乃模仿秦始皇之自为尊皇帝,其子老上单于之号稽粥第二单于,亦犹秦始皇子之号二世皇帝,始皇欲以子孙帝王万世之业,故以第别之,匈奴单于称号之以第别之,与秦制初无二致。考句黎湖三字,《史记·匈奴传》亦作呴犁湖,其注曰呴音钩,又音吁,颜师古曰句音钩,今试求其语源:

蒙古语谓七曰 dolokhon，dolohu,此等语与句黎湖之音颇相近似,殆即其语源也

8. 释若鞮

匈奴语谓孝曰若鞮,《汉书·匈奴传》云:

> 匈奴谓孝曰若鞮,自呼韩邪后,与汉亲密见汉,谥帝为孝,慕之,故皆为若鞮。

《后汉书·南匈奴传》云"自呼韩邪单降后,与汉亲,密见汉帝谥常为孝,慕之,至其子复珠累单于以下,皆称若鞮,南单于以下,直称鞮也。"考若鞮二字,今音读 djo-ti,温州音读 dja-ti,宁波音读 Ziah-ti,此语传至朝鲜读 Zak-työi 或 Zyu-te,传至日本读 Zaku-tai 或 Naku-tei 或 Zauku-tai,今假定若鞮二字之古音为 Zak-tai,或 Zauku-tai,而试探其语源:

女真语谓孝曰塞革更,而谓血缘曰塞吉,

满洲语谓孝曰 senggime,而谓血缘曰 senggi,

Goldi,语谓孝曰 senggisal,而谓血缘曰 séksa。[1]

据是则女真语之塞革更,满洲语之 senggime 及 Goldi 语之 senggisal 等

---

[1] Grube 氏著 Goldisehe worteverzeichniss(p. 89).

语皆属同一语源,与匈奴语若鞮之若(Zauku)颇互相类似。又女真语谓血缘曰塞吉,而满洲语谓之 senggi 及 Coldi 语谓之 séksa,亦属同一语源可知,据此则通古斯语系孝之一语皆由血缘之义一语所引申而成者也。兹更据 Castrén 氏及 Grube 氏关于通古斯语系之研究:

> Tunguse 语谓血曰 süksü,
>
> 下部 Tunguse 语谓血曰 sagsa,
>
> Manäg 语谓血曰 saksü,
>
> Kondojir 语谓血曰 sauksa,
>
> Orocen 语谓血曰 siaksá, sékse,
>
> Olca 语谓血曰 soxse,
>
> Barguzin 语谓血曰 sokso,
>
> 上部 Angara 语谓血曰 sokso,
>
> Yenisei 语谓血曰 so'sa,
>
> Lamut 语谓血曰 sugäl,
>
> Udskoje 语谓血曰 häuksa,
>
> Wilui-Tunguse 语谓血曰 höksa。[1]

上述诸语与满洲语之 senggi 及 Goldi 语之 séksa 皆互相近似,其属同一语源,固不待论。兹更求之蒙古语系:

> Tunkinsk 语谓血曰 Sughan, Sughun, Sunhun,
>
> Khorinsk, Nizendinsk 语谓血曰 Sughan, Sughun, Suhung,
>
> Balagansk, Alarsk 语谓血曰 Sughan, Sughun,
>
> Seleginsk 语谓血曰 Cusun, Coso,
>
> Dakhur 语谓血曰 cosé,

---

[1] Grube 氏著 Goldisehe worteverzeichniss(p. 89).

Khalkha 语谓血曰 tsusun。[1]

据此则蒙古语之 Sughan，Sunhun，Cose，Coso，tsusun 等语与通古语系之 senggi，séksa，säksä，sagsa 等语皆有语脉相同之故。又

通古斯语谓有血或涂血之意曰 sêksä-ti 或 säksä-ci，

而蒙古语系 Burjat 语之方言中，如：

Tunkinsk 语谓有血或涂血之意曰 suhu-tai，

Khorinsk 语谓有血或涂血之意曰 suhu-tai，

Seleginsk 语谓有血或涂血之意曰 coso-toi，

Niznedinsk 语谓有血或涂血之意曰 suhu-tê。[2]

据此则匈奴语之若鞮（Zaku-tai），与通古语之 säksä-ti，säksä-ci，蒙古语之 suhu-tai，suhu-tê，coso-toi 皆有语源相同之故也。

9. 释屠耆

匈奴谓贤曰屠耆，单于之次，其官名有左右屠耆王，即以单于之子弟有继承其位之资格者充之，汉语谓之左右贤王，《史记·匈奴传》述冒顿时匈奴官制云：

至冒顿而匈奴最强大，尽服从北夷，而南与中国为敌国，其世传国官号乃可得而记云。置左右贤王，左右谷蠡王，左右大将，左右大都尉，左右大当户，左右骨都侯。匈奴谓贤曰屠耆，故常以太子为左屠耆王。

屠耆二字今音 tu-si，然《史记集解》徐广曰，屠一作诸，则屠与诸之古音均读 so，又屠字传至朝鲜读 Cyo，日本读 so，如匈奴之小休屠王之休屠，朝

---

[1] Castrén(p. 147,159,188).

　Iwanowski 氏著 Mandjurica(p. 65).

　Podgorbunski 氏著 Mongolo-Burgatiski Slowar(p. 136).

[2] Castrén(p. 147,159,188).

　Iwanowski 氏著 Mandjurica(p. 65).

　Podgorbunski 氏著 Mongolo-Burgatiski Slowar(p. 136).

阳语读 hyo-cyo,日本语读者 kyo-sou,皆其例证。又耆字今读诸氏切,音
旨(si),然又读渠脂切,音奇(ki, gi),《汉书·西域传》焉耆国条谓"国王
治员渠城",钱大昕曰,员渠即焉耆之转,与尉犁国王治尉犁城,危须国王
治危须城,不相异也。考"焉耆"与"员渠"二名乃同系土耳其语谓新曰
Yangi 一语之音译,故知焉耆之耆,古音当读 ki 或 gi 也。若屠耆之古音
为 so-ki,则可以探索其语源:

> 通古斯语谓正直曰 Säkä, Cäkä,
>
> 日本语谓直曰 suga,谓贤曰 saka,
>
> 蒙古语谓正直曰 seka, sike, cike, ceke, cixe, ciye,

此等 sike, ceke, cixe 诸语与匈奴语之屠耆 so-ki,当有语源相同之迹可
知也。又

> 土耳其族之
>
> Koibel 语谓贤曰 sêgastex,
>
> Salbinsk 语谓贤曰 sâgastyx,
>
> Karagass 语谓贤曰 sagastyx。[1]

此等诸语,与蒙古语之 sike, cixe, ceke 等及匈奴语之屠耆(soki)亦有语
脉相通之故,不难推知也。

又《后汉书·南匈奴传》云:

> 其大臣贵者左贤王,次左谷蠡王,次右贤王,次右谷蠡王,谓之
> 四角。次左右日逐王,次左右温禺鞮王,次左右斩将王,是为六角。
> 皆单于子弟,次第当为单于者也。异姓大臣左右骨都侯……

据此则匈奴单于子弟封王者,有屠耆,谷蠡,日逐,温禺鞮,斩将五等,共
为十角,则人数当亦有限,而《史记》《前汉·匈奴传》记匈奴单于子弟封
爵者亦有屠屠王,谷蠡王,大将,大都尉,大当户五等,自左右贤以下至当

---

[1] Castrén(p. 147, 159).

户大者万余骑,小者数千,凡二十四长,立号曰万骑,而左右贤王,左右谷蠡王最为大国云云,则其制与《后书》所云相同。屠耆已如上述,谷蠡系何义则不详。余疑日逐王即大将之职,温禹鞮王即大都尉之职,斩将王即大当户之职,一系音译,一系意译,实一句也。姑发其端,以待后之考证焉。

10. 释骨都侯

《史记·匈奴传》记匈奴官制云:

> 至冒顿而匈奴最强大,……其世信官号乃可得而记云,置左右贤王,左右谷蠡王,左右大将,左右大都尉,左右大当户,左右骨都侯……诸大臣皆世官,呼衍氏,兰氏,其后有须卜氏,此三姓其贵种也……

> 左右贤王左右谷蠡王最为大国,左右骨都侯辅政……

又《后汉书·南匈奴传》云,"异姓大臣左右骨都侯,次左右尸逐骨都侯,其余日逐、且渠、当户诸官号,各以权力优劣,部众多少为高下次第焉。"又云异姓有呼衍氏,丘林氏,须卜氏,兰氏四姓,为国中名族,常与单于婚姻,呼衍氏为左,兰氏、须卜氏为右,主断狱听讼,当决轻重,口白单于云云。可见骨都侯之职,以断讼狱决轻重为主。断讼狱决轻重之事可擅作威福。

蒙古语谓威严神圣曰 Khutuk,[①]

土耳其语谓威严幸运曰 Kutluk。

据此则匈奴语之骨都侯,殆即此等 Khutuk, Kutluk 之音译也。

11. 释于除建

《后汉书·南匈奴传》载匈奴北单于有名于除建者。案 Iwano-wski 氏之《满洲语字典》谓达瑚尔语谓小曰 Uciken, Usxin, Isken, Itsiken,皆与于除建之语音相酷似,想于除建之名,即上述诸语之对译也。

---

① Kowalewski 氏著 Dictionaire Mongol-Russe-Francaise(p. 913).

12. 释阏氏

匈奴单于称其妻曰阏氏,而阏氏二字之音读见于《汉书·匈奴传》注:

> 师古曰,阏氏,匈奴皇后也,阏于连反,氏音支。……

又《史记·匈奴传》注:

> 索隐曰,阏氏旧音曷氏,匈奴皇后号也。……

是知阏氏二字之古音盖有二:

一,从《汉书》颜注,当读为 Yen-si 或 eng-ci,

二,从《史记索隐》,当读为 hat-si 或 At-si(曷氏),

古人翻译外国语言,凡以"a""o""h"发音之语,大抵译以"合""曷"等音,例如:

一,《唐书·回鹘传》于回鹘语勇猛之义曰 Alp,一语译为"合"(hap),

二,《回鹘传》于土耳其语谓驳马之义曰 Ala(驳),At(马)一语译为曷剌国,(hat-lat=kuo)。

三,《元史·土土哈传》于蒙古语谓酪酒曰 aradja,一语译为曷剌齐(ha-lat-cai)。其余类此之例尚多,不遑枚举。是曷氏之曷,必由匈奴语 a 音之翻译而来者无疑。考阏字之古音,《唐韵》"阏乌割切"音(Wat),《集韵》《韵会》《正韵》"阏阿葛切"并音遏(at),又阏字广东音读 at,传至外国,安南音读 at,朝鲜音读 al,日本音读 atu。故阏氏二字之古音以读 at-ci 或 hat-si 为最妥。今欲依此而探索其语源于今北族各语系中,

> 通古斯语族中
>
> Amur-Tunguse 语谓妻曰 asi,
>
> Wilui-Tunguse 语谓妻曰 asi,
>
> Anadyr-Tunguse 语谓妻曰 asi,
>
> Untere-Tunguse 语谓妻曰 asi, asi, azi,
>
> Orocen-Solon 语谓妻曰 asa, asum, asin,

Bukhta-Solon 语谓妻曰 asi，

Olca 语 Manager 语谓妻曰 asi，

Ober-Angara 语谓妻曰 asi，

Kondogir 语 jakut 语谓妻曰 asi，

Mangozcja 语 udskoje 语谓妻曰 asi，

Capogir 语 Nercinsk 语谓妻曰 asi，

Yenisei 语谓妻曰 azin，

Barguzin 语谓妻曰 asiw，

Ochotsk 语谓妻曰 asi，asiwn，

Lamut 语谓妻曰 acin，

Gold 语谓妻曰 asi，asi，①

又　朝鲜语仆婢主妇曰 assi(阿氏)，②

高丽时代朝鲜语呼妇曰 acun(阿寸，了寸)，③

又　蒙古语之 Burjat 语呼妻曰 ize，izi，

土耳其语之 Uigur 语呼妻曰 abeci，evci，ipchi，

近来发见之 Sogdian 语呼妻曰 ihc。④

案上述诸语与阏氏二字皆相近似。观土耳其语系之 Cuwas 语呼父曰
Ama，呼母曰 Ame-si 或 Am-si，可知 si 为表示女性之语尾。又土耳其呼
黄鼠曰 bulughan，而呼雌的黄鼠曰 bulngha-cin，可知 cin 亦表女性之语
尾。以此例之，则上述诸语之 sī，sī，sīw，cin，cun，siwn，sun，sin，zi，
ze，ziu，ci，c，chi 等皆表示女性之语尾也。

　　案蠕蠕、突厥等国称君主曰可汗，称皇后曰可贺敦，可贺即可汗，敦
乃示女性之语尾。阏氏之氏与汉语妻字声音相近，与上述诸语之语尾尤

---

① Grube 氏著 Goldische Worterverzeichniss.

　　Klaproth 氏著 Asia Polylotta.

② Gale 氏编 Corean-English Dictionary (p. 14).

③《图书集成·边裔典·鸡林类事》。

④ Muller 氏著 Uigurische Glosen. (Festschrift fur f. Hirth).

为酷似,与可贺敦之敦同例。余以匈奴君主昔皆称于,至冒顿统一漠北,始更自尊曰单于,既如上述,阏与于声音相近,疑系同一语之转变。若此推测为不误,则阏氏者即王后之义也。

13. 释居次

匈奴语有所谓居次者,《汉书·匈奴传》云:

> 复株留单于复妻王昭君,生二女,长女云为须卜居次,小女为当于居次。

又须卜居次,原名伊墨居次,同传云:

> 匈奴用事大臣右骨都侯须卜当,即王昭君女伊墨居次云之壻也。

钱大昭曰"案云是伊墨居次,因为须卜当之妻,故亦称须卜居次耳"。又当于居次,亦作当户居次,同传云:

> 呼都而尸单于既立,贪利赏赐,遣大且渠奢与云当女弟当户居次子盐梜王俱奉献至长安……

师古曰,"须卜当于皆其夫家氏族",文颖曰"须卜氏匈奴贵族也",又曰"当于亦匈奴贵族也"。又《匈奴传》云:

> 校尉常惠与乌孙兵至右谷蠡庭,获单于父行及嫂居次名王犁污都尉千长将以下三万九千余级。

因此,居次二语之解释遂有二说:

一,李奇曰,居次者女之号,若汉言公主也。

二,沈钦韩曰,以常惠与乌孙兵获单于嫂居次验之,居次是其王侯妻号,犹今王妃称"福晋"也,非公主之比。

日本白乌库吉氏,以土耳其语呼女曰 giz, gyz, kiz 诸语比较之。而宫崎道三郎氏又以蒙古语呼公主曰 Gung-chiu[①] 一语比拟之,以为借用

[①] Kowalewski 氏著 Dictionaire Mongolo-Russe-Francaise.

汉语公主之例。案《史记·匈奴传》载冒顿常往来侵盗代地，高祖患之，乃使刘敬奉宗女公主为单于阏氏，而单于之女称居次者，又仅于王昭君之二女见之，则居次之系模仿或借用汉语公主之称，殆可信也。

三、匈奴地名物名考释

匈奴地名、物名之传于今者，虽尚不少，然其中之可考释者如祁连，焉支，区脱，蹛林，豆落，煔蠡，服匿，湩酪，驶騠，駃騠，驒騱等语为数亦不多，兹一一分释之如下：

1. 释祁连

匈奴语谓天盖有二语，其一曰撑犁，已如上述，其又一曰祁连，《汉书·武帝本纪》注云：

> 天山……师古曰即祁连山也，匈奴谓天为祁连，祁音巨夷反，今鲜卑语尚然。

又同书《霍去病传》注云：

> 祁连山……即天山也，匈奴谓天为祁连，祁音士夷反。

是匈奴语呼天亦曰祁连甚明。惟祁之古音则有二，其一祁音巨夷反，读 Ki-len，其又一祁音士夷反，读者 Si-len。今音祁读 Ki，则士夷当系巨夷之误也，今试探其语源：

土耳其语呼天亦有二语，其一曰 tangri 原为表至高之处之义，变而表至高之神之义，已如上述，其又一曰 kuk 则仅表示苍苍者天之义而已。白鸟库吉氏昔尝以为祁连乃土耳其语 Kuk 之复数 Kuklen 之音译解释之，然天字不宜有复数。惟 Schmidt 氏以满洲语谓天曰 Kulen[1] 为祁连之对音当不误也。

又通古斯语之 Giljak 语谓天曰 Klö 亦有语脉相似之缘焉。

---

[1] Schmid 氏著 Der Lauwandel im Mandschu und Mongolischen.

匈奴语之祁连亦作赫连,《晋书·赫连勃勃传》云:

> 其年下书曰,朕之皇祖,自北迁幽朔,姓改似氏,音殊中国,故从母氏为刘氏。而从母之姓非礼也。古人氏族无常,或以因生为氏,或以王父之名。朕将以义易之。帝王者系天为子,是为徽赫实与天连,今改姓赫连氏,庶协皇天之意,永享无疆之庆。系天之尊,不可令支庶共之,其非正统者皆以"铁伐"为姓,庶联宗族子孙刚锐如铁,皆堪伐人。

又《魏书·赫连勃勃传》云:

> 屈子耻姓铁弗,遂改为赫连氏,自云徽赫与天连。又号其支庶为铁伐氏,云其宗族刚锐皆堪伐人。

骤观此文面,以为赫连与铁伐若皆汉语然者,然细考其实,则此二语原皆胡语,不过以意选择汉语中适当之二字以翻译之而已。铁弗、铁伐,原皆同为蒙古语土耳其语谓铁曰 Temur 一语之汉译,铁弗译音,无所取义,铁伐则译音且兼取其刚锐堪伐人之义也。同样,赫连亦即满洲语谓天曰 Kulen 之对音,与祁连同为一语,祁连仅译其字,赫连则译音且兼取其徽赫与天连之义者也。

2. 释焉支、焉耆、烟支

匈奴语谓颜色容貌曰焉支,《史记·匈奴传》云:

> 其明年春,汉使骠骑将军去病将万骑出陇西,过焉支山千余里击匈奴……其夏……数万骑出陇西北地二千里击匈奴;过居延,攻祁连山,……

《汉书·匈奴传》焉支山一作焉耆山,沈钦韩云:耆与支同,《元和志》甘州删丹县焉支山一名删丹山,在县南五十里,东西百余里,南北二十里,水草茂美,王先谦曰,"删丹汉为张掖县,今甘州府删丹县治",《西河故事》云:

> 匈奴失祁连、焉支二山,乃歌曰,亡我祁连山,使我六畜不蕃息,失我焉支山,使我妇女无颜色,其悶惜如此……

又习凿齿《与燕王书》云：

> 山下有红蓝，足下先知不，北方人采取其花，染绯黄，采取其上
> 英鲜者作烟支，妇女采将用为颜色。吾少时再三过见烟支，今日始
> 观红蓝，后当足致其种。匈奴名妻为阏氏，今可音烟支，想足下亦不
> 作此读《汉书》也。

由上述诸例，可知焉耆，焉支，烟支三语皆为同一语源之异译。

"耆""支"二字之读皆有二种：

一、支字《唐韵》《韵会》读"章移切"，《正韵》"旨而切"皆音 si 或 ci。耆字
读诸氏切，音旨 si，若如习鉴齿之以烟支附会解阏氏，则支音氏当读 si 也。

二、支字《集韵》"翘移切，音祇"（ki 或 gi）《南史·新罗传》所举新罗
官名有子贲旱支，齐旱支，谒旱支等名，"旱支"二字《日本书纪》亦作"旱
岐"，同为朝鲜语 K'eun-ki 一语之音译，可见南北朝时期支亦读 ki 也。
又耆字亦读"渠脂切，音奇（ki 或 gi）"，《汉书·西域传》焉耆国"国王治员
渠城"，钱大昕谓"员渠即焉耆之转"，员渠、焉耆同为土耳其语谓新曰
Yangi 一语之音译，可见汉代耆字当读为 gi 或 ki 也。由上所述，则焉支
之古音为 Yen-gi，今试探其语源，

> 蒙古语族之 Khalkha 语谓色曰 unge, öngö,
> 　　　　　　Burjat 语谓色曰 ungu, öngo,
> 又蒙古语谓色、貌、姿样曰 öngge,
> 又土耳其之 Kirgiz 等语谓颜色、外貌、光彩曰 öng,
> 　　　　　　Uigur 语谓闪色、颜色、容貌曰 öng-luk,
> 　　　　　　Yakut 语谓色曰 ung,
> 　　　　　　Cagatai 语谓色曰 ung, 谓红粉曰 ining, unung 又谓
> 　　　　　　有色彩或斑纹之动物曰 öngun, ungun。

由上述诸例可见匈奴语之焉支，烟支，焉耆，与蒙古语之 öngö,
unge, öngge, 土耳其语之 öng, ung, öngun, ungun, unung, ining 等语，
皆有语源相通之故也。此等语源之本义为色与光彩之义，一转而颜色与

容貌之称,再转而为装饰颜色之花粉、花英之称矣。

3. 释瓯脱

《史记·匈奴传》曰:

> 东胡王愈益骄西侵,与匈奴间中有弃地,莫居千余里,各居其边为瓯脱,东胡使使谓冒顿曰,匈奴所与我界瓯脱外秦地,匈奴不能至也,吾欲有之……

瓯脱二字之注解

> 服虔曰,瓯脱作土室以伺也。
>
> 韦昭曰,界上屯守处。
>
> 师古曰,境上候望之处,若今之伏宿处也。
>
> 正义曰,按坝上斥侯之室为瓯脱也。

据上述诸例则皆以瓯脱为土室之义,但纂文云:

> 瓯脱土穴也,又云地名,故下文云生得瓯脱王。

是瓯脱亦为地名,又《武备志·女直考》云:

> 以其地正直开原,闲于隙,彼不得与西虏通,欲吞北关以为窥辽之基,时有瓯脱本我界也,为奴所侵。

此所谓瓯脱亦与《匈奴传》之所谓瓯脱意义相近,乃匈奴语之传于中国者,瓯脱二字《汉书·苏武传》亦作"区脱",其音读师古曰"瓯音一侯反,脱音土活反"。又《纂文》云"瓯音一侯反,脱音同活反。"是则瓯脱二字古读 Yudat 或 Yodat,而今音则读 euta,此二字传至日本读为 odat 或 odatsu,今试探其语源:

> 通古斯语谓天幕曰 otok,
>
> 蒙古语之 Burjat 语谓宿营曰 otok, otek,[1]

---

[1] Podgorbunski 氏著 Russko-Mongolo-Burgatiski Slowar(p. 97).

又　　　　土耳其语系中之

Osman 语谓室曰 oda,

Cagatai 语谓住室曰 otak,

Cuwas 语谓羊栏曰 odar,

Altai 语谓马厩曰 odu,

Kirgiz 语谓置物场曰 ottok,

Yakut 语谓置物场曰 out,

又　　　　Magyar 语谓穴曰 odu,

Irtis-Ostyak 语谓小天幕曰 ûdap,

Surgut-Ostyak 语谓小天幕曰 odap, ôdep,

Kott 语谓小天幕曰 atax,

Ostyak-Samoyed 语谓小天幕曰 êde, ête, aede, yede。

据此则匈奴语之瓯脱与此等诸语皆相类似,其有语源相通之故可知也。考此等诸语变迁之迹,则原由土穴之义,一转而为天幕之义,再转而为住室之义者也。

　　4. 释蹛林

《史记·匈奴传》云:

　　　　岁正月诸长小会单于庭祠,五月大会龙城,祭其先天地鬼神,秋马肥,大会蹛林。

服虔曰:

　　　　蹛音带,匈奴秋社八月中会祭处也。

颜师古曰:

　　　　蹛者绕林木而祭也,鲜卑之俗,自古相传,秋天之祭,无林木者尚竖柳枝,众骑驰远三周乃止,此其遗法。

索隐曰:

　　　　郑氏曰,蹛林地名也,晋灼曰,李陵与苏武书云,相竞争趋蹛林,则服虔说是也。又韦昭云林音多盖反。姚氏案《李牧传》大破匈奴灭襜褴,字与韦昭音颇同,然林襜相近,以林为襜也。

沈钦韩曰:

案《辽史·国语解》云,蹛林即松林故地,然则故语名林木为蹛也。《新唐书》太宗以铁勒部思结为蹛林州,隶燕然都护府。

案蹛林二字如上所述,有地名,林木,祭祀三义,今试求其语源则蒙古语谓祭祀曰 Tailga[①] 与蹛林声音近似。又女真语谓寺庙曰太乙剌(tái-yih-lah),朝鲜语谓寺院曰 työl(cyöl),日本语谓寺院曰 tera,亦皆与蹛林一语相类。寺院为后世举行祭会之处,蹛林殆与此诸语同语源也。

5. 释逗落

《史记·匈奴传》记匈奴风俗云:

其送死有棺椁金银衣裘,而无封树丧服。(晋张华曰"匈奴名冢曰逗落")。

据此则匈奴语谓坟冢曰逗落甚明。今试探其语源:

蒙古语谓坟冢墓曰 darusi,[②]

Burjat 语谓坟冢曰 dara,[③]

由此可见匈奴语之逗落,殆即此等蒙古语 dara, darusi 之音译也。

6. 释煴蠚

《文选·杨雄长杨赋》云:

遂猎乎王庭,驱橐驼,烧煴蠚,分裂单于,磔裂属国。

案煴蠚二字明非汉语,又与橐驼并举,且下有单于属国之词,知系匈奴语。其注曰"橐驼,太驼也,驱之以归。煴蠚,聚落也,烧之使尽。"此可知

---

① Schmidt 氏著 Mongolische-Deutsch-Russische wörterbuch.

② Kowalewski 氏著 Dictionaire Mongolo-Russe-Francaise(p. 1637).

③ Podgorbunski 氏著 Russko-Mongolo-Burjatische Slower(p. 155).

煏蠡二字有聚落之义。考此二字之读字,《集韵》煏有"忙径切""莫狄切"二音,而"忙""莫"二字又各有"m""b"之二种发音。

故忙音 mong	则煏音 ming
忙音 bong	煏音 bing
莫音 mak	煏音 mek
莫音 bak	煏音 bek

据此则煏字有 ming, mek 及 bing, bek 之四音,案乌孙贵人之称"靡"乃土耳其 bai 或 bi 之音译,因此可知煏之古音常读为 bing 或 bek 也。若煏蠡之发音为 bing-le 或 bek-le,则其为"聚落"之义颇可探其语源焉。

通古斯语谓家曰 bulä,

满洲语谓村落曰 balan,

蒙古语谓村邑曰 balgha-sun,

Burjat 语谓家曰 bele, bule,

土耳其语谓城邑曰 balik,

若煏蠡之音为 bekle,则与上述诸语之 bele, bule, bula, balik, balgha, balan 等皆相近似,殆有语脉相通之缘故也。

又张晏云,煏蠡干酪母,烧之坏为养生之具。然其语源尚不能知,姑记于此以待考证。

7. 释服匮

《史记·苏武传》记单于赐苏武物品云:

于靬王爱之,给其衣食,三岁余,王病,赐武马畜,服匮,穹庐。

其注解

刘德曰:服匮如小旃帐(此中恐有脱文)

孟康曰:服匮如罂,小口大腹方底,用受酒酪。……

晋灼曰:河东北界人呼小石罂受二斗所曰服匮。

师古曰:孟晋二说是也。

据此则服匿乃小口大腹之酒器甚明。又高丽语亦作服席,《演繁露》云:

> 南唐张辽使高丽记其所见曰,丽多铜,田家器具皆铜为之,有温器名服席,状如中国之铛,其底方,其盖圆,可容七八升。案《齐杂记》云,竟陵王子良得古器小口方腹底平,可着六七升,以示其秘书丞陆澄之,澄之曰此名服匿,单于以赐苏武,子良视其款识,果如所言。夫东夷之所谓服席即北狄之所谓服匿者也,语有讹转,其实一物也。

据此则服匿在高丽亦曰服席,服席当读(Puk-syök)。服匿二字之读音,据《通雅》服匿条云:

> 服匿单于与(苏)武者,音避匿,陆澄答竟陵王,程秦之又言高丽服席,阮坚之曰,扁瓶可佩者,《说文》服牛作犕,知其音通。

据此则服音避。而匿之读音据《正字通》匿字条云

> 匿,乃栗切,音嫟,……又服匿……即北狄所谓服匿也,旧注又他得切,音忒,朔而月见东方曰侧匿,按侧匿即仄慝……

据此则匿字原有嫟、慝二音,而服匿之匿则当读他得切,音忒(即慝),由此可知服匿二字当读(Puk-tok)。日本宫崎道三郎氏撰《日韩两国语之比较研究》一文谓:

> 日本语谓缶,瓮,瓶、瓿,罐,坛,瓶,甆,盆等皆曰保止支(Potogi),
> 朝鲜语谓缸曰𝐛𝐚𝐭𝐚𝐧𝐠𝐢(Patangi),
> 高丽语谓小口大腹之酒器曰服席(Puk-syök),
> 匈奴语谓小口大腹之酒器曰服匿(Puk-tok),

此等诸语之首音如保(Po),如𝐛𝐚(Pa),如服(Puk),皆与秦语之"缶"声音酷似,当是同一语源。白乌库吉氏据其说而更详考之。

> 满洲语谓酒器曰 butun 曰 boton,

> 蒙古语谓酒器曰 butun, botung 曰 boton,
>
> 又 Finn, Wotyak 语谓瓶曰 Pata,
>
> 　Esten, Livland 语谓瓶曰 Pada,
>
> 　Osyak 语谓瓶曰 Put, Pud,
>
> 　Ostyak-Samoyed 语谓瓶曰 Peda, Pitta, Pitte, Pätta,
>
> 　Magyar 语谓瓶曰 fazek,①

据此则匈奴语之服匿（Puk-tok）与此等诸语亦有互相近似之点，或亦有语脉相通之故也。

更探其语源于 Indo-Europa 语系中

> 拉丁语谓瓶曰 buticula, bouticula, puticla, botilia,
>
> 英国语谓瓶曰 bottle,
>
> 法国语谓瓶曰 butlille, bouteille,
>
> 意大利语谓瓶曰 bottiglia,
>
> 西班牙语谓瓶曰 botelha, botilla, botija,②

据此则西方语系诸语，与上述诸语与上述东方语系诸语，似亦有语源相通之故也。

　　案秦人称盛酒浆之瓦器曰缶，李斯谏逐客书云，"夫击瓮叩缶，弹筝搏髀，而歌呼呜呜，快耳目者，真秦之声也"云云，《史记·蔺相如传》云"蔺相如前曰，赵王窃闻秦王善为秦声，请盆缶秦王以相娱乐。秦王怒，不许，于是相如前进缶"，《汉书·杨恽传》云"家本秦也，能为秦声，妇赵女也，雅善鼓瑟，奴婢歌者数人，酒后耳热，仰天拊缶，而歌呼乌乌"。许文解字云"缶，瓦器，所以盛酒浆，秦人鼓之以节歌"。观此诸例，则秦人用缶节歌，为极寻常之习，盖缶原用以盛酒浆，古代乐器简陋，故兼用之

---

① 白鸟库吉氏著《蒙古民族起源考》，鸟居龙藏氏著《保止支考》，宫崎道三郎氏著《服匿再考》，均见《史学杂志》。
② Webster 氏著 Complete English Dictionary（bottle 条）。
　Skeat 氏著 Etymological Dictionary of the English Language（bottle 条）。

节歌。此器传入匈奴,名曰服匿,然服匿之名殆亦由中国传入者,颜师古《匡谬正俗》云:

> 蒲州盛酒缸曰蒲绚。

案绚疑当作陶,蒲州在河东道,近河南,是秦本地俗语称缶亦曰蒲绚,服匿殆即蒲绚之转讹也。

8. 释径路

匈奴语谓宝刀曰径路,《汉书·匈奴传》云:

> 曷猛与单于及大臣俱登匈奴诺水东山,刑白马,单于以径路刀金留犁挠酒。

应邵云

> 径路,匈奴宝刀也,金契金也,留犁饭匕也。

径路今读 Kinglu,Hirth 氏将此径路一语与土耳其语比拟之。

> 东土耳其斯坦语谓小刀曰 Ging-rak,
> Telent-Turk 语谓小刀曰 Kyngy-rak,[1]

此二语与径路之音极为近似;或同语源也。更求之 Indo-Europa 语族之中

> 波斯语谓剑曰 Khingar,Khangar,
> Wakhan 语谓剑曰 Khingár,
> Kasmir 语谓剑曰 Khángar,
> Cital 语谓剑曰 Kbangar,Khongur,[2]

据此则土耳其之 Khyngy-rak,Qing-rak,与波斯语之 Khingar,及 Wakhan 语之 Khingár 等语亦有语脉相同之缘,或即由此等语所传来而

---

[1] Hirth 氏著《亚的拉世系考》Die Ahnentafel,Attilas Nach Johannes von Thurocy(p. 223).
[2] Tomaschet 氏著 Centralasiatische studien II. (p. 80).

转讹者,亦未可知也。

9. 释湩酪

《史记·匈奴传》记燕人中行说至匈奴,谏单于母好汉物之言曰

> 匈奴人众不能当汉之一郡,然所以疆者,以衣食异,无仰于汉
> 也。今单于变俗好汉物,汉物不过什二,则匈奴尽归于汉矣。其得
> 汉绢絮以驰草棘中,衣袴皆裂敝,以示不如旃裘之完善也。得汉食
> 物皆去之,以示不如湩酪之便美也。

案湩酪,《汉书·匈奴传》亦作重酪,颜师古注曰,重乳汁也,重,音竹用
反,字本作湩,其音则同。《史记索隐》曰,《字林》云,湩音竹用反,《穆天
子传》云,牛马之湩臣莬人所具也。又《史记·匈奴传》注亦曰,湩乳汁
也,音都奉反。据此则所谓湩酪乃指畜类之奶酪而言,其音有竹用反与
都奉反二种,而皆相近,今试索其语源:

> 蒙古语谓畜类之奶酪曰 tarak,[①]
> 满洲语谓畜类之酪浆曰 tara,
> 朝鲜语谓畜类之酪浆曰 t'arak,

据此则匈奴语之湩酪当即上述之 tarak, tara, tarak 之音译也。

10. 释比余 比疏

《史记·匈奴传》载汉文帝遗冒顿单于之物品中有"比余一,黄金饰
具带一,黄金胥纰一",比余,《汉书》一作"比疏",徐广曰"或作疏比也",
师古曰"辫发之布也,以金为之"。案

> 《仓颉篇》云,靡者为比,粗者为梳,
>
> 《广雅》云,梳枇篦栉也,
>
> 《释名》云,梳言其齿疏也,比言细相比也。

据此则比余,比疏,比梳,枇疏皆相近似,其为同一语源之异译,乃传自胡
语,而原非中国语,可知。且中国原无辫发之制,辫发乃北方胡人之风,

---

① Schmidt 氏著 Mongolisch-Deutsch-Russisches wörterbuch.

而颜师古谓比余为辫发之饰，则此语原出胡地，亦其一证。比余之音，师古曰"比音讯寐反"，《索隐》曰"比音鼻"，是其音当读为 piso，试求其语源：

> 朝鲜语谓辫发之栉曰 Pis，Pit，
>
> Magyar 语谓辫发之栉曰 fesu，

可见胡语之比余，与上述二语似皆有语脉相通之故也。

11. 释駃騠

《史记·匈奴传》云：

> 其畜之所多则马牛羊，其奇畜则橐驼，驴骡，駃騠，驹騟，騨騱。

徐广曰，駃騠北狄骏马也。《索隐》曰《说文》云，駃騠马父赢子也。《广志》云决蹄也，《发蒙记》刳其母腹而生，《列女传》云，生七日超其母。《通雅》駃騠条曰东壁曰牡马交驴生駃騠。"师古曰駃騠俊马也，生七日而超其母，又曰駃音决，騠音提"。今读 Kuti，寻其语源，则《钦定蒙古汇书》十四，《御制五体清文鉴》三十一，《四体合璧文》三十一，所举清满蒙三语畜类骡族之名称，如

> 駃騠……蒙古语曰 Kuti lagusa，满洲语曰 Kutitu lorn，
>
> 駏驉……蒙古语曰 Giki lagusa，满洲语曰 gihitu lorn，
>
> 驼驲……蒙古语曰 tobor lagusa，满洲语曰 tomotu lorn，
>
> 骟騾……蒙古语曰 djemeng lagusa，满洲语曰 djementu lorn，

据此则蒙古语之 lagusa，与满洲语之 lorn，皆"骡"之义，而蒙古语之 Kuti，与满洲语之 Kulitu，皆駃騠之语源。而满洲语 Kulitu，皆駃騠之语源。而满洲语 Kutitu 之 tu 乃语尾，观 gihi-tu，tomotu djeneu-tu 等语皆以 tu 为语尾，即其证也。而此匈奴语之駃騠其为蒙古语 Kuti 之音译亦甚明也。

12. 释驹騟

《史记·匈奴传》记匈奴奇畜之种频云，其奇畜则橐驼，驴赢，驹騟，

274

駃騠，騊駼，騨騱云云，文中所谓騊騱，果指导何物，注解颇多，徐广曰似马而青。《索隐》曰，郭璞《尔雅注》云马青色音淘涂。《字林》云野马。《山海经》云北海内有兽其状如马，其名騊騱也。颜古曰騊騱马类也，生北海……騊音桃，騱音涂。《古今韵会》騱字条曰騱，《说文》騊騱也。又扬雄《解嘲篇》云前番禺，后陶涂。颜师古曰国名，出马騊騱，因名。又《古今韵会》余字条曰，"余，《史记》梼余，匈奴山名，又鱼韵"。

据上述诸例，则騊騱二字亦作陶涂，一作梼余。其意义有国名，山名，马名三种，而国名、山名皆因产马故而名之者，其读音亦有陶涂及梼余之二种，今试探其语源。

　　　　蒙古语谓野骡曰 Chigitai(Chikitai)①，

　　　　满洲语谓野骡曰 Chintei，

匈奴之騊騱殆即上述 Chikitai，Chihitei 之略译也。

又毕沅《山海经注》云，疑即"騊騱疑即橐驼也，声皆相近，而古今注《尔雅》者皆未之及，不敢定之"云云，然《史记·匈奴传》记匈奴奇畜，并举橐驼、騊騱二名，其非一物，甚明。且今满洲语谓橐驼曰 Achinteme，今蒙古语谓橐驼曰 achimak temege，则騊騱之非橐驼明矣。

13. 释騨騱

《史记·匈奴传》载匈奴之奇畜有名騨騱者，騨騱之騱，《汉书匈奴传》亦作奚，騨騱二字之注解，《索隐》曰，《说文》云，野马属，一云青骊騨騱，又如騨鱼，邹诞生本，废本作奚。颜师古曰，騨奚，驹驴类也……騨音颠。徐锴《说文解字通释》騨字条曰，騨騱，野马属，从马单声，一曰青骊白鳞，文如鼍鱼，臣锴按《史记》曰，匈奴之奇畜也，騨音的烟反。由上诸说，可知騨騱乃野马之一种，读为 tashi 或 tenki，兹探其语源：

　　　　蒙古语谓野马之一种有曰 taki 者，②

① Schmidt 氏著 Mongolisch-Deutsch-Russisches wörterbuch.

② Schmidt 著 Mougolisch-Dentsch-Russisches wörterbuch.

满洲语谓野马之一种有曰 tahi 者匈奴语之驒騱，殆即 tahi, taki 之对音也。

四、结　言

总上所述匈奴语言之遗于今日，而略可以现代语言比拟之者，如径路，居次，撑犁，焉支，骨都侯，胡阏，头曼，屠耆，区脱，冥蠡等之与今土耳其语相近似者凡十一语；如祁连，屠耆，孤涂，比余，阏氏，服匿，驈騠，驒騱，騊駼，若鞮，区脱，冥蠡等之与今通古斯语相类似者得十二语；如单于，胡，撑犁，骨都侯，豆落，居次，稽粥，句黎湖，驈騠，驒騱，騊駼，阏氏，服匿，若鞮，头曼，屠耆，区脱，冥蠡等之与今蒙古语相类似者凡二十语。今蒙古语中，其与今土耳其语、通古斯语之互相近似者各在百分之二十以上，而此三种语言之共同语言亦在百分之十以上。就上所述匈奴语二十余语计之，其与今土耳其语、通古斯语、蒙古语皆可以共同比拟者如阏氏，屠耆，区脱，冥蠡等四五语；其但可与今土耳其语、蒙古语二种共同相拟，而不能与今通古斯语相通者有居次，胡，骨都侯，焉支，撑犁，头曼等六七语；其但与今通古斯语、蒙古语共同相似，而不能与土耳其语相通者有孤涂，服匿，若鞮，驈騠，驒騱，騊駼，等六七语。

然此等诸语之中，可以通古斯语与土耳其语相拟而不能与蒙古语相通者则绝无之。此亦可见古匈奴语言上之通则，与今蒙古语之通则不相违背。是则就比较语言学上以推测匈奴民族之种属问题，与其认此民族为土耳其种之祖先，实不若认此民族为今蒙古种之远祖之为近真，故白乌库吉氏遂据此推定匈奴民族之种属，当以蒙古种为骨干，而渗合通古斯种之成分者也。

且就语言学上之研究以推定某民族之种属问题者，于数词上之考察，亦可为一大助。今东蒙古与满洲接境之处之住民有索伦（Solon）与达瑚尔（Dakhur）二族者，因住地相混，故其语言互相近似，皆杂含蒙古语与通古斯语之混合语言，而不易辨别其孰为通古斯语系，孰为蒙古语系

者也。西方学者之研究此问题久未能解决。至一八九〇年俄国
Iwanowski 氏亲赴墨尔根，齐齐哈尔，瑷珲一带实地调查此二民族之语
言而精密研究之，始知此二民族之语言虽大体互相类似，而索伦语之数
词皆与通古语系之女真语，满洲语，Gold 语，Orocon 语 Olca 语，Glca 语
等之数词为同系；而达瑚尔语之数词则全与蒙古语为同系。因此而索
伦、达瑚尔二民族之种属问题乃得而解矣。

今若应用此通则以研究匈奴语言，则前所述之匈奴语三数词中，惟
头曼一语可与蒙古语、土耳其语共同比拟外，其稽粥与句黎湖二语皆不
能通古斯语、土耳其语解释，而惟蒙古语可以比较之。是则就数词上以
考察，匈奴语言之特征，似亦当属今蒙古语系也。

（原文载于 1930 年 12 月《国立北京大学国学季刊》第 2 卷第 4 号）

三种古西域语之发见及其考释

一、引 言

近代海外治史学者渐渐多注意到东方来了，这固然是因为东方历史占世界的全史一大半，而且东方为世界文化发生发展较早的地方，为世界史求全体的系统起见，为西方史求本源起见，对于这占世界全史之半的东方史，都有不能不急起直追的必要。而且从别一方面看，也可以说是因为自十九世纪以来，经多数史学家的努力，将西方史的重要材料及史实上的重要问题等，都解决到相当的地步，后起之秀，在有限的材料中，不能更有重要的贡献。而东方各国则文化发展虽早，今则无论就政治上学术上而论，大体都到了衰败的境地，所以学术上的材料虽多，大部份都没有得到相当的整理；地底下之宝藏虽富，大抵都没有得到相当的开发；史实上的问题虽多，大都没有得到相当的解决。从事于此者，只要有科学的脑力，科学的方法，稍用功力，即不难得到新的收获，新的发明，因此近代海外治史学者之渐渐注目到东方来，乃是一种极自然的趋势。

海外学者治东方史者始于十六世纪之末（明神宗万历时），到现在已有三百余年的历史了，按其大势，约可分为三个时期：

　　第一为教士译述时期，这以十六世纪末叶到十八世纪为主。这时中西交通初繁，西方教士到中国者渐多，彼等欲与华人接近，不能学习中国语言文字哲学史学等，以为传教的手段。其有杰出之士，学了一点中国文字，读了一点史书，便从事译述，其最早者如教士孟多舍氏（P. Jaan Conealez de Mendoea）于十六世纪末叶（明神宗万历十三年，即西 1585）已著《支那国史》，出版于罗马。至十七世纪，又有教士鲁德照氏（Alvaro Semedo 1585—1658）著《支那帝国史》。其后又有教士卫匡国氏（Martino Martini，1614—1661）著《支那地图》（Atlas Sinensis），又著《鞑靼战史》（De Bello Tartarieo Histoire），记明亡清兴之事迹。其后教士刘应氏（Daude de Visdelou，1656—1737）《著鞑靼史》（Histoire de la Tartare）。到了十八世纪，法国教士如哈尔德氏（Du Halde）于清雍正十三年（1735）著《支那鞑靼全志》（Deseription Geographiquue, historique, chronologiqul et Politique de I' Empire du Milien et de lu Tartaric chinoisc）记述清初及满洲人的事迹。又戈比尔氏（Antoine Gaubil 汉名宋君荣 1689—1756）于乾隆四年（1739）著《成吉思汗及蒙古各朝史》（Histoire de Gentehiskan et de tonte la dynastie des Mongous），乾隆十四年（1749）著《中国编年史》（Traite de la Chronologie Chinoise），在乾隆十八年（1753）著《大唐史略》（Abrege de I'Histoire Chinoise de ln grande dynastie Tan）。直到马亚氏（Mailla 汉名冯秉正）所著《支那通史》（一名《自通鉴翻译之支那编年史》，出版于乾隆四十二年至四十八年），都是这个时期中西方教士译国史书，介绍中国史事最有名的工作。要之东方史的传到西方去，这些教士们的开辟之功，确不在小。然而这时期的译述，大都稍识门径，便率尔操觚，既没有相当的研究，所以错误之多，不可胜记，这也是不可免的事实。

　　第二为学者从事研究时期，这时期以十九世纪前半为主。这时期西方学者，因教士们之启发，而从事研究东方史者渐渐多了，而且各国的大学亦渐渐开设了中国语言文学或东方语言文学讲座之类，（法国法兰西学院于嘉庆二十年，即西 1815 年始设汉学讲座，稍后德国柏林大学及莱布茨伊大学亦增设汉学讲座,俄国圣彼得堡大学东方语言科学院于咸丰四年即西 1854 年设汉学讲座,英国牛津大学于光绪二年即西 1876 年,康桥大学于光绪十四年即西 1888 年,皆增设汉学讲座),于是东方史学的研究,便由教士时代转到学者时代,更大有进步了。这时期的学者,对于中国及东亚各国语言文字,文物制度,都有了相当的研究,然后从事著述,所以较第一期为远胜,如法国勒米塞氏(Abel Remusat 1788—1832)于嘉庆二十五年(1820)所著的《鞑靼语言考》(Researches sur les laugues Tartares)及《和阗史》(Histoire de la ville de Khotan)德国克拉普罗多氏(Klaproth)于道光十一年(1831)著《亚洲方言汇志》(Asia Polyglotta),又著《亚洲史表》(Tableaux Historiques de I'Asia),如法国玉莲氏(Stanislis Julien,1799—1873)在咸丰三年(1853)所译出的《玄奘传》(Histoire de la vie de Hionen-thsang)及咸丰七八年(1875-S)译出的《西域记》(Memoires sur les contrees occidentals),英国玉尔氏(Henry Yule)于同治五年(1866)著《契丹西达记》(Cathay and the Way Thither)及译注《马哥孛罗游记》(The book of Ser Marco Polo)等都是较有价值的名著。这时期的学者一方从事研究著述,一方并能订补前人的漏误,为考证的初步工作了。

第三为实证的、科学的研究时期,这时期以十九世纪之末到二十世纪现在为主。到了这时期,中国重要史籍多已译成西方各国文字了,考证研究的功夫也做得不少了,关于中国本邦的史事大体都已明了了,于是更进而对于东西文化交通之迹,及中国的外族的研究,尤其是西北外族的研究,渐渐兴盛起来。然关于外族的研究的唯一的资料,只有历代诸史的外国传及外国游记而已,这类的数据都是简单粗陋,挂一漏万,或竟谬误错出,与事实相违者,自亦不少。例如北方民族各国,自成吉思汗以前侵入西方者,代代有之,而中国的外国列传及外国游记之类,记载多不详细,于是到了第三期的东方史学者,乃思别求多方面的史料,搜集书籍以外的确实史料,欲以探求此前记载所泄漏的新事实,一方并勘验前人记录之是否确实可靠,所以东方考古学的风气,乃弥漫于西方史界之间了。这种风气之开端者,为法国的沙畹氏(Edourd Chavannes 1868—1920)及俄国的拉特禄夫氏(Radloff),沙畹氏是法兰西学院的第四任汉学教授(法兰西学院的汉学讲座第一任为 Abel Remusat 氏,于嘉庆二十年就任,第二任为 Stanlislis Julien 氏,于道光十二年就任,第三任为 Sainte Deays 氏,于光绪元年就任,第四任为沙畹氏,于光绪十九年就任),以翻译司马迁《史记》(Memoires historiques de Ssen-ma-tsien, 1895—1905)为知名,于光绪十九年(1893)著《汉代支那石刻考》(Seripture surpierre en Chine au temps de dens dynasties Han),于光绪二十年辑译《西突厥史料》(Documents sur les Tou-kiue occidentaux),于光绪三十年游历中国北部,摄取长安、洛阳、曲阜、云岗及鸭绿江畔等处之古迹古物图像四百八十八种,著《北支那考古旅行记》及《考古图谱》(Mission archeologique dans la Chine septentrionale)等,于创立中国及东方考古学之研究,大有贡献。拉特禄夫氏为俄国有名土耳其语学者,于光绪十五年(西 1889)往蒙古地方为考古旅行,于元代和林故城北得突厥阙特勤碑(有汉文、突厥文),苾伽可汗碑(有汉文、突厥文),回鹘九姓可汗碑(有汉文、回鹘文、窣利文三种),即所谓和林三碑是也。于东方语言学及史学之研究,皆有极大之影响。自此而后,西方学术探险对之向蒙古、新疆、甘肃、西藏等地者,遂不绝于途,而学术上可惊异之大发见,遂打破世界前此未有的记录,在东方史上遂划成一新时代。

二、古西域语之发见

自十九世纪中叶以后,西方旅行家之游历新疆者,对于西域古代文明各国的遗迹,颇为注意。光绪十六年(1890)英国的巴维耳上尉(Captain Bower)游历新疆时,在库车(古龟兹国)附近,买到些桦皮上所写的佛典残卷。光绪十八年(1892)法国格利纳氏(M. Grenard)游新疆时,又在和阗(古于阗国)得些古圣经的断片,赍往西方,因此惹起西方学者的注意,于是新疆方面几有东方磅礴城(Pompei)的观感,而探险发掘以求学术上的材料的计划,遂蔚然大起。光绪二十四年(西 1898)俄国的翰林院派克力孟士氏(D. Klementz)直赴新疆的吐鲁番(古车师国高昌国之地)从事调查与发掘,得到许多古代的文物。次年归去,其结果著为《吐鲁番及其往古时代》(Trufan und seine Alter thimer)一书行世(于1899 年出版于圣彼得堡)。

光绪二十六年(西 1900)英国印度政府派匈牙利人斯坦因氏(M. Aural Stein)率探险队由印度至新疆南路,以和阗故址为主,从事调查发掘,得到可贵的考古资料颇多,极为国际东方学家所注目,其所得著为《古和阗》(Ancient Khotan)二卷行世(1907 年出版于伦敦)。

光绪二十八年(西 1902)国际东方学者开会于德国之汉堡(Hambury),由俄国拉特禄夫氏(Radloff)之计划提议,组织国际中亚远东探险联盟,由加入各国,各组探险队分别进行。于是德国探险队首先成立。由格鲁维德尔氏(Allert Grunwedel)及胡斯氏(G. Hutb)率第一队,即于是年(光绪二十八年)出发,直赴新疆的吐鲁番(高昌)、库车(龟兹)一带,从事调查发掘,至次年三月归去。光绪三十年(西 1904)复由勒可克氏(Le Cog)率第二队前往吐鲁番及喀漠尔(Qomnl)地方从事发掘,至次年十二月归去。光绪三十一年(西 1905)复由 Grunwedel 氏率第三队续往,皆以吐鲁番、焉耆、库车及喀漠尔一带北道诸地为主,从事发掘。至光绪三十三年(西 1907)始休其业。所得考古学上的可珍的资料极多,皆藏于柏林图书馆等处。其结果 Gruwedel 氏著《伊地库车里及其附近的考古学工作报告》(Bericht über archacologisehe Arbeiten in Idikutschari nnd umgebungim Winter 1902—3,于 1903 年出版于München),及《支那土耳其斯坦之古代佛教寺塔》(Alt-Buddhi tische Kulstatten in Chinesisch Turkistan,于 1912 年出版于柏林)等书行世。勒可克氏(Le Coq)著《高昌》(Cho-tscho,于 1913 年出版于柏林),及《中亚后期之佛教》(Die Buddhische Spatantika in Mittel-Asien 六册,于1922—28 出版于柏林)等书行世,至民国二年(西 1913)又由勒可克氏(Le Coq)率第四队专赴库车及马拉耳巴什(Maralbachi)一带,从事发掘,至次年七月归去。亦得不少的珍物。(按 Coq 氏于今春逝世,其发掘成绩,尚未研究出版者颇不少。)

英国则仍由印度政府派斯坦因氏率探险队为第二度的探险旅行,于光绪三十二年(西 1906)在敦煌千佛洞发见石室,得古文献,古书卷,古缯书二三万卷,取其精粹部分五六千卷,于光绪三十四年赍往印度及伦敦,得世界学者的惊叹,其结果著为《Serindia》六册行世(于 1921 年出版于伦敦。)至民国二年(西 1913),斯坦因氏复率队为第三度的探险旅行,经新疆、甘肃、蒙古转赴帕米尔而归,其结果著为《Innermost Asia 》四册行世(于 1928 年出版于伦敦)。

法国则由伯希和氏(Paul Pelliot)及华阳氏(Vaillant)于光绪三十一年(西 1905)启程东行,于光绪三十三年(西 1907)在斯坦因氏发现敦煌千佛洞石室之后,到了敦煌,于斯坦因氏选择之后,所弃而未取之遗书约二万卷中,选取较重要者六七千卷而去,今藏于巴黎图书馆等处。

俄国则有柯智禄夫大佐(P. K. Kozlov)于光绪三十三年(西 1907)赴蒙古,于三十四年(1908)在哀齐拉河畔之黑城(Kara-khoto)遗址,发掘西夏时代废市,得西夏文书器物甚多。宣统元年(1909)复由翰林院派鄂登堡氏(S. OEdenburg)率大队向吐鲁番、耆焉、库车方面从事发掘,也得不少的考古资料。至宣统二年归去,其结果著为《俄罗斯的土耳其斯坦探险报告》(Russkava Turkestansk-aya Ekspeditsiya,于 1914 年出版于圣彼得堡),至民国九年(西 1920)复由鄂得堡氏率队为第二度的探险旅行,直赴新疆,从事发掘。凡其所得,今皆藏于圣彼得堡(今之列宁格勒)图书馆博物院等处。

日本则有西本愿寺寺主大谷光瑞于光绪二十八年(西 1902)旅居伦敦时,适闻国际东方学术会议令英法德俄四国各组学术探险队,分赴新疆各地之事,乃即由伦敦启行,经俄国西比利亚,直赴新疆、库车、和阗一带,从事调查发掘,于光绪三十年(西 1901)归去,光绪三十四年(西 1910)复遣橘端超率第二队前往,于宣统元年归去。宣统二年(西 1910)复由橘端超率第三队前往,以吐鲁番为中心,从事发掘,至民国三年(西

1916)终其业。所得古代文物亦不少,其结果见《西域考古图语》(二册,于 1915 年出版于东京)。

这次的有组织的考古事业,规模之大,历时之久,可谓空前未有的盛举,而其所得宝藏之多,对于学术上影响之大,亦可谓为空前的盛业。欲述其详,可成一专书,兹仅括其概要如下:

(1) 佛典——这次斯坦因氏及伯希和氏在敦煌发现石室,所得古文献,古书卷中百分之九十以上都是佛典,此种佛典多系六朝及唐五代写本及唐五代刻本,可以校勘大藏之讹误者固多;也有许多大藏所未有之书,可以补大藏之缺漏;且佛典中用各国文字翻译者极多,于比较语言学上之研究,亦大有贡献。

(2) 景教、摩尼教、火袄教经典——这次发现品中佛典之外,关于中世纪的中亚宗教者,有景教(Nestorianism)、摩尼教(Manicheism)、火袄教(Zaron striansm)等之经典颇多,可开发中世纪中亚伊兰宗教之秘者不少,于宗教史及比较宗教学之研究上,都有不少的贡献。

(3) 汉籍——敦煌石室发见的汉籍,虽不及佛典之重要,然亦有为从来著录家所未见及千余年被湮没的佚籍,如经部的《古文尚书孔氏传》等,子部的《老子化胡经》等,史部《慧超往五天竺国传》等,集部的通俗小说戏曲等,于校勘学,史学,文学上都有很大的关系。

(4) 汉晋木简——斯坦因氏在和阗、敦煌、罗布泊等处所发见的木简中,以汉晋时代的屯戍簿录等为主,亦有公文、案卷、信札等类,于史地学皆极有关。

(5) 佛书,雕刻,塑像,建筑等美术品,都有不少的发见,尤以佛像为最多,于美术史等之研究,大有关系。

此外尚有更重要之一项,即古西域语之发见是也,此等古西域语中,除梵文(Sanskrit)、佉卢文(Kharochthi)、回鹘文(Ouigours)等之外,尚有从不经见,不可辨认的古西域语言三种,后经考定即窣利语(古称康居语)、焉耆龟兹语及于阗语是也。

三、窣利语、龟兹语、于阗语之考释

当诸国探险队赍其所得品归欧洲之后,于中国文,梵文,藏文,佉卢文(Kharochthi)回鹘文(Ouigours)等之外,尚有三种绝不经见不可辨认之语言,幸而此种不可识之言语,有以印度古文字(婆罗门文)及小亚细亚文字书写者,比较语言学家尚可识其形体,又因佛典及景教、摩尼教等之经典有各种文字(如梵文,回鹘文,波斯文)的译本,同时亦有此种不可识的语言如窣利语等之译本者,故比较语言学家尚得藉以推考其音读与意义。

经多数语言学家的研究以后,首先发明者,即此三种语言的数词、名词及动词的语尾变化,都与印度欧罗巴语系(亦称阿利安语系,指梵语,古波斯语,希腊语,拉丁语,哥特言等之总名,皆由同一母语出)之各国语言,组织大体相同,(如父曰 Pacar,母曰 Macar,三为 Tari,八为 Okdh 之类)故知此三种西域古语皆属于印度欧罗巴语系。其后因许多语言学家之热心研究,遂能打破种种难关,今此三种古语言都已研究到相当的地步了,兹分述之:

1. 窣利语 La langue Soghdienne(亦名粟特语,又名康居语)

三种古西域语中,发现最早者为窣利语,而创通最早者亦为窣利语。当光绪十五年(西 1889)俄国拉特禄夫氏(Radloff)在蒙古和林所发见的三碑中,其回鹘九姓可汗碑中于汉文、回鹘文二种文字外,尚有不可识之文字一种,后经德国东方语学家米勒氏(Müller)始考定为窣利语(Soghdieche),至光绪三十三年(1907)斯坦因氏及伯希和氏在敦煌所发见的古文书中,又有大批的窣利语佛典,斯坦因氏所得的窣利语佛典,现在已经知道的,有《莲花如意珠陀罗尼》(Padmacintamani-dharani)、《青头陀罗尼》(Nilakantha-dharani)、《毗散陀罗阇陀伽》(Vcssantara-Jataka)、《维摩诘所说经》(Vim—alakirtinirdcsa)等,及其他断片残简多种。伯希和氏所发见者,有《佛说善恶因果经》的窣利语译本四十二叶,氏乃取之与西藏语译本、汉语译本为"Sogdian Text",影印行世。德国米勒氏因之撰《窣利语圣书断片第一》(Soghdische Texte)一文。揭于1913年德国翰林院学报,考定此种语言之性质属于伊兰语系。而法国哥底奥氏(Robert Ganthiot)更据此种语言之汉文,西藏文,窣利文的同经异译,为进一步之研究,而创通其读。后哥底奥氏且亲赴葱岭一带地方,研究其语言,乃知此种窣利语于葱岭一带之语言亦颇类似,因而断定此种语言为妫水(Oxus River)流域古代大夏、康居等国之通行语。(哥底奥氏当大战时被派从军,死于难,米勒氏亦于今春去世。)

此种语言,拉特禄夫氏既得之于蒙古之和林,伯希和所得之窣利语文书中,亦有明言书于唐代长安者,而斯坦因氏在罗布泊往敦煌途中之古营垒废址处发掘,得到用窣利语书写的商业文书,而且从斯坦因氏所得的窣利语文书中,知道窣利国人于第七世纪初期,在罗布泊之南,东土耳其斯坦南部之交叉处,曾建设一殖民地,经过一世纪之久,仍保存其自治政体的组织,这可见窣利国人行踪的广,而窣利语流行范围之广,亦不足怪了。

2. 龟兹语(Langue de Koutcha)

在此三种不识的语言中,其次被创通的为龟兹语,这种语言之初发见,德国之洛曼氏(Leumann)曾名之曰疏勒语,后自觉不妥,又改名为第一语言,以待研究之后,再定正确的名称。至光绪三十三年(1907)德国米勒氏(Müller)以为是印度月支人(Indo-Seythia)中的睹货罗族(Tochari)所用的语言,因定名为靓货罗语(Tokharische)揭于德国《翰林院学报》光绪三十四年(1908)。德国西额(Sieg)、西额林(Siegling)二氏发表其《吐货罗语即印度月支语考》(Tocharische die Sprache de Indo-Seythen)揭于《翰林院学报》(Sitzungs-bcrischtte der K. Preussischen Akademic der Wisscnchaften)。宣统三年(1911)挪威斯密斯氏(Emil Smith)又定名为疏勒语。民国元年(1912)德国洛曼氏又定此种为北方阿利安语(见 Zur Nardarischen Spr-ache und Literatur)。德国吕德氏

（H. Lüdes）又称之为塞种语（Sakas）。异说纷纭，莫衷一是。盖此中语言，就其发见之地点，考其通用之范围，又可分为二类。德国语言学家所据以研究者，乃德国探险对在吐鲁番、焉耆一带所发见者，其流通之范围，似在新疆北部，且此类语言流行之时代亦较早，故定名为甲种吐火罗语。（Tocharische A）此外法国探险队伯希和等在库车及敦煌等处所发见者，似系流通于新疆中部及南部之地，且流行之时代亦较晚，故定名为乙种吐火罗语（Tocharische B）。伯希和所发见之吐火罗文件，由法国学者梅爱氏（Meillet）、烈维氏（Sylvain Levi）研究之，梅爱氏首先主张此种语言与印度欧罗语极为接近，首先反对德国学者谓此种语言属于印度伊兰语系的说法。（Les Nonvelles langues Indo Europeennes trouvees en Asie Central P5. 17. 18）。烈维氏更进一步，将此种语言与印度欧罗巴语系的共同点指示出来，证明这种语言是属于意大利色尔特（Italo-Celtique）的一种，他更断言龟兹国在西历纪元前已为印欧人所占领，他们的语言当名为龟兹语。这在他 1913 年发表的《乙种觇货罗语即龟兹语考》（Le Tokharien B. langue de Koutcha，揭于 Journal Asiatique，此文已由冯子衡先生译登本刊）一文中，会有充分证明。

氏将伯希和氏在库车附近赛德朗（Sadirang）驿站一古垒废址处发见之多数木简残片，取其文字之可以辨识者而研究之，简皆写以印度古文婆罗门文字，而其所写之语与印度异，其中较完整之一简，文字大体可以辨识者，译之如次：

> Ywarttas 写予……在盐关，汝自适用此符。
>
> 现自……来，偕行者共十人，马五匹，牛一头，放行勿诘。
>
> 汝亦不得有所逗留。
>
> Ksum 二十年七月十四 yo（署名）。

案简端之 Ywarttas 一语，大概是写简者的名称，简末之 yo，即 Ywarttas 之省写，此有其他诸简同类之例，可为旁证。盐关之名，原为 Salyinsai yongai，在其他诸简中皆有之，当即此等木简所发现之古垒之龟兹语名称也。至收简之人,则此简已漫灭不可识,而他简有名 Putatatte 者,即梵文 Buddhadatta 之变,有名 Skuatatte 者,即梵文 Sanghadatta 之变也,简中列举人畜之数,共他诸简亦复如此。可见此种木简之性质,乃系一种商旅出入关津之通行证(护照之类),商旅由此垒赴彼垒,必须先领此证,到彼垒即缴消,另换彼垒新证,然后再往他垒。故此垒存简之多,亦不足怪。故 Levi 氏以为:

> 吾人就其来源而定其名称为龟兹语,盖此语之文件,殆尽出于库车一带,而不闻发见于他处,此种语言不惟于 Danldour Aqour 之寺观用之,且官厅之通行证亦用之,故吾人定名为龟兹语也。
>
> 此龟兹语果为龟兹国固有之语言欤? 抑为外来侵入种族之语言欤? 此诚玄奘《西域记》屈支国条明言"其王屈支种也",则其为土著之语言无疑矣。且据中国历代史乘所记龟兹王自纪元一世纪以来。王统皆白氏一姓相承,尤足证明此事。

又就其年代考之,有几件残简中有"Sawarnate"者,用大王(Oreco Pilaute)之称号,如云:

> 三 Swarnate 大王写⋯⋯(第一行)
> ⋯⋯木上证明⋯⋯(第二行)

此外诸残简中有"Swarnate 大王"之名者,屡见不鲜,可见此 Suwarnate 大王,即写发此种木简之王之名。案《唐书·西域传》龟兹国条,载龟兹王有名"苏伐垒"者,与 Suwarate 一语相近似。为苏伐勃駃王之子。阿黎布失毕王之兄,与唐太宗同时。然玄奘于贞观时过龟兹,而《西域记》但言其王智谋寡昧,而不载其姓名,惟于前王则颇称颂,谓"近代有王,号曰金花,政教明察,感龙驭乘。"案"苏伐"(Su-var)二字必系梵语谓金曰"Suvarna"之变音,又梵语谓金花曰"Suvarna-Puapa",与苏伐垒之父"苏伐勃駃"之名极相似。勃駃当系勃駛之误,苏伐垒之弟诃黎布失举(Hari-puspa)亦简称布失毕(Puspa),则梵语"花(Puspa)"之义也,是则苏伐勃駛之二子各取其父名之半以为名,长子苏伐垒,即取父名之前半 Suwarna(金之义),次子布失毕,即取父名之后半 Puspa(花之义)为名者。若此考察为不误,则此等木简必系龟兹王苏伐垒时代之物也。

以上述烈维氏考证此种语言之概要,这种语言用于商旅出入的通行证,而且龟兹国的教团中也多用此种语言为日常应用的语言,这也是烈维氏将其他用此种语言所写的佛典断片与梵文本比较所得的结论而断定的。要之,这种语言的流行地,经烈维氏之研究,总是以库车为中心,而成为通俗的语言,所以定名为龟兹语,当无误也。

3. 于阗语(Khotani)

这种语言之最初发见以后,德国洛曼(Leumann)氏假定为第二语言,以待正确之名称。光绪三十年德国西额、西额林二氏,著《睹货罗语考》一文中,谓此种语言于帕米尔(Pamir)的伊兰语为最有密切关系的一种(1908 年德国翰林院学报),洛曼氏又以为此种语言没有印度伊兰语的特征,而认定为阿利安语系中独立的一系,定名为北阿利安语(ZD MG. 卷 62 页 33)。法国梅爱氏(Meillet)则反对洛曼氏的说法,以为此乃伊兰语中一种特殊的方言(Les Nouvelles langues Indo-Europeennes trouveeen Asic-Centrale)。伯希和氏以为此种语言的性质与窣利语相似,应属于伊兰语系,虽与普通伊兰语颇有不同之点,但就其特征推定起来,又有明系伊兰语的一种,所以定之为东伊兰语。(Les Influences Iraniennes en Asie Centrale et en Extreme-Orient)。又英国霍诺氏(Rudolf Heernle)以为此种语言虽尚有许多不明之点,但就其大体尚可以伊兰语说明出来,其所以与普通伊兰语形式有不同者,大概是因为受了别的语言的影响,而改变其固有语言的形式之故。他始定此种语言为于阗语(Manuscript Remain of B. L.)。又德国克司特氏(Kirste)亦名此种语言为于阗语(Khotani)。惟德国吕德氏(Lüdes),以为此种语言虽以伊兰语为根基,但受印度语之影响极大,因此推定为西纪第二世纪侵入印度的塞种(Sakas)的语言。要之,异说虽多,除吕德氏以此为塞种语,洛曼氏以此为北阿利安语外,而以此为东伊兰语,则系多数的见解。至民国三年(1914)挪威语言学家柯乐夫氏(Sten Konow)发表其《于阗研究》(Khotan Study,载于 Royal Asiatic Society 学报,此篇作者已译登本刊,即《东伊兰语即于阗语考》一文是也),而此种语言之研究,乃得其确证。柯勒夫氏之研究,乃据斯坦因氏在和阗附近之 Dandan Uiliq 一带地方所发见之东伊兰语文书二枚(即 Rudolf Hoernle 氏所编印之 A Report of the British collection of Antiquities from Central Asia 中所载之第一号及第十二号文件)此种文书乃写以印度古文婆罗门文字,故尚可辨识其形体,其第一号文件之文字为:

"Om Sali 107 mās'to Skarhvaro hada 5

Hvam—no—rrum—do—vi—sá—va——ham"

其第十二号文件之文字为:

"Om Sali 20 mās'tā Cvataja hada 10 3 myo

Hvam—nā—rram-lā-vā-sá-va-ham"

案上举二件之文字殆全相同。其最易明者即前节 17 年或 20 年(Sali),Skarhvaro 月或 Cvataja 月(masto),5 日或 13 日(bada)是也。"Hvam-no 或 Hvam-nä"为唐时于阗之俗名"涣那"之对音。"rrum-do 或 rram-dā"之"rrum"乃"rre(King)"之领属格的单数,即"君王"之义。"dä"则"属于某某的"之义也。"vi-s'a"乃梵文 vijaya 之变音,即于阗王姓"尉迟"之对音。"Va-ham"一语,则西藏文大藏经《丹珠尔》第九十四函示教橷牒类第四十五、六两种《于阗国记》中之于阗国王有名"vijaya-vabana"(此据 Chandradas 氏所译,亦即 Thomas 氏所译之 vijaya-bohan-chen-Po,尉迟保汉赞普,赞普者,藏语大王之义也)者,即其对音也。因有此等中国记载及西藏记载之相互证明,故 Kono W. 氏断言道:

> 这种语言必定是于阗地方的土著语言。而且这几乎可以断言,这种语言自纪元第一世纪之初早已流行于阗地方了。

更进而推考 vi-s'a-vaham 王之年代,因新《旧唐书·于阗传》载于阗王之姓名世系为"尉迟屈密——伏阇信——叶护玷——伏阇雄——璥——尉迟伏师战——伏阇达——伏阇珪——尉迟胜——叶护曜——

尉迟锐……"因为"曜"字有"光辉"的意义,大概是因为支持于阗国,反抗吐番国的侵略的最后一王,在他之后,于阗国便附属于吐番国统治之下了,故名之曰曜,以光宠之,故推定 vi-s'a-vaham 王即尉迟曜云(猷案:此种推测于年代不甚相合,别见拙著《于阗考》。)

因为此种语言既以于阗为中心,而流行于塔里木盆地的南边的一种通用语言,所以名之曰于阗语,大致当是不错的。

四、中图史籍关于西域语言之记载

自三种古西域语之发见,经西方多数语言学家之热心研究,遂能打破种种难关,从暗中摸索的境地里,几经假定,几经研讨实证,然后渐有头绪,今则豁然开朗,大体都可了然矣。然其最初从事摸索之时,所藉以为牵附比拟之资者,大抵皆依中国记载之启发,此世所公认之事也。中国记载之记西域事者,以历代正史的外国列传及旅行家之外国游记为主,而其中记西域语言者,尤以玄奘之《西域记》为最详备。此书为西方学者所视为研究中亚之最大宝库,各国多有译本(有 1857 年法国 Julien 氏之法文译本 Memoires sur les Contrees occidentales;有 1884 年英国 Samuel Beal 氏之英译本 Si-yu-ki, Buddhist Records of the western world;有 1905 年英国 Watters 氏译注本 On Yuen Chway's Travels in India 等),故诸国学者皆得藉之以为研究此等西域语之启发关键也。

案《西域记》凡十二卷,自第二至十一卷皆记印度事,惟第一与第十二卷记中亚事迹而已。在此两卷中所记中亚语言者,约可为四支,葱岭以西之文字语言分为两种,以铁门为界,铁门以北为窣利语文通行之地,铁门以南,印度以北,为睹货罗语文通行之地。葱岭以东各国文字虽皆取法印度,然各有小异,且语言亦不尽同,就其大体亦可分为两大类,以大戈壁为界,大戈壁以南,以信大乘教之于阗国为宗,自成一支;大戈壁以北,以信小乘教之焉耆、龟兹、疏勒三国为宗,合成一支。兹分述之如次:

1. 窣利语

自葱岭以西诸国,以铁门为界,铁门以南,为睹货罗故国,铁门以北,则为康国(飒秣建)、米国(弭秣贺)、曹国(刼布坦那)、何国(屈霜你迦)、史国(羯霜那)、东安国(喝捍)、中安国(捕喝)、西安国(伐地)及货利习弥伽国。此九国中,康为宗国,《西域记》卷一飒秣建国条云:

> 从此(窣堵利瑟那国)行五百余里至飒秣建国,唐言康国。飒秣建国周千六七百里,东西长,南北狭,国大都城周二十余里,极险固,多居人,异方货宝,多聚此国。土地沃壤,稼墙备植,林树蓊郁,花果滋茂,多出善马机巧之伎,特上诸国。气序和畅,风俗猛烈,凡诸胡国,此为其中,进止威仪,近远取则。其王豪勇,邻国承命,兵马强盛,多是赭羯。赭羯之人,其性勇烈,视死如归,战无前敌。

又于羯霜那国条云:

> 从飒秣建国西南行三百余里,至羯霜那国,唐言史国。羯霜那国周千四五百里,土宜风俗,同飒秣建国。

此外于弭秣贺国(米国)、刼布阻那国(曹国)、屈霜你迦国(何国)、喝捍国(东安)、捕喝国(中安)、伐地国(西安)诸条皆云"土宜风俗,同飒秣建国。"于货习弥伽国条则云:"土宜风俗同伐地国。"可见以上九国与康国皆属同一系统甚明。又《西域记》卷一记此地方通行之文字云:

> 自素叶水城至羯霜那国,地名"窣利",人亦谓焉。文字语言,即随称矣。字源二十余言,转而相生,其流浸广。粗有书记,坚读其文,递相传授。师资无替。服毡褐,衣皮毡,裳服褊急,齐髮露顶,或总剪剃。缯额彩络,形容伟大,志性恇怯,风俗浇讹,多行诡诈,大底贪求,父子计利,财多为贵,良贱无差,虽富巨万,服食粗弊,力田逐利者杂半矣。

案玄奘谓自素叶水城至羯霜那国地名窣利,则是东尽康居故境,西尽九姓昭武(米国、曹国、史国、何国、安国、小安国、那色波国、乌那曷国、穆国)皆是窣利之地矣。玄奘于康国、米国、曹国、何国、安国等,虽未明记其所用文字之种类性质,然自碎素水以至史国(羯霜那国)之间之窣利地方,既明言其使用窣利文字,即康国、史国等九国土宜风俗,又皆相同。可见此"窣利文字"亦即铁门以北康国等诸国通行之文字也。且康国之有文字,《隋书》《北史》《魏书·西域传》皆可证明。《隋书》《北史》《魏书·西域传》康国条皆云:

> 康国者,康居之后也,迁徙无常,不恒故地,然自汉以来相承不绝。其王本姓温,月氏人也,旧居祁连山北昭武城,因被匈奴所破,西踰葱岭,遂有其国,支庶各分王故康国左右诸国,并以昭武为姓,示不忘本也。……都于阴宝水上阿禄迪城,城多众居……名为疆国,而西域诸国多归之,米国,史国,曹国,何国,安国,小安国,那色波国,乌那曷国,穆国,皆归附之。……俗奉佛,"为胡书。"气候温,宜五穀,勤修园蔬,林木滋茂,出马驼骡驴封牛,黄金铙沙,䣭香阿萨那香,瑟瑟麞皮毡㲮锦垒,多葡萄酒,富家或致千石,连年不败。

此外于米国则云"旧康居之地也,无王,其城主姓昭武,康国之支庶",于史国则云"旧康居之地也,其王姓昭武,亦康国之支庶也,俗同康国",于曹国则云"旧是康居之地也,国无主,康国王令子领之",于何国则云"旧是康国之地也,其王姓昭武,亦康居国之族类",于安国则云"汉时安息国也,王姓昭武,与康国王同族,风俗同于康国",于穆国则云"亦安息之故地也,其王姓昭武,亦康国王之种类也",于乌那曷国则云"旧安息之地也,王姓昭武,亦康国种类",于曹国则云"汉时罽宾国也,其王姓昭武,康国之宗族",于䥶汗国云"古搜渠国也,王姓昭武"。案《隋书》成于唐太宗贞观中,较玄奘西游之时稍早,又《北史·西域传》则抄袭《隋书》传文,《魏书·西域传》原缺,后人又抄袭《北史·西域传》文以补之,故三书所记皆同。案《隋书》所记康国事迹,与《西域记》所载,大体相同,康国俗奉佛为"胡书",是为康国有文字之明证。而米国,何国,曹国,史国,安国,穆国,乌那曷国,䥶汗国,漕国之君主皆姓昭武,为康国王之支庶,则必与康国习相同之"胡书"亦无容疑。

现在的问题,就是《隋书》《北史》《魏书·西域传》康国条所谓"胡书"与《西域记》所谓"窣利文字"是同一种,抑或别为一种的问题。此问题可由下述诸例而得证明之,唐僧义净所著《南海寄归内法传》卷三《师资之道》一章云:

> 又复须知,五天之地,皆曰婆罗门国。北方速利,总号胡疆,不得雷同,咸为一唤耳。

又唐僧利言所著《梵语杂名》云:

> 胡之梵语,形为 Sulik,声曰苏哩。

又《易土集》与《翻译名义集》所引皆以"苏哩为梵语胡名"之义。此速利,苏哩,与窣利皆梵语 Sulik 之对音异译,可见窣利一语,乃梵语胡字之义,是"窣利"与"胡"原为一名之异名甚明也。然则《隋书》等康国传之所谓胡书,与《西域记》之所谓窣利文字,原指一物,盖无疑矣。

据日本白鸟库吉氏之考证,窣利、速利、苏哩等语虽系梵语 Suli 或 Sulik 之异译,然实自粟特(Sugdak 或 Sudak)一语变讹而来,中亚语言"d 音与 l 音"可以互变,乃系常例,故由 Sudak 变为 Sulak,再变为 Sulik 或 Suli,自属可能之事。(见《粟特国考》,此文由钱稻孙先生译登本刊)若此考证为不误,西域新发现之 Sogdian 文字,与《西域记》之窣利文字,《隋书》等所载之胡书,实一物也。

现在尚有一问题,就是由上述诸例观之,速利或苏哩之名,似指胡之全体而言,而他书所记亦有以速利为胡之一种者,但所谓胡之范围亦颇有限制耳。如龙树所著《大制度论四·无畏义第二十五云》:

> 弊生处者安陀罗舍婆罗(原注裸国也)、兜佉罗(原注小月支)、修利、安息、大秦等此边中生,若在大众中则多畏怖。

此所谓安陀罗国与裸国皆在印度之南,安息国、大秦国皆在印度之西,其不在胡之范围内甚明。惟兜佉罗国、修利国必在印度之北,可见兜

佉罗即睹货罗之异译,修利亦即窣利之异译也。玄奘《西域记》卷一总序云:

> 黑岭以来,莫非胡俗,虽戎人同贯,而族类群分……印度风俗,语在后记。

此以印度以北,黑岭以西之地,凡葱岭东西,及妫水南北,皆在胡之范围以内,又卷十二瞿萨旦那国条云:

> 俗谓之涣那国,匈奴谓之于遁,诸胡谓之豁旦,印度谓之屈丹,旧曰于阗讹也。

此以诸胡与印度、匈奴等对称,亦与上例略同,其以窣利为胡之一种甚为明了。盖玄奘之所谓胡者,实指所谓实主之乡,《西域记》卷一总序云:

> 赡部洲地有四主焉。南象主,则暑湿宜象;西宝主,乃临海多实;北马主,寒劲宜马;东人主,和畅多人。

唐僧道宣所撰《释迦方志》卷一《中边篇》云:

> 又北一洲四主所统。雪山以南至于南海,名象主也,地唯暑湿,偏宜象住,故王以象兵而安其国,风俗躁烈,笃学异术,是为印度国。……雪山之西,至于西海,名宝主也,地接西海,偏饶异珍,而轻礼重货,是为"胡国"。雪山以北至于北海,地塞宜马,名马主也,其俗凶暴,忍杀衣毛,是突厥国。雪山以东至于东海,名人主也,地唯和畅,俗行仁义,安土重迁,是至那国,即古所谓振旦国也。……雪山以南,名婆罗门国,与胡隔绝,书语不通……胡本西戎,无闻道术,书语国别,传译方通。

此为《西域记》之注脚,此外智广《悉昙字记》及慧琳《一切经音义》等皆然。是以匈奴、突厥以南,印度以北,中国以西,通称为胡,但唐僧不空所译《宿曜经》卷下,据烈维氏所指出,有云:"但当向胡及波斯并五天竺人"。

此以胡与五天竺、波斯对称,则波斯国亦摈在胡之外矣。又《魏书》及《北史》西域波斯国条皆云:"俗事火神天神,文字与胡书异。"

以此知波斯不在胡之范围内,非孤证矣。若上之考证为不误,则唐代胡之范围必在指黑岭以西,突厥以南,印度以北,波斯以东之地而言,甚为明了。若欲更进一步,积极地指出胡之宝地亦有可考者,义净《南海寄归传》卷一《受斋轨则》一章云:

> 凡论西方赴请之法,并南海诸国,略显其仪,西方乃施主预前礼拜请僧,齐日来白时至……然南海十洲,斋供更成殷厚,……然北方诸胡睹货罗及速利国等其法复别,施主先呈华盖供养制底……即如东夏斋法,遣疏请僧,虽至明朝不来启白,准如圣教,似不殷懃。

由此可见胡之范围,实指睹货罗国、速利国等地而言。是则不独宰利语言文字可名胡书,即睹货罗语文字亦可名胡书,而近来西域所发现之宰利语即《西域记》之宰利语既如上述,而睹货罗与宰利既同为胡国,与南之印度,北之突厥,西之波斯等皆异,则此两种同为胡书之国之文字语言,虽有小异,大体必有相同之处,亦不难推测了。

2. 睹货罗语

自葱岭以西,以铁门为界,铁门以南,印度以北,波斯以东为睹货罗国,《西域记》卷一云:

> 从此(羯霜那国)西南行二百余里入山,山路崎岖,谷径危险,既绝人里,又少水草,东南行三百余里入铁门,铁门者左右带山,山极峭峻,虽狭径,加之险阻,两旁石壁,其色如铁,既设门扉,又以铁铜,多有铁铃悬诸户扇,因其险固,遂以为名,出铁门至睹货罗国,旧曰吐火罗国,讹也。其地南北千余里,东西三千余里,东阨葱岭,西接波刺斯,南大雪山,北据铁门缚刍大河,中境西流自数百年王族绝嗣,酋豪力竞,各擅君长,依川据险,分为二十七国,虽画野区分,总役属于突厥。气序既温,疾疫亦众,冬末春初,霜雨相继。故此境以南,滥波以北,其国风土,并多风疾。而诸僧徒以十二月十六日入安

居,三月十五日解安居,斯乃据其多雨,亦是设教随时也。其俗则志性恇怯,容貌鄙陋,粗知信义,不甚欺诈。语言去就,稍异诸国。字源二十五言,转而相生,用之备物,书以横读,自左向右,文记渐多,逾广窄利。多衣氎,少服褐,货用金银等钱,模样异诸国。

睹货罗国之下,续记咀蜜国,赤鄂衍那国,忽露摩国,愉漫国,鞠和衍那国,镬沙国,珂咄罗国,拘谜陁国,缚伽浪国,纥露悉泯健国,忽懔国,缚喝国,锐秣陀国,胡实健国,咀剌健国,揭职国,凡十六国,皆仅记其国境大小,不记其他,惟于揭职国条"行六百余里出睹货罗境至梵衍那国",于梵衍那国条云"文字风教货币之用同睹货罗国,语言少异,仪貌大同。"梵衍那国之下续记迦毕试国,亦云"文字大同睹货罗国,习俗语言风教颇异。"可见上记之咀蜜国等十六国皆属睹货罗境,文字、语言、风俗、宗教与睹货罗国大体一致,因有综记在前,故不复分别重记也。

又于卷十二之安咀罗缚国,阔悉多国,活国,曹健国,阿利尼国,曷罗胡国,讫栗瑟摩国,钵利曷国,呬摩咀罗国,钵铎创那国,淫薄健国,屈浪挐国,达摩悉铁帝国,凡十三国皆云"文字同睹货罗国,语言有异。"其下续记商弥国亦云"文字同睹货罗国,语言少异。"是安怛罗国等十三国之通用睹货罗文字,语言亦大体相同,亦无疑义。

案玄奘以前,记睹货罗事,仅《隋书》《北史》《魏书·西域传》有之,而皆不记其文字语言之何若,《隋书·西域传》吐火罗国条云:

> 吐火罗国都葱岭以西五百余里,与挹怛杂居,都城方二里,胜兵者十万人,皆习战,其俗奉佛,兄弟同一妻,迭寝焉,每一人入房,户外挂其衣以为志,生子属其长兄。其山穴中有神马,每岁牧牝马于穴,必产名驹,南去漕国千七百里,东去瓜州五千八百里。大业中遣使贡方物。

又《魏书·西域传》吐呼罗国条云:

> 吐呼罗国去代一万二千里;东至范阳国,西至悉万斤国,中间相去一千里;南有连山不知名;北至波斯国,中间相去一万里。国中有

薄堤城,周匝六十里,城南有西流大水,名汉楼河,土宜五谷,有好马驼骡。其王会遣使朝贡。

《北史·西域传》则上述二条皆转载之。惟三书皆记康国为"胡书"。而《魏书》《北史》又载波斯国"文字与胡异",而不载吐火罗之文字语言如何,意者吐火罗国必与康国之胡书相同或相近,故不复书也。玄奘以后,记睹货罗语言者,惟《新唐书·西域传》吐火罗国条云:

> 吐火罗或曰吐豁罗,曰睹货迁,元魏谓吐呼罗者。居葱岭西,乌浒河之南,右大夏地,与挹怛杂处。胜兵十万,国土著,少女多男,北有颇黎山,其阳穴中有神马,国人游牧牝于侧,生驹辄流血,其王号叶护,武德贞观时,再入贡……俱兰或曰俱罗发,曰屈浪拏,与吐火罗接,环地三千里,南大雪山,北俱鲁河,出金琢石取之。贞观二十年,其王忽提婆罗遣使来献,书辞类浮屠语。

此屈浪拏国为睹货罗国分裂后二十七国之一,《西域记》明载"屈浪拏国,睹货罗故地也",故屈浪拏国之语言,亦即睹货罗国之语书,甚为明了。

如上所述睹货罗国既与速利国同为北方胡国,则睹货罗语当与西域发现之窣利语同属伊兰语系甚明,且唐书所记吐火罗语书类浮图语,则与印度语亦应相近。今西域发现之龟兹语、焉耆语,与印度语、伊兰语皆不相类,而与欧洲语系之希腊语拉丁语、意大利色尔特相类,故虽名睹货罗语,其实果系古代之睹国罗语否,亦颇可疑也。

3. 焉耆龟兹语

《西域记》卷一阿耆尼国节云:

> 出高昌故地,自近者始,曰阿耆尼,旧曰乌耆。阿耆尼国东西六百余里,南北四百余里,国大都城周六七里,四面据山,道险易守。水流交带,引水为田,土宜糜黍宿麦香枣蒲萄梨柰诸果。气序和畅,风俗质直。文字取则印度,微有增损。服饰毡褐,断发无巾。货用金钱银小铜钱。王其国人也,勇而略,好自称伐。国无纲纪,法不整

肃。伽蓝十余所，僧徒二千余人，习学小乘教说一切有部，经教律仪，既遵印度，诸习学者即其文而玩之。戒行律仪，洁清勤励，然食杂三净，滞于渐教矣。

又屈支国节云：

> 从此（焉耆）西南行二百余里踰一小山，越二大河，西得平川，行七百余里，至屈支国，旧曰龟兹，屈支国东西千余里，南北六百余里，国大都城周十七八里。宜糜麦，有粳稻，出葡萄石榴，多李奈桃杏，土产黄金铜铁铅锡。气序和，风俗质，文字取则印度，粗有改变。管弦伎乐，特善诸国。服饰锦褐，断髪巾帽。货用金银钱，小铜钱，王屈支种也，智谋寡昧，迫于强臣。其俗生子以木压头，欲其匾匝也。伽蓝百余所，僧徒五千余人，习学小乘教说一切有部，经教律仪，取则印度，其习读者即本文矣。尚拘渐教，食杂三净，洁清耽玩，人以功竞。

又《西域记》卷十二佉沙国节云：

> 从此（乌鎩国）北行山碛旷野五百余里至佉沙国，旧谓疏勒，乃称其城号也，正音宜云室利讫栗多底，疏勒之言，犹为讹也。佉沙国周五千余里，多沙碛，少壤土，稼穑殷盛，花果繁茂，出细毡褐，工织细氍毹毺。气候和畅，风雨顺序。人性犷暴，俗多诡诈，礼仪轻薄，学艺庸浅，其俗生子押头匾匝，容貌粗鄙，文身绿睛，而其文字取则印度，虽有删讹，颇存体势，语言词调，异于诸国。淳信佛法，勤营福利，伽蓝数百所，僧徒万余人，习学小乘教说一切有部，不究其理，多讽其文，故诵通三藏及毗婆沙者多矣。

总观玄奘所记焉耆、龟兹、疏勒三国，文字皆取法印度，惟于焉耆国（阿耆尼）条云"微有增损"，于龟兹国（屈支）条则云："粗有改变"，于疏勒国（佉沙）条则云"虽有删讹，颇存体势"，此外于跋禄迦国（姑墨）条则云"文字法则同屈支国"，于揭盘陀国条则云"文字语言大同佉沙国"，于乌鍛国条则云“文字语言少同佉沙国”，这可见焉耆、龟兹、疏勒三国文字同是取法印度，虽各有所增损取舍，然大体当相同也。

焉耆、龟兹、疏勒三国文字取法印度，原皆由于佛教，然焉耆、龟兹、疏勒三国皆习小乘教说一切有部，其与龟兹同文之禄跋迦国（姑墨），与疏勒同文之朅盘陀国、乌鍛国，亦皆习小乘教说一切有部，此其相同者一。

又就其国民性及风俗制度而论，焉耆国“风俗质直，服饰毡褐，断髮无巾。货用金银钱、小铜钱。国无纲纪，法不整肃，僧徒食杂三淨，滞于渐教。”龟兹国则“风俗质，管弦音乐特善诸国，服饰锦褐，断髮巾帽，货用金银钱、小铜钱。其俗生子以木押头，欲其匾匜，僧徒食杂三净，人以功竞。”疏勒国则“人性犷暴，俗多诡诈，礼仪轻薄，学艺庸浅。其俗生子押头匾匜，容貌粗鄙，文身绿睛。僧徒多讽其文，不究其理。”而与疏勒国同文之朅盘陁国乌鍛国亦于疏勒略同。此其相同者二。

要之，就上列诸点观之，可知在玄奘西游时，葱岭以东（新疆境内）诸国中部以焉耆、龟兹、疏勒三国为宗国，三国文字同取法于印度，且焉耆、龟兹、疏勒三国皆习小乘教，而三国之民性风俗制度亦大体相近，故就三国文字既同取法印度推之，大体自应相同，可视为同一系统也。

4. 于阗语

《西域记》卷十二瞿萨旦那国条云：

> 从此（斫句国）东踰越谷行八百余里，至瞿萨旦那国，唐言地乳，即其俗之雅言也，俗语谓之涣那国，匈奴谓之于遁，诸胡谓之豁旦，印度谓之屈旦，旧曰于阗讹。瞿萨旦那国周四千余里，沙碛大半，壤土隘陕，宜穀稼，多众果，出氍毹细毡，工纺绩絁紬。又产白玉鷖玉。气序和畅，飘风飞埃，俗知礼仪，人性温恭，好学与艺，博达技能，众庶富乐，编户安业，国尚音乐，人好歌舞。文字宪章，聿遵印度，微改体势，粗有沿革。语异诸国。国尚佛法，伽蓝百有余所，僧徒五千余人，并多习学大乘法教。王甚骁武，敬重佛法。

又于斫句国（即沮渠国）条云"文字同瞿萨旦那国"，此可见葱岭以东，大沙漠以南诸国中以于阗为宗国，故即以于阗文字为文字。此于阗文字虽亦取法印度，此于阗语言则与诸国有异，又于阗习大乘佛法，俗知礼仪，人好典艺，与沙漠以北诸国之"礼仪轻薄，学艺庸浅"者不同。故于阗国之文字语言，在大沙漠以南诸国中能卓然自成一系统也。

五、西域语之发见对于语言学及史学上之影响

自此等古西域语发见之后，经西方多数学者苦心研究之结果，虽其全部犹未至完全了解之时，然其大体皆属于印度欧罗巴语系，则已成定论。用此等语言所写之文籍，经西方考古家所得，陈列于伦敦，巴黎，柏林，圣彼得堡诸大都图书博物馆者，为数颇多，其于东方史上增加一大批新的资料，足为东方史上起一大变化，固不侍言，即于西方比较语言学上亦遂因此而起一大新变化，兹分述之：

(一) 印度欧罗巴语系（亦称阿利安语系，即梵语、古波斯语、希腊语、拉丁语、哥特语等总称）之比较语言学，自十九世纪后半期以来大为进步，经多数语言学家研究之结果，以印度欧罗巴语系之各种语言，皆自同一母系出。因其地理分为十种。以为此十种语言，即已概括印度欧罗巴语系之全体，此外更无复属于此语系之语言。自此等古西域语之发见，经西方多数语言学者之研究，其文意犹未至完全明了之时，然其数词名词及动词之变化等，皆与印度欧罗巴语系之各种语言无异，其应属于印欧语系，殆已无疑。因此而印度欧罗巴语系之比较语言学上十种之分，已不能不有所增加。而数十年来多数语言学者苦心孤诣所制定之系统，因为此等古西域之发见，而被其打破，此殊出人意料之外者也。

(二) 近代印度欧罗巴语系之比较语言学上，又因地理之分而将十种语言更别为东西两大支派，名之 Satem 语派，及 Centun 语派。

Satem 者伊兰语数词百(100)之义,Centun 者拉丁语数词百
(100)之义,盖亚洲西南诸国语言,凡数词之发音以 S 为较多,
而欧洲诸国语言,凡数词之发音以 K(C)为较多,故即以 Satem
为代表东派语言之称,凡印度伊兰等国语言皆属之,而以
Centun 为代表西派语言之称,凡欧洲诸国语言皆属之。然近
来新发见之龟兹语之数词,则与东派印度伊兰派诸语皆不相
类,而与西派之希腊语(Hellenes)、拉丁语(Latin)、哥特语
(Goth)及意大利色尔特语(Itelo-Celtes)等相类似。兹举例
如次:

数　词	梵语(东派)	拉丁语(西派)	龟兹语
百	Sata	Centun	Käbtä
十	Dasa	Dacem	Säkä
八	Asta	Octo	Okata

由此表可见龟兹语数词之三 K 音与拉丁语数词之三 C 音相似,而与
印度语数词之三 S 音则不相类。可见东西两派之分若不误,则龟兹语数
词必须列于西派之中,然龟兹国远在伊兰之东,而其数词之系统不属东
派而属西派,则印度欧罗巴语系因地理上之关系所定之东西两派之分,
亦不能不被其打破矣。此则更属出人意料之外者也。

(三) 更就史学上之影响言之,则以关于宗教史之影响为最大,盖用
此等古西域语所写之文籍中以佛教经典为最多,其次如景教,
摩尼教,火袄教等亦皆有之。自此古西域语之发见,始知佛教
之始入中国,初非由印度直接传来,乃自西域间接传来,中国
之始译佛经初非由梵文直接译来,乃由西域语间接译来。盖
后汉魏晋代中国所传之佛教,大抵由西域之龟兹、焉耆间接输
入,其时所翻译之佛典,亦大抵由西域诸国语言如龟兹语、焉
耆语间接翻译而来。然西域诸国语言如龟兹、焉耆等,虽皆取
法印度,然亦各有损益,与梵文原本不无异同,故南北朝隋唐

高僧乃有直赴印度取经之事。因此等古西域语之发见，而后汉魏晋时代佛教由西域间接传入中国之迹，乃得证明之。即如翻译术语一端即其显例：

音译语例

汉　译	龟兹语	梵语	语意
沙门	Samane	Sramana	出家修佛之通称，勤息止息之义，谓勤修众善，止息诸恶也
沙弥	Samir	Sramanera	另于出家受十戒之通称，行慈之义，谓息恶行慈也
波逸提	Payty	Payantika	犯戒律罪之名，堕落之义，谓由此堕落地狱也

意译语例

汉译	龟兹语	梵语
出家	Ost men dadne(由家出之义)	Pravrajya(前进之义)
外道	Parnanne(在外之义)	Mithyadrsti(谬见之义)
灭	Kes(息之义)	Sama，Santi(和之义)

由此二表可见汉译佛教经典所用之术语，大抵由龟兹语间接译来，而非由梵语直接译来，盖甚明也。

(四) 佛教经典之外，如景教经典，摩尼教经典，于汉译本，中期波斯语译本，回鹘语译本等之外，复皆发见窜利语(即粟特语)等译本，不但在宗教史及比较宗教学上皆有极大之影响，即在东方史中亚史上亦有极重要之关系也。

(五) 中国所传七曜之名，乃始于唐僧不空所译之《宿曜经》，经中列胡语、波斯语、天竺语，其胡语谓日曜曰蜜，月曜曰莫，火曜曰云汉等皆音译之名。自此等古西域发见，而始知所谓胡语之蜜、莫等名皆自窜利语译出，兹举如次：

《宿曜经》	日曜曰蜜	月曜曰莫	火曜曰云汉	水曜曰咥	木曜曰鹘斯	土曜曰枳浣	金曜曰那歇
《宋史·律历志》				水曜曰滴	木曜曰温没斯	土曜曰鸡缓	金曜曰那颉
利文	月曜曰 mihr	火曜曰 makh	水曜曰 Wunkban	水曜曰 Tir	金曜曰 Wurmanzt	土曜曰 Kewan	—

观此表所列诸语,可见中国七曜之名,译自胡语者,大抵为窣利语之音译,殆无可疑,盖梵语谓日曜曰"阿你底那",波斯语谓日曜曰"曜森勿",与此皆不相类也。

昔英人 Dauglas 氏于乾隆四六年(西 1781)著论揭于 Notes and Querrics on China and Japan,谓中国厦门地方称日曜曰蜜,殊不可解。Wylie 氏于同治七年(1871)著论名 On the Knowledge of a weekly sabbath in China,揭于 Chinese Recorder,亦论及福建地方谓日曜曰蜜之事。法国 Huber 氏著论揭于 Bulletin de I'Ecole Francaise d'Extrcme-Orient 卷六,论福建地方之历书,亦及日曜曰蜜之事,而皆不得其解。至光绪三十三年(西 1907)德国 Miller 氏著 Die Persischeny Kalen darausd ucke in Chineschen Tripitaka 一文,揭于德国学士院学报,始据西域新发见之摩尼教徒所用之窣利语历书,与《宿曜经》七曜之名,互相比照,而从来不得其解之七曜名称,始知为窣利语之译音。然今中国东南之福建地方亦通行日曜曰蜜之语,则窣利文化影响于中国文化之远且大,不难推知矣。

(六)中国北部诸族如契丹、女真、蒙古、满洲之文字,大抵取法于回鹘文字。自此等新语言发见,始知回鹘文字,又大抵取法于窣利文字。是知窣利文字对于中国北部诸族所用文字之关系为何如矣。

此外关于美术史,风俗史等种种方面之有影响者尚多,他日有暇,当更详述之也。

(原文载于 1930 年 12 月《女师大学术季刊》第 1 卷第 4 期)

室韦考

一、导　言

　　宋元二代中国政权相继为女真、蒙古二族所侵占,此世人所公知者也。夷寻其流,则女真民族为今通古斯种之满洲民族之祖先,蒙古民族为今蒙古种之祖先,此又东西学者所已考定者也。而溯其源,则女真、蒙古二族似同出唐之室韦民族,此则不免令读者吃惊矣。然蒙古民族之源出唐之蒙兀室韦或蒙瓦室韦,前此史家已有能道之者,而女真之源出唐之如者室韦或俞折室韦,此又就声音上及住地上皆有可考者也。然则今日治东亚史者,不惟溯蒙古之起源当首知室韦,即考女真之祖先亦不可不先知室韦矣。

　　关于室韦史之研究,自晚清何氏秋涛《朔方备乘》(卷三十一《汉魏北徼诸国传》室韦条),屠氏寄《蒙兀儿史记》(卷一《世纪篇》),丁氏谦《历代外国传地理考证》(《魏书》《隋书》《唐书》室韦传条)诸书,皆已启其端倪。近如日本白鸟博士、津田博士之《室韦考》(《满鲜地理历史研究报告》第一册及《史学杂志》第三十篇),国内则王静安先生之《黑车子室韦考》(《观堂集林》)诸文,更各以专篇考证其部族地望,皆硕学巨制。尤以白鸟博士一文,引证详瞻,于室韦史之研究,贡献甚大,极堪钦服。余近治东北史地,因及室韦,曾集诸说,以为讲义之资,积日既久,渐觉所见有与前人未尽相同之处,因公布之,以求硕学大雅之教正焉耳。

二、后魏之失韦国

1. 关于魏代室韦之史料

室韦之名始见于《魏书》,而正史为室韦撰传者亦以《魏书》为始。故关于魏代室韦之史料,自当以《魏书·失韦国传》为主也。据《魏书》卷一百《失韦国传》云:

> 失韦国在勿吉北千里,去洛六千里,路出合龙北千余里,入契丹国,又北行十日至啜水,又北行三日有盖水,又北行三日有犊了山,其山高大,周回三百余里,又北行三日有大水名屈利,又北行三日至刅水,又北行五日到其国。有大水,从北来,广四里余,名捺水。国土下湿。语与库莫奚契丹豆莫娄国同……夏则城居,冬逐水草……武定二年四月遣使张焉豆伐等献其方物,迄武定末,贡献相寻。

案此为后魏时代关于室韦之唯一史料。然此文所记自合龙至失韦国所经之山名及水名,非有其他史料可供比较之资,则颇不易考索。幸《魏书·勿吉国传》记勿吉使臣自述自勿吉至中国所经之地及所需之日数,皆可以与《失韦传》相比较。兹录如次:《魏书·勿吉传》记自中国至勿吉之路程云:

> 自合龙北二百余里有善玉山,由北行十三日至祈黎山,又北行七日至如洛环水,水广里余,又北行十五日至太鲁水,又东北十八日到其国。国有大水,阔三里余,名速末水。

又勿吉使者乙力支述自勿吉至中国之路程云:

> 初发其国,乘船泝难河,西上至太你水,沉船于水,南出陆行,渡洛孤水,从契丹西界达和龙……乃还,从其来道,取得本船,泛达其国。

案《勿吉传》记自合龙北二百余里之善玉山至勿吉国之行程凡五十三日,乃据勿吉使臣之自述,故能有此明确之记载。今《失韦国传》记自契丹国至失韦国之行程凡二十七日,此记载之详确与《勿吉传》同,此必据当时失韦使臣自述其实地经验之语,而非凭空杜撰者可知也。

自和龙北经西喇本伦河及洮儿河,北至嫩江流域,南至松花江流域,乃铁道未开以前,自古行人所必经之公道,故勿吉使臣与失韦使臣所取之道,大体无不相同,盖无疑也。然失韦使臣自和龙北三四百里之契丹国(《失韦传》谓路出和龙北千余里云云,实系错误,自和龙北至契丹仅三四百里,诸史《契丹传》所记大抵相同,皆其确证)至失韦国所需仅二十七日,而失韦使臣自和龙北二百里之善玉山至勿吉国所需至五十三天之多,是失韦使臣之行程速率几二倍于勿吉使臣。盖使臣所负之责任有重轻,所传达之消息有缓急,故行程上之或急或缓,亦随事之需要如何而定,未足为怪也。

日本白鸟博士曾引西人之游记证之,俄人 Isbrants Ides 氏于康熙 32 年(西 1693 年)奉俄皇彼得大帝之名出使中国,自黑龙江北岸之 Nercinsx 地方启程南行,经额尔古讷河(Argunskol)、海拉尔河(Hailar)等处,而至齐齐哈尔(Naun Koton)。更自齐齐哈尔南行渡西喇木伦,经喜口峰,而达北京。此使节之一行,自九月二十七日由齐齐哈尔出发,至十月二十三日达喜口峰,其间所需时日恰为二十七日。与《魏书》所记自契丹国至失韦国所需二十七日正合。(E-Isbrants Ides, Three years Travels from Moscov over-land to China,1706,pp. 55 - 60)

又德国地理学家 Ritter 氏著《亚洲地志》(Erdkunde Von Asien),据其调查之结果,谓自齐齐哈尔(Naun Koton)至西喇木伦之间,所需之行程凡十八日(Vol,I,p. 116)。与《魏书》所记自啜水至失韦国之行程凡十七日者相近。若失韦国之啜水即指西喇木伦而言,则失韦国之本地与今齐齐哈尔之地,相差当不甚远矣。

又俄人 Bretsch neider 氏之 O putjox Po Mongolij 一书中,曾记俄人 Lange 氏于乾隆元年(西 1736 年)自俄国至中国,亦取 Isbrants Ides 氏之

原道。而此使节之一行,于八月三十一日自齐齐哈尔出发,至九月二十八日始至西喇木伦河(p. 19)。是自齐齐哈尔至西喇木伦之间所需凡二十九日,与 Ritter 氏所记自西喇木伦至齐齐哈尔仅需十七日者,相差至十二日之多。此亦可见旅行之迟速不同,古今皆有其例。盖事之急缓不同,故行程之急缓亦因之而异也。

如上所述,则《魏书·失韦国传》所记当时自中国至失韦国之道里日数,颇为正确,而后魏时失韦国之所在地,亦得据以考定矣。

2. 后魏时失韦国之本地

日本津田博士所著《室韦考》,据《魏书·失韦传》所记自中国至失韦国之道里日数,考定后魏时代失韦国之中心在今嫩江流域之齐齐哈尔附近,白鸟博士之《室韦考》又引上述西方使臣学者之记载以实证之,其言甚确,当成定论也。因失韦国本地之考定,而后失韦国中所见之地名,如捺水之即嫩江,啜水之即西喇木伦河,屈利水之及陶尔河,刃水之即绰尔河等,亦得因其经过所需之道里日数而推定之矣。兹分述如次:

捺水指嫩江

后魏时失韦本国既在今齐齐哈尔境,则失韦国之大水名捺水者,自当为今嫩江之异文无疑焉。然日本坪九马三博士曾著《古代朝鲜三国鼎立形势考》,考定此捺水为黑龙江之土名(《史学杂志》),又丁益甫氏作《魏书失韦传地理考释》,谓此捺水为今嫩江上游之支流诺敏河。丁氏但言其然,而未言其故。若坪井氏则据此捺水"广四里余"一语,以为非黑龙江不能有此广大。然黑龙江之上源额尔古讷河及鄂嫩河皆自南而北,至额尔古讷河与石勒克河合流后,则又自西而东。与《魏书》记捺水"自北来"之方向不相合。至诺敏河之自西北向东南,且其水面绝无四余里之广大,其为不合,更不待辨矣。若以捺水拟之今之嫩江,不惟与上述二点皆无不合之处,且从字音字意上亦得而积极证明之也。张穆《蒙古游牧记》云:

嫩江一做妹江,又名诺尼河,古名难水,亦曰那河,明人谓之脑温江，又曰忽剌温江。方式济《龙沙纪略》云，蒙古谓脑温为碧，诺尼音同，今呼嫩江。

由此可知嫩江之嫩其意为碧，嫩江今呼嫩尼（Nanni 或 Nunni）或诺尼（Noni 或 Nonni），而

> 蒙古文语谓碧、绿曰 nogo, nogogan,
> 长城附近蒙古语谓碧、绿曰 nokho khon（nokhôn），
> 喀而咯语谓碧、绿曰 nogo,
> Ölöt 语谓碧、绿曰 nokhon（Klaproth A. P. p. 187），
> 又通古斯之索伦语谓青、绿曰，nahun,
> Managir-Solon 语谓青、绿曰，Nahun,
> Gold 语谓青、绿曰，nongon nungo,
> Olca 语谓青、绿曰，nogza,
> Orocen 语谓青、绿曰，nogdea, nukda,
> 满洲语谓青、绿曰，niohon, niowang-gijan,
> 女真语谓青、绿曰，nun-kiang（Crube p. 71 - 72），

按上述诸语之语尾虽稍有不同，而其语根则出于一源，甚为明显。捺水之捺（Na）与那河之那（na），皆明为 Nagu, Nagun 等语之略译也。

然考今黑龙江之名，皆无碧水之意，今沿黑龙江居住之人民所呼黑龙江之名，虽不一致，然如：

> 蒙古语呼黑龙江曰 khara muren（黑江之义），
> 满洲语呼黑龙江曰 Sagalijan-ula（黑水之义），
> Gold 语呼黑龙江曰 Mangu（大河之义），
> Giljak 语呼黑龙江曰 Laerri（大河之义），
> Solon 语呼黑龙江曰 Amur（大水之义），

此可见黑龙江沿岸之居民，对于黑龙江，或呼为黑水，或呼为大水，而从未有称之为碧水者也。要之捺水之为今嫩江之古名，无论就地望上，就

面积上观之,无不皆合。而就语音字意上认之亦有余也。

啜水即西喇木伦

据 Ritter 氏之《地志》载自齐齐哈尔(Naun Koton)至西喇木伦之间所需行程凡十八日。失韦国之本地既在齐齐哈尔附近,而《魏书·失韦传》纪自啜水至失韦国之行程为十七日,与 Ritter 氏所记相近,故啜水之当指西喇木伦无可疑矣。

日本白鸟博士曾从语音上证明啜水之"啜"为"西刺"之略译,其言谓"啜"之一语,日本读 set,朝鲜读 Cyöl,安南读 Suyet,西刺木伦之西刺 Sira,古读如洛环(Sira-ga),裒罗个(Saraga),在读音上颇为近似,故啜水之啜当为如洛、裒罗等之略译云。

屈利水即陶尔河(洮儿河)

啜水既已考定为西刺木伦,则啜水北九日程,北距齐齐哈尔凡八日程之屈利大水,自非指今洮儿河不可。盖西喇木伦与嫩江之间之水以洮儿河为最大,屈利既称大水,故舍洮儿河无他可求也。

然屈利与洮儿、陶尔等语不相似,为洮儿河之上流有名桂勒尔河(或称归流河,一作交流河)者,与屈利一语较为近似,盖上下流之名称往往可以互混,屈利或即桂勒等语之转讹也。又日本白鸟博士谓屈字与匋字在字形上相近,可以互讹,屈利或系匋利之讹,则与陶而、洮儿等为近似矣。

刃水即绰尔河

屈利大水既考定为洮儿河,则在屈利水北三日程,北距失韦国五日程之刃水,自当指今绰尔河矣。

3. 魏代失韦国之四界

后魏时失韦国之住地,以今齐齐哈尔为中心,既如上述。然屠氏《寄蒙兀儿史记》卷一《世纪篇》谓室韦自后魏时已分布于难水、完水、深末怛水之间,分为南室韦,北室韦,钵室韦,深末怛室韦,大室韦五部云云,其说之误,固甚明白,然以屠氏之学犹不免有此种时代上之误解,是则魏代失韦国之四界所至,亦不可不进而考索之也。《魏书·失韦传》云:

> 失韦国在勿吉国北千里,去洛六千里。

《魏书·豆莫娄国传》云:

> 豆莫娄国在勿吉国北千里,去洛六千里……在失韦之东。东至于海,方二千里。

《魏书·地豆于国传》云:

> 地豆于国在失韦西千余里。

《魏书·乌洛侯国传》云:

> 乌洛侯国在地豆于之北,去代都四千五百余里。

由此等记述,可见后魏时代失韦国之四界,盖南至勿吉国,东至豆莫娄国,西至地豆于国,乌洛侯国,惟其北境所至,无可知耳。勿吉,豆莫娄,地豆于,乌洛侯四国之住地何在,及其国界所至既明,而后失韦国之四界何在,乃可得而说焉。

勿吉国之所在

关于勿吉国之所在地,《魏书·勿吉传》云:

> 勿吉国在高句丽北,旧萧慎国也,……邑落各自有长,不相总一,……去洛五千里,……国有大水,阔三里余,名"速末水"……国南有"徒太山",魏言太皇。

案勿吉国地既在高句丽国之北,则其国地必在今吉林省境内可知。而此国境内有广三里余之速末水,又国南有徒太山,此二地实足为考证勿吉国境所在之一大关键。此勿吉国至隋乃以靺鞨之名见于史籍,《隋书·靺鞨传》云:

> 靺鞨在高句之北,……有七种,其一号粟末部,与高丽接,……其二曰伯咄部,在粟末部之北,……其三曰安车骨部,在伯咄部东北,其四佛涅部,在伯咄东,其五曰号室部,在佛涅东,其六曰黑水部,在安车骨西北,其七曰白水部,在粟末东南。……国有"徒太山"。

又《新唐书·黑水靺鞨传》云：

> 黑水靺鞨居肃慎地，亦曰挹娄，元魏时曰勿吉。直京师东北六千里，东濒海，西突厥，南高丽，北室韦。……其著者，曰粟末部，居最南，抵"太白山"，亦曰"徒太山"，与高丽接，依"粟末水"以居，水源于山，西北注它漏河。稍东北曰汨咄部，又次曰安居骨部，益东曰佛涅部，居骨之西北曰黑水部，粟末之东曰白山部。

此记靺鞨七部中之最南与高丽接者为粟末部与白山部，粟末部因粟末水得名，白山部殆亦因近太白山而得名者。而粟末水发于太白山，太白山亦名长白山。案今发源于长白山之大水惟松花江，故粟末水为松花江之古名，毫无疑义。而《魏书》之速末水，即此粟末水，《魏书》之徒太山，即此太白山，亦不待言。唯今松花江与嫩江合流以后仍称松花江，而《唐书》谓粟末水西北注它漏水，它漏水殆即今陶尔河之古名，因陶尔河东南流会嫩江更与北流之松花江合，以成今之东流松花江，故今之东流松花江在唐代亦得混称为它漏河也。勿吉国之住地之中心既在今松花江流域，其水广三余里，则必非其上流域，而必在其中下流域可知矣。故日本津田左右吉氏以今吉林省五常厅附近之石头城子地方拟魏时勿吉国的中心地，盖不失正鹄者也。（详见津田氏著《勿吉考》）

豆莫娄国之所在

关于豆莫娄国之所在，《魏书·豆莫娄国传》云：

> 豆莫娄国在勿吉北千里，去洛六千里，旧北扶余也，在失韦之东，东至于海，方二千里。其人土著，有居室仓库，多山陵广泽，于东夷之域，最为平敞，地宜五谷，不宜五果。

此文记豆莫娄国方位，因有"东至于海"一语，故丁谦氏以为在"今乌苏里江东地"（《魏书外国传地理考证》），然此种解释，殊属误会。盖《魏书》所谓"东至于海方二千里"云云，原系含混之语。据《魏书·勿吉传》云其"傍有大莫卢国，覆钟国，莫多回国，库娄国，素和国，具佛国，黎你国，拔大何国，郁羽陵国，库伏真国，鲁娄国，羽真侯国，前后各遣使朝贡"

云云,此大莫卢国即豆莫娄国,可见魏时豆莫娄国之邻近尚有多数小国存在。《勿吉传》又云"其人劲悍,于东夷最强,常轻豆莫娄等国,诸国皆患之"。可见此等诸国,其势力虽皆在勿吉之下,致同为勿吉所轻蔑。然与豆莫娄国则固不相上下。此可知东至于海方二千里云云,乃统泛言之,非出于斟酌研究之结果也。《新唐书·流鬼国传》云:

> 又有达末娄达姤二部首领朝贡。达末娄自言北扶余之裔,高丽灭其国,遣人渡那河,因居之。或曰它漏河东北入黑水。达姤室韦种也,在那之阴,冻末河之东,西接黄头室韦,东北接达末娄。

此文之"或曰它漏河东北入黑水"一句,当紧接于"那河"二字之下,为那河二字之注文,甚为明白,否则此句毫无取义矣。它漏河为今陶儿河之古名,同时用为指东流松花江之统称,已如上述。那河为今嫩江之古名,同时亦被用为指今东流松花江之统称。故"那河"之下注以"或曰它漏河"一语,乃极合于事理之解释。至"东北入黑水",则指那河或曰它漏河之方向矣。此事下文当更详论。此文之冻末河为凍末河之误字,亦甚明白。达姤室韦既在那河阴凍末河东,是其住地必在今北流松花江注入东流松花江之处之肇州及伯都讷一带地方可知矣。达末娄国既在达妒室韦之东北,故白鸟博士以今哈尔滨以北之呼兰河流域拟之,当无大误也。至达末娄国,大莫卢国,与豆莫娄国皆为同国名之异译,甚为明显,不待言矣。

地豆于国之所在

关于地豆于国之所在,《魏书·地豆于国传》云:

> 地豆于国在室韦西。

又同书《乌洛侯国传》云:

> 乌洛侯国在地于之北。

又《北史·契丹国传》云:

> 太和三年高句丽窃与蠕蠕谋,欲取地豆于以分之,契丹惟其侵
> 轶,……求入内附。

又同书《奚国传》云:

> 太和四年(奚国)辄入塞,辞以畏地豆于抄掠。

由此等记事,可知地豆于国之北境为乌洛侯国,南境为契丹国与奚国,西
境为蠕蠕国,东境为高丽国,颇为明显。按蠕蠕国之东界所在,据《魏书》
及《北史·蠕蠕国传》记社仑时代之最大疆域云:

> 其西则焉耆之地,东则朝鲜之地,北则渡沙漠,穷瀚海,南则临
> 大碛,其常所会庭则敦煌、张掖之北。

又同书记后魏太武伐蠕蠕主大檀,其兵力所及之地云:

> 东至渤海,西接张掖水,北渡燕然山,东西五千余里,南北三
> 千里。

案此所记蠕蠕国之东界所至,虽不甚明。然就其东至朝鲜及东至渤海二
语观之,大体当与高丽渤海相距不远可知矣。至高丽国之西界所至,据
《魏书·高句丽国传》云:

> 辽东南一千余里,东至栅城,南至小海,北至旧夫余,其地东西
> 二千里,南北一千余里。

而独不记其西境所至。至《北周书·高丽国传》云:

> 其地东至新罗,西渡辽水两千里,南接百济,北临靺鞨千余里。

是其西境所至为辽水以西两千里之地。《隋书·高丽国传》但记东西两
千里,南北千余里,而不记其四界所至。至《旧唐书·高丽国传》云:

> 东渡海至于新罗,西北渡辽水至于营州,南渡海至于百济,北至
> 靺鞨。东西三千一百里,南北二千里。

是其西境至于营州(营州即今朝阳之地)甚为明白。至于契丹国发祥地

在今热河省之西喇木伦之下流域,奚国之住地在今西喇木伦及老哈老木仑之上流域,历代史籍所记,尤为明白,不待辩证。故丁氏谦于地豆于国之住地,以今察哈尔省东北之乌珠穆沁旗地拟定之者,大体盖不误,日本白鸟库吉氏以今热河省西北之巴林旗地为中心,东北及阿尔科沁旗与札鲁特旗,西南及于克付克腾旗之地而拟之者,更不失正确者也。(见《地豆于及白霫考》)

乌洛侯国之所在

关于乌洛侯国之方位,《魏书·乌洛侯国传》云:

> 乌洛侯国在地豆于之北,去代都四千五百余里。其土下湿,……其国西北有完水,东北流合于难水,其地小水皆注于难,东入于海。又西北二十日行有于己尼水,所谓北海也。

此文中之完水,《太平寰宇记》所录亦作乌桓水,盖因乌桓遗民所居而得名也。按《唐书·室韦传》古乌丸之遗人居于室韦民族之间,在乌罗护国之东北二百里,唐代乌罗护国之住地在今洮儿河、绰儿河之上流,西至兴安岭西之喀尔喀河上流之地,乌丸国之住地则在雅鲁河之上流域,北至诺敏河之地,故此完水当亦指雅鲁河或阿伦河而言。此文之"完水",《通典·乌洛侯国传》所引亦作"貌水",盖貌字之原字"皃",与"完"字形近致误。日本白鸟博士考定此完水为雅儿河,因为拟定乌洛侯国之地在洮儿河、绰儿河之上游,大体当不误也。

然何秋涛氏以为此乌洛侯国在蒙古东境车臣汗境。丁益甫氏以为在黑龙江西境呼伦贝尔地方,其观点不同之处,盖在难水完水及于己尼水之解释,何、丁二氏以于己尼水为指贝加尔湖,难水为指黑龙江,完水为指额尔古讷河,故何氏遂谓乌洛侯国在车臣汗境,而丁氏亦谓此国在呼伦贝尔境,白鸟氏以于己尼水为指呼伦湖,以难水为指嫩江,儿水为指嫩江之支流雅儿河,故谓此国在洮儿河之上流域也。

余案儿水所注入之难水,为今嫩江之异名,难与嫩在声音上因极近似,而《魏书·勿吉传》中之难水,亦足证其指今嫩江也。而此国西北二十日行之于己尼水,白鸟氏以为指今呼伦湖者,其理由盖谓呼伦湖流出之大水名额尔古讷河,其读音为 Ergüne,与于己尼之读音 Ugini 颇为近似,或即其转讹。额尔古讷河自呼伦湖流出,故古代称呼伦湖或亦有额尔古讷水(于己尼水)之称亦未可知。又于己尼水亦称北海,而呼伦湖土人亦称海子(Dalai Nor),则呼伦湖之被称为北海,亦不足怪云云。然呼伦湖距兴安岭不过数百里,而于己尼水距乌洛侯凡二十日行,按普通行程速率计之,其距离在千五百里以上,与呼伦湖之距离相差过远。然即于己尼水拟之今贝加尔湖,而难水之为嫩江,乌洛侯之在洮儿河、绰儿河上游,兴安岭东麓之地,亦无抵触也。至唐代乌罗护国(乌罗浑国)之在兴安岭东麓洮儿河、绰儿河上流域以迄西麓之喀尔喀河上流域,又足从《唐书》《唐会要》之《室韦传》《乌罗浑传》证之,此点下文再详述,兹不赘及。

综上所述魏代失韦国南界之勿吉国地在今吉林省境北流松花江之中流域,失韦东界之豆莫娄国地在今哈尔滨北呼兰河流域;失韦西界之地豆于国地在今热河省西北之巴林旗境;乌洛侯国地在今奉天省西北境之洮儿河上流域。由此可知魏代失韦国之住地,乃以兴安岭东之嫩江流域为限,彰彰明矣。

4. 室韦民族之由来

综上所述,后魏时之失韦国,南有勿吉,东有豆莫娄,西有乌洛侯地豆于等国,原不过兴岭安东嫩河流域之一小部族,而已。此民族之名称果何由而起耶?日本白鸟博士谓室韦居猲越河之北,猲越当读 ji-ye,而室韦当读 Si-wei,在声音上颇为近似,故主室韦民族之名,当由其所居地之猲越河而得名云云。余谓不然。

唐代翻译佛经,凡梵文之"vi"音皆译作"毗","室韦"之称始见《隋书》,而《魏书》实作"失韦",此失韦与鲜卑及其同名异译之师比,私鈚,胥纸,犀比,犀毗,西卑皆相近似。鲜卑等语皆通古斯语谓祥瑞 Sabi 之音译,失韦殆译 Sabi 之转讹者也。

今大兴安岭之南部索岳尔济山之北尚有室韦山,而小兴安岭之中部

(瑷珲之西)亦有库穆尔室韦山。唐代及其以前兴安岭之古称如何,今日不得知,颇疑后魏以至唐代兴安岭之古称当名失韦山或室韦山,而秦汉魏晋时代则当称鲜卑山,皆一语之转,不过因时代而异其音译耳。鲜卑民族之名,因被匈奴冒顿单于攻破后退保此山因而得名。若失韦为鲜卑异译之推测为不误,则室韦之名殆亦因居地之室韦山(兴安岭)而起者耶。

观于乌丸之遗人至唐代尚居于兴安岭东麓之室韦民族住地之间,自称乌丸国,贡使不绝。则失韦民族为鲜卑之遗种,似非不可能之事矣。

三、隋代之室韦民族

1. 关于隋代室韦之史料

魏代室韦民族之住地既明,兹当更进而考隋代此民族活动之范围。《隋书·室韦传》云:

> 契丹之类也,在南者为契丹,在北者号室韦。分为五部落,不相总一,所谓南室韦,北室韦,深末怛室韦,大室韦……南室韦在契丹北三千里,土地卑湿,至夏则移向西北贷勃、欠对二山,渐分为二十五部落……南室韦北行十一日至北室韦,分为九部落,绕土纥山而居……又北行千里至钵室韦,依胡布山而住,人口多于北室韦,不知为几部落……从钵室韦西南四日行至深末怛室韦,因水为号也……又西北数千里至大室韦,径路险阻,言语不通……北室韦时遣使贡献,于无至者。

案关于隋代室韦之记事,此为唯一之史料。其后如《北史》《通典》《唐会要》《通志》《通考》等之室韦传,记五部室韦之名称,及其分布地者,无不全袭《隋书》本传之文。唯《唐会要·室韦传》云:

> 按隋书室韦记云,室韦有五部落,一南室韦;二北室韦;三钵室韦,在北室韦之北;四深末怛室韦,在北室韦之西北;五大室韦,在室

> 建河之南,深末怛室韦之西北。《隋书》曰:大室韦之外,名字改易,
> 不可详悉。

此节记隋代五部室韦之住地,与《隋书·室韦传》所记,事实大体相近,而
文字不同。今《隋书·室韦传》固无此等文句,及《会要》以前之《北史》及
《通典》,后于《会要》之《通志》《通考》等《室韦传》,袭录《隋书·室韦传》
文者,皆无此数语。不知《会要》果从何处得一段史料?未可遽以为论证
之资也。

2. 北室韦及后魏以来朝贡中国之部族

案隋代室韦虽分为五大部,而朝贡于中国者,则仅北室韦一部。而
《魏书·失韦国》传云:

> 武定二年四月遣使张焉豆伐等献其方物,迄武定末贡使相寻。

可见隋代来朝之部落,当仍是魏代来朝之部落,盖此部落必熟于中国中
之情形,故朝贡相寻而不绝也。由此可知隋代之北室韦当即魏代之失韦
国本部也。日本津田博士谓此文之北室韦当系南室韦之误,隋代之南室
韦始为魏代失韦本部,其说谓:

> 隋人之知室韦,盖闻之于其部族之来朝者,而隋时来朝贡之室
> 韦:当不外自东魏、北齐以来仍来入贡者,盖与《魏书》之室韦同是嫩
> 江流域之部族也。此室韦未知当隋时五部中之何部。然自嫩江流
> 域直接契丹之北考者,盖南室韦也。(《隋书》云去契丹三千里,失之
> 夸大),隋人以室韦为契丹同类,盖以其所知之室韦地与契丹近,且
> 俗相近似,则其为南室韦,愈无疑也。
>
> 《隋书》于本传末云,"北室韦时遣使贡献,余无至者"。此北室
> 韦殆南室韦之误欤?果然则《隋书》四部室韦之记事,皆自南室韦人
> 闻之者也。
>
> 就中和钵室韦及大室韦亦闻于唐代,其位置由《唐书》之记载稍
> 知之,如大室韦殆与南室韦民族相异,其称室韦甚为可疑,疑总称此
> 等诸部为室韦者,出于南室韦人之附会,非其所自称,惟南室韦人乃

真室韦耳。而室韦人何以如此附会,盖欲以自己部族之广大,夸示
隋人耳。(见《观堂译稿下》)

案津田氏以南室韦为魏时失韦本部,而其他四部出于南室韦人之附会。
然《隋书》本传明记"北室韦时遣人贡献,余无至者",则入朝于隋者,明是
北室韦而非南室韦。此等五大部落中独北室韦入朝,其事所关甚大,故
修史者特书出之不容有误也。

且《隋书》以后如《北史》《通志·室韦传》皆袭《隋书》本传原文明记
"北室韦时遣人贡献,余无至者"。《通志》且续以"隋开皇大业间,并来朝
贡"一话。《通典·室韦传》并改为"北室韦后魏武帝隋开皇大业中并遣
使贡献"。可见后魏以来朝贡者,明系北室韦,而从未有作南室韦者。故
知抄写转录上亦未有误。是则北室韦之绝非南室韦之字误也明矣。故
北室韦当系后魏以来室韦本部,其住地则在嫩江流域之齐齐哈尔之附
近也。

3. 钵室韦之住地(胡布山即格尔布尔山)

北室韦之住地即《魏书》失韦国之本部之说,于钵室韦住地之确定,
及其相互之距离,亦足证之。钵室韦地在室韦之最北部,"在北室韦之北
几千里,依胡布山而居"。今若假定北室韦之地在魏代失韦国之本部,即
齐齐哈尔附近,即齐齐哈尔以北千里之胡布山,若以今嫩江发源处之格
尔布尔山拟之,则不但在声音上为互相酷似,即就住地之方位及距离之
远近考之,皆无不合之处矣。至钵室韦之名至唐代则称婆莴室韦;屠氏
其谓婆莴室韦之住地在今频果河流域,婆莴亦即频果之异译,《蒙兀儿史
记》卷一《世纪·钵室韦》自注云:

> 按洪侍郎所译中俄界图,黑龙江副都统所驻瑷珲城西北乌道六
> 百里伊勒呼里山之阴有频果河,一作潘家,北流入黑龙江。频果即
> 婆莴之异文。古婆莴室韦所居之水。婆莴疾呼成钵音。

余案此频果河今称旁乌河,在声音上皆相近似,河在呼玛尔河、额穆尔河
之间。今索伦人之居于此地者犹称 Butx-Solon, Butxa 亦即婆我,频果、

潘家、旁乌等之异文也。隋代钵室韦之部族较北室韦尤众,故其分布之广,北连黑龙江之边,南越胡布山以至嫩江上源之地,亦不足怪也。

4. 深末怛室韦之住地

深末怛室韦之住地在钵室韦之西南四日行,而钵室韦在北室韦之北千里,故深末怛室韦之方位,又当在北室韦之西北也。深末怛本因水为号,然此深末怛河果当于今之何水,因无记载可以确证,然白鸟博士就其方向及距离推之,以今嫩江中游之支流诺敏河之上游拟之,当无大误也。

5. 大室韦在额尔古讷河流域

隋代大室韦之在深末怛室韦之西北数千里,且"经路险阻,言语不通"。则其住地当在今额尔古纳河流域也明矣。案嫩江流域与额尔古纳河流域,隔以兴安岭之天险,越兴安岭自东往西之交通路,仅诺敏河,雅尔河,绰儿河之发源处有之,深末怛室韦之地既拟定在诺敏河之源流处,则自此河发源处越兴安岭可以直达额尔古讷河之支流根河(Gan)流域,隋代大室韦之地殆即今根河流域欤?

至大室韦之在今呼伦湖北额尔古纳河流域,又得由《旧唐书》等之《室韦传》证之。盖《旧唐书·室韦传》中之西室韦、大室韦、蒙兀室韦、落坦室韦四部,皆当在隋代大室韦部落之内也。此待下文详述,兹不赘及。

6. 南室韦在俱伦泊东南

南室韦在北室韦之南十一日程之地,土地卑湿,其西北有贷勃、欠对二山,渐分为二十五部落云云。案北室韦为魏代失韦本国齐齐哈尔之地,已如上述,余以南室韦之住地当在今黑龙江、奉天、热河三省交界之处喀尔喀河流域拟之。《唐书·室韦传》中之乌素固,移塞没,塞曷支,和解,乌罗护,那礼六部皆当为隋代南室韦之范围中也。

然何秋涛《朔方备乘》卷三十一《北缴诸国传·室韦传》谓"南室韦在车臣汗东北黑龙江北境",失之甚远。考其至误之由,盖在《隋书·室韦传》谓"南室韦在契丹北三千里"一语。余意此"三千里"当系二千里之误。盖《魏书·失韦传》记自契丹至失韦国之行程凡二十七日。以日行百里之最大速率计之,魏时自契丹国至失韦国之距离不过二千七百里。

若以较缓执行速率计之,则其距离尚当更少于此(以日行八十里之普通行率计之,二十七日合二千一百余里)。北室韦即魏之失韦国本部,既如前述,南室韦在北室韦之南十一日程,则所谓在契丹北三千里,当系二千里之误也明矣。又《唐书》谓"室韦国在京师东北七千里",《乌罗浑国传》又云,"乌罗浑在京师东北六千三百里",乌罗护为室失韦传中部族之一,而其地在室韦本部之南七百里,自当属于南室韦中。综上所述,南室韦在契丹北二千里,在室韦本部之南十一日程,可知唐代距室韦本部约七百里之乌罗护等部落之地,即隋代南室韦之地也。

7. 隋代室韦民族扩大之原因

案魏之失韦原不过兴安岭东嫩江流域之一部族,东至今呼兰河,南至今松花江,西至今兴安岭,其北所至虽无从知,但就大势推之,当亦不能越伊勒呼里高峰以北。然至隋代而骤然扩张至于兴安岭西之俱伦泊南北之地,如上所述,隋代室韦五大部族之中,除嫩江流域之北室韦为后魏之失韦国本部外,其余部中惟深末怛一部居于嫩江支流之诺敏河流域,似亦属于后魏之失韦族,其余如钵室韦跨居兴安岭南北,大室韦、南室韦居呼伦泊南北者,似皆非后魏所记之失韦本族。然则隋代兴安岭西,何以骤加如许之室韦部族耶?盖魏时兴安岭西原为蒙古种之柔然民族所据,魏以后柔然为土耳其种之突厥民族所灭,余部之遗存者自西东窜,与同种之失韦民族混居,皆自称失韦(亦犹鲜卑西侵居匈奴故地,匈奴遗人百万皆自号鲜卑同例),因而其使臣之随失韦使臣朝贡中国者,亦皆冒失韦之称,故中国记载于此等新附之柔然人与失韦本部人,不能辨别,遂亦通称之曰室韦也。至唐末始别称此等新附之柔然曰鞑靼。其详别见拙著《鞑靼考》,兹不赘述。

四、唐代之室韦民族

1. 关于唐代室韦史料之批评

甲、《通典·室韦传》

乙、《入四夷道里记》

丙、《旧唐书·室韦传》《乌罗浑传》

丁、《唐会要》《新唐书·室韦传》

关于唐代室韦之史料,自以《旧唐书·室韦传》为最详,然《旧书》成于五代,为时较晚,唐代著作之记唐代室韦而存于今者,实以杜佑《通典·室韦传》所录唐初室韦九部之名为最早。《通典·室韦传》多袭《隋书·室韦传》之文,惟传末录唐代中国所知九部室韦之名云:

> 大唐所闻有九部焉,屡有朝贡,所谓岭西室韦,北室韦,黄头室韦,大如者室韦,小如者室韦,纳婆莴室韦,达木室韦,骆驼室韦,并在柳城郡之东北,近者三千五百里,远者六千八百里。

案此所记九部室韦,当为今存唐人所记唐代室韦之最早者,虽但录名目,而不详其住地,然于考证唐初室韦所分部族之情形,亦颇有关也。《通典》以后,唐人之记室韦事者,有贾耽《入四夷道里记》第四章《自中受降城至回鹘道》所记室韦事三则,于唐中叶室韦族之住地之考证亦颇有关,兹录如次,贾耽《入四夷道里记》第四中受降城入回鹘道条云:

> 回鹘牙帐东有平野,西据"乌德犍山",南依"嗢昆水",北六百里至"仙娥河",河北岸有富贵城。
>
> 又正北如东过雪山,松桦林及诸泉泊,千五百里至"骨利干"国。
>
> 又西十三日行至"都播"部落。
>
> 又北六七日至"坚昆"部落。有牢山剑水。
>
> 又自衙帐东北渡仙娥河二百里至"室韦"。
>
> 骨利干之东,室韦之西有"鞠"部落,亦称"袜"部落。
>
> 其东十五日行有"俞折"国,亦"室韦"部落。
>
> 又正北十日行有"大汉"国。
>
> 又北有"骨师"国。
>
> 骨利干都播二部落北有"小海",冰坚时,马行八日可度……
>
> 回鹘有延侄伽水,一曰延特勒泊……泊东北千余里有"俱轮泊",泊之四面皆"室韦"。

乌德犍山左右"嗢昆河""独逻河"皆屈曲东北流，至牙帐东北五
百里合流。

案此文所记唐中叶以后室韦之中心在俱轮泊，又其东西所至亦大体已
明，虽不详部族之名，然于唐中叶以后室韦住地之考证，亦甚有关。盖贾
耽于唐德宗元贞间（西785—804）作此记，其年代远在刘昫等修《旧唐书》
之前，其重要盖不待言也。

然《通典》及《道里记》所记唐初及唐中叶之室韦事者，一则但记其部
族之名称，而不详其住地；一则但记其住地，而不详其部族之名称，故于
考证，犹感缺憾。关于记载唐代室韦之较详者，当以《旧唐书·室韦传》。
《旧唐书》卷百九十九《室韦传》云：

> 室韦者，契丹之别类也，居猞猁河北，其国在京师东北七千里，
> 东至黑水靺鞨，西至突厥，南接契丹，北至于海。……

> 又云，室韦我唐有九部焉，所谓岭西室韦，山北室韦，黄头室韦，
> 大如者室韦，小如者室韦，婆莴室韦，讷北室韦，骆驼室韦，并在柳城
> 之东北……

> 今室韦最西与回纥接界者乌素固部落，当俱轮泊之西南，次东
> 有移塞没部落；次东又有塞曷支部落，此部落有良马，人户亦多，居
> 啜河之南，其河彼俗谓之燕支河；次又有和解部落；次东又有乌罗护
> 部落，又有那礼部落。……

> 又东北有山北室韦，又北有小如者室韦，又北有婆莴室韦，东又
> 有岭西室韦，又东南至黄头室韦，此部落兵强，人户亦多，东北与达
> 姤接。岭西室韦北又有讷北支室韦，此部落较小。

> 乌罗护之东北二百余里那河之北有古乌丸之遗人，今亦自称乌
> 丸国……其北大山之北有大室韦部落，其部落傍望建河居，其河源
> 出突厥东北界俱伦泊，屈曲东流，经西室韦界，又东经大室韦界，又
> 东经蒙兀室韦之北，落俎室韦之南，又东流与那河忽汗河合，又东经
> 南黑水靺鞨之北，北黑水靺鞨之南，东流注于海。

乌丸东南三百里又有东室韦部落,在猥越河之北,其河东南流
与那河合……

案此传于室韦各部之住地记载虽颇详明,然前后文体颇不一致,如前之
乌素固,移塞没,塞曷支,和解,乌罗护,那礼六部既称"某某部落",后文
于山北,如者,婆葛,岭西,黄头,纳北支,蒙兀,落俎等十部,复称"某某室
韦"即其显例;又于年代及事实上前后亦欠一致,如同一俱伦泊,前文于
乌素固等部落既云"与回纥接界",后文于西室韦、大室韦等复云"出突厥
东北界",案突厥强盛其势力远连兴安岭当在唐初,而回纥代突厥统一漠
北乃在玄宗天宝以后。又东室韦明系嫩江流域之山北室韦等部落之统
称,而别出一段。

故知此传原出种种不同之史料,而综合连缀之时,未当多加改削,犹
存其本来面目之一部分,使吾人得据之以兹考证,实为幸事,故《旧唐
书·室韦传》实可就其文体之不同,及史实之相异,故可析为七节如下:

第一节记室韦之种族及风俗,

第二节记唐初室韦九部之名,

第三节记乌素固等六部之住地,

第四节记山北室韦等六部之住地,

第五节记西室韦等四部之住地,

第六节记东室韦之住地,

第七节记朝贡年代,

又就上述第三节至第六节所记室韦各部住地之顺序言之,颇有表示"南
(第三节)北(第四节)西(第五节)东(第六节)"之方向之势。盖《隋书·
室韦传》之记隋代室韦五大部族之方位以"南、北、钵、深末怛、大"为顺
序,后世史家如杜氏《通典》,郑氏《通志》,马氏《通考》等无不仿之。《旧
唐书》编者于排列室韦各部族之方位,自当有所模仿,而不能漫无标准,
即就文字上观之,亦可抽绎其排列之顺序如次:

南室韦——乌素固部落等六部;

北室韦——山北室韦等六部；

西室韦——大室韦等四部；

东室韦——此一节史料当别有所本，其住地当与北室韦相同，因对西室韦而言，故曰东室韦。

然《旧书》本传第三节记乌素固等六部落附近之俱伦泊与回纥接界一段，其原料之时代似与贾耽《入四夷道里记》相距不远，或即取材于此亦未可料。惟《旧书》第五节记西室韦、大室韦等部附近之俱伦泊在突厥东北界一段，其原料之时代必在唐初，而远在贾耽《道里记》之前，固甚明也。此两种不同时代之史料，时代较晚出者反置于篇前，而时代较早出者反置于篇后，盖《旧唐书》之编者固非不知突厥之在回纥前也，然以《室韦传》之布置排列方法，乃以地域为主，欲仿《隋书·室韦传》先南室韦，次北室韦，次钵室韦深末怛室韦，再次大室韦之顺序，故不得不将时代有早晚之史料，倒置排列，以迁就地域之顺序也。

又《旧唐书·室韦传》中既列乌罗护部，又别为乌罗浑国立传，足资参认，兹录如次，《旧唐书·乌罗浑国传》云：

> 乌罗浑国：盖后魏之乌洛侯也，今亦谓之乌罗护。其国距京师东北六千三百里。东与靺鞨，西与突厥，南与契丹，北与乌丸接……

又《唐会要·室韦传》乌罗护条云：

> 和解部落次东又有乌罗护部落，一名乌罗浑，元魏谓之乌洛侯，居磨盖独山北，啜河之侧……

此于乌罗护部住地之考证有关，故附录之如此。至《唐会要·室韦传》之文，则又全抄袭《旧唐书》，然犹能传《旧书》本传之真面目，则有三数异文，可供校勘字句之资。若《新唐书》之文则虽剿袭《旧书》，而意在炼文，删略之处，往往妨害文意，于考证无甚用也，故不续录。

史料之批评既竟，然后乃可得更进一步而考证其中各种问题之内容矣。

2. 唐代嫩江流域之室韦

甲,婆莴室韦在嫩江上源及旁乌河流域

乙,黄头室韦在嫩江下游

丙,达姤与达末娄

丁,如者室韦即俞折室韦

《通典·室韦传》记唐初岭西,北,黄头,大如者,小如者,纳婆莴,达木,骆驼九部室韦之名称,而不详其住地,然《旧唐书·室韦传》第四节记山北,小如者,婆莴,岭西,黄头,讷北支六部室韦之住地,适补《通典》所记之缺略。此等诸部唐初已闻于中国,故不可不先考之。嫩江流域原为魏代失韦国之根据地,以余观之,《旧书》本传第四节所载山北,小如者,婆莴,岭西,黄头,纳北支六部,皆居嫩江流域之部族也。《旧书》于此六部皆称"某某室韦",与上文乌素固部称"某某部落"者体例不同,当出于二种不同之史料。惟上文乌素固等部有与回纥接界语,知其时代当在玄宗天宝以后,而记此六部住地之史料,出何时代,则颇憾不明耳。

此所记六部室韦之中,以婆莴为最北,次南为小如者室韦,次南为山北室韦,次东南为讷北支室韦,次南为岭西室韦,次东南为黄头室韦。兹分别述之:

婆莴室韦即钵室韦

《唐书》所记六部室韦之住地,以婆莴室韦为最北,而《隋书》所记五部室韦之住地则以钵室韦为最北,此在方位住地上相同者也。又婆莴室韦与钵室韦二名称之声音上亦甚相近似,故此二部名之为同一名异译,可知也。隋代之钵室韦依胡布山而居,胡布山即今嫩江发源地之格尔布尔山之古名,是此钵室韦之住地当南至今嫩江发源地域可知也。惟此婆莴室韦之范围颇大,其北境当以越伊勒呼里山而至黑龙江支流之旁乌河流域,盖旁乌河一作频果河,又作潘家河,与婆莴皆一语之转也。今居于其地之索伦人,尚称 Butxa-solon,Butxa 之名与婆莴极类似,殆即古名之遗留也。若此考察为不误,则婆莴室韦之住地当在今嫩江之发源处北越兴安岭而达黑龙江之边矣。

黄头室韦在嫩江下游

婆莴室韦之南为小如者室韦,更南为山北室韦,更南为讷北支室韦,更南为岭西室韦,此等四部室韦所据之地之大体方向虽颇明了,而其明确之住地,则无他种材料可资参证。惟住于岭西室韦之更东南之黄头室韦,则《辽史》关于大小黄室韦之记载颇可参证焉。《辽史·营卫志》部族条云:

> 突吕不室韦部,本名大小黄室韦部,太祖为挞马狘沙里,以计降之,乃置为二部,隶北府节度使;属东北路统军司,戍泰州东北。

《辽史·宫卫志》《营卫志》及《部族表》等所记关于室韦部族者惟此大小二黄室韦及黑车子室韦而已,其他室韦部族之名皆不复见,惟卷七十一《淳钦皇后传》复见黄头室韦及臭泊室韦之名,传云:

> 太祖当渡碛击党项,黄头、臭泊二室韦乘虚袭之。

关于黑车子室韦及臭泊室韦之名称及住地问题,下文再论。此黄头室韦与大小二黄室韦,其为同名之省异,甚为显。黄室韦明戍泰州东北,则必先求泰州果当今之何地,然后黄室韦之住地乃得从而推定矣。据《辽史·地理志》泰州与长春州同属上京道,又《辽史·天祚帝记》载天庆七年正月,女真攻破春州复下泰州,则泰州在春州之西,甚为明白,故津田左右吉博士考定泰州在今洮南之东南方(《达庐古考》,见《满鲜地理历史研究报告》第二册第 85 页)大体当不误也。泰州之方位既定,则大小二黄室韦戍泰州之东北,则其地必在今嫩江下流域西岸洮南以东之安广大赉以及东岸之肇州等地,颇为明了。

《唐书》记黄头室韦兵强人众,则此部落所据之地必甚辽广,且其住地必为肥沃之地,否则必不能成为兵强户众之地也。嫩江下流域之洮南以东,肇州以西之地,为肥沃之区,此正适宜于黄头室韦之状况也。

达姤与达末娄

达姤与达末娄二国皆有室韦之称,《旧唐书·室韦传》谓黄头室韦"东北与达姤接",虽不言其为室韦之一部,然《新唐书·流鬼国传》则记达姤为室韦之一部。《新唐书·流鬼国传》云：

> 又有达末娄、达姤二部首领来朝，达末娄自言北扶余之裔，高丽灭其国，遣人度那河因居之。或曰它漏河东北入黑水。达姤室韦种也，在那河之阴，冻末河之东，西接黄头室韦，东北接达末娄。

此文所举有达末娄及达姤室韦、黄头室韦之住地，与那河，它漏河，冻末河三水有关，若此三水之所在得明，则此三部族之住地亦明矣。那河即嫩江之同名异译，它漏河即洮儿河之异译，因嫩江（那河）与洮儿河（它漏河）相会之后与北流松花江合流而成东流之松花江，故今东流松花江，古亦有混称为那河或它漏河者，已如上述矣。冻末河日本津田左右吉博士以为即速末水之讹字（冻末即凍末之讹，见《达卢古考》及《室韦考》），冻末河即《辽史拾遗》之束沫江（引《黑风扬沙录》），《辽史》之疏木河（《圣宗本记八》太平六年条）之误写。故此所云那河之阴，冻末河之东，即指今东流松花江之南，北流松花江之东也（《室韦考》）辽代女真达卢古部之住地在今东流松花江之南，北流松花江之东，即今伯都讷地方，与居那河阴冻末河东之达姤部之方位正合。津田氏以为辽金史中之女真之一部达鲁古（达卢虢）即达姤之同名异译。案《辽史·太宗记》天显三年条云：

> 黄龙府罗涅河女真达卢古来贡。

《金史·太祖记》载太祖初举兵时事云：

> 实不迭往完睹路，执辽障鹰官"达卢古"部副使辞列，宁江州渤海大家奴。于是"达卢古"部实里馆来告曰，闻举兵伐辽，我部谁从。太祖曰，吾兵虽少，旧国也，与汝邻境，因当从我，若畏辽人，自往就之。

金太祖阿骨打起兵于吉林省北流松花江以东之阿勒楚克河流域，达卢古部在辽金之间，与金邻境，当在今北流松花江以东，阿勒楚克河以西之间之拉林河流域矣。拉林河《辽史》亦作剌离水，《金史》亦作来流水，此文之罗涅水,当亦拉林河之异名矣。津田氏推定达鲁古之住地东至拉林河,南西北三面皆以松花江为限。与《新唐书·流鬼国传》所记达姤部之在那河冻末河阴以东者,方位既同。而达卢古与达姤二语在声音上复相近似,故当为同一部名之异译也。

又此文(《流鬼传》)谓达姤东北距达末娄,达末娄即《魏书》之豆莫娄,其住地在今呼兰河流域已如上述。此言达末娄当黄头室韦之东北,其方位亦正相合也。

达姤《旧唐书》不明言其为室韦种,至《新唐书·流鬼传》则明言其为室韦种。然据《辽史》《金史》所记则达卢古为女真之一支。又达末娄此虽不言为室韦种,而《通典》所记唐代室韦九部中有达木室韦,似即达末娄之省文,而此达末娄魏时或称豆莫娄,或称为大莫卢国,在室韦之东,为独立之一国,亦不列室韦中也。而此二国唐时皆有被列入室韦种中之迹,此盖室韦之名,原为一部族之特称,其后加入他部族遂成若干部族之统称矣。且达姤与达末娄二部与兵强户众之黄头室韦邻接,(达姤在黄头之东南,达末娄在黄头之东北),而此二部或曾有一度为黄头室韦所征服,而成其部属,而此二部之使臣曾随室韦使臣同来中国入贡,故中国史官遂以室韦种视之亦未可知也。

如者室韦与俞折室韦

据上所考证婆莴室韦之南边在嫩江流域之发源地,而黄头室韦当嫩江下流域之洮南以东、肇州以西之地,既甚明了,则位于此二部室韦之中间之岭西室韦,纳北支室韦,山北室韦,小如者室韦之住地,其必在今嫩江之中流域之地自亦明矣。惟欲各指其在今之何地,则若无其他数据可以参证耳。

然贾耽《道里记》又云,骨利干之东,室韦之西有鞠部落。其东十五日行有俞折国,亦室韦部落云云,案骨利干国在贝加尔湖之东南,鞠部落在骨利干之东,而俞折室韦又在鞠部落之东十五日程之地,此俞折室韦之名与如者室韦之名,在声音上为酷似,则此俞折室韦岂非如者室韦之异译耶?日本白鸟博士谓此俞折室韦即蒙兀室韦以北之落俎室韦之异名,然落俎室韦当为落坦室韦之误,他书所记亦为骆驼,骆丹,路丹等异文,其原语当为落坦,甚为明显,又落坦室韦之居黑龙江北岸当在唐初,至唐末已有西迁贝加尔湖东南之势,故俞折室韦之为如者室韦之异译,而非落俎室韦之异译也明矣。又此如者、俞折等语与女真一名,在声音上甚为相似,固可视为同语之异译,且宋代女真民族之发祥地在松花江支流之阿勒楚克河流域,而唐代如者室韦之居地在嫩江中游,相距并非甚远,故视女真为如者室韦之南迁,亦无不可也。

3. 唐代俱伦泊以北之室韦部族

俱伦泊即呼伦泊

据贾耽《道里记》所载贞元时代室韦民族之住地,实以俱伦泊为中心。观《旧唐书·室韦传》所记乌素固,移塞没,塞曷支,和解,乌罗护,那礼六部落皆在俱伦泊之南(西南或东南),而西室韦、大室韦、蒙兀室韦、落俎室韦四部则皆在俱伦泊之东(东北),可证贾耽所记不诬。此可见唐代室韦民族之住地,乃以俱伦泊为主,而环绕于其四周。故俱伦泊之所在,若可得证明之,则此等室韦部落之住地亦随之而明矣。

此俱伦泊为今呼伦泊(Khulen Nor)之异名,固不但得因其声音上互相酷似而比拟之,更得因俱伦泊在突厥东北界或与回纥交界二事而充分证明之也。此呼伦泊,《水道提纲》作枯伦湖,《元秘史》作阔涟海子,皆同名之异译耳。

望建河与室建河

《旧书》本传载望建河出俱伦泊,案今呼伦泊所流出之水惟额尔古讷河而已,故望建河非指额尔古讷河而外,别无可拟者也。额尔古讷河今西人读 Argun,急读之如"额古"与"望建"声音甚相近似,当即其对音也。然《新书》同传全袭《旧书》之文,惟望建河则作室建河,谓室建河出俱伦泊,此盖轻读《唐会要·室韦传》之文而致误,《唐会要》本传,于同处抄袭《旧书》之文作望建河出俱伦泊固不误,惟传首云:

> 按《隋书·室韦》记室韦有五部落,一南室韦;二北室韦;三钵室

韦,在北室韦之北;四深末怛室韦,在北室韦之西北;五大室韦,在室
建河之南,深末怛室韦之西北。

案《会要》谓此系《隋书·室韦传》之文,然今本《隋书·室韦传》无此数
句。又《北史》《通典·室韦传》皆引《隋书·室韦传》之文,远在《唐会要》
之前,然亦无此数句,又《通志》《通考》引《隋书》之文,则在《唐会要》之
后,亦无此数句。不知《会要》果据何种版本而来。然白鸟博士谓此室建
河当指鄂嫩河(Onon)之下游与额尔古讷河会合于黑龙江之石勒克河
(Silka),石勒克(Silka)急读之,若"石克"与"室建"音相近,殆即其对音
也。盖黑龙江之上源有二,自南向北流者曰望建河(Argun)源出俱伦泊,
自西向东流者曰室建河(Silka),源出肯特山。望建河(Argun)与室建河
(Silka)会流之后乃为黑水(黑龙江),然其上游之处亦仍可混称为望建河
(Argun)或室建河(Silka),大室韦在望建河与室建河会流处之南,故仍
可混称为望建河之南或室建河之南也。《会要》之文,前后本不甚相冲
突,惟望建河出俱伦泊,室建河出肯特山,则不能相混。因《旧书》有望建
河出俱伦泊东经大室韦之文,而《会要》又引《隋书》有大室韦在室建河南
之文,故《新唐书》编者又误解望建河与室建河为一,遂误谓室建河亦出
俱伦泊也。

忽汗河与那河

《旧书》谓望建河流经蒙兀室韦之北,落俎室韦之南,东南与那河、忽
汗河合,又东经南黑水鞨之北,北黑水鞨之南,东流注于海云云。此
那河与忽汗河之方位若得确定,则于蒙兀室韦与落俎室韦住地之确定,
甚有连带之关系。那河之方位,异说不一,惟忽汗河之方位,则确有可
考。今东流松花江距与黑龙江会流不远之处有牡丹江,亦名胡尔哈河,
金元时名胡里改,胡尔哈急读之则似"胡哈",胡里改急读之则若"胡改",
皆与"忽汗"声音相近。又牡丹江之上游有湖曰毕尔腾湖(或称湄沱湖),
古代则名"忽汗海",又牡丹江之上游东岸有渤海国之上京龙泉府,古称
"忽汗城",又牡丹江上游西岸有宁古塔,古名"忽汗州"。故忽汗河为今

胡尔哈河(牡丹江)之古名,其证颇多,毫无疑议。

忽汗河为今胡尔哈河(即牡丹江)之古名,既成定论,然后那河之位置,亦可从而推定矣。望建河东流与那河、忽汗河合,东流经黑水靺鞨,则此那河当指今东流松花江之称可知也。日本坪井九马三氏曾谓那河为指今黑龙江之称(《古代朝鲜三国鼎立形势考》),白鸟氏已指出其不可信矣。

黑水及黑水靺鞨

如上所述,望建河与那河、忽汗河合,东流经南黑水靺鞨之北,北黑水靺鞨之南云云,则此黑水似当专指与松花江合流以下之黑龙江下游而言(即同江以下),而黑水靺鞨之因居傍黑水两岸而得名,固不待言。南黑水靺鞨之方位当在今黑龙江以南之同江以南迄于乌苏里江流域,北黑水靺鞨则当在今黑龙江以北之毕膳河流域或迄于布列野流域,即今俄属阿穆尔省(黑龙江)之境也。

思慕靺鞨等部

案如上所述,俱伦泊,望建河,室建河,忽汗河,那河,黑水靺鞨之方位既明,则西室韦,大室韦,蒙兀室韦,落俎室韦之住地亦略可得而推定矣。然此外尚有《唐会要·靺鞨传》载所谓思慕靺鞨等部之住地,于蒙兀、落俎二室韦之住地之推定,亦颇有关,兹述如次:《唐会要》卷九十六《靺鞨传》云:

> 旧说黑水西北有思慕靺鞨,正北微东十日程有郡利靺鞨,东北十日程有窟说靺鞨(亦谓之窟说)东南十日程有莫曳皆靺鞨。今黑水靺鞨界,南与渤海国显德府,北至小海,东至大海,西至室韦。

此思慕靺鞨既在黑水靺鞨之西北,黑水靺鞨在毕膳河以至布列野河之间,既如前述。则此思慕靺鞨必在布列野流域迄于精奇里河流域之间,西迄于小兴安岭之境也明矣。

蒙兀室韦与落俎室韦

靺鞨之住地北迄精奇里河,西至小兴安岭之境,既如上述,然则唐代居望建河(或室建河)以南之蒙兀室韦,当在今黑龙江以南漠河之地西及额尔古讷河之下游之境是已。漠河之名,今蒙古语读如 Mo-gula,而通古斯语则读如 Mon-ua,蒙兀之名当即通古斯语 Mo-ula 之音译,而蒙古之名,则蒙古语 Mo-gula 之音译也。又蒙兀室韦《新唐书》虽作蒙瓦唐部,而《唐会要》则仍作蒙兀室韦,知蒙瓦当系蒙兀之误,《旧书》是也。蒙兀为蒙古之名之首见于载籍者,实为成吉思汗之嫡系祖先,此又史家所公认者也。至落俎室韦之住地当在石勒克河流域北岸之境是已。落俎室韦《新唐书》作落坦部,《唐会要》作路丹室韦,其他或作骆丹室韦,骆驼室韦,皆指此部,落俎当系落坦之误,《新书》是也。至此落坦室韦即《契丹国志》之达打国,亦即《黑鞑备录》之达塔国,当于拙作《鞑靼考》详之。

西室韦与大室韦

如上所述蒙兀室韦与落坦室韦之住地既明,而大室韦与西室韦之住地亦可得而推定矣。大室韦为隋代以来名见中国之部族,在隋代此部族乃包括西室韦、蒙兀室韦、落坦室韦等部之总名,《唐会要》谓其地在室建河之南,室建河即指今石勒克河(Silka)已如上述,则大室韦之住地,以今海拉尔河流域拟之,当无误也。当大室韦、西室韦等与鞑靼及阻卜之关系,当于拙著《鞑靼考》及《阻卜考》详之。

唐末距仙娥河二百里之室韦部族

案上所述西室韦,大室韦,蒙兀室韦,洛坦室韦四部之住地,当系唐代初年之形势,此可由其记俱伦泊而谓"在突厥东北界"一语知之。盖突厥最盛之时,原在唐代初期也。至唐中叶以后突厥渐衰而西迁,起而代之以统一漠北者为回纥,然已不如突厥时之盛,且至武宗会昌间亦渐衰减。故室韦民族之各部落自唐中叶以后,乘突厥之衰,皆有渐向西南迁徙之势。如落坦室韦唐初原在石勒克河以北者至宋代已西迁至贝加尔湖东南之势,(即《契丹国志》之达塔国,《黑鞑事略》之达塔国,在蒙古之北,蔑里乞部之东)。如蒙兀室韦唐初原在额尔古讷河下游者,至宋代已西南迁至鄂嫩河与克鲁伦河之间。贾耽《道里记》载室韦最西之部已至距仙娥河东二百里之境,则室韦之西迁贝加尔湖东南,盖自唐末已然矣。

而此贝加尔湖东南之室韦,非落坦部即蒙兀部也。由此可知至唐末此等诸部之住地,皆有向西南发展之势,与上文所记唐初之形势已不尽相同矣。

4. 唐代俱伦泊以南之室韦部族

乌素固部与移塞没部

《旧唐书》所记俱伦泊以南之室韦部族为乌素固,移塞没,塞曷支,和解,乌罗护,那礼六部,此六部皆曰"某某部落",与下文之山北室韦等六部各曰"某某室韦"者文体不同,又此文所记之俱伦泊与回纥接界,与上文记西室韦之俱伦泊在突厥东北界者,时代先后,亦复不同,当系出于两种不同之史料可知。

乌素固部住地既在俱伦泊西南,则当求之于今克鲁伦河流域之东境甚明。移塞没在乌素部之东则可于乌尔顺河流域求之矣。

塞曷支与和解

《旧唐书·室韦传》记塞曷支部与和解部皆在啜河流域,故欲考此二部之住地,必先求啜河之方位。若《旧唐书》谓移塞没部在乌素固部之东,则此啜河自当以今喀尔喀河拟之。然《新书》本传记此部之方位虽袭自《旧书》之文,而因文字有改易,谓移塞没在俱伦泊之东(而不在乌素固之东)则此啜河亦可以海拉尔河或其他支流之辉河、伊敏河拟之。《新书·室韦传》云:

> 乌素固部当俱伦泊之西南,自泊而东有移塞没部,稍东有塞曷支部,居啜河之阴,亦曰燕支河。

此种改易字句,易使读者误会,然《唐会要》本传亦录《旧书》之文,记移塞没部在乌素固部之东,而非在俱伦泊之东,与《旧书》同,故当从《旧书》,及《会要》为是。白鸟博士谓海拉尔河流域土地硗瘠,不适合强盛部落之居住,而喀尔喀河流域则水草丰美,自来为强大部族所占据,塞曷支部"有良马,人户亦众",是亦可知其当在喀尔喀河流域,而非海拉尔河流域矣。此啜河土人亦称燕支河。燕支今音胭脂(yen-si)而古亦读焉耆(engi），白鸟博士当以蒙古语谓颜色容貌曰 öngö，üngü，等语与焉耆、燕支等语有语脉相通之故。余谓燕支河附近之和解部及塞曷支（支当读岐）部之部名"和解"，"曷岐"亦皆与 öngö，üngü 声音相近，或亦有语脉相通之迹也。至和解部、塞曷岐部与乌古部、汪古部之关系，当于《鞑靼篇》详之。

乌罗护部与那礼部

《旧书》本传记乌罗护在塞曷支部、和解部之东，《唐会要》谓乌罗护部亦居啜河之侧，《会要·室韦传》云：

> 和解部落次东又有乌罗护部落，一名乌罗浑，元魏谓之乌落（侯），居磨盖独山北，啜河之侧。……又有那礼部落与乌罗护犬牙错居。

此啜水即指喀尔喀河，则乌罗护部当在喀尔喀河之上源达尔彬湖之边矣。磨盖独山之方位虽无从确考，然就大势推之，当指索岳尔济山或稍北之室韦山之一部或全部。又《旧唐书》别有《乌罗浑国传》云：

> 乌罗浑国，盖后魏之乌罗侯也。今亦谓之乌罗护。其国在京师东北六千三百里，东与靺鞨，南与契丹，北与乌丸接。

此记乌罗护在京东北六千三百里，而同书《室韦传》谓室韦在京师东北七千里，可见乌罗护国之方位当在室韦本部之西南七百里。室韦本部即在今嫩江流域之齐齐哈尔之地，是则乌罗护部之住地，必当喀尔喀河上源与洮儿河、绰儿河上源之间矣。那礼部与乌罗护部错居，更不待论也。

唐末阴山方面之室韦

案上文所记乌素固、乌罗护等六部之住地，当系唐代中叶之记载，观于俱伦泊为回纥与室韦交界之语可以知之。若就当时民族兴衰之大势推之，此等诸部之住地在唐代初年，或尚在其较东北之地，亦未可知，然就乌罗护之前后住地观之，则虽有迁移，亦不过小徙，距离必不甚远也。

然至唐末而此等诸部，又有南迁幽州及阴山方面之迹焉。案《新唐书·回鹘传》（唐德宗建中贞元）云：

(德宗)建中元年诏京兆尹源休持节册顿莫贺为武义成功可汗，……后三年使使者献方物，请和亲……诏咸安公主下嫁。……明年可汗谴跌跌都督等众千余并遣其妹骨咄禄毗伽公主率大茵之妻五十人逆主，且纳聘。跌跌至振武为"室韦"所钞，战死。有诏其下七百人皆听入朝……

案此文面则唐德宗贞元初(西785年贞元元年)室韦民族已有据振武军附近者，振武之北为黑沙地方，在阴山北麓附近，惟此记室韦抄掠回鹘事系《新唐书》之新材料，《旧唐书》及《唐会要·回纥传》记此事皆无室韦抄掠之言。然新旧《唐书》皆记唐文宗开成(西836—840年)武宗会昌(西841—846年)间，阴山北麓之黑沙榆林皆有室韦部族，《旧唐书·回纥传》(唐武宗会昌间)云：

开成初……有将军句录末贺恨掘罗勿，走引黠戛斯，领十万骑破回鹘城，杀厖馼，斩掘罗勿，烧荡殆尽，回鹘奔散诸蕃……有近可汗牙十三部以特勒乌介为可汗，南来附汉。初黠戛斯破回纥，得太和公主……遂令达干十人送公主至塞上，乌介途遇黠戛斯达干等，并被杀，太和公主却归乌介可汗，乃质公主同行，南渡大碛，至天德界，奏请天德城与太和公主居。有回鹘相赤心者与连位相姓仆固者与特勒那颉缀拥部众不宾乌介，赤心欲犯塞，乌介遣其属嗢没斯先布诚于天德军使田牟，然后诱赤心宰相同谒乌介可汗，戮赤心于可汗帐下，并仆固二人，那颉战胜，全占赤心下七千帐，东瞰振武大同，据"室韦"黑沙榆林，东南入幽州雄武军西北界，幽州节度使张仲武遣第仲至率兵大破那颉之众。

《新唐书·回鹘传》亦云：

武宗即位以嗣泽王溶临告，乃知其国乱，俄而渠长句录莫贺与黠戛斯合骑十万攻回鹘城，杀可汗诛掘罗勿，焚其牙，诸部溃……于是可汗牙部十三姓立乌介特勒为可汗，南保错子山，黠戛斯已破回鹘，得太和公主，遣使者达干送公主来归，乌介怒，追击达干杀之，劫主南度碛,旁人大恐,进攻天德城,振武节度使刘沔屯云伽关拒却之,宰相李德裕建议……于是其相赤心与王子嗢没斯特勒那颉缀将其部欲自归……明年回鹘公主至漠南,入云朔、横水,杀掠甚众,转侧天德振间,盗畜牧自如,乃诏诸道兵合讨。嗢没斯以赤心奸桀,难得要领,即密约天德戍将田牟,诱赤心斩帐下,那颉啜收赤心众七千帐东走振武大同,因"室韦黑沙"南窥幽州,节度使张仲武破之。……

据此等文面,则唐武宗会昌年间室韦部族已据黑沙榆林之地可知,此黑沙榆林之方位在幽州之西北,振武大同之西,大同之方位不待考证,振武军之方位,据《读史方舆纪要》卷四四《山西六》大同府大同县盛乐城条云:

> 贾耽曰:振武城在朔州北三百五十里,本汉定襄郡成乐县。《续通典》振武军故盛乐城也,在唐朔州北二百八十里,与定襄故城对,其地居阴山之阳,黄河之北,……五代后契丹置振武县,属丰州,金废为振武镇,其北七十里有黑沙碛云。

又同卷黑沙碛条云:

> 又振武故城北,亦谓之鸣沙,唐元和八年振武遣兵越东受降城备回鹘,至鸣沙,兵乱而迁,即黑沙碛矣。

又此黑沙与榆林并举,《方舆纪要》同卷榆林城条云:

> 榆林城在(大同)东北。

又同卷黑沙城条云:

> 黑沙城在(大同)西北。

德人夏德氏(F. Hirth)据山西《大同府志》及《历代地理志韵编今释》,推定振武军之地在今归化城之南,黑沙城之方位在今阴山北麓之 Kuku Llkung(Nachworte zur Inschrift des Tonjukuk(p. 31 - 32)者,大体盖得正鹄者也。若此考证为不误,则室韦民族之南迁而据阴山者,始自唐德宗贞元初(西785)已见其迹,至武宗会昌初(西841)而益显然矣。而此阴山方面之室韦,当系呼伦泊以南室韦部族之南迁者,亦颇明也。

唐末幽州方面之室韦

唐末幽州方面亦有室韦南迁之痕迹,《李卫公文集》卷二《幽州绝圣功碑铭》记张仲武破回鹘乌介可汗之事云:

> 今之乌介可汗,亡逃失国,窃号沙漠……羡浸阴山,睥睨高阙……其下有二部,曰赤心宰相,那颉啜特勒。赤心者天性忿鸷,人马尤盛,初与名王嗢没斯,首谋内附,饿而负力怙气,潜图厉阶,为嗢没斯所绐,诱以俱谒可汗,戮于帐下,其众大溃,东逼渔阳。上乃赐公玺书,授以方略。公以"室韦"悍亟之兵,近我旁鄙,俾其侦逻,且御内侵。……

又卷三《授张仲武东面招抚回鹘使制》云:

> 幽州卢龙军节度副使……兰陵郡王食邑三千户张仲武……可检校兵部尚书,兼充东面招抚回鹘使,其当道行营兵马使,及奚、契丹、"室韦"等并自指挥,余如故……

据上述二例,则张仲武之军中有室韦军队,甚为明显。张仲武节度幽州,则此室韦之住地,必在幽州附近之地,而此室韦与《旧唐书·回鹘传》所记之和解室韦当同为一部,亦不难推知也。

五、辽代之室韦

1. 黑车子室韦即黑车子鞑靼

《辽史》之黑车子室韦

案《辽史》卷三六《兵卫志》属国条所举辽属国五十九国之中第五为黑车子室韦,又同书卷四六《百官志》北面属国条所举辽属国七十七国王府之名中第二十八为黑车子室韦国府,则黑车子亦室韦之一部也明矣。

此黑车子室韦在辽太祖耶律阿保机之开国史上颇有重大之关系。当阿保机之未南侵中国以前,对此黑车子室韦国,曾作数次之征讨,卒得其降服而后矣。《辽史·太祖本纪》云:

> 明年甲子(唐昭宗天复三年西903年)九月讨"黑车子室韦"。唐卢龙节建使刘仁恭发兵数万,遣养子赵霸来拒。霸至"武州",太祖谋知之,伏劲兵桃山下,遣室韦人牟里诈称其酋长所遣,约霸兵会平原。既至,四面伏发,擒霸,残其众,乘胜大破室韦。

> 明年七月复讨"黑车子室韦",唐河东节度李克用遣通事康令德乞盟。冬十月,太祖以骑兵七万,会克用于云中,宴酬,克用借兵以报刘仁恭木瓜涧之役,太祖许之,易袍马,约为兄弟。及进兵击刘仁恭,拔数州,尽徙其民以归……

> 元年(梁太祖开平元年,西907年)二月征"黑车子室韦",降其八部(《部族表》太祖元年正月黑车子室韦八部降)……

> 冬十一月讨"黑车子室韦",破之,(《部族表》太祖元年十一月讨黑车子室韦破之)……

> 二年夏五月诏撒剌讨乌丸"黑车子室韦",(《部族表》太祖元年五月皇弟惕隐撒剌讨乌丸及黑车子室韦)……

> 冬十月遣轻兵取吐浑叛入"室韦"者……

> 三年冬十月己巳遣鹰军讨"黑车子室韦",破之。(《部族表》太祖三年十月讨黑车子室韦破之)……

案契丹太祖阿保机于唐末梁初太张其国势,于五六年间征讨黑车子室韦将及十次,而元年二月之役降其八部,则此黑车子为当时之强大部族可知。

至阿保机何故于此黑车子族,特别倾注势力,不肯放松,务得其降服而后已;此盖阿保机自西喇木伦河流域欲西南向以经略中国北方之河北、山西诸省之地,而横亘于此间者为黑车子室韦,若不除此障碍,则无从达其目的,故不能不倾全力于此也。

此时黑车子之住地,似当在长城北岸独石口、张家口一带,观于阿保机讨黑车子,唐刘仁恭遣赵霸往援,霸至武州为阿保机所陷害,此武州辽太祖神册元年改为归化州,即今河北省西北旁之宣化府是也。桃山之确地虽无可知,然当距宣化不远也。

自辽太祖数度征服黑车子之后,此部落即不闻有叛变之事,《太宗纪》及《部族表》于太宗会同元年九月,三年八月,七年六月记黑车子室韦之事而知。《太宗本纪》云:

> 会同元年九月庚戌黑车子室韦贡名马(《部族表》会同元年九月黑车子室韦贡名马)……三年八月乙巳阻卜黑车子室韦赉烈等国来贡(《部族表》会同三年八月黑车子室韦来贡)……七年六月甲辰黑车子室韦来贡(《部族表》会同七年六月黑车子室韦来贡)。

此后即不见关于黑车子室韦活动之迹。想因此族受契丹特别倾注势力所征服,势力消灭以后,即不复有叛变之事,故史不复记其事也。

《李卫公文集》之黑车子

案黑车子之名始见于中国在唐武宗会昌年间,因当时回鹘为黠戛斯所破,可汗乌介逃于中国边塞,而黑车子与之相结托,其名遂因回鹘之关系,以传于中国。《李卫公文集》卷二《幽州记圣功碑铭》记张仲武大破回鹘乌介可汗之后云:

> 今乌介自绝皇泽,莫敢近边,并丁令以图安,依康居而求活,尽徙余种,屈意"黑车",寄脱远道,流离饥冻,"黑车"亦倚其盛重,迫胁诸戎……

又卷六《与黠戛斯可汗书》云:

> 今回鹘种类未尽,介居蕃汉之间,爰及"黑车子",久畏其威,素服其信,虑彼再振,常持两端。……

又卷六《赐黠戛斯书》云:

回鹘雄据北方，代为君长，诸蕃臣服，百有余年。今可汗扫其穹庐，大雪雠耻……岂可更留余烬，"黑车子"不度德量力，不敢保寇雠，则是轻侮可汗，独不向化……朕怀想可汗乘彼盛秋，长驱精骑，问回鹘逋逃之罪，行"黑车子"后至之诛，取若拾遗，役无再举，从兹荡定，岂不美欤……所云请发兵马，期集去处。缘"黑车子"犹去汉界一千余里，在沙漠之中，从前漠兵未尝到彼。此闻回鹘常欲投窜安西，待至今秋，朕当领幽州、太原、振武、天德四镇要路出兵……

又卷八《代刘沔与回鹘宰相书》云：

今可汗人众饥馑，兵数无多，强敌（指黠戛斯）倘来，将何捍御……

若欲且依"黑车子"延引岁时，不惟雄豪所耻，实亦诸蕃轻笑。倘纥于斯逼逐，则"黑车子"之心焉可保护，不如早归大国，自保安全。……

又卷十五载会昌三年正月二十五日《请更发兵山外邀截回鹘状》云：

回鹘既已讨除，须令殄灭。今可汗穷蹙，正可枭擒。忽万一透入"黑车子"部落，必恐延引岁月，劳师费财。望速诏忠顺，令进军于山外"黑车子"去路邀截……

又卷十六载会昌五年二月二十三日《巡边使刘濠状》云：

黠戛斯使云，今冬必欲就"黑车子"收回纥可汗余烬，切望国家兵马应援……

案上列诸例中，但见黑车子之名，而不见与室韦字样相连称者。案黑车子之见于中国，乃因其与回鹘乌介可汗之关系，李德裕为当时宰相，亲理此事，故其文集中记此事之文字，自当视为第一等之直接史料也。其后《新唐书·回鹘传》《黠戛斯传》等记回鹘乌介可汗失国事者全本此也。

《新唐书》之黑车子

《新唐书·回鹘传》云：

乌介兵尚强,号十万,驻牙大同北阙门山……嗢没斯率三部及
特勒大酋二千骑诣振武降……嗢没斯等既朝,皆赐姓李氏,名嗢没
斯曰思忠,阿历支曰思贞,习勿啜曰思义,乌罗斯思曰思礼,爱邪忽
曰弘顺……于是诏刘沔为回鹘南面招抚使……沔与天德行营副使
石雄料劲骑,及沙它契苾等杂虏夜出云州,走马邑,抵安众塞,逢虏,
与战破之。乌介方薄振武,雄驰入,夜穴迭出鏖兵,乌介惊引走,雄
追北至杀胡山,乌介被创走,雄遇(公主),奉主还,降特勒以下众数
万,尽收辎帑,及所赐诏书,可汗收所余,往依"黑车子",诏弘顺(归
义军副举李弘顺,即爱邪勿),清朝(银州刺史何清朝)穷蹙,弘顺厚
啖"黑车子"以利,募杀乌介。初从可汗亡者既不能成军,往往诣幽
州降,留者皆饥寒痕夷裁数千,"黑车子"幸其残,即杀乌介。其下又
奉其弟遏捻特勒为可汗,帝诏德裕(宰相李德裕)纪功铭石于幽州,
以夸后世,………擢思忠左监门衔上将军兼抚王传两禀其奉,赐第
永乐坊,分其兵赐诸节度。……

案此文面可知会昌年间回鹘乌介可汗虽拥众十万,旋招灭亡,其故则其
部下嗢没斯等反叛,并联络黑车子达怛共谋杀乌介可汗,故李德裕《一品
集》致嗢斯等诏书末有并问黑车子安好之语,盖此黑车子达怛与嗢没斯
等同为助唐灭回鹘之功人也。又《新唐书·黠戛斯传》云:

是时乌介可汗托黑车子,阿热(黠戛斯主)愿乘秋马肥击取之。

由上二例可见《新唐书》记此事之文,全取《会昌一品集》,故两皆相合也。

《旧唐书》之和解室书

至《旧唐书》记此事之文,则有采《一品集》者,有采《一品集》而误解
者,有别采他书与《一品集》所记不合者,《旧唐书》卷十八《武宗本纪》会
昌三年条云:

黠戛斯使注吾合素入朝,献名马二匹,言可汗已破回鹘,迎得太
和公主归国,差人送公主入朝,愁回鹘残众夺之于路。帝遂遣中使
送注吾和素往太原迎公主。时乌介可汗中箭走投"黑车子"。诏黠

戛斯出兵攻之。……

案此节所记,与《会昌一品集》所记相同,当系采《一品集》而不误者。然《旧唐书》卷一八〇《张仲武传》云:

> 回鹘乌介可汗既败,不敢近边,乃依康居求活,盖徙余种寄托"黑车子"部,仲武由是威加北狄……

案此节乃引《一品集》而误解者,盖《一品集·幽州纪圣功碑铭》,记张仲武破乌介可汗,乌介走依黑车子一事,用汉代匈奴郅支单于走依康居故事,故有"并丁令以图安,依康居而求活"之句,《旧书·张仲武传》撰者误解李德裕之文,遂认乌介亦走依康居,此其误《通鉴考异》已言及之,考异云:

> 《旧书·张仲武传》又云,乌介乃依康居求活,尽徙余种,寄托黑车子。盖以李德裕《纪圣功碑》云,"乌介并丁令以图安,依康居而求活,尽徙余种,屈意黑车"。所谓康居,用郅支故事耳,至此误也。

案《考异》所辩证者是也。又《旧书》纪此事之文,有别依他种史料,致与《一品集》所记相异者。《旧唐书·回鹘传》记乌介可汗被杀事云:

> 会昌三年回鹘尚书仆固绎到幽州,约以太和公主归幽州,乌介去幽州界八十里下营,其亲信骨肉及摩尼志净等四人已先入振武军,是夜河东刘沔率兵奄至乌介界,乌介惊走,东北约四百里外依"和解室韦"下营,不及将太和公主同走,丰州刺史石雄兵遇太和公主帐,因迎归国。乌介部众至大中元年诣幽州降,流者漂流冻饿,众十万,所存只三千已下,乌介嫁妹与室韦托付之,为回鹘相美权者逸隐啜逼诸回鹘杀乌介于金山,以其弟特勒遏捻为可汗……

案此文面,则乌介所依者非黑车子而为和解室韦。然《新唐书》之作在《旧唐书》之后,其记此事不作和解而作黑车子,其必见《旧唐书》之显然谬误,故为订正之也。

继《新唐书》之后,而公然订正《旧书》此记事之文者为司马光之《通鉴》。《通鉴》卷二四七会昌三年条云：

> 乌介可汗走保黑车子族，其溃多诣幽州降。

《通鉴考异》云：

> 《旧书·回鹘传》云，乌介惊走东北约四百里，外依和解室韦下营，嫁妹与室韦依附之。今从《会昌伐叛记》《实录》《新传》。

案《通鉴》于此事不采《旧书》而采《新书》者，其理由如《考异》所述，极为充分，盖出于充分考虑之裁决，非率意取舍也。王静安师于此种矛盾之记事，作调停之说，谓和解室韦即黑车子之异名。然就和解室韦与黑车子之住地方位考之，实不能混为一谈。案黑车子之住地，据《一品集》卷六《与黠戛斯可汗书》云：

> 黑车子不度德量力，敢保寇雠，则是轻侮可汗，独不向化……所云请发兵马，期集去处，缘"黑车子"犹去汉界一千余里，在沙漠之中，从前汉兵未尝到彼。……

此可见黑车子之住地，在中国北边之北犹十余日之路程，未汉兵所不能到之处。而《旧书》记和解之位置云：

> 会昌三年……乌介去幽州八十里下营……是夜河东刘沔率兵奄至乌介营，乌介惊走东北约四百里，依和解室韦下营……

此可见和解室韦之住地在幽州东北约四百里之地，与黑车子之在汉旁北千余里者，相距过远，未可混为一说也。

《旧书》记乌介可汗为石雄所破东北四百里走和解室韦之记事，其谬误既为确凿，而王静安先生以和解与黑车子为异名同实，而其地望不合，亦如上述。然则《旧书》之文果为凭空杜撰，全无所据乎？是又不然。余案回鹘可汗之走依和解室韦，当亦实有其事，特此事之发生，当在为乌介死后，其弟遏捻可汗依托奚国时，为张仲武所破，然后走依室韦一事，而《旧书》将此事记于乌介之时耳。《旧唐书·回鹘传》记乌介死后，其弟遏捻立为可汗后之事云：

其弟遏捻为可汗，复有众五千以上，其食用粮羊皆取给于奚王硊舍朗。中大元中春，张仲武大破奚众，其回鹘无所取给，日有耗散。至二年春，唯存名王贵臣五百人以下，依"室韦"，张仲武因贺正"室韦"，经过幽州，仲武却令还蕃，遣送遏捻等来向幽州。遏捻等惧，是夜与妻葛禄子特勒独斯等九骑西走，余众奔之不及，回鹘诸相达官老幼大哭。"室韦"分回鹘为七分，"七姓室韦"各占一分。经三宿，黠戛斯相阿播领诸蕃兵称七万，从西南天德北界来，取遏捻及诸回鹘，大败"室韦"，回鹘在"室韦"者，阿播皆收归碛北……

此文中之室韦，当指和解室韦，而非指黑车子。盖《新书·回鹘传》明记黑车子先与乌介相结托，后受乌介部下之贿，乘乌介之残破而杀乌介，故遏捻立即改依奚国，其后为张仲武所破，又改依室韦，此室韦当指和解室韦而非指黑车子，盖黑车子既杀乌介，遏捻绝不敢蹈其兄之覆辙也。《旧唐书》编者误将此事与乌介之依黑车子为一事，故有上述之谬误也。《李卫公文集》中之室韦似亦指此和解室韦而言者。《李卫公文集》卷二《幽州记圣功碑铭》记张仲武破回鹘乌介可汗之事云：

今之乌介可汗，亡逃失国，窃号沙漠……羡漫阴山，睥睨高阙……其下有三部，曰赤心宰相，那额啜特勒。赤心者天性忿骜，人马犹胜，初与名王嗢没斯，首谋内附，俄而负力怙气，潜图厉阶，为嗢没斯所绐，诱以俱遏可汗，戮于帐下，其众大溃，东逼渔阳，上乃赐公玺书，授以方略。公以"室韦"悍亟之兵，近我边鄙，仆其侦逻，且御内侵……

又卷三《授张仲武东面招抚回鹘使制》云：

幽州卢龙军节度副使……兰陵郡王食邑三千户张仲武……可检请兵部尚书兼充东面招抚回鹘使，其当道行营兵马使及奚、契丹、"室韦"等并自指挥，余如故……

据上述二例，则张仲武之军中有室韦军队，甚为明显。张仲武节度幽州，

则此室韦之住地,必在幽州附近之地,亦不难推知也。又(《李卫公文集》)卷十四载会昌二年九月十二日《请发镇州马军状》云:

> 幽州进奏官孙方造云,仲武破回鹘之时,收得"室韦"部落主妻儿。昨室韦部落主欲将羊马赎妻儿。仲武并不要,只另杀回鹘监使,即还妻儿。"室韦"使已领幽州军将同去杀回鹘监使……

又卷十七《回鹘事状》云:

> 近稍得回鹘消息,人心颇有离异。缘可汗欲得投安西,其部落百姓皆云骨肉尽在向南,愿投国境。又云,与"室韦"已不得所。据此时势,即合归降。不然,自相破灭……

此二例中所见之室韦,乃与回鹘相结之部族,然回鹘部表时所依托者为黑车子,而其后所依托者为和解室韦,既如上述,故此二例中所见之室韦,当非指黑车子而指和解室韦也。

《李卫公文集》之黑车子达怛

总上所述,黑车子之名仅在《辽史》中以之为室韦之一种,而在中国人记载上,并不与室韦连称。然此黑车子之名却有一次与达怛连称者,《李卫公文集》卷五有《赐回鹘嗢没斯特勒等书》,书末云:

> 秋熟,卿及部下诸官,并左相阿波兀等部落,黑车子达怛等比平安好。

此黑车子达怛为一民族之名,王静安先生《黑车子室韦考》中分此为二部者,非也。盖达怛之名始见于突厥碑文,(别详拙著《鞑靼考》)中国载籍中所见则以此为最早,而此事又因回鹘与中国之关系而传来,此达怛之名,当系回鹘人原来如此称呼,因回鹘人之介绍传入中国,故中国覆回鹘书中亦仍其原称也。因此黑车子之可称鞑靼,尚有其他一二旁证。胡峤《陷虏记》云:

> 黑车子善作车帐,其人"知孝义",地贫无所产。

然《蒙鞑备录》云:

所谓白鞑靼者,容貌稍细,为人"恭谨而孝",遇父母之丧,则劙其面而哭。

案此黑车子之人知孝义,与《蒙鞑备录》所记白鞑靼人恭谨而孝之性质相同,此可知黑车子似当属白鞑靼之类也。又胡峤《陷虏记》云:

契丹之先,常役回纥,后背之,走黑车子,始学作车帐。

然王延德《使高昌记》云:

传曰契丹旧为回纥牧羊,达怛旧为回纥牧牛。回纥徙甘州,契丹、达怛遂各争长攻战。

此与《陷虏记》载契丹常役回纥之说相同,契丹后背回纥,走依黑车子学车帐,其后至阿保机而契丹特盛,而达怛与之争长攻战,此所谓与契丹相争之达怛,殆亦指黑车子而言,盖契丹曾有依黑车子且学作车帐之事,故契丹强盛之后,黑车子不肯屈居其下,与之争长,故阿保机欲南向取中国之际,必先除此障碍而甘心,故于五六年之间,征伐竟至七八次之多,必至得其降服而后已也。

2. 臭泊室韦即阻卜

辽代室韦部族之名见于载籍者,辽初尚有所谓臭泊室韦者,《辽史》七一《后妃传·太祖淳钦皇后述律氏传》云:

太祖淳钦皇后述律氏……简重果断,有雄略……行兵御众尝与谋……

太祖尝渡碛击党项,黄头、臭泊二室韦乘虚袭之。后知,勒兵以待,奋击大败之。名震诸夷。

此节记事盖全本之《契丹国志》,《国志》卷十三《后妃传·太祖述律皇后传》云:

太祖皇帝后述律氏,本契丹国人也。勇决多权变。太祖行兵御众,后尝其谋。太祖渡碛击党项,留后守其帐。黄头、臭泊二室韦乘虚合兵掠之。后知之,勒兵以待其至,击大破之。由是名震诸夷。

然《契丹国志》之臭泊室韦之名,不知何所据?惟《读史方舆纪要》卷十八室韦条引宋白语曰:

> 唐末契丹阿保机击黄头室韦破之。其种又有臭泊室韦,或曰臭泊,盖因所居以名其部。

此引宋白之说,虽其所述事实,与上引《国志》之文不尽相同。然亦有臭泊室韦之名。且云臭泊室韦亦单称臭泊。此臭泊室韦之名见于《辽史》仅此一次,即不复再见,甚觉可怪。白鸟博士谓臭泊之名与阻卜一语相酷似,想系同名异译。而臭泊室韦之亦或单称臭泊,犹足证此说之可能也。

至阻卜之住地及民族问题,具见王静安先生之《鞑靼考》《鞑靼年表》,及徐旭生先生之《阻卜考》《阻卜年表》。余于此问题以为阻卜者托拔氏之苗裔也,《魏书》卷一《帝纪》云:

> 黄帝以土得王,北俗谓土为托,谓后为拔,故以为氏……

所谓以"土德王"云云,虽近附会之谈,然亦不无根据,案今:

蒙古语之 Selenginsk 方言谓丘陵冈阜曰 dobo

Tunkinsk 方言谓丘陵冈阜曰 dobun

土耳其语之 Cagatai 方言谓丘陵冈阜曰 daban

Kazan 方言谓丘陵冈阜曰 tuba

Baskir 方言谓丘陵冈阜曰 tübä

Qasack 方言谓丘陵冈阜曰 tupa

托拔之义为"土",想与上述诸语当同语源也。又通古斯种之满洲语谓高峰突出曰 Cab,或 Cob,与阻卜、臭泊诸语在声音上亦甚为近似,或即系其对音亦未可知矣。观于宋代党项八大部姓之中首为托拔氏,则托拔氏之遗裔之繁荣于西北地区可以想见,而辽代繁荣于蒙古地方之阻卜民族其为托拔氏之苗裔亦非不可能之事矣。其详则余别有《托拔考》及《阻卜考》,当遍论之,兹不暇及。

3. 阴山室韦即阴山鞑靼

辽末金初阴山鞑靼助辽伐金之事，实为辽金史上一重要之史实。鞑靼与室韦之为同一民族之异称，又得此阴山鞑靼亦称阴山室韦之史实证之，《辽史》卷二九《天祚纪三》保大四年条云：

> 四年春正月上趋都统马哥军，金人来攻，夹营北遁，马哥被执，谟葛失来迎，赆马驰羊，又率部人防御……天祚既得林牙耶律大石之归，又得"阴山室韦谟葛失"兵，自谓得天助，再谋出兵收复燕云，大石林牙力谏曰……非计也，当养兵待时而动，不可轻举。不从，……上遂率诸军出夹山下渔阳岭，取天德军东胜、宁边、云内等州，南下武州，遇金人，战于奄遏下水，复溃，直趋山阴……五年春正月党项小斛禄遣人请临其地……二月至应州新城东六十里为金人完颜娄室等所获……

案《辽史》此节当本于《契丹国志》，《契丹国志》卷十二《天祚记下》保大四年条云：

> 是秋天祚得耶律大石兵归，又得"阴山室韦乞割石"兵，自谓得天助中兴，再谋出兵收复燕云，大石林牙力谏曰……今国势微弱至此，而力求战，非得计也，当养故待时而动，不可轻举。天祚斥而不从，大石林牙托疾不从，天祚随强率诸军出走夹山，下渔阳岭，取天德军，东胜、宁边、云内等州，南下武州，遇金人兀室，战于奄曷下水，兀室率山西汉儿乡兵为前驱，以女真千余骑伏山间，出"室韦乞割石"兵后，乞割石兵顾之，大惊皆溃，天祚奔窜入夹山（一作阴夹山）。金人以力不能入，恨其不出，谓出必得之。天祚亦谓粘罕兵在云中，故不敢出，至是闻粘罕归国，以兀室代戍云中，乃率"鞑靼"诸军五万，并携其后妃二子秦王、赵王及宗属南来。大石林牙谏之不听，遂越渔阳岭，而粘罕已回云中遂复奔山金司，与小胡鲁谋归南宋，又恐不可伏，乃谋奔夏国……遂俘以还，削封海滨山，送长白山东，筑室居之，逾年乙巳而殂，辽国遂灭。

观上所引,则《辽史》此节之出《契丹国志》,甚为明显,王静安师谓以此为元人讳言鞑靼之例,似不可信。然此文中之阴山室韦,他书皆作阴山鞑靼,可见室韦与鞑靼原可混称,当为同一民族无疑也。案《亡辽录》云:

> 保大四年天祚得大石林牙,又得"阴山鞑靼毛割石"兵,自谓得天助,谋出兵收复燕云,大石林牙力谏……不从,遂率诸军出夹山,下渔阳岭,取天德军东胜、宁边、云内等州,南下武州,遇金人,战于奄葛水,奔山金司,小胡虏密遣人报粘罕遣五百骑劫迁入云中。(《三朝北盟会编》卷二十一)

又《东都事略》卷一二四《附录二·辽下》云:

> (耶律)延禧得大石林牙七千余骑,又阴结"鞑靼毛褐室韦"三万骑助之,延禧谓中兴有日,欲捣山后之虚,复燕云地,林牙谏曰不可……延禧不听,强帅诸军出夹山,越渔阳岭,取东胜军东胜、宁边、云内等州,南侵武州,遇金人兀室军,兀室率山西汉儿乡兵为前驱,以女真千余骑伏山间,乃出,"鞑靼"等顾之,大骇而溃……

又《大金国志》卷三《太宗纪》天会三年条云:

> 先是辽主天祚窜入阴夹山,国兵以力不能入,恨其不出,谓出必得之。天祚亦谓粘罕兵在云中,故不敢出,至是闻粘罕归其国,以兀室代戍云中,乃率"鞑靼"诸军五万,并携其后妃二子秦王、赵王,及宗属南来。大石林石谏之不听,遂越渔阳岭,而粘罕亦回云中,故为国兵所败,又谓中国不可伐,乃谋奔西夏,未至,国兵擒之。

又马扩《茅斋自序》云:

> 天祚驱"鞑靼"众三万余骑,乘罕粘归国,山后空虚,直抵云中府。袭击兀室,率蔚应奉圣州云中汉儿乡兵为前驱,女真以兵马千余伏于山谷间,出"鞑靼"之后,"鞑靼"溃乱,大败,天祚南走。(《三朝北盟会编》卷二十一)

又《续资治通鉴长篇纪事本末》卷一四三云:

宜和五年二月兀室杨璞到馆,谓赵良嗣等曰,西京路疆土,又非
原约当割,若我家不取,待分与河西"毛褐室"家,必得厚饷,河西谓
夏国,"毛褐室"为"鞑靼"也。

案上述诸例皆指同一事实,而《辽史》及《契丹国志》之作阴山室韦者,他
书(《亡辽录》《京都事略》《大金国志》《茅斋自序》《续通鉴长篇纪事本
末》)等篇皆作鞑靼,此可见室韦与鞑靼原为同一民族,故可互为通称也。
又谟葛失、乞(毛之误)割石、毛割石、毛褐室韦、毛褐室,亦皆一名之异译
(又毛褐室韦原为毛褐室,韦字乃涉上文室字而衍,甚为明白)。此谟葛
失或毛褐室,乃当时阴山鞑靼(或阴山室韦)部长之名,王静安师谓其为
部族之名,且谓即蒙古之异译者非也。总上所述,则阴山室韦与阴山鞑
靼为异名同实之一部族也彰彰明明矣。

4. 黄头室韦与黄头女真

洪皓《松漠纪闻》云:

> 黄头女真者皆山居,号合苏馆女真……疑即黄头室韦也,金国
> 谓之黄头生女真,髭发皆黄,目精多绿,亦黄而白。多因避契丹讳,
> 遂称黄头女真。

此可见室韦部族中有改称女真者,是则女真之由如者室韦(俞折室韦)讹
化而来之说,亦不无旁证矣。

5. 辽代室韦衰息之原因

如上所述,唐代室韦民族分布范围极广,至辽代而室韦之名即不复
多见于史籍,此何故耶? 余谓唐末兴安岭西之鞑靼民族实即室韦民族一
部之异称,观于黑车子室韦之亦称黑车子鞑靼,阴山鞑靼之亦名阴山室
韦而可知矣。

至于室韦鞑靼既属同一民族,何以有此两种不同之名称? 余谓室韦
者东方之契丹等邻族对此族所用之名称,而鞑靼者西方之突厥、回纥等
邻族对此族所用之名称,关于黑车子室韦、黑车子鞑靼之同名异称,及鞑
靼之名始见于突厥碑文而恍然矣。其详别见拙著《鞑靼考》,兹不暇及。

六、结　言

古来民族之名,有原不过一部落之称,以其部落之强盛,而有并吞其他部落之事,因而部落之名亦遂扩大而成一民族之公称者,甚或以其民族之兴隆,复有吞并邻民族之事,因而民族之名亦遂复扩大而成诸民族之总称者,历代史籍所载,其例颇多,如近世西方人种学家区分世界人种系统也,辄以蒙古为代表亚洲黄色人种之总称,然溯蒙古民族之起源,则蒙古原不过今蒙中一小部落之称,在唐为室韦之一部,在宋为鞑靼之一种,至南宋中叶蒙古部人成吉思汗崛起蒙古东北境,吞并蒙古族之诸部,统一漠北,于是蒙古一名遂成今蒙古部全部之公称,与居于满洲及西比利亚地方之通古斯族,居新疆以迄欧洲东部之土耳其族,并为亚洲北部三大主要民族之一,其后成吉思汗及其子孙南并中国,西侵欧洲,以造成一大帝国,武功之盛,远迈前古,人种学家且以蒙古一名为代表亚种黄色人种之总称焉。可见同一名称,其所涵义,往往因时代之关系,而大异其内容。室韦之称,亦犹是矣。

室韦民族之名始见于后魏,其源似为汉代鲜卑遗裔之一支,因其所居之地而得名,魏时原不过兴安岭东嫩江流域之一小国。至隋代而蒙古种之柔然(蠕蠕)为突厥所灭,遗类东窜者托室韦之名以图自存,因而室韦民族之范围骤然扩张及兴安岭西之俱伦泊南北。至唐代而突厥、回纥相继衰微,渐西徙,因而室韦民族亦乘势向西南移徙,足迹及于贝加尔湖以南以至幽州之地。唐末以后兴安岭西之室韦部族别以鞑靼之名行于世,契丹强盛而室韦民族各部皆为其所征服,遂不复显。然唐代兴安岭东嫩江流域之如者室韦(俞折国)至辽末已南徙至松花江流域,别以女真之名显于世,至阿骨打出,更灭辽而有其国,建号大金,与南宋、西夏鼎立以分治中国者凡百余年。而唐代兴安岭西额尔古讷河下游之蒙兀室韦(蒙瓦部)亦渐西南徙于鄂嫩河克鲁伦河之间,更以蒙古之名显于世,至成吉思汗及其子孙出,更南灭金宋,西侵欧洲,以造成空前之一大帝国。

是可见室韦民族演变之迹之复杂为何如矣。

附 言

撰者案:本文内容虽多自抒己见之处,然取材于白鸟博士《室韦考》之说者亦甚多,该文原见东京出版之《史学杂志》第三十篇,该志国内各大图书馆多有之,望读者取以比较参阅。再者,白鸟博士为日本现代东洋史学界之一重镇,其研究之关于西域史、北狄史、朝鲜史者,贡献尤大。其关于西域史之论著如《乌孙考》《康居考》《大月氏考》《粟特国考》等,关于北狄使者如《蒙兀民族起源考》《东胡民族考》等,关于朝鲜史者如《朝鲜古代王号考》《朝鲜语与 Ural-Altai 语之比较研究》等诸文,皆能自创新说,而详征博引,以证实之,诚不朽之盛业,吾人所极钦羡者也。撰者近治东北史地,曾根据博士《东胡民族考》及《蒙古民族之起源》二文之一部分,亦间附以己见,为《匈奴语言考》《鲜卑语言考》《契丹民族考》三文以介绍博士之新学说,顾原以充讲习之用,匆遽属草,颇多未尽之处,印刷上亦不免有误漏之点,深以为憾。近已得暇将《蒙古民族之起源》及《东胡民族考》二文全行译出,别出单行本,并附博士小传及著作目录等,刻正在印刷中也。

(原载于 1931 年 9 月《辅仁学志》第 2 卷第 2 期)

鞑靼起源考

一、引 言

鞑靼一名之见于中国记载者,普通虽多指蒙古民族而言,然西人记载之所谓 Tatar 或 Tartar(即鞑靼之对译)则多有以指中国北方诸族之通称,亦有以指亚洲北方诸族之总称者。且元初蒙古民族之一部有名塔塔儿者,当亦鞑靼一语之异译。是则鞑靼一名之内容,实含有下列四义:

一、最广义——亚洲北方诸民族之总称;

二、较广义——中国北方诸民族之总称;

三、较狭义——蒙古民族之别称;

四、最狭义——蒙古民族之一部塔塔儿之专称。

因取义之广狭不同,而名称之内含自当随之而异,故论鞑靼者不可不先定其范围也。兹篇所谓鞑靼,盖取第三义,亦即中国记载普通所用以为蒙古民族之别称者是也。

鞑靼民族至成吉思汗出而统一漠北,子孙继之,遂南并中国,西侵欧洲,以造成空前之一大国,有如世界史上之一大飓风。

此必有其民族之特质,与其悠久之历史,而非能骤盛于一旦也。然关于鞑靼民族之来源问题,从来中国记载虽有靺鞨(宋白、欧阳修),突厥(《蒙鞑备录》《新元史》),铁勒(《朔方备乘》)等诸说。然皆但言其然,而未尝言其所以然。且诸说又皆互相抵触,未足令人置信。近世东西学者之治东亚史者,对此问题虽亦有种种疑议,而卒未得一定论。如英国汉学家巴克(Parker)氏以为:鞑靼民族为乌桓之遗类;鞑靼一语为乌桓大人"蹋顿"之异译(见巴克氏著《鞑靼千年史》)。然蹋顿为魏武帝所灭,当西历一世纪时,而鞑靼之名之见于记载者则最早亦不过当西历六世纪之时,前后相距凡五六百年之久。巴克氏但因蹋顿之名与鞑靼一语偶相近似,而无其他历史上之佐证,即遽认为同一名称之异译,似非妥实之论也。且鞑靼果为乌桓之苗裔,则鞑靼之名其近邻之契丹当知之最先。然据胡峤《陷虏记》所述,则似契丹人至后周之世犹不知有鞑靼之名,宁不可怪! 是知巴克氏之说未足为定论也。日本箭内亘博士著《鞑靼考》,虽曾驳斥宋、欧二氏靺鞨说之非是,然亦未尝详论其民族来源。故此问题迄今犹未得相当解决也。

二、鞑靼与柔然

    a. 鞑靼民族为柔然之苗裔。

    b. 鞑靼为大檀之异译。

然则此鞑靼民族果何自而来耶? 余于此问题久经研索之后,乃得一种较近事实之假定,以为达靼民族者,柔然之遗类,而达靼之名则大檀之异译也。据《宋书》(卷九五)《索虏传》末附《芮芮虏传》云:

> 自索虏破慕容蛮马二万余人,攻围义阳,据有中国,而芮芮虏有其故地,盖汉世匈奴之北庭也。芮芮一号"大檀",又号"檀檀",亦匈奴别种;自西路通京师三万余里,僭称大号,部众殷强。岁时遣使诣京师,与中国抗礼,西域诸国焉耆、鄯善、龟兹、姑墨、东道诸国并役属之。无城郭,逐水草畜牧,以毡帐为居,随所迁徙,其土地,深山则当夏积雪;平地则极望数千里,野无青草;地气寒凉,马牛龁枯啖雪,

自然肥健。国政疏简,不识文书,刻木以记事。其后渐知书契,至今颇有学者。去北海千余里,与丁零相接。常南击索虏,世为仇雠;故朝廷每羁縻之。

案此文中所见之芮芮虏即柔然之异译。南朝诸史、《宋书》而外,如《南齐书》《梁书》等皆译作芮芮;而北朝诸史如《魏书》则译作蠕蠕;《周书》《隋书》等则皆译作茹茹,其声音皆互相近似。实皆同名之异译也。此芮芮虏又号"大檀""檀檀"二名,语形与鞑靼之名既互相酷似;而芮芮之住地为汉世匈奴之北庭,此又与达靼民族之地望殆全然相同也。故谓大檀或檀檀为鞑靼之前身,自非无理之举矣。《魏书》(卷一百三)《蠕蠕传》记其国号起源云:

> 蠕蠕,东胡之苗裔也,姓郁久闾氏。始神元之末,掠骑有得一奴,发始齐眉,忘其本姓名。其主字之曰"木骨闾"。"木骨闾"者,首秃也。"木骨闾"与"郁久闾"声相近,故子孙因以为氏。木骨闾既壮,免奴为骑卒。穆帝时坐后期当斩,亡匿广漠溪谷间,收合浦逃得百余人,依纯突邻部。木骨闾死,子车鹿会雄健,始有部众,自号"柔然"。而役属于国(指后魏)。后世祖以其无知,状类于虫,故改其号为"蠕蠕。"

案上文记柔然之号,始于车鹿会,为彼民族之自称,自当含嘉祥之义。而蠕蠕之称,则为元魏世祖(即太武帝托拔焘)以其无知,始加彼以此不祥之号。然蠕蠕与柔然声音相类似,当系托拔焘时北魏特选此不祥二字译彼(柔然)国号,以轻侮之故也。而南朝诸史如《宋书》《齐书》《梁书》等之作"芮芮",北朝诸史如《周书》《隋书》等之作"茹茹",亦皆各选类似之音以译柔然一名,特未尝如北魏之含轻侮之意耳。

至上文所记柔然始祖木骨闾之故事,谓木骨闾曾于北魏始祖神元皇帝托拔力微之世为奴,至穆帝托拔猗卢之世坐后期当斩云云,则当系一种传说,而非可信之史实。盖魏始祖神元皇帝托拔力微当魏元帝景元二年(西二六一年)曾遣子入贡(《通鉴·魏纪》),历文帝沙漠汗,章帝悉鹿,平帝绰,思帝弗,昭帝禄官,桓帝猗迤,而至穆帝猗卢,凡历八世。木骨闾一人所享之寿命,未必能有如此之长。此种传说,想系托拔魏尊己抑人之所为者,未足令人置信也。又上文记柔然为东胡之苗裔,而南朝诸史如《宋书》等则皆称芮芮为匈奴别种,此问题颇觉复杂,当于拙稿《柔然考》详之。

柔然自车鹿会后,历吐奴傀,跋提,地粟袁,缊纥提,四世而至社仑,其国始强盛,《魏书》云:

> 社仑远遁漠北,侵高车,深入其地,遂并诸部,凶势益振。北徙弱洛水,始立军法。……无文记,将帅以羊屎粗记军数,后颇知刻木为记。其西北有匈奴余种,国尤富强。部帅曰拔也稽,举兵击社仑,社仑逆战于颔根河,大破之。后尽为社仑所并,号为强盛,随水草畜牧。其西则焉耆之地,东则朝鲜之地,北则渡沙漠,穷瀚海,南则临大迹。其常所会庭则敦煌、张掖之北。小国皆苦其寇抄,羁縻附之。于是自号丘豆伐可汗。

由上文所记,可见社仑之时,柔然之强盛为如何。案社仑自称可汗,当魏太祖(道武帝托拔珪)登国九年(西三九四年)。魏太宗明元帝托拔嗣之时社仑死,其弟斛律继之。斛律兄子步鹿真杀斛律而自立。社仑季父仆浑之子大檀,又杀步鹿真而自立。《魏书》云:

> 初,高车叱落侯者叛其渠帅,导社仑破诸部落。社仑德之,以为大人,步鹿真与社仑少子社拔共至叱落侯家,淫其少妻。少妻告步鹿真以叱洛侯举大檀为主,遗大檀金马勒为信。步鹿真闻之,归发八千骑往围叱洛侯。叱洛侯焚其珍宝,自刎而死。步鹿真遂掩大檀。大檀发军执步鹿真及社拔,绞杀之,乃自立。大檀者,社仑季父仆浑之子,先统别部,镇于西界,能得众心。国人推戴之,号牟污纥升盖可汗,魏言"制胜"也。

由上文所记,可见"大檀"原为社仑之弟大檀个人之私名。大檀原为柔然西部镇帅,因能得众心,国人推戴,遂为可汗。于是个人之私名,遂亦随之扩大而成国号矣。大檀在位时代正当北魏太宗泰常至世祖神䴥年间（西四一六至四三一年）。是知柔然之号大檀，号檀檀，必始于大檀在位以后矣。

三、鞑靼与突厥

  a. 达靼之名乃突厥人呼对其邻民族之称。

  b. 突厥徙居金山正大檀在位之时。

  c. 达靼之名始见于突厥碑文。

  d. 达靼之始见汉籍（黑车子达靼）由于回鹘人（突厥种）之介绍。

  e. 达靼之再见汉籍（阴山达靼）由于沙陀突厥之介绍。

  柔然民族自号柔然，南朝诸史译为"芮芮"，北朝诸史译为"茹茹"，《魏书》译为"蠕蠕"，皆得其声音之近似耳。至大檀之名（一作檀檀），则原为大檀个人之私名，何以竟扩大而为国号耶？此必非无故而然也。据吾人考究之结果，则以大檀个人至之称为柔然国号者，殆出于突厥人也。盖突厥原居平凉，大檀在位之时，始西北徙居于柔然西界之金山地方，为柔然铁工。而大檀镇西界时，又能得众心，被国人推戴。故其远徙而来之新民族突厥，遂只知有大檀，而不知有柔然矣。《隋书·突厥传》云：

>   突厥之先，平凉杂胡也，姓阿史那氏。后魏太武（即世祖托拔焘）灭沮渠氏，阿史那以五百家奔茹茹，世居金山，工于铁作。金山状如兜鍪，俗呼兜鍪为"突厥"，因以为号。世臣茹茹至大叶护，种类渐强。

由上文所记，可知突厥之徙居柔然，正当魏太武帝（世祖）托拔焘之世（始光元年即西四二四），而大檀在位恰与魏世祖托拔焘同时。《魏书》云：

>   太宗崩，世祖立。大檀闻之大喜，始光元年秋乃寇云中。世祖亲讨之，至云中。大檀骑围世祖五十余重。骑遍马首，相次如堵焉，士卒大惧。世祖颜色自若，众情乃安。

由上文所记,可见大檀乘魏太宗明元帝托拔嗣之丧,世祖太武帝托拔焘新即位之时,大举南征。故魏世祖恶其相逼,而改其号为"蠕蠕"以侮之。而突厥亦适于此时西北徙于柔然西界,因大檀之能得众心,遂竟以大檀个人之名为柔然国号矣。《宋书·索虏传》末《芮芮传》所云芮芮一号大檀,又号檀檀者,盖亦本之于突厥也。

达靼之名见于记载最古者,乃不在中国,而在突厥。当前清光绪间,俄人于外蒙古鄂尔坤河(Orkhon R.)附近发现突厥碑三种:其一曰阙特勤碑文,凡四面,三面皆突厥文;惟一面为汉文,乃唐玄宗开元二十年御制之文。其东面之突厥文字中,有关于达靼之记事二则。兹禄其译文如左:

突厥阙特勤碑文之一节云:

悲泣者,前方日出处勇猛之沙漠之民Tabgač,Tüpüt,Apar,Aprim,Kirghiz,三姓Kurikan,三十姓Tatar,Kytai,Tatabi之民来悲泣也。

其又一节云:

右则Tabgač之民敌也。左则Baz可汗九姓Oguz之民敌也。Kirghiz,Kurikan,三十姓Tatar,Kytai,Tatabi,之民皆敌也。

此碑文所举诸国之名,盖谓阙特勤之时,修睦邻封。故其死后,四邻敌国之民亦皆来悲泣,以示阙特勤之贤明也。碑文中之突厥文字经丹麦学者汤姆孙(Wilhem Thomsen)氏之研究,始创通共读。其部族之名之已经考释者如Tabgač之译言"唐家子",或"托拔",Oguz之译言"回鹘",Kirghiz之译"黠戛斯"("结骨坚昆"),Kurikan之译言"骨利干",Kytai之译言"契丹",Tatabi之译言"奚或霫",皆经多数学者之考证。而Tatar之为"达靼"之对译,则又东西学者之所公认而毫无疑义者也。

然此碑之汉文一面,乃唐玄宗御制碑文。文中仅"有北变眩雷之境,西邻处月之郊。"二句中举其邻封"眩雷""处月"二名而已,其他如Tatar

等国之名皆不见之。似当时中国犹不知有 Tatar 之名者。抑且不但此时,迄于唐德宗贞元年间(西七八五至八〇四)宰相贾耽撰《入四夷道里记》,考方域道里之数最详。其所记自中国边境入四夷之道凡七,凡从边州入四夷,通译于鸿胪者莫不毕记。然其第四道,记自中受降城通回鹘道一章,记当时外蒙古地方各民族之名称地望,如骨利干、都播、坚昆、室韦、鞠、俞折、大汉、骨师国等皆有之,而亦不见鞑靼之名,亦似中国至此时犹不知有鞑靼之存在者。中国记载之有达怛事迹者,实始见于唐会昌间李德裕之《一品集》,《一品集》(卷五)有赐回鹘嗢没斯特勒等诏书,其末节云:

> 秋热,卿及部下诸官并左相阿波兀等部落,黑车子达怛等,比平安好。

又《一品集》(卷八)有《代刘沔与回鹘宰相颉于伽思等书》云:

> 纥扢斯专使将军踏布合祖云,发日纥扢斯即移就合罗川,居回鹘旧国,兼已得安西北庭达怛等五部落。

此为鞑靼见于汉籍之始。而此达怛之名之始见于中国,乃由于回鹘人所介绍而来。盖回鹘为黠戛斯所破,乌介可汗率残部南遁,又为中国所制,乃依托黑车子达怛以图存。其后黑车子达怛卒受中国利诱,募杀乌介。因是而黑车子达怛之名亦传入中国。此黑车子达怛与《辽史》所见之黑车子室韦为同一部族之二名。其详具见拙稿《室韦考》(《辅仁学志》第二卷第二期),兹不赘及。要之,达怛之名既始见于突厥碑文,而达怛之名之始见于中国记载,又由于回鹘人之介绍;回鹘亦突厥种也。

鞑靼之再见于汉籍,则由于沙陀突厥之介绍。盖沙陀李克用父子为吐浑、赫连铎等所败,尝往依达怛。后李克用入关讨黄巢,达怛皆从征有功。由是达怛之名乃大显于中国。《旧唐书·僖宗纪》广明元年条云:

> 六月,代北行营招讨使李琢,幽州节度使李可举,吐浑首领赫连

铎等,讨李克用于云州。……李克用部下皆溃,独与国昌及诸兄弟北入鞑靼部。……中和元年,二月,陈景思遣使诣行在,请敕李克用父子,令其讨贼以赎罪,从之。三月,陈景思赍诏入达靼,召李克用军屯蔚州。克用因大掠雁门以北。

又《旧五代史》《唐书·武皇纪》云:

> 广明元年春,天子复命元帅李琢率兵数万屯代州。……六月,李琢引大军攻蔚州,献祖(李国昌)战不利。乃率其族奔于达靼部。居数月,吐浑赫连铎密遣人赂达靼,以离间献祖。……俄而黄巢自江淮北渡。武皇(李可用)椎牛洒血,飨其酋长。酒酣,谕之曰:"余父子为贼臣谗间,报国无由。今闻黄巢北犯江淮,必为中原之患。一旦天子敕宥,有诏征兵,仆与公等南向而定天下,是予心也。……安能终老沙堆中哉! 公等勉之!"达靼知无留意,皆释然无间。……中和元年,李友金发五百骑赍诏召武皇于达靼。武皇即率达靼部万人趋雁门。……中和二年,八月,献祖自达靼率其族归代州。十月,武皇率忻代蔚朔达靼之军三万五千骑赴难于京师。

案上文所记,沙陀李克用父子为吐浑赫连铎等所败,往依达靼;达靼善待之。后李克用为节度使,破黄巢,达靼从征有功,乃大显于中国。此可见达靼之最初见于汉籍,又系由沙陀突厥之介绍,至为明白也。要之,达靼之名既始于突厥碑文,而其最初介绍至中国者又由突厥种之回纥人及沙陀人。是则鞑靼之名,其为突厥民族对其近邻蒙古民族所用之称呼也,彰彰明矣。

四、达靼与室韦

a. 阴山达靼与阴山室韦混称。

b. 黑车子达靼与黑车子室韦混称。

c. 大室韦(大檀室韦之略)乃柔然遗种。

唐末阴山鞑靼与沙陀李克用父子之关系遂使达靼之名大显于中国。至辽末金初,而此阴山达靼助辽天祚帝抗金之事,亦为辽金史上一重要之史实。《三朝北盟会编》(卷二十一)引史愿《亡辽录》云:

> 保大四年,天祚得大石林牙,又得阴山鞑靼毛割石兵;自谓得天助,谋出兵收复燕云。大石林牙力谏,……不从。

此外,《东都事略》卷百二十四《辽录》,《大金国志》卷三《太宗纪》,马扩《茅斋自序》,及《续通鉴长编纪事本末》卷百四十三等所纪此事,大略相同。惟《契丹国志》卷十二及《辽史》卷二十九《天祚纪》所记事实,虽大体相同。而阴山鞑靼之名则作阴山室韦。《辽史·天祚纪》云:

> 天祚既得林牙耶律大石之归,又得阴山室韦谟葛失兵,自谓得天助,谋再出兵收复燕云。大石林牙谏曰,"……非计也! 当养兵待时而动,不可轻举。"不从。

此节与《契丹国志》所记相同,当系取材于《国志》。此所谓阴山室韦,亦明即《亡辽录》等之所谓阴山达靼。此达靼与室韦混称之一显例也。

又《辽史》记辽属国中有黑车子室韦国。此黑车子室韦国在辽太祖耶律阿保机之开国史上,颇有重大关系。盖阿保机于唐末辽初大张其国势,而尚未南侵中国之前,于五六年之间,对此黑车子室韦国之征讨不下十次。而辽太祖元年二月之役,降其八部。则此黑车子之为当时大国可知。此黑车子室韦亦有作黑车子达怛者。前文所引李德裕文集(卷五)有《赐回鹘嗢没斯特勒等书》,书末云:

> 秋热,卿及诸部下诸官并左相阿波兀等部落,黑车子达怛等,比平安好。

此黑车子达怛与《辽史》之黑车子室韦当为同一国名之二称也。

案胡峤《陷虏记》云:

> 黑车子善作车帐。……契丹之先,常役回纥,后背之,走黑车子,始学作车帐。

此可见阿保机之先，契丹国尚有依托黑车子国之事。而契丹曾役属回纥之事，又见王延德之《纪行》。王延德《使高昌纪》云：

> 传曰：契丹旧为回纥牧羊。达怛旧为回纥牧牛。回纥走甘州，契丹、达怛遂各争长攻战。

此可见契丹与达怛原同为回纥属国，回纥衰而契丹、达怛始互争雄长。此与契丹争雄之达怛，殆即指黑车子而言之。盖契丹曾有依黑车子学作车帐之事。故契丹强盛之后，黑车子不肯屈居其下，而与之互争雄长。故阿保机南向而取中原之先，必先除此障碍而甘心。故于五六年间，征伐至七八次之多，必至得其降服而后已也。此为达怛与室韦混称之又一例也。

由上述二例，可见达怛与室韦混称，乃可信之史实。然此中关系如何，亦有进而寻究之必要。案柔然灭于突厥。齐天保三年，柔然主敕连头兵豆伐可汗阿那瓌为突厥伊利可汗土门所破而自杀，其子庵罗辰等并拥众奔齐。天保五年以后，复累为突厥所破。西魏恭帝二年（西五五五），率部千余奔关中。突厥既恃兵强，又藉与西魏和好，恐其遗类依凭大国，故使译相继，请尽杀以甘心。周文帝议许之，遂收蠕蠕主以下三千余人付突厥，于青门外斩之。此可见突厥之灭柔然于柔然遗类不稍宽容之情况。然突厥所欲杀而且能杀者，特柔然之王室及贵族数千人已耳。而柔然若干万之民众，突厥不能尽杀也。当齐天保五年四月，齐文帝亲讨柔然时，犹为柔然别部数万所围困。又是年六月，柔然率部众东徙将南侵，又为齐文宣帝所邀击而远遁。然柔然既为突厥所灭，突厥原居柔然西界。突厥强盛，东向以侵柔然。是故柔然亦惟有东向移避之一法。其王室贵族之向东南移避者，既为周文帝所尽杀。其遗类之东徙者，又为齐文宣帝所邀击。故其余众舍向东北迁避外，别无他途也。

柔然之东北界为室韦国。室韦为鲜卑之遗类，自后魏始闻于中国，本名失韦，原不过兴安岭东嫩江流域为限之一小国。其国界所至，南界勿吉国,东界豆莫娄国,西界乌落侯国、地豆于国。(其详见拙稿《室韦考》,《辅仁学志》第二卷第二期)。至隋代而失韦国之范围乃骤然扩大及于兴安岭西之额尔古讷河流域,及俱轮泊南北等地。《隋书·契丹传》末附录《室韦传》云:

> 契丹之类也,在南者为契丹,在北者号室韦。分为五部落,不相总一,所谓南室韦,北室韦,钵室韦,深末怛室韦,大室韦。……南室韦在契丹北三千里,土地卑湿,渐分为二十五部落。……南室韦北行十一日至北室韦,分为九部落,绕吐纥山而居。……又北行千里至钵室韦,依胡布山而住,人众多于北室韦,不知为几部落。……从钵室韦西南行四日至深末怛室韦,因水为号也。……又西北数千里至大室韦,径路险阻,言语不通。……北室韦时遣使贡献,余无至者。

案上述五部室韦中,惟北室韦常与中国贡使往来,余均不通。可见北室韦即魏代兴安岭东嫩江流域之失韦国本部。盖失韦国自后魏武定二年遣使贡方物,迄武定末贡献相寻(《魏书·失韦传》),隋开皇、大业中并遣使贡献(《通典·室韦传》);而其他则为魏以后新增附之部族,故未尝入贡也。此五部中之钵室韦居兴安岭附近。盖此部落所居之胡布山,即今之兴安岭伊勒呼里岭南之格尔布山之异译也。至南室韦即俱轮泊南之诸部落之总名。大室韦即俱轮泊北额尔古讷河流域诸部落之总名。观下引之文可知。《旧唐书·室韦传》云:

> 今室韦最西与回纥接界者,乌素固部落,当俱轮泊之西南;次东有移塞没部落;次东又有塞曷支部落;……次又有和解部落;次东又有乌罗护部落。……乌罗护之东北二百余里,那河之北,有古乌丸之遗人,今亦自称乌丸国。其北大山之北,有大室韦部落,其部落傍望建河居。其河源出突厥东北界俱轮泊;屈曲东流,经西室韦界;又东经大室韦界;又东经蒙兀室韦之北,落俎室韦之北;又东流与那河、忽汗河合;又东经南黑水靺鞨之北,北黑水靺鞨之南;东流注于海。

案上文中之黑水，即今黑龙江；望建河即今额尔古讷河；那河即今嫩江；忽汗河即今瑚尔哈河（牡丹江）；俱轮泊即今呼伦泊；皆具见拙著《室韦考》（《辅仁学志》第二卷第二期），兹不赘及。兹所欲知者，惟大室韦等部居俱轮泊北之望建河流域，乌素固等部居俱轮泊之南是也。至唐中业以后，室韦之居地更有以俱轮泊为中心之势。贾耽《入四夷道里记》云：

> 回鹘有延侄伽水，一曰延特勒泊。……泊东北千余里有俱轮泊。泊之四面皆室韦。

此可见室韦之居地，有逐渐西向扩展之势，故甚明也。案后魏之失韦国原以兴安岭东之嫩江流域为限，而隋代之南室韦、大室韦则已在兴安岭西之俱轮泊南北。何以隋代兴安岭西忽然骤加如许之室韦部族耶？隋代之室韦民族何以能发展至如是之速耶？是必不能无故矣。

余尝细绎其故，以为隋代室韦骤然扩大之原因，隋代兴安岭西骤然增加许多室韦部族之故也。盖由于柔然亡国后其遗民东北移避而附于室韦之故也。大室韦乃大檀室韦之略称，亦即大檀之苗裔也。观大室韦既与室韦语言不通，是此部族之绝非魏代失韦国之同族也，固甚明矣。盖柔然为突厥所灭，其遗族（王室贵族）之东南奔北周者数千人，既尽为北周所杀；其别部之东徙者又为齐文宣所邀击；故其遗类（民众）之东北奔赴室韦者，皆自称室韦，以避突厥人之耳目。《魏略·鲜卑传》云：

> 匈奴北单于遁逃后，余种十余万落，诣辽东杂处，皆自号鲜卑。

又《后汉书·鲜卑传》云：

> 和帝永元中，大将军窦宪遣右校尉耿夔击破匈奴。北单于逃，走鲜卑，因此转徙据其地。匈奴遗种留者尚有十余万落，皆自号鲜卑。鲜卑因此强盛。

由上文所记，可见鲜卑之骤然强大，由于匈奴遗民之归附；隋代室韦民族之骤然扩大，亦犹是也。

　　然则达靼与室韦之混称,则又何耶? 曰:柔然遗民之东北室韦者,皆自称曰室韦。契丹与室韦同类,故称此等新附之室韦曰室韦,如黑车子室韦、阴山室韦等名,皆仅见于《辽史》《契丹国志》是也。突厥与大檀之关系较为密切,既以大檀为柔然民族之通称;柔然亡后,其遗民之东附室韦者,虽自称室韦,突厥人对之则或称之为大檀室韦(即大室韦),或仍单称之曰大檀。音讹而为檀檀,又讹又为达怛。此鞑靼之名之所以始见于突厥碑文,而黑车子达怛、阴山达靼之名亦由于突厥族人之介绍,始显于中国也。

五、结　言

　　总上所述,达靼民族为柔然之苗裔。此民族本自号柔然,而突厥人则称之曰大檀,音讹而为达靼。柔然为突厥所灭,遗民东附室韦。突厥衰而达靼乃渐蕃息。回纥盛时,达靼与契丹同役属之。回纥衰,达靼与契丹各争雄长,南徙内地。契丹盛时,达靼首当其冲,被迫北徙。契丹衰亡,达靼多有助之者。女真盛时,鞑靼雄据漠北。至女真衰而成吉思汗乃统一漠北,子孙继之,遂南并中国,西侵欧洲,以造成一大帝国。其成功之速,虽足惊人,然亦因其民族之特质渊源有自,非偶然也。

　　(原载于 1932 年 6 月《国立北京大学国学季刊》第 3 卷第 2 号)

中国古代商业的发展及抑商政策的实施

一、部族公营贸易时期

部族公营贸易乃是随着部族公有财产制度而发生的。

原始社会以部族为构成的单位,每一部族都有共同的财产,部族内的份子共同劳动,共同生产,共同消费。当时一切日用生活必需之物都很简单,凿井而饮,耕田而食,纺织而衣,版筑构茅以为居室,伐木编竹以为器用,都是人人可以随着需要而自作自用的。所以原始社会的每一部族,不仅是一个政治的单位,同时在经济上也是一个自给自足与外界很少关连的小世界。

迨后生活日趋复杂,比较繁难的器物,为一般人所不能随意制作者,始渐由公家培养一部分专长于制作者专司其事,这些专司制作的人,一切生活日用必需之物,概由部族供给,而他们制成的器物,亦全供给部族公用,并非借此营利谋生,故亦无所谓工业,《国语·齐语》所谓"处工就官府",《逸周书·程典解》所谓"工不族居,不足以给官族"者即指此,后世政府专设的工官亦导源于此。

在这些孤立的小世界内,自无需所谓商业。商业的胚胎,原为一种交易行为。交易行为的先决条件，必须有交易的媒介，因为供给者方面与需要者方面若无一种媒介为工具，则彼此之间，势不易互相会遇。因此而有定期市集、定期贸易之产生，以解决交易媒介问题。

自牲畜业发明以来，西北的牲畜的各部族，与东方滨海的捕鱼各部族之间，彼此各因其需要之增进，而发生交易的事实。故最初的交易，当发生于部族与部族之间，而不发生于部族之内。古代各部族皆重祭会，每年牲畜既肥，冬月蜡祭，尤为盛会，最初的定期市集，大概即趁此种祭会时期而附带举行的。每当顺利之年，蜡祭期至，各部族皆携其剩余之物，陈列会坞，互相交易，此种《礼记·郊特牲》所谓"顺成之方，八蜡乃通"是也。若遇年不顺利，则各部族既无剩余之物可供交易，则蜡祭时便不得举行市集，此即《郊特牲》所谓"四方年不顺成，八蜡不通"是也。

自农业发明以来，农业生产与手工业生产，亦逐渐分道扬镳，举凡生活日用必需之物，势不能同时兼备于一人之身，即在一地区以内，势亦不能不有"通工易事"之交易行为发生，因此遂有日中为市的定期贸易以调济之。《易·系辞传》所谓"神农氏日中为市，致天下之民，聚天下之货，交易而退，各得其所"者是也。此种定期交易，有一定的时间与地点，各出所有，互相交换，后世所谓"赶集""赶场"之制即导源于此，不仅所谓神农氏之世为然，即至今日川省各城镇依然如此。

原始交易的经手人，原系代表其部族经营贸易。而并非为其本身将本求利，部族为主体，而经手人不过居伙计的地位，盈余同为部族之公利，亏累亦由部族负担。经手人的生活亦如原始社会，工人，同由部族供给，《国语·晋语四》所谓"工商食官"，章昭注曰"商、官、贾"是也。

我们现在考究中国商业的起源，仅能上溯到殷代，因为关于殷以前的所谓唐虞夏代的史料纯属传说追记，而关于殷代的直接史料最近已有新的发现。而此种新发现对于中国古代史有可信价值，贡献甚大。新发见之主要部分为殷墟甲骨文字，即殷王室用以命卜之辞，而刻于龟甲及牛骨之上者。根据甲骨卜辞内容分析，关于行猎者，记行猎次数特多；关于牧畜者，有牛马羊犬羸豕豚鸡等家畜家禽之名甚多；关于农耕者，有田畴禾穑黍粟麦米等字,又有酒鬯等字;关于树艺者,有圃果栗桑丝帛等字;关于建筑者,有宫室家宅舟车等字;关于装饰或货币者,有贝字甚多,又有□字。可见殷代后期,不仅牧畜事业甚为发达,即农耕酿酒植树养蚕等事业,皆已具相当基础;不仅家宅与交通工具种种建造事业皆已相当发展,即交易事业亦已在萌芽之中了。

再就古史料考之,如《史记·周本纪》引《太誓》及《逸周书·世俘解》诸篇,记载殷末王室之生活,已极奢靡淫佚之观,而生活用品已甚繁复,势不能同时产生于同一地域。然则当时已有交易事业的存在,固极可能。

殷为黄河下游低地居民所建之王朝,地近黄海、东海,海产物之获得较易亦较多,故其刻卜辞则多用龟甲,而装饰品及货币则多用贝类,《说文》财赋赂贿货赁资贯贾价赏贷买卖等字概从贝,铜器铭文中记锡贝之例多不胜举,古书所记如:

《诗》	既见君子,锡我百朋。
《书》	兹予有乱政同位,具乃贝玉。
《易》	西南得朋,东北丧朋……亿丧贝……或易之十朋之龟。
《法言》	古者宝龟而货贝,后世君子易之以金币。
《说文》	古者货贝而宝龟,周而有泉,至秦废贝行钱。
《盐铁论》	币与世易,夏后氏以玄贝,周人以紫石,后世或以金泉刀布。

皆谓古代通行的货币以贝为主。但鄙意殷代如有交易行为,当仍属物物交易时期,"物物交易时期,彼此价格极难论定,而纷争时起,故必须设立市官,为公断人,以评定其物价,而维持其秩序。孟子所谓古之为市也,有司者治之"是也。评价的方法,最初必须从各交易物品中,选择几种用途较广,交易较多者,如珠玉,龟贝,牲畜,皮革,谷粟,布帛,服饰,农具,器皿等以为主要交易物品,并以之为其他各物比价之标准,使大众便于辨识。而尚未至有一种物品战胜其他物品而取得标准货币的地位也。

西周为黄河上游高地居民所建之王朝,至公刘、古公亶父时犹是游

牧生活,穴居野处,迁徙靡定:

> 《诗·公刘》 笃公刘,匪居匪康,乃场乃疆。

> 《诗·绵》 古公亶父,陶复陶穴,未有家室。

至太王、王季、文王始渐进于农业阶段,打开王业的基础:

> 《周颂·天作》 天作高山,太王荒之;彼作矣,文王康之。

> 《大雅·皇矣》 帝省其山,柞棫斯拔,松柏斯兑,帝作邦作兑,自太伯王季。

可见周人之由游牧生活进入农业生活,实在太王之后。自入农业阶段后,部族日渐富强,遂有代殷的野心,所谓"后稷之孙,实维太王,居岐之阳,实始翦商",至于文武,缵太王之绪(《鲁颂·閟宫》)是也。

> 《孟子》 太王居邠,狄人侵之,事之以犬马,不得免焉,事之以皮币,不得免焉。

> 《礼记》 仲春之月:祀不用牺牲,用圭璧,更皮币。

> 《国语》 管仲对齐桓公曰,审吾疆场,而反其侵地,正其封疆,无受其资,而重为之皮币,以骤聘眺于诸侯。

> 《酒诰》 农功毕,肇牵牛,远服贾,用孝养厥父母。

> 《左·僖三十三年》 郑商人弦高以乘韦先牛十二将市于周。

知周代凡国家聘礼多用皮币,又婚姻纳征,亦用鹿皮为礼,此皆游牧生活的遗风。而自西周以至春秋时代之交易,犹以物物交换为主,兽类兽皮之交易,亦皆游牧生活的余迹。

然周自王季、文王以来,农业已渐发达,农业时代的交易,自以粟帛为主,由《诗经》中所见周代的交易现象,便是:

> 氓之蚩蚩,抱布贸丝(《卫风·氓》)

> 握粟出卜,自何能谷(《小雅·小宛》)

粟与帛皆为农业生产品中之最多者,故亦为交易物品中之最主要者。

　　如贾三倍,君子是识(《大雅·瞻卬》)

　　既阻我德,贾用不售(《邶风·谷风》)

　　近利市三倍(《易》)

可见西周时代,已有商业及商人,不过当时商业事实尚极稀微,在社会经济上不占重要地位。因为当时的交易总不过利用本部族的一些剩余物品以换取本部族所缺少的物品而已。即所谓"以羡补不足"是也。而并无新奇特制之品以供交易,所以后来许行主张的贸易,但问量的多寡,而不计质的优劣(《孟子·滕文公上》),其简单可想而知。许行虽生于战国,而其理想中之生活则在追慕古昔,故可借此以推测西周交易事业之情态也。

东周时,商业始渐发展,盖因中央政衰,而引起戎狄横行,诸侯兼并,以致被迫迁徙,或亡国后图恢复者,当百端草创之际,一切必需之物,势难齐全,而必须有商人为之奔走,贩运,以济其穷,如周末郑桓公为周司徒,见周衰将乱,早谋东迁,并携带商人同往,助其经营,以为后日郑国东迁溱洧的预备。所以郑子产对晋韩宣子说:

　　昔我先君桓公,与商人皆出自周,庸次比耦,以艾杀此地,斩之蓬蒿藜藋,而共处之。世有盟誓,以相信也,曰,尔毋我叛,我毋强贾,毋或匄夺,尔有利市宝贿,我勿与知。恃此盟誓,故能相保,以至于今。(《左·昭十六年》)

此可见郑国商业之发达,确有其政治的背景在。故至春秋中期,郑国商人,遂特显其活动之迹,如:

　　僖公三十三年春,秦师过周北门……及滑,郑商人弦高,将市于周,遇之,以乘韦先牛十二犒师,……且使遽告于郑……孟明曰:郑有备矣,不可冀也,……灭滑而还。(《左传》)

　　成公三年,晋荀罃之楚也,郑贾人有将置诸褚中以出,既谋之未行,而楚人归之。贾人如晋,荀罃善视之,如实出己,贾人曰:吾无其功,敢有其实乎? 吾小人,不可以厚诬君子,遂适齐。(《左传》)

由上二例可见春秋时代郑国商人活动范围之广大,弦高以郑商人而市于周,营救荀䓨之郑贾人时而在楚,时而如晋,时而适齐,是其活动范围常远及国境之外。此可证春秋时代,有大规模的国际商业,即如周人所用的皮革与牛,皆由郑商人自外境输入,晋人所用的褚,由郑贾人自楚国输入,皆其例。此等商人大抵仍是代表部族经营商业,故弦高竟以商品犒秦师而退敌。

> 《左传·昭公十六年》三月晋韩起聘于郑……宣子有环,其一在郑商,宣子谒郑伯、子产,弗与,曰,非官府之守器也,寡君不知……韩子买诸贾人,既成贾矣,商人曰,必告君大夫。韩子请诸子产,……子产对曰……今吾子以好来辱,而谓敝邑强夺商人,是教敝邑背盟誓也,毋乃不可乎? 吾子得玉而失诸侯,必不为也……韩子辞玉。

玉的买卖盖为春秋时代商人的重要营业之一,贵族养尊处优,除日常的饱暖生活之外,在交际场中,喜欢佩带特殊的装饰品,以表示其身份的高贵,特别在祭祀、宴飨、朝聘、盟会、婚姻、丧葬等场合,都有按照当事人的地位而已经规定等级的各种特别的装饰品。这些装饰品各时代各民族各有其特殊的爱好。周人爱尚玉类,至春秋时代尤甚,据《左传》所记,知当时贵族,凡朝聘,享俯,贽见,盟誓,祀祷,丧葬,馈赠,贿赂,信玺,兵器,器皿,装饰等无不用玉,玉类的用途愈广,玉的需要亦愈大。商人遂应此需要而大肆活动。凡物品的数量愈稀少便愈见宝贵,大约商人的被视为不可少的社会成员之一,便是为其供应贵族们这种需要而起的,所以称为"商不出则三宝绝"。但当时商人与政府之关系,仍未脱离封建习惯的束缚,盖封建时代之商人,原系代表部族经营贸易,故凡贵重珍宝之物,必须先询领主之需要与否,然后始敢售与外人。而政府对于商人亦曲尽保护之责,如子产之难韩起,盖恐贾人受外国势力之压迫,不得善价,故代为开脱,盖保护商人,亦即保护国家利益也。

韩宣子时代的晋国商人的地位,则似在部族公营贸易与私营商业的过渡阶段:

《国语·晋语》叔向对韩宣子曰,夫绛之富商,韦藩木楗,以过于朝,唯其功庸少也。而能金玉其车,文错其服,能行诸侯之贿,而无寻尺之禄,无大绩于民也。

(韦注:韦藩,蔽前后;木楗,木檐也;言无功庸,虽富不得尊过于朝。富商之财,足以金玉其车,文错其服。因无爵位,故不得为,则上韦藩、木楗是也。)

绛为晋国首府,绛之富商若全系私营贸易,则与国家之禄俸何得相提并论? 大约晋国商人原亦代表部族经营贸易,虽在国家经济上有相当势力,而对政治上则并无直接贡献,故国家不予以禄也。晋地产盐,颇有其经济上的优越基础:

《左传·成公六年》,晋人谋去故绛,诸大夫皆曰,必居郇瑕氏之地,沃饶而近盐,国利君乐,不可失也。

又晋介戎狄,晋国商人与外族交易,获利颇多,遂亦渐有私产:

《左·襄四年》魏绛主和戎,曰其利有五,……戎狄荐居,贵货易土,土可卖也。

《国语·晋语》,魏绛主和戎,曰其利有五,……戎狄荐处,贵货而易土,予之货而易其土,其利一也。

晋商人以货物交换戎狄的土地,大约我国的土地买卖当自春秋时代的晋商开始,而我国的私有土地制度恐亦自晋商所得戎狄之地为始。

二、私营商业的起源

私营商业乃是根据私有财产制度而成立的。大体春秋晚期,霸政衰熄,大夫当权,列国内乱,诸侯兼并,封建贵族逐渐没落,于是私有财产制度逐渐确立,因而商业亦逐渐脱离封建制度之束缚,由部族公营变而为个人私营的自由职业。但中国版图广大,私有财产制度之成立,各地自有先后之异,故私营商业制之成立,亦各因地而有早晚之别。有些地方,因私有财产制之成立,固足以促进私营商业制之确立;但有些地方,或因私营商业之发展,亦足以促进部族公有财产制之崩溃。

本来商业的性质就是最自私自利的,依其原则,必须以最低价格买进,而以最高价卖出,使生产者与消费者双方都受剥削,然后居间阶层始得独肥。然古代地旷人稀,交通阻滞,消息隔阂,因而自己部族所缺乏所需要的,应往何方取得,何方生产最多而价最低廉? 自己部族所剩余者应往何方销售,何方最缺乏而价值最高? 都是不容易知道,而又不容不知道的。故必须有经验丰富,消息灵通,行情熟稔的人,乃可胜任。且物物交易时代,运输商品往来各地,道途中可能发生的一切危险,如强劫盗窃之类,必须有老成谙练,胆壮力强,有机智能应变者(如郑商人弦高)始能任之。所以古代商人的任务是很艰巨的。然在部族公有财产制度时代,商人为部族出营贸易,而赢利之所得,亦悉归公有,此种制度亦惟有在部族组织严密势力强盛之时,始可以保持不变,若至部族势力衰弱之时,则此等在艰巨的任务中磨炼出来的,有经验有能力的商人,自然有营私舞弊的可能。久而久之,私人财产渐积渐多,遂使私产凌驾公产之上,而私有财产制遂渐代替部族公有财产制之地位,而私营商业制度亦逐渐确立了。

在私产制度之下,各个人的生活都要自己打算,尽量寻求自己的利益,而一切日用必需之物又不能同时自制自消。如欲享用他人生产的结果,则不能不借交易的方法。而专凭日中为市的机会,生产者要找消费者,未必使能尽售其所有;消费者要找生产者,亦未必能尽得其所需。惟居间的商贾,则居可以伸缩的地位,此地所不需者,彼可储之以运输于他地,此时所不需者,彼可储之以俟异日。而此地此时所无者,彼亦可得之于他地他时,商人居于可进可退之地位,遂渐有凌驾农民之势。

我国私营商业之制,似始于齐国:

> 管子曰,吾始困时,尝与鲍叔贾,"分财利多自与",鲍叔不以我为贪,知我贫也。(《史记·管仲传》)

　　姚贾问秦王曰,管仲其鄙之贾人也(《国策》)。

　　管仲与鲍叔合营商贾业,而可自由处分财利,可见自春秋初期齐国似已有私营商业制度产生。因齐国滨海,海产物必甚发达,具有商业经济的基础,故商贾得以利用巨量的海产物以与内陆各国相交易。《史记·齐世家》,谓太公至国,因其俗"通商工之业,便渔盐之利",可见齐国商业之发达自殷末周初已然。管仲鲍叔均曾亲营商业,充分明了商业经济的价值,故其相齐之后,"通货积财,富国强兵"(《管仲列传》)皆非偶然:

> 管仲对桓公曰,四民者勿使杂处……处工就官府,处商就市井……今夫商,群萃而州处,观凶饥,审国变,察其四时,而监其乡之货,以知其市之价,负任担荷,服牛骆马,以周四方。料多少,计贵贱,以其所有,易其所无,市贱鬻贵,是以羽旄不求而至,竹箭有余于国。奇怪时来,珍异物聚·(《国语·齐语》及《管子·上匡》)

　　小规模的商场可以在田野村落之间随意陈列物品,互相交易,如《公羊传·宣十五年》何休注"因井田而为市"者是也。而大规模的商肆则设于都邑之内,亦即所谓国中,如《考工记》"匠人营国,面朝后市",所谓后市,即日中为市之地也。此项大规模的商肆,大概亦以齐国为较早:

> 《左传·昭公三年》,齐景公欲更晏子之宅,曰:"子之宅近市,湫溢嚣尘,不可以居,请更诸爽垲者。"辞曰:"君之先臣容焉,臣不足以嗣之,于臣侈矣。且小人近市,朝夕得所求,小人之利也,敢烦里旅?"公笑曰:"子近市,识贵贱乎?"对曰:"既利之,敢不识乎?"公曰:"何贵何贱?"于是景公繁于刑,有鬻踊者,故对曰:"踊贵履贱。"既已告于君,故与叔向语而称之。景公为是省于刑。君子曰:"仁人之言,其利博哉。"

　　由此例可见春秋晚期齐国首府临淄已有一定的市场。此种市场虽属自由营业的性质,但政府亦可以法律刑罚控制物价之贵贱,齐景公对

"国之诸市屦贱踊贵",故"民人痛疾"而晏子反对之,主张自由贸易,故劝景公放弃干涉政策。

在古代部族公营贸易时期,商贾为部族之代表,其交易行为,大体以满足封建领主之需要为主要目的,故亦无须征税。自私营商业制度成立之后,而商税制度亦随之而生。

> 市,廛而不税,关几而不征。(《孟子》及《王制》)
>
> 文王之治岐也……关市设而不征。(《孟子》)
>
> 古之为市也,以其所有,易其所无者,有司者治之耳。有贱丈夫焉,必求龙断而登之,以左右望而罔市利;征商,自此贱丈夫矣。(《孟子·公孙丑下》)
>
> 古之为关也,将以御暴;今之为关也,将以为暴。(《孟子》)

由上例可见孟子以为古代没有商税,市场上虽没有"市官",即所谓"有司",但以评定物价,处理争论,维持秩序为目的,而关卡之设则以防御外侮,识察匪盗为目的,并非以征收商税为务。孟子之说,颇合于部族公营贸易时代之实际情况。自私营商业制度成立,商贾私人有显著的赢利可图,封建领主不愿完全放弃此种赢利而不问,于是利用评定物价处理争论的市官收取"市税",亦即后世所谓"住税",又利用防御强暴,识察匪类的关卡征收"关税",亦即后世所谓"过税"。因廛乃民居区域之称,市廛而不征,即对开店的地点,不收住税之谓。古代土地归部族公有,什么地点乃可造屋,什么地点乃可设肆,都要先得领主的批准,而不能自由行动,所以许行自楚至滕,踵门而告文公曰,闻君行仁政,愿受一廛而为氓,文公与之处,(《孟子·滕文公上》)即其证。孟子游说诸侯,常以废除市税为言,则战国时代各国皆有市税可知。但市税是否始于春秋时,虽无从知,而关税之始于春秋时,则颇可证明:

> 《左传·文公十一年》,宋公于是以门赏耏班,使食其征,谓之耏门。
>
> 注,门,关门;征,税也;以门赏耏班,故以班之姓,名其门。

　　案:鲁文公十一年,即周顷王三年,即西前六一六年,可见春秋中叶,宋国已有关税之制,商贾若不纳税则不许有运贩货物出入关卡的自由。而当时封建君主对征收商税之观念,与对于土地之观念相似,土地既可以随意赐人,故税收机关亦可随意赐人也。

　　春秋晚期,齐国的关税制度,亦有史料,可资证明:

　　　《左传·昭公二十年》,齐侯疥,遂痁,期而不瘳,晏子曰,山林之木,衡鹿守之;泽之萑蒲,舟鲛守之;薮之薪蒸,虞候守之;海之盐蜃,祈望守之。黔鄙之人,入从其政。偪介之关,暴征其私。承易大夫,强易其赇。布常无艺,征敛无度……公说,使有司宽政、毁关、去禁、薄敛,已责。(注:介,隔也;迫近国都之关。言边鄙之人,既入服征役,又为近关所征税,枉暴夺其私物。)

　　由此例可见齐景公时(鲁昭公二十年即周景王二十三年),亦即西前五二二年,齐国不但有关税制度存在,而且关税税率亦甚苛暴,故为晏子所反对。然经晏子反对后,齐景公即毁关去禁,可见当时关税尚未占政府的重要收入之地位。此种反对关税的思想,一贯相承直至战国时代的孟子,犹以废除关市之税为游说列国君主的重要课题之一:

　　　市,市廛而不征,法而不廛,则天下之商皆悦而愿藏于其市矣。关,讥而不征,则天下之旅皆悦而愿出于其路矣。(《孟子·公孙丑上》)

　　　戴盈之曰:"什一,去关市之征。今兹未能。请轻之,以待来年然后已,何如?"孟子曰:"……如知其非义,斯速已矣,何待来年?"(同上)

　　由上例可见当时政府已视关税为一种重要收入,故虽经孟子的反对亦不肯根本放弃,但允许减轻税率而已。

三、私营商业的发展

　　战国时代各国商业皆有突飞猛进的现象。商业发展的第一原因,为货币制度之确立。

在货币制度成立以前,既没有足以代表一切交易物品的价格标准,亦没有一种公认的货币资本,此时所谓资本,概以实物,以实物辗转交易,虽可操奇计赢,取得倍称的利息,然如记牛马牲畜等为资本,则蓄积至数百数千头时,不但刍牧收容皆成问题,即瘟疫死亡之危险亦不能免;又如以布帛谷粟等为资本时,则储藏额大,亦可发腐烂之危险;此皆蓄积方面所有之限制。又古代交通艰难,不但实物运输,道远极觉不便,且不免于劫掠盗窃之虞,此则运输方面所有之限制。故在物物交易时期,商人虽有盈利可图,但尚不能取得社会经济上之重要地位。

在未有货币制度以前,物物交易,彼此价格极难评判。评价的方法,最初从各交易物品中选择几种用途较广,交易较多者如珠玉、龟贝、牲畜、皮革、谷粟、布帛、服饰、农具种种以为主要交易物品,并以之为其他各物比价之标准,使大众便于辨识。然为物价标准的品目过多,则结果仍等于无标准。于是逐渐复在各标准物品中选择一种用途最广,携带最便,品质最坚,不易损坏,其价格亦不易变动的物品,以为一切物价标准的中心。于是此种物品,遂战胜其他物品而取得标准货币的地位,此即金属货币是也。我国金属货币之成立,最早当始于春秋晚期。

> 《国语·周语》,周景王二十一年将铸大钱,径寸二分,重十二铢。单穆公谏曰,古者天灾降戾,于是量资币,权轻重,以振救民。民患轻,则作为重币以行之,于是乎有母权子而行。民皆得焉。若不堪重,则多作轻而行之,于是乎有子权母而行。大小利之。今王废轻而行重,民失其资。能勿匮乎? 若匮,王用将有所乏,乏将厚取于民,民不给,将有违志;是离民也。……王弗听,卒铸大钱。(此为通货铸造的最初纪录。)

案:周景王二十一年,即鲁昭公十八年,亦即西前五二四年。至战国时则金属货币更为流行,《史记·六国表》记秦惠文王二年"初行钱",案:秦惠王二年即周显王三十三年,亦即西前三三六年。此为政府确定推行通货制度的最初纪录。秦国僻在西陲,秦国行钱,则其他六国之早已行钱,亦不待论。今传世的六国铜钱,种类颇多,大小不一,且各铸地名,似系各地方政府或商贾私铸者。至秦统一六国之后,又统一币制,此等六国铜钱始废而不用。货币制度成立之后,商人操纵物价之法愈多,而农人被榨取之苦亦愈剧了。而他人被剥削之机会愈多,则商业发展之可能性亦愈大。

战国时期,商业发展的第二大原因,为农业生产的猛进。农业猛进的原因,为铁制耕具的普遍应用,水利灌溉的大规模开发,肥料的充分利用,土性的清楚分析,气候时节的周密讲求,劳动力的解放等等,都是农业生产方法进步的动力。这些生产工具、生产力方法等都是非交换不能得来的;而施用新生产方法所得的大量生产品也是非交换不可的。所以农业生产进步,也是商业发展最根本的基石。

商业发展的第三大原因为工业生产的猛进。据《史记》《汉书·货殖传》,战国秦汉时代盐铁工业甚为发达:

> 猗顿,用盐铁起(《孔丛子》谓猗顿鲁人,学于陶朱公)
>
> 邯郸郭纵以铁冶成业,与王者埒富。
>
> 巴蜀寡妇清,其先得丹穴而擅其利,数世,家亦不訾,……秦皇帝,……客之,为筑女怀清台。
>
> 蜀卓氏之先赵人,用铁冶富,秦破赵迁卓氏之蜀……迁之临邛,大喜,即铁山鼓铸,运筹算贾滇蜀民,富至童八百人,田池射猎之乐,拟于人君。
>
> 程郑,山东迁虏也,亦冶铸,贾魋结民,富埒卓氏。
>
> 宛孔氏之先梁人,用铁冶为业。秦灭魏,迁孔氏南阳,大鼓铸,规陂池,连骑游诸侯,因通商贾之利,……家致富数千金。……鲁人……曹邴氏……以铁冶起,富至巨万。……贳贷行贾遍郡国。
>
> 齐……刁间……逐渔盐商贾之利,或连车骑,交守相,然愈益任之……起富数千万……

以上都是盐铁工业发达的明证。这种工业生产都以出卖为目地之商品。商品愈增加,则商人的需要愈广大,商业的势力亦愈增长。

(1) 齐国已成为商业中枢之一,至战国时,齐国商业更加发达,齐都临淄尤为繁荣:

> 《史记·货殖传》,范蠡浮海出齐,变姓名,自谓鸱夷子皮,耕于海畔,苦身戮力,父子治产。居无莐何,致产数千万。齐人闻其贤,以为相,……归相印,尽散其财,以分与知友乡党。而怀其重宝,间行以去,止于陶,以此为天下之中,诸侯四通,货币所交易也,交易有无之路通,为生可以致富矣,于是自谓陶朱公。复要约,父子耕畜,废居,候时转物,逐什一之利,居无何,则止赀累巨万。……

> 《史记·苏秦传》,苏秦说齐王曰,临淄之中七万户……临淄之卒固已二十一万……临淄甚富而实……家殷人足,志高气扬……临淄之途,车毂击,人肩摩,连衽成帷,举袂成幕,挥汗成雨(又见《战国策八·齐策》)。

高利贷事业在齐国亦特别发达:

> 《管子·轻重篇》,桓公曰:"寡人多务,令衡籍吾国之富商蓄贾称贷家,以利吾贫萌、农夫,不失其本事。反此有道乎?"管子对曰:"唯反之以号令为可耳。"桓公说:"行事奈何?"管子对曰:"请使宾胥无驰而南,隰朋驰而北,宁戚驰而东,鲍叔驰而西。四子之行定,夷吾请号令谓四子曰:'子皆为我君视四方称贷之间,其受息之氓几何千家,以报吾。'"

> 鲍叔驰而西,反报曰:"西方之氓者,带济负河,菹泽之萌也。渔猎取薪蒸而为食。其称贷之家多者千钟,少者六、七百钟。其出之,钟也一钟。其受息之萌九百余家。"

> 宁戚驰而东。反报曰:"东方之萌,带山负海,若处,上断福,渔猎之萌也。治葛缕而为食。其称贷之家枣丁、惠、高、国,多者五千钟,少者三千钟。其出之,中钟五釜也。其受息之萌八、九百家。"

隰朋驰而北。反报曰:"北方之萌者,衍处负海,煮沸水为盐,梁济取鱼之萌也。薪食。其称贷之家多者千万,少者六、七百万。其出之,中伯二十也。受息之萌九百余家。"

凡称贷之家,出泉三千万,出粟三千万钟,受子息萌三万家。四于已报。

管子曰:"不弃我君之有萌中一国而五君之正也,然欲国之无贫,兵之无弱,安可得哉?"

按:如上所述,有百分之百的利息,如西部的一钟出一钟;有百分之五十的利息,如东部的一钟出五釜;有百分之二十的利息,如北部;有百分之五的利息,如南部。各地相差固甚远。这种调查,似非事实,但齐国高利贷事的发达,则无可疑。

战国时齐贵公子孟尝君田文所封的薛,人口既多,高利贷业尤为发达,而田文本人就是最大的经营高利贷事业者,每年可收利息数十万,他的三千食客,都靠利息来维持:

《史记·孟尝君传》,吾尝过薛,其俗间里率多暴桀子弟,与邹、鲁殊。问其故,曰:"孟尝君招致天下任侠、奸人入薛中,盖六万馀家矣。"世之传孟尝君好客自喜,名不虚矣。

又孟尝君时相齐,封万户于薛。其食客三千人,邑入不足以奉客,使人出钱于薛。岁余不入,贷钱者多不能与其息,客奉将不给。孟尝君忧之,问左右:"何人可使收债于薛者?"传舍长曰:"代舍客冯公,形容状貌甚辩,长者,无他伎能,宜可令收债。"孟尝君乃进冯驩而请之曰:"宾客不知文不肖,幸临文者三千余人,邑入不足以奉宾客,故出息钱于薛。薛岁不入,民颇不与其息。今客食恐不给,愿先生责之。"冯驩曰:"诺!"辞行,至薛,召取孟尝君钱者皆会,得息钱十万。乃多酿酒,买肥牛,召诸取钱者,能与息者皆来,不能与息者亦来,皆持取钱之券书合之。齐为会日,杀牛置酒,酒酣,乃持券如前合之。能与者,与为期;贫不能与息者,取其券而烧之。……孟尝君闻冯骥烧券书,怒而使使召骥……

由此例可见冯骥替孟尝君一举而收息钱十万;此外还有一部分有力还息而不能马上偿付者,则与之相约,限以相当时期;又有一部分因年荒而根本无力偿债者,则烧其券,以收买民心。由这一段故事中,可见当时齐国地方高利贷事业的普遍化。

至秦汉时齐地仍为商业繁盛之区:

> 《汉书·货殖传》,齐俗贱奴虏,而刁间独爱贵之。桀黠奴,人之所患,唯刁间收取,使之逐鱼盐商贾之利,或连车骑,交相守,然急益任之,终得其力,起数千万。……刁间既衰,至成、哀间,临淄姓伟,訾五千万……

(2)秦灭齐,尽迁齐贵族于咸阳,诸田原在齐国有经营商业的习惯,亡国被迁后,仍在咸阳经营商业,富冠关中……

> 《汉书·货殖传》,关中富商大贾,大抵尽诸田,田墙田兰……

汉初长安最有名的子钱家(高利贷者)毋盐氏,大概也是齐人。齐亡后被迫迁至关中的:

> 《汉书·货殖传》,吴楚兵起,长安列侯封君行从军旅,齐贷子钱家。子钱家以为关东成败未决,莫肯予。唯毋盐氏出捐千金贷,其息十之,三月吴楚平,一岁之中,即毋盐氏息十倍,用此富关中。

比本钱多十倍的利息,这剥削得何等厉害。幸而被剥削者是贵族,若是平民则没有不破产毁家的。

(3)洛阳为东周时中央政府所在地,居天下之中,"东贾齐鲁,南贾梁楚",(《史记·货殖传》)也是一大商业都市。战国时期洛阳最著名的商人白圭,其致富的基础,乃是经营谷粟帛絮丝茧漆玺之类:

> 《史记·货殖传》,白圭,周人也。当魏文侯时,李克务尽地力,而白圭乐观时变,故人弃我取,人取我与。夫岁熟取谷,予之丝漆茧;岁凶取帛絮,与之食。

白圭的致富,是以农业生产(谷)与手工业生产(丝茧帛絮)为主的。以农业生产为致富手段,所以其俗俭朴,甚至吝啬。汉时的洛阳有名商人师史也是如此:

> 《汉书·货殖传》,周人既纤,而师史尤甚,转毂以百数,贾郡国,无所不至。洛阳街居,在齐秦楚赵之中,贫人学事富家,相矜以久贾,数过邑不入门,设任此等,故师史能致七千万。师史既衰,至成、哀、王莽时,雒阳张长叔、薛子仲,訾亦十千万。

洛阳地方当东西南北交通的枢纽,为商业的重镇,故高利贷事业也极发达,不仅平民陷于高利贷的网罗者极多,连贵族大约也有不少在高利贷下讨生活的,甚至周天子也不能例外:

> 赧王虽居天子之位,为诸侯所侵,与家人无异多负于人。无以归之,乃止台逃避,周人名其台曰"逃债台"。……(郑樵《通志》引语)

(4)邯郸为赵国首都,北通燕涿,南通郑卫,为漳河流域一大商业中枢:

> 《国策》,汉阳人吕不韦,贾于邯郸,见秦质子异人,于是以质子异人为奇货可居,以金与美人结纳之。

> 《国策》,赵奢答田单曰……古者四海之内,分为万国;城虽大,无过三百丈者;人虽众,无过三千家者……今千丈之城,万家之邑,相望也。

(5)宜阳为韩国之一县,亦成大都市之一:

> 《国策》,宜阳城万八里,村士十万,粟支数年。

四、商人对农村的榨取

春秋以前为自给自足的农业经济时代,商人尚未深入广大的下层社会,商人所经营的珠玉宝器等物,是专为上层贵族而服务的,《史记·货殖传》记春秋末叶,孔门高徒子贡,结驷连骑,束帛之币,以聘享诸侯,即其证。盖当时商人的主要顾客为贵族阶级,盈利的剥削亦多得自贵族;而下层农民似尚未直接感受商人的榨取。在金属货币未产生以前,虽然也有贝属货币或玉属货币之类,为交换手段,但数量不多,大部分的交易,仍以现物为主,故商人的操纵物价,纯由时势上供求是否相应为转移,即物价的涨落变动,仅在货物资本的本身,而不在货币资本;故商人操纵物价之道较窄,社会被剥削的害处亦较轻。

至战国秦汉时代,因农业生产方法的进步,农产物数量的增加,多数农人以其剩余物与商人交换,使商业更形发达。另一方面,因商业的发达,商业的势力普及到农村,下层农人乃直接感受商人的榨取,使农人更陷于窘境。商人的剥削不外两种方式:一种是对农民作"不等价的交易";另一种是对农民作"高利贷的榨取";兹分述为次:

(1)各地的特长物不同,商人把甲地的特产物品贩于乙地,又把乙地的特产物品贩于甲地,而发生不等价的交易。如:

《荀子·王制篇》,北海则有走马吠犬焉,然而中国得而畜使之。南海则有羽翮、齿革、曾青、丹干焉,然而中国得而财之。东海则有紫紶、鱼盐焉,然而中国得而衣食之。西海则有皮革、文旄焉,然而中国得而用之。故泽人足乎木,山人足乎鱼,农夫不斲削、不陶冶,而足械用;工贾不耕田,而足菽粟……

《吕览·本味篇》,洞庭之鱄,东海之鲕,醴水之鱼,昆仑之苹,具区之菁,阳朴之姜,招摇之桂,越骆之菌,大夏之盐,不周之粟,南海之秬,江浦之橘;云梦之柚……

《史记·货殖传》,夫山西饶材、竹、谷、纑、玉石;山东多鱼、盐、漆、丝、声色;江南出棻梓、姜、桂、金、锡、连、丹砂、犀、玳瑁、珠玑、齿、革;龙门、碣石北多马、牛、羊、裘、筋、角;铜、铁则千里往往山出棋置。此其大较也。皆中国人民所喜好,谣俗被服饮食奉生送死之具也。故待农而食之,虞而出之,工而成之,商而通之……

《汉书·货殖传》,陆地牧马二百蹄,牛千蹄角,千足羊,泽中千足彘,水居千石鱼波,山居千章之荻。安邑千树枣;燕、秦千树栗;蜀、汉、江陵千树橘;淮北荥南河济之间千树荻;陈、夏千亩漆;齐、鲁千亩桑麻;……谚曰,以贫求富,农不如工,工不如商。……

诚然,商人是通各地之有无的,将甲地特产而乙地所不产的物品运到乙地,则高抬其价以出售,这是商人榨取的第一种方式。

(2) 在同一地方,因春夏秋冬时节不同,也可以发生不等价的交易,秋冬新谷收获之后,其价必低,农人为偿还旧债,或应付疾病死丧婚假诉讼等当前的急事,不得不忍痛地以低价出卖谷物,到春夏谷价提高时,农人为生活所迫,又不得不往市场买入,商人只要善于审度时势,便不难大发其财。如:

《论语》,孔子曰,赐不受命,而货殖焉,亿则屡中……

《史记·货殖传》,范蠡之陶,候时转物,逐什一之利……

《史记》,白圭乐观时变,故人弃我取,人取我与,……欲要钱,取下谷;长石斗,取上种……

《国策》,希写说建信君曰,良商不与人争买卖之价,而谨司时,时贱而买,虽贵已贱矣;时贵而卖,虽贱已卖矣……

韩非子曰,商工之民,修治苦窳之器,聚弗靡之财,蓄积待时,而侔农夫之利。……邦之意也……

《管子·轻重篇》,管子曰,万乘之国,必有万金之贾,千乘之国,必有千金之贾,百乘之国,必有百金之贾。非君之所赖也。君之所与,故为人君而不审其号令,则中一国而二君二王也。……今君之籍取以正,万物之贾轻去之分,皆入于商贾,此中一国而二君二王也。故贾人乘其弊以守民之时,贫者失其财,是重病也,农夫失其五谷,是重竭也……

《管子·治国篇》曰,秋籴以五,春粜以束,是又倍贷也……

崔寔《四民月令》，谓二月可粜粟、黍、大小豆、麻、麦子等；三月
粜粟买布；四月可籴穬及大麦散絮；五月可粜大小豆、胡麻，籴穬大
小麦，收散絮及布絮；六月可粜大豆，籴穬小麦，收缣练；七月可粜大
小麦豆，收缣练；八月可粜种麦籴黍；十月卖缣帛散絮，籴粟、豆、麻
子；十一月籴粳稻、粟、豆、麻子。（《全后汉文》及唐鸿学辑本）。

（3）由于年岁的丰歉，也可以发生不等价的交易，丰年谷物价廉，商
人可以大量购藏，若遇天旱水灾等凶年，粮价高贵，商人可以抬价居
奇。如：

《史记·货殖传》，白圭乐观时变，……岁孰取谷，予之丝漆；茧
出取帛絮，予之食。太阴在卯，穰；明岁衰恶。至午，旱；明岁美。至
酉，穰；明岁衰恶。至子，大旱；明岁美，有水。至卯，积著率岁
倍。……趋时若猛兽鸷鸟之发……

《管子·国蓄篇》，管子曰，岁有凶穰，故谷有贵贱；令有缓急，故
物有轻重。然而人君不能治，故使蓄贾游市，乘民之不给，百倍其
本。分地若一，强者能守；分财若一，智者能收。智者有什倍人之
功，愚者有不赓本之事。然而人君不能调，故民有相百倍之生
也……

春以奉耕，夏以奉芸。耒耜械器，种馕粮食，毕取赡于君。故大
贾蓄家不得豪夺吾民矣……

（4）由于战事的影响，及苛捐杂税的征发，也可以发生不等的交易及
高利贷的榨取。如：

《管子·揆度篇》，今天下起兵加我，民弃其耒耜，出持戈于外，
然则国不得耕。此非天凶也，此人凶也。君朝令而夕求具，民肆其
财物与其五谷为雠，厌而去。贸人受而廪之，然则国财之一分在贾
人。师罢，民反其事，万物反其重。贾人出其财物，国币之少分廪于
贾人。若此则币重三分，财物之轻重三分，贾人市于三分之间，国之
财物尽在贾人，而君无策焉。民更相制，君无有事焉……

《管子·轻重篇》，桓公曰："曲防之战，民多假贷而给上事者。寡人欲为之出赂，为之奈何？"管子对曰："请以令：令富商蓄贾百符而一马，无有者取于公家。若此，则马必坐长而百倍其本矣。是公家之马不离其牧皂，而曲防之战略足矣……"

《管子·治国篇》，凡农者月不足而岁有余者也，而上征暴急无时，则民倍贷以给上之征矣。耕耨者有时，而泽不必足，则民倍贷以取庸矣。秋籴以五，春粜以束，是又倍贷也。故以上之征而倍取于民者四，关市之租，府库之征粟十一，厮舆之事，此四时亦当一倍贷矣。夫以一民养四主，故逃徙者刑而上不能止者，粟少而民无积也……

可见农民之被商贾敲骨吸髓而去，多由于战争及横征暴敛之故。

（5）此外由于农民因婚嫁、死丧、疾病、诉讼、盗窃等意外事变所迫，而低价出售谷物，高利贷入借款的事实，亦极多，要之这些都足以破坏顺利的再生产行程。其用贷款以改良生产条件，增加生产工具，以为改进再生产过程的，反而极少。

要之，一方面因农业生产技术的发达，商人榨取的压力逐渐直接加于农民，促使农民更陷于艰难之境地；所以战国时人有"争名者于朝，争利者于市"的说法，确是事实。

《国策》顿子曰，有其实而无其名者，商人是也。无把铫推耨之劳而有积粟之实，此有其实而无其名者也。无其实而有其名者，农夫是也。解冻而耕，暴背而耨，无积粟之实；此无其实而有其名者也……

《通考·征榷考》引晁错曰，今法律贱商人，商人已富贵矣；法律贵农人，而农人已贫贱矣。

商贾又与官吏勾结，狼狈为奸。如：

《汉书·谷永传》，永至为人起债，分利受谢。颜师古注曰：富贾有钱，假托其名，代为之主，放与他人，以取息而共分之也……

农人被商人剥削之后,颠连困苦,至不能自存,于是不得不投靠豪富。如:

> 《后汉书·桓谭传》,今富商大贾多放钱贷,中家子弟为之保役,驱走与臣仆等勤,收税与封君比入……
>
> 《东观汉记》,今富商大贾,多放钱贷。中家子弟,为之保役,受计上疏,趋走俯伏,譬若臣仆,坐而分利……

五、商人的政治活动

自春秋晚期以来,商人阶级既握有经济上的潜势力,于是挟其经济势力起而从事于政治活动。如:

(1) 子贡以富商而仕于卫,范蠡以富商而相于齐之类。

(2) 秦始皇令以畜牧起家的乌氏倮比封君,以时与列臣请朝。又为以丹穴之利起来的巴蜀寡妇清,筑女怀清台,礼抗万乘,名显天下。(《史记·货殖传》)

(3) 汉武帝用齐地煮盐业起家的东郭咸阳为大农丞,即盐铁丞,掌管盐铁事务;又任南阳铁骑制造业起家的孔仅为大农丞,掌管盐铁事务,又升为大农,列于九卿之中,掌管全国家财务行政;又用富商的子弟桑弘羊为大农丞,继升为大农,掌管全国财政,最后竟升为御史大夫,掌管全国盐铁之权;又除故盐铁家富者为吏,吏道益杂不迁,而多贾人。(《史记·平准书》)

(4) 王莽时欲法汉武帝利用商人,关中富商大贾王孙大卿为天下高赀,家钜万,以财养士,与雄杰交,莽以为京司市师(即汉司东市令也);洛阳张长叔、薛子仲赀亦十千万,莽皆以为纳言士。(《汉书·食货志》)

这些都是商人以其金钱势力,扩展到政治领域的明证。

(5) 还有一个极端的例子,就是吕不韦以一商人掌握秦国君主废立的权柄:

《国策》，濮阳人吕不韦贾于邯郸，见秦质子异人，归而谓父曰："耕田之利几倍？"曰："十倍。""珠玉之赢几倍？"曰："百倍。""立国家之主赢几倍？"曰："无数。"曰："今力田疾作，不得暖衣余食；今建国立君，泽可以遗世。愿往事之。"

秦子异人质于赵，处于聊城。故往说之曰："子傒有承国之业，又有母在中。今子无母于中，外托于不可知之国，一日倍约，身为粪土。今子听吾计事，求归，可以有秦国。"于是以质子异人为奇货可居，以金与美人结纳之，其后赵国欲杀异人，不韦后以六百金与守者，异人因得脱险而逃归。

《史记·吕不韦传》，吕不韦，阳翟大贾，家累千金，以五百金予子楚（秦质子），为交结诸侯，使子楚名重诸侯，得归继位；又以五百金买奇物玩好、游秦，而得交华阳夫人。后子得立（庄襄王），不韦为相，封文信侯；始皇立，尊不韦为仲父。

这真是广钱通神，商人万能的最好例证了。

六、贱商主义与抑商政策

古代贵族，好勇斗狠，尚骑击，爱射猎；重冒险，而耻安居；喜劫掠，而耻劳作。故凡农工商业，皆使被征服阶级为之，如刁间使桀黠奴逐渔盐商贾之利，可见秦汉间商业仍多使贱人为之，这是贱商心理的起因。

战国秦汉是我国商业经济最活跃的时期。商业资本的势力愈飞腾，则农村受榨取剥削的情形愈惨重。然农人乃是贵族官僚地主们的衣食父母，农人愈穷困，则贵族官僚地主们榨取的机会愈希微，于是贵族官僚地主们乃与商人发生了利害上的矛盾。贵族官僚地主们为维护他们的利益起见，乃不能不采取保护农人，与压抑商人的政策。既由贱商心理而轻视其人格，复由抑商政策而仇视其事业。一方面在精神上给商人以难堪，一方面则在物质上给商业以打击。

在精神上给商人以打击者，可分下列几点：

(1) 禁止官吏经营商业,此由董仲舒所提倡。

(2) 禁止商贾做官吏。如:

《史记·商君传》,事末利及怠而贫者,举以为收孥。……有功者显荣,无功者虽富无所芬华……

韩非子曰,夫明王治国之政,使其商工游食之民少而名卑,以寡趣本务而趋末作。今世近习之请行,则官爵可买;官爵可买,则商工不卑也矣。奸财货贾得用于市,则商人不少矣。聚敛倍农而致尊过耕战之士,则耿介之士寡而商贾之民多矣……此五者邦之蠹也。

公家虚而大臣实,正户贫而寄寓富,耕战之士困,末作之民利者,可亡也……

《史记·秦始皇纪》,二十八年琅琊刻石云,皇帝之功,勤劳本事,上农除末,黔首是富……

《史记·平准书》,孝惠高后时,为天下初定,复弘商贾之律,然市井之子孙,亦不得仕宦而为吏……

《汉书·贡禹传》曰,文帝时贾人禁锢不得为吏……

《汉书·景帝纪》曰,有市籍者不得官……

(3)由政府规定商人的地位与罪人流氓及贫苦无依的赘婿相等,须充军戍边。如:

《管子·揆度篇》曰,君终岁行邑里,其人力同而宫室美者,良萌也,力作者也,脯二束、酒一石以赐之;力足荡游不作,老者谯之,当壮者遣之边戍……

《史记·秦始皇纪》,三十三年发诸尝逋亡人、赘婿、贾人略取陆梁地……

《汉书·武帝纪》,太初元年,发天下谪民,西征大宛……

《史记·大宛传》,发天下七科谪,注曰,吏有罪一,亡命二,赘婿三,贾人四,故有市籍五,父母有市籍六,大父母有市籍七,凡七科也……

（4）由政府规定居室、车马、饮食、服饰的等第，使商贾虽富亦不得享受物质上的舒适。如：

《楚语》，观射父曰，天子食大牢，诸侯食小牢，卿食羊，大夫食豚，士食鱼炙，庶人食菜……

《穀梁传》庄公二十三年曰，天子诸侯之楹黝垩，大夫之楹苍，士之楹黈……

天子之桷，斫之砻之，加密石焉。诸侯之桷，斫之砻之。大夫之桷斫之，士之桷斫本……

《管子·立政篇》曰，六畜人徒有数，舟车陈器有禁，修生则有轩冕服位谷禄田宅之分，死则有棺椁绞衾圹垄之度。虽有贤身贵体，毋其爵，不敢服其服。虽有富家多资，毋其禄，不敢用其财。天子服文有章，而夫人不敢以燕以飨庙，将军大夫不敢以朝官吏，以命士，止于带缘，散民不敢服杂采，百工商贾不得服长鬈貂，刑余戮民不敢服絻，不敢畜连乘车……

《史记·秦始皇纪》，令贾人不得操兵乘骑马……

《汉书·高帝纪》，禁贾人毋得衣锦、绣、绮、縠、絺、纻、罽，操兵，乘骑马……

总之，要使商人在社会上的地位不能与其他平民阶级平等而已。

在物质方面对商人的打击者，又可以分为下列几点：

（1）禁止商人购置田产，并以政府的力量提高农产物的价格，使商人的货币力量灭杀其作用。如：

《汉书·食货志》，武帝元光中、令贾人有市籍者及家属皆毋得名田，以便农。敢犯令者，没入田僮（僮即奴隶）……

《汉书·哀帝纪》，哀帝即位，诏贾人皆不得名田为吏。犯者以律论……

《汉书·晁错论贵粟疏》曰：

魏文侯时李悝为相，以为籴甚贵伤民，甚贱伤农，民伤则离散，农伤则国贫,故甚贵甚贱,其伤一也,于是行平粜之法……

宣帝时数岁丰穰,谷一石值五钱,农人利小。大司农中丞耿寿昌请帝令边郡皆筑仓,以谷贱时增其贾而籴,以利农,谷贵时减贾而粜,称为常平仓……

(2) 提高商税,(商税有市籍税、关税、舟军税等)。

《史记·平准书》,天下已平,高帝乃令贾人毋得衣丝乘车,重租税以困辱之……

商人有市籍,须纳市籍租;无市籍者则不得商业。如:

《史记·冯唐传》,今臣窃闻魏尚为云中守,其军市租尽以飨士卒,(出)私养钱……索隐云,按《汉书》:市肆租税之入为私奉养……

《汉书·何武传》,武弟显家有市籍,租常不入,县数负其课,市啬夫求商捕辱显家……

《汉书·高五王传》,主父偃对武帝说,齐临菑十万户,市租千金……

商人运送货物,必用关传,须纳关税,惟谷类过关可以免税,以优待农民。如:

孟子曰,市,廛而不征,则天下之商皆悦,而愿藏于其市矣……关、讥而不征;则天下之旅,皆悦而愿出于其路矣……戴盈之曰:什一,去关市之征,今兹未能。请轻之。以待来年然后已……

《魏策三》,朱已说魏王勿与秦伐韩曰,通韩之上党于共、莫,使道已通,因而关之,出入者赋之,是魏重质韩以其上党也,共有其富,足以富国,韩必德魏……

《汉书·武帝纪》,太初元年徙宏农都尉治武关税出入者……

《汉书·宣帝纪》,本始四年,民以车船载谷入关者,得毋用传……

商人运输货物,必借舟车。如:

《汉书·武帝纪》,元光六年,初算商车……

《汉书·食货志》,非吏比者,三老北边骑士,轺车以一算,商贾
人轺车二算,船五丈以上一算。颜师古注云,身非为吏之例,非为三
老,非为北边骑士,而有轺车,皆令出一算。

商人与奴隶同等,对人口税须比普通人民加倍缴纳。如:

《汉书·高帝纪》,四年初为算赋。如淳曰,汉仪,民年十五以上
至五十六出赋钱,人百二十为一算……

《惠帝纪》,六年注,汉律,人出一算,贾人与奴婢倍算……

提高商税,便是抑制商人,同时减低土地税至三十分之一,以奖励农人,
也可以说是抵制商人。

(3) 政府以法律规定商业的利率,犯法者有罚。汉景帝时吴楚齐国
叛,关中子钱家毋盐氏,曾以十倍的利息放债(即百分之千),大发其财。
晁错说商贾大者积贮倍息(即百分之百),这类高利贷的事实不在少数。
普通起码的利率为二分(即百分之二十),大概超越这种数目,便是非法
的。如:

《汉书·货殖传》,庶民农工商贾率亦岁万息二千,百万之家即
二十万,而更徭租税出其中……

《汉书·王子侯表》,元鼎元年,旁光侯殷,坐贷子钱不占租,(颜
师古注云,以子钱贷人,律合收租),取息过律(颜师古注云,匿不占
取,利息又多),免……

建始二年陵乡侯诉坐使人伤家丞,又贷谷息过律(师古曰,以谷
贷人,而多取其息),免……

(4) 统一币制,春秋末叶(鲁昭公十八年,周景王二十一年)周景王患
钱之轻,更铸大钱,径一寸二分,重十二铢,(《国语·周语》)为通货铸造
的最初纪录。战国时秦惠文王二年初行钱(《史记·六国年表》)为政府
确定推行通货制度的最初纪录,今传世的六国铜钱,种类颇多,大小不

一,且各铸地名,似系各地政府或商民私铸。至秦统一币制,铸半两铜钱。汉初以秦钱重而难用,更合民铸荚钱,(小如榆荚,故名)。高后二年行八铢钱,高后六年行五分钱(似即荚钱)。文帝造四铢钱(重半两),县官多就铜山铸钱,民益盗铸,不可胜数。景帝时禁私铸钱,由国家独占。武帝建元元年,废四铢钱,而铸三铢钱,不久又废三铢钱,而行四铢钱,元狩四年令县官销半两钱,更铸三铢钱,元狩五年更请郡国铸五铢钱,以民多奸铸,元鼎二年令京师官铸赤仄,一当五,(如淳曰以赤铜为其郭),赋官用非赤仄不得行,元鼎四年专令上林三官铸五铢钱,令天下非三官钱不得行,悉禁郡国毋铸,诸郡国前所铸皆屡销之,输其铜入三官,而民之盗铸益少,计其费不能相当。至平帝元始中,五铢钱数至二百八十亿万云。于是五铢钱遂成定式,在重量上形式上名称上都成为历代铸币的标准。自景帝起实行国家独占货币铸造权后,至武帝而铸币权的中央集权化更贯彻了。国家独占既可剥夺商人私铸的权利;销废旧币,亦可打击商人的财产权;通货膨胀,则币价低而物价高,又可以打击商人的利益。

(5)盐铁专卖——战国时代,已有盐铁利益,国家独占的趋势。汉代遍置盐官于二十八郡,置铁官于四十郡,于是盐铁官卖遂成定制。如:

> 桓宽《盐铁论·禁耕篇》"山海为财用之宝","十口之家十人食盐,百口之家百人食盐","铁器为农夫之死生也"。

> 又《盐铁论·商鞅篇》"昔商君之相案也,……外设百倍之利,收山泽之税,国富民强,器械完饰","外禁山泽之原,内设百倍之利"。

> 《汉书·食货志》,秦始皇舍地而税人,田和口赋及盐铁之利二十倍于古。汉兴循而未改……

> 《史记·平准书》,文帝时代"冶铁煮盐,财或累万金,而不佐国家之急,黎民重困……"

> 《盐铁论·复古篇》,豪强大家,得管山海之利,采铁石鼓铸,煮海为盐,一家聚众或至千余人……

> 《史记·平准书》,元狩中以东郭咸阳、孔仅为大农丞,五年大农

上盐铁丞孔仅、咸阳言:"山海,天地之藏也,皆宜属少府,陛下弗私,以属大农佐赋。原募民自给费,因官器作煮盐,官与牢盆。……敢私铸铁器煮盐者,釱左趾,没入其器物。郡不出铁者,置小铁官,便属在所县。使孔仅、东郭咸阳乘传举行天下盐铁,作官府,除故盐铁家富者为吏……"

《续汉书·百官志》,郡有盐铁官者,随事广狭置令、长及丞,秩次皆如县、道,这无分主,给均本吏。注曰,凡郡出盐多者置盐官,主盐税;出铁者置铁官,主铁税。……

前汉元帝时曾一度罢盐铁官,但不久即恢复。从汉光武帝至章帝时皆仍前汉旧制,至和帝时亦曾罢盐铁之禁,献帝时又恢复盐铁官。盐铁官卖,自然夺去了商贾的利益。

(6)酒的国营——汉武帝时桑弘羊建议禁止私人酿酒,设榷酤官酿酒出售,昭帝时废止,改征商税。王莽时亦令县官酤酒……

昭帝,令民得以律占租卖酒,升四钱。……

《汉书·食货志》,羲和鲁匡言:"唯酒酤独未斡。令官作酒,以二千五百石为一均,率开一卢以卖,售五十酿为准。一酿用粗米二斛,曲一斛,得成酒六斛六斗。各以其市月朔米曲三斛,并计其贾而参分之,以其一为酒一斛之平。除米曲本贾,计其利而什分之,以其七入官,其三及醩黻、灰炭给工器、薪樵之费。"

《汉书·王莽传》,初设六筦之令,命县官酤酒,……羲和置酒士,郡一人,乘传督酒利。……

《通考·征榷考》,王莽篡汉,始立法官,自酿酒卖之。……

酒的专卖,自然也是与商贾争利润的一端。但官卖的时期较短,而征酒税的时期较多。

(7)统治市场——汉武帝时的均输平准制度,王莽时的六筦五均制度,都是统治市场的设施:

《汉书·食货志》,元狩中桑弘羊为大司农中丞,管诸会计,稍稍置均输,以通货物。……

元狩元年,弘羊以诸官各自市相争,物以故腾跃,而天下赋输或不偿其僦费(运输费),乃请置大农部丞数十人,分部主郡国,各往往置均输盐铁官,令远方各以其物,如异时商贾所转贩者为赋,而相灌输。置平准于京师,都受天下委输。召工官治车诸器,皆仰给大农。大农诸官尽笼天下之货物,贵则卖之,贱则买之。如此,富商大贾亡无所牟大利,则反本,而万物不得腾跃。故仰天下之物,名曰"平准"。天子以为然而许之。一岁之中,诸均输帛五百匹,民不益赋而天下用饶。

王莽下令曰:"今开赊贷,张五均,设诸斡者,所以齐众庶,抑并兼也。"遂于长安及五都立五均官,更名长安东西市令及洛阳、邯郸、临淄、宛、成都市长皆为五均司市师。东市称京,西市称畿,洛阳称中,余四都各用东西南北为称,皆置交易丞五人,钱府丞一人。工商能采金银铜连锡登龟取贝者,皆自占司市钱府,顺时气而取之。又以《周官》税民:凡田不耕为不殖,出三夫之税;城郭中宅不树艺者为不毛,出三夫之布;民浮游无事,出夫布一匹。其不能出布者充作,县官衣食之。诸取众物鸟兽鱼鳖百虫于山林水泽及畜牧者,嫔妇桑蚕织纴纺绩补缝,工匠医巫卜祝及它方技商贩贾人坐肆列里区谒舍,皆各自占所为于其在所之县官,除其本,计其利,十一分之,而以其一为贡。敢不自占,自占不以实者,尽没入所采取,而作县官一岁。诸司市常以四时中月实定所掌,为物上中下之贾,各自用为其市平,毋拘它所。众民卖买五谷布帛丝绵之物,周于民用而不售者,均官有以考检厥实,用其本贾取之,毋令折钱。万物昂贵,过平一钱,则以平贾卖与民。其贾抵贱减平者,听民自相与市,以防贵庚者,民欲祭祀丧纪而无用者,钱府以所入工商之贡但赊之,祭祀无过旬日,丧纪毋过三月。民或乏绝,欲贷以治产业者,均授之,除其费,计所得受息,毋过岁什一。

《通考·市籴考》,东汉章帝时,尚书张琳上言,宣自交趾益州上计吏来市珠宝,收采其利,武帝所谓均输者也。诏议之,尚书仆射朱晖曰,按王制,天子不言有无,诸侯不言多少,食利之家,不与百姓争利。今均输之法,与贾贩无异,非明主所宜行,帝不从……

武帝时期的均输制度,原是一方面令各地贡纳土产,转运于京师,往来劳费,所以改由均输官继收这些贡物,运一部分至京师,而留一部分于本地,置平准于京师,以总管全国货物;另一方面由政府制造各种器物,运往各地出售;各地物价高贵时,则平价出售;物价低廉时,则平价收入;借以调节物价,保持市价的均衡,而抑制商贾的操纵。王莽的五均制度,一方面由政府设五均官,指定市价,凡农产物不能脱售者,即收买之,凡市价胜贵时,即以平价出售,民贫则赊贷之,另一方面抑制商贾,使其报告注册,征收什一之税。这些设施,明明都是与商贾争利润的。

(8) 以上几种对商人物质上的手段,都是和平的,只在利润方面剥夺商人的利益而已。此外还有更暴烈的手段,打击商人的,便是税及商人资产的本身,即所谓缗钱之算。这也出于商人出身的桑弘羊一班人的建议,这与近代的绑票政策差不多了。

《汉书·武帝纪》,元狩四年初算缗钱……注师古曰,谓有备积钱者,计器缗钱而税之也……

《汉书·食货志》,公卿言,异时算轺车、贾人之缗钱皆有差,请算如故。诸贾人末作贳贷卖买,居邑贮积诸物,及商以取利者,虽无市籍,各以其物自占,率缗钱二千而算一。诸作有租及铸,率缗钱四千算一。匿不自占,占不悉,戍边一岁,没入缗钱。有能告者,以其半畀之……

天子既下缗钱令而尊卜式,百姓终莫分财佐县官,于是告缗钱纵矣……

杨可告缗遍天下,中家以上大氐皆遇告。杜周治之,狱少反者。乃分遣御史、廷尉正监分曹往,即治郡国缗钱,得民财物以亿计;奴婢以千万数;田,大县数百顷,小县百余顷;宅亦如之。于是商贾中家以上大氐破,民偷,甘食,好衣,不事畜臧之业……

《史记·张汤传》,正义云,武帝伐四夷,国用不足,故税民田宅船乘畜产奴婢等,皆平作钱数,每千钱一算,出一等,贾人倍之;若隐不税,有告之,半与告人,余半入官,谓缗。出此令,用锄筑豪强兼并富商大贾之家也。一算,百二十文也……

桑弘羊、孔仅、东郭咸阳一班人,都是富商大贾出身,一旦做起官来,得意忘形,为保持并增进其本身的禄位起见,不惜出卖其本阶级的利益,不但剥夺商人的利润,而且损及商人的资本,商人受了这种重大的打击,消极的只有心灰意懒,大讲究吃喝穿着居处行游等物质上的享乐;积极些的人,大约乘风转舵,弃商从农,改做大地主去了,因为汉代重农,土地税减少至三十分之一,而地主对佃农则收租至十分之五,且缗钱之算,又不及于土地,于地主是极有利的。

汉代商业资本的不能大量发展,抑商政策,必然产生了相当的功能。自然,中国系大陆国而非海洋国,交通不便的限制,还是主要的原因。

（原文分上下篇刊载于 1942 年 1 月与 4 月的《黄埔季刊》第 3 卷第 3、4 期合刊、第 4 卷第 1 期）

中世封建社会

第一章　概说

自三国至唐初这个阶段可以说是中国史上的中世封建时代,也可称为门阀时代。在这时代,门阀的力量无论在经济上、社会上、政治上都充分地表现他们的优势。就经济方面观之,他们不但领有广大的土地,而且庇荫着多数的部曲、随身、典计、佃客、衣食客之类,以代替他们做生产劳动,对国家既不纳税亦不当差。就社会方面观之,他们从官位、名地上造出血统优越的传说,自高自傲,与一般平民隔绝,既不与庶姓通婚,亦不肯与寒族交际应酬。就政治方面观之,他们凭借祖先的余荫,不但垄断官吏选举之权,凡州郡掌管选举铨叙的官吏,如中正、主簿、功曹之类都非由他们中择人充任不可;而且无论中央或地方政府的高级长官亦由他们包揽独登,使一般平民不易有参加的机会。

这时期门阀势力膨胀的结果,遂使战国秦汉间比较活泼多变的社会,复返于胶着状态,社会各方面显然地都带着浓厚的保守色彩,各阶层间都显然地发生从属关系。这种社会组织与战国秦汉间富于投机性、变动性的官僚主义社会显然不同。其不同的所在,当时人士已经能够看得清楚。晋时王沈撰《释时论》云："道有安危,时有险易,才有所应,行有所适。英雄奋于纵横之世,贤智显于霸王之初。当危难则骋权谲以良图,值制作则展儒道以畅掞。……当斯时也,岂计门资之高卑,论势位之轻重乎? 今则不然……群后逸豫,宴安守平,百辟君子,奕世相生,公门有公,卿门有卿,爵命不出闺庭,多士丰于贵族。四门穆穆,绮襦是盈。仍叔之子,乃为老成。贱有常贱,贵有常荣。肉食继踵于华屋,蔬饭袭迹于耨耕。谈名位以诏媚附势,举高逸者因资而随行。"(《晋书》卷九十二《王沈传》)此可见魏晋与战国秦汉之别,一则百辟君子奕世相生,一则英奇奋于纵横之世,贤智显于霸主之初,两种局面的特征,比较对举,最易明显。唐时柳芳撰《氏族论》云:"虞、夏、商、周、昆吾、大彭、豕韦、齐桓、晋文,更王迭霸多者千祀,少者数十代。先王之封既绝后嗣蒙,其福犹为强家。汉高祖起徒步,有天下,命官以贤,诏爵以功,誓曰:非刘氏王,无功侯者,天下共诛之。先王公卿之胄,才则用,不才弃之,不辨士与庶族。然则始尚官矣。魏氏立九品,置中正,尊世胄,卑寒士。权归右姓已。其州大中正主簿、郡中正功曹,皆取著姓士族为之,以定门胄,品藻人物。晋宋因之,始尚姓矣。"(《唐书》卷一百九十九《柳冲传》)此以汉为尚官时代,魏晋至唐为尚姓时代。尚官即官僚主义之同语,尚姓则门阀主义的别称。不过战国秦汉间官僚势力的来源,乃是对于西周春秋时封建贵族势力的革命;而魏晋至唐门阀势力的来源,则只是秦汉以来官僚势力的逆转。本来官僚势力的流动性是很大的,其由下层上升,或由上层下降,往往只须要很短的时间,每一次朝代的更革或大规模的战争,官僚的地位亦随之动摇,这是战国秦汉时官僚地位的特征。然而魏晋至唐初,门阀的地位则是世袭勿替的。

第二章 门阀的政治势力

秦汉以来中央为宫中府中并立的局面,丞相为外朝冠冕,位尊而权重;中书以宦者充之,侍中与中常侍等伍,尚书虽士人,然三者皆内朝卑职。王莽以丞相篡位,故复汉公卿位尊而权移,事归台阁,尚书始掌内朝机要,权重而位亦渐高。曹操初建魏国,置秘书省,典尚书所奏。曹丕篡位后,改秘书省为中书省,有令有监,以私属充之,亲近用事,于是尚书省等于虚设,而相权实归中书。然变乱相寻,君臣之间猜忌日增。至东晋、宋齐梁陈又以侍中常在左右,多与之计议政事,于是又疏中书而任侍中。下迄隋唐,中书、侍中、尚书三者皆为宰辅,中书面受机宜、草诏令,侍中掌封驳,尚书专掌执行。于是尚书逐由内朝而转为外朝,惟中书、侍中始为内朝。

尚书省有尚书令、左右仆射、列曹尚书、列曹侍郎、左右丞,皆世族右姓充之。其下有列曹尚书郎,则第二流以下的族姓充之。所谓过江以来尚书郎正用第二人是也[1]。而第一流大族则不屑为此,琅玡王氏过江以来未有居郎署者,故王筠初任为尚书郎,人多劝其不就也[2]。

中书省有监,有令,有侍郎,有左右丞,有秘书郎、著作郎等,多以高门大姓充之[3]。当时立格,甲族以二十登仕,后门以三十试吏[4],而秘书郎与著作郎则为甲族起家之选。故当时谚曰"上车不落为著作,体中何如则尚书"(徐坚《初学记》),谓甲族尚未诞生以前,在母体中已有与尚书郎相等的资格,盖甲族仕于尚书省至少当在尚书郎以上故也。甲族年二十即可入仕,故说只须坐在车上不至坠落,即可为著作郎也。梁武帝以张率为秘书丞,谓曰:秘书天下清官,东南望胄(指吴姓朱张顾陆)未有为之者,今以相处,为卿定名誉(《梁书》卷三十三《张率传》,《南史》卷三十一《张裕传附张率传》),可见东晋南朝时秘书为王谢等侨寓大族所独占,虽吴姓朱张顾陆亦少有居之者。其下有通事舍人,掌呈奏,宣诏诰,此为寒族登仕之地,以其常与帝王接近,亦有由此而跻显要者,则目之为

---

① 《世说新语·方正篇》谓,过江以来,尚书郎正用第二人。
② 《梁书》卷三十《王筠传》谓,王氏过江以来未有居郎署者,筠初仕为尚书郎,或劝不就。
③ 《梁书》卷三十四《张缵传》谓,秘书郎四员为甲族起家之选,他人不得与。
④ 《通考·选举考》谓,齐因宋代限年之制,乡举里选,不核才德,其所进取,以官婚冒籍为先,遂令甲族以二十登仕,后门以三十试吏,故有增年矫貌以图进者。

恩幸。

门下省有侍中、给事黄门侍郎、散骑常侍、通置散骑常侍、员外散骑常侍、散骑侍郎、通置散骑侍郎、员外散骑侍郎、谏议大夫、奉朝请等。晋室有名世家身有国封者，起家多拜散骑侍郎（《宋书》卷五十八《谢弘微传》）。梁陈之制，以侍中功高者在职一年，诏加侍中祭酒，与散骑侍郎功高者一人对掌禁令，位与宰辅相等。故梁时裴子野云："有晋以来，专称阀阅，三公之子傲九卿之家，黄散之孙蔑令长之室，互争铢两，所论必问户，所议莫贤能。"（《梁书》卷三十《裴子野传》）盖世家右姓门阀已成，令仅三司可以安流平进，贵游子弟恃其祖先的血统，即可以居高位，而不必凭才能、政绩以邀恩宠，故黄门侍郎、散骑郎之子孙亦可以傲地方长官也。

在此时代，各级官位等于变相的世袭制度，即如东晋南朝盛族首推王谢。王导为晋司徒、丞相，领中书监，录尚书事（《晋书》卷六十五《王导传》）；其子王劭为晋尚书仆射（《晋书》卷六十五《王导传附王劭传》），王荟为晋侍中（《晋书》卷六十五《王导传附王荟》）；孙王珣为晋侍中、尚书令（《晋书》卷六十五《王导传附王珣》），王珉为晋侍中、中书令（《晋书》卷六十五《王导传附王珉》），王谧为宋侍中，录尚书事（《晋书》卷六十五《王导传附王谧》）；曾孙王昙为宋侍中，王弘为宋侍中、司徒，录尚书事（《宋书》卷四十二、《南史》卷二十一《王弘传》），王球为宋侍中、中书令、尚书仆射（《宋书》卷五十八、《南史》卷二十三《王球传》），王昙首为宋侍中（《宋书》卷六十三、《南史》卷二十二《王昙首传》），王琨为南齐侍中（《南齐书》卷三十二、《南史》卷二十三《王琨传》）；玄孙王僧达为宋尚书仆射（《宋书》卷七十五、《南史》卷二十一《王僧达传》），王猷为宋侍中，王僧绰为宋侍中（《宋书》卷七十一、《南史》卷二十二王《僧绰传》），王僧虔为宋侍中、尚书令、仆射、齐侍中（《南齐书》卷三十三、《南史》卷二十二《王僧虔传》），王僧朗为宋尚书仆射，王僧衍为晋侍中；六世孙王瞻为宋侍中、梁侍中（《梁书》卷二十一、《南史》卷二十一《王瞻传》），王俭为齐侍中、尚书令（《南齐书》卷二十三、《南史》卷二十二《王俭传》），王慈为齐侍中

《南齐书》卷四十六、《南史》卷二十一《王慈传》），王志为梁中书令（《梁书》卷二十一、《南史》卷二十二《王志传》），王彧字景文，为宋侍中、尚书仆射、中书监令（《宋书》卷八十五、《南史》卷二十三《王彧传》）；七世孙王骞为齐侍中、梁中书令（《南史》卷二十二《王骞传》），王暕为梁侍中、尚书仆射（《梁书》卷二十一、《南史》卷二十二《王暕传》），王泰为梁侍中（《梁书》卷二十一、《南史》卷二十二《王泰传》），王份为梁侍中、尚书仆射（《梁书》卷二十一、《南史》卷二十三《王份传》），王缋为齐侍中（《南齐书》卷四十九、《南史》卷二十三《王缋传》），王约为齐侍中；八世孙王冲为梁侍中、尚书仆射（《陈书》卷十七、《南史》卷二十一《王冲传》），王规为梁侍中（《梁书》卷四十一、《南史》卷二十二《王规传》），王承为梁侍中（《梁书》卷四十一、《南史》卷二十二《王承传》），王训为梁侍中（《梁书》卷二十一、《南史》卷二十二《王训传》）；九世孙王玚为陈侍中、中书令、尚书仆射（《陈书》卷二十三、《南史》卷二十三《王玚传》），王瑜为梁侍中、陈侍中（《南史》卷二十一《王瑜传》），王克为梁尚书仆射（《南史》卷二十三《王克传》），王铨为梁侍中（《南史》卷二十三《王铨传》），王通为梁尚书仆射（《陈书》卷十七、《南史》卷二十三《王通传》），王迈为梁侍中、中书令、陈侍中、中书令、监尚书仆射，王质为梁侍中（《陈书》卷十八、《南史》卷二十三《王质传》），王固为陈侍中、中书令（《陈书》卷二十一、《南史》卷二十三《王固传》）；十世孙王宽为陈侍中；十二世孙王綝字方庆，相唐武后（《旧唐书》卷八十九、《新唐书》卷一百十六《王方庆传》）；十七世孙王玙相唐肃宗（《旧唐书》卷一百三十、《新唐书》卷一百九《王玙传》）；二十世孙王搏字昭远，相唐昭宗（《新唐书》卷一百十六《王搏传》）。由此可见朝代可由晋变为宋、齐、梁、陈、隋、唐，而王氏子孙的宰辅之位则可历数十世而不变。这明明是一种变相的世袭制度，倘非他们在经济、社会的势力根深蒂固，何至朝代变迁至六七次之多，而彼之门第坚韧不拔至于如此呢？故就中央政治而论，当时门阀地位确实不减于封建势力。

就地方政治观之，门阀最盛时代，州县无限划分，领户日削，南北一千数百县之多，头等不过七千户，二等四千户，三等二千户，四等五百户，五等不满五百户,可见当时州县多是有名无实的。其所以致此者,则因世家右姓为私利而分割,例如北齐文宣帝高洋天保七年诏云:"魏自孝昌之季,禄去公室,政出多门,豪家大族鸠率乡部,托迹勤王,规自署置;或外家公主,女谒内成,昧利纳财,启立州郡;百室之邑便立州名,三户之民空张郡目。"(《北齐书·文宣帝纪》)由此可见,州县单位之弱小,确由门阀势力所酿成。又州县长官,多以武人军阀兼充,自汉末三国多以诸部都尉为郡守,晋代郡守皆加将军衔,南朝郡守多加都督衔,北朝边外小县所领不过百户,而令长皆以将军居之。这些都可酿成变相的割据局面,在离心力下演进,俨然与古代的封建势力相仿佛。

养成门阀势力的政治原因中,选举制度确为其中最大关键之一。汉代选举制虽有中央辟召、郡国察举及大学生出身等式,而后汉尤重察举,这比战国以前的世卿制度固然公平合理,但以当时有察举权的人,仅限于列侯及二千石以上的高级官僚,又无客观标准,自易营私舞弊,或为权贵请托所限,或由故旧报恩所致,此二者都可使仕进之途落到少数特殊阶级的圈套里去。此种风气已有养成门阀的趋势。汉末清流集团所结的政党,便是这种趋势的结晶。曹操出自浊流①,得政后军中立九品官人之法,知清流必不附己,遂欲效战国汉初的用人唯才主义,以代替后汉的用人唯德主义,建安十五年、十九年及二十二年前后三次诏令皆以管仲、吴起、苏秦、陈平等为人才的标准,明明不顾仁孝廉直信义等道德条件,实不免矫枉过直之弊(《三国志·魏志》卷一及《注》)。曹丕篡汉,尚书陈群等乃阳取曹操九品官人的外形,而操选举权的人员则州设大中正,郡县设中正、大中正为中央官兼职,以本地人任中央官而德富才盛者充之。故正史《职官志》多不另列中正官职。这与汉代察举权归州郡者不同。盖中正制的成立,本由三国当久乱之时,士人多流离转徙,留乡土者少而在中央者多,故以中央官兼大中正,以便就近调查。这原是一种不得已

---

① 曹操本姓夏侯,父嵩为宦官曹腾养子,始改姓曹,官至太尉。曹操起家乃藉宦官之庇荫,故陈琳为袁绍草讨曹操檄文曰:曹操赘阉遗丑,本无懿德。

的权宜之计,然中正制度成立之后,士人要求入仕者都奔集于中央,于是各方人才乃有不归乡土的趋势。这与察举制度下士人要求入仕者大都归于乡土者不同,故晋代卫瓘、刘毅、李重诸人多主张废除中正,恢复察举制,将选举之权仍归州郡也(《晋书》卷三十六《卫瓘传》,卷四十五《刘毅传》,卷四十六《李重传》,卷四十八《段灼传》,卷七十一《陈頵传》等)。两汉州郡察举制度仅系士人出身的初阶,入仕以后别有考课之法,官位的升降与转移,权在中央,与地方荐举官无复关系。而中正则对于各本州士人无论已仕未仕者,悉入品状,品者指德行高下而言,状者指才能及治绩而言,如王嘉叙吉茂虽品居上而状在下,谓其德优能少是也。如此则官位之黜陟转移,遂不由于尚书省吏部的铨叙,而操于中正的品状,如陈寿父死前有疾,使婢丸药,乡党贬议,遂致沉滞;其后又遵遗嘱,葬母洛阳,坐不以母归葬,再致废辱是也(《晋书》卷八十二《陈寿传》)。两汉察举制下,州郡每岁推荐不过数人,识别尚易;而魏以后中正品状同时收罗合境人才,周悉为难。于是专凭门第,兼采虚誉,"计资定品,惟以居位为高,高门华阀有世及之荣,庶姓寒人无寸进之路"(《晋书》卷三十六《卫瓘传》),"惟能知其阀阅,非复辨其贤愚,以致上品无寒人,下品无世族"(《晋书》卷四十五《刘毅传》),"台阁选举,徒塞耳目,九品访人,唯问中正。据上品者非公族之子孙,则当途之昆弟"(《晋书》卷四十八《段灼传》),"取才失所,先白望而后事实,浮竞驰驱,互相贡荐,言重者先显,言轻者后贱"(《晋书》卷七十一《陈頵传》、《通鉴》卷八十七)。由此可见,在中正操纵选举、铨叙两种全权之后,世家右姓虽无世袭之名而有世袭之实。这确是酿成魏晋南北朝变相封建社会的一大原由。

第三章　门阀的社会势力

自晋至唐门阀势力之最盛者,过江为侨姓,琅琊王、陈国谢、汝南袁、兰陵萧四姓为大;东南为吴姓,朱张顾陆四姓为大;关东为郡姓,清河崔、范阳卢、荥阳郑、赵郡李、太原王五姓为大;关中亦为郡姓,河东裴、柳、薛,弘农杨,京兆杜,京兆韦六姓为首;代北为虏姓,元、长孙、宇文、于、陆、源、窦七姓为首(《唐书·宰相世系表》)。我们试检《唐书·宰相世系表》,知唐代宰辅四百余人中,崔氏占三十二,杨氏、杜氏各十一,萧氏十,卢氏九,郑氏八,窦氏、陆氏、魏氏各六,武氏、苏氏各五,赵氏、韩氏、郭氏、高氏各四,薛柳袁于宇文陈徐岑马氏各三(《唐书·宰相世系表》),不但可证柳氏所述为不误,亦可知柳氏所述不仅以唐代为限也。

所谓世族右姓的标准虽大体相同,然亦因时因地而各有小异,例如东晋宋齐梁陈定氏族,以郡上姓第一为右姓;魏孝文帝太和中定氏族,以郡四姓为右姓;北齐僧昙刚撰《关东士大夫类例》,以甲门为右姓;周武帝建德中定氏族,以四海通望为右姓;隋文帝开皇中定氏族,以上品茂姓为右姓;唐太宗贞观中定氏族,以第一等为右姓;唐路敬淳撰《著姓略》,以盛门为右姓;唐柳冲撰《姓族系录》,以四海望族为右姓(《唐书·宰相世系表》)是也。惜唐以前谱学亡佚,不能得其详,惟魏孝文帝及唐太宗所定氏族之制尚可考见一斑而已。

案魏孝文帝用李冲、宋弁、郭祚等定中原士族,凡三世有二公者为膏梁,有令仆者为华腴,有尚书领护以上者为甲姓,有九卿或方伯者为乙姓,有散骑常侍大中大夫者为丙姓,有吏部正员郎者为丁姓,凡得入者谓之四姓。又定代人士族,太和十九年诏凡穆(即丘穆陵氏)陆(即步六孙氏)贺(即贺赖氏)刘(即独孤氏)楼(即贺楼氏)于(即勿忸于氏)嵇(即太落稽氏)尉(即尉迟氏)八姓,皆太祖以降勋著当世,位尽王公灼然可知者,且下司州吏部勿充猥官,一同四姓。原出朔土,旧为部落大人,而自皇始以来有三世官在给事以上,及州刺史、镇大将,及品登王公者,为姓;若本非大人,而皇始以来职官三世尚书以上,及品登王公,而中间不降官者,亦为姓;诸部落大人之后,而皇始以来官不及前列,而有三世为中散监以上,外为太守子都,品登子男者,为族;若本非大人,而皇始以来三世有令以上,外为副将子都太守,品登侯以上者,亦为族;凡此姓族之支亲,与其身有缌麻服以内,微有一二世官者,虽不全充美例,亦入姓族;五世以外则各自计之,不蒙宗人之荫也。虽缌麻而三世官不至姓班,有族官则入族官,无族官则不入姓族之例也(《魏书·官氏志》)。这明是一种变相的世袭制度。惟《魏书》《刘昶传》《韩显宗传》,均述孝文帝谓,我令八族以上士人品第有九,九品之外小人之官复有七等(《魏书》卷五十九、《北史》卷二十九《刘昶传》、《魏书》卷六十《韩显宗传》),此九品七等之制则无可考矣。

唐太宗贞观中命高俭等定氏族,以四后姓、酅公及三公、太子三师、开府仪同三司、尚书仆射为第一姓,文武二品及参知政事三品为第二姓,各以品位高下叙之,凡九等,取身及昆第子孙,余属不入(《旧唐书》卷六十五《高士廉传》、《新唐书》卷九十五《高俭传》),自第二姓以下,其详亦不得知。

此外尚有所谓次门、吏门、役门、后门、三五门、六门之目,其详虽不得知,然其等级界限之严厉,则不难推见。例如宋时宗越本南阳次门,赵伦之镇襄阳,使长史范顗之条次氏族,点越为役门出身,越后为队主,启宋文帝求复次门(《宋书》卷八十三、《南史》卷四十《宗越传》)。此所谓次门、役门之例也。又南齐时施文庆家本吏门(《南史》卷七十七《恩幸·施文庆传》),梁天监初钟嵘奏谓,军官是素族,士人自有清贯,若吏姓寒人不当因军遂滥清级云(《梁书》卷四十九《钟嵘传》),此所谓吏门、吏姓之例也。又梁张缵为吏部,后门寒素皆见引拔,不以贵门屈意(《梁书》卷三十四《张缵传》),此所谓后门之例也。又《宋书》述越州里武田念本三五门出身,萧思话为雍州,遣土人庞道符统六门,田念为道符随身队主云(《宋书》卷七十八、《南史》卷十八《萧思话传》),此即所谓三五门六门之例也。三五门六门或即三等五等六等之制耶?未可知也。

此种等级界限之严不仅表现于政治方面,即在社会交际方面亦甚显著。高门世族恃其血统自高自大,而素族寒门即使才能超越,勋劳昭著,官位显贵者,亦不能与世族右姓并列。例如陶侃为晋名臣,当其微时与郎中杨晫同乘,温雅谓晫曰:"奈何与小人同载?"(《晋书》卷六十六《陶侃传》)晋时杨方在都,诸葛方见而奇之,待以门生之礼,由是始得周旋贵人间,缙绅咸厚之;方自以地寒不愿留京,求补远郡,乃出为高梁太守(《晋书》卷六十八《杨方传》)。刘宋时中书舍人王宏为宋太祖刘裕所爱遇,谓曰:"卿欲作士人,得就王球坐,乃当判尔,若往诣球,可称旨就席。"及至宏将坐,球举扇曰:"若不得尔。"宏还,依事启闻帝曰:"我便无如此何。"他日帝以语球,欲令与之相知。球辞曰:"士庶区别,国之常也,臣不敢恭诏。"宋时蔡兴宗为征西将军、开府仪同三司、荆州刺史,被征还都,时右将军王道隆任参国政,权重一时,蹑履至蔡兴宗前,不敢就席,良久方去,兴宗竟不呼坐(《宋书》卷五十七、《南史》卷二十九《蔡兴宗传》)。宋文帝元嘉初,中书舍人狄当诣太子詹事王昙首,不敢坐(《宋书》卷六十三、《南史》卷二十二《王昙首传》)。又周赳与狄当周以中书舍人兼选正员外郎,并管要务,以张敷同省名家,欲诣之,赳曰:"彼若不相容,便不如不往。"当曰:"吾等并已员外郎矣,何忧不得其坐。"遂偕往。敷先设二床,去壁三四尺,二客就席,酬接甚欢,既而呼左右曰:"移吾床远客。"赳等失色而去(《宋书》卷六十二、《南史》卷三十三《张敷传》)。宋路太后侄孙琼之诣王僧达,僧达了不与语,去,遂焚琼之所坐床。太后泣诉帝,帝曰:"琼之年少无事,诣王僧达,辱乃其宜耳"(《宋书》卷七十五、《南史》卷二十一《王僧达传》)。宋尚书寺门有制,八座以下门生随入者各有差,不得杂以人士。顾琛以宗人顾硕头寄尚书张茂度门,而与硕头同席坐,明年坐遭出免中正(《宋书》卷八十一、《南史》卷三十五《顾琛传》)。纪僧真自寒官历至尉军府参军主簿,宋孝武帝尝曰:"人生何必计门户,纪僧真堂堂贵人所不及也。"其笼之如此。后僧真得幸于齐世祖,尝请曰:"臣出自本县武吏,遭逢圣时,阶荣至此,无复所需,惟就升下乞作士大夫。"上曰:"此事由江敩谢沦,我不得指意,可自诣之。"僧真承旨诣敩;登榻坐定,敩命左右移床远客,僧真丧气而退,以告世祖。世祖曰:"士大夫故非天子所命。"时人重敩风格,不为权幸降意(《世说新语》,《南齐书》卷四十三《江敩传》,《南齐书》卷五十六、《南史》卷七十七《纪僧真传》)。齐陈显达既贵,自以人微位重,每迁官常有愧惧之色,诫诸子曰:"我本志不及此,汝等勿以富贵骄人。"又曰:"尘尾是王谢家物,汝等勿须捉此"(《南齐书》卷二十六、《南史》卷四十五《陈显达传》)。梁时宦者张僧允候羊侃,侃竟不前之,曰:"我床非阉人所坐"(《梁书》卷三十九、《南史》卷六十三《羊侃传》)。梁何敬容与到溉不协,溉执政,敬容语人曰:"溉尚有余臭,遂学作贵人。"以其祖到彦之原为农人,尝担粪也(《梁书》卷三十七、《南史》卷三十《何敬容传》,《梁书》卷四十、《南史》卷二十五《到溉传》)。由上诸例,可见门阀时代社会交际上等级界限的严肃。

社交之外,门阀势力表现于社会制度之最显著者,莫如婚姻。世家右姓自以血统优越,家风整肃,而不肯与素族寒门通婚姻,如晋时王述子坦之为桓温长史,温欲为子求婚于坦之,及还家省父,坦之因言温意,述大怒曰:"汝竟痴耶,讵可畏温面,以女妻兵也"(《晋书》卷七十五《王述传》)。杨佺期弘农华阴人,汉太尉震之后,自云门户承籍,江表莫比。时人以其过江晚,且婚宦失类,每排抑之(《晋书》卷八四《杨佺期传》)。宋文帝时,檀道济以伐元魏取河南功,为司空,势盛一时。时江湛为彭城王义康司徒主簿;檀道济为子求娶湛妹,不许;义康有命,又不从(《宋书》卷七十一、《南史》卷三十六《江湛传》)。南齐高帝时,褚渊为司徒,势倾朝野,然刘宋末萧道成辅政,其亲信褚渊为吏部尚书,道成使渊为子晃求坦阔女,晃辞;后道成为帝,谓豫章王嶷曰:"前欲以晃与坦公婚者,重其夷澹,事虽不遂,心常依然"(《南史》卷二十五《垣阔传》)。王秀之仕为太子舍人,吏部尚书褚渊欲与结婚姻,秀之不肯,以此出为两府外兵参军(《南齐书》卷四十六、《南史》卷二十四《王秀之传》)。梁武帝天监中,徐勉为吏部尚书,升尚书仆射,甚有权威,唯江茜、王规与之抗礼。勉因茜门客翟景为子徭求婚于茜女,不答;景再言之,乃杖景四十;勉又为求茜弟葺及王泰女,二人并拒之(《梁书》卷二十一、《南史》卷三十六《江茜传》)。梁武帝太清二年,侯景叛,围京师,欲请婚于王谢,帝曰:"王谢门高非偶,可于朱张以下求之"(《梁书》卷五十六、《南史》卷八十《侯景传》)。王峻子综娶梁始兴王憺女,以不惠离婚,王曰:"此自上意,仆极不愿如此。"峻曰:"臣太祖是谢仁祖(尚)外孙,亦不借殿下婚媾为门户也"(《梁书》卷二十一《王峻传》)。不仅江南如此,即外族治下的北朝亦然。元魏时崔巨伦有姊明慧,有才行,因患眇一目,内外亲戚莫求之者,其家议下嫁。巨伦姑赵郡李叔胤妻闻而悲戚曰："吾兄盛德,岂可令此女屈事卑族?"乃为子翼纳之,时人叹其义识(《魏书》卷五十六《崔辩传附崔巨伦传》)。赵邕宠贵一时,欲强婚范阳卢氏,卢氏有女,其父早亡,叔许之,其母不肯,携女潜赴外家藏匿之(《魏书》卷九十三、《北史》卷九十二《恩幸传》)。魏文成帝和平四年制定皇族师傅王公侯伯及士庶之家不得与百工伎巧卑姓为婚,犯者加罪。孝文帝太和中令望族七姓子弟迭为婚姻。北齐娄太后为博陵王纳崔䗶妹为妃,敕其使曰:"好作法,勿使崔家笑人。"孙搴寒贱,北齐高祖神武赐以韦氏为妻,韦氏乃士人女,时人荣之(《北齐书》卷二十四、《北史》卷五十五《孙搴传》)。右卫将军郭琼以罪死,其子妇魏尚书仆射范阳卢道虞女没官,齐高祖以赐陈元康。元康地寒,人以为殊赏(《北齐书》卷二十四、《北史》卷五十五《陈元康传》)。太常刘芳孙女中书郎崔肇师女,夫家坐事,帝并以赐魏收为妻,时人比之贾充;充置左右夫人(《北齐书》卷三十七、《北史》卷五十六《魏收传》)。至唐犹沿其风,唐太宗有意改革,令王妃主婿悉取当世勋贵名臣家,未尝尚关东旧族。后房玄龄、魏征、李勣等复与婚,故望不减。然每姓中又以房望为第,高下悬隔,如清河崔氏以崔宗伯、崔元孙房(清河小房)为贵,博陵崔氏以崔懿房为贵,范阳卢氏以卢子选、卢浑、卢溥房(北祖第二房)为贵;陇西李氏以李宝房(姑臧大房)为贵;荥阳郑氏以昭国郑温房为贵;太原王氏以王琼房为贵,赵郡李氏以李楷房为贵。男女婚嫁不离他姓。宰相李义府为子求婚七族不得,显庆四年始奏禁以上七姓十一家不得自为婚姻。而七姓恃有族望,耻与他姓为婚,皆秘密装饰其女,以潜相聘娶,不敢复举行婚礼,皆称禁婚家,益自矜贵(《唐书》卷九十五《高俭传》、《唐会要》卷八十三、《唐语林》)。至唐文宗时欲以真源、临源二公主降士族,婚于崔卢,犹以为难,愤谓宰相曰:"民间修婚姻,不计官品,而尚阀阅。我家二百年天子,反不若崔卢耶!"诏宗正卿取世家子以闻(《唐书》卷一百七十二《杜羔传》)。唐宣宗女万寿公主既下嫁关东士族,帝常诲曰:"无轻待人,无干预时事。"又降御札勖励,故十五年间,戚属缩然,如山东衣冠世族之法云(《唐语林》)。由此可见当时婚姻界限之严厉。

　　然南北朝时政治变革频繁,世族高门有衰落者,亦偶与卑宗寒人为婚,然必多索财货,遂有买妇卖女之讥。南朝情形有如沈约所谓:"自宋氏失御,礼教彫衰,衣冠之族,自失其序,姻娅论杂,闾计厮庶,贩鬻祖曾,以为贾道,明目腆颜,曾无愧畏"(《文选》卷四十沈约《奏弹王源》)。北朝状况则如颜之推所谓:"近世嫁女,遂至卖女纳财,买妇输绢,比量父祖,计较锱铢,责多还少,市井无异"(《颜氏家训·治家篇》)。此种情状至隋唐犹然。唐太宗贞观十六年禁卖婚诏云:"自有魏失御,齐氏云亡,市朝既迁,风俗陵替。燕赵右姓,多失衣冠之绪;齐韩旧俗,或乖德义之风。名虽著于州闾,身未免于贫贱。自号膏粱之胄,不敦匹敌之仪。问名惟在于窃资,结缡必归于富室。乃有新官之辈、丰财之家,慕其祖宗,竞结婚媾,多纳货贿,有如贩鬻。或贬其家门,受屈于姻娅;或矜其旧族,行无礼于舅姑。积习成俗,迄今未已。朕夙夜兢惕,忧勤政道,往代蠹害,咸已惩革,惟此风未能尽变。自今以后,明加告示,使识嫁娶之序,各合典礼,知朕意专,其自今年六月禁卖婚"(《唐会要》卷八十三)。高宗显庆四年依宰相李义府奏,明诏规定自今以后天下婚女受财,三品以上之家不得过绢三百匹,四五品不得过二百匹,六七品不得过百匹,八品以下不得过五十匹,皆充所嫁女赀妆等用,其夫家不得受陪门之礼(《唐会要》卷八十三)。然禁令自禁令,而民间习俗积重难返,正如王建《新嫁娘词》所云:"邻家人未识,床上坐堆堆,郎来傍门户,满口索钱财。"王建于文宗太和中为陕州司马,可见买卖婚姻之俗至唐末犹未改正。买卖婚姻最显著之例如南齐时东海王源父子本六卿之胄,门高而家穷,源又丧妇,无力续弦,时富阳满璋职司管库,家计温足,王源父子常向满璋告贷,无以还债,乃父子共议,以女下嫁满氏,得聘钱五万,除偿债外,源又以所聘余值纳妾,遂引起世家右姓的共同排斥。沈约以奏文弹劾之,请求皇帝"置以明科,黜之流伍,使已污之族永愧于昔辰,方媾之党革心于来日"云(《文选》卷四十沈约《奏弹王源》)。又北齐时封述前妻河内司马氏,一息为娶陇西李士元女,大输财聘,及将成礼,犹兢悬迟,述忽取供养像,对士元打像作誓。一息娶范阳卢庄女,述又径诉府云:"送骡乃嫌脚跛,评田则云咸薄,铜器又嫌古废"(《北齐书》卷四十三、《北史》卷二十四《封述传》）。即此二例可见门阀时代买卖婚姻之一斑。

第四章　门阀的经济势力

门阀的经济势力是奠基于庇荫国家公民以为私属的农奴劳动制度之上的。自汉灵帝熹平光和间天下乱起，中经三国分立，至西晋武帝统一时止，前后经过将近百年的变乱、分裂时期，而西晋统一后不满二十年又由五胡十六国之乱，历百余年，及南北对立近三百年。在此长期大混乱中，豪族大姓为保护其生命财产计，不得不起而筑碉堡，建坞壁，凭险守固以自卫。而野心家亦群起而利用之，以造势力，如后汉末年董卓起于临洮（《后汉书》卷一〇二、《三国·魏志》卷六《董卓传》），朱建起于抱罕（《三国·魏志》卷九《夏侯渊传》），马腾、韩遂、边章等起于凉州（《三国·蜀志》卷六《马超传》），杨条起于安定（《三国·魏志》卷九《曹真传》），张鲁起于汉中，张济、张绣起于南阳（《三国·魏志》卷八《张绣传》），李通、陈恭、刘直、陈郃等起于江夏（《三国·魏志》卷十八《李通传》《李典传》《许褚传》），曹仁起于淮泗，曹洪起于庐江（《三国·魏志》卷九《曹洪传》《曹仁传》），许褚起于谯郡，李典起于乘氏，吕布起于彭城（《后汉书》卷一〇五、《三国·魏志》卷七《吕布传》），韩浩起于河内（《三国·魏志》卷九《夏侯惇传》裴松之《注》引《魏书》），陈延起于上党（《三国·魏志》卷二十三《常林传》），孙伉起于巨鹿（《三国·魏志》卷十四《董昭传》），高干起于并州，王度起于东阿（《三国·魏志》卷十四《程昱传》），管承起于长广，王营起于东牟（《三国·魏志》卷十二《何夔传》），公沙卢起于胶东（《三国·魏志》卷十一《王修传》），公孙瓒起于幽州（《后汉书》卷一〇三、《三国·魏志》卷八《公孙瓒传》），公孙度起于辽东（《三国·魏志》卷八《公孙度传》），袁绍起于冀州（《后汉书》卷一〇四、《三国·魏志》卷六《袁绍传》），曹操起于兖州，袁谭起于青州，袁术起于寿春（《后汉书》卷一〇五、《三国·魏志》卷六《袁术传》），孙策起于江东，刘繇起于扬州（《三国·吴志》卷四《刘繇传》），刘备起于豫州，刘表起于荆州（《后汉书》

卷一〇四、《三国·魏志》卷六《刘表传》),刘马起于益州(《后汉书》卷一
〇五、《三国·蜀志》卷一《刘马传》),甘宁起于临江(《三国·吴志》卷十
《甘宁传》)。群雄角逐,弱肉强食,遂成三国之局,成功者割据鼎立,失败
者则分附于割据势力之下,犹为强家。西晋五胡家乱起,中原大姓豪族
纷纷复起,如邵续起于冀州(《晋书》卷六十三《邵续传》),刘遐起于河济
(《晋书》卷八十一《刘遐传》),郗鉴起于邹县峄山(《晋书》卷六十七《郗鉴
传》、《太平御览》卷三十二引《晋中兴书》、卷四十二引《晋地理志》、《艺文
类聚》卷九十二引《晋中兴书》、《事类赋》注引《晋中兴书》),徐龛起于泰
山(《晋书》卷八十一《蔡豹传》),周抚、周默起于徐州(《晋书》卷五十八
《周抚传》、卷八十一《刘遐传》),苏峻起于掖县(《晋书》卷一百《苏峻传》
及《通鉴》卷九十),张平、樊雅起于谯郡,陈川起于陈留,祖逖起于淮泗
(《晋书》卷六十二《祖逖传》),刘畴起于密县(《晋书》卷六十《阎鼎传》、
《世说新语》注引曹嘉之《晋纪》),李矩起于荥阳(《晋书》卷六十三《李矩
传》),郭默起于河南(《晋书》卷六十三《郭默传》),杨佺期、魏浚起于洛
阳,杜尹魏该起于宜阳(《晋书》卷六十三《魏浚传》、《魏该传》),张元熙起
于平阳(《晋书》卷八十四《杨佺期传》),赵敖起于关中(《晋书》卷一一三
《苻坚载记》),此外富室豪宗筑堡垒聚流人,为坞主者,不知凡几。

在大动乱中,地方政治随中央政治而解体,地方官僚有被淘汰者,有
变为坞主以自全者。人民流离失所,无以托命,则惟有相率投靠于当地
或其附近的坞主堡主,以求苟全生命于乱世。坞主们把这些依附的丁壮
编为武装集团,复将老弱妇孺编为生产集团。这些投靠的人户原来都是
对政府纳课服役的公民,现在则已变成对一家一姓效劳的私属了。在魏
晋至隋唐有一种特别的名称叫作"部曲"。所谓部曲这个阶层的身份,虽
在平民之下,但却在奴隶之上,唐律上规定十分详明,部曲奴隶同是主人
的私属家仆,在州县户籍上皆无独立的籍贯,对国家皆无课役①。但奴隶

---

① 《唐律疏议》卷六《名例六》云"部曲谓私家所有",卷十七《贼盗一》云"奴婢部曲身系于主",卷
二十二《斗讼二》云"部曲奴婢是为家仆,事主须存敬谨",卷二十三《斗讼三》云"部曲奴婢唯
系于主",卷二十四《斗讼四》云"部曲奴婢虽属于主"。

身份同于畜产资财,可以估价买卖;而部曲的身份则不同资财畜产,不得估价买卖,只能转事他人①。所以部曲的地位与欧洲中世农奴的地位确极近似。

投靠是举家相从的,所以论部曲多以家为单位。如李典有部曲三千余家,万三千余口(《三国·魏志》卷十八《李典传》),朱桓有部曲万余口,妻子尽识之(《三国·吴志》卷十一《朱桓传》),苏峻有部曲数千家(《晋书》卷一百《苏峻传》),祖逖有部曲百余家(《晋书》卷六十二《祖逖传》),鲁爽有部曲千余家(《宋书》卷七十四、《南史》卷四十《鲁爽传》),荀朗有部曲万余家(《陈书》卷十三、《南史》卷六十七《荀朗传》),皆其例。此等部曲或与领主共住一处,如张坏宅中常有父时旧部曲数百(《南齐书》卷二十四《张坏传》),即其例。亦有与领主分居者,则必须以亲属为质于领主之家,以表诚信,称为任子或质子②。

部曲的所有权、统率权是世袭勿替的。有的是父死子继,如马超继其父腾领部曲(《后汉书》卷一〇二《董卓传》、《三国·蜀志》卷六《马超传》),朱异继其父桓领部曲(《三国·吴志》卷十一《朱桓传》),孙韶继其父河领部曲(《三国·吴志》卷七《孙韶传》),陆祎继其父凯领部曲(《三国·吴志》卷十六《陆凯传》),孙策继其父坚领部曲(《后汉书》卷一〇五《袁术传》),刘肇继其父遐领部曲(《晋书》卷七《成帝纪》、卷八十一《刘遐传》),张环继其父领部曲(《南齐书》卷二十四《张环传》),夏侯亶继其父

①《唐律疏议》卷十七《贼盗一》云"部曲不同资财故特言之,奴婢同资财故不别言",卷十八《贼盗二》云"部曲既许转事,奴婢比之资财",又云"部曲及奴出卖,谓私奴出卖,部曲将转事人",卷二十五《诈伪》云"奴婢有价,部曲转事无估"。
②《晋书·武帝纪》,泰始元年诏:"复百姓徭役,罢部曲将吏以下质任。"咸宁三年大赦,诏:"徐部曲督以下质任。"新会梁先生《中国文化史稿·社会组织篇》谓,此质任有如后世卖身之甘结,似不尽然。按《晋书》卷六十三《邵续传》谓,邵续以孤危无援,权附于石勒,勒乃以续义为都护。既而段匹磾在蓟,遗书要续俱归元帝,续从之。其下谏曰:"今弃勒而归匹磾,任子危矣。"续垂泣曰:"我身出为国,岂得顾子而为叛臣哉!"遂叛于勒。勒乃害义云云,此可见任子乃以子弟为抵押品,以示服从之意,甚为明显。又《晋书》卷一百二十《李流载记》谓,山薮未集粮仗不多,宜录州郡大姓子弟以为质任。卿附广漠,付之上营,收集猛锐,严为防御云云,亦可见质任即质子任子之意。

领部曲(《梁书》卷二十八《夏侯亶传》),夏侯夔继其父譲嗣领部曲(《梁书》卷十、《南史》卷五十五《夏侯详传》),陈万敌继其父欣领部曲(《周书》卷四十三、《北史》卷六十六《陈欣传》),李迁哲继其父领部曲(《周书》卷四十四《李迁哲传》),其例甚多。亦有兄终弟及者,如苏逸继其兄峻(《晋书》卷一百《苏峻传》),刘芳继其兄廞(《魏书》卷五十五《刘芳传》),魏憬继其兄脱(《晋书》卷七十七《殷浩传》),萧遥光继其弟遥昌(《南齐书》卷四十五《始安贞王道生传附萧遥光遥昌传》),尔朱世隆继其兄荣领部曲(《魏书》卷七十一、《北史》卷四十五《李苗传》、《周书》卷二十二《杨宽传》)皆是。又有夫亡妻袭者,如张茂妻陆氏(《晋书》卷九十六《张茂传》),尔朱荣妻乡郡长公主(《魏书》卷十《孝庄帝纪》、《北史》卷五《魏本纪》)等是也。既有父死子继之制,自有子孙世袭之例,如梁武帝时沈众谓其家历代所隶故义部曲皆在吴兴(《陈书》卷十八《沈众传》)是也。

部曲之工作非防御战斗,而为生产劳动,如张孝秀去职归山,有田数十顷,部曲数百人,率以力田,尽供山众,远近归慕,从之如市(《梁书》卷五十一《处士》、《南史》卷七十六《隐逸·张孝秀传》),即其显例。所以部曲的地位亦与部下不同,如曹景宗部曲残横,部下厌之(《南史》卷三十五《曹景宗传》),是也。部下是临时招收的兵士,其身份是自由的平民,而部曲则是关系比较密切另一集团,其身份是半自由的农奴。所以部曲亦可以充馈赠赏赐之用,而转让其所有权统率权于他人,如崔鹏给广宗部曲三百、清河部曲千人(《北齐书》卷二十三《崔鹏传》),窦荣定得赐部曲八十户(《隋书》卷三十九《窦荣定传》、《北史》卷六十一《窦炽传》),皆其例。部曲虽可转让,但必须由其主人之自动,至少亦得主人之允许,而不得自由转事他人,如元固被迁,其部曲多愿为令狐整左右,整谕以朝制,而不许是也(《周书》卷三十六、《北史》卷六十七《令狐整传》)。所谓朝制当指北周法律,周律虽佚,今存唐律,可以推见一斑,唐律有“部曲转事无估”的条文,然转事必由主人主动,或至少亦必须得主人允许而后可。

豪族大姓占领国家公民以为私属,本是非常时期的特殊现象,这种非法的行为本来只可行于乱世,而不应存在于平时的。然豪族大姓往往变成新的统治阶层,所以在不健全的政权之下,往往不能不承认既成事实,于是非法的变态的现象,久而久之遂变成合法的常规的现象了。如曹魏时明令许公卿以下庇荫客户(《晋书》卷九十三《外戚·王恂传》),晋武帝时规定一二品官可荫佃客五十户,三品十户,四品七户,五品五户,六品三户,七品二户,八九品一户。东晋时许一二品官荫佃官四十户,典计三人,衣食客三人;三品佃客三十五户,典计二人,衣食客三人;四品佃客三十户,典计二人,衣食客三人;五品佃客二十五户,典计一人,衣食客三人,六品佃客二十户,典计一人,衣食客三人;七品佃客十五户,典计一人,衣食客二人;八品佃客十户,典计一人,衣食客二人;九品佃客五户,典计一人,衣食客一人(《晋书》卷二十六《食货志》),是也。政府立法的本意或在限制大族强宗招收农奴的数目;但豪中强族却有种种违法自全的办法,往往并合数十户或百户于一户之内,所以有"百户合室,千丁共籍"的公开秘密①,其收招游食以为私附的行为,愈演愈烈。这便是门阀时代世家大族的经济基础。晋成帝咸和间,庾亮为相,行土断法②;咸康七年,庾翼为相,复行之③,收效皆不甚著。至哀帝兴宁二年,桓温为相,又行之,即有名的庚戌土断(《晋书》卷八《哀帝纪》)。安帝义熙九年,刘裕执政时,亦曾行之(《宋书》卷二《武帝纪》),此后宋孝武帝大明元年④、齐高帝建元二年(《南齐书》卷二《高帝纪》、卷三十四《虞玩之传》、卷五十六《恩幸传》)、梁武帝天监元年⑤、陈文帝天嘉二年⑥,皆曾推行土断政策。此皆政府对付世家大族隐匿民户、招收游食的一种反响。然以其时

①《晋书》一二七《慕容德载记》云,百姓因秦晋之弊,迭相荫冒,或百室合户,或千丁共籍,《魏书》五三《李冲传》云,五十家三十家方为一户。
② 成帝咸和中曾行土断。《陈书》卷一谓,陈康因"咸和中土断,故为长城人"可证,时庾亮为中书令。《晋书》卷七十三《庾亮传》谓,亮"任法裁物,颇以此失人心"云云,当即指此。
③《晋书》卷七《成帝纪》云,咸康七年实行编户,王公以下皆正土断白籍云云。时王导、庾亮已先卒,庾翼、庾冰兄弟辅政。《世说新语·政事篇》谓,"庾冰代兄亮为相,尤峻法"云云,当系指此。
④《宋书》卷六《孝武纪》,大明元年七月辛未,土断诸侨郡县。
⑤《梁书》卷二《武帝纪》,天监元年四月,土断南徐州诸侨郡县。
⑥《陈书》卷三《世祖纪》,天嘉元年七月,诏行土断。

门阀势力正盛,所以政府推行土断政策收效皆不显著。换言之,即门阀的经济势力确是根深蒂固的。

当部曲劳动时代曾推行过所谓占田制与均田制,这似乎在理论上要发生冲突的。然而我们若详细考察事实,则部曲劳动与均田制度确是原则一致,并行不悖的。我们以为所谓占田制与均田制也与周代所谓井田制一般,其起源与动机都是在大战事之后人口凋零,土地剩余,而引起的一种强迫劳动——农奴生产。其出发点也完全为统治阶层剥削的立场,而并没有如儒家所谓"圣人为民制产"那般可取。关于这事,我们只须从当时的人口与土地的分配现象加以比较,便不难明了其真相了。

我国人口与土地的估计始自前汉,平帝时全国户一千二百二十三万余,口五千九百五十九万余,垦地八百二十三万余顷(即八亿二千三百余万亩),平均每户约可得田六十八亩,每人约得十四亩弱。土地不足供分配,故前汉末之大乱即由此起。后汉初年人口大减,问题自然解决。桓帝时人口复增至五千余万,因又引起后汉末年的大乱,人口锐减[1]。三国时陈群谓丧乱后人民比汉文景时不过一大郡(《三国·魏志》卷二十二《陈群传》),杜恕谓大魏奄有十州之地,计其户不如往昔一州(《三国·魏志》卷十六《杜畿传附杜恕传》)。晋武帝平吴统一之时,全国户仅二百四十余万,口仅一千六百余万。较之桓帝时,以口论不过三四分之一,以户论不过七分之一。而其时垦田之数当增于汉,因三国时吴国开辟东南,蜀国开辟西南,故其总数至少当在十亿亩以上,似可断言。以当时人口与土地平均计之,每户至少可得六七十亩。故晋武帝定户调法,订占田制,凡男女十六岁至六十岁者为正丁,男子占田七十亩,女子三十亩,丁男课田五十亩,丁女二十亩;凡十三至十五,六十一至六十五岁者,为次丁,次丁男课田二十五亩,女则不课;十二岁以下,六十六岁以上,为老小,既不受田,亦无课役(《晋书》卷二十六《食货志》)。男女二人给田百亩,正合古人一夫百亩之意,亦为当时土地数量所许。课田七十亩,不敢

---

[1]《三国·魏志》卷八《张绣传》谓,是时"天下户口减耗,十裁一在"。

断言一定在百亩之外，如在百亩之内，则农人自己所得不过百分之三十而已，这即是所谓七三收租之制，对农人是很苛刻的。

东晋南朝逼居江左，地狭人稠，不复有占田之制。北方则不然，五胡乱起，人民流徙，地广人稀，慕容暐时，申绍谓今之现户不过汉之一大郡（《晋书》卷一一一《慕容暐载记》），是也。慕容皝以中原萧条，千里无烟，乃以无主荒地分给无主流人，以牧牛放给贫家，田于苑中，公收其八，二分入私；有牛无地者亦田苑中，公收其七，三分入私（《晋书》卷一○九《慕容皝载记》），这明明是所谓八二收租制及七三收租制，其出发点全在剥削，而不在为民制产，乃是最显然不过的事实。元魏自太祖道武帝登国六年、天兴元年，太宗明元帝永兴五年，高祖孝文帝太和元年，皆曾行计口授田之法①。至太和九年始正式颁布均田令，凡男子十五以上授露田四十亩，加倍田四十亩，桑田二十亩；妇人授露田二十亩，加倍田二十亩。一夫一妇共百四十亩；奴婢依良人，牛一头授露田三十亩，加倍田三十亩，限四牛（《魏书·食货志》）。东魏北齐一夫授露田八十亩，桑田二十亩，妇人露田四十亩，奴婢依良，牛一头田六十亩，限四牛（《隋书》卷二十四《食货志》）。西魏北周一夫授田百亩，有室者加四十亩；奴婢依良人，牛一头田六十亩，限四牛（《隋书》卷二十四《食货志》）。隋制如北齐、北周（《隋书》卷二十四《食货志》）。唐制丁男、中男授田百亩，老弱废疾四十亩，寡妻妾三十亩，若当户者加二十亩（《旧唐书·食货志》、《唐会要》卷八十三、八十四）。要之，自元魏以至李唐的均田制度，系统相承，大体以耕牛为生产标准，给田六十亩；男子的生产劳动效率略胜于耕牛，则授田百亩；妇女的生产劳动效率，尚不如耕牛，故仅给田四十亩。按当时法律，奴隶身份与资财畜产相同，可以估价买卖，在社会上地位极卑，与良民相差甚远；然在均田制下，则奴隶与良民等伍。此可见均田制之动机，全在为支配阶层谋榨取的便利，而决不如世人所谓"为民制产"也。我们

---

① 《魏书·食货志》载，太祖登国六年，分徙吏民及徙各种人工技巧十余万家以充京师，各给耕牛，计口授田。太祖纪天兴元年诏，给内徙新民耕牛，计口授田。太宗纪永兴五年七月，徙二万余家于大宁，计口授田。八月，置新民于大宁川，给农器，计口授田。

若知隋炀帝大业二年全国垦地五千八百八十五万余顷,民户八百九十余万,人口四千六百余万,均平每户可得地五百余亩,每人可得百余亩,这便不难推测隋唐时代实施均田制度的理由。至于元魏、高齐、宇文周三朝户口更少,荒田更多,强迫劳动,农奴生产制度的推行,自然更为必要之举了。

就社会进化的阶段言之,由自给自足的农业生产社会,更进一步便是所谓单纯的商品生产社会,中国自西周春秋至战国秦汉便相当于这两个阶段。由单纯商品生产社会再进一步便是所谓资本社会了,我国自秦汉至魏晋隋唐本应演进到资本社会的,何以反而开了倒车,演成了变相的封建社会呢?这其中尚须略加说明。世界上有许多民族已演进到商品生产的阶段,本应直接踏上资本社会的地步;但因为内在的经济社会政治各方面的矛盾,不能取得协调,以致妨碍了它自身的发展;而同时又受外力的压迫,为文化还远不如自身的未开化或半开化的蛮族所侵略,甚至被灭亡,于是这些未开化或半开化的蛮族在这已经进至商品生产阶段的社会,又从新起头,回返到自足自给的生产阶段,而重复地演进一次。最显著的例证,就是欧洲古代,当希腊罗马时社会已演进到商品生产阶段,照一般社会进化原则说,本应转入资本社会的,何以反而倒退,回转到自足自给的中世封建社会呢?大家都知道,这是因为罗马内部的分裂矛盾,引起未开化及半开化的匈奴人、日耳曼人大举南侵。罗马帝国不但政权在蛮族的压迫之下逐渐崩溃,而且国民经济的发展亦因蛮族的蹂躏而由商品生产倒退于农业生产之域。于是蛮族占领之后,又重新起头,从自给生产开始重复地演进一次。所以文艺复兴时代的史家称第三世纪到十四世纪的欧洲为黑暗时代。我国自后汉灵帝时起,经过长期的大乱以后,内而政治经济各方面之矛盾甚为剧烈,外而匈奴、乌桓、鲜卑、氐、羌的侵扰日进,无已西晋统一,不到二十年便有五胡十六国大乱,秦汉以来的经济发展受了蹂躏,逐渐崩溃。在此衰落的经济废墟之上新建立的自然经济——封建社会,也正和欧洲中世一般是中国历史进化的一种逆转。

第五章　社会的变动及门阀的崩溃

魏晋至唐中叶为门阀势力笼罩一切的时代,门阀的势力表现于政治社会经济各方面,已如上述,然而此种门阀势力虽曾有约千年的长期的繁盛,却不能永远保持而不衰落。盖无论何种制度,当其生长成熟之最高点,亦即其转趋衰亡之起点。门阀势力至隋唐间已达于发展成熟的顶点,而其渐趋崩溃的形势亦显然可见。使门阀势力崩溃之原因虽有多端,然可大别为二:一是经济方面的主动力,一是政治方面的辅动力。

第一,就经济方面言之,自东汉末大乱以来,历魏晋南北朝的长期分裂,工商业是破坏衰退不堪的。自隋唐统一而后,经过贞观开元的一段盛世,社会安定,手工业生产方法逐渐进步,生产工具逐渐改良,产量逐渐增加。例如江北方面有扬州的造船工业、丝织工业、皮革工业、铜铁工业、印刷工业;四川方面有成都的造纸工业、印刷工业,及各地的制盐工业、陶瓷工业;河南方面有洛阳的铸钱工业;山西方面有太原的铜器工业、蒲州的造纸工业;河北方面有定州的丝织工业、邢州的制磁工业、蔚州的矿冶工业;山东方面有登州的造船工业、青州的丝织工业、莱芜的铁冶工业;江南方面有杭婺衢越宣等州的造纸工业、宣润饶衢信等州的矿冶工业、饶州的陶瓷工业;两湖方面有襄阳的漆器工业,潭州、郴州的矿冶工业;岭南方面有桂林的矿冶工业、棉织工业;西北方面有长安的丝织、毛织、酿酒、染色、铸钱各种工业。这些都是很负盛名的地方手工业,分布既遍于全国,品质日精,而产量亦日丰。此外各地次要手工业之见于《唐六典》、《通典·食货门》、《唐书·地理志》者,不能悉数。手工业繁荣之后,商业亦随而进步,不仅国内贸易逐渐发达,即海外贸易亦日趋繁荣。广州为对大食、波斯、印度、南洋通商的中心,明州、扬州、楚州、登州、莱州为对日本、新罗通商的中心,成都为对西南通商的中心,长安为对西北通商的中心,此外如汴州、荆州、洪州、越州等地皆为国内贸易的重镇。随工商业的发达,而农业方面亦不能不发生相当变化。门阀势力下的农业本是站在以部曲、佃客农奴为生产手段的基础上面的。自工商业进步之后，此等部曲、佃客或以金钱自赎为良，或因功绩解放为良，而改营工商业者必不在少数，但以过去史家对此等事实多所忽视而已。在门阀势力的长期压迫之下，若遇天旱、大水、虫伤等天灾，或战争等人祸，而不能维持其最低限度的生活时，则弱者虽不能免于淘汰，而强者必铤而走险，或啸聚山泽为寇盗，以与门阀势力相对抗，甚或加以报复。隋炀帝大业末年各地叛变者纷起，而西北方面举事者如：灵州的白榆婆（《隋书·炀帝纪》）、原州的唐弼（《大唐创业起居注》卷三）、金城的薛举（《旧唐书》卷五十九《丘行恭传》）等都被称为"奴贼"。丘行恭破原州奴贼，唐弼、李宏芝等于扶风诰之曰："汝等皆豪杰也，何至为奴，使天下号曰奴贼乎！"此所谓奴贼之名何由而起，不能确知。按魏晋以来，部曲制度多起于西北边地，意者隋末西北起事者多由部曲叛变，遂被人称为奴贼耶？未可知也。此外隋末潽州刺史王轨被奴所杀，奴执轨首以奔窦建德（《旧唐书》卷五十四、《新唐书》卷八十五《窦建德传》）。唐初裴寂被奴恭命所告发，坐流交州、静州（《旧唐书》卷五十七《裴寂传》）。武后时德妃父谌为润州刺史，有奴妄为妖异，以恐德妃母庞氏，并请夜祠祷解，并告发其事，下监察御史薛季昶按之（《资治通鉴》卷二〇五）。代宗大历间长安守李济被奴告讦得罪；万年令霍鹪被婢告发得罪，德宗建中三年郭子仪女婿赵纵被家奴当千告发下狱，坐贬循州（《唐会要》卷五十一、《旧唐书》卷一二五《张镒传》）。宣宗大中间，大理卿马曙被奴王庆告发，坐贬岭外（《唐书》卷九十七《魏謩传》）。五代后汉隐帝乾祐元年，前枢密使李嵩被家奴葛延遇告讦，诬服，被族诛（《新五代史》卷三十《苏逢吉传》、卷五十七《李嵩传》）。此外当时农奴奴隶叛变的事实必不在少数；但以与政治大局多无直接关系，致史家多忽视之，而未加以记录耳。农奴、奴隶叛变的事件愈多，则世族右姓便愈有戒心，而不复敢多养奴，因而农奴制及奴隶制至五代后亦渐告一段落。所以门阀势力崩溃的原因，经济方面的变化当是主要的动力。

第二，就政治方面言之，门阀的势力愈膨胀，则君主的势力愈缩小，这与专制君主的集权政策是互相矛盾的。晋元帝时用刘隗、刁协、戴渊等的主张，解放奴客，签奴充兵，这是对于豪族的一大威胁，所以引起豪族代表王敦的叛变，以诛杀刘隗等为名（《晋书》卷六十九《刘隗传》、《刁协传》、《戴若思传》、卷一百《王敦传》）。成帝时外戚庾亮、庾冰、庾翼兄弟相继辅政，整顿户籍，实行土断，使侨寓的人也编入所在地的籍贯，同样受当地政府的管理，并签奴为兵，遂致豪族嗟怨（《晋书》卷七十三《庾亮传》《庾翼传》《庾冰传》、卷七十七《何充传》、《通鉴》卷九十七、《世说新语·政事篇》）。穆帝至安帝时，桓温、桓玄父子也力主整顿户籍，所谓庚戌土断，便是最有名的一次整顿户籍运动（《晋书》卷八《哀帝纪》、卷九十八《桓温传》）。晋安帝义熙九年，刘裕辅政时，也曾主持一次整理户籍运动（《宋书》卷二《武帝纪》）。至刘裕篡晋建宋后，永初元年即下诏整理户籍。其子文帝元嘉二十七年亦曾定七条征发之制。其孙孝武帝大明元年行土断，又改良役法，以军法强制世族服役。南齐高帝萧道成用虞玩之策，整顿户籍，遂引起富阳唐寓之的叛变（《南齐书》卷三十四《虞玩之传》、卷五十六《恩倖传》）。梁武帝天监元年亦曾行土断，陈文帝天嘉元年诏行土断，陈宣帝太建中以褚介为山阴令，搜括隐户（《陈书》卷三十四《褚介传》）。隋文帝时斐蕴高颍亦曾整理户籍（《陈书》卷二十四《食货志》、卷六十七《裴蕴传》）。这些都是利用政治力量给门阀势力以经济方面的重大打击。

此外如刘宋、萧齐、萧梁及陈代多用寒人当权，梁武帝改革铨选标准，用人以才能为尚，不问门第，又提高军人地位，许其列入士族，皆是从政制方面打击门阀势力的事实。至隋炀帝大业中又大改选举制度，创进士科，以考试为选举标准，李唐沿而扩大之（《通典》卷十四《选举二》、《旧唐书》卷一一九《杨绾传王保定撤传》），于进士科外又有明经、明法、明算、明字、一史、三史、开元礼、秀才、俊士、道举、童子等科，于是中正制渐废。然科举虽创于隋而盛于唐，而其时考试规则之订定犹未严密，世家大族犹得把持政权，操纵选举。素族寒人中往往有奇才异能，屡试不得志者，因而积怨门阀势力，借题发挥，借图报复者亦不一而足。如唐僖宗乾符初，王仙芝、黄巢等之大乱，即由屡举进士被摈，积愤而起，故其破长安时，大杀宗族王侯无遗类，杀大臣世族如崔沆、裴谂、李溥等百余人，捕京吏悉斩之，缚富人，索财物，焚庐舍，不可数计，见贫民则散金帛与之，此次大乱地通南北东西，时历十余年，世族右姓受摧残者当不可数计①。又李山甫数举进士被黜，怨中朝大臣刺骨。僖宗中和末，王铎以中朝元老出为昌义节度使，路过魏。山甫以诡谋引诱魏博节使乐彦祯之子从训伏兵害之于高鸡泊，并杀其眷属、奴从、随员等三百余人以泄愤（《旧唐书》卷一六四、《新唐书》卷一八五《王铎传》）。又李振屡举进士不第，深嫉缙绅之士，与柳璨、张廷范、蒋玄晖等相联结，哀帝天祐二年，因星变，劝朱温尽贬左仆射裴枢、右仆射崔远、吏部尚书陆扆、工部尚书王溥等三十余人于边州，并杀之于滑州白马驿，投尸黄河，曰："此辈自号清流，可使为浊流。"此外门胄高华居三省台阁以名检自处，声迹稍著者，皆指为浮薄，贬逐无虚日，缙绅为之一空（《通鉴》卷八十一《唐纪》，《新五代史》卷四十三《李振传》、卷三十五《唐六臣传》，《旧唐书》卷一七九、《新唐书》卷二二三《柳璨传》）。

门阀势力弥漫约历千年，而素族寒人之受压迫侮辱者亦历千载。一旦机会来临，寒人得势，遂把门阀势力一网打尽，观于唐末的实例，便可了然。世家右姓经此打击后，便衰落下去，至五代以后，势力便大不如前了。我们若一查二十五史的列传，统计韦、柳、裴、崔、萧、杜、薛、陆、卢、李、袁等诸盛门的前后盛衰之迹，便不难推见一斑。例如韦氏五代以前见正史列传者一百三十余人，五代以下则仅五人，不过三十分之一而已。柳氏五代前见史传者八十余人，五代后仅五人，不过二十分之一耳。裴氏五代前见史传者约一百十余人，五代后仅十余人，不十分之一耳。崔氏五代前见史传者二百二十余人，五代后仅三十人，不过九分之一耳。萧氏五代前见史传者，约三百四十余人，五代后仅四十余人（《辽史》除

①《旧唐书》卷二百、《新唐书》卷二二五《黄巢传》，刘克庄《后村诗话》谓，黄巢亦进士，似系王仙芝之误。

外),不过八分之一耳。杜氏五代前见史传者一百十余人,五代后仅三十人,不过四分之一耳。薛氏五代前见百余人,五代后仅四十人,不过三四分之一耳。此外陆卢李袁诸氏至五代以后,人才皆远不如五代以前之盛。即此可见唐末五代大变乱中,门阀势力所受摧残之严重了。

第三,就社会方面言之,门阀时代与中正制相表里者为谱学的昌盛。因为中正呈报选举品状,网罗合境人才,周悉非易,故必稽查谱牒。魏晋皆有主谱史,属正八品,专掌谱牒。凡百官族姓有家谱家状者,皆呈之谱官,考定真伪,藏于秘阁;凡家谱有滥而伪者,则据官书纠正之;如官书有阙漏者,则据私籍补充之。挚虞撰《族姓昭穆记》十卷,为晋代谱学之先导。贾弼撰《姓氏簿状》,集十八州百十六郡,合七百十二篇,分析士庶,略无遗漏,则为东晋首出的谱学大师。弼传其子匪,匪传其子渊,渊传其子执,执传其孙冠,历数世不绝。宋时何承天撰《姓苑》十卷,刘湛撰《百家谱》二卷。南齐时贾渊撰《姓氏要状》十五卷,王俭撰《百家集谱》十卷、《新集诸州谱》十二卷、《诸姓谱》一百十六卷。梁武帝置谱局,诏王僧孺撰《总责境内十八州谱》十八篇六百九十卷、《南族谱》一篇二卷、《百家谱》三十卷、《百家谱集抄》十五卷、《东南谱集抄》十卷,徐勉撰《百家谱》二十卷,贾执撰《百家谱》二十卷、《百家谱抄》五卷、《姓氏英贤谱》一百卷,贾冠撰《梁国亲皇太子序亲簿》四卷,此外梁时刘孝标注《世说新语》引家谱至四十种之多。北朝谱学则有魏孝文帝《列姓族牒》一卷,元晖叶《后魏辨宗录》二卷,北齐相州僧昙刚撰《山东士大夫类例》若干卷,北周武帝建德间撰《氏族谱》,以四海通望为右姓。隋文帝开皇间撰《氏族谱》,以上品茂姓为右姓。唐太宗命高士廉等撰《氏族志》一百卷,甄别士庶。中宗时柳冲等撰《姓族系录》二百卷,玄宗时韦述撰《开元谱》二十卷、《百家类例》三卷。代宗永泰时,柳芳撰《永泰新谱》二十卷。宪宗时李衢、林宝合撰《皇唐玉牒》百十卷,林宝撰《元和姓纂》十卷。文宗时柳璟撰《续永泰谱》十卷(《唐书》卷一一九《柳冲传》)。僖宗以后,大乱纷起,旧谱多被摧毁,全部散亡,于是谱学殆绝。故苏洵谓:"自唐衰谱学废绝,于是由贱而贵者耻言其先,由贫而富者不录其祖,而谱学遂大废"

（《苏老泉集·谱例篇》、《嘉祐集》）。欧阳修谓："前世多丧乱，而士大夫之世谱未尝绝。自五代迄今，家家亡之"（《欧阳文忠公集·与王回论世谱简帖》）。因谱学为门阀势力的副产物，魏晋南北朝或以选举官而治谱学，或以谱学家而掌选政，是谱学与选政相须为用，故相得而益彰。自隋唐以来，科举代兴，选举与谱学无关，故唐代谱学家多系史官。自唐中叶以后，藩镇势盛，科举风气亦较前更盛，无论由科举起家的新贵及由武吏起家的军阀中，自有不少由寒微出身的暴发户，对于可为门阀势力作护符的谱学，不但不加重视，反而极端嫉视，故谱族的衰微，确已具有必然的潜力。不过最后假王仙芝、黄巢、朱温、李振等之手，宣告寿终正寝而已。五代而下，谱官永不复置，谱学遂由官而私。私家或不修谱，或修谱而各自我作故，谱学遂由公开而秘密。谱学既衰，于是门阀势力的依据遂完全被摧毁了。我们只要翻阅二十五史的列传，约略估计魏晋至隋唐间的二十几个大族中，如韦、柳、裴、崔、萧、杜、薛、陆、卢、李、袁诸氏在五代以下人才衰落的情形，便可知道一般了。

（此文初以《中国中古时期之门阀》为名，发表于 1944 年 5 月出版的《中山文化季刊》第 1 卷第 4 期。后方壮猷先生续有修改，并易今名。此处据家藏之油印修改稿录入。）

南宋编年史家二李年谱

赵宋三百二十二年间,实为我国编年史体之最盛时期。名家辈出,佳著迭见,而司马温公之《资治通鉴》实集此体之大成。继温公而起者则以李巽岩之《续通鉴长编》与李秀岩之《高宗系年要录》为代表焉。《四库全书提要》谓"通鉴网罗宏富,体大思精,为前古所未有,巽岩学温公而或不及,秀岩学巽岩则无不及云云",虽曰笃论,然而未尽也。

夫编年史体之初型,固为断烂朝报、流水账簿之类,盖我国古代以竹简为书契,数量繁重,则检查匪易,故史官记注,文字必极简单,义例必有定型,而庋藏尤必力求标准化。大抵以年月日时为次序,且于若干短简之间,必别置长简以为标识,即如某时无事亦必标举春夏秋冬等字样以资识别,而便覆检。因此史官得于无意之中发明编年系时系月系日之法,而成世界最古之编年史体。彼欧洲古代书契以兽皮为主,不便编年,故欧洲编年史体遂迟至中古时代始渐发达。彼中世纪各教堂之复活节牌上尝将过往一年大事择要记录,后来扩充记录范围渐及于教堂邻近之事,遂成巨观。彼中古之编年史家多遍游各教堂,以抄录其复活节牌上之记事,整理纂辑,是为欧洲编年史之滥觞。我国古代不仅王室与列国皆有史官以司记注,即卿大夫之家,亦多有之。孔子修春秋之先,亦尝周游列国,似曾遍录各国史官所记,又使子夏等求周史记,得百二十国宝书。然后归国,整理笔削,以成《春秋》,故《春秋》虽以鲁公纪年,而当时各国大事无不在记载之列。此种国际性质之史书,决非当时鲁国史官之知识能力所及,而唯大政治家兼教育家如孔子者始能当之。孔子既择精撮要,撰成《春秋》一书,以为课本,而其被删削之剩余史料,门下高徒因之以编成《左传》一书。左者,佐也;传者,授也。以今义释之,即辅佐教科书之参考书也。《春秋》仅举大纲,而《左传》则详述故事。例如《春秋》记隐公元年夏五月"郑伯克段于鄢"一条,仅六字,令读者对于此事之起源如何,经过如何,结果如何,茫然不得其解。而《左传》述此事则四百四十余字,于是此事之始末乃元元本本,读者瞭然如指诸掌矣,故《春秋》一书为我编年史体开其基,而《左传》一书尤为此体不祧之宗焉。

司马温公患《史记》至《五代史》千五百卷,学者毕世不能举其大略。因毅然修《通鉴》一书,以续《左传》。始自战国,迄乎五季。先命其寮属刘贡父、刘道原、范梦得等分工合作。贡父任汉迄隋,梦得任唐代,道原任五季(见全谢山《通鉴分修诸子考》)。首以实录为据,将其事目标出,次将正史中之纪志传皆按年月补录,然后将诸家杂史、小说、文集之类,但稍涉时事者,皆依年月添附之,不避重复,不厌繁冗。此其着手之初步,是曰丛目。次将丛目所据实录、正史、杂记、小说、文集等资料,逐一检阅;其中事同文异者,则择一明白详备者录之;彼此互有详略,则左右采获,错综铨次,自用文辞修正之;一如左氏之体,凡正文并作大字写。若彼此年月事迹有相违戾不同者,则选择一证据分明,情理近于得实者,修入正文,余则用小字双行注于其下,仍为叙述所以取此舍彼之意,宁失于繁,勿失于略。此其着手之第二步,是曰长编,亦名草卷。最后由温公细加删削。例如唐代,先由范梦得将诸书依年月编次为草卷,每四丈截为一卷,共计不减六七百卷,而温公最后笔削为唐纪,则仅八十卷,故巽岩称温公削删之功盛矣,此为其用功之最后一步,是为《通鉴》。此修史之典型也。徐氏《三朝北盟会编》近于丛目,而二李之《长编》与《要录》则近于草卷者也。

巽岩修《长编》，自称其纂集义例悉用温公之成法。周密《癸辛杂识》引李献可语，谓巽岩修史，尝置木橱十枚，每橱置抽替匣十枚，每匣以甲子志之，凡本年之事，有所闻，必归此匣，分日月先后次第之，井然有条。上自实录国史，官府文书，下逮稗官野记，家乘志状，奏议文集等，无不旁搜博采，荟萃讨论，逮相稽审，质验异同。此即范梦得等修长编之法，故即以《长编》为名。盖自谦不敢言续温公书，欲待大史家如温公者出而删定之也。叶水心曰：李氏《续通鉴长编》，《春秋》之后，才有此书。自史法坏，谱牒绝，百家异传，与《诗》《书》《春秋》并行。而汉至五季事，多在记后。史官常狼狈收拾，仅能成篇。呜呼，其何以信天下也！《通鉴》由千有余岁之后，追战国秦汉之前，则远矣。疑词谈说，流于人心久矣。方将钩索质验，贯殊析同，力诚劳，而势难一矣。及公据兴复之会，乘岁月之存，断自本朝，凡实录正史，官府文书，无不是正，就一律也。而又家录野记，旁互参审，毫发不令遁逸。邪正心迹，随卷较然。夫孔子之所以正时月日，必取于《春秋》者，近而其事具也。唯《续通鉴》为然耳，故余谓《春秋》之后，才有此书，信之所聚也。虽然公终不敢自成书，策使至约出于至详，至简成于至繁，以待后人而已。(《水心集》)夫至约至简者，章实斋所谓撰述之功，而至详至繁者，实斋所谓比次之业也。撰述之目的构成一种有系统有宗旨之课本，以供大众之阅读；故必须剪裁精密，组织完善，自成一家之言。而比次之功用，则在编辑一材料宏富之参考书，以供专家研究或著作时之采择；故必须网罗无遗，而不能任意去取。温公《通鉴》固撰述中之上乘，乃修史之最后一步，而二李之《长编》《要录》则为比次中之杰构，乃修史之第二步，故《四库提要》所谓巽岩学温公而或不及者盖指此也。虽然，史家笔削之法，固往往因时因地因人而转移，而读者所需课本之标准亦常因时因地而异其趣。史家虽尽力选择，精心结构，亦无法满足时移势异之读者。故供给此时此地读者需要之大众读本，固极可贵；然而保存丛目草卷，以供给异时异地编著课本者之取材，其重要亦不下于课本。然则实斋所谓记注之事、比次之业与撰述之功，固未可以高下论矣。

编年史，排比年月，件系事迹，体颇方板，而不适于阐显幽微。不唯朝章国典无所附丽，而文化学术之伏流，社会经济之潜势，往往须经数年数十年而后显者，既无确切年月可系，自亦无从依附。故编年史所及者，乃仅政治、军事、外交等大端，然即此诸大端中每一事之发生扩充以至完成，往往有连续至数年甚至数十年不断者。编年者，不得不将此等整个事迹拆散割裂，错综于数十百年之间，杂出数卷数篇之内，使读者欲求一事之起讫，究一人之始末，而前后牵连，检查为烦。此编年史体之根本弱点，亦即纪事本末体所以起而补救之者也。然编年史体本身亦有其优点。一曰，以年月日时为经，以事迹为纬，在同一时间内，而多方面之情事，毕列并陈，一览了然，便于考见一时代之大势，及各方面之相互关系，刘子玄所谓"中国外夷，同年共世，莫不备载其事，形于日前"，是也。二曰，编排年月，则可将重复之文，尽行删削，刘氏所谓"理尽一言，语无重出"，是也。三曰，按年月日时排比事迹，则事迹之违误者，便于检正，例如记某人卒于某年，而一般传说附诸其人之事如竟有在是年之后者，则其谬误不待考校而自见矣。故编年史体起源于记注之业，而亦最便于比次之功，此二李之《长编》《要录》所以不朽欤？

巽岩与其子雁潮、悦斋，素有"眉山三李"之称，而秀岩与其父隆山、弟东窗、陵阳，又有"井研四李"之目。余治宋辽金元史，亦尝依温公之法，以二公之书为底本，标举事目，而将正史、杂记、奏稿、文集等之稍涉时事者，添附于二书之间；然后凡类剪贴，以为宋元史料长编，故于二公之书，习之既久，亲之益密。巽岩原有文集百二十卷，秀岩亦有文集百卷，今皆不传，致二公修史之良法美意，多郁而未彰，甚可惜也。便中因撰次二公事迹，并略附以父子兄弟师徒之事，合为年谱一卷。唯值转徙流离之际，搜蒐材料，极感不便。兹所依据，以《宋史》二公本传及其父子兄弟师徒诸传，周必大所撰《李文简公神道碑铭》，及《四川通志》眉州资州两属志，丹稜井研两县志为主，其他征引诸书，则分见于附注中。

丹稜李氏世系表

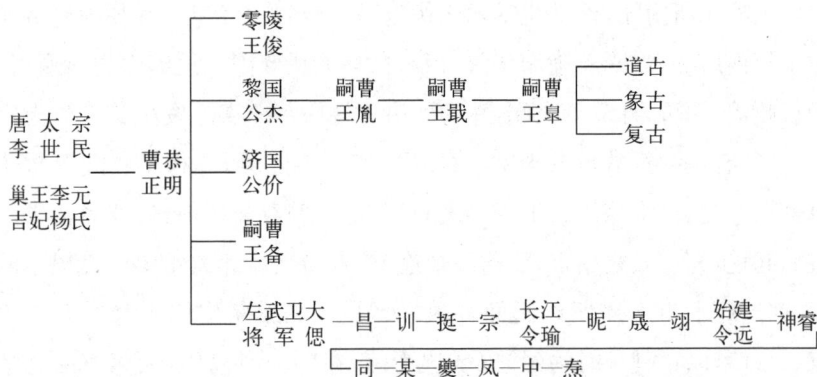

獻案：井研李氏世系不详，而丹稜李氏世系则有周必大所撰《李文简公神道碑铭》，《新唐书·宗室世系表》，《四川通志》，《眉州属志》，《丹楼县志》等书可资依据。然省志州志县志皆有不可不纠正之大误点二：一曰以李记为李皋之后，二曰系李瑜于天宝至德之间。夫李德为李明之季子，而李皋为李明之四世孙，据《唐书·宗室世系表》及诸王列传所载甚确，稍一检查即明，不审省志州志县志何以踵谬袭误至是？又以三十年为一世之标准计之，李瑜当生于唐文宗开成初年（公元八三六），即以二十五年为一世之标准计算，则李瑜亦当生于唐懿宗咸通初年（公元八六〇），不知省州县志何以皆系瑜于天宝至德之间，相距凡百余年之久？案《唐书·宗室·曹王皋传》谓皋于天宝十一载嗣封，安禄山反，奉母逃民间，间走蜀，谒玄宗，由都水使者迁左领军将军，后累官至户部尚书，贞元八年卒。岂以李皋避安禄山之乱入蜀，与李偲避武后之害入蜀，混为一事耶？殊不知李皋虽曾一度入蜀，然终回长安，嗣王位，历高官。而李偲入蜀，则家于丹稜者也，故丹陵李氏为李偲之后，而非李皋之后，周必大撰《李文简公神道碑》，《唐书·宗室世系表》所载若可信，则省州县志所载皆误，故为订正如上表。

公元六八八，戊子，唐睿宗垂拱四年

八月，太宗第八子蔡州刺史越王贞之长子博州刺史琅琊王冲起兵，贞应之。事败,武后大杀唐宗室,壮者皆被诛死,幼者皆没入为官奴,或匿民间为庸保。太宗第十四子曹王明已先卒,其长子零陵王俊,次子黎国公杰,并遇害,第三子价,第四子备,第五子左武卫大将军偲,皆弃职逃徙。偲入蜀,家于眉州丹陵县。即焘之十六世祖也。

公元八六〇,庚辰,唐懿宗咸通元年

焘之十一世祖,长江令瑜,约生于是时,或稍前后。瑜有六子,长眕,次昵,三辣,四曙,五映,六晴,(见《新唐书》卷七十《宗室世系表》)。

公元九四〇,庚子,后晋高祖天福五年

焘之七世祖,始建令远,约生于是时,或稍前后。

公元一〇三六,丙子,宋仁宗景祐三年

焘之曾祖,追赠奉直大夫夔,约生于是时,或稍前后。

公元一〇六一,辛丑,宋仁宗嘉祐六年

焘之祖,追赠奉直大夫凤,约生于是时,或稍前后。是年,司马光知谏院,私修《通志》八卷,当始于此时或稍后。至英宗治平二年奏进,始开局续修,越十九年,即神宗元丰七年,全书始完成。

公元一〇八六,丙寅,宋哲宗元祐元年

焘之父中,约生于是时,或稍后。是年二月,司马光为相,九月朔卒,年六十八。越十二年,即元符元年,戊寅七月,范祖禹卒于化州,年五十八。

公元一一〇九,己丑,宋徽宗大观三年

焘之父中,举贾安宅榜进士。(《丹稜县志》)

公元一一一二,壬辰,宋徽宗政和二年

二月,复蔡京太师,赐第京师。四月,禁史学。明年正月,追封王安石为舒王,安石子雱为临川伯,从祀孔子庙。

公元一一一五,己未,宋徽宗政和五年

焘生,父中知仙井监(唐陵州,宋太宗至道三年升为团练州,真宗咸平四年废州置县,神宗熙宁五年废县为陵井监,徽宗政和四年改为仙井监,孝宗隆兴元年改为隆州,辖仁寿、井研二县,见《宋史·地理志》)。母

史氏(周撰《神道碑铭》)

公元一一二四,甲辰,宋徽宗宣和六年

寿年十岁,天资颖异。著《三朝北盟会编》之徐梦莘生于是年。

公元一一三二,壬子,宋高宗绍兴二年

焘年十八,应乡荐,为眉州解冠,时第二人史尧弼,方十四岁(见周密《浩然斋雅谈》)。明年四月,范祖禹长子冲为宗正少卿,后二年兼值史馆,重修《神宗哲宗实录》,为《考异》一书,明示去取,旧文以墨书,删去者以黄书,新修者以朱书,世号朱墨史,及修《哲宗实录》,别为一书,名《辨诬录》。

公元一一三四,甲寅,宋高宗绍兴四年

焘年二十,博览经传,私淑司马光、范祖禹之学行,而不乐王安石经解。甫冠即著《两汉鉴》(见周撰《神道碑铭》)

公元一一三五,乙卯,宋高宗绍兴五年

焘年二十一,追念靖康之变,愤金仇未雪,因着《反正议》十四篇,皆救时大务。

心传之父舜臣,字子思,学者称为隆山先生者,约于是年或稍后生于仙井监井研县。

公元一一三八,戊午,宋高宗绍兴八年

焘年二十四,登黄公度榜进士,调成都华阳县主簿,未至,讲学于丹陵县治北十五里之龙鹄山,命曰"巽岩",并自为记曰:"子真子三卜居乃得此山。向东南,面西北,其位为巽为乾。盖处已非乾健无以立,应物非巽顺无以行。《易》六十四卦,仲尼掇其九而三陈之,起乎离,止乎巽。此讲学之序也。语曰,可与共学,未可与适道;可与适道,未可与立;可与立,未可与权。夫人各有所志,善恶分焉。唯能谦可与共学;唯能复可与适道。知所适而无以自立,则莫能久。故取诸恒,使久于其道。或损之,或益之,至于困而不改,若井,未始随邑而迁,则所以自立者成矣。虽然吉凶祸福横发逆起,有不可知,将合于道,其唯权乎!然非巽则权亦不可行。学而至于巽,乃可与权。此圣贤事业也。"(见周撰《神道碑》及岳珂

《桯史》)此可见寿之志趣学问盖深于《周易》者,曾著《易学》五卷,《周易古经》八卷。熹私淑司马光,光亦深于易学者,曾著《潜虚》一卷。

是年三月,秦桧为右仆射兼枢密使。十月,罢左仆射兼枢密使赵鼎。明年二月,吴玠为四川宣抚使。七月,胡世将为宣抚副使。是年诏修《徽宗实录》、《元丰会要》,胡安国著《通鉴举要补遗》。

公元一一四〇,庚申,宋高宗绍兴十年

熹年二十六,赴华阳。三月,张焘以宝文阁学士知成都府,兼本路安抚使。会郡国举贤良方正直言极谏之士,熹以为李唐三百年间应此科之选而名实无愧者,唯刘玄华一人而已,心窃慕之,因携所著《通论》五十篇见张焘,欲应诏,因故不果荐。(按岳珂《愧郯录》卷十一《制举科目》条记绍兴元年正月一日,四年三月十八日,七年二月九日,十年三月二十三日,十四年三月二十八日,十七年四月二日,二十年五月四日,二十三年五月一日,二十六年四月三日,二十九年三月十九日,三十二年三月二十八日,凡十一诏迄无应者,不知何故? 意者当政治黑暗之际,地方长官为爱惜人,深恐直言极谏之士,将不免于牺牲,故相率不肯推荐欤? 未可知也。其友晁公溯以书勉之,熹答以当修此学,不必从此举云。秩满外铨,复职教授缺,亦不就,肆力著述,《续资治通鉴长编》之纂辑当始于此时(按淳熙九年进长编表云:臣网罗收拾垂四十年,知其开始从事此书之纂辑,为时甚早)。是年,秦松罢史馆,置监修官。明年,桧进《徽宗实录》。

公元一一四四,甲子,宋高宗绍兴十四年

熹年三十,注嘉州军事推官。

心传父舜臣,八岁即能属文(见《宋史》四〇四本传)。

李光之次子孟坚私撰国史,为陆升之所举发。狱成,李光一家尽流琼州居住。是年四月,秦桧禁野史,秦熺进《建炎绍兴日历》五百九十卷。

公元一一四七,丁卯,宋高宗绍兴十一七年

熹年三十三,丁父忧还里守服(熹父中,累官至左朝奉散大夫,卒赠宣奉大夫,通习本朝典故,见《建炎以来系年要录》卷一八三)。闭户著书,以为司马光修《通鉴》,先为《百官公卿表》十五卷,后颇散佚,乃遍求正史实录,旁搜索集野史,增广门类,起建隆,迄靖康,合新旧官制,成《续皇朝百官公卿表》一百四十二卷。其后著《续资治通鉴长编》盖始于此。又著《历代宰相年表》三十四卷,自叙曰:"夫右之所谓相者一而已,初未尝使他人参贰乎其间,尧相舜,舜相禹,禹相皋陶,陶既殁,乃相益,汤相伊尹,传所谓仲虺为汤左相者,不足信也。周室并建三公,而一公实兼冢宰,故旦、奭夹辅成王,而诞保文武受命者,专属之旦。旦归于丰,奭乃专政。盖其名二公,其实一相耳。自秦以降,名实寝以两失,间有瓖伟绝特,负贤相之称,功烈赫然著见于一时者,亦必得君之专,历年之久,而莫或参贰之故也。权出于一,而莫参贰之,虽奸雄或得以肆其恶,攘窃天下,倾国败家,不可禁遏。然而一相之任,终不可分者,唐虞夏商之成法也。彼徒见赵高,王莽,曹操,司马懿,其祸如此之酷也,而不察夫帝王之所以隆盛,其为利盖亦溥哉!不能还治其本,而反疑其末,并列兼制,使相牵引,而相遂失其职矣。夫任相不获其利,而蒙其祸,是君之不明,非相之权用不可使出于一也。既夺其职,分其权,则所谓相者,特一大有司耳。其何以总百官,治万事,而亮天工耶?凡相取其德耳,故曰:惟尹暨汤咸有一德。而舜禹皋陶之肯命,必孜孜以德为言。彼诚知所本者欤?本之不知,则其选用益杂而多端矣。选用杂而多端,故其称颠倒错乱,无有定制;或居其位,而不得闻其政,或当轴秉钧,而身乃为他官;名实纠纷,贤不肖溷淆。其多或至十三四,而其少犹不下四五辈。古所谓相,宁若此乎?然而治乱安危所系,今犹古也,其所以得相,及所以失相者,要不可不知。按诸旧史,惟前汉及唐颇有谱牒,其他率皆不具,脱略抵牾,迷失本真。乃旁搜远取,推究前后,悉用司马迁经纬之法,追为年表,起汉元,迄周显德。昔之参机务枢要者,莫不咸任。事有本末,附见于下,否则略之。使其人与其官皆相传而不绝。观宰相之出处进退何如,而天下安危治乱在目中矣。其足以补前代之缺文,揭当今之远鉴乎?合一千五百三十四年,厘为三十四卷。"(见《通考·经籍考》)。

又著《天禧以来谏官年表》若干卷,自叙曰:"古者自公卿大夫士至于工商,莫不皆有言责,辐辏并进,而天子斟酌焉。未尝有以言责专付一官者,以言责付一官,则由汉武帝失之。武帝诚不喜谏者,初置谏大夫,犹未限员。东京循旧弗改,后乃寝微。晋及江表,绝不复置。拓跋魏复置,其员亦不可知。高齐缘《孝经》之文,始有七人之限。夫以天下之众,而敢言者才七人耳,尚足望治耶?煮惟祖宗明目达聪,协于虞舜,任言责者不一,天禧别置谏院,礼秩优异,他官莫拟。崇广言路,谏官御史权势气力乃与宰相等。盖当时所用谏官御史,必取天下第一流,非学术才行俱备,为一世所高者,莫任此位。或误选试,旋加汰斥。言而当者,曾不十年,径登台辅,其名迹皆可考见。呜呼盛哉!今断自天禧置院以来,作《谏官年表》。"(《通考·经籍考》)

又著《天禧以来御史年表》若干卷,自叙曰:"御史,法官也,其责不专于言。而天禧选用则与谏官俱任言责。台虽有等级,而义所当击,则卑者亦得径行,其权势气力又出谏官上。祖宗之圣算神术备矣。今亦断自天禧以来,取丞杂三院姓名悉列之表,若其人必天子自择,而宰相优容之乃能有济。犹谏官也。"(《通考·经籍考》)

又著《江左方镇年表》十六卷,自晋永嘉,迄陈贞明,以孙氏不能保淮,李氏不能逾浙,又亡荆及巴蜀,故削而不著。(《玉海》)

此外,尚有《晋司马氏本支》,《齐梁萧氏本支》,《王谢世表》,《唐宰相谱》,《五代三衙将相年表》等若干卷,当亦成于此时。

公元一一五〇,庚午,宋高宗绍兴二十年

煮年三十六,父服除,再注雅州军事推官。时郡守用私情背法者总领财赋,增州盐笺,煮移书力拒之。张浚称其有台谏凤(周《碑》)。王俦之父赏,自崇宁元年登进士第后,累官至礼部侍郎兼直学士,绍兴(?)为实录修撰,忤秦桧意,出知利州(《朝野杂记》)。

是年,周必大成进士,除太学录,叶适生。

公元一一五四,甲戌,宋高宗绍兴二十四年

煮年四十,改秩宣议郎,知成都双流县。撰《双流逍遥堂记》曰:"双流有堂曰三相,其得名最久。按诸史牒,唐韦嗣立尝长斯邑,政绩殊异,后相则天、中宗、睿宗三朝,嗣立为相,实三拜三已,所称三相,即嗣立也……嗣立既能得民，其好尚复流俗小异，虽居廊庙，每自托于山林。孝和尝幸其居，即诏嗣立袭逍遥公夐，故封逍遥者，嗣立之族人，在宇文周时志节尤高……嗣立去双流既五百岁，而予适来斯邑。邑之颓剥残缺固非当时比。而余又迟钝迂阔不堪世用。……乃即堂之南，更启窗户，乘嗣立故封，而命之曰逍遥。簿领空隙，徜徉其间，庶几不失余之初心，且为斯邑故事云。"（全文见省志府志县志）

是年，徐梦莘成进士。（《宋史》卷四三八《儒林传》）

公元一一五五，乙亥，宋高宗绍兴二十五年

焘年四十一，知双流县，日坐厅事，讼至立决。十月，秦桧卒，当桧盛时颇知焘名，尝遣人谕意，欲得焘一通问，节召用之。焘恶其误国擅权，迄不与通，坐此偃蹇州县者垂二十年（《系年要录》卷一八三）。桧既死，明年，命史馆重修日历。

公元一一五八，戊寅，宋高宗绍兴二十八年

焘年四十四，知双流县，第六子壁，字季章，自号雁湖居士者，生于是年。九月，王刚中为四川制置使，闻焘名，辟以干办公事。

公元一一五九，己卯，宋高宗绍兴二十九年

焘年四十五，七月十七日戊戌，翰林学士修国史周麟之奏："宣教郎知双流县李焘，尝著《续皇朝公卿百官表》九十卷，诏给札录付史馆。"（见《系年要录》卷一八三，《玉海》记此事作一百十二卷，微有不同）

公元一一六〇，庚辰，绍兴三十年

焘年四十六，第七子埴，字季允，学者称悦斋先生者，生于是年。（《宋元学案》卷七一，王梓材引真西山刘静春清之与张南轩帖子推算而得）

焘有《记李棁等十事》一卷，多记蔡京、秦桧时事，当成于此时前后。书今不传。魏了翁跋："李文简公所记，多京、桧时事，虽得诸所闻者适在此。然大抵平世事罕所佚遗，惟事在柄臣，则未有不惮史官而嫉记者，故是非毁誉鲜不失实。率阅岁历既久，而后其事寝明。自唐李以至近世王、蔡、秦、韩，皆莫不然也。且裕陵一朝大典，既为群书所洪泊，虽绍兴更定,差胜诸本,而其间诋嫉谩谰之句,终有刊落未尽。其后绍述之议行于绍圣,而实昉乎元祐之末。至绍兴重修裕陵实录,独元祐八年事皆无存者,至参取《玉牒》《日历》诸书以足之,仅得成书。中兴后事,亦是绍兴八年至二十五年最为疏略。小人终日为不善,皇恤乎人言。惟于传世诒后之书,则必求以湮绝而窜移之。此其良心之不可蚀者。不知闻见于时人,而笔削于家乘野录者,父子兄弟姻戚友朋间转相传习,便如申状之口,制窾之心,盖有不与秦火俱烬者也。公生平记闻当不止是,若更加搜揽,而衰粹焉,岂特有补于史氏之缺,亦足以为后来茂恶怨正者之儆云。"

公元一一六一,辛巳,绍兴三十一年

焘年四十七,是年,国史院进《三朝史》,陈康伯进《帝纪》三十卷。五月,吴璘为四川宣抚使。九月,金主亮大举侵宋。十一月,虞允文败金人于采石矶。金世宗立,亮被杀。

是年,郑樵上《通志》。徐梦莘著《三朝北盟会编》三百卷,自政和七年海上之盟,迄绍兴三十一年完颜亮之毙,上下四十五年之事。帝闻而嘉之,擢直秘阁(见《宋史》四三六《儒林本传》)。

公元一一六二,壬午,绍兴三十二年

焘年四十八,知荣州。一月,虞允文为川陕宣谕使。六月,高宗传位,孝宗立。七月,召判建康府事张浚入相,并兼江淮宣抚使。十月,张焘同知枢密院事。是年,诏集建炎绍兴诏旨条例。

公元一一六三,癸未,孝宗隆兴元年

焘年四十九,始奏进《续资治通鉴长编》,奏状曰:"知荣州李焘上言,臣尝尽力史学,于本朝故事尤切欣慕,每憾学士大夫各信所传,不考诸实录正史,纷错难信。如建隆开宝之禅授,涪陵歧魏之迁殁,景德庆历之盟誓,曩霄谅祚之叛服,嘉祐之立子,治平之复辟,熙宁之更新,元祐之图旧,此最大事,家自为说。臣辄发愤讨论,使众说咸会于一。敢先具建隆迄开宝十有七年为十有七卷,上进云。"

心传之父舜臣,少长即通古今,推迹兴废,洞见根本,慨然有天下之志,会孝宗新立,有恢复之意,诏中外臣庶陈时政阙失,舜臣初仕(见其子道传《江东十考》自序),应诏上书,以为乘舆不出,则无以定大计,宜徙幸武昌,以争中原。又谓六朝皆据江东,取胜北方,而不肯乘机以争天下,宜为今日之鉴。因搜辑江东战胜之迹,上起三国,下迄六朝,共得十事,一曰周瑜赤壁之战,二曰祖逖谯城之战,三曰褚裒彭城之战,四曰桓温灞水之战,五曰谢玄淝水之战,六曰刘裕关中之战,七曰到彦之河南之战,八曰萧衍义阳之战,九曰陈庆之洛阳之战,十曰吴明彻淮南之战。总名《江东胜后之鉴》,凡十篇,奏之;皆先叙其事,次加论断。盖宋自高宗南渡,偏据一隅,地处下游,外临勍敌,岌岌乎不能自保。孝宗有志恢复,故舜臣特撰此篇,以厉士气。以此颇为虞允文所赏识。

是年正月,史浩为右相,张浚为枢密使。十二月,张浚为右相,都督江淮军马。是年四月,吕祖谦成进士,胡铨同修国史,著《论史官失职》四条。

公元一一六四,甲申,隆兴二年

焘年五十,除潼川府路转运判官。八月,都督江淮军马张浚卒,金兵南侵,以宗正少卿魏杞使金。十二月,虞允文同知枢密院事,王刚中签书枢密院事,钱端礼参知政事,监修国史。

公元一一六五,乙酉,孝宗乾道元年

焘年五十一,母史氏卒,去官,守服,益肆力于著述。二月,与金和,王刚中同知枢密院事,虞允文参知政事,提举国史,汪应辰为四川制置使,知成都府。十二月,洪适右相,汪澈枢密使。叶颙参知政事。

公元一一六六,丙戌,乾道二年

焘年五十二,居家守服,努力著述。

心传生,父舜臣举进士,年约三十。时宋与金和,宰相不餍天下之望,舜臣对策中极论宋金世仇,决无可和之理,以为宰辅人臣,不当以奉行故事为业。考官恶其方直,绌下第。旋调邛州安仁县主簿。十一月,洪迈奏请自今讲读官以日所得圣语送修注官书之,名《祥曦殿记注》,从之,又奏钦宗日历已成,宜修纂钦宗实录,从之。十二月,魏杞右相,叶颙左相,蒋芾参知政事,陈俊卿同知枢密院事。

公元一一六七，丁亥，乾道三年

焘年五十三，服除，召对，八月至行在，入对，首举太祖治身、治家、治官、治吏故事，乞以为法；请增置谏官，许六察言事；精练兵而毋增兵，罢招募，严拣汰，并禁诸将毋张虚籍等，皆能中时弊。孝宗嘉纳，除兵部郎中，以父讳中，下行员外郎，兼国史院编修官，十二月，除又兼礼部员外郎。

二月，虞允文知枢密院事，五月，四川宣抚使吴璘卒，虞允文为四川宣抚使。时心传父舜臣教授成都府，允文辟以入幕。盖舜臣主恢复，与允文相投也。又《朝野杂记》谓乾道三年虞雍公抚蜀，首荐李仲信垢于朝，不报云云，垢为焘之次子，此时年约二十余岁。先是，焘慕贤良方正直言极谏科，曾撰《通论》五十篇谒蜀师焘，欲应诏，因故不果荐，遂命其次子垢，四子塾，同习此学。至是允文首荐于朝，可见焘与允文关系不薄。十一月，陈俊卿参知政事，刘琪同知枢密院事，奏汪应辰、陈良翰、张栻等学行才能，得旨召对，应辰除吏部尚书，寻兼翰林学士并侍读。

公元一一六八，戊子，乾道四年

焘年五十四，为礼部郎官，所著《续资治通鉴长编》卷帙渐成，汪应辰奏请下临安府给笔札缮写，藏秘阁；从之。焘遂奏进国初至英宗治平四年闰三月凡五朝事迹一百八卷。奏状曰："礼部郎官李焘上言，臣准朝旨取臣所著《续资治通鉴》自建隆迄元符，令有司缮写投进。今先次写到建隆元年至治平四年闰三月五朝事迹，共一百八卷，投进。治平以后，文字增多，容臣更加整齐，节次投进。臣窃闻司马光之作《资治通鉴》也，先使其寮采摭异闻，以年月日为丛目。丛目既成，乃修长编。唐三百年范祖禹掌之。光谓祖禹，长编宁失于繁，毋失于略，今唐纪取祖禹之六百卷删为八十卷，是也，臣今所纂集，义例悉用光所创立，错综铨次，皆有依凭。顾臣此书，讵可更谓《续资治通鉴》，姑谓《续资治通鉴长编》可也。旁采异闻，补实录正史之阙略；参求事实，破巧说伪辨之纷纭。盖以昭明祖宗之丰功盛德。区区小惠，或可所有，《续资治通鉴长编》一百八卷，随表上进"。书进，特迁两官。

是年,蒋芾等上《钦宗实录》四十卷,《帝纪》若干卷。

公元一一六九,己丑,乾道五年

焘年五十五,四月,迁秘书少监,冬,擢起居舍人,奏请复行明堂礼,未果。

心传四岁,父舜臣用举者荐(似即虞允文),改秩承宣郎,知饶州德兴县。

是年八月,虞允文右相,陈俊卿左相。

公元一一七○,庚寅,乾道六年

焘年五十六,奏请刊正《徽宗实录》之疏舛者,从之,诏复开实录院。四月,首命焘兼实录院检讨官。先是汪藻纂辑元符以来诏旨,至宣和,凡八百六十五卷,实录所取,什盖八九,然犹多脱略,焘增正之。十一月四日,吏部尚书汪应辰荐焘次子垢应贤良方正直言极谏科,诏上其词业。其后礼部言李垢词业乞送两省侍从参考讫,依绍兴元年九月旨择施行。三省勘会李垢词业,已经御览,有旨特令来年依格召试(《朝野杂记》)。

四月,吏部尚书汪应辰罢,出知平江府。五月,左相陈俊卿罢,出知福州。右相虞允文专政,力图恢复,多更张旧典。

五月,梁克家参知政事,孝宗欲以焘为兵部侍郎。而焘自摄记注以来,素坦率论事,皆以"毋变古"、"毋欲速"为宗旨,允文不怿,焘遂请去。六月,除直显谟阁,湖北转运副使。比辞犹以"欲速"、"变古"为戒(此司马光、范祖禹对王安石态度)。

公元一一七一,辛卯,乾道七年

焘年五十七,九月,次子垢召试中书后省,前一日,命学士严考试,右史李秀叔参详。比试,凡五通六论题,一曰明主有必治之道,二曰汤法三圣,三曰仁者天地之心,四曰历律更相治,五曰三家言经得失,六曰扬雄张衡孰优。(岳珂《愧郯录》卷十一《制举科目》条曰:"乾道七年九月,命宰相叶衡撰题。十月乙巳进呈,上曰:'昨李垢程文亦好,一日之间成数千言,良不易也'。并又曰:'记试题诚难,垢能记其五'。上曰:'汤法三圣,出功臣表,而垢以为诸侯王表,却记得全文不差'。)十一月甲戌,上亲策于集英殿,有司考入第四等。戊寅,上御殿引见,赐制科出身。故事,贤良无唱名之例,向礼部言,若仿岁学进士,皇帝御殿推恩,足彰崇儒求言之盛,从之。"(《朝野杂记》)

杨慎曰:"宋之制策,虚第一等以待伊吕之流,其入等者为苏氏轼、辙兄弟,吴育,范百禄,李垕,终宋世,仅五人"。

心传六岁,弟道传,字仲贯,一字贯之,号东窗(见县志引《出湖录》)者,约生于是年,或稍前。

公元一一七二,壬辰,乾道八年

焘年五十八,以旧官召(秘书少监,起居舍人,国史院编修,实录院检讨),会虞允文以左丞相为四川宣抚使,力主北伐,疑焘异议,因预白上,改直宝文阁,帅潼川,兼知泸州。次子垕授左文林郎,泸州郡节度推官。

是年二月,虞允文左相,梁克家右相,曾怀参政。又是年,朱熹等成《通鉴纲目》五十九卷。

公元一一七三,癸巳,乾道九年

焘年五十九,知泸州,被召东下至云安,有《云安曲水留题》曰:"或言云安之西三十里有自然曲水,闰月甲午朔,泊舟横石滩上,携子垕,歪,塾,坒,壁,單,及刘甥卞子、道子步访之。水极峻,不可流觞。岩头有永和三年及六年刻字十五六行,剥落已不可读,细玩其文,但昔人捐金以事仙佛,识金于石耳。殆非禊饮处耳。好事者因年号遂增饰之,当时必置屋庐象设,今变灭无余。然水石要可喜,姑取酒酌其旁,赏悟良久乃去,乾道九年眉山李焘书。"

又撰《胸朐记略》曰:"汉志巴有胸朐县,……闰月一日,泊舟云安之西三十里万户驿下横石滩上。土人云,今驿之左右,胸朐故地也。乾道九年记。"

是年梁克家上《中兴会要》二百卷,又进《太上皇及皇帝玉牒》。

公元一一七四,甲午,孝宗淳熙元年

焘年六十,被召赴行在,以泸州城火,上章自劾,乞祠,除江西路转运副使。进《续通鉴》自英宗治平四年迄钦宗靖康元年凡二百八十卷,奏状曰："知沪州李焘上言,臣先次投进《续资治通鉴》自建隆迄治平,今欲纂辑治平以后至中兴以前六十年事迹,庶几一祖八宗之丰功盛德,粲然具存,无所阙遗。顾此六十年事,实录正史外,颇多所增益,粗具首尾,略究端绪,合为长编。凡六十年,年为一卷,以字之繁略,又均分之,总为二百八十卷。然熙、丰、祐、圣、符、靖、崇、观、和、康之大废置,大征伐,关天下之大利害者,其事迹比治平以前特异。宁失之繁,毋失之略。必须睿明称制临决,如汉宣帝故事,无使各自为说,乃可传信无穷云。"诏依《资治通鉴》纸样缮写一部,藏秘书省。

是年二月,虞允文卒。七月,曾怀右相。十一月,叶衡右相,龚茂良参政,周必大礼部尚书兼翰林学士。

焘尝著《南北攻守录》三十卷,又著《六朝通鉴博议》十卷,详载三国六朝胜负攻守之迹,而系以论断,盖借史实以论时事者,似系此时前后之作。

公元一一七六,丙申,淳熙三年

焘年六十二,正月召还,擢秘书监,权同修国史,兼权实录同修撰,盖专任焘以史事,故待以侍从之礼。三月,权礼部侍郎。因荐吕祖谦为秘书郎兼国史院编修。先是乾道七年汪大犹言,太土皇日历重修未备者十七年,陛下龙飞七载,而日历所修,未及一年,望稍增史员编修。

本年三月,焘编成《绍兴日历》一千卷,三月三日戊申进呈,辛亥恭进,如进圣政之制(《玉海》)。

九月,以焘兼侍讲,又进《四系录》,记女真契丹起灭,自绍圣迄宣和靖康,凡二十卷。

是年,参知政事龚茂良进袁枢所著《通鉴记事本末》四十二卷。

公元一一七七,丁酉,淳熙四年

焘年六十三,二月,孝宗褐孔庙,幸太学,焘以执经,特转一官,固辞不许。三月,除权礼部侍郎兼工部侍郎。

实录置院久,焘荐吕祖谦为秘书郎兼实录院检讨官,审定增削数百条,书遂成。三月九日,焘进呈重修《徽宗实录》百二卷,《考异》二十五卷,《日录》二十五卷,(《玉海》)特迁一官。八月,熹除礼部侍郎仍兼工部。次子垢为秘书正字,兼国史院编修,实录院检讨,旋迁校书郎著作郎,父子同典史事,缙绅荣之。熹感上知,论事益切。熹与同官侍郎赵粹中极论两学释奠从祀孔子诸贤中当进范仲淹、欧阳修、司马光、苏轼四人,而黜王安石父子,武威庙当黜李勣。众议不协。(赵雄欲置范、欧而升司马、苏于堂上,龚茂良、李彦颖不以为然,乃不行)止黜王雱。七月,诏罢王雱从祀,从熹议也。

公元一一七八,戊戌,淳熙五年

熹年六十四,为礼部侍郎兼工部侍郎,奏言今修四朝正史,宜责以近限。第六子壁年二十,第七子畺年十八,受业于刘静春清之、楼迁斋昉,并以静春之介得从张南轩游(《学案》引真西山跋刘静春与张南轩帖子曰:"是岁淳熙戊戌,眉山参政李公年甫冠,其季制阃侍郎十有八耳,静春皆以蜀中师表许之,又属宣公南轩成就之云。")是年,周必大进吏部尚书兼承旨,遂举熹第四子塾应贤良方正直言极谏科。《朝野杂记》云:"李仲信之弟塾,复举贤良方正,南士颇嫉之,而近习贵珰又恐制策之或攻己也,共摇沮焉。上问辅臣,故事,召试贤良,当有黜落者否? 执政对曰,昨来召试止李垢一人,他日若试数人,须有优劣。既审察院伟文上章言,制科论策皆灯窗著述之文,惟六论一场所当加意,若罢注疏命题,而复以四通为合格,则与应进士举一场试经义五篇者何异。试之日,有诏以五题通为合格。是岁始命腾录,如故事。所试六论,一曰因者居之纲,二曰易数家之传孰优,三曰前世历法多差,四曰十二节备如何,五曰五学本贾民,六曰动静繁寡如何。后二日考试院言,试卷内多有不知题目出处者,即引用上下文不尽,止有仅及二通者。上命赐束帛罢之。举者周益公(必大)皆放罪。或曰,故事,六题一明一暗。是时舍人钱师魏素与周(必大)李(熹)诸人异趣,且承璧近者意,奏言制举甚众,须稍难其题。因差师魏考试,故所命多暗题云。塾既黜于阁试,垢适放校上舍生,发策问制科,为御史所劾,语并及熹,垢降一官,罢奉祠归蜀,以奉议郎主管成都府玉局观。熹以本官知常德府。

是年三月,史浩右相。四月,范成大参政,六月罢。十月,赵雄右相,王淮枢使,钱良臣参政。浩力荐朱熹、张栻、吕祖谦等。

公元一一七九,己亥,淳熙六年

熹年六十五,屡表乞闲,提举江州太平兴国宫。秋,行明堂大礼成,孝宗以熹首建议,特除敷文阁待制。顷次子垍,四子塾,相继以忧愤卒。孝宗欲以史事舒熹忧,起知遂宁府。

心传年十四,随父官行在所。时其父舜臣由干办诸司审计司迁宗正寺主簿,重修《裕陵玉牒》,当曾布、吕惠卿初用,必谨书,或曰,非执政除免,例不应书。答曰,治忽所关,何可拘常法,他所笔削类如此(县志本传)。

舜臣尝学于冯时行(字当可,壁山人,尝居县北缙云山授徒,学者称缙云先生,曾从谯定游,得伊川衣钵,宣和初应进士举,绍兴五六年为丹棱令,罢归,后以奉礼郎召对,极论和议不可信,引汉高祖分羹事为喻,忤秦桧意,谪知万州,寻抵以罪,著有《缙云集》五十五卷,精易学,尝言易之象在画,易之道在用,见《宋元学案》卷三十)。为伊川三传,尤邃于易,著《易本传》三十三卷,淳熙己亥自序以为易起于画,理事象数,皆因画以见。舍画而论,非易也。画从中起,乾坤中画为诚敬,坎离中画为诚明(《学案》三十)。因画论心,以中为用,如舍本卦,而论他卦,及某卦某卦来者,皆所不取(《直斋书录解题》)。有画故有卦画辞,随辞释义,泛论事理,不复推之于画,以验古圣人设卦命辞之本意,失之远矣。故今所著,皆因画论心,主文王、孔子之学,以推衍大易之用,此其大旨也。其间发明甚多,说象有功,但不绝言占耳(同上)。

公元一一八〇,庚子,淳熙七年

熹年六十六,知遂宁府。二月,张栻卒,年四十八。先是,熹第七子壨年十八,既从栻游,求道甚锐,栻移书戒以毋急于求成。魏了翁跋南轩所与李季允帖子曰:"南轩先生受之于五峰胡氏,久而后得见,犹未与之言也,泣涕而请,仅令忠清未得为仁之理,盖往返数四,而后予之。前辈所以成就后学,不肯易其言。若此。故得其说者,启发于愤悱之余,知则真知,行则笃行,卒能以学问名世,有非俗儒四寸口耳之比。今帖所谓毋急于成,乃先生以其所以受于人数人耳云。"

心传年十五,《朝野杂记甲集》自叙曰:"心传年十四五,侍先君子官行都,颇得窃窥玉牒所藏金匮石室之秘。退而过庭,则获剽闻名卿才士大夫之议论。每念渡江以来,纪载未备,使明君良臣名儒猛将之行事犹郁而未彰。至于七十年间兵戎财赋之源流,礼乐制度之因革,有司之传,往往失坠,甚可惜也。乃辑建炎至今朝野所闻之事,不涉一时之利害,与诸人之得失者,分门著录之云云。"可见其著书之志盖始于少年也。

是年五月,周必大参政。八月,王淮右相,赵雄进《神哲徽钦四朝正史志》一百八十卷,经修官在外者例减磨勘三年,宰执奏,正史颇采焘长编,而地理志又出焘手。诏减年外,别转一官。焘自本议郎涉典籍,官朝议大夫,当迁中奉大夫,避父讳(父讳中),请于朝,谓当告家庙,与自身不同,乞用元丰以前官制,赠光禄卿,丞相颇欲许之,时洪迈在西垣,闻其说,为宰执言,今一变成式行,则他日赠中大夫,必为秘书监,赠太中大夫,必为谏议大夫,决不可行,遂止。(《容斋三笔》)于是转通议大夫。案焘原奏曰:"臣闻事君犹事父也,必有所怀,而不敢尽言,则为隐。盖臣子之大戒,莫重于隐言之可听与否,实惟君父所择,虽不应言而言,固获罪矣,不犹愈于匿情以犯大戒乎!臣用是辄冒昧一言。恭惟祖宗因前代之制而增修之,凡大礼既成,官自升朝以上,皆得追荣其父母,此国家之弥文至恩也。臣父某,故赠左朝奉大夫。缘臣误通朝籍,再赠官至左朝议大夫,今次大礼,又当赠中奉大夫。寒儒门户得此,固足以贲饰泉壤,纪载乡邑,其荣多矣。而又奚言?独臣私义有所不安,不得不自言者,所赠之官,适同父讳。倘拜君赐,若固有之,则恐于冒荣之律,疑若相犯。兼晋江统尝论身与官职同名当改选,故事简册具存,势不容默,须至呈露,乞朝廷特赐参酌处分。虽以不应言而获罪,亦所甘心也。据律,诸府号官称犯祖父名,冒荣居之者,徒一年。雍熙二年有诏,凡除官内有家讳者,三省御史台五品、文班四品以上,许用式奏改,余皆不许。及嘉祐六年翰林学士贾黯知审官院大理寺丞雷宋臣除太子中舍,以父名显忠;乞避,朝廷许之。黯请宋臣不当避嫌名,朝廷既许宋臣,若后有如此而不避,则可以坐以冒荣之律。因言自雍熙以来,或小官许改,或大臣不许,或虽二名嫌而许避,或正犯单讳而不许,前后许与不许,系于临时,盖由未尝稽详礼律立为永制。约雍熙诏书,自某品以上,凡除官若犯父祖名讳,有奏陈者,先下有司,若定当避,则听改,余不在此限。于是下太常礼院大理寺同议。礼院大理寺言,父祖之名,子孙所不忍道,不系官品之高下,并当回避。乃诏凡府号官称犯父祖名,而非嫌名及二名者,不以官品高下,并听回避。其后韩绛除枢密副使,自言枢字与祖名下一字同,乞避免,而不许。事在治平四年,盖遵嘉祐之诏也。熙宁八年宋敏求提举万寿观,敏求父名绶,自言寿字犯父嫌名,诏改醴泉观。则嘉祐之诏,不复行矣。及吴中复知荆南兼提举荆湖北路兵马,中复父名举,乞改称提辖,诏以朝廷官称,不当避守臣私讳,遂不许。自熙宁以来,迄于近年,亦有许改者。既许改,则不系官品之高下。嘉祐诏书,理宜讲明,以宗孝治。然臣前所陈者,皆指身所居官犯父祖讳,初不及赠父祖官与父祖讳同者。盖偶无其事,诸儒未暇讨论,故阙如也。臣今敢援晋江统所议,乞下礼官议之。按《晋书》及《通典》载,江统言,台选统叔父春为宜春令,与县同名。故事父祖与职同名,皆得改选。而未有身与官职同名改选之例。统以为凡改选者,盖为臣子地,不为父祖之身。而身名所加,亦施于臣子。凡佐使朝夕必称厥官,倘指实而语,则触尊者讳,违背礼经;或诡词回避,则以私废公,干系成宪。若受宠朝廷,出身宰牧,而佐史不得表其官称,子孙不得言其位号,上严君父,下为臣子,体例不通。苟易私名,以避官职,则又非春秋不夺人亲之义。统以为身名与官职同者,宜与斥父为名为比,体例既通,义斯允当。武帝许之。臣今所言,实与此相类。且身名与官职同者,犹许改授;若赠父官职,乃触父讳,比江统所谓佐史不得表其官称,子孙不得言其位号者,不犹重乎?今一命以上,身所授官,有触父祖讳者,于法皆许寄理,但授以次官。父祖当赠官,而所赠官有触父祖之讳者,亦准此法。然寄理之法,施于赠官,则已似不通。盖所谓寄理者,特不称呼耳!虽辞其名,犹享其实。今赠官专以位号为荣,顾使其家人不得称呼,岂朝廷加惠臣子,荣奖孝治之意乎？况法所谓赠官触父祖讳者,实指受所赠官之父母,非谓身赠父官,自触父讳者也。盖赠父祖官,触父祖之父祖讳,其当得赠官之父祖,宜所避,顺死者孝心,虽寄理可也。身赠父讳,自触父讳,父何所避,亦使寄理。凡理固起于义,缘是起礼,于义滋亦不通。兼详朝廷创法,特许寄理,初不谓身赠父官,自触父讳者设也。身赠父官,自触父讳,则江统所云臣子开地之论,因旁搜类长曲而通之。有难臣者曰,讳非古也,爰自周始,当时作诗书者亦未尝以昌发为讳,人君犹然,况人臣乎？臣谨答之曰,事因当师古,古未始有,而今则有之,其可不酌古之道,以御今之有？且名讳之式,上下通行,非一世矣,独于身赠父官而自触父讳,偶未涉历,故莫有以为言,臣实自履兹事,其可不表而出之,使知礼者考求其说,因以备国家之弥文,广祖宗之至恩乎？难臣者又曰,如是则使朝廷易为而可？臣谨答之曰,臣所以敢昧死自言者,政有望于朝廷,使知礼者考求其说也,其敢必乎？然臣有区区之愚,不自知其佞妄,敢私布之。臣谨按今朝请大夫,在未改官制以前,实为前行郎中,吏部司封,司勋考功,职方,驾部,皆前行也。据职官志,前行郎中有出身则转太常少卿,无出身则转司农少卿；既改官制,太常光禄卫尉,司农少卿皆为朝议大夫。据职官志,太常少卿旧转光禄卿,既改官制,则光禄实中散大夫。元祐三年；中散大夫分左右,有出身又转左中散大夫。大观二年,除去左右字,特赠中奉大夫,以代左中散大夫。今中奉大夫其实未改官制以前光禄卿也。中奉大夫今转中大夫。中大夫未改官制以前实秘书监,秘书监旧转左右谏议大夫,今为太中大夫。窃伏自念臣不肖,苟未先狗马填沟壑,且免罪于疾戾,常获备官,使幸而遇天子有事于郊明堂之岁。锡福遍九地之下,则臣父始得赠官,以祖宗故事言之,凡三岁一举大礼,自中奉大夫至太中大夫,累三官,率九岁乃得之。幸得之,而位号卒不可以称呼。虽朝廷之弥文至恩,不容以臣一人之故,辄议损益,而臣私议诚有所不安,惟明主尽人之情,亦所宜怜也。自改官制,卿监谏议皆为职事官,固不当以为赠官,然天下郡邑荐绅门户固有以旧官制为称呼,未尝改者。盖事匪前代,命由列圣；于职制禄秩,初无与焉。特借其名耳。传所谓道并行而不相悖者，殆指此类。故臣宪以为若朝廷特推异恩，不限官品高下，令有司于新旧官制，稍加斟酌，使天下当赠官者，苟触父祖讳本讳，亦听改授，如晋王舒除会稽内史，及建隆初慕容延钊除中书门下二品体例，或取今寄理字加旧官制上，暂听称呼，以极人子孝敬之义，自我作古，昭示无穷，顾不美欤？是之所愿也，非之所敢望也。不应言而言，罪当万死，惟陛下裁察。"（文见岳珂《愧郯录》卷十《李文简奏稿》条）

公元一一八一，辛丑，淳熙八年

焘年六十七，知遂宁府。五月，史浩少师，荐薛象先、杨慈湖、陆象山、陈釜之、石应之、宗昭、叶水心、袁絜斋、赵静之、善誉、张子智等十五人。是年，国子监簿喻良能进《忠义传》二十五卷。七月，吕祖谦卒，年四十五。八月，王淮右相。

公元一一八二，壬寅，淳熙九年

焘年六十八，知遂宁府。前代旨长编或有增损，依熙宁修三经义法具奏。至是上四千四百五十余条，又以二百六十八年事散九百八十卷，一览难周，别为举要六十八卷，总目五卷，修换事目十卷。其奏状曰："知遂宁府李焘上言，臣累次所为《续资治通鉴长编》，今重别写进，共九百八十卷，计六百四册。其修换事总为目十卷。又缘一百六十八年之事，分散为九百八十卷之间，文字颇繁，本末难以立见，略存梗概，庶易检寻。今创为建隆至靖康举要六十八卷，并总目共五卷，已上四种，通计一千六十三卷，六百六十七册。投进者，计一祖八宗之盛德至善，义宁止于百篇。聚九朝三世之各见殊闻，事或传于两说。惟折诸圣，乃得其真。臣网罗收拾，垂四十年；缀葺穿联，逾一千卷。抵捂何敢自保，精神几尽。此若非仰托大君之品题，惧难逃乎众人之指目。汉孝宣称制决疑，故事最高于甘露。我神考锡名冠序，治鉴莫毁于元符。予席恩言，比迹先正，臣死且不朽云。"

周密《癸辛杂识》曰："韩彦古，字子师，诡谲任数，处性不常，为京兆尹，李仁甫恶其为人，弗与交，请谒常瞰其亡。一日，知其出，往见之，则实未尝出也。既见,韩延人书屋,而请曰:'平日欲一攀屈而不能,今幸见临,姑解衣磅礴也'。仁甫辞再三,不获,遂为强留。有二橱贮书,牙竿黄袱,书护甚严。仁甫问此为何书。答曰:'先人在军中日得于北方,盖本朝野史编年成书者'。是时,仁甫方修一长编,既成,有诏临安给笔扎;就其家缮写以进。而卷帙浩繁,未见端绪。彦古尝欲略观,而不可得。仁甫闻其言,窘甚,急欲得见之。则曰:'家所秘藏,将即进呈,不可他示也'。李益窘,再四致祷,乃曰:'且为某饮酒,续当以呈'。李于是为尽量,每杯行,辄请。至饮罢,笑谓仁甫曰:'前言戏之耳。此即公所著长编也。已为用佳纸作副本,装治就,以奉纳,便可进御矣'。李视之,信然。盖阴戒书吏传录,每一板酬十金。吏畏其威,获其赏,辄录送韩,故李未成帙,而韩已得书矣。仁甫虽愤愧不平,而亦幸蒙其成,竟用以进云。"

周必大《题范太史家藏帖子曰》:"眉山李仁甫谓,近则事详,远则事略,不当以繁省论文。其言美矣,故《续通鉴长编》多采近世士大夫所著,如曾子宣日记之偏,王安国甲申录之妄,咸有取焉云。"

公元一一八三,癸卯,淳熙十年

焘年六十九,召见,六月,对延和殿,进敷文阁直学士,提举祐神观,兼侍讲,同修国史。

十一月,见吕吉甫帖子,命子丈题其后,考证极为精详,谓温公误国者,陈莹中矫枉之言云云。(见周必大《题吕吉甫帖子后》)

是年冬,疾,遂有归志,因赋诗曰:"明年七十吾归矣,予买北关门外舟。"

公元一一八四,甲辰,淳熙十一年

焘年七十,春正月,因疾表乞致仕,优诏不允。丞相王淮曰:"焘知进退,宜如所请。"

二月,病棘,甲子,除敷文阁学士,转一官,致仕。卒,赠光禄大夫,谥文简(《文献通考》作文定),爵丹稜县开国伯,食邑七百户,诸子升朝,赠少师。后以子壁官参知政事,子塈官同知枢密院事,追赠太师,温国公。张栻曰:"李仁甫如霜松雪柏,无嗜好,无姬侍,不殖产,生平生死文字间。"

周必大挽诗曰:"经学渊源史笔高,文章余力薄风骚,纷纷小技夸流俗,磨灭身名笑尔曹。"(一)"鸣佩甘泉不乏人,谁能博古复通今,直如汲黯北进侠,忠似更生不铸金。"(二)"手卷长编已刻闽,争传副墨价千金,冠篇不得同迁叟,遗憾犹应记玉音。"(三)"是是非非口即心,扫除人伪止天真,身全五福仍通贵,造物因公劝善人。"(四)"病后精神更湛然,挂冠刚欲及生前,去来自左弹无碍,抚掌僧徒浪学禅。"(五)周必大撰《神道碑铭》曰:"韩愈以天刑人祸,归咎史笔,柳宗元随辟其说,后人终致疑焉。今以李文简公验之,何疑。且左氏纪诸国之事,《史记》上下数千载,是是非非,利害不专及当世。若公续司马光《资治通鉴》,为本朝长编,上关国体,下涉诸臣之家,非异代比。使天刑人祸可信,安能绍知明主,见抵多士,生历清要,殁定美谥,诸子践世科,二千石,光显未艾,如李氏者乎?况公出入中外,见谓忠直,尽言交游,藐视强御,虽微作史,自当龃龉难合,然谗间不行于朝,士大夫鲜含怒者,何也?守道正,莅职公,事上不欺,应物无心,天人交助,其兹乎?……公孝友诚实,性无嗜好,惟潜心经史,故其出处本于洁静精微,著述则评论今古,别白善恶,得褒贬之旨。所至求奥篇隐帙,传录雠校,虽阴阳小说,亦无遗者,家藏积数万卷。为文语遒而理备。考蜀类试,参详南省,多得名士。荐人辄削稿。前两朝虞允文、赵雄当路,士大夫争谈兵。二公皆蜀人,雅敬公,公一无所徇。晚在经筵,人颇怀安,公为上言,前日纷纷,今日默默,俱非自治,其持论不随时类此。……铭曰:《尚书》记言,《春秋》书事,经列以六,史居其二。汉太史公,仪尊相臣。我朝大典,亦归宰庭,时政有记,起居有注,东观石渠,诸儒所聚,设官分职,上下相维,合力纂修,犹恐阙遗。公生遐方,初筮州县,闻于朝会,屈身铅椠。祖功宗德,业钜事丛。政有因革,论多异同。礼乐制作,夷裔叛服,原始要终,咸举纲目。三入承明,乞用奏篇。帝拟以光,士推如迁。问胡云然,多闻谅直,舞礼文奸,□□□□,以正事君,忠说不欺。出而临民,敬简无私。赫赫荣名,番番寿耆,庆流子孙,殃则何有?漓尾灶跌,刻以铭章,申劝刚者,公为不忘。"

弟熹,官遂宁,治民宽厚,无名之赋悉奏蠲免,不愧其父兄云。(府志县志)

长子谦,字伯口,官至奉议郎,(府志县志)早卒。(《神道碑铭》)

次子垢,字仲信,一字仲勤,先卒,(见前)葬丹稜县治北二十里果溪峡。

三子垄,字叔麈,为朝请郎,权发遣忠州,后官至夔州路提点刑狱,卒葬丹稜县治东南三十里竹林寺旁(县志)。

四子塾,官至承务郎,先卒(见前)。

五子堡,早卒(周《碑》)。官至承奉郎,主管尚书架阁文字(府县志)。

六子壁,见后。

七子𡒄,见后。

长女均,适曹执中(朝散郎知果州)。

次女坑,适帅祖庆(朝奉大夫知崇庆府)。

三女坛,适任阜(迪功郎汉州学教授)。

四女瑛,适谢纯颖。

五女增,适张伸(承议郎充云安军使兼知县事)。

六女堪,适范子庚(朝散大夫利州路提点刑狱公事)。

孙铠,宣议郎。

孙锡,修职郎,彭州九陇主簿。

孙男铿、錄(早亡)、铼、周(早亡)、鲔、镳(早亡)、铨、积、简。

孙女驯(早亡)、真,适孙刚,修职郎。从,适刘成季,承务郎,新雅州芦山县主簿尉。

曾孙十一人。

焘生平著述甚富,除上见者外,尚有《五经传授图》一卷,《尚书百篇图》一卷,《尚书大传杂说》一卷,《春秋学》十卷,《诗谱》三卷,《说文解字五音韵谱》十卷,《七十二候图》一卷(时令),《混天帝王五运图古今须知》一卷,《七十二子名籍》一卷,《本朝事始》二卷,《科场沿革》一卷,《集贤学士并赐带典故》一卷,《宋政录》十卷,《宋异录》一卷,《建隆遗事辨》一卷,

《谕西南夷事》一卷,《思陵大事记》三十六卷,《阜陵大事记》二卷,《四朝史稿》五十卷,《陶渊明新传》三卷,《赵普别传》一卷,《六君子年谱》三卷,《三苏年谱》三卷,《司马光年谱》三卷,《欧阳修年谱》三卷,《韩琦年谱》三卷,《富弼年谱》三卷,《文彦博年谱》三卷,《巽岩奏议》三十卷(省志作四十卷),《巽岩文集》五十卷,(一作《李文简公集》一百二十卷,似兼奏议等而言之)合计不下数千卷。叶适《巽岩集叙》曰:"余少习长篇,恨公他文未能得,会与公子参知政事壁、湖北帅亶善,塈至金陵,以公集示余,因属为序,自有文字以来,名世数千,大抵以笔势纵放,凌厉驰骋为极功,风霆怒而江河流,六骥调而八音和,春晖秋明,而海澄岳静也,高者自能,余则勉而效之矣。虽然,此韩愈所谓下逮庄骚,其上无是也。观公大篇详而正,短语简而法,初未尝藻翻琢镂,以媚俗为意,曾点之瑟方希,他人之酒欲清,又非以声色臭味自怡悦也。独于古文坠学堂上之议,起虞造周,如挈裘领振之焉,固遗其下,而独至其上者欤! 蜀自三苏死,公父子兄弟后起兼方合流,以就家学,综练古今名实之际,有补于世,天下传以继苏氏云。"(《水心文集》卷十二)

公元一一八五,乙巳,淳熙十二年

七月,归葬于丹稜县治北二十里龙鹄山巽岩之阳,县志纪异门载:"康熙中,有盗数人发李文简墓,棺具尚完,启视之,纱帽朱袍,象笏玉带,眉髯皓白,凛然如生,盗利其有,竟取金银殉器已去。是夜群盗同梦公,命卒械至府中,厉声呵责,各鞭百余,未几,俱呕血死。呜呼,南宋至今六百余年,而形体英灵俨赫如故,岂非刚大之气,超尘劫而不毁者耶云云。"又云:"龙鹄山中有神灯,每至朔望昏暮时,光闪烁如灯,时上时下,近山已不见,唯远人得一见之,不移时遂灭云云。"猷案:峨眉山有所谓佛灯,青城山有所谓圣灯,或云荧光,或云磷光,迄今尚无定说,此所谓神灯,亦其类也。妻硕人杨氏,同邑赠朝散大夫素之孙,黄庭坚为记大雅堂者,后公年卒,祔焉。(《神道碑》)

公元一一八六,丙午,淳熙十三年

心传年二十一。

八月，洪迈请通修九朝正史，从之。九月，迈拜翰林学士，知制诰，兼修国史，遂奏进王称所著《东都事略》一百三十卷，其奏书札子曰："称之父赏在绍兴中为实录修撰，称承其绪余，刻意史学，断自太祖，至于钦宗，上下九朝，其非国史所载，而得之旁搜者居十之一，皆信而有征，可以据依，称今以承议郎知龙州，欲望圣德慈鉴铅椠之功特加甄录，以为学士大夫之劝云。"

本年，承相王淮等上《仁宗英宗玉牒》，《神哲徽钦四朝史传》，及《皇帝会要》。

公元一一八七，丁未，淳熙十四年

心传年二十二。王称除直秘阁（《朝野杂记》）。和州布衣龚瑞颐著《元祐建中列传谱》一百卷。明年十月，太上皇崩，年八十一，诏修《高宗实录》。

公元一一九〇，庚戌，孝宗淳熙十七年，即光宗绍熙元年

心传年二十五。焘子壁三十二，埴年三十，同登余复榜进士，壁召试为秘书省正字，埴召试入馆职。

明年群臣上《寿皇圣皇玉牒》五十卷，《寿皇圣政会要》八十卷。

公元一一九四，甲寅，绍熙五年

心传年二十九。焘子壁年三十七，编《国朝中兴诸臣奏议》四百五十卷，自叙曰："丞相忠定赵公汝愚，肇自太祖以至钦宗，凡诸臣所论，类而辑之（赵汝愚绍熙五年八月为右承相）。建炎中兴，虽异创业，人物之盛，不减嘉祐治平。一时所言，国赖以济。寻访历年，十仅得其五六，裒缀虽未为尽，而名公巨人建明之伟者，大较具此矣，略仿赵公成例，总为十八门，别而汇之，又二百门，通为四百五十卷。凡修德兴学之序，正家善俗之方，事天罪己之诚，用贤纳谏之公，爱惜名器，辨别忠邪，屏奢侈，尚勤约，戒苛刻，本忠厚，上而郊庙礼文，诏诰赏罚，次而官制职守，学校荐举，与夫议狱断刑，阜通财货，消弭盗贼，勤恤民隐，切于政者，靡不具焉。而其时最大而莫先者，则尝胆之志未伸，兴复之义未明，如择将训兵，申儆军实，料敌制胜，经理边防，曰海道，曰江淮荆襄，曰川陕，地形阨塞，戌守

疏密,开卷瞭然,有同图绘。斟酌损益,有裨于今者,唯高庙朝谋议莫详焉。故今纂次,终于绍兴,其有系国家大计,生民休戚,事已见于前,而至孝宗初始定者,则仍取后来所论,附之逐事之末,其是非同异之实,不可得而掩也云。"

是年七月,赵汝愚为参政枢密使,八月,为右相。召秘阁修撰知潭州朱熹为焕章阁待制兼侍讲,闰十月,罢之。

公元一一九五,乙卯,宁宗庆元元年

心传年三十,与弟道传同举乡荐。

焘子壁年三十八,迁著作佐郎。

是年韩侂胄始专政,以恢复中原为号召,二月,罢右相赵汝愚,四月,流太学生杨宏中等六人,六月,罢国子司业汪逵等。

公元一一九六,丙辰,庆元二年

心传年三十一,弟道传成进士,而心传下第,遂绝意不复应举,闭户著书,《建炎以来系年要录》及《朝野杂记》之作当始于此时。是年八月,禁伪学党,十二月,削秘阁修撰朱熹官,窜处士蔡元定于道州。

公元一一九七,丁卯,庆元三年

心传年三十二。焘子壁年四十,尝数与朱熹书。熹复书曰:"熹扶曳残骸,幸抵田舍,行藏之计,无复可言,但向来职事,不能无遗憾,此独深愧耳。东府为况何如?故宇凄凉,新居鼎盛,行路之人,忘其前事,颇有为之不平者。此处不早调护,将有乘人之隙者。此大可虑。又向来放过大体已多,今又不容坐视,不为收救之计,此外则无他说,唯有去耳。欲去则不可不早,然未去之间,亦不可一日不葺理,季章相与之深,不可不力为此言也。近事因来语及一二大者,幸甚。(一)'平生少年日,分手易前期,及此同衰暮,非复离别时,勿言一樽酒,明日难重持,梦中不识路,何以慰相思'史院同寮饯别灵芝坐间或诵此言,季章见谓'平生亦甚爱此,盍书以见赠?'余谓如仆乃知此味,季章未也,胡为亦爱此耶?既而思之,解携之际,但有一人衰暮,便令满坐作恶,乃知隐侯之言,犹有所未尽也。因并书以寄季章,以为何如也?(二)两书缕缕皆有飘然远引之意,不审果以何日决此计耶？熹恳词得请,深思上恩,既还旧官,无复可辞之谊,孤危之迹虽未可保,然姑无愧于吾心可也。承问及先人绍兴中文字,遗稿中札子三篇,疑即此奏,豫章所刻集中有之,公以纳呈,已加签贴于其上矣。笔削之际,倘得附见,千万幸甚！诸公争和议时,先人与胡德辉、范伯达诸公,同人文字皆史院同寮也。当时此一宗议论不知有无登载？魏元履所集戊午谠议一书,其详亦尝见之否？如馆中未有,得行下建宁抄录上送亦一事也。(三)昨承谕及告君奏疏,已蒙笔削,得附史氏篇末,幸甚！痛念先君早岁读书,即为陆贾之学,遭时艰难,深愿有以自见,而不幸不试,所得陈于当世者,止此而已,今乃得记史笔以垂不朽,岂不幸甚！但恐贤者去国之后,或为不肖之孤所累,因见刊削,盖可知耳。又闻黄文叔顷年尝作地理本图以献,其家必有元样,欲烦寻访,刻得一枚见寄,切幸留念。(四)熹伏承不鄙,贶以先文正公诗篇行实,并及三夫人二圹刻文,跽领伏读,足慰平生高山仰止之心,而反复再三,又见其立德立言,明白磊落,所以开发蒙瞽,不一而足者,幸甚幸甚！至于不察熹之愚陋,而将使之纂次其事刻之幽宫,以视来世。则熹之不德不文,人知其不足以胜此寄矣。顾念平生未尝得拜文简之函丈,而读其书,仰其人,则为日盖已久,又尝听于下风,而知公之所以相知,亦有不待识其面而目而得其心者。是以愿自附焉,而不敢辞也。唯是今日方以罪戾书名伪籍,平居杜门屏迹,齰舌不敢出一语以干时禁,而凛凛度日,犹惧不免,乃于此忽尔破戒,政使不自爱惜,亦岂不为公家之累？是以彷徨顾虑,欲作复止,而卒未有以副来命之勤也。伏维执事姑少察此,而深计之,窃意高文大笔取之今世,不为无人,固不必眷眷于一无状罪废之人,而使盛德百世之传,不得以时定也。(五)熹区区鄙意,前幅具之详矣。始者亦尝深念,欲便草定,而托以前日所为。既而思之,又似不诚,而不可为也。又念刘孙所定本出于贤昆仲之手者,自足传信后世。但循例必欲更经一手删节,则虽在今日阴窃为之,亦是不害。止是目下未可使人知有此作,将来草定,亦不可使人见有此书,此则难遮护耳。来使本欲留以少候,渠亦以丁宁之切,不来相逼,但觉此终是未敢落笔、不如遣之还,一面更将所示者仔细播阅,随计所当增损处,托人送令弟处,又恐经由都下不便,生平多做了闲文字,不能无愧词。今此好题目,可惜不做,但又适当此时,令人郁郁耳。《续通典》,见诗中及之,恐有印本,求一部,长篇改定本,止写改处不知有多少册? 得为致之为幸! 或云建炎绍兴事亦已成书,不知然否?(猷案:王明清《玉照新志》称,绍兴元年胡彦修疏在《长编》一百五十九卷注后,似乎兼及高宗朝事,《四库全书提要》以为或以事相连属,著其归宿,附于注末,如《左传》后经终事之例云)尤所欲得,但恐字多难写耳。顷见靖康间事,杨龟山多有章疏,不曾编入,不知后来曾补否? 盖汪丈所刻本不曾载,福州、成都二本皆然,其奏议后来南剑一本却有之,恐亦不可不补也(六)。"

是年十二月置伪学党籍,着籍者宰执则有赵汝愚、周必大、留正、王蔺四人,待制以上则有朱熹、徐谊、彭龟年、陈傅良、薛叔似、章款、邓湜、楼钥、林大中、黄由、黄黼、何异、孙逢吉十三人,余官则有刘光祖、李垕等三十一人,武臣则有皇甫斌等三人,士人则有杨宏中等八人,共五十九。

公元一一九八,戊午,庆元四年

心传年三十三。吏部郎中王偶约卒于本年或稍前后。(《朝野杂记》)

公元一二〇〇,庚申,庆元六年

心传年三十五。三月甲子朱熹卒。韩侂胄加太傅,左相京镗进《太上皇玉牒》、《圣政》、《日历》、《太上皇会要》一百卷。八月太上皇崩,诏修《光宗实录》。

公元一二〇一,辛酉,宁宗嘉泰元年

心传年三十六。爽子壁年四十四,以著作佐郎兼刑部郎中权礼部侍郎兼直学士院,是年宰执上《孝宗会要》二百卷。

公元一二〇二,壬戌,嘉泰二年

心传年三十七。冬十月晦,所著《建炎以来朝野杂记》甲集二十卷成书,自叙曰:"每念渡江以来纪载未备,使明君良臣名儒猛将之行事,犹郁而未彰,至于七年间兵戎财赋之源流,礼乐制度之因革,有司之传往往失坠,甚可惜也。乃辑建炎至今朝野所闻之事,不涉一时之利害,与诸人之得失者,分门著录,起丁未建炎元年(西一一二七)迄壬戌嘉泰二年,以类相从,凡六百有五事,勒为二十卷云。"

是年二月,韩侂胄禁私史,十二月,韩侂胄加太师。

陈自强上《高宗实录》,诏修《高宗宝训》、《皇帝会要》。明年,陈自强上《孝宗光宗实录》、《徽宗玉牒》、《今上会要》一百十五卷。

公元一二〇四,甲子,嘉泰四年

心传年三十九。焘第三子㙇知临邛,校刊《华阳国志》,自叙曰:"古者封建五等,诸国皆有史以记事,后世罢封建为郡邑,然亦必有图志以具述,盖以疆域既殊,风俗各异,山川有险要扼塞之当备,郡邑有废置割隶之不常,至于一士之行,一民之谣,皆有不可没者。顾非笔之于书,则不能也。……此晋常璩《华阳国志》之作,所以有补于史家者流也。……本朝元丰间吕汲公守成都,尝刊是书,以广其传,而载祀荒忽,刓缺愈多,观者莫晓所谓。余每患此久矣,假守临邛,官居有暇,盖尝博访善本,以证其误,而莫之或得,因摭《两汉》、陈寿《蜀书》、《益部耆旧传》互相参订,以决所疑。凡一事而先后失序,本末舛逆者,则考而正之。一意而词旨重复,句读杂错者,则刊而去之。设或字误而文理明白者,则因而全之。其他旁搜远取,求通文义者又非一端。凡此皆有明验。可信不诬者。若其无所考据,则亦不敢臆决,姑阙之以俟能者,然较之旧本之讹谬,大略十得五六矣,锓本既具,辄序所以,冠于篇首,好古博雅与我同志者,愿无以夏五郭公之义而律之,嘉泰甲子季夏朔丹稜李㙇叔廑甫谨序。"由此可见㙇亦绩学之士也。

本年正月,韩侂胄定议伐金,四月,立韩世忠庙于镇江府,五月,追封岳飞为鄂王,六月,遣张嗣古使金贺金主生辰以觇虚实,九月,遣邓友龙使金,贺正旦。十一月,周必大卒,年七十九。

焘子壁年四十一七,官礼部侍郎,著《中兴十三处战功录》三卷,将南渡以来,御侮立功之最重要者十三处,编为一书,以为北伐之借鉴。

心传弟道传尝撰《江东十考》一卷,似亦在此时前后,自叙曰:"孝宗元年,方事恢复,时先君初仕,讨论南北间事,著《江东胜后之鉴》十篇上之,窃谓战胜存乎备具,退守存乎人心,因复考六朝备具之实,一曰屯兵之地,二曰统兵之任,三曰取兵之制,四曰财赋之出,五曰出师之途,六曰馈运之方,七曰舟师之利,八曰出骑之用,九曰守城之规,十曰守江之要,凡十篇,参之古今,端其大略云云。"

公元一二〇五,乙丑,宁宗开禧元年

心传年四十,复续《朝野杂记》,既抵乙丑之冬矣,顾视前集所书,往往缺略未备,而所忆中兴以来旧闻辽事,尚或有之,欲补缀成编,未暇也,客有谓心传曰,自昔权臣用事,必禁野史,近世李庄简作小史,秦丞相闻之,为兴大狱,李公一家,尽就流窜,此往事之明戒也。子其虞哉,心传矍然而止。(《朝野杂记乙集自叙》)

耒子壁年四十八,官礼部侍郎,六月奉命使金,贺金主生辰,并觇敌虚实。叶绍翁《四朝闻见录》曰:"开禧初,韩平原欲兴兵,遣张嗣古觇敌,张还,大拂韩旨。复遣壁,壁还,与张异词,阶是进政府云云。"《学案》曰:"是壁附和平原,以致显要,令人叹文字之为虚车,然其争邱宗卿之贤,用张威以平寇乱,虽功不足以掩罪,而知人之明,不容没也。"

公元一二〇六,丙寅,宁宗开禧二年

心传年四十一。耒子壁年四十九,以韩侂胄执意伐金,自度力不能回,乃迎其意,入奏云:"自秦桧倡和,使父兄百世之仇,不复开于臣子之口,今庙谋未定,士气寖衰,苟非激昂,曷克丕应。臣愚以为宜极贬秦桧,示天下以仇耻必复之志。"疏奏,四月,追夺秦桧王爵,改谥缪丑。五月,下诏伐金,召叶适值学士院,草出师诏,不从。乃以壁直学士院,草诏,略曰:"天道好还,中国有必伸之理,人心效顺,匹夫无不报之仇,蠢兹丑虏,犹犯要盟,俊生灵之资,奉溪壑之欲,此非出于得已,彼乃谓之当然,军入塞而公肆创残,使来廷而敢为桀骜,洎行李之既遣,复嫚词之既加,含垢纳污,在人情而已极,声罪致讨,属彼运之将倾,兵出有名,师直为壮。言乎远,言乎迩,孰无忠义之心。为人子,为人臣,当念祖宗之愤云云。"六月,进礼部尚书,七月,拜参知用事。(岳珂《愧郯录》卷三"阶官避家诗"

条曰:"开禧丙寅,李参预壁为小宗伯礼部侍郎会课,当迁中奉大夫,正其祖讳,援故实,自言不带寄理,当是时诏从之,继参大政,复迁中大夫,而称朝议大夫自若也,朝论皆以李为得体云。")

是年十二月,四川制置副使吴曦叛,受金人命称王,帝颇思诸正言人,诏召蜀中三人,焘子壄年四十七,奉诏入对,而魏了翁、范子长二人不至。

公元一二〇七,丁卯,开禧三年

心传年四十二,欲续撰《朝野杂记》,会有旨给札上所著《高庙系年要录》,铅椠纷然,事遂中辍(《朝野杂记乙集自叙》)。

焘子壁年五十,官参知政事,十一月三日乙亥,礼部侍郎史弥远诛韩侂胄,钱象祖知枢密院事,壁兼同知枢密院事,御史叶时论壁反复诡谲。同月戊子,罢官,削三秩,谪居抚州。

公元一二〇八,戊辰,宁宗嘉定元年

心传年四十三,进《高宗系年要录》二百卷。寿子壁年五十一,居抚州,注《王荆公诗》十五卷,是编所录之诗较本集多七十二首,足补本集之遗漏,助之者为曾极景建,而魏了翁为之作序。

十月,左相钱象祖、右相史弥远言,诛侂胄事,壁实预闻。诏令自便,复官,提调洞霄宫。

公元一二〇九,己巳,嘉定二年

心传年四十四。焘子壁年五十二,提举洞霄宫,复以御史言,削一秩,罢祠。

公元一二一一,辛未,嘉定四年

心传年四十六,弟性传成进士,十二月,弟道传乞下除学禁之诏,颁朱子四书,定周邵程张五先生从祀,未行。

焘子壄年五十二,官成都路提点刑狱。

公元一二一三,癸酉,嘉定六年

心传年四十八。

焘子壁年五十四,官秘书少监,纂辑公侯守宰士庶为《通礼》三十卷,

取开宝迄政和凡通用者分别五礼,汇为一编。(《玉海》)

公元一二一四,甲戌,嘉定七年

心传年四十九。橐子壁年五十七,复除端明殿学士,知遂宁府。

公元一二一六,丙子,嘉定九年

心传年五十一。七月,《朝野杂记》乙集二十卷成书,自叙之。又撰《丙子学易编》十五卷,取王弼、张载、程颐、邵雍、朱熹五家之说,而以其父舜臣之说证之,亦间附以己意。门人高斯得刻之,跋曰:"斯得受业于门,每念有以广其传,来守桐江,首将《学易编》、《诵诗训》二书刻之,与同志共云。"

公元一二一七,丁丑,嘉定十年

心传年五十二,著《丁丑三礼辨》二十三卷。

公元一二一八,戊寅,嘉定十一年

心传年五十三。橐子壁年六十一,引疾奉祠。

橐子壴年五十九,以记注之官,仿范祖禹《帝学》,著《续帝学》,诏彻进读。(《玉海》)

公元一二一九,己卯,嘉定十二年

心传年五十四。橐子壴年六十,五月丁未《续帝学》十卷成书,癸卯赐宴,讲官请宣付史馆,从之。(《玉海》)

公元一二二〇,庚辰,嘉定十三年

心传年五十五,弟道传哀集晦翁门人廖德明子晦而下三十二家,为《晦翁语录》四十四卷,刻于九江。是年卒于九江,年四十八,赐谥文节(或作文靖),黄勉斋干为撰墓志铭。

公元一二二一,辛巳,嘉定十四年

心传年五十六,著《西陲泰定录》,记吴曦之变及削平始末,初为二十七卷,起嘉泰元年,迄嘉定四年,其后蜀事益多,复增修至嘉定十四年之冬,凡二十年,通为九十卷,仍用太史公表例,并记国家大政令,边防大节目。

公元一二二二,壬午,嘉定十五年

心传年五十七。橐子壁年六十四,进资政殿学士,致仕,六月卒,归葬丹稜龙鹄山玉虚宫旁,端平二年追谥文懿。《宋元学案》引佚名曰:"大参薨背,海内褫气。方其壮年,锐于立事,议论岂无少差,要于大义无愧。中间维持善类,破除奸党,厥功不细。至于淹贯古今,临事商榷,爱国忧君,一饭不忘,今世如斯人者几稀云。"

璧承家学,于典章制度尤为综练,而嗜学如渴,于群经百氏亦搜抉靡遗。生平著述丰富,除上见者外,尚有《临汝闲书》一百五十卷,《援毫录》八十卷,《中兴奏议》若干卷,《内外制》二十卷,《雁湖集》一百卷,《消尘录》三卷,《南北攻守录》五十八卷等。(今存者《十三处战功录》一卷,有藕香拾零本,散文有四十九章,经序一篇,《苏子由古史跋》一篇,韶文有《巽岩七绝》一首,《青神慈姥岩》七绝一首,《北园酌酒观鹤》七绝一首,《东山精舍虞公允文读书处》七绝一首。见省志府志县志)

公元一二二三,癸未,嘉定十六年

焘子壐年六十二,官礼部侍郎。五月,进封皇子祁国公竑济国公,以皇姪果州团练使贵诚(即理宗)为邵州防御使。济国公竑素不满丞相史弥远所为,弥远日谋媒孽济国公竑之短于宁宗前,而属意于贵诚。欲引壐为助,而壐正色立朝,持论侃侃,弥远等忌之,出壐为沿江制置副使兼知鄂州。

公元一二二四,甲申,嘉定十七年

心传年五十九。焘子壐年六十四,官沿江制置副使,兼知鄂州。三月,撰《鄂州重修北榭记》曰:"鄂诸之胜,以南楼北榭并称。南楼由元祐改作。元符末,修水黄公鲁直尝见于题咏。惟北榭冠了城之颠,在郡公堂之后,不知自何时建立。乾道中,于湖张安国为大书扁榜。厥后达官名人稍为赋诗者,然距今亦五十余载矣。栋宇隘卑,日就圮废,莫或顾省,⋯⋯于是昉议更葺,先增甓北隅,袤二寻,崇三丈有奇,南袤寻有半,崇与北等。遂改建北榭屋,辟而大之,败楹腐牖,悉易以新。既成,宏敞翚翼与南楼巘然相望,始于一郡面势为称,虽其高无所不瞩,而北望为尤宜。⋯⋯榭之废兴似未足书,然余改作之意非游观之为,则不可不明著,以贻后之同志者,俾得以周览而绎思焉,嘉定甲申三月丙午记。"

八月,宁宗崩,丞相史弥远矫诏立沂王子贵诚为理宗,封皇子济国公竑为济王,出居湖州。

公元一二二五,乙酉,理宗宝庆元年

心传年六十,著《道命录》五卷,载程子、朱子进退始末,备录其褒赠贬谪荐举弹劾之文,自叙曰:"嘉定十七年,诏尚书省曰,朕惟伊川先生绍明道学,为宋儒宗,虽屡被褒明,而世录勿及,未称崇奖先儒之意。可访求其后,特与录用云云,德音传播,天下诵之。盖自伊川之被荐而入经筵,逮今百四十年矣。愚尝网罗中兴以来,放失旧闻,编年著录,次第送官。因得窃考道学之兴废,乃天下安危,国家隆替之所关系,未尝不叹息痛恨于惇、京、桧、侂之际也!程子曰:周公没,圣人之道不行。孟轲死,圣人之学不传。夫道即学,学即道,而程子异言之,何也?盖行义以达道者,圣贤在上者之事也。学以致其道者,圣贤在下者之事也。舍道则非学,舍学则非道。故学道爱人,圣师以为训。倡明道学,先贤以自任。未尝歧为二焉。自数十年,不幸憸邪谗谄之小人,立为道学之目,以废君子。而号为君子之徒者,亦未尝深知所谓道,所谓学也。则往往从而自讳之可叹哉!子曰:道之将行也欤,命也!道之将废也欤,命也!故今参取百四十年之间,道学兴废之故,萃为一书,谓之《道命录》。盖以为天下安危,国家隆替之所关系者,天实为已,而非惇、京、桧、侂之徒所能与也。虽然,抑又有感者,元祐道学之兴废,系乎司马文正之存亡,绍兴道学之兴废,系乎赵忠简之用舍;庆元道学之兴废,系乎赵忠定之去留。彼一时也,圣贤之道学,其为厄也已甚矣!而义理之在人心者,讫不得而泯也。孟子曰,圣人之于天道也,命也,有性焉,君子不谓命矣,故由孔子之言,则有天下国家者,可以知所戒。由孟子之言,则修身守道者可以知所往。至若近世诸公或先附后畔,或始疑终信,视其所以,则先附后畔,皆出于一时利害之私;始疑终信,则由夫动心忍性,增益其所不能,而致此也,又有或出或入之士,义利交战于中,而卒之依违俯仰,以求媚于世。盖所谓焉能为有,焉能为无者。必也见善明,用心刚,而卓然不惑于生死祸福之际,于道学也,其庶几乎!"(知不足斋本)

（原书五卷,刊于江州者,毁于兵。元至顺癸酉,新安程荣秀得之,略加增订为十卷。今有知不足斋本。全祖望续《宋元学案》卷九六至九七"元祐党案""庆元党案"即用此书为底本,并仿《春秋大事表》之意。凡诋毁诸儒者皆附之。稿佚,王梓材据鄂氏刊本补之。）

本年正月,丞相史弥远矫诏杀济王竑。六月,史弥远加太师,封魏国公。

公元一二二六,丙戌,宝庆二年

心传年六十一,以魏了翁、崔与之、许弈等二十三人交章奏荐。正月,自制置司敦遣至行在所,以著作佐郎领史事。同月,赠陆九渊等官并谥,录张栻、陆九渊、吕祖谦后。

燾子壸年六十六,知鄂州,与诸司争曲直不相能,请罢,诏知遂宁府。《学案》引佚名曰:"侍郎畴昔立朝,稍稍附致,则立致卿相。在鄂诸日,若置是非不问,则亦可缓西归。而一节凛然,可谓不愧出处之义者云。"

公元一二二七,丁亥,宝庆三年

心传年六十二,以著作佐郎领史事。

燾子壸年六十七,撰《舆地纪胜序》略曰:东阳王象之仪父著《舆地纪胜》一书甚钜,书成,丐余为序,且曰:"吾书收拾天下郡县山川之精华,使人于一寓目之顷,而山川俱若效奇于左右,以助其笔端,取之无禁,用之不竭。……仪父所著,余虽未睹其全,第得首卷所纪行在所以下观之,则知其论次积日而成,政非浅浅者。……使其人读之,便如身到其地,其土俗、人才、城郭、民人,与夫风景之美丽,名物之繁褥,历代方言之诡异,故老传记之披纷,不出户庭,而坐而得之。呜呼,仪父之用心,可谓勤矣……宝庆丁亥季秋三日。"

公元一二三一,辛卯,理宗绍定四年

心传年六十六,正月,皇太后七十五岁寿礼,大赦,百官进秩有差,心传赐同进士出身,授国史院校勘官,寻进编修官,专修《中兴四朝帝纪》即高、孝、光、宁。

燾子壸年七十一,十月为焕章阁学士,四川制置使,兼知成都府。刘宰贻书曰："制置以世家子帅梓里,人望所属,甚不易副,此政府内俱,为诿以分责,尚谨旃哉云云。"懋以安静镇之,蜀中稍治云。

公元一二三三,癸巳,绍定六年

心传年六十八,修《中兴四朝帝纪》,甫成其三,(似即高、孝、光三朝)因言者罢,添差,通判成都府。(心传跋俞松《兰亭续考》曰:"绍定之季,罢史职,归岩居云云",知其罢归当在本年)

焘子壆年七十三,十月,史弥远卒,郑清之相,召壆入阁,除礼部尚书,资政殿学士。

公元一二三四,甲午,理宗端平元年

心传年六十九,迁著作郎,兼四川制置司参议官,诏无入议幕,许辟官置局,踵修《十三朝会要》。遂辟高斯得等为检阅文字。正月,弟性传以兵部侍郎兼侍读。五月,诏李道传与黄干、李燔等七人皆阨于权奸,而各行其志,没齿无怨,其赐谥复官优存恤,仍各录用其子,以旌忠义云。九月,召真德秀为翰林学士,魏了翁直学士院。

公元一二三五,乙未,端平二年

心传年七十,专修《十三朝会要》。

焘子壆年七十五,官礼部尚书,乞归不允。请以周、程从祀,又言王安石虽罢享,而因循未黜,乞亟进三人以易之。从之,诏议胡瑗、孙复、欧阳修、周敦颐、司马光、苏轼、邵雍、张载、程颢、程颐十人从祀孔子庙廷。

公元一二三六,丙申,端平三年

心传年七十一,所修《十三朝会要》成书,召赴阙,除工部侍郎,仍兼史事。

是年九月,崔与之相。

公元一二三七,丁酉,理宗嘉熙元年

心传年七十二。

焘子壆年七十七,正月,除同知枢密院事,兼四川宣抚使。

公元一二三八,戊戌,嘉熙二年

心传年七十三,迁秘书少监,国史馆修撰,修《中兴四朝国史》及《实录》,并辟高斯得、杜范、王遂等为史馆检阅,斯得分修光宁二帝纪。

焘子垕年七十八,四月,除同签枢密院事,督视江淮京湖军马,发行都并湖广会子百余万犒师。六月,卒官,特赠资政殿大学士,赠谥文肃。归葬眉州治西百里楼云寺旁。

垕承家学,著作亦富,除前见者外,尚有《北宋九朝纲要》二十五卷,《赵鼎行状》三卷,《悦斋集》若干卷,《宋诗纪事》、《固陵录》若干卷,《续补汉官仪》一卷,《续补汉官典仪》一卷,今存者《北宋九朝纲要》有南京国学图书馆抄本,散文有《鱼腹扦阙铭并序》一篇,《鄂州重修北榭记》一篇,《舆地纪胜序》一篇,韵文有《晚泊巫山棹石滩》七绝一首。(见省府志县志)

公元一二三九,己亥,嘉熙三年

心传年七十四,《四朝帝纪》书成,为丞相史嵩之所不满,高斯得所修《宁宗纪》末卷载理宗与济王事,为史嵩之擅改,斯得与史官王遂、杜范等辨之,然书已奏进,无可如何。心传去官,奉祠居湖州。弟性传落职,提举太平兴国宫。自是年以后,丞相史嵩之专政。

公元一二四一,辛丑,理宗淳祐元年

心传年七十六,罢祠,复予,又罢。是年五月,王应麟成进士。

公元一二四三,癸卯,淳祐三年

心传年七十八,致仕。先是,心传官太史时游吴兴,悦山水之秀,寓于郡城,后为安定书院,又相度弁峰,建宅营墓,(土人称其地为太史湾)后人徙居焉,见《井研志》引《出湖录》。

公元一二四四,甲辰,淳祐四年

心传年七十九,卒于吴兴寓所,无子,以弟道传子献可为后(献可,号双溪,见《周密《癸辛杂识》)。心传少承家学,壮不得志于科场仕途,又逢老寿,生平专事著述历五十余年,所著除有年代可考,已见上述者外,尚有《诵诗训》五卷,《春秋考义》十三卷,《读史考》十二卷,《旧闻证误》十五卷,《辨南迁录》一卷,《孝宗要略初草》二十三卷,即《高宗系年要录》之续编,《建炎边防记》三卷,诗文集一百卷(今存者《系年要录》有仁寿萧氏刻本,广雅书局史学丛书本;《朝野杂记》有武英殿聚珍本,福州广州翻刻聚珍本,函海本第七八函,适园丛书本;《旧闻证误》有函海本第六函,榕园丛书本乙集,桐华馆史翼八种本;《道命录》有知不足斋丛书本;《边防记》有内乱外祸史丛书本)。

心传弟性传,是年以太中大夫权礼部尚书,兼给事中,兼侍读,兼同修国史,兼实录院同修撰。是年十二月,范钟、杜范相。

公元一二五三,癸且,理宗宝祐元年

心传所著《高宗系年要录》二百卷刻于扬州。(永乐大典本载贾似道跋语)杨仲良将焘《续通鉴长编》九百八十卷改撰为《纪事本末》百一五十卷,是年欧阳守道序之,并校刊于庐陵郡斋。

(原载于1944年5月《说文月刊》第4卷合刊本,重刊于1981年《史学史研究》第1期。)

宋史类编及宋史校注

一、宋代文化之灿烂

赵宋一代三百二十余年中,实为我中华民族文化史上最光辉灿烂的时期之一。论哲学思想,则有胡瑗,孙复,周敦颐,邵雍,张载,程颢,程颐,杨时,李侗,朱熹,张栻,陆九渊,九韶等所代表的理学。论史学,则有司马光的《资治通鉴》,集编年体的大成;袁枢的《通鉴纪事本末》,为史学界创新体,郑樵《通志》,马端临《通考》为通史及制度史之巨著;李焘《续通鉴长编》,李心传《系年要录》,为编年体的材料。论文学,则有欧阳修,王安石,曾巩,三苏等所代表的散文;杨亿,刘筠,宋庠,宋祁等所代表的四六,欧,王,苏轼,黄庭坚,秦观,张耒,尤袤,杨万里,范成大,陆游等所代表的的诗;柳永,张先,周邦彦,辛弃疾,姜夔,吴文英,张炎,周洁,朱淑贞,李清照等所代表的的词;此外长篇章回小说及杂剧院本亦皆起于此时。论美术,则有李成,范宽,董源,巨然,米芾等所代表人物画;徽宋等所代表的花鸟画等。

论科学,则有秦九韶之《数学九章》,首创立天元一法之名,为后世代数之学开其端。论印刷术,则有毕昇之活字排印法,发明于仁宗庆历之世;而宋代雕板印书之精且多,尤为后世所称。论建筑学,则有李诫之

《营造法式》,撰于哲宗时;而喻皓之《木经》三卷,为建筑家所取法。论陶瓷工艺,则有景德镇之出品,画美极妍;此外定汝官哥等窑,各具特色。论染漆工艺,则有嘉兴的镶金镶银法,吉安的螺钿法,广东沿海一带的蚌蛤壳镶嵌法等。论纺织工艺,则有定州的刻丝法,宁州的薄缣法,开封的四时景候各显异彩。论货币,则有北宋的交子钱引,南宋的关子,会子公据等为后世纸币的开端。论政制,则有王安石等开创的保甲,保马,青苗,免役,均输,市易,方田均税,农田税利诸法,虽会见诋于当时,然实见称于后世。论教育制度,则有白鹿洞,岳麓,应天,嵩阳诸书院,开后世书院论学制之先河。论社会制度,则有社会义仓诸法,利民于百世。此外良法美意,不可胜举。要而言之,此三百二十余年中之文物制度,光芒万丈,固为后世后学界所公认者也。

二、宋史之芜陋

以如此光辉灿烂之一时代,允宜有一部组织精密,文章雅洁的史书,庶足以表现此一时代特殊精神,而为后世轨范。然而《宋史》一书,与辽金二史同成于元末至正三年、至正五年之间:其时广东,福建,江西,河南诸省,变乱已起,且脱脱与伯颜争夺政权,时局颇不安定;而总裁官多人,欧阳玄,张起严,李好文,杨宗瑞,王沂,及贺惟一,铁睦而达世诸人,筑室道谋,众手成书;潦草塞实,以致编次不当,繁简失宜,而数量繁重,多至四百九十九卷,较其他任何正史更为芜杂。论表,则仅有宗室宰辅二种。论志,则仅有天文,五行,律历,地理,河渠,礼,乐,仪卫,舆服,选举,职官,食货,兵,刑、艺文等十五种。论本纪,则祥于北宋,而略于南宋,有当书而不书者,有不当书而反书之者,有前后矛盾互异者,有舛误失实者。论列传,则多至一百七十七卷,正传一千三百余人,附传犹不在内:有一人而立两传者,有实无传而有传者,有不必立传而滥立之者,有宜附见而立专传者,有宜立传而不立者,有宜专传而附见者,有附传而毫不相涉者,有一事重见或屡见者,有数人共一事而传文各不相及者,有生卒年寿脱漏舛误颠倒或重复者,有世系籍贯官位重复舛误或脱略者,种种缺点,不胜枚举。钱大昕的《二十二史考异》言之详矣。

三、重修宋史者之多

《宋史》之缺点既多,故其书甫出,即为学界所不满,元末周以立曾有志致修而未果。明正统中,其孙周叔,欲继先志,请于朝,英宗诏许自撰亦未果。嘉靖中,廷议重修,以礼部侍郎严嵩董其事,复未成书。惟王洙私撰《宋史质》一百卷,柯维骐独成《宋史新编》二百卷,虽各有特点,然亦未能厌学界之望。其后归有光,汤显祖,王惟俭,顾炎武,黄宗羲,陈董中,邵晋涵等亦各从事改修,俱未完成。而清代史学理论大师章学诚欲自以义例重修宋史,以明其学说之非空书,而亦未能实现,尤可深惜的。

四、宋史资料分类长编

余自民国十五年即以宋辽金元四史讲授于南北各大学,迄今十有余年自将四史分类剪贴,混合为编,已成初稿数十巨册。此后拟扩大范围,又将《宋会要稿》、《续通鉴长编》、《系年要录》、《朝野杂记》、《文献通考》宋代之部、子攸《皇朝部实》、彭百川《太平治迹统类》、徐梦莘《三朝北盟会编》、黄全二氏《宋元学案》、陆心源《宋史翼》等重要史籍,依前所为分类,剪贴编排,合为长编。以为新史之主要资料。其次,当搜集宋人杂记约二百种,文集约四百种,凡与上述史料有关者,分类采择,以为新史之辅助资料。

五、宋史类编

长编既成,然后仿顾栋高《春秋大事表》之体例而变通之,将其中重要史料统筹分配,尽撰为表,其数可至数百,以为新史之经。

次当仿纪事本末之体而损益之,于各表之后,悉附以详细考证,(或说明,或曰志、或曰考)以为新史之纬。

案旧史以本纪为经,而列传为纬,表为经而志以纬之,是可名之曰二经二纬体。章实斋所据之新宋史体例,亦不过欲"仍纪传之旧,而参本末之法,增国谱之例,删书志之名"而已。今拟本纪列传中之重要史料,悉镕铸于诸表诸志之内,例如列传中之后妃,外戚,宗室,公主,循吏,酷吏,儒林,文苑,艺术,方技,忠义,孝友,隐逸,卓行,列女,阉宦,佞幸,奸臣,叛臣,外国,蛮夷等等,固无不可以改编为表志者。又如帝系,三公,三师,宰相,六部,九寺,五监,三司,枢密,御史,翰林,谏官,及各地方官等等亦无不可撰编为年表或类表者。顾氏《春秋大事表》其先导显例也。其有如名号,籍贯,出身,官爵,生卒等项之不便入正文者,亦可见之于附注焉。

如此则纪传之名目既废,是可称之为一经一纬体。以较二经二纬体之旧史,似觉更超简显,或可为我国史体别开生面,奠一新基焉。

六、宋史校注

新史既成之后,旧史原列为历代正史之一,仍不能废,则当利用新史所得之资料,为旧史撰一详细注释,以便学界。是又此项工作计划中之副产物也。

七、希望赞助

惟兹事体大,势非一手一足之烈所能为功;而必须广求赞助,博授典籍,多得副手,群策群力,精密计划,实以程限,或能于五年八载之后,略具端绪。将伯之呼,情非得已,倘蒙政府当轴,社会贤达,学术机关,文化团体,群起而提供赞助之,共襄厥成,则固非独一身一时之荣,抑亦我中华民族文化之幸也。

(原载于 1942 年 12 月《斯文》第 2 卷第 23、24 合刊;重刊于 1943 年 11 月《说文月刊》第 3 卷第 11 期)

辽金元科举年表

自唐中叶以来,历宋元明清约一千余年间的社会轮廓,可概称为科举制下的自由竞争时期。科举制度虽始于隋炀帝大业中,然终隋之世,未闻有由科举起家至将相操国柄者,唐代科举虽盛,然唐初由科举起家当国者亦甚寥寥,中叶以后渐多,晚期益盛。然当时门阀制度余威犹炽,世家大族不由科举而握政权者尚多。且唐代科举出身者,未能便解褐入仕,尚有吏部试一关,韩愈三试吏部不成,则十年犹布衣,且有科举出身二十年未获禄者。五代时宰相名位虽多属科举出身之人,而政治实权则多操于枢密武人之手。至北宋而科举的权威始大张。宋代宰辅六百余人中,百分之九十以上皆由进士出身(《宋史·宰辅表》)。且宋代习惯法,宗室外戚普通不得居宰辅之位,即偶有例外,亦属极少数。即此一端,已可见当时社会中自由竞争性之一斑。

金元清以边裔人主中土,政权多落于征服阶层之手,例如辽国政权多操于皇族四帐及国舅五帐;金国政权多操于皇族外戚及女真人有战功者;元帝国政权多操于蒙古勋职之类。所谓汉人、南人者,名义上居被征服者的地位,备受欺凌压迫之苦。然事实上则无论契丹、女真、蒙古、满洲之征服阶层,人数既少,文化尤低,彼习于游猎战争之生活,而不惯于改革,除少数上层行政长官之外,其余中下层官僚,仍以汉人、南人居多。辽金虽无统计可据,元成宗时内外诸官有品级者二万二千四百九十员,汉人、南人占一万五千七百四十二员,约三分之二以上,而蒙古色目人不过共占六千七百四十八员,不上三分之一而已(《元典章》七)。此多数汉人官僚中。开国初期虽多由武功起家,而中叶以后,则多数由科举出身。

辽自太宗会同初年即开科举,中经停顿,景宗保宁八年后南京礼部贡院,圣宗统和六年开科取士,直至辽季,共行科举约六十次,赐进士约三千人,而由乡贡起家者当在万人以上。故《辽史》所录汉人入列传者约五十余人中,由科举出身者约占其半。

金自太宗天会元年即开科举,世宗大定四年后复开女直进士科。终金之世行科举四十余次,赐进士一万人以上,而乡贡起家者则不下四五万人。统计《金史》所录汉人入列传者约三百人中,由科举出身者约占三分之二。

元自太宗灭金后,用中书令耶律楚材建议,略仿金制,分策论、经义、词赋三科取士,中选者复其赋役,除本贯议事官,与各处长官同署公事,九年八月命摩和纳求忽解刘中等分试诸路儒士,得东平扬英经四千三十人,皆一时名士。后虽停顿,然元初任用宋金进士颇多。至仁宗延佑二年,复开科取士,以迄元季,凡行科举十六七次,得进士一千余人,及乡贡举人四千八百人至五千一百人(每科三百人为定例)。故元中叶后,由科举起家居要路者甚多。

《辽史》无《选举志》,金元二史虽有《选举志》,而于历年科举情形,语焉不详,鄙人前采三史本纪及列传所载者,作科举年表,以补其阙,抗战起后转徙流离,应用书籍,概不在手,遗漏之处,势所难免。以后读书有得,当陆续补充之。

一、辽科举年表

大宗会同元年丁酉(西历九三七)

初开科举,室昉于会同初登进士第(《辽史》卷七十九《昉传》)

景宗保宁八年丙子(西历九七六)

十二月戊午诏南京复礼部贡院(《辽史》卷八《景宗纪》)

圣宗统和六年戊子(西历九八八)

召开贡举,一人及第(《辽史》卷十二《圣宗纪》)

高正统和初举进士第(《辽史》卷八十八本传)

圣宗统和八年庚寅(西历九九〇)

放进士郑云从二人及第(《辽史》卷十三《圣宗纪》)

圣宗统和九年辛卯(西历九九一)

放进士石用中一人及第(《辽史》卷十三《圣宗纪》)

圣宗统和十一年癸巳(西九九三)

放进士王熙载等二人及第(同上)

圣宗统和十二年甲午(西九九四)

放进士吕德懋等二人及第(同上)

圣宗统和十三年乙未(西九九五)

放进士王用极等二人及第(同上)

圣宗统和十四年丙申(西九九六)

放进士张检等三人(同上)

张检统和十四年举进士第一(《辽史》卷八十本传)

圣宗统和十五年丁酉(西九九七)

放进士陈鼎等二人(《辽史》卷十三)

圣宗统和十六年戊戌(西九九八)

放进士杨文立等二人(《辽史》卷十四)

圣宗统和十七年乙亥(西九九九)

放进士初锡等四人(同上)

圣宗统和十八年庚子(西一〇〇〇)

放进士南承保等三人(同上)

圣宗统和二十年壬寅(西一〇〇二)

放进士李可封等三人(同上)

圣宗统和二十四年丙午(西一○○六)

　　放进士杨佶等二十三人(同上)

　　杨佶统和二十年举进士第一(《辽史》卷八十九本传)

圣宗统和二十六年戊申(西一○○八)

　　放进士史克忠等一十三人(《辽史》卷十四)

圣宗统和二十七年己酉(西一○○九)

　　放进士刘二宜等三人(同上)

圣宗统和二十九年辛亥(西一○一一)

　　放进士高承颜等二人(《辽史》卷十五)

圣宗开泰二年癸丑(西一○一三)

　　放进士鲜于茂昭等六人(同上)

圣宗开泰三年甲寅(西一○一四)

　　放进士张用行等三十一人(同上)

圣宗开泰五年丙辰(西一○一六)

　　放进士孙杰等四十八人(同上)

　　杜防开泰五年擢进士甲科(《辽史》卷八十六本传)

圣宗开泰七年戊午(西一○一八)

　　放进士张克恭等三十七人(《辽史》卷十六)

圣宗开泰九年庚申(西一二○)

　　放进士张仲举等四十五人(同上)

圣宗太平二年壬戌(西一○二二)

　　放进士□渐等四十七人(同上)

圣宗太平四年甲子(西一○二四)

　　放进士李炯等四十七人(同上)

圣宗太平五年乙丑(西一○二五)

　　十一月求进士得七十二人,命赋诗,第其工拙,以张昱等一十四人为太子校书郎,韩乐等五十八人为崇文馆校书郎(《辽史》卷十七)

圣宗太平八年戊辰（西一○二八）

　　放进士张宥等五十七人（《辽史》卷十七）

圣宗太平九年己巳（西一○二九）

　　十一月乙卯朔如显陵：其防城进士张人纪赵陆等二十二人入朝、试以诗，赐第超授（同上）

庆宗太平十一年辛未（西一○二一）

　　放进士若干人

　　杨皙太平十一年擢进士乙料（《辽史》卷八十九本传）

　　杨绩太平十一年进士及第（《辽史》卷九十七本传）

兴宗重熙元年子申（西一○二一）

　　放进士刘师贞等五十七人（《辽史》卷十八与家纪）

兴宗重熙五年丙子（西一○三六）

　　十月赐进士冯立赵徽等四十九人第（同上）

　　赵徽重熙五年擢甲科（《辽史》卷九十七本传）

　　刘伸重熙五年登进士第（《辽史》卷九十八本传）

　　姚景行重熙五年擢进士第（《辽史》卷九十六本传）

兴宗重熙七年戊寅（西一○三八）

　　放进士邢封年等五十五人（《辽史》卷十八《兴宗纪》）

　　王观重熙七年中进士乙科（《辽史》卷九十七本传）

兴宗重熙十一年壬午（西一○四二）

　　放进士王实等六十四人（《辽史》卷十九）

兴宗重熙十五年乙酉（西一○四五）

　　放进士王摘等六十人（同上）

　　王崇重熙十五年擢进士乡贡礼部廷试第一（《辽史》一○五本传）

兴宗重熙十九年庚寅（西一○五○）

　　六月御金銮殿试进士（《辽史》卷二十）

　　杨遵勖重熙十九年登进士第（《辽史》一○五本传）

道宗清宁元年乙未（西一○五五）

放进士张孝杰等四十四人(《辽史》卷二十一《道宗纪》)

张孝杰重熙二十四年擢进士第一(《辽史》卷一百一十本传)

道宗清宁五年己亥(西一〇五九)

放进士梁援等一百一十五人(《辽史》卷二十)

道宗清宁八年壬寅(西一〇六二)

放进士王鼎等九十三人(《辽史》卷二十二)

窦景庸清宁中进士第(《辽史》卷九十七本传)

道宗咸雍二年丙午(西一〇六六)

放进士张臻等一百一人(《辽史》卷二十二)

道宗咸雍六年庚戌(西一〇七〇)

放进士赵廷睦等一百三十八人(同上)

道宗咸雍十年甲寅(西一〇七四)

六月御永安殿策贤良(《辽史》卷二十三)

大公鼎咸雍十年进士(《辽史》卷一〇五本传)

牛温柔咸雍中进士(《辽史》卷八十六本传)

马人望咸雍进士(《辽史》卷一〇五本传)

耶律俨即李俨咸雍进士(《辽史》卷一十八本传)

道宗太康五年己未(西一〇七九)

六月放进士刘瓘等一百一十三人(《辽史》卷二十四)

刘辉太康五年第进士(《辽史》卷一〇四本传)

道宗太康九年癸亥(西一〇八三)

放进士李君裕等五十一人(《辽史》卷二十四)

时立爱辽太康九年中进士第(《金史》卷七十八本传)

道宗大安二年丙寅(西一〇八六)

五月放进士张毂等二十六人(《辽史》卷二十四)

道宗大安六年庚午(西一〇九〇)

放进士文充等七十二人(《辽史》卷二十五)

道宗大安八年壬申(西一〇九二)

放进士冠尊文等五十三人(同上)

道宗寿隆元年乙亥(西一○九五)

　　放进士陈卫甫等一百三十人(《辽史》卷二十六)

道宗寿隆六年庚辰(西一一○○)

　　放进士康秉俭等八十七人(同上)

天祚乾统三年癸未(西一一○三)

　　放进士马恭回等一百三人(《辽史》卷二十七《天祚帝纪》)

天祚乾统九年己丑(西一一○九)

　　放进士刘祯等九十人(同上)

　　韩企先乾费间中进士第(《金史》卷七十八本传)

天祚天庆二年壬辰(西一一一二)

　　放进士韩昉等七十七人(《辽史》卷二十七)

　　韩昉天庆二年中进士第(《金史》卷百二十五本传)

　　李瞻天庆二年进士(《金史》卷百二十八本传)

　　张通古天庆二年进士(《金史》卷八十三本传)

天祚天庆八年戊戌(西一一一八)

　　放进士王翚等一百三人(《辽史》卷二十八)

　　田灏天庆八年进士(《金史》卷八十一本传)

　　赵元天庆八年进士(《金史》卷九十本传)

　　任熊祥天庆八年进士(《金史》卷一○五本传)

　　范承吉天庆八年进士(《金史》卷百二十八本传)

耶律淳建福元年(西一一二二)

　　放进士李宝信等一十九人(《辽史》卷三十)

德妃德兴元年(西一一二二)

　　放进士李球等一百八人(同上)

　　此外辽进士不记年次者如:

　　刘彦宗　辽　进士(《金史》卷七十八本传)

　　虞仲文　辽　进士(《金史》卷七十五本传)

左企弓　辽　进士(《金史》卷七十五本传)

曼义男　辽　进士(《金史》卷七十五附传)

康公弼　辽　进士(《金史》卷七十五附传)

孟　浩　辽　进士(《金史》卷八十九本传)

苏　京　辽　进士(《金史》卷八十九《苏保衡传》)

刘　筈　辽　进士(《金史》卷七十八传)

张　觉　辽　进士(《金史》卷十三、《宋史》四七二本传)

程　寀　辽　甲科进士(《金史》卷一〇五本传)

王中安　辽　进士(《金史》卷十九六王贲传)

程　冀　辽　进士(《金史》一〇五程寀传)

程四穆　辽　进士(《金史》一〇五程寀传)

二、金科举年表

太宗天会元年癸卯(西一一二三)

十一月始行科举,时急欲将汉士,以抚辑新附,初无定数,亦无定期(《金史》卷五十一《选举志》)

刘从益天会元年进士(《金史》卷百二十六本传)

马柔德天会初进士(《金史》卷九十七马百禄传)

太宗天会二年甲辰(西一一二四)

二月科举(《金史》卷五十一)

同年八月再行科举(同上)

太宗天会三年乙巳科(西一一二五)

刘敏行天会三年进士(《金史》三百二十八本传)

太宗天会五年丁未(西一一二七)

七月诏曰,河北河东郡县员多阙,宜开贡取士,以安新民,其南北进士,各以所业试之(《金史》卷三《太宗纪》)

太宗天会六年戊申科(西一一二八)

翟永固中天会六年词赋科(《金史》卷八十九本传)

太宗天会八年庚戌科(西一一三〇)

　　张浩天会八年进士及第(《金史》卷八十三本传)

太宗天会十年壬子科(西一一三二)

　　高昌福天会十年进士(《金史》卷百二十八本传)

熙宗天会十四年丙辰辰科(西一一三六)

　　杨伯渊天会十四年进士(《金史》卷一〇五本传)

熙宗天眷元年戊子(西一一三八)

　　五月诏以经义、词赋两科取士(《金史》卷四《熙宗本纪》)北选词赋士擢第一百五十人,经义五十人,前选百五十人,计三百五十人,嗣场北选词赋进士七十人,经义三十人,南选百五十人,计二百五十人,以入仕者多,故县会员不阙(《金史》卷五九一《选举志》)

熙宗天眷二年己未科(西一一三九)

　　梁　肃天眷二年进士(《金史》卷八十九本传)

　　石　琚天眷二年进士(《金史》卷八十八本传)

　　刘　枢天眷二年进士(《金史》卷一〇五本传)

　　李　偲天眷二年进士(《金史》卷九十二本传)

　　张用直天眷二年进士及第(《金史》卷一〇五本传)

　　敬嗣晖天眷二年进士(《金史》卷九十一本传)

　　贾少冲天眷二年进士(《金史》卷九十本传)

　　杨邦基天眷二年进士(《金史》卷九十本传)

熙宗天眷三年庚申科(西一一四〇)

　　刘徽柔天眷二年进士(《金史》卷九十本传)

熙宗皇统二年壬戌科(西一一四二)

　　王　蔚皇统二年进士(《金史》卷九五本传)

　　王　翛皇统二年进士(《金史》卷九十五本传)

　　牛德昌皇统二年进士(《金史》卷白二十八本传)

　　高德基皇统二年进士(《金史》卷九十本传)

杨伯雄皇统二年进士(《金史》卷一〇五本传)

丁暐仁皇统二年进士(《金史》卷九十本传)

熙宗皇统六年丙寅科(西——一四六)

张　亨皇统六年进士(《金史》九十七本传)

李　晏皇统六年进士(《金史》九十六本传)

郭长倩皇统六年进士(《金史》百二十五本传)

熙宗皇统九年己巳科(西——一四九)

刘仲晦皇统九年进士(《金史》七十八本传)

杨伯仁皇统九年进士(《金史》百二十五本传)

董师古皇统九年进士(《金史》九十五本传)

刘　焕天德元年进士(《金史》百二十八本传)

韩　铎熙宗时进士(《金史》七十八韩企先传)

海陵王天德二年庚午(西——一五〇)

始增殿试之制,而更定试期三年,并南北为一,罢经义策试两科,专以词赋取士,……南北通选,不过六七十人(《金史》卷五十一)

海　陵天德三年辛未科(《金史》九十七本传)

刘　玑天德三年进士(《金史》九十七本传)

张　沉天德三年进士(《金史》)

邓　俨天德三年进士(《金史》九十七本传)

郑子明天德三年进士(《金史》百二十五本传)

刘仲询天德三年进士(《金史》七十八资传)

贺扬庭天德三年进士(《金史》九十七本传)

张大节天德三年进士(《金史》九十七本传)

王元节天德三年进士(《金史》百二十六本传)

马惠迪天德三年进士(《金史》九十五本传)

海陵贞元元年癸酉(西——一五三)

定贡举程试条理格法(《金史》卷五十一)

海陵贞元二年甲戌科(西——一五四)

张汝霖贞元二年进士(《金史》八十三本传)

赵　可贞元二年进士(《金史》百二十五本传)

海陵正隆元年丙子(西——五六)

始定为三年一关(《金史》卷五十一)

海陵正隆二年丁丑科(西——五七)

张汝弼正隆二年进士(《金史》卷八十三本传)

张万公正隆二年进士(《金史》卷九十五本传)

康元弼正隆二年进士(《金史》卷九十七本传)

任　询正隆二年进士(《金史》百二十五本传)

海陵正隆五年庚辰科(西——六〇)

宋　宸正隆五年进士(《金史》百二十一本传)

张　暐正隆五年进士(《金史》一〇六本传)

马　琪正隆五年进士(《金史》九十五本传)

李　愈正隆五年进士(《金史》九十六本传)

路伯远正隆五年进士(《金史》九十六本传)

世宗大定三年癸未科(西——六三)

鸟古论仲温大定二年进士(《金史》百二十一本传)

杨伯元大定三年进士(《金史》九十七本传)

刘仲沫大定三年进士(《金史》九十七本传)

马百禄大定三年进士(《金史》九十七本传)

杨伯通大定三年进士(《金史》九十五本传)

梁　襄大定三年进士(《金史》九十六本传)

世宗大定四年甲申始□女直策论进士之科(西——六四)

甲申勅宰臣,文优则取,勿限人数(《金史》卷五十一)

世宗大定七年丁亥科(西——六七)

许安仁大定七年进士(《金史》九十六本传)

阎公贞大定七年进士(《金史》九十七本传)

世宗大定十年庚寅科(西——七〇)

徒单镒大定十年进士(《金史》九九本传)

李献可大定十年进士(《金史》八十六本传)

孙即康大定十年进士(《金史》九十九本传)

贾谦益大定十年进士(《金史》一〇六本传)

党怀英大定十年进士(《金史》百二十五本传)

世宗大定十三年癸巳科(西一一七三)

贾　铉大定十三年进士(《金史》九十九本传)

孙　铎大定十三年进士(《金史》九十九本传)

邬　谷大定十三年进士(《金史》一〇四本传)

来谷衡大定十三年进士(《金史》九十四本传)

尼厖鉴大定十三年进士(《金史》九十五本传)

世宗大定十六年丙申科(西一一七六)

王庭筠大定十六年进士(《金史》百二十六本传)

孙德渊大定十六年进士(《金史》百二十八本传)

世宗大定十九年己亥科(西一一七九)

高汝砺大定十九年进士(《金史》一〇七本传)

张行简大定十九年进士(《金史》一〇六本传)

李仲略大定十九年进士(《金史》九十六本传)

张严曳大定十九年进士(《金史》九十七《张大节传》)

贾　益大定十九年进士(《金史》九十《贾少冲传》)

刘一昂大定十九年进士(《金史》一二六本传)

世宗大定二十二年壬寅科(西一一八二)

宗端修大定二十二年进士(《金史》一百本传)

萧　贡大定二十二年进士(《金史》一〇五本传)

武　都大定二十二年进士(《金史》百二十八本传)

赵　澜大定二十二年进士(《金史》百二十六本传)

蒲察郑留大定二十二年进士(《金史》百二十八本传)

夹谷守中大定二十二年进士(《金史》百二十一本传)

兴囤忠孝大定二十二年进士(《金史》一〇四本传)

郭　侯大定二十二年进士(《金史》一〇四本传)

孟　奎大定二十二年进士(《金史》一〇四本传)

世宗大定二十五年乙巳科(西——一八五)

词赋进士过五百人(《金史》卷五十一)

赵秉文大定二十五年进士(《金史》百一十本传)

高　云大定二十五年进士(《金史》一〇四本传)

张　炜大定二十五年进士(《金史》一〇〇本传)

李　华大定二十五年进士(《金史》九十九本传)

王　质大定二十五年进士(《金史》)

路　钧大定二十五年进士(《金史》九十六《路伯远传》)

和速嘉安礼大定二十五年进士(《金史》)

蒲察思忠大定二十五年进士(《金史》一〇四本传)

纳坦谋嘉大定二十五年进士(《金史》一〇四本传)

世宗大定二十八年勅设科士为学士院官(《金史·选举志》)

世宗大定二十八年取戊申科(西——一八八)

不限年数,取至五百八十六人(《金史》卷五十一)

胥　鼎大定二十八年进士(《金史》一〇八本传)

张行信大定二十八年进士(《金史》一〇七本传)

高守约大定二十八年进士(《金史》百二十一本传)

王维翰大定二十八年进士(《金史》百二十一本传)

张　壳大定二十八年进士(《金史》一二八本传)

张　翰大定二十八年进士(《金史》一〇五本传)

卢　庸大定二十八年进士(《金史》九十二本传)

粘割贞大定二十八年进士(《金史》百二十二本传)

兀颜诋出虎大定二十八年进士(《金史》百二十二本传)

鸟林答乞佳大定二十八年进士(《金史》百二十二本传)

完颜寓大定二十八年进士(《金史》一〇四本传)

抹然尽忠大定二十八年进士(《金史》一○四亨传)

裴满亨大定二十八年进士(《金史》九七本传)

左贻庆大定间进士(《金史》)

周　昂大定间进士(《金史》)

章宗明昌二年辛亥进士(西一一九一)

王　晦明昌二年进士(《金史》百二十一本传)

侯　挚明昌二年进士(《金史》百二十一本传)

任天宠明昌二年进士(《金史》一○八本传)

完颜闾山明昌二年进士(《金史》一百)

完颜伯嘉明昌二年进士(《金史》一百)

纥石烈德明昌二年进士(《金史》百二十八)

鸟古论德升明昌二年进士(《金史》百二十二)

鸟古论荣祖明昌二年进士(《金史》百二十一)

女奚烈守愚明昌二年进士(《金史》百二十八)

章宗明昌五年甲寅科(西一一九四)

杨云翼明昌五年进士(《金史》百一十本传)

韩　玉明昌五年进士(《金史》百一十本传)

许　古明昌五年进士(《金史》一○九本传)

陈　规明昌五年进士(《金史》一○九本传)

玉　扩明昌五年进士(《金史》一○四本传)

田　琢明昌五年进士(《金史》一○二本传)

李　英明昌五年进士(《金史》一○一本传)

赤盏尉祈明昌五年进士(《金史》百五十)

温迪罕达明昌五年进士(《金史》一○四)

完颜阿里不孙明昌五年进士(《金史》一○三)

夹谷石里哥明昌五年进士(《金史》一○三)

纥石烈胡失门明昌五年进士(《金史》一○四)

尼庞古蒲鲁虎明昌五年进士(《金史》百二十二)

章宗承安二年丁巳科(西一一九七)

    取九百二十五人(《金史》59)

    王若虚承安二年进士(《金史》百二十六本传)

    李纯甫承安二年进士(《金史》同右)

    冯延登承安二年进士(《金史》百二十四本传)

    郭文振承安二年进士(《金史》百十八本传)

    冯　壁承安二年进士(《金史》百一十本传)

    裴满思忠承安二年进士(《金史》)

    鸟古孙仲端承安二年进士(《金史》百二十四本传)

    纳合蒲剌都承安二年进士(《金史》百二十二本传)

    纳兰胡鲁剌承安二年进士(《金史》一〇三本传)

章宗承安五年庚申科(西一二〇〇)

    尚书省言会试取策论词赋经义不得过六百人(《金史》五十一)

    李俊民承安五年进士(《元史》)

    石抹世绩承安五年进士(《金史》百十四本传)

章宗泰和三年癸亥科(西一二〇三)

    张特立泰和三年进士(《金史》卷百廿八及《元史》卷一九九本传)

    杨达夫泰和三年进士(《金史》百十四本传)

    孔祖汤泰和三年进士(《金史》百二十二《移剌里合传》)

    藏古网泰和三年进士(《金史》一〇二本传)

    完颜仲德泰和三年进士(《金史》百十九本传)

    蒲察小室泰和三年进士(《金史》百百二十二本传)

章宗泰和六年丙寅科(西一二〇六)

    李　演泰和六年进士(《金史》百二十一本传)

    梁特胜泰和六年进士(《金史》百二十二本传)

卫绍王大安元年己巳(西一二〇九)

    卫绍王至宁元年癸酉

宣宗贞祐　元年癸酉(西一二一三)

贞祐初诏免府试,赴试者几九千人而取八百有奇(《金史》五十一)

宋九嘉至宁元年进士(《金史》百二十六本传)

完颜素兰至宁元年进士(《金史》一〇九本传)

张天网至宁元年进士(《金史》百十九本传)

聂天骥至宁元年进士(《金史》百十五本传)

雷　渊至宁元年进士(《金史》百一十本传)

商　衡至宁元年进士(《金史》百二十四本传)

刘德基贞祐元年进士(《金史》百二十一本传)

宣宗贞祐三年乙亥科(西一二一五)

王　宾贞祐二年进士(《金史》百十七本传)

白　华贞祐三年进士(《金史》百十四本传)

刘　炳贞祐三年进士(《金史》一〇六本传)

李献能贞祐三年进士(《金史》百二十六本传)

宣宗兴定二年戊寅科(西一二一八)

特赐经义进士王彪等十三人及第(《金史》五十一《选举志》)

刘　肃兴定二年进士(《元史》一六〇本传)

李　昶兴定二年进士(《元史》一六〇本传)

宣宗兴定五年辛巳科(西一二二一)

三月省试经义进士于常额外多放乔松等十余人(《金史·宣宗纪》)

李献甫兴定五年进士(《金史》百一十本传)

哀宗正大元年甲申科(西一二二四)

五月赐词赋进士王鹗等五十人、经义进士张介等五人、策论进士孛

述论长河等十余人第(《金史》十七《哀宗纪》)

王鹗正大元年进士(元史一六〇本传)

杨果正大元年进士(元史一六四本传)

哀宗正大四年丁亥科(西一二二七)

六月赐词赋经义进士卢亚以下及第出身(《金史》十七《哀宗纪》)

王磐正大四年进士(元史一六〇本传)

哀宗正大七年庚寅科(西一二三〇)

　　五月赐词赋经义进士李完以下及第出身(《金史》十七《哀宗纪》)

　　孟攀麟正大七年进士(元史一六四本传)

哀宗天兴二年癸巳科(西一二三三)

　　赐进士终杨王辅以下十六人出身(《金史》十七《哀宗纪》)

此外不载科举年代的进士尚多,如:

庞　铸(《金史》百二十六)	胡　砺(《金史》百二十五)
马　骧(《金史》百二十二)	贾邦多(《金史》百二十二)
雷　思(《金史》)	程　鼎(《金史》百一十)
王　贲(《金史》九六)	程　震(《金史》百一十)
李复亨(《金史》一百)	焦　旭(《金史》九七)
李　完(《金史》九七)	豆　构(《金史》九七)
黄久约(《金史》九六)	移剌履(《金史》九五)
高　衍(《金史》九十)	魏子平(《金史》八九)
苏保衡(《金史》八九)	
赤盏师直(《金史》)	完颜奴申(《金史》百十五)
斜卯阿实(《金史》百十四)	粘葛奴申(《金史》百十九)
陀满胡士门(《金史》百二十三)	完颜珠颢(《金史》)
裴满阿虎带(《金史》百二十四)	

三、元科举年表

太宗九年丁酉(公历一二三七)

　　八月命摩和纳、术忽觯、刘中等历诸路考试,儒士东平杨英等四千三十人,皆天下名士,中选者皆除本贯议事官,与各处长官同署公事,复其赋役(《元史》卷二《太宗本纪》;又卷八十一《选举志·科目门》)

世祖至元年十三年(西一二七七)

　　平江南,尽求宋之遗士而用之,尤重进士以故相留梦炎(宋淳祐四年

进士第一)为尚书,召甲戌(咸淳十年)状元王龙泽为江南行台监察御史(《元史》卷一九〇《熊朋来传》)

仁宗皇庆二年癸丑(西一三三二)

定科举条制,蒙古取合格者七十五人,色目人取合格者七十五人,汉人取合格者七十五人,南人取合格者七十五人,共三百人赴会试,于内取中选者一百人,内蒙古色目汉人南人分卷考试,各二十五人(《元史》五十一《选举志》)

仁宗延祐二年乙卯(西一三一五)

初赐进士护都答儿张起严等五十六人第(《元史》二十五)

张起严延祐二年进士(《元史》卷一八二本传)

欧阳玄延祐二年进士(同上)

许有壬延祐二年进士(同上)

干文传延祐二年进士(《元史》卷一八五本传)

杨　载延祐二年进士(《元史》卷一九〇本传)

杨景行延祐二年进士(《元史》卷一九二本传)

仁宗延祐五年戊午(西一三一八)

赐进士忽都答儿霍希贤等五十人第(《元史》二十六)

韩　鏞延祐五年进士(《元史》卷一八五本传)

谢　端延祐五年进士(《元史》卷一八二本传)

虞　盘延祐五年进士(《元史》卷一八一《虞盘传》)

盖　苗延祐五年进士(《元史》卷一八五本传)

周仔肩延祐五年进士(《元史》卷一九〇《周仁荣传》)

英宗至治元年辛酉(西一三二一)

赐进士泰普化宋本等六十四人第(《元史》二十七)

泰不花　　　进士(《元史》卷一四三本传)

廉惠山东牙至治元年进士(《元史》卷一四五本传)

宋本至治元年进士(《元史》卷一八二本传)

李好文至治元年进士(《元史》卷一八三本传)

王思识至治元年进士(《元史》卷一八三本传)

程端学至治元年进士(《元史》卷一九〇《韩性传》)

吴师道至治元年进士(《元史》卷一九〇本传)

林兴祖至治元年进士(《元史》卷一九二本传)

赵　琏至治元年进士(《元史》卷一九四本传)

泰定帝泰定元年甲子(西一三二四)

　　赐进士刺章益等八十四人第(《元史》二十九)

　　吕思诚泰定元年进士(《元史》一八五本传)

　　王守诚泰定元年进士(《元史》一八三本传)

泰定帝泰定四年丁卯(西一三二七)

　　赐进士阿察赤李黼等八十五人第(《元史》三十)

　　李　黼泰定四年进士(《元史》一九四本传)

　　周　镗泰定四年进士(《元史》一九五本传)

　　李　稷泰定四年进士(《元史》一八五本传)

　　郭　嘉泰定四年进士(《元史》一九四本传)

　　王士元泰定四年进士(《元史》一九四本传)

　　杨维桢泰定四年进士(《元史》二八五本传)

　　张以宁泰定中以春秋举进士(《明史》二八五本传)

　　观音奴泰定四年进士(《元史》一九二本传)

文宗天历三年至顺元年庚午(西一三三〇)

　　赐进士笃列图王文烨等九十七人第(《元史》34)

　　归旸至顺元年进士(《元史》八六本传)

　　臧鲁会天历三年进士(《元史》一八七本传)

　　刘耕孙至顺元年进士(《元史》一九五本传)

　　哈布哈至顺元年进士(《元史》)

惠宗元统元年癸酉(西一三二三)

　　赐进士同李齐等一百余人第(《元史·外选举志》)

　　金阙元统元年进士(《元史》一四三本传)

　　成遵元统元年进士(《元史》一八六本传)

张桢元统元年进士（《元史》一八六本传）

聂炳元统元年进士（《元史》一九五本传）

丑闾元统元年进士（《元史》一九五本传）

月鲁不花元统元年进士（《元史》）

惠宗至元元年乙亥（西一三三五）

谢一鲁至元乙亥乡贡进士（《元史》卷一九五《周本传》）

惠宗至正二年壬午（西一三四二）

赐进士拜住陈祖仁等七十人第（《元史》四十）

陈祖仁至正二年进士（《元史》一八六本传）

卢琪至正二年进士（《元史》一九二本传）

孙㧑至正二年进士（《元史》一九四本传）

惠宗至正五年乙酉（西一三四五）

赐进士普颜不花张士坚第七十八人第（《元史》四十一）

汪泽民至正五年进士（《元史》一八五本传）

石　普至正五年进士（《元史》一九四本传）

刘庭坚至正五年进士（《元史》一九五本传）

普颜不花至正五年进士（《元史》一九五本传）

高　明至正五年进士（《明史》二八五《文苑·陶宗仪附传》）

惠宗至正八年（戊子西一三四八）

赐进士阿鲁辉帖木儿王宗哲等七十八人第（《元史》四十一）

惠宗至正十一年辛卯（西一三五一）

赐进士朵烈图文允中等八十三人第（《元史》四十二）

惠宗至正四年甲午（西一三五四）

赐进士薛朝晤牛继志等六十二人第（《元史》四十三）

惠宗至正十七年丁酉（西一三五七）

惠宗至正二十年庚子（西一三六〇）

赐进士买住魏元礼等三十五人第（《元史》四十五）

惠宗至正二十三年癸卯（西一三六三）

赐进士宝宝杨軏等六十二人第(《元史》四十六)

惠宗至正二十六年丙午(西一三六六)

赐进士赫德溥化张栋等七十二人第(《元史》四十七)

(原载于 1944 年 2 月《说文月刊》第 3 卷第 12 期;重刊于 1944 年 9 月《国立武汉大学文哲学报》第 7 卷第 3 期)

雷波屏山沐川等县土司家谱

　　余于民国二十七年春入蜀,二十八年夏受管理中英庚款董事会之聘任川县科学考察团社会祖专家,与团长、组长、专家,邵逸周、黄国璋、韦润珊、丁道衡、叶雅谷、伍启元、吴文释、冯汉骥等诸先生,暨团员梁瓯第、谭英华等三十余人同赴西藏之雅安、康定、宁远三属各县,考察地理、地质、农林、工程、社会、经济各方面之状况,以为建设边区之依据。历时半载。然为经费所限,调查既未周备,报告书亦迄未刊行。至三十三年夏,复应乐山警备司令之邀,并得教育部之助,再赴川边之雷波、屏山、沐川、马边等县继续考察,冀以完成几度未竟之业。为期又经半载。

　　以上两度考察期中,余之工作目标,除注意边区少数民族之一般生活现况外,对于各地土司之起源、演变、消灭之胜亦曾加以调查。

　　我国近代治理方针,约可分为三大阶段:第一阶段为羁縻政策时期,亦可称为以夷治夷政策时期,唐宋时代对于边地蛮夷酋豪之降附者,往往授以官卫,俾其自辟属吏,自为治理,谓之羁縻州县,对朝廷不过奉正朔,修职贡,受爵命而已。盖古代以边区荒远,政令难及,流官不悉夷情,政教难施,因而边地部落特多,各君其属,各子其民,独立自专,不受中朝钤辖,自羁縻政策实施以来,于是前此独立不羁之部落,得稍受中朝文化之熏染,此种现象自属边政史上之一大进步,雷波、屏山、沐川等地在唐宋为殷驯骋浪四羁縻州,亦即羁縻政策下之一边区也。蒙古宪宗二年皇弟忽必烈率师征服大理,五年尽降西南夷诸部,对于降附各部落酋豪授以宣慰使(从三品)、宣抚使(从四品)、安抚使(从五品)、招讨使(从五品)、总管(从四品)、长官(正六品)等土职,令与流官共同管辖蛮夷之地。于是土司制度规模粗具矣。明初踵元旧规,"凡西南夷来,归者即用原官授之,而稽其土官士兵,及赋税差役驻防守御之制,但定铨选,不立征调,其定铨选法,凡土官名号曰宣慰司,曰招讨司,曰安抚司,曰长官司,初皆隶吏部验封,而后以土兵相称,半隶武选(嘉靖九年复祖宗之旧,令该府州县正贰、经历、巡检、驿传三百六十隶验封,布政使司领之。宣慰、宣抚、招讨、安抚、长官一百三十三隶武选,都指挥使司领之。文武相维,机权攸寓,细大相关,股掌易运),每袭替,则必奉朝命,其无子弟者,即妻女皆得袭替。虽数年之后,万里之远,亦必赴阙受职。"(见毛奇龄《蛮司合志叙》),盖明初土官原无文武之别,后以土兵相制,乃以宣慰司(从三品)、宣抚司(从四品)、安抚司(从五品)、招讨司(从五品)、长官司(正六品)等为武职,土知府(从四品)、土知州(从五品)、土知县(正七品)等为文职。凡夷人多于华人之区,则设宣慰等司;而华人多于夷人之区,则置土府州县。而宣慰等司之佐贰如签事、都事、知事、经历、照磨、司狱、吏目等,及土府州县之佐贰如通判、州判、主簿、推官、经历、典史、驿丞等多规定为流官。或同一土府州县而土官流官并置共治。土官虽得世袭,然铨选黜陟功罪赏罚,一如流官。行之既久,收效渐著,乃普遍推行,遂成一代定规,于是土司制度正式确立,前代之羁縻州县,至此乃渐比于内地。此种土司制度在我国边政史上,较之羁縻政策,其进步之迹,尤为显然。雷波、沐川、屏山等县当元世祖至元开始置马湖医线管府,领雷波,蛮夷,夷都,沐川,平夷,泥溪,六长官司,以土酋安氏世袭总管,杨氏世袭雷波司长官,文氏世袭蛮夷司长官,夷氏世袭夷都司长官,悦氏世袭沐川司长官,王氏世袭平夷司长官,王氏世袭泥溪司长官。然元代马湖路华人总管之可稽者尚有舒策、仟翔二人,教授训导之可稽者亦有鲜桂垠、鲜友□二人,(《屏山县志》)明清更多,不远枚举焉。

第三阶段为改土归流政策时期,亦可称为以华消夷政策时代。自明中叶以后,凡土官之得罪伏诛者,往往废除土官而改为流官。清代继之,或改土归流,或改土为屯。于是土司制度渐式微矣。使由土司、由归流,而完全同化,在边政史上,此种政策较之土司制度更进一步矣。马湖府自明孝宗弘治八年废土官知府改为流官知府后,复增设屏山县,清雍正五年又裁马湖府而以屏山县隶叙州府,雍正六年复置雷波卫,乾隆二十六年设雷波厅属叙州府,于是雷波、蛮夷、沐川、平夷、泥溪五长司名虽存而实亡矣。

要之,土司制度为羁縻政策至归流政策中间之一大桥梁,在我国边政史上地位非常重要。略加整理,然元明清三史之《土司传》《蛮夷传》《四川通志·叙州府志》《屏山县志》《雷波厅志》之《边防部》《土司部》等对于马湖府及雷波、蛮夷、沐川、夷都、泥溪、平夷诸司之传袭世系及事迹岁年等皆残缺不全,致边政沿革之迹,晦而不彰。兹编之辑,略可以补正史及方志之遗,治边政史者或有取焉。(关于西康之宁雅康三属各土司史料,余亦搜罗颇多,容后继续整理刊布之)

马湖安土司家谱

马湖为今雷波县境黄螂镇近郊之一淡水湖,宽约数里,长约二十余里,距金沙江十余里,四面皆山,水甚清冽。相传湖中曾出龙马,故称龙马湖,亦简称马湖。马湖为川滇间名胜,故金沙江下游亦有马湖江之称。蜀汉之马湖县,唐之马湖都,元之马湖路,明之马湖府等名悉由此起。

据明宪宗成化二十三年户部南溪刘忠为马湖土知府安鳌撰万寿亲铜像记谓:马湖府治泸水下流,守其土者历代建官虽殊,然皆安氏子孙,自汉至今五十八世矣,簪缨之远未有若此其盛者云云,可见安氏自有家谱,且上溯至五十余代之远也。案㑩㑩族素重祖先世系及前代事迹之追述,今黑夷之能背诵其祖先系谱至数十代者固为习见,其且有能上溯至百余代者亦不乏人,丁文江先生之《爨文丛刊》中集载贵州大定县水西土司之家谱,追述先世至百十余代,其显例也。安鳌于明孝宗弘治八年(公元一四九五年乙卯)因罪被诛,上距汉武帝始通西南夷之元光五年(公元前一百三十年辛亥)为一千六百二十五年。以三十年为一世而推算之,五十八代亦不过一千七百四十年。故知刘忠所述安氏所自称之祖先世系必有所据,自非全属虚构者可比也。惜自安鳌被诛以后,而安氏前五十代之系谱亦随之失传。吾人今日欲稽安氏系谱,仅见第五十代以后安济以下之少数世系而已。

余于三十三年九月一日至屏山县治小住数日,访安氏子孙渺不可得,仅据马湖路府各寺庙碑铭参以《屏山县志》《明史·土司传》等史料得其梗概而已。兹分世代述之如次:

第一代土司安某(即第四十九代)安济之曾祖父,蒙古宪宗二年(西一二五二壬子)皇弟忽必烈率师征服大理,五年西南夷尽降,马湖部土西安氏率其部属投诚,世祖至元十三年(西一二七六丙子)设马湖路总管府于蛮夷司溪口之南岸,属四处等处行中书省。以安氏世袭土总管,领泥溪、平夷、沐川、夷都、蛮夷、雷波六长官司。

第二代土司安某(即第五十代)安济之祖父,约于元世祖至元末(西一二八三至一二九四)袭土职,成宗大德四年(西一三〇〇庚子)县治泥溪司之东,即今屏山县治。

第三代土司安某(即第五十一代)安济之父,约于元仁宗延佑中(西一三一四至一三二〇)袭土职,元顺帝后至元二年(西一三三六丙子)诏并泥溪、平夷、沐川、夷都、蛮夷、雷波六司为三。

第四代土司安济(即第五十二代)约于元顺帝至正间(西一三四〇至一三六二)袭土职,至正二十三年(西一三六三癸卯)明玉珍据蜀称帝,改元天统,仍以安氏为马湖路总管,领泥溪、平夷、沐川、蛮夷、雷波五长官司。明太祖洪武四年(西一三七一辛亥)汤和克蜀,济遣其子仁入朝投诚,诏改马湖路为马湖府,属川道道,隶四川布政使司。以安氏世袭土知府(从四品),加封中顺大夫(正四品),洪武六年济以病告,乞以子仁代职,诏从之。

第五代土司安德珉(即第五十三代),安济之侄,洪武七年(西一三七四甲寅)遗其弟阿穆上表贡马,廷臣言:洪武四年大兵下蜀,珉德叔安济遣子入朝,朝廷授以世袭知府,恩至渥矣。今珉德既袭其职,不自来朝而遣其弟,非奉上之道。帝却其贡马。洪武十二年珉德贡香楠木,诏赐衣钞。洪武十六年来朝,献马十八匹,赐衣一袭,钞三十锭,米二十石。

第六代土司安本(即第五十四代),约于明成祖永乐中(西一四〇三至一四二四)袭土职,永乐四年成祖迁都北京,恢宏旧规,命工部尚书取材于蜀,得大木于马湖府之夷都山(今名五山子),遂封夷都山为神木山,诏有司建神木祠,岁时祀享,并命翰林学士胡广撰《神木祠记》。又赐诏褒封土司安本。

第七代土司安濬(即第五十五代),约于明宣宗宣德中(西一四二六至一四三五)袭土职,与泥溪司长官王凤等修清凉山天宁寺。(见周洪模撰《天宁寺碑记》)

第八代土司安某(即第五十六代),约于明英宗正统中(西一四三六至一四四九)袭土职。

第九代土司安洪(即第五十七代),明代宗景泰初(西一四五〇庚午)四川巡抚李匡以边事宁息,洪与有功,疏闻于朝,给赐冠带,袭授祖职,并加封中顺大夫(正四品)。宪宗成化三年(西一四六七丁亥)与其妻县君王氏徐氏,子含人安鳌安鲸安纶。及泥溪司长官王明德等同修万寿铜钟。(见万寿寺铜钟铭文)

第十代土司安鳌(即第五十八代),约于明宪宗成化九年(西一四七四癸巳),是年重修天宁寺碑记由土知府安鳌领衔,其父安洪称致仕官)以前袭土职,孝宗弘治八年(西一四九五乙卯)因罪伏诛,盖鳌性残忍虐民,计口以赋,岁入银万计。土民有妇女者多淫之,用妖僧百出魔魅杀人,又令人往杀平夷长官王大庆,大庆闻而逃,乃杀其弟,为横二十余年(按自成化九年至弘治八年凡二十三年),巡按御史张鸾请治之,得实伏诛。并改马湖府为流官知府(《明史·土司传》),先是英宗天顺末,诏许土官缴呈勘奏,即与袭替,于是控制稍疏,动多自恣。至宪宗成化中,又有"纳谷备赈,急公补授"之令,则规取日陋,离叛日生。孝宗发愤丛革之(见毛奇龄《蛮司合志叙》),并设宁戎巡检司于黄螂。属屏山县。

第十一代土目安宇(即第五十九代),安鳌之子,本拟安置广西,以四川用兵,遇赦,暂留行间,因功授宁戎司巡检(从九品),世宗嘉靖二年(西一五二三癸未)奏称从征年久,累获首功,乞改注职官。兵部奏:宇本土知府安鳌之子,洪之孙,当置广西,因四川用兵,暂留行间,旧有功,例应给赏,而故辞之,阴为开复土官之地,则先朝岑猛岑濬可鉴也。上然其言,遂不许。(县志)

第十二代土目安兴(即第六十代),故土知府后,住牧黄螂,袭宁戎司巡检,貌雄杰,臂力过人,居尝自言"马湖我故宅,我必复之。"明世宗嘉靖末(西一五五一至一五六六)越隽卭部长官司叛,普书约伯自称鳄普王。至穆宗隆庆神宗万历间,普书约伯之子撒假踵恶不悛,僭号西国平天王。安兴与雷波土司杨九乍等助桀为虐,互相婚姻,自称三雄,万历十五年(西一五八七丁亥)袭杀都司宪忠,守备刘继祖,指挥尹崇寿等,总兵李应祥等率兵进讨,万历十六年四月俘安兴母安杨氏,五月俘兴及妻安沙氏,遂废宁戎巡检司。

第十三代土目安某(即第六十一代),约于明神宗万历中(西一五八九己丑)自袭土酋。

第十四代土司安某(即六十二代),约于明思宗崇祯中(西一六二八至一六四三)自袭土酋。

第十五代土目安某(即第六十三代),约于清世祖顺治中(西一六四四至一六六一)自袭土酋。顺治十八年(西一六六一辛丑)横江四屯夷人陈奎、郑士道等为乱,屏山知县王敬公等迎战东关,射死贼首邬学贤等。(《屏山县志》)

第十六代土目安某（即第六十四代），约于清圣祖康熙中（西一六六二至一七二二）自袭土酋。

第十七代土司安保（即第六十五代），清世宗雍正六年（西一七二八戊申）云南米贴夷妇陆氏不法，提督黄廷桂等讨平之。安保投诚，授土舍职衔，无印信号纸，住牧雷波之天姑密地方。

第某某代土司安庆泰，清某年袭土职。

第某某代土司安贞吉，清某某年入云南永善县武庠。

第某某代土司安国疆，清某某年以剿夷有功，授土千总职衔（正六品）。

第某某代土司安继鉴，清某某年以办理防夷有功，赏六品军工（以上均见《雷波厅志·土司门》）。

今云南永善县属桧溪乡尚有安土司子孙聚居，余本拟于回乐山时由雷波渡金沙江，绕道云南之永善、绥江二县，以便赴桧溪一游，但为时间所限，未能如愿。将来如再赴雷波、屏山考察时，将绕道赴桧溪一游访问安氏子孙，或能更有所得，亦未可料也。

雷波杨土司家谱

杨土司今已绝传，仅存寡妇杨安登良女士及其女杨黛蒂女士二人。余于三十三年九月中旬赴雷波小住两月，曾与驻军营长李熹君同赴杨公祠访问，时杨黛蒂女士肄业重庆边疆学校尚未归家，杨安登良女士系沙马土司安登文、安登俊之妹，年约五十岁，染有嗜好，貌颇清瘦，虽能汉语，然不识文字。杨公祠系纪念杨石金土司殉职而置，前进已毁，中进左侧为杨安登良女士住宅，右方则已招佃，后进为祠堂，中供杨石金神位，左右供石金子德寿禄神位。时近秋收，满室盈阶皆堆积豆壳之类，几无立足之地，杨安登良女士亦不肃客入室就坐，但立于门外与客对语。询以中元是否循俗焚化蚨子，答：然。询以缮写蚨子时，有无家谱为据，答曰：无之。更询蚨子由谁缮写，则以师爷李万钟君、贾成文君，管事苏占云君,比母胡占云君等为对。余等不得要领。辞出,后托县参议会秘书王雨庵君介绍与李万钟、贾成文、苏占云、胡占云四君相见于县署对面之茶社,由李、贾、苏、胡四君将记忆所及者,口授甘于天君录为土司家谱一卷。

先是余赴雷波之前已得《雷波县志》卷三十《土司志》所载杨氏家谱一卷,但首尾皆欠完备。又得毛筠如君调查所得之杨土司系谱一种,兹录如次:

夷人祖传,初有天地时,天地都变了颜色,天色白了,地色黑了,沟色红了。降下黑白红三色的雪。雪生人名娃支,二世名娃支娃五,三世名娃五卜勿,四世名卜勿绝木,五世名绝木略勒勒,六世名略勒勒古侯,七世名古侯日牙,八世名日牙树卡,九世名树卡六特,十世名六特立呷。(见《雷马屏峨纪略》)夷语谓怂恿他人作恶者曰竹,谓不赞成其事者曰瓦竹。古侯之呷为人正直,每遇人怂恿他人作恶时,即以瓦竹为言,久之遂得瓦竹之绰号。其后辈均以此名其家。惟子孙无多,雷波之杨土司家、朱家均其后裔(见《雷马屏峨夷务鸟瞰》)。

又获廖旭龄君调查所得之系谱一种,照录如次:

一世曰古侯,二世曰古侯麻病,三世曰麻病阿普,四世曰阿普麻按,五世曰麻按苏跨,六世曰苏跨落亨,七世曰落亨吽吽,八世曰吽吽阿着,九世曰阿着敌富,十世曰敌富普谷,十一世曰普谷普叶,十二世曰普叶普札,十三世曰普札吽呷,十四世曰吽呷捏基。

又承马长寿先生录寄其调查所得之杨土司家谱一种,如次:

雷波杨土司世系,弟于二十六年调查时颇感困难,一以杨氏后裔,只留一寡妇及一弱女;二以其族之世用毕母只胡氏一人。由文字记载之系谱已不可得,口头可传者,由胡毕母等人商议合缮一纸,兹照译如次:一曰穆鸟(天也),二曰穆鸟底什(天上黄云也)。三曰底什什鸟(黄云之下也,罗虽常托为天云所生,以上恐非人名),四曰什鸟尼维,五曰尼维孤纥,六曰孤纥马必,七曰马必素古,八曰素古拉烈,九曰拉烈底哦,十曰底哦补虎,十一曰补虎普姑,十二曰普姑普执,十三曰普执牛尔,十四曰牛尔几则,十五曰几则几虎,十六曰几虎尔普,十七曰尔普拉碟,十八曰拉碟烈烈,十九曰烈烈客比,二十曰客比那执,二十一曰那执几几,二十二曰几几韦牛,二十三曰韦牛觉波(即杨石金),二十四曰觉波何何(即杨德寿),二十五曰何何希朱(即杨忠廷),二十六曰希朱格兹(即杨先烈),二十七曰格兹代弟(即杨黛蒂女士)。以上虽列为二十七代,但实际只有除去前三代之二十四代。以弟所知,由孤纥至今之其他各支系谱多在五十代至七十代之间,故知其间脱落颇多,兄调查所得之三十一代中喇哇阿弼吉趣诸名似皆音译,但于弟所得表上皆找不出。此其所谓各说尧舜,而尧舜不同也。

综合上列诸史料为订雷波杨土司家谱一卷如次:

第一代土司杨某,阿照之祖父,蒙古宪宗二年(西一二五二壬子)皇弟忽必烈率师平大理,西南夷尽降。元世祖至元十三年(西一二七六丙子)置马湖路总管,领泥溪、平夷、沐川、夷都、蛮夷、雷波六长官司,以杨氏世袭雷波正长官司。

第二代土司杨某,阿照之父,元成宗大德中(西一二九七至一三〇七)袭土职。

第三代土司杨某,即阿照。元顺帝后至元元年(西一三三五乙亥)并泥溪、平夷、沐川、夷都、蛮夷、雷波六长官司为三,阿照以雄杰著马湖间(《雷波厅志》)。

第四代土司杨某,夷名阿照阿哟,阿照之子,元顺帝至正二十三年(西一三六二癸卯)明玉珍据蜀称帝,改元天统,分马湖路总管所辖为泥溪、平夷、沐川、蛮夷、雷波五长官司。

第五代土司杨匹夜,夷名阿哟阿直,阿照之孙,明太祖洪武四年(西一三七一辛亥)汤和入蜀,匹夜随马湖路总管安济等投诚,授武德将军承直郎,世袭雷波正长官司,颁给印信号纸。初阿哟生六子,长曰阿哟母此,次曰阿哟阿此,均早死无后,三曰阿哟捏黑,住牧凉山施脚那达,四月阿哟鼠吼,住牧凉山连渣脑,五曰阿哟神根,住牧杨泗塌袁家溪,六曰阿哟阿直,袭父职住牧雷波为土司,盖夷俗原重少子承宗云。

第六代土司杨某,阿照二世孙,约于洪武中(西一三七七至一三九八)袭土职,洪武二十六年(西一三九三癸)以雷波民少,省长官司为雷波乡,属屏山县(《雷波厅志·建置门》)。

第七代土目杨某,阿照三世孙,约于明成祖永乐中(西一四〇三至一四二四)袭土职。

第八代土司杨某,阿照四世孙,约于明宣宗宣德中(西一四二六至一四三五)袭土职。

第九代土目杨某,阿照五世孙,约于明英宗正统天顺中(西一四三六至一四六四)袭土职。天顺末诏许土官缴呈勘奏,即与袭替,于是控制稍疏,动多自恣。至宪宗成化中(西一四六五至一四八七)又有"纳谷备赈,急公补授"之令,则规取日陋,离叛日生云。(见毛奇龄《蛮司合志叙》)

第十代土目杨某,阿照六世孙,约于明孝宗弘治中(西一四八八至一五〇五)袭土职,弘治八年(西一四九五乙卯)马湖土知府安鳌因罪伏诛,除土官知府改为流官知府,并设宁戎巡检司于黄螂。

第十一代土目杨某,阿照七世孙,约于明世宗嘉靖初(西一五二二至一五三二)袭土职。

第十二代土目杨某,阿照八世孙,约于明世宗嘉靖末(西一五五一至一五六六)袭土职。时越巂长官司叛,普书约自称鳄普王,僭住腻乃地方与马湖府赖因等处接壤,守土长官失于堤防,以致窥伺,继而勾通渔利,帅众杀掠。

第十三代土司杨九乍(似即马表中之第十四代牛尔几则),阿照九世孙,明穆宗隆庆(西一五六七至一五七二),神宗万历初(西一五七三至一五八六)越巂邛部长官司普书约伯之子撒假踵恶不悛,僭号西国平天王。九乍与黄螂夷首安兴共助之,互结婚姻,横行凉山,抄掠荣丁、赖因、烟溪等处,杀死军民三千余人,劫掠男妇数万余口,万历十五年(西一五八七丁亥)袭杀都司李宪忠,守备刘继祖,指挥尹崇寿等,总兵李应祥等讨之,十六年四月斩撒假,俘安兴母安杨氏,五月俘安兴及其妻安沙氏,惟九乍潜匿四山崖门间,未获。初其妻马氏曾阻九乍,及大军至,自度难免,乃率众投降,照旧管辖雷波。十七年抚院再檄速擒九乍,俾无余孽。监军,李用会参将郭成差人切责马氏,命将九乍出献,免致全家被戮。时杨马氏有一女,姿甚美,母所最爱,随父潜匿被获,至叙州府收禁,知府唐议欲得九乍,因结马氏心,遂以女还之。马氏益感励,密语者把鸟雄叫卜等刻染血牌,前去河前窝,诱九乍出,至西宁伤重自死,以尸献(《雷波厅志·边防门》),设黄螂巡检司以治之(《厅志·建置》)。

第十四代土目杨某,阿照十世孙,明神宗万历十八年(西一五九〇庚寅)自袭。

第十五代土司杨某,阿照十一世孙,约于明熹宗天启中(西一六二一至一六二七)自袭。

第十六代土目杨某,阿照十二世孙,约于清世祖顺治中(西一六四四至一六六一)自袭。

第十七代土司杨喇哇,阿照十三世孙,清圣祖康熙四十三年(西一七〇四甲申)赴省投诚,四川巡抚奏请授为雷波千万贯长官司,颁给印信号纸(《雷波厅志》)。

第十八代土司杨某,喇哇之子,约于清康熙末(西一七〇五至一七二二)袭土职。妻某氏生子明义,继妻沙氏,生子明忠。

第十九代土司杨明义,喇哇之孙,清世宗雍正六年(西一七二八戊申)云南米贴夷妇陆氏不法,戕云南官兵,诱附近结觉阿路阿照平底等夷人作乱,明义阴助之,四川提督黄廷桂率军剿平之,并革去明义职衔,不准承袭,雍正七年改土归流,置雷波卫以治之。

第二十代土司杨沙氏、杨明忠,雍正七年杨明义之继母杨沙氏率其幼弟杨明忠助顺杀贼,复赏给土千总(正六品)职衔,仍许住牧千万贯,管束夷人,每年认纳粮秣马匹,乾隆十四年(西一七四九己巳)杨沙氏病殁,明忠袭母职。

第二十一代土司杨阿弼,明忠之子,约于乾隆十五年(西一七五〇庚午)以后袭土职。

第二十二代土司杨吉趣,阿弼之子,约于乾隆二十三年(西一七五八戊寅)以前袭土职,乾隆二十四年病殁,子纯武、继武皆幼,妻杨国氏护理土务。

第二十三代土司杨纯武,吉趣长子,乾隆二十四年(西一七五九己卯)袭父职。乾隆二十六年改雷波卫为雷波厅,设通叛以治之。

第二十四代土司杨成,纯武之子,乾隆四十八年(西一七八三癸卯)袭父职,年仅三岁,仍由其祖母杨国氏护理土务。嘉庆二年(西一七九七丁巳)祖母杨国氏病故,其叔杨继武当事,嘉庆七年凉山夷众滋事,焚燃东林乡等处民房,经四川提督丰绅、臬司董教增,会同建昌镇总兵张志林赴雷查办,饬土舍杨继武转首事夷匪扭扭等六名缚献正法示众,各支夷人畏罪输诚。杨继武以同平夷乱有功,赏给土千户执照,子孙世袭(按土千总正六品,土千户正五品,此千户似系千总之误)。

第二十五代土司杨应泷,杨成之子,约于嘉庆中(西一七九六至一八二〇)袭土职,嘉庆十九年(西一八一四甲戌)凉山夷人庚掌家牵哈格勒鹿托钮克鹿磨塔哈四支夷首阿拉等,大阿六家双老一角亦泽格,特洛三支夷首玉结等,马甲家三岗地歪冷米塌易鸡角西巫甲五支首毕格羊杆等,阿苏家易西立堡二支夷首木足等,苏喝家六特支夷首孚鸡等,因欶收聚众滋事,四川提督多隆武等率军缴平之。

第二十六代土司杨荣耀,应泷之子,约于嘉庆道光间袭土职,无子,以族子杨文为嗣。

第二十七代土司杨文,字某某,夷名几几韦牛,约于道光十七年(西一八三七丁酉)以前袭土职。道光十七年马边夷匪滋事,黄缚司巡检王如芬辨理粮站,随防见夷妇七人经垒前,命缚送厅城,雷波厅通叛门崇亦不询明真相,即献俘大府邀功,而其实乃思札支黑夷妇女出外探亲者也,恩札支本凉山夷人中势力最雄厚者,夷俗又重妇女,闻讯愤甚,遂煽动各支,大举复仇,土司杨文密得贼信,以告参将李万春,万春连夜退营,而夷亚跟踪追至,先破粮站,杀王如芬,继逼厅城,门崇告急请兵,四川总督鄂山,令提督余步云齐慎,按察使司多欢等同赴雷波剿平之,又命庆符知县刘耀庚代门崇为雷波厅判。

第二十八代土司杨石金,字顺久,夷名韦牛觉波,杨文之子,文宗咸丰四年(西一八五四甲寅)袭土千总职,警敏多智,勤慎奉公,每遇夷情变动,或事先弥逢,或临时捍御,地方文武深倚畀之。咸丰十一年(西一八六一辛酉)以征滇匪功,赏给五品蓝翎。同治二年(西一八六三癸亥)随官军攻剿横江双龙场股匪,有功,赏换花翎。同治四年,奉论赏还千万贯正长官司原职,颁给印信号纸,以示鼓励。同治六年夏,恩札支夷匪大举犯牛吃水,天姑密,下窜黄螂,各乡纷纷告急。石金带家丁百人随参将韩廷贵出征至黄螂匡海场,战败阵亡,恤荫如例(见《厅志·忠节》)。舁尸归,寄殡城北大旗山内。夷俗,土司为诸夷所弑,不复仇,则不葬。石金死时,子德寿年幼,无力复仇。及长袭土司,号令不行于诸夷,家奴亦多散失,势益衰落,复仇愈难。光绪八年,张世康至雷剿平夷匪,德寿冤家恩札支请于世康,愿以千金及牛羊等物为解,世康询之德寿,德寿要求缴难民五百人,再议他款,事久不决。世康班师,德寿旋卒,子忠廷甫数龄,事决于德寿庶兄德禄,欲复仇则力仍不逮,欲久殡则心未安,因于光绪十六年改葬于殡所。(《厅志·坟墓》)

第二十九代土司杨德寿,字某某,夷名觉波何何,同治七年(西一八六八戊辰)袭父职,年幼,庶兄德禄当事,号令不行于诸夷,家丁亦多散失。光绪元年(西一八七五乙亥)吴奇等支夷匪大举出犯,雷波厅通判徐浩闻警,一面会商医参将马怀珍调左右两营同雷威军往御,一面令士司杨德寿,土目国玉明等入贼中关说,谕令归巢,夷众不从,听文武会禀请兵,总督吴棠派邵永龄、胡国珍、张世康等剿平之。光绪六年夷匪大举出犯,直逼厅城,厅民或闭户号泣,或死亡流徙,无所控诉。厅文武会禀请兵,总督丁宝桢派总兵李培荣等赴雷剿办,至次年正月平之。光绪八年正月夷匪复大举出犯,继督丁宝桢派候补知府张世康赴雷督剿,至九年五月平之。丁宝桢奏赐杨德寿为国贤臣匾额一方,以褒奖之。

第三十代土司杨忠廷,字荩臣,夷名何何希朱,德寿之子。光绪四年(西一八七八戊寅)生,十一年袭父职,年甫数龄母杨安氏护理土务,十三年杨安氏病故，事决于庶伯父德禄。光绪十六年春夷患复炽，总督刘荣璋派马朝选等赴雷剿平之。光绪三十四年春夷人复叛，忠廷率家丁随续备军及普安营官兵同剿平之，母狗坡之役，忠廷出力最多。宣统三年（西一九一一辛亥）夏恩札等支夷叛，忠廷随续备军营官陈遐龄等往剿，忠廷出钜赏探得捷径，突入大凉山深处，各支夷众大惊，环跪请罪，认赔命价并缴还难民。时蓉渝等地组织川汉路保路同志会，是年十月同志军统领舒藩率众至雷波，前安阜营都司罗思科被裁后，因与通判王某系云南同乡，得充雷威军帮统，至是乘机响应。迨舒藩离雷后，恩科遂盘踞衙署，纵其党羽四出勒索绅民，官绅察其逆迹昭著，议请忠廷调集家丁发动于内，复请驻三稜冈之巡防军营长李守正围攻于外，十月二十日杀罗恩科，解除雷民倒悬之苦。雷民德之，民国元年宣慰使王某详其功绩于军政府，奖授中参军职衔。旋任雷威军帮统，民国三年随汉军统领张占鸿，雷威军统领王猷等剿办夷车河马耳红等地夷匪有功，班师后以积劳病故。（见《川边季刊·雷波调查》）

第三十一代土司杨先烈，字继动，夷名希朱格兹，民国三年袭父职。先是千万贯人张琴权原系土司属员，因愤土司专横，暗与屏山人苏兴福等商议联合恩札支等夷众，同控土司杨忠廷于四川省政府，事败。民国四年琴权谋得川南司令胡重义部下团长职衔，密集人枪百余，驻扎屏山中都镇，意图率领回雷推翻土司，以饷给无着，病变而卒。土司得以暂安。民国五年冬，绿林杨春芳受招安为汉军帮统兼屯殖军营长，率部驻雷，诱先烈进城扣留之，勒索数千金然后释归。六年春春芳赴西昌，以参谋何晃代领留雷部队，贪先烈财富，欲进取而瓜分之，六月十五夜分路向北栏外大旗山望坡城土司署围攻，先烈抱病，力不能敌，退避山后，上下两衙被劫一空，两院房舍拆充燃料，城内杨石金祠堂及住宅等亦被劫殆尽。先烈受此损失，意不能平，遂约集家丁及亲戚等谋报复。何晃等恐甚，乃贿调土司之冤家吴奇等支夷众分驻城内县署，及杨公祠，天堂庙，垂珠洞等处。先烈自度不敌，乃赴滇依亲戚暂居。八年先烈由滇回雷任戍边军第一营管带，十二年正月先烈在五关寨子一带搜索叛夷，将吴奇家黑夷菊格擒归,罚其出枪五十枝,做难民百人为赎。吴奇家未允,阴出银百两贿通先烈之弁兵暗中释出,先烈发觉后派人追还,吴奇家复贿先烈部下暗释之,终以饥寒逼死崖穴中,吴奇家闻而大愤,约集二千余劫掠顺城以为报复,先烈亦无可奈何。十六年雷波知事罗晃南倡办狴子村银矿,以先烈为沙马土司安登文之妹夫,约同前往为助,先烈患痢疾先卒,晃南旋亦被夷人攻杀(《雷波调查》)。先烈妻安登良无子,仅遗女杨黛蒂一人,土司遂绝。

(原载于 1945 年 6 月《边政公论》第 4 卷第 4、5、6 期合刊)

蛮夷司文等九土司家谱

蛮夷司文土司家谱

蛮夷司位于中都河与金沙江合流之处,为雷波、马边、沐川、绥江、永善等县商业交易之中心,亦屏山县西境之一重镇也。中都河原名夷都河,其下游入金沙江之一段亦名蛮夷溪,蛮夷司之名殆即由此而起。

余于三十三年九月七日至蛮夷司,小住数日,曾与驻军县参议员饶腾蛟君住宅甚近,破屋数间,闻已出卖,土司后裔仅沿街行乞之孤儿一人而已。承饶参议员之助,借得土司家谱写本一卷,卷首冠有北宋文彦博、南宋文天祥之列传,然此明系冒认祖先之一例,因谱中所载第一代文登至第五代文通年月虽已不详,然自第六代文仲魁以下年月皆甚详明,据以推算,则其第一代文登之年世当远在文天祥之前也。因据原谱节录一通,其有年月可考者亦补入之。

第一代土目文登,年月失载,据文仲魁以下所载年世推算,约生于南宋孝宗乾道间(西元一一六五至一一七三),宁宗庆元间(西一一九五到一二〇〇)为土酋,子甲乙,廷富,廷贵,如槐,如柏,如桧等。

第二代土目文甲乙,年月失详,约于南宋理宗宝庆间(西一二二五至一二二七),袭土职。妻夷氏,子应详、应谟、应谕、应记;侄应祯、应福、应禄、应禧、应祗、应祚、应姚、应祀、应昌、应伦、应纲等。

第三代土司应详,年月失详,约于南宋理宗宝祐间(一二五三至一二五八)袭土职,蒙古宪宗二年(西一二五二壬子)皇弟忽必烈率师平大理,五年西南夷尽降,元世祖至元十三年(西一二七六丙子)设马湖路总管府,领泥溪、平夷、沐川、夷都、蛮夷、雷波六长官司,以应详为蛮夷司长官,子承祖、侄光祖、裕祖、继祖、述祖、绍祖、纯祖、克祖、昌祖、振祖、肇祖、启祖、耀祖等。

第四代土司文承祖,年月失详,约于元世祖至元末(西一二八三至一二九四)袭土职。子文通、侄文远、文运、文适、文道、文选、文迈、文志、文忠、文佐、文朝等。

第五代土司文通,年月失详,约于元仁宗延祐中(西一三一四至一三二〇)袭土职,元顺帝后至元二年(西一三三六丙子)并马湖路六长官司为三,蛮夷司与雷波司合为一。通妻罗氏、王氏,子仲魁、仲义、仲礼、侄仲玺、仲珪、仲仁、仲全、仲亨、仲珠、仲经、仲琛、仲珂、仲珠等。

第六代土司文仲魁,元顺帝至正四年(西一三四四甲申)袭土职,至正二十三年(西一三六三癸卯)明玉珍据蜀称帝,改元天统,复分马湖路为雷波、蛮夷、沐川、泥溪、平夷五长官司。仲魁仍为蛮夷长官司。妻胡氏、陈氏,子的保、侄光保、昌保、敬保、金鳌、金汉、金湖、金沙、金鱼、金玉、金富等。

第七代土司文的保,明太祖洪武四年(西一三七一辛亥)汤和克蜀,随马湖路总管安济等投诚,诏授怀远将军,承直郎,世袭蛮夷司正长官。并以昌某为副长官。妻向氏、吕氏,子天宠、侄天宥、天章、天恩、天锡、天叙、天惠、天时、天禄、天朝、天饬、天位、天明、天定、天职、天爵、天申、天家等。

第八代土司文天宠,明成祖永乐元年(西一四〇三癸未)袭土职,十二年进贡香柟。妻田氏、孙氏,子文臣、文锡、侄文著、(永乐九年辛卯举人)文连、(永乐九年辛卯殿元)文达、(成化二年知房县)文畿、(文秩)、文华、文采、文炳、文龙、文蔚、文虎、文豹、文琴、文海、文魁等。

第九代土司文臣、明宪宗成化二年(西一四六六丙戌)袭父职、无子,以弟文锡袭职。

第十代土司文锡,明孝宗弘治四年(西一四九一辛亥)袭兄职。子安民、侄先民、元民、庶民、黎民、岐民、国民、华民、宇民、奠民、定民、辑民、疆民等。

第十一代土司文安民、明武宗正德五年(西一五〇九己巳)袭父职,正德十六年(西一五二一辛巳)病殁、(按《屏山县志》卷八《边防门》,《雷波厅志》卷二十八《边防门》均载万历十五年卬部撒假,黄螂安兴,雷波杨九乍叛,袭杀都司李宪忠等,总兵李应祥奉命往剿,副使李用监军,参将郭成奉监军李用令,遣土舍文安民谕安兴,许以不死。安民机泄,兴潜约雷波出西球,冲我师,幸侦得逆谋有备无患云云,可见土司家谱所载年代不无错误)妻昌氏,子化光、化邦、侄化大、化楚、化治、化成、化圣、化武、化神、化民、化孝、化极、化远、化雨等。

第十二代土司文化光,明世宗嘉靖元年(西一五二二壬子)袭父职,子宏运、开运、侄得运、鹏运、天运、承运、纶运、奉运、亨运、纬运、载运、世运、华运、泽运、钧运、世运、荣魁、华魁、灿魁、彩魁等。

第十三代土司文宏运,明世宗嘉靖三十一年(西一五五一壬午)袭父职,无子,以弟开运嗣职。

第十四代土司文开运,明神宗万历九年(西一五八一辛巳)袭兄职,子新命、诰命、侄勅命、诏命、君命、传命、士命、天命、荣命、华命、钦命、衔命、受命、知命、旌命、简命、拜命、宣命、顺命;宗尧、宗舜、宗禹、宗汤、宗文、宗武、宗臣等。

第十五代土司文新命,明神宗万历四十七年(西一六一九己末)袭父职。子凤鸣;侄凤来,凤仪、凤膺、凤瑞、凤兰、凤鸾、凤池、凤翔、凤翊、凤阳、凤舞、凤诏、凤岐、凤林、凤鳌、凤伦、凤山、凤伟、凤升、凤鬈、凤朝、凤治、凤雏、凤哕、凤彩、凤岗;寿祚、昌祚、维纶、维纪、维纯等。

第十六代土司文凤鸣,明思宗崇祯十七年(西一六四四甲申即清顺治元年)袭父职,清世祖顺治九年与泥溪、平夷、雷波、沐川各土官同赴嘉定州投诚,经亲王固山墨暨巡抚李某转奏,勅授昭信校尉,世袭蛮夷司正长官,颁给印信号纸,优免粮田八石,以折俸禄,及供先人祭祀之费,每逢三年一贡,纳马价银十二两。无子,以嫡叔诰命嗣职。

第十七代土司文诰命,清圣祖康熙十三年(西一六七四甲寅)袭侄职,时副长官吕蕤,见何源浚《勘木记》。雍正四年因病请致仕,子寿祚、昌祚。

第十八代土司文寿祚,清世宗雍正三年(西一七二五乙巳)入文庠,四年袭父职,乾隆二年上谕贡马银十二两减为八两。妻萧氏、吴氏;子文煜、文炀;侄文熇、文焕、文炳、文煌、文煊、文耀、文煋、文熜、文炜、文灿、文炽、文照、文炷、文爊、文烓、文炬、文焰、文训、文谟、文志、文谅、文详、文诲、文谵、文让、文诠、文瑜、文琳、文珩、文瑛、文瑞、文瑀、文璇、文珮、文瑾、文琏、文坤、文俊、文渊、文美、文明(国学生)、文学(文生)、文谦(文生)、文魁(武生)等。

第十九代土司文煜,清世宗雍正四年入文庠,乾隆二年(西一七三九己未)袭父职,妻吴氏,子德厚、侄德辉、德元、德安、德纯、德重、德惠、德连、德年、德亮、德渊、德可、德秀、德宽、德顺、德富、德常、德武、德贵、德大、德盛、德重、德俊、德彰、德新、德广、德著、德才、德普、德霄、德先、德治、德昌、德义、德相、德祥、德全、德兴、德位、德树、德深、德久、德政、德阳、德魁、德扬、德长、德诣、德遥、德殷、德誉、德禹、德沛、德周、德洪、德忠、德北、德茂、德岐、德仁、德智、德裕(文生)、德明(武生)、德华(监生)等。

第二十代土司文德厚,清高宗乾隆二十一年(西一七五六丙子)袭父职,遵例颁换乾字第一万二千二一七号蛮夷司正长官印信,妻杨氏、罗氏;子印章、顺章、含章、郁章、灿章;侄焕章、玉章、麟章、瑞章、运章、成章、华章、宪章、有章、锦章、美章、义章、聚章、武章、贵章、秀章、联章、达章、茂章、世章、世良(文生)、世衡(恩贡生)、世钰(翰林待诏)、世钧(文职)、世礼、世泰、世杰、世北、世荣、世亮、世华、世贵、世崇、世举、世昌、世杰、世洪、世发、世秀、世美、世彪、世鹏、世儒、世悠、世祥、世才、世伦、世态、世金、世信、世佐、世侯、世优、世翔、世福、世德、世益、世林、世兴、世富、世贤、世栋、世禄、世美、世友、世盛、世相、世权、世玉、世元、世朝、世英、世臣、世雄、世错、世鈝、世铸、世镒、世钟、世铨、世镇、世纲、世鈉、世锦、世锐、世锠、世锡、世衔(恩贡生)、世应、世重、世济、世启、世楹、世干、世徐、世堂、世基、世高、世怀、世敏;安岐、安明、安秀、安楚、安国、安贞、安郁、安书、安全(武生)、安邦(文生)等。

第二十一代土司文印章,清高宗乾隆五十三年(西一七八八戊申)入文庠,乾隆六十年袭父职,无子,以弟顺章之子三乐嗣职。侄三敬(文生)、三枢(武生)、三凤、三星、三玉、三超、三发、三卿、三松、三福、三贵、三桂、三柱、三品、三富、三纲、三美、三联、三恕、三格、三喜、三宅、三庆、三序、三秩、三台、三峯、三彩、三光、三灿、三纬、三衡、三仪、三和、三祐、三炳、三煜、三林、三省、三善、三俊、三拔、三度、三升、三密、三成、三堂、三学、三吉、三志、三义、三杞、三业、三松、三极、三徵、三槐、三相、三楚、三枝、三楷、三模、三柏、三桧、三益、三贤、三良、三禄、三树、三棋、三恒、三孝、三达、三麟、三祐、三立、三哲、三哲、三垣、三泰、三在、三才、三爵、三卓、三瑞、三章、三瑞、三喜、三善、三崇、三耀、三琏、三训、三珍、三祥、三渭、三魁、三华、三明、三朝、三金、三银、三伦、三佐、三署、三智、三重、三彻、三鼎、三元等。

第二十二代土司文三乐,清仁宗嘉庆十九年(西一八一四甲戌)袭伯父职。子文濂,侄正学、正泰、正琳、正相、正宗、正儒、正昌、正武、正亨、正兴、正位、正心、正楷、正田、正科、正银、正春、正品、正通、正万、正端、正禹、正维、正纯、正忠、正孝、正胶、正祥、正奇、正品、正禄、正声、正乾、正淮、正清、正治、正发、正鹄、正龙、正炜、正超、正印、正范、正直、正炳、正弼、正善、正廷、正宣、正宾、正嗣、正恩、正润、正芬、正科、正庚、正一、正菜、正芳、正裔、正初、正举、正字、正绳、正墨、正玺、正堃、正升、正行、正常、正经、正纲、正纪、正富、正贵、正荣、正华、正英、正才、正斌、正怀、正位、正海、正宽、正朝、正川、正喜、正善等。

第二十三代土司文濂,清宣宗道光二十八年(西一八四八戊申)袭父职。子长桃、侄长安、长兴、长顺等。

第二十四代土司文长桃,清穆宗同治十三年(一八七四甲戌)袭职,年幼由叔父二益护理土务。

按文土司家谱所载年日不免错误,如谱中所记文安民袭职年代即与《屏山县志》《雷波厅志》所载皆不合,容后考证。闻中都乡中和庄太平乡一带文氏子孙繁衍,必有家谱,余已托邓议长维纶、姚参议员腾蛟诸君代为设法征求,如有所得,当再据以补正。

蛮夷司副长官吕氏,见何源濬撰《勘木记》,其治所何在,后裔何人,均未探明。据平夷司、泥溪司副长官治所均在金河南岸之例推之,蛮夷副长官或亦驻金河南岸,容后调查有得时再行补订。

蛮夷司有万寿寺、万龙寺、保圣寺、与福寺、大佛寺、后山寺、观音堂、万寿宫、禹王宫、文昌宫、关帝庙、五灵庙、土主庙、川主庙、镇江王庙诸古迹,其中碑记或可据以补正家谱之误,容再访之。

中都夷土司家谱

中都为屏山、沐川、马边三县交界处之一重镇,原名夷都,土司亦姓夷氏,明万历十七年讨平邛部、黄螂、雷波诸叛夷以后,始改夷都为中都,夷氏为夏氏、东以夷都山(明时亦称神木山,今俗名五子山)与沐川为界。夷都河(今名中都河)进可以攻,退可以守,居中策外,形势天成,自来为夷人建都之地,故名夷都。相传皇城宫殿遗址犹存,庙宇特多,乡人至以中都四十八座庙门与成都四十八座衙门并称。

余于三十三年十一月过中都,小住乡公所,承士绅方来苏先生驻军曹鸿图排长暨王乡长等殷勤招待。今中都大族以王、方、朱、邓为著,夷夏悦文诸氏虽皆有之,然生齿不蕃。先是余住石角营职业学校时,该校董事长兼代校长邓维纶先生亦系中都人,余曾托其代觅夷夏土司家谱,渠即函请方来苏先生代为征求未得,至是来苏先生导游郊外楞严寺,天台寺,冰水寺,龙山寺,八方寺,万寿观,东岳庙,大王庙,川主庙,镇江王庙,诸寺庙及其他古迹,并访问土署及土司后人亦不得要领,兹据《屏山县志》卷五《人物门》所载明陕西按察使司富顺何钟撰《夷氏家祠记略》一文为主,而参以诸寺庙碑记,为述夷土司家谱概略一卷于次,其详则待方来苏、邓维纶诸先生访求有得时,再为补订。

第一代土司夷惊,元世祖至元十三年(西一二七六丙子)设马湖路总管,领泥源,平夷,沐川,夷都,蛮夷,雷波六长官司,夷氏被封为进义校尉,夷都七村都大使。

第二代土司夷悦,元顺帝后至元二年(西一三三六丙子)并马湖府所领六长官司为三,夷都并于沐川,夷氏为世袭副长官,改封宣命银牌忠翊校尉。

第三代土司夷德珉,明太祖洪武四年(西一三七一辛亥)汤和克蜀,随马湖路总管安济等投诚,仍袭沐川司副长官,封承直郎。

第四代土司夷德成(《屏山续志》卷上《职官表》误作悦德成),约于明成祖永乐间(西一四〇三至一四二四)袭土职,改封承务郎。

第五代土司夷瓒(《屏山续志》卷上《职官表》误作悦瓒)约于明英宗正统间(西一四三六至一四四九)袭职,明宪宗成化十六年(西一四八〇庚子)同祖母文氏妙兴,母安氏妙观,祥佑,祥凤等,建造楞严寺大雄宝殿,装饰观音罗汉诸像,并置石香炉一座,开山祖师僧明聪题记于炉后。

第六代土司夷祥庆,约于明宪宗成化末(西一四八一至一四八七)袭职。

第七代土司夷镇,约于明孝宗弘治间(西一四八八至一五〇五)袭职。

第八代土司夷太平,明武宗正德间(西一五〇六至一五二一)袭土职,豪宕不羁,亦娴韬略,时值寇变,简用从征,早卒。妻安氏时年二十八,守节二十余年,抚养其子夷靖、夷巘成立。女嫁某氏,夫早卒,亦遵母教,守节不二,抚子成人,赐坊旌表。自是夷氏一门遂多孝子节妇,为乡里所矜式。

第九代土司夷靖字怀德,明世宗嘉靖初(西一五二二壬午)袭父职,嘉靖十五年(西一五三六丙申)二月同夫人王氏,文氏,杜氏,孙氏,荫袭舍人夷臣宾,服宾,成章,成华等,铸铜钟献楞严寺。捐俸置学田,建家祠,值岁歉,捐谷百石赈济饥民,四川巡抚张某,夷部赵某,各表彰之,其师陕西按察使司富顺何钟为撰《夷氏家祠纪略》。其弟夷巘字怀政,县廪生,郡庠生。堂弟夷端,武举,夷瑞好学不倦,专意养亲,不求仕进,以孝行称。

第十代土司夷臣宾,约于嘉靖末(西一五五六至一五六六)隆庆初(西一五六七至一五七二)袭职,弟服宾,成章,成华,咸用拔贡生。万历十五年平安兴杨九乍、撒假之乱,诏改夷都为中都,夷氏为夏氏。

第十一代土司夏德制,约于明神宗万历九年(西一五八一辛巳)以前袭职,万历九年与沐川正长官司悦子乾土舍夷太坤、太明、太清、太智、太定、太宗、太伯、夷炼、夷锭。生员夷翊,安纶及其妻夷氏,安宜及其妻王氏等,同铸铁磬献中都楞严寺。

第十二代土司夏德润,约于明思宗崇祯初(西一六二八戊)袭职,崇祯二年与沐川长官司悦先民等同修中都天台寺。

第十三代土司夏宏奠,约于清康熙初(西一六六二壬寅)袭职,(见何源濬《勘木记》),按夏氏后人多徙居沐川之大村乡,余已托该乡陈乡长、夏队长代为征求夏氏家谱,如有所得,当再据以补正。

沐川悦土司家谱

沐川原为屏山之一乡,近年始独立成县,因沐水得名,沐水发源夷都山,北流一百五十余里而入岷江。沐川自元以来即为悦土司住地,今土司虽绝,而悦氏后人之住城内及城郊者尚有三四十家,底堡数家,中都十数家,宜宾数家。城内土司署现由悦公甫、明初、平斋兄弟三君继承。

余于三十三年八月十日至沐川,得识悦公甫、平斋二君及其侄进修君。土司署在县府之后,前进为食盐公卖店,中进为客堂,后进为住宅,

经多方商洽,承悦平斋君出示《悦氏先祖历代职官纪略》一卷,并承其侄悦进修君代录一通相赠,其叙曰:

> 遐稽我,肇自汉朝,至宋时佛祖猎曲公,猎朴公,庭印公,得道为神,始都沐阳,护乡救民,利人济物。镇金江而妖氛全消,奠龙湖而孽焰永靖。汉封神,宋封佛,祀重千秋;显于明,盛于清,恩重百代。其佛祖以下先祖名讳渺不可稽,谨自大明太祖定鼎之初,我十五代祖德忠公首先投诚云云。

按倮倮族素重祖先世系之背诵,悦德忠以前尚有十四世,以三十年为一世之例推算之,则其始祖猎曲、猎朴、庭印三人当在北宋初叶(西九六〇庚申为宋太祖建隆元年)。

余于沐川小住兼旬,因得暇遍游城郊各古迹,如禹王宫,龙神祠(今县府),东皇宫,文昌宫(今中学),五皇庙(今党部),万寿宫(今中心小学),南华宫(今监狱),川主庙(今仓库),天后宫,镇江王庙,关帝庙,福圣宫,灵龟寺,解结寺,广福寺(龙门溪),土主庙,悦氏祠(土主场)等处,寻访石碑铜钟铭刻,但所见皆明清二代所置,尚未发见宋元间物,足以补订悦氏家谱十五代以前事迹者。兹录其职官纪略于次,并参以碑刻所得者。

第一代土司悦德忠(即第十五代),明太祖洪武四年(西一三七一辛亥)汤和克蜀,随马湖路总管安济等投诚,授昭信校尉承直郎,世袭沐川正长官司,每年准折田米百石以充俸禄及祭费。

第二代土司悦裦(即第十六代),明洪武七年(西一三七四甲寅)袭父职。

第三代土司悦赵(即第十七代),明成祖永乐九年(西一四一一辛卯)袭父职,永乐十二年遣人贡方物。

第四代土司悦福德(即第十八代),明宣宗宣德四年(西一四二九己酉)袭父职,无子,以堂弟茂德之子,胞叔荣生之孙守全袭职。宣德中悦聚雅好浮屠,爱莲花山之胜,创佛堂,置田产,见御史王咏撰《慈云寺记》。

第五代土司悦守全(即第十九代),明宪宗成化九年(西一四七三癸巳)袭伯父职,子辅镇、辅绥、侄辅明等。

第六代土司悦辅镇(第二十代),明孝宗弘治二年(西一四八九己酉)袭父职。

第七代土司悦宝光(即第二十一代),明武宗正德六年(西一五一一辛卯)袭父职,世宗嘉靖六年(西一五二七丁亥)捐俸建慈云寺前莲花桥三洞石坊(见《慈云寺记》),无子,以嫡叔辅明之长子宝靖嗣职。

第八代土司悦宝靖(第二十一代),明世宗嘉靖二十一年(西一五四二壬寅)袭堂兄职。无子,以嫡弟宝辉嗣。

第九代土司悦宝辉(第二十一代),明嘉靖二十五年(西一五四六丙午)袭兄职。明穆宗隆庆间(西一五六七至一五七二)越巂邛部长官司撒假叛,僭号西国平天王,雷波土司杨九乍,黄螂夷首安兴助之,劫掠荣丁赖因烟溪等处,杀军民数千,掳男女数万,抚军委宝辉戍守之。子子乾,子坤。

第十代土司悦子乾(第二十二代),明神宗万历五年(西一五七七丁丑)袭父职。万历九年与副长官夏德制等同铸铁磬献中都楞严寺。无子,以弟子坤之子天恩为嗣。

第十一代土司悦天恩(即第二十三代),明神宗万历二十一年(西一五九三癸巳)袭伯父职,无子,侄先民,爱民,崇仁,有仁,以仁等,以弟天禄长子先民为嗣。

第十二代土司悦先民(即第二十四代),明熹宗天启二年(西一六二二壬戌)袭伯父职。明思宗崇祯三年(西一六三一年)率副长官页德润,土舍悦承国,悦宝章,生员悦能举等培修中都楞严寺(见《碑记》),张献忠之乱,其党卢名臣等盘踞渝叙马湖一带,清世祖顺治六年(西一六四九己丑)梅勒章京葛朝忠,总兵陈德杨正恭等讨平之。先民妻罗氏,长子宏瞻早卒,次子峣瞻、三子岠瞻(迁居大村)、四子岐瞻。

第十三代土司悦峣瞻(第二十五代),清世祖顺治八年(西一六五一辛卯)袭父职。九年与泥溪、平夷、蛮夷各司土目同赴嘉定州投诚,经亲王固山墨,四川巡抚李某转奏,十七年奉旨咨查明确,颁给印信号纸,勅授昭信校尉,承直郎。康熙十九年吴三桂余党破永宁,掠马湖一带,次年将军冯弥勒等讨平之。二十二年以老病奏请致仕。妻王氏,子宗孔,宗曾(妻张氏)、宗孟(妻徐氏无嗣),侄宗仲(妻蹇氏)、宗言(妻唐氏)、宗闵(妻李氏)、宗卜(妻徐氏)、宗禹(无嗣)、宗舜(妻王氏,子孙迁居中都)、宗樊(妻徐氏)、宗文(无嗣)、宗武(妻唐氏)等。时副长官夏宏猷,见何源澝撰《勘木记》。

第十四代土司悦宗孔(即第二十六代),清圣祖康熙二十二年(西一六八癸亥)袭父职,以年幼,由叔父岐瞻护理土务,三十年岐瞻卒,始正式任事。妻萧氏,长子泽长,次子泽永,侄泽升(妻王氏)、泽丰(妻赵氏)、泽和(无嗣)、泽泰、泽久(妻蹇氏)、泽厚(妻陈氏)、泽宽(妻夏氏)、泽扬(妻张氏)、泽周(无嗣)、泽达(妻郭氏)、泽隆(妻冯氏舒氏)、泽通(妻邓氏)、泽普(妻张氏)、泽伟(妻王氏)、泽昌(妻罗氏陈氏)、泽大(妻潘氏)、泽盛(妻章氏)、泽广、泽寰、泽新,文纪(妻李氏)、之吉(妻罗氏)等。

第十五代土司悦泽长(即第二十七代),清世宗雍正元年(西一七二三癸卯)袭父职,子悦忠,悦恕(妻聂氏)、悦忍(妻余氏)、侄悦意(妻王氏)、悦德(庠生妻罗氏)、悦思(妻王氏)、悦懭(妻谢氏)、悦桂(妻张氏)、悦殷(妻黄氏)、悦宪(妻郭氏)、悦惠(妻王氏)、悦恩(妻杨氏)、悦惹(妻李氏)、悦忽(曾倡建宗祠及佛殿,妻夏氏、王氏)、悦仁(庠生妻廖氏)、悦惇(妻王氏)、悦熹(妻任氏)、悦敏(庠生妻李氏、胡氏)、悦俊(妻刘氏)、悦秀(妻赵氏)、悦恺(妻晏氏)、悦愀,悦宪(妻杨氏)、悦怀(妻罗氏)、悦廛(妻潘氏)。

第十六代土司悦忠(即第二十八代),清高宗乾隆间(西一三六至一七五六)袭父职,妻安氏,子安高早卒,族议由叔祖宗曾之第四子泽泰嗣职。

第十七代土司悦泽泰(即第二十七代),附贡生,清高宗乾隆间(西一七五六至一七九五)袭侄职,妻魏氏周氏、马氏,子宪。

第十八代土司悦宪(即第二十八代),清仁宗嘉庆初(西一七九六至一八〇六)袭父职,未及奏请而卒,妻郭氏,子世秀、世俊,侄世超(妻吕氏)、世兴(妻刘氏)、世升(妻张氏)、世位(妻余氏)、世海(妻罗氏)、世杰(无嗣)、世清(妻周氏)、世佐(妻胡氏)、世弼(妻罗氏)、世隆、世贵(妻姚氏)、世才(妻吴氏)、世官(妻韩氏)、世安(妻杨氏)、世宁(妻王氏)、世守(妻张氏)、世宏(妻宋氏)、世卿(曾修家谱为本文所取材,妻王氏)、世材(妻廖氏)、世模(妻童氏)、世栋(妻侯氏)、世珍(妻马氏、高氏、李氏)、世荣(妻王氏)、世琮(妻曾氏)、世昭、世时、世曜、世廉(妻夏氏)、世寅(妻王氏)、世文(妻钟氏)、世福(妻李氏、林氏)、世修(妻周氏、陆氏)、世先(郑氏)、世彦(饶氏)、世富(曾氏)、世贤(徐氏)、世祥(黎氏)、世朝(杨氏)、世代、世德、世聚(杨氏)、世惠(梁氏)、世麟(罗氏、杨氏)、世朋(吕氏)、世玺(祝氏)、世元、世棠、世泰、世学等。

第十九代土司悦世秀(即第二十九代),清仁宗嘉庆中(西一八〇一至一八二〇)袭父职,因天性不能治事,由弟世俊护理土务,数年后归其妻悦魏氏代理之。子绍裔、绍庭、绍光,侄绍尧、绍周(夏氏)、绍程、绍全(罗氏)、绍荣(景氏)、绍康、绍祖、绍安、绍胤、绍先、绍仁(黄氏)、绍绅(彭氏)、绍纲、绍统、绍礼(范氏)、绍美(李氏)、绍府、绍庠、绍杰、绍盛、绍智、绍忢(杨氏)、绍德、绍义、绍有(刘氏)、绍祀(王氏)、绍桢(林氏)、绍贤(刘氏)、绍禄(罗氏、林氏)、绍魁、绍星、绍云、绍元(马氏)、绍清(王氏)、绍斗(田氏)、绍基、绍堂、绍学、绍才、绍曾、绍宁、绍美、绍银、绍理、绍文、绍武、绍增(罗氏)、绍儒(杨氏、王氏)、绍业(杨氏)、绍旦(熊氏)、绍丕(舒氏)、绍宇(董氏)等。

第二十代土司悦绍裔(即家谱第三十代),清宣宗道光间(西一八二一至一八五〇)袭母职,穆宗同治七年(西一八六八戊辰)病殁,无子,土司遂废。侄应荣(刘氏)、应华(刘氏)、应先(廖氏)、应举(熊氏)、应试、应儒、应龙、应凤(高氏)、应舞、应旺、应名、应高、应中(王氏)、应和(龙氏)、应恒(邓氏)、应昇(赵氏)、应发、应兴、应喜、应贵、应重、应寿、应山、应科、应春、应川(罗氏、董氏)、应照(徐氏)、应权、应衡、应聪、应华(胡氏)、应明(杨氏)、应钟(胡氏)、应铣(王氏)、应钿(罗氏)等因争继承财产涉讼云。

按悦土司绝后，家庭争嗣成讼，今居土署继承其家产者为底堡房之悦登庸君，颇读书，上述土司纪略，即出彼手。近年病故，其子悦公甫君现任县党部干事，孙光煦君现肄业成都某大学，侄孙进修君现肄业沐川县立初级中学。底堡房人数不多，而知识较高，故于继承之争，终获胜利。城郊房人数较多，相率务农，不事学业，故竞争继承失败（其被推继承之人失败后入灵谷寺为僧），中都等处悦氏后人亦多业农，无杰出者。悦公甫君尚藏支谱写本一卷，亦出其父登庸君所修，余曾见之，但不肯借录。

泥溪王土司家谱

余于三十三年九月一日自沐川经龙华寺而至屏山，往民众教育馆凡四日。时值暑假，屏山县肄业各大学之青年约二三十人，多已返里，组织夏光学会，出版学报，武汉大学政治系四年级生聂直谋君，哲学系二年级生聂敬熙君皆系该会主干，闻余至，特请为该会讲演四川边区之过去与将来一题，听讲者甚众。该会会员诸君并分别导游城内城郊名胜古迹，如城内之禹王宫、天后宫、南华宫、万寿宫、火神庙、五灵庙，东郊之万寿寺、万寿观、东岳庙、东皇殿、龙君庙、三神庙、潮音寺、镇江王庙，西郊之海镇寺、华光殿、桂香殿、回龙殿、五显庙、镇江王庙，两合乡之中峰寺、龙兴寺、三公乡之清凉寺、万福寺、解结寺、白云庵，王爷庙等处，寻访碑志钟铭等之可以供马湖府安土司、泥溪司王土司史料者。

泥溪司在今三公乡境，地名泥溪湾，居县治西郊泥溪沟之西岸，距城约四五里。九月三日由聂君之戚陈君导游出西城，渡泥溪沟而至泥溪湾，访土司署，则见破屋数间，污秽不堪，因土司无后，已成贫民窟。自咸丰三年王丕勋病故，土司即绝，今仅存丕勋侄孙家祥一房。家祥年逾六十，有一子一孙，子年约三十余，操舟为业，孙年尚幼。余出国币给其孙为饼饵费，老人及其妻媳皆喜，老人亲自检出满汉文泥溪长官司铜印一方相示,索纸拓印数份,彼欣然许之。复询以中元节烧蚨子时有无家谱为据,彼复检示一长约五尺宽,约二尺之皮纸缮家谱一幅,自第一代王祝水至王家详为二十三世。余商请照录一份,彼亦慨然允之。然录未及半,时近黄昏,其操舟之子工毕回家,见余抄谱,立加禁阻,声色俱厉,余即搁笔向之委婉解释,陈君亦力加赞助,其父母妻子均为劝解,商洽再三,始得完事,然不过一无年月无事迹之世系表耳。兹以此世系表为主,参以万寿寺、天宁寺诸碑志,及其他诸土司谱之与本司有关者,为订泥溪王土司家谱一卷如次:

第一代土司王祝水,明太祖洪武四年(西一三七一辛亥)汤和克蜀,与马湖路总管安济等迎降,授武略将军承直郎,世袭泥溪正长官司。子如郎。

第二代土司王如郎,约于明洪武中(西一三七七至一三九八)袭父职,子继祖、昌祖、焱祖。(据王家祥谓昌祖世袭副长官,迁居河南之会仪溪,焱祖房迁居金河南岸之石龙甸,生齿不繁)

第三代土司王继祖,约于明成祖永乐中(西一四〇三至一四二四)袭父职,子王凤,侄王辅、王弼。(王辅系昌祖之独子似袭副长官?)

第四代土司王凤,约于明宣宗宣德中(西一四二六至一四三五)袭父职,宣德间与马湖土知府安浚等同修清凉山天宁寺,见周洪谟撰《天宁寺碑记》。子明德、明性、明章、明顺;侄明忠、明伦、明臣、明泰、明儒、明龄等。(明臣系王辅长子,似袭副长官?)

第五代土司王明德,约于明宪宗成化初(西一四六五乙酉)袭父职,成化三年与马湖土知府安洪等同修万寿寺铜钟。子祥变,侄祥安、祥臣等(祥安系明臣之独子,似袭副长官?)

第六代土司王祥銮,约于明孝宗弘治间(西一四八八至一五〇五)袭父职。子王麟、王麒、王卿;侄王燕、王相、王伦、王俊(岁贡生候选训导)、王莲、王韬、王宝、王贾、(巴东典史)、王侣、王俸等(王相系祥安之长子,似袭副长官?)

第七代土司王麟,约于明武宗正德间(西一五〇六至一五二一)袭父职,子荣升、荣景、荣晨;侄荣乔、荣贵、荣奇、荣贤、荣煌等(王贵系王相之子,似袭副长官?)

第八代土司王荣升,约于明世宗嘉靖间(西一五二二至一五四一)袭父职,子承枝、承袭;侄承忠、承祖、承孝、承翰、承屏、承绍、承先、承恒、承礼、承纪、承统、承柱、承宜等(承恒系王贵之独子,似袭副长官)。

第九代土司王承袭,约于明世宗嘉靖末至穆宗间隆庆间(一五六七至一五七二)袭父职,子懋槐;侄懋奇、懋魁、懋祯、懋修、懋官、懋绩、懋员、懋才、懋柱、懋富、懋源等(懋绩系承恒之子,似袭副长官)。

第十代土司王懋槐,约于明神宗万历间(一五七三至一五〇)袭父职,子拱极、侄世极、映极、迭极(名赐鼎,清初举人,居合州)、执极、秉极、三极、居极、绍极、周极、光极、基极(字孝贤,号新运,诰封泥溪司忠臣,无子)等。(居极系懋绩之独子,似袭副长官?)

第十一代土司王拱极,约于明万历末至熹宗天启间(西一六二一至一六二七)袭父职。子新民、侄奇民、仁民、德民、位民、恩民、爱民、富民、照民、养民、治民、临民、宽民、泽民、佑民、勤民等。王勤民系居极之长子,于清康熙二十二年(西一六八三癸亥)为泥溪司副长官,见何源浚撰《马湖府勘验楠木记》。

第十二代土司王新民,约于明思宗崇祯间(西一六二八至一六四三)袭土职,张献忠党卢名臣等盘踞渝叙马湖一带,清世祖顺治六年(西一六四九己丑)梅勒章京葛朝忠,总兵陈德、杨正恭等水陆兼进,直抵贼巢,擒斩无数,三府悉平。(见《屏山县志》卷八《边防部》),子嗣绩、嗣传;侄嗣兴、嗣奇、嗣宗、嗣昌、嗣颜、嗣荣、嗣华、嗣葵、嗣真、嗣弘、嗣臣、嗣远、嗣攸、嗣卿、嗣相、嗣仁、嗣辅、嗣弼、嗣朝、嗣应、嗣汉、嗣源、嗣徽、嗣武、嗣谟、嗣贤、嗣才、嗣听、嗣政等。(嗣汉系勤民之长子,似袭副长官?)

第十三代土司土嗣传,清世祖顺治九年(西一六五二壬辰)与沐川平夷诸司土目赴嘉定州投诚,经亲王墨山固,四川巡抚李某转奏,勅授武略将军,世袭泥溪土司正长官。顺治十八年横江四屯夷人陈奎、郑士道倡乱,劫掠叙府,署州知府兼马湖推官霍焜,署宜宾知县董显明率家丁衙役出城缉捕,身受重伤,子侄被杀。同时贼党分犯马湖,屏山知县王敬公迎战东关,射死贼首邹学贤,身中五箭。永宁镇总兵高宗,遣游击王魁等赴援,贼众大败宵遁。马湖我兵尾其后,土官王嗣续亦出兵相应,内外夹攻,多所斩获,擒伪王朱奉鎗,伪道王应泰,伪参谋张最元等。陈奎败回巢穴,官兵追之,战于石灰窑,斩其枭恶,覆其逆巢,擒其渠魁,抚其余党,四屯悉平。(《屏山志边防》)子王训,侄王论、王谅、王询、王诚、王注、王诵、(以上系继祖房)王渭、王滨、王灏(以上系焱祖房)、王伸、王智、王朝、王畅、王鼎、王巨、王逾、王锡、王明、王聪、王宽、王曾、王义、王融、王炳、王学、王章、王昭、王锐、王星、王冕、王晨、王银、王伟、王恺等(以上系昌祖房,王炳亦嗣汉之独子,似袭副长官。副长官司治金沙江南岸之会仪溪,今属云南绥江县。昌祖房世袭副长官,第十四代以上见于土司谱者生齿蕃衍,为三房之冠,然至第十五以下即不复见一人,想系迁居会仪溪已久,与泥溪司分别立谱各自为政之故)。

第十四代土司王训,约于清圣祖康熙初(西一六六二壬寅)袭职。康熙十九年吴三桂余党破永宁后,掳掠马湖府地,二十二年将军冯弥勒提师率叙马营追贼,恢复湖城(《县志·边防》)。子久大,侄久禄、久梁、久佐、久思、久恩、久宁、久弼、久辅、久泰、久聪、久康、久圣、久治(以上系继祖房)、久清、久祯、久奄(以上系焱祖房,十六代以下不见后嗣,似已迁住绥江或他乡)。

第十五代土司王久大,清康熙二十二年(一六八三癸亥)为正长官司,见马湖知府何源浚撰《勘验柟木记》。子世臣,世卿、世屏、世侯、世翰、侄世荣、世禄(耆寿见县志)、世焱。(祖二房子孙即不复见于土司谱)。

第十六代土司王世卿,约于清世宗雍正间(西一七二三至一七三五)袭职,子王恒,侄王星(世翰子)、王相(世禄子)。

第十七代土司王恒,约于清高宗乾隆间(西一七三六至一七七九)袭职,子锡璋。

第十八代土司王锡璋,约于清乾隆末(西一七七九至一七九五)袭职,子之佐、之玉、之富、之兴,侄之藩,之垣(均邑庠生,以孝友称,见县志)。

第十九代土司王之佐,约于清仁宗嘉庆间(西一七九六到一八二〇)袭职,无子,侄文治、文质、文儒等,以文治嗣。

第二十代土司王文治,约于清宣宗道光间(西一八二一至一八四〇)袭职,子丕勋,侄丕振、丕成等。

第二十一代土司王丕勋,清文宗咸丰三年(西一八五三癸丑)病故,无人承袭,见县志引移交卷。但家谱则添载丕勋子振林、振才、侄振民、振富、孙家兴、侄孙家相、家华、家祥等名,字迹潦草,与以上诸代之字迹恭整者大异,家祥子孙之名谱亦未载,知王家祥所传之土司谱尚系百年以前旧物。

附 录 泥溪长官司印如次

平夷王土司家谱

平夷司为屏山县治西九十里一乡镇,位于金沙江之北岸,隔江即云南绥江县治,唐僖宗乾符二年(西八七五乙未)西川节度使高骈曾筑城于此,号平夷,故名。地势平敞,较屏山绥江蛮夷司石角营等处为佳,明代曾置泸叙兵备道于此，其地位之重要可知。绥江原系平夷司副长官王氏治所，故原名副官村，自设县以来，为鸦片公开市场，故商业繁荣，人口发达，遂夺平夷司之地位而代之。平夷司居民多移往绥江，致平夷司住户稀少，房屋坍圮，街店不过十余家而已。

余于三十三年九月五日自屏山至此，小休一日，与驻军周忠权团长，雷波李开第县长。专署龙松枏视察诸君同访土司署及诸古迹如报恩寺、福安寺、石佛寺、茶园寺、盘龙寺、白云庵、云台庵、老君庙、天官庙、川主庙、龙神庙、镇江王庙等多已残破，惟土司署尚完整，第一进为庙堂，第二进供历代土司神位，第三进为住宅。今平夷司王副乡长即土司嫡裔，出茶点殷勤招待，检示明清两代诰封原文多件及家谱二册，余索纸笔摘录一通，并参以诸庙碑志钟铭等，为平夷王土司家谱一卷如次：

第一代土司王元寿，明太祖洪武四年（西一三七一辛亥）汤和克蜀，与马湖路总管安济等迎降，次年敕授承直郎，世袭平夷司长官，敕命原物尚存，文曰："奉天承运皇帝圣旨，王元寿授承直郎平夷司长官，子孙世袭，宜令准此。洪武五年正月日"（硃印篆文"敕命之宝"四字），妻文氏，子王宣。

第二代土司王宣，明成祖永乐元年（西一四〇三年癸未）袭父职，敕文云："奉天承运皇帝敕曰，朕为帝王，以天下为家。故一视同仁，无间远迩。尔王宣籍居江南，缘自尔父率军入川，收复平夷，纳土归附。我皇考太祖皇帝特隆恩命，授以官爵，朕今统御华夏，尔父既殁，尔继承其职，尔今克绍先业，率职维谨，宜仍旧赐以敕命，授尔为武略将军，承直郎，世袭马湖府平夷正长官司，弹压边土。于戏，惟忠勤，可以事居，惟公平，可以服众，毋堕尔职，以副朕心。永乐元年月日"（原物尚存），永乐十年病故，无子，女满姐尚幼，妻安氏护理上务。

第三代土司王满姐，明成祖永乐十年（西一四一二壬辰）袭父职，年幼，母安氏护理印信。明宣宗宣德五年（西一四三〇庚戌）母安氏病故，满姐始正式奏请承袭。敕文云："奉天承运皇帝敕曰，朕为帝王，以天下为家，亦必顺天下之情以为治，故命官各因其宜。尔四川平夷正长官司王氏满姐,昔尔祖父王元寿当我太祖高皇帝之时,累建勋猷,赞襄朝政,荣膺官职,以守其地。传尔父以及尔母,咸能奉公守法,以尽其职。殁而无嗣,尔继承之,亦能敬修不怠,积有岁年。兹特锡之勅命,世授昭信校尉,承直郎平夷司长官,以为尔荣。尔尚益修职责,永坚乃诚,以迓光宠,钦哉!宣德五年月日"(原件今存)。招赘姑母子廪膳生寻懋德为婿,生子王佐、王佑、王俊、王杰、王偿。建报恩寺于署西,殁葬寺后。

第四代土司王佐,明英宗天顺六年(西一四六二壬午)袭母职,勅文云:"奉天承运皇帝勅云,朕今统御华夏,以天下为家,故一视同仁,无间远迩。尔四川马湖府平夷正长官司王佐,昔尔先祖王元寿当我太祖高皇帝之时累建勋猷,赞襄朝政。朝廷设分职,昭器使之无遗,锡类施仁,喜蒙恩于伊始。尔王佐既承王元寿之宗祧,治克勤于庭训,亦当丕裕夫家声。尔祖母以及尔母,咸能奉公守法,以尽厥职。尔母既殁,尔继承之,尔能敬修不怠。兹特锡之敕命,世授昭信校尉,承直郎,以为尔荣。尔尚益修职责,以迓光宠,钦哉!天顺六年月日"(原件今存)尝捐俸培修报恩寺,补供祖像,添置祭田。妻程氏,生子大庆、大有、大贵。

第五代土司王大庆,明宪宗成化九年(西一四七三癸巳)袭父职,时马湖土知府安鳌叛,大庆奉命讨之,鳌令人杀大庆,大庆闻而逃,乃杀其弟大口。至孝宗弘治八年(西一四九五乙卯)诛安鳌,赐大庆武略将军,昭信校尉。妻安氏,子万钟、万镒、侄万化、万寿等。

第六代土司王万钟,明武宗正德元年(西一五〇六丙寅)袭父职,无子,以弟万镒嗣。

第七代土司王万镒,明世宗嘉靖七年(西一五二八戊子)袭兄职。妻何氏,子功臣、伦臣、隆臣、侄藩臣、勋臣等。

第八代土司王功臣,明穆宗隆庆元年(西一五六七丁卯)袭父职,妻张氏、子光恩、侄光政、光尧、光选、光诏、光辉、光冕、光伦、光郎、光第、光弼等。光第系隆庆元年丁卯科举人,选任云南腾越州知州。光弼于明末张献忠扰蜀时,弃妻子,负八十老父星耀入山,为贼所掳,父被杀,光弼亦骂贼被杀,崇祀忠孝祠。

第九代土司王光恩,明神宗万历二十一年(西一五九三癸巳)袭父职,妻胡氏、子长世、侄长才、长秀、长仁、长基、长发、长祥、长先等。长祥系康熙三十二年癸酉科举人,选任陕西西安知县。长先徙居葫芦冲牛堰坪。

第十代土司王长世,明熹宗天启元年(西一六二一辛酉)袭父职,妻孙氏、子忠贞早夭,叔父光政(伦臣之子)嗣职。

第十一代土司王光政,明思宗崇祯元年(西一六二八戊辰)袭侄职,妻赵氏,子长才。

第十二代土司王长才,明思宗崇祯十七年(西一六四四甲申即清世祖顺治元年)袭父职,以年少,由叔父光诏护理土务。顺治九年与泥溪、沐川、蛮夷等司土目同赴嘉定州投诚,经亲王固山墨暨四川巡抚李转奏,勒授昭信校尉,承直郎,颁赐印信号纸。顺治十年光诏还职,妻萧氏,子忠廉、侄忠鼎、忠庆、忠恕、忠聘、忠义、忠仁、忠礼、忠智、忠弟、忠信、忠顺、忠雄、忠孝、忠国、忠勇等。忠勇系康熙四十九年辛卯科举人,选任重庆州学正。忠国亦系康熙四十九年举人,选任武陵县知县。忠孝迁宜宾。

第十三代土司王忠廉,清世祖顺治十七年(一六六〇庚子)袭父职。其时副长官王佑铉,见马湖知府何源浚撰《勘验楠木记》。妻赵氏、子嵩龄、鹤龄、呈龄、侄九龄、寿龄、耆龄、耋龄、祥龄、化龄、极龄、凤龄、遐龄等。遐龄系康熙五十二年丁酉科举人,选任万县教谕。凤龄迁居板厂。

第十四代土司王嵩龄,清圣祖康熙三十二年(西一六九三癸酉)袭父职,以年少,由叔忠雄护理土务。三十六年(西一六九七)忠雄卒,复由叔父忠鼎护理。三十九年(一七〇〇)忠鼎卒,嵩龄始正式承袭,雍正六年奉提督黄廷桂命随征黄螂、雷波、米贴、桧溪、吞都等叛夷有功。十三年以子举能征剿叛夷有功,诰封云:"奉天承运皇帝制曰,宠绥国爵,式嘉阀阅之劳;蔚起门风,用表庭闻之训。尔王嵩龄乃四川平夷司长官王举能之父,义方启后,谷式光前。积善在躬,树良型于有治;克家有子,拓令绪于韬钤。兹以覃恩,赠尔为昭信校尉,锡之勅命。于戏,锡策府之徽章,泎承恩泽；荷天家之光宠，勿替成劳。制曰，怙恃同恩，人生勤思于将母；
纠桓著绩，王朝锡类以荣亲。尔四川平夷司长官王举能之母凌氏，七诫
娴明，三迁勤笃。令仪不忒，早流珩璃之声；慈教有成，果见干城之器。
兹以覃恩赠尔为安人。于戏，锡宠纶而焕彩，用答勤劳，被象服以承麻，
永光泉壤。制曰，爱以劳成，式奖熊丸之教；母因子贵，载颁鸾诰之恩。
尔四川平夷司长官王举能之继母张氏，赋质温恭，秉心柔顺。事夫恪慎，
备四德以流徽；训子勤劳，展六韬而树绩。兹以覃恩锡尔为安人。于戏，
洒丹潇之庆泽，锡以殊劳；播彤管之芳声，光兹遗范。雍正十三年九月初
日"(原件今存)嵩龄擅长医术，活人甚多。妻凌氏、张氏、子举能、举善、
举文、举武，举尧、侄举忠、举孝、举仁、举义、举聪、举廉、举任、举才、举
蓁、举殿、举前、举用、举弼、举魁、举元、举亮、举舜、举智、举杰、举功、举
卿、举彦、举业等，举文岁贡生，选任教谕。举武岁贡生，选任训导。举任
迁绥江大兴里大坪上。举才迁绥江大兴里大窝背。举蓁迁绥江大湾头。
举殿迁龙升坛。举前迁葫芦溪刘家湾。举用迁大岭冈。举弼迁香炉山。
举亮迁云南永善县鸡瓜藤。

　　第十五代土司王举能，清世宗雍正九年(西一七三一辛亥)袭父职。
雍正六年从父征夷有功，得赐"忠勇可风"四字匾额，十三年诰封云："奉
天承运皇帝制曰，国威覃布，尚勤鼙鼓之思；武备勤修，允重干城之选。
尔四川平夷长官王举能材勇著闻，韬钤娴习。戎行振饬，具知仕伍无哗；
军政修明，因见树楯有素。欣逢庆典，宜焕温伦。兹以覃恩，授尔为昭信
校尉，锡之勅命。于戏，策幕府之勋名，祗承休命；荷天家之光宠，勿替成
劳。制曰，策府疏勋，甄武臣之茂绩，寝门治业，阐贤助之徽音。尔四川
平夷司长官王举能之妻张氏，毓质名闺，作嫔右族。撷苹采藻，凤彰宜室
之风；说礼敦诗，具见同心之雅。兹以覃恩赠尔为安人。于戏，锡宠章于
闺闼，惠问常流；荷嘉奖于丝纶，幽光未贲。雍正十三年九月初三日"(原
件今存，并载家谱)妻张氏、子锡爵、锡侯、锡位、锡禄、侄锡伯、锡功、锡
成、锡吉、锡材、锡登、锡元、锡友、锡冕、锡祥、锡昌、锡安、锡俊、锡朋、锡
寿、锡佐、锡有、锡品、锡禹、锡珍、锡华、锡璇、锡全、锡伸、锡绅、锡缙、锡

书、锡藩、锡勇、锡诰、锡奖、锡照、锡章、锡远、锡列、锡明、锡光、锡瑜、锡美、锡贵、锡富、锡禄、锡福、锡纯、锡典、锡祚、锡玢、锡玫、锡聘、锡琦、锡仕、锡珩、锡璜、锡辉、锡恩等。锡恩任巴州千总,锡鼎举人。锡昌字心一,岁贡生,候选训导,以儒行称,迁葫芦溪大园。锡光例监生,锡瑜文生,锡吉武生,锡贵迁雷波。

第十六代土司锡爵字隐成,清高宗乾隆十年(西一七四五乙丑)袭父职。乾隆三十七年壬辰从征金川有功,乾隆四十七年壬寅奉委仗划马边界址,颇著劳绩。嘉庆二十四年追赠开武略骑尉,诰封云:"奉天承运皇帝制曰,宠绥国爵,式嘉阀阅之劳;蔚起门风,用表庭闱之训。尔王锡爵乃四川叙州府屏山县平彝司长官王元臣之父,义方启后,谷似光前。积善在躬,树良型于弓冶;克家有子,拓令绪于韬钤。兹以覃恩赠尔为武略骑尉,锡之勅命。于戏,锡策府之徽章,浡承恩泽,荷天家之麻命,允贲泉墟。制曰,怙恃同恩,人子勤思于将母;赳桓著绩,王朝锡类以荣亲。尔罗氏乃四川叙州府屏山县平彝司长官王元臣之母七诫娴明,三迁勤笃。令仪不忒,早流珩瑀之声;慈教有成,果见干城之器。慈以覃恩赠尔为安人。于戏,锡宠纶而焕彩,用答劬劳;被嘉服以承庥,允光泉壤。嘉庆二十四年正月初一日"(原物今存)妻罗氏,子元臣、首臣、大臣、栋臣、侄有臣、相臣、自臣、廷臣、美臣、辅臣、福臣、儒臣、汉臣、君臣、寿臣、喜臣、庆臣、仲臣、佐臣、佑臣、纯臣、用臣、治臣、孝臣、忠臣、良臣、富臣、清臣、好臣、禹臣、盈臣、鼎臣、荣臣、爱臣、助臣、坐臣、玉臣、世臣、卿臣、殿臣、远臣、文臣、应臣、鲁臣、思臣、京臣、晋臣、齐臣、定臣、支臣、智臣、光臣、仕臣、贤臣、永臣、龙臣、尽臣、公臣、社臣、内臣、帝臣、友臣、名臣、位臣等七十余人。名臣文生,位王臣例监生,福臣武生,纯臣迁葫芦溪二坝,治臣迁红崖背福坪。

第十七土司王元臣,清仁宗嘉庆四年(西一七九九己未)袭父职,捐廉修长官署、于公庙、东岳庙等。嘉庆九年得提督军门赐世守屏边四字匾额一方。道光三年呈请诰封,奉旨建坊,加恩封武略骑尉(勅文已佚)。妻文氏、子朝柱、朝桂、朝荣、朝樟、侄朝相、朝松、朝槐、朝朴、朝柏、朝桢、朝彬、朝杰、朝榜、朝椿、朝杞、朝枢、朝栋、朝桧、朝棣、朝杭、朝栎、朝封、朝恩、朝典、朝聘、朝清、朝才、朝英、朝钦、朝功、朝忠、朝海、朝龙、朝第、朝陛、朝莫、朝志、朝平、朝中、朝才、朝魁、朝贤、朝泰、朝智、朝福、朝光、朝全、朝九、朝扬、朝经、朝科、朝奉、朝兴、朝纲、朝隆、朝恺、朝有、朝金、朝品、朝珍、朝举、朝武、朝发、朝顺、朝泰、朝富、朝安、朝益、朝书、朝禄、朝盛、朝治、朝卿、朝喜、朝杰、朝俊、朝俸、朝绅、朝佐、朝品、朝谟、朝仕、朝德、朝元、朝星、朝伦、朝宗、朝先、朝吉、朝美、朝贵、朝阳、朝友、朝志、朝异、朝彦、朝斗、朝纶等一百二十余人。朝封字凤章，岁贡生，候选训导，擅文学，有孝行，曾率兵大破夷巢。朝恩字光武，武生，以武术称。朝典字徽五，岁贡生，候选训导，擅文学工书法。朝桂文生，朝荣武生，以孝友称，朝椊以孝友称。朝相岁贡生，选任仪陇训导。朝朴迁葫芦溪上普子，朝聘精医术，朝清迁冒水孔，朝才迁戏子房，朝英迁黑林子，朝模迁珍珠坝。

第十八代土司王朝柱，清宣宗道光五年（西一八〇〇庚申）袭父职，以孝友称，妻彭氏，子廷瑞、廷壁、廷玉、廷珖、侄廷璋、廷瑄、廷琏、廷玺、廷瑚、廷宗、廷昭、超廷、廷扬、廷学、廷表、廷弼、廷栋、廷华、廷师、廷梁、廷钟、廷尊、廷藩、廷拔、廷英、廷杰、廷琅、廷俊、廷安、廷产、廷勋、廷伟、廷芳、廷佐、廷柏、廷荣、廷泰、廷位、廷有、廷章、廷仁、廷才、廷福、廷仕、廷佑、廷伸、廷信、廷辉、廷彩、廷灿、廷钦、廷诰、廷训、廷封、廷襄、廷高、廷献、廷耀、廷亮、廷兴、廷楠、廷椿、廷樟、廷楷、廷模、廷银、廷元、廷益、廷清、廷宽、廷尉、廷书、廷选、廷芳、廷顺、廷喜、廷科、廷贞、廷久、廷贵、廷魁、廷寿、廷相、廷周、廷彪、廷标、廷康、廷光、廷春、廷文、廷武、廷宣、廷太、廷诏、廷富、廷孝、廷福、廷禄、廷寿、廷俸、廷裕、廷祐、廷祥、廷龙、廷辅、廷员、廷秋、廷秀、廷忠、廷学、廷隆、廷和、廷材、廷发等一百五十余人。廷玉例监生，廷壁例监生，廷埴以孝友称，廷宗以孝友称。廷昭字子融，文生，工书法，以孝友称。廷超文生，以孝友称。廷扬岁贡生，候选吏目，以孝友称。廷学文生，廷表文生，廷弼武生，擅武术，廷栋以武艺称，廷华武生，廷师武生，廷梁武生，精木工，廷钟擅医术，廷尊工书法，廷藩工文学善鼓琴。

第十九代土司王廷瑞,清宣宗道光十七年(西一八三七丁酉)袭父职,时雷波马边叛夷蠢动,绥江永善等县匪风亦炽。咸丰八年凉山叛夷扰及副官村,廷瑞与其廷朝封等率团队击退之。妻黄氏、子泽均、泽宽、侄泽匀、泽广、泽树、泽源、泽膏、泽辉、泽溥、泽沛、泽澜、泽瀚、泽第、泽荣、泽纯、泽涵、泽涛、泽变、泽薰、泽厚、泽美、泽霖、泽中、泽照、泽煦、泽邦、泽昭、泽钧、泽敏、泽武、泽先、泽远、泽宾、泽培、泽桂、泽久、泽南、泽光、泽扬、泽鼎、泽湘、泽槐、泽钿、泽芝、泽相、泽昌、泽云、泽宇、泽干、泽坤、泽权、泽兴、泽利、泽盛、泽其、泽松、泽连、泽敷、泽晋、泽普、泽举、泽新、泽垣、泽大、泽永、泽嵩、泽文、泽饮、泽清、泽俊、泽茂、泽金、泽银、泽周、泽生、泽江、泽禾、泽锐、泽锐、泽柚、泽孚、泽达、泽川、泽惠、鳞泽、泽棠、泽淇、泽春、泽秾、泽林、泽邦、泽雨、泽云、泽高、泽科、泽联、泽聘、泽羽、泽培、泽均、泽润、泽恩、泽经、泽等、泽洪、泽钟、泽梁、泽栋、泽钊、泽波、泽思、泽星、泽伦、泽澎、泽登、泽基、泽明、泽华、泽全、泽善、泽唐、泽恒、泽福、泽禄、泽富、泽贵、泽华、泽渚、泽海、泽配、泽志、泽元、泽臣、泽发、泽友、泽柳、泽学、泽亮、泽和、泽盛、泽棋、泽顺、泽柱、泽横、泽扶、泽楷、泽孝、泽弟、泽忠、泽原、泽炳、泽淳、泽祥、泽洋、泽源、泽潼、泽淮、泽江、泽河、泽九、泽礼、泽铭、泽科、泽喜、泽贤、泽田、泽甫、泽系、泽凯、泽治等二百四十余人。泽匀武生,泽沛武生,泽瀚字蕴波,武生,倡建书院,培修沿金沙江道路,泽第例监生,擅鼓琴,泽荣例监生,泽涵例监生,泽纯尽先把总,寿八十余,泽涛、泽燮、泽薰均系中学毕业。

第二十代土司王廷珑,清文宗咸丰八年(西一八五八戊午)袭兄职,时洪杨乱起,兄卒侄幼,故被推嗣职。同治元年(西一八六二壬戌)发匪扰金沙江两岸,焚毁甚惨。同治十年殁,以兄廷璧之子泽民嗣职。

第二十一代土司王泽民,清穆宗同治十年(西一八七四甲戌)袭叔父职,妻钟氏、子国信、侄国初、国信、国荣、国华、国京、国全、国珍、国顺、国藩、国清、国林、国玉、国钧、国章、国治、国昌、国书、国光、国太、国宝、国正、国恩、国鼎、国铨、国祯、国华、国彬、国鳞、国卿、国元、国尊、国瑞、国钰、国馨、国平、国彦、国城、国辉、国戏、国权、国周、国晋、国干、国源、国熙、国垣、国铀、国基、国寿、国暄、国金、国贤、国宝、国龙、国义、国贞、国兴、国泰、国贞、国明、国超、国享、国庆、国桢、国祥、国铭、国富、国贵、国霖、国银、国鑫、国俊、国第、国润、国君、国尧、国徽、国森、国钦、国权、国绪、国志、国凤、国忠、国隆、国魁、国益、国嘉、国雄、国才、国安、国钊、国波、国新、国阳、国青、国行、国辛、国齐、国心、国发、国恒、国和、国能、国铭、国金、国鲜、国材、国科、国春、国柱、国仲、国庸、国美、国连、国林、国名、国福、国修、国霖、国海、国东、国伦、国基、国超、国汉、国田、国培、国有、国臣、国肇、国息、国享、国广、国周、国文、国锜、国济、国均、国品、国庭、国应、国政、国轩等二百四十余人。国铭例监生，国鳞例监生。国馨、国雄、国瑞、国钰、国基等皆中学毕业生，国尊、国隆等皆军官。

第二十二代土司王泽溥，廷玉之子，清德宗光绪二十二年（西一八九六丙申）袭堂兄职，妻郑氏，子国荣、国华等。王氏谱载国字以下家字一辈凡二百余人，家字以下为"德厚承先烈，明清世代希"等字，生齿繁衍为其他诸土司之冠。

泸定县诸土司家谱

今西康省泸定县乃民国元年所置，在元明清三代则为沈边、冷边、察道、严州、咱哩诸土司所分辖。县境跨大渡河河谷，大渡河昔名长河，河以西为咱哩土千户所独辖，元初隶长河西管军万户府，明初隶长河西等处军民安抚司，清代隶明正宣慰司。河以东为沈边、冷边、察道、严州诸土司所分辖，元初隶天全招讨司，明初隶天全六番招讨司，清初隶天全州。清末改土归流，土司遂废。

泸定今尚无县志，咸丰八年陈松龄等所修《天全州志》，嘉庆十年赵金笏等所修《雅州府志》，嘉庆二十一年常明等所修《四川通志》等，对于泸定诸土司之沿革记载不详。

余于民国二十八年八月一日与川康科学考察团社会组组长冯汉骥

先生,组员梁瓯第,谭英华,张显丰,许学良,钱诚之诸君,自清溪县之泥头铁(即昔飞越县县治)过飞越岭,遂至泸定县境之化林坪,经龙巴铺(今名与隆堡)沈村、冷碛,而至泸定县治,小住二日。复经咱哩烹坝而抵康定县境之瓦斯沟。沿途所经诸土司界,莫不参观其土署故址,访问其土司苗裔,搜罗其土司系谱,颇有所获,兹辑泸定诸土司家谱如次,藉供治边政史者之参考及纂方志者之取材焉。

咱哩土司古氏家谱

咱哩土千户治泸定县治西北十五里之咱哩,地当大渡河西岸,元明清三代管辖泸属河西一带番民一百八户,其辖地东以大渡河为界,南至扯案,西至雪山,北至大藏桥,元初隶长河西管军万户府,成宗大德二年以后隶碉门鱼通黎雅长河西宁远等处军民宣慰司,明初隶长河西等处军民安抚司,洪武三十年以后隶长河西鱼通宁远宣慰司(长河即大渡河之旧名),清代隶明正宣慰司,至宣统三年改土归流,民国元年置泸定县,咱哩土司遂废。

余于民国二十八年八月六日至咱哩镇,由保长李某导游,参观土司署并访问土司后人。闻土司古氏苗裔之分局咱哩烹坝等处者尚有十数家,惟居土署之嫡系继承者则仅古廷益一人,古廷益君年约二十余,小学毕业,闻居守家。土署在市场之后,系一木建楼房,正门悬汉满双行竖书咱哩土千户署竖额一方,冯汉骥先生及梁瓯第君均曾摄影留念。询以中元节循例缮焚蚨子否,答曰然,询以缮写蚨子时是家谱为据否,答曰然。经多方商洽,始检出一简单祖先名册相示。又访咱哩后山白塔坪土司坟茔亦偶有简单墓碑可考。因据名册为主,参以墓碑方志所记,成古土司简谱一卷如次:

第一代土司安交(一作阿交),原系西番鱼通人,世为瓦部酋长,元代隶碉门鱼通黎雅长河西宁远等处军民宣慰司。明太祖洪武四年(西一三七一辛亥)汤和克蜀,先后遣陕西行省员外郎许允德及龙仁寺僧智光入番招讨,诸部贪中国茶货赏品,纷纷款附,太祖皆假名爵以羁縻之。安交投降,授咱哩土千户,隶长河西等处军民安抚司。洪武三十年(西一三九七丁丑)后隶长河西鱼通宁远宣慰司。

第二代土司呷马弯张,明成祖永乐间(西一四〇三至一四二四)袭职,时藏番渐强,盘踞打箭炉,土司被侵,势渐不振。

第三代至第九代土司不详,清世宗顺治九年(西一六五二壬辰)收抚四川,川边各土司皆投诚,均依旧制授职。

第十代土司陆漆立(一作六七立),清康熙三十九年(西一七〇〇庚辰)打箭炉营官喋吧昌侧集烈杀害明正土司咤喏喳吧,侵扰长河以东岚州鸟泥察道嘉钦等处,四川总督钧尔达,巡抚贝和诺,提督唐希顺等会疏进剿,大兵三路并进,次年正月大军抵打箭炉口外,五十余土官投诚,分授咱哩土千户一员及其他土百户四十八员,统辖于明正宣慰司。康熙四十五年四川巡抚能泰提督岳昇龙等奏修泸定镶索桥,以通华番之路,并令咱哩各土司派工督造。五十八年准噶尔侵西藏,因达赖喇嘛,岳钟琪等率军讨平之。雍正二年年羹尧岳钟琪等平青海。(清初明正宣慰司隶青海)

第十一代土司古天锡,清世宗雍正四年(西一七二八戊申)袭职。自此始以古为氏。五年西藏有阿尔巴布之乱,四川松潘镇总兵周瑛、云南提督郝玉麟等率军讨平之。八年西康瞻对土司复叛,四川提督李质粹派建昌镇总兵袁士弼,夔州协副将马良桂等讨平之。以上诸役,咱哩土司均从征有功。

第十二代土司古文远,约于清乾隆中(西一七五一至一七七九)袭职。乾隆十二年金川番叛,三十七年金川番复叛,将军阿桂等讨平之。明正宣慰司佳穆伯以功诏加屯巴名号。

第十三代土司古应洪,约于清乾隆末至嘉庆初(西一七八一至一八一一)袭职。

第十四代土司古云安,约于清嘉庆末至道光间(西一八一四至一八四一)袭职。

第十五代土司古永干,约于清道光末至同治间(西一八四一至一八七一)袭职,早卒,妻古包氏节孝,建坊旌表。

第十六代土司古宗德,约于清光绪初(西一八七五至一九〇一)袭职,早卒,妻古余氏节孝,建坊旌表。

第十七代土司古廷彦,字之邦,清光绪末(西一九〇一至一九〇八)袭职,宣统三年川滇边务大臣赵尔丰自打箭炉入川,奉旨改土归流,沿途收缴各土司印信,咱哩土司遂绝。廷彦于民国六年病殁,无子,以族弟廷益为嗣。

冷边土司周氏家谱

冷边土司治泸定东南之冷碛镇,管辖大渡河东岸上游一带番户。土司周氏自称系蜀汉金环三结之后,世为瓦述部酋长,元代受抚隶天全招讨司,明代投诚属天全六番招讨司,清代款附属天全州,宣统三年改土归流,民国元年置泸定县,冷边土司遂废。

余于民国二十六年八月三日至冷碛,由周保长导游,参观土司署并访问土人后人。土署房屋尚完整,周氏子孙尚有二十余家,居土署之嫡系继承人有肄业县立冷碛中心小学高级部者出而招待,询以中元节缮焚蚨子时有无家谱为依据,答曰然,经多方开导后,出示祖先名讳一册,参以方志墓碑等资料,成周土司家谱一卷如下:

第一代土司巫他(一作恶他),年月不详,以三十年为一世之例推算约越南宋高宗绍兴末(西一一六二壬午)至孝宗隆兴初(西一一六三癸未)为土酋。

第二代土司达莫(一作大穆),约于南宋光宗绍熙间(西一一九〇至一一九四)袭土酋。

第三代土司喳什木立,约于南宋宁宗嘉定间(西一二〇八至一二二四)袭土酋。

第四代土司安松撒(一作阿松撒),约于蒙古宪宗时(西一二五一至一二五九）袭土酋。宪宗二年皇弟忽必烈率师征大理，道出金川，诸番悉降。世祖至元二年（西一二六五乙丑）授碉门安抚司高保四虎符，使之招谕黎州沈村冷碛察道岚州等六部，并授高氏为招讨使，杨氏为副使，凡大渡河以东未置州县之地皆隶之，今天全实兴泸定等县皆是也。

第五代土司巫必巫苏（一作恶素），元世祖至元间（西一二七七至一二九四）袭职。

第六代土司达么，约于元武宗至大间（西一三〇八至一三一一）袭职。

第七代土司达呷术撒，约于元顺帝至正间（西一三四一至一三六七）袭职。

第八代土司安支（一作阿支），明太祖洪武四年（西一三七一辛酉）汤和克蜀，先后遣能仁寺僧智光、陕西行省员外郎许允德等入番招讨，诸部贪中国茶货赏品，纷纷款附，太祖皆假名爵以羁縻之。安支投诚，授瓦部哈工等寺都绸院院抚司。洪武三十年并天全宣抚司天全招讨司为天全六番招讨司，隶四川都司，仍以高氏为招讨使，杨氏副之。

第九代土司奢纳他，明成祖永乐八年（西一四〇一庚寅），出师白水有功，改授冷边长官司职衔。

第十代土司安他（一作阿他），明英宗正统三年（西一四三八戊午）岩州长官司让达叛，侵扰邻部杂道（即察道）诸土司，杂道长官司安白诉于朝，帝令四川土司往谕之，皆归服（本纪）。

第十一代土司安莫（一作阿莫），约于明英宗天顺间（西一四五七至一四六四）袭职。

第十二代土司山哈（一作三哈），约于明孝宗弘治间（西一四八八至一五〇五）袭职。

第十三代土司安日（一作阿日），约于明武宗正德间（西一五〇六至一五二一）袭职。

第十四代土司聂莫（一作业莫），约于明世宗嘉靖中（西一五三一至一五五一）袭职。

第十五代挫巫结,约于明嘉靖末(西一五五一至一五六六)袭职。

第十六代土司雍中达结,约于明神宗万历间(西一五八一至一六〇一)袭职。

第十七代土司朗令喳吧,约于明神宗万历末(西一六〇二至一六一九)袭职。

第十八代土司安撒(一作阿搬),明思宗崇祯间(西一六二八至一六四三)袭职。时张献忠扰蜀,西番多故,冷边土司所属河西诸寨多被藏番侵占。清世祖顺治九年(西一六五二壬辰)收抚四川,川边各土司款附,均依旧制授职。安撒投诚,缴销明室所颁印信,新赐袍帽等物。

第十九代土司周长命,清圣祖康熙初(西一六六三壬寅)袭职。九年藏番通呷烈叛,进犯猴子坡,长命率土兵拒于泸河渡口,守土得力。自此始以周为氏。

第二十代土司周维新,清康熙中(西一六七一至一七〇一)袭职,三十九年(西一七〇〇庚辰)打箭炉营官喋吧昌侧集烈叛,杀害明正宣慰司咤喏喳吧,侵扰长河以东岩州鸟泥若泥察道嘉钦等处,四川总督钧尔达,巡抚贝和诺,提督唐希顺会疏进剿,参将马尔植、李麟,游击魏国珍、张自成、沙虎等三路并进,斩喋吧昌侧集烈首级以献,喇嘛番民投降者一万二千余户,土官款附者五十余员,次年辛巳正月班师。冷边土兵从征有功。

第二十一代土司周至德,清康熙四十一年(西一七〇二壬午)袭职,四十五年四川巡抚能泰、提督岳升龙奏修泸定铁索桥以通华番之路,至德被派拨工督修有功。五十一年始颁给冷边长官司印信号纸。雍正七年改天全六番招讨司为天全州。

第二十二代土司周述贤,清世宗雍正十二年(西一七三四甲寅)袭职。

第二十三代土司周珑,清高宗乾隆三十年(西一七六五乙酉)袭职。

第二十四代土司周廷栋,清仁宗嘉庆元年(西一七九六丙辰)袭职,嘉庆二十年藏番瞻对土司叛,四川总督常明派提督多隆武,重庆镇总兵罗思举等讨平之。廷栋派土兵随征。

第二十五代土司周永年,清宣宗道光二年(西一八二二壬午)袭职。

第二十六代土司周天恕,清文宗咸丰间(西一八五一至一八六一)袭职,中年早卒,妻某氏节孝,建坊旌表。弟兴禄由勇目出师甘肃有功,保尽先总镇,任普安营参将。

第二十七代土司周宗洛,清德宗光绪初(西一八七五至一八九五)袭职。光绪二十年瞻对及霍尔章谷番民叛,川督鹿传霖派军讨平之。三十年泰宁惠远喇嘛反对采金叛乱,川督锡良派提督马杂祺等讨平之。三十一年巴塘丁宁寺喇嘛反对开垦叛乱,提督马维祺等讨平之。宗洛派土兵随征。

第二十八代土司周朝相,清宣统三年(西一九一一辛亥)川滇边务大臣赵尔丰自打箭炉入川,奉命改土归流,沿途收缴各土司印信,冷边土司随废。

沈边土司余氏系谱

沈边土司治泸定东南之沈村,管辖大渡河东岸下游一带番户。土司余氏自称原籍江西吉安府,统军川边,盘踞沈村一带,元代受抚与黎州冷碛察道岩石州等部同隶天全招讨司,明代投诚属天全六番招讨司,清代款附隶天全州,清末改土归流,土司遂废。余曾遇土司后人余兴禄君(任中政校康定分校教员)询其系谱,略志如次:

第一代土司余某,元世祖至元二年(西一二六五乙丑)授碉门安抚司高保四虎符,使之招谕黎州沈村冷碛察道岚州等六部,并授高氏为招讨使,杨氏副之。

第二代至四代土司不详。

第五代土司余伯,明太祖洪武四年(西一三七一辛亥)汤和克蜀,川边土司皆降,余伯款附,授沈边土百户,隶天全六番招讨司。

第六代土司余期拔。明成祖永乐八年(西一四一〇庚寅)出师白水有功,改授沈边长官司,仍隶天全六番招讨司。

第七代至十三代土司待考。第十四代土司余从国,约于明末清初袭职。清世祖顺治九年(西一六五二壬辰)收抚四川,川边各土司皆投诚,均依制授职。

第十五代土司余明奇,清康熙三十九年(西一七〇〇庚辰)打箭炉营官喋吧昌侧集烈叛,杀害明正宣慰司咤喏喳吧,侵扰长河以东岚州乌泥若泥察道嘉钦等处,四川总督钧尔达,巡抚贝和诺,提督康希顺会疏进剿,大军三路并进,斩昌侧集烈,诸部悉平。明年班师,并移化林营兵五百七十五名驻打箭炉,拨建昌镇标守备一员兵二百名汛守化林坪,调四川兵一千名,以五百名为一营驻沈村冷碛分守三渡,以五百为一营分驻岚州乌泥若泥嘉钦察道等处。四十五年巡抚能泰、提督岳升龙奏建泸定铁索桥,明奇被派征夫督修有功,五十一年颁给沈边长官司印信号纸。

第十六代土司余某,雍正六年为特参贪残土司案,添设口口巡检,雍正七年改天全六番招讨司为天全州,雍正十年为遵旨议奏案,巡检分驻泸定桥,管理沈村烹坝站务。

第十七代至二十代土司待考。

第二十一代土司余应尔,清宣统三年(西一九一一辛亥)川滇边务大臣赵尔丰奉命改土归流,收缴土司印信,沈边土司遂废。然余氏子孙居沈村一带者则尚众云。

(原载于 1945 年 8 月《边政公论》第 4 卷第 7、8 期合刊)

凉山倮族系谱

　　民国二十七年冬国府西迁,管理中英庚款董事会朱董事长、杭总干事等以川康及西北西南各省遂成抗战建国及民族复兴之根据地,于此数省之种种资源及一般状况不可不有详确之了解,乃拨款十数万元组织川康西南西北之科学考察团,聘请各大学教授担任团长组长专家等职,团员、组员则由各大学选送各科毕业学生中之优秀并有志研究边疆者充之。二十八年五月川康科学考察团首先成立于四川乐山,聘邵逸周教授任团长兼工程组组长,黄国璋教授任副团长兼地理组组长,叶雅谷教授任农林组组长,冯汉骥教授任社会组组长,伍启元教授任经济组组长,丁道衡教授任地质组专家,韦润珊教授任地理组专家,吴文晖教授任经济组专家,周毅教授任农林组专家,余亦承乏社会组专家。团员三十余人皆各大学所保送毕业学生之有志边疆事业者。六月初自乐山出发,经峨眉、夹江、洪雅诸县而抵雅安小住,以便考察雅安区附近之名山天全、芦山、宝兴等县。七月中复自雅安起程,经荣经、清溪、泸定诸县而抵康定小住,以便考康定区附近各县。九月间自康定分发,邵团长率工程地质等组由康定西向经道孚、瞻化、理化、雅江、九龙、冕宁、盐源、盐边、西昌、越巂等县,取道雅安回乐山。黄副团长率地理、农林等组由康定东北向经丹巴、懋功、理番、汶川等县而至灌县,取道成都返乐山。历时约半载有余。然以边地粮食缺乏,物价奇昂,而本团预算仅五万余元,不敷甚巨,不得不提早结束,致考察成绩既不能如预期之周密,即报告书亦迄未刊布。

三十三年春以雷马屏峨等边县不靖,乐山成立警备司令部,韩云涛司令禀承成都行辕张主任兼四川省政府张主席意旨,组织雷马屏峨沐犍眉乐八县边区建设研究会,是年夏雷波县境㑩夷蠢动,掳掠汉人男女入山为奴(并有县府科长秘书家属在内),劫夺官商物资巨万(并有县府公款在内),雷波县长急电请兵,乐山警备司令部特派陆军第三十二补训处所属第一团周忠权团长率队前往进剿。并承教育部陈前部长拨款补助,组织边区文化教育考察团,随军前往,余复应邀主持其事。自七月间由乐山出发,经犍为、沐川、屏山等县而至雷波小住,至十一月间取道马边返乐,为期又约半载。

在上述两度考察期间,余之工作除调查边区少数民族之一般生活状况而外,尤注意于凉山㑩族系谱之研究。每至一地必备礼物,假通译,访问各重要宗派之长老,委婉恳挚,请其口诵其祖先世系,而亲自记录之,所得约五十余种。盖㑩族有一特殊习俗,即素重先世系谱及前代事迹之追述。凉山㑩族均自称黑骨头,以示别于其所奴役之白骨头。每当炎暑之时,黑骨头多迁居凉山高寒地带,各支长老或背诵其先世系谱,或追述其前人事迹,以教训其子孙。故凉山黑夷之能背诵其祖先世系至数十代者颇不乏人。虽其所追述者不无渲染夸张或幽隐神秘等弊,未必全属可靠。然舍此而外,吾人亦别无其他良法可以接近其历史。

国内学术界之注意㑩族系谱者,就余所知,最早当推地址调查所已故丁在君所长,次为中央博物院马长寿专员,云南大学已故陶云逵教授,西南联合大学罗莘田教授,华中大教师傅懋绩君,金沙江工程处专员毛筠如君,四川省府前边荒调查队领队及拓边垦社社长廖旭龄君,宁属田坝土司兼腴田区区长岭光电君等皆有所收录,兹并采择以资比较。

姑侯宗普田系

姑侯宗为凉山㑩族之中坚,今雷马屏莪等县及宁属昭觉普雄以东地

区多属本宗各支之势力范围。姑侯宗下分支派甚多,而以普田系蕃衍最盛,团结力最强。兹记其世系如次:

一、阿土姑侯　二、姑侯吼兹　三、吼兹纥得　四、纥得谋巫　五、谋巫乌儿　六、乌儿洛勒　七、洛勒莫阿　八、莫阿按纥　九、按纥阿兔　十、阿兔日俄　十一、日俄密吉　十二、密吉密也　十三、密也密几　十四、密几蓂家　十五、蓂家甘儿　十六、甘儿普田

兹附录毛筇如君所记如次,以资比较:

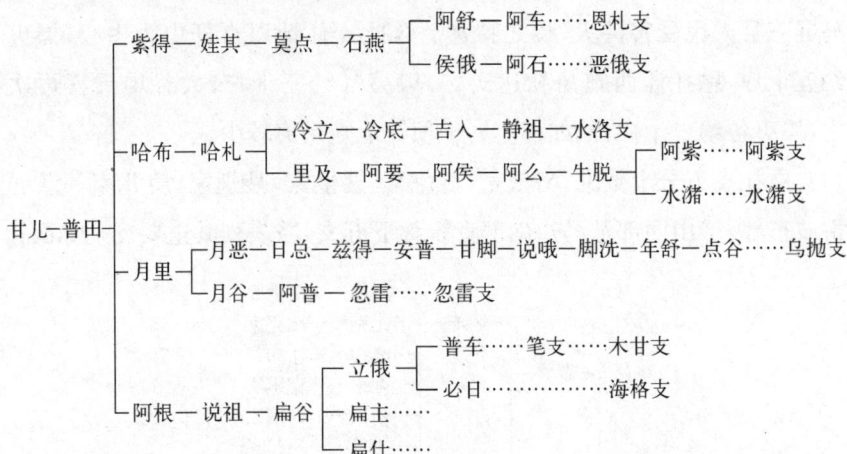

```
                 ┌─ 紫得 ─ 娃其 ─ 莫点 ─ 石燕 ┌─ 阿舒 ─ 阿车……恩札支
                 │                          └─ 侯俄 ─ 阿石……恶俄支
                 │
                 │                  ┌─ 冷立 ─ 冷底 ─ 吉入 ─ 静祖 ─ 水洛支
                 ├─ 哈布 ─ 哈札 ─┤                                      ┌─ 阿紫……阿紫支
                 │                  └─ 里及 ─ 阿要 ─ 阿侯 ─ 阿么 ─ 牛脱 ─┤
甘儿 — 普田 ─┤                                                        └─ 水潴……水潴支
                 │
                 │         ┌─ 月恶 ─ 日总 ─ 兹得 ─ 安普 ─ 甘脚 ─ 说哦 ─ 脚洗 ─ 年舒 ─ 点谷……乌抛支
                 ├─ 月里 ─┤
                 │         └─ 月谷 ─ 阿普 ─ 忽雷……忽雷支
                 │
                 │                  ┌─ 立俄 ┌─ 普车……笔支……木甘支
                 └─ 阿根 ─ 说祖 ─ 扁谷 ─┤     └─ 必日……海格支
                                    ├─ 扁主……
                                    └─ 扁什……
```

1. 古侯　2. 合之　3. 合打　4. 么哇　5. 乌耳保　6. 六不　7. 瓦我　8. 哈啊　9. 哈徒　10. 日勿　11. 兔节　12. 兔焉　13. 闵几　14. 甘儿　15. 普田

廖旭龄君所记如次:

1. 古侯　2. 黑兹　3. 黑得　4. 木瓦　5. 吴耳　6. 勒乃　7. 蒙阿按　8. 薛阿土　9. 日俄　10. 闵及　11. 闵阿　12. 米及　13. 灭及　14. 甘儿　15. 蒲田

岭光电君所记如次:

1. 古侯　2. 候兹　3. 侯打　4. 母乌　5. 乌乃　6. 洛阿　7. 安侯　8. 阿土　9. 日窝　10. 米己　11. 米安　12. 干尔　13. 卜体

按自姑侯至普田,岭君所记为十三代,毛廖二君所记为十五代,余所得为十六代盖扨夷背诵先代系谱,各人所传皆欠完备。谱家所录虽有小

异,而大体相同,当无大误。普田之下支衍甚蕃,兹表列其重要各支如次:

恩札支

　　恩札支为凉山㸎族中之最大支派,自雷波县治以东经屏山西宁河以至马边右路中路一带皆其势力范围。自明代中叶阿舒阿车居大凉山中之恩扎洼西,子孙蕃衍,遂因地名称恩扎家。至清中叶以来势尤强盛,雷马屏三县人民受害甚大,畏之特甚。今此支住地以喜杆山为中心,黑夷约五十户,恩扎洼西施角勒达次之,黑夷各约三十户,大谷堆天喜再次之,黑夷各约二十户,他如都实岩子坝等地则黑夷较少。

　　恩扎支下分十数家,洛俄家,石兔家,聂俄家,聂别家,庚儿家等散居雷波东部,屏山西部及马边南部者统称下五支,兹表列其重要支别如次:

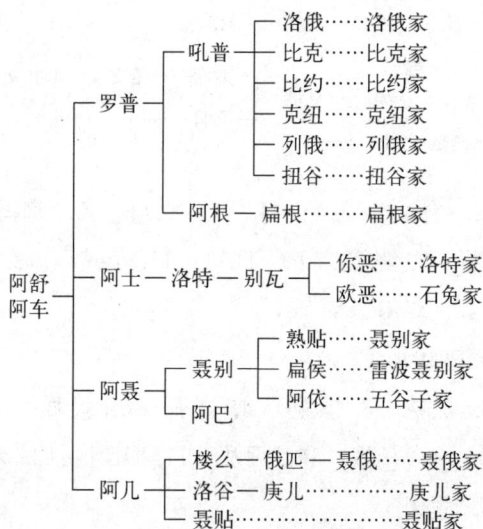

```
                                    ┌ 洛俄……洛俄家
                                    ├ 比克……比克家
                                    ├ 比约……比约家
                        ┌ 吼普 ─────┼ 克纽……克纽家
                        │           ├ 列俄……列俄家
                 罗普 ──┤           └ 扭谷……扭谷家
                        │
                        └ 阿根 ─ 扁根……扁根家
                                                  ┌ 你恶……洛特家
                 阿士 ─ 洛特 ─ 别瓦 ──────────────┤
  阿舒                                            └ 欧恶……石兔家
  阿车 ──┤                          ┌ 熟贴……聂别家
                 阿聂 ──┬ 聂别 ─────┼ 扁侯……雷波聂别家
                        │           └ 阿依……五谷子家
                        └ 阿巴
                        ┌ 楼么 ─ 俄匹 ─ 聂俄……聂俄家
                 阿儿 ──┼ 洛谷 ─ 庚儿 ─ 庚儿家
                        └ 聂贴…………………………聂贴家
```

洛俄家

　　洛俄家为恩扎家中之最大支系,黑夷约三四百户,所辖白夷数千户。自凉山之喜杆山以至屏山之西宁河,雷波之中山坪、罗三溪、滥坝子、三望坡、蛮溪口、海脑坝等地皆其势力范围。清光绪中叶,本支之牛纳八切

独霸凉山者约十年,拗夷至称之为八切皇帝,其重要可知。清廷悬重赏
购其头,久不能得,最后有马颈子居民黄某,以卖花生烧酒为业,与八切
熟识,乃醉之以酒,割其头送当地官署,入奏后,卒被委为马颈子守备。
自是八切子孙深居凉山腹地,不敢复入汉境。今其孙格朱茂工,格朱阿
成犹居施角勒达,畜奴数百户,为凉山巨富。民国初年西宁附近一带被
其侵略,十七年挂灯坪杀法国教士,二十五年焚劫海螺坝,二十六年路劫
雷波县长吴钧等大叛案皆此支拗夷所为。兹录其世系如次:

　　　十六、甘儿普田　十七、普田紫得　十八、紫得娃其　十九、娃其莫
点　二十、莫点石燕　廿一、石燕阿舒　廿二、阿舒阿车　廿三、阿车罗
普　廿四、罗普吼普　廿五、吼普洛俄　廿六、洛俄拉支　廿七、拉支作
祖　廿八、作祖舒兹　廿九、舒兹阿干　三十、阿干神默　卅一、神默牛
纳　卅二、牛纳八切　卅三、八切格朱　卅四、格朱茂工

　　今此支夷首莫那娃儿之世系如次:

　　　廿五、吼普洛俄　廿六、洛俄拉支　廿七、拉支作祖　廿八、作祖果
吼　廿九、果吼安福　三十、安福蔽所　卅一、蔽所侯姑　卅二、侯姑特
兹　卅三、特兹莫那　卅四、莫那娃儿　卅五、娃儿丹仁

　　其他诸夷世系列表如次:

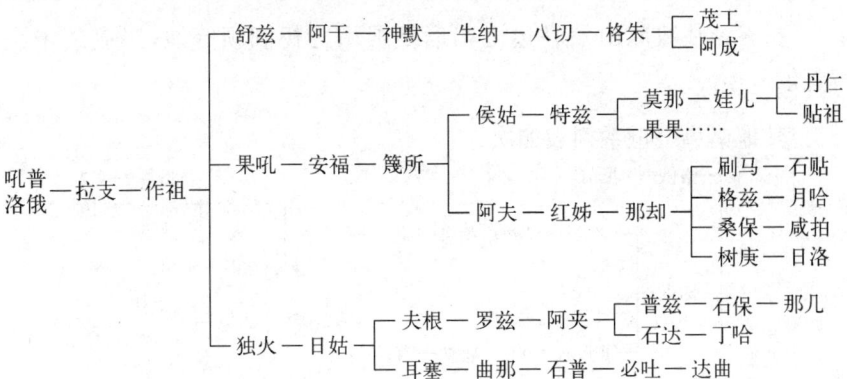

```
                        ┌ 舒兹—阿干—神默—牛纳—八切—格朱┬ 茂工
                        │                                └ 阿成
                        │
                        │                      ┌ 侯姑—特兹┬ 莫那—娃儿┬ 丹仁
                        │                      │          │          └ 贴祖
                        │                      │          └ 果果……
                        │          ┌ 安福—蔽所┤          ┌ 刷马—石贴
吼普                    │   果吼  │          │          │ 格兹—月哈
洛俄 —拉支—作祖 ────────┤         │          └ 阿夫—红姊—那却┤ 桑保—咸拍
                        │          │                     └ 树庚—日洛
                        │          │
                        │          │                      ┌ 普兹—石保—那儿
                        └ 独火—日姑┬ 夫根—罗兹—阿夹 ───────┤
                                   │                       └ 石达—丁哈
                                   └ 耳塞—曲那—石普—必吐—达曲
```

比克、比约、克纽、列俄、扭谷诸家

　　罗普吼普有七子,除吼普洛俄外,尚有吼普比克,吼普比约,吼普克

纽,吼普列俄,吼普扭谷等支,(亦有作林口、模罗、蒲池、别庚、略庚、别口六房者,见西部科学院《雷马屏峨调查记》),此诸支人口不旺,势力微弱,故在屏山西宁河一带亦统吼普家。

比克家住凉山及马边袁家溪、菊家冈、哨楼冈、玛瑙等地,黑夷约三四十户,夷首母基文光现任玛瑙保长,世系如次:

廿一、石燕阿舒　廿二、阿舒阿车　廿三、阿车罗普　廿四、罗普吼普　廿五、吼普比克　廿六、比克米杂　廿七、米杂别树　廿八、别树莫祖　廿九、莫祖进节　卅、进节刷拉　卅一、刷拉兹兹　卅二、兹兹母基　卅三、母基文光

又夷首曲楚老熊之世系如次:

廿五、吼普比克　廿六、比克聂耳　廿七、聂耳阿牛　廿八、阿牛鹿支　廿九、鹿支普助　卅、普助洛俄　卅一、洛俄却楚　卅二、却楚老熊　卅三、老熊○○

比约家住牧凉山及马边之袁家溪一带,黑夷十数户,夷首日哈干根,势弱。

克纽家住牧凉山及马边之袁家溪一带,黑夷哈小祖木干等不及十户,势最弱。

列俄家住牧凉山及马边之袁家溪一带,黑夷十余户,势弱。夷首木干。

扭谷家住牧凉山及马边之玛瑙及屏山之杨泗坝等地,黑夷二十余户,夷首交保。

其他诸夷之世系列表如次:

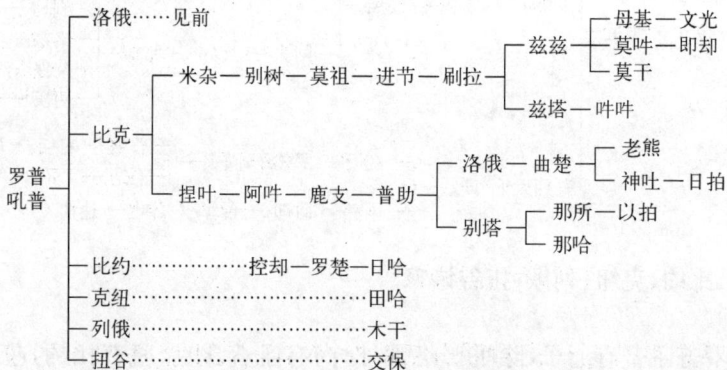

扁根家

扁根家住牧凉山及马边之老鸦营周家寺雷公坪等处,黑夷三四十户,势颇强。民十四年扁根公儿为边大叛夷,劫掠马边右路各地,并曾于大挕口劫夺驻军陈洪范第八师徐建臣团步枪数十枝,常为边患。其他夷首如根卜、慈哈、石达、绝都、水右等常在马边县领饷当差。兹表列其世系如次:

```
石燕—阿舒—阿车—罗普┬吼普……吼普支
                    └阿根—扁根………比母—神吐—日火
```

石图家

石图家住牧大凉山之恩扎洼西、石布来洼、马脚迹、勒拉米、格鲁及小凉山之黄蜡溪、罗三溪、益母溪、棋盘溪、水碓溪、沙鱼坪、大坪、二坪、大沟、小沟等地,黑夷六十余户,分为洛儿、己俄、普苦、罗锅等房,势颇强盛。夷首达以哈普之世系如次:

十六、甘儿普田　十七、普田紫得　十八、紫得娃其　十九、娃其莫点　二十、莫点石燕　廿一、石燕阿舒　廿二、阿舒阿车　廿三、阿车阿士　廿四、阿士洛特-加龙省　廿五、洛特别瓦　廿六、别瓦欧恶　廿七、欧恶普作　廿八、普作日谷　廿九、日谷洛哥　三十、洛哥石图　卅一、石图阿夹　卅二、阿夹以服　卅三、以服石祖　卅四、石祖拍祖　卅五、拍祖达以　卅六、达以哈普。

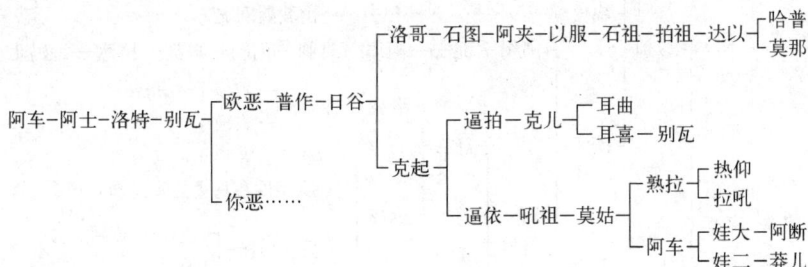

```
阿车-阿士-洛特-别瓦┬欧恶-普作-日谷┬洛哥-石图-阿夹-以服-石祖-拍祖-达以┬哈普
                  │              │                                  └莫那
                  │              │            逼拍-克儿┬耳曲
                  │              └克起┬        耳喜┐
                  │                    │              └别瓦
                  │                    │        熟拉┬热仰
                  │                    └逼依-吼祖-莫姑┤   └拉吼
                  │                              阿车┬娃大-阿断
                  └你恶……                           └娃二-荞儿
```

洛特家

洛特家住牧大凉山之恩扎洼西及马边屏山雷波三县交界地带,黑夷

二十余户,夷首贴祖仰夹之世系如次:

廿一、石燕阿舒　廿二、阿舒阿车　廿三、阿车阿士　廿四、阿士洛特　廿五、洛特别瓦　廿六、别瓦你恶　廿七、你恶阿作　廿八、阿作拉兹　廿九、拉兹耳耳　卅、耳耳吴哥　卅一、吴哥你恶　卅二、你恶日却　卅三、日却乌撒　卅四、乌撒贴祖　卅五、贴祖仰夹

其他诸夷之世系表列如次:

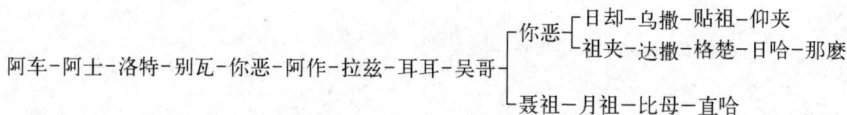

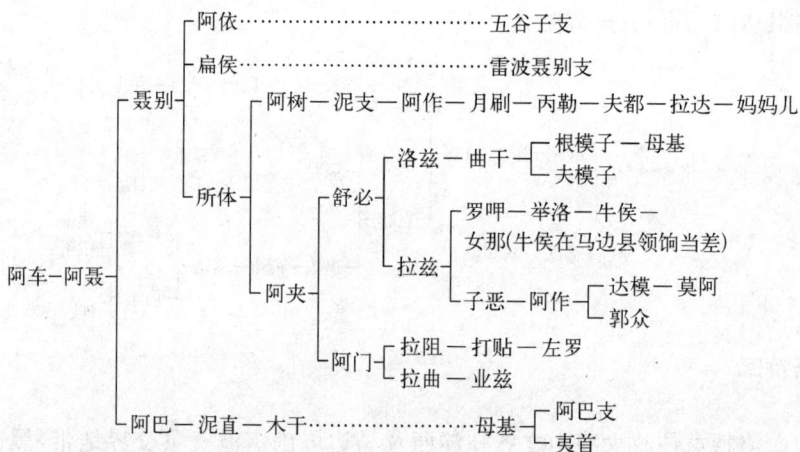

```
                              ┌你恶─日却─乌撒─贴祖─仰夹
阿车-阿士-洛特-别瓦-你恶-阿作-拉兹-耳耳-吴哥┤祖夹─达撒─格楚─日哈─那麽
                              └聂祖─月祖─比母─直哈
```

聂别家

聂别家住牧大凉山之聂别阿脚、阿尼咩,及中山院子、塞水坝、水林乡、小岩洞、野鹿坝、三望坡(以上雷波烟峰)、西安子(以上马边)等地,黑夷约六十户,势颇强盛,夷首拉达妈妈儿之世系如次:

廿一、石燕阿舒　廿二、阿舒阿车　廿三、阿车阿聂　廿四、阿聂聂别　廿五、聂别所体　廿六、所体阿树　廿七、阿树泥支　廿八、泥支阿作　廿九、阿作月刷　卅、月刷丙勒　卅一、丙勒夫都　卅二、夫都拉达　卅三、拉达妈妈儿

其他诸夷之世系表列如次:

```
                      ┌阿依…………………………五谷子支
              ┌聂别─┤扁侯…………………………雷波聂别支
              │      │阿树─泥支─阿作─月刷─丙勒─夫都─拉达─妈妈儿
              │      │                ┌洛兹─曲干─┬根模子─母基
              │      │          ┌舒必─┤          └夫模子
              │      └所体─┤      │          ┌罗呷─举洛─牛侯─
阿车─阿聂─┤            │      └拉兹─┤女那(牛侯在马边县领饷当差)
              │            │            │          ┌子恶─阿作─┬达模─莫阿
              │            └阿夹┤          └          └郭众
              │                  │          ┌拉阻─打贴─左罗
              │                  └阿门─┤
              │                          └拉曲─业兹
              └阿巴─泥直─木干……………………母基─┬阿巴支
                                                    └夷首
```

聂俄家

聂俄家住牧大凉山哈古以达及小凉山达昌坝、黄蜡溪、东林乡、中山坪、大坪、二坪、大瓦、大坳等处,黑夷四十余户,势颇强,分为便也、窝扒、立主等房,兹录夷首石千日哈之世系如次:

廿一、石燕阿舒　廿二、阿舒阿车　廿三、阿车阿且　廿四、阿且楼么　廿五、楼么俄匹　廿六、俄匹聂俄　廿七、聂俄吽吽　廿八、吽吽树谷　廿九、树谷罗兹　卅、罗兹吴姑　卅一、吴姑华热　卅二、华热罗那　卅三、罗那石千　卅四、石千日哈　卅五、日哈那根

但此支黑夷中有年自石耳者自述世系达四十余代,较之他夷所述世代相差颇多,兹录如次,以资比较:

廿一、石燕阿舒　廿二、阿舒阿车　廿三、阿车阿且　廿四、阿且楼么　廿五、楼么俄匹　廿六、俄匹聂俄　廿七、聂俄吽吽　廿八、吽吽刷耶　廿九、刷耶罗作　卅、罗作必根　卅一、必根石儿　卅二、石儿莫姑　卅三、莫姑尺杂　卅四、尺杂洪车　卅五、洪车那哈　卅六、那哈莫帖　卅七、莫帖罗仰　卅八、罗仰年洛　卅九、年洛黄夹　四十、黄夹日呷　四一、日呷模曲　四二、模曲娃儿　四三、娃儿年自　四四、年自石耳

其他诸夷世系表列如次:

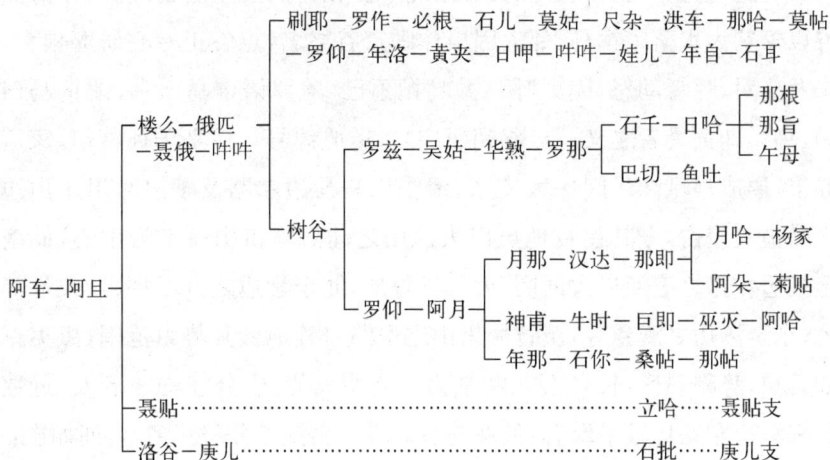

庚儿家住牧大凉山吴扭胡噶及雷波之东林乡、银厂沟、黑龙岩等地，黑夷十余户，石批、月哈交花等为首，势弱。

聂贴家住牧大凉山及马边之凉风顶，菊花冈等处，黑夷十余户，夷首立哈，势尚强。

恶俄支

石燕侯俄乃石燕阿舒之弟，住牧大凉山恩扎洼西附近热枯塔枯之山冈。挖语谓山冈曰恶俄，故有恶俄家之称。今存黑夷不过十数户，分住大凉山之热枯塔枯，马边右路之石儿坝及峨边等地，势弱，分投恩扎支之聂俄聂特庚儿诸家，兹录其世系如次：

十六、甘儿普田 十七、普田紫得 十八、紫得娃其 十九、娃其莫点 二十、莫点石燕 廿一、石燕侯俄 廿二、侯俄阿石 廿三、阿石以贴 廿四、以贴普俄 廿五、普俄○○ 三十、○○耳加 卅一、耳加祖祖 卅二、祖祖挖却 卅三、挖却老洪 卅四、老洪夫爷子

又恶俄家黑夷牟牛及美曲子曾在马边县领饷当差，鹿兹拉兹曾住峨边领饷当差。

乌抛支

乌抛支为凉山挖族中强大支派之一。相传当元季明初之际，年舒点谷以家贫为水落家饲马，邻人因事住呼点谷之名，点谷正专心研磨粮食，未及应对，呼者动怒，因大呼乌抛乌抛不已，盖罗语谓马曰乌，谓饲马曰抛，乌抛即饲马者之义。点谷闻而应之，遂成绰号。后来子孙蕃衍，家道亦丰，遂成马峨沐乐间一大支系，清季以来马边左路及峨边沐川乐山边区多被其侵占，今其住牧地虽以大凉山之洼海雪口山一带为中心，而南至马边左路之三河口大油冈、大竹堡等地，北至峨边之万石坪、斯栗坪等地，东至沐川之观慈寺，茨竹坪乐山之牟路口等地皆其势力范围，黑夷三四百户，势颇强盛，长老石儿欧基为一略明大势，安分守法之老人，近数年来马边左路比较平靖者，彼亦与有力焉。乌抛支分房甚多，表列如次：

```
                                                              ┌─ 老布……老布家
                                                    ┌─ 年洛 ─┼─ 老岩……老岩家
                                            ┌─ 白瓦 ┤        ├─ 火扯……火扯家
                                            │ 阿贴  │        └─ 你谷……你谷家
                        ┌─ 吼普─扁根─比谷 ─┤ 捏祖  └─ 俄干………………俄干家
                        │                   │ 比母
                        │                   └─ 阿侯子
                        │                                     ┌─ 撮贴……撮贴家
                        │                                     ├─ 撮匹……撮匹家
                        │                           ┌─ 洛拍 ─┼─ 沙甘……沙甘家
                        │                   ┌─ 蒲蛇 ┤        ├─ 紫儿……紫儿家
 年舒   ┌─ 约拍─阿直─阿里─你枝 ─┤ 郎俄─洛必─立俄 ┤        ├─ 阿花……阿花家
 点谷 ──┤                        │                   │        └─ 神侯……神侯家
        │                        │                   ├─ 思谷………………思谷家
        │                        │                   ├─ 那布………………那布家
        │                        │                   └─ 阿徒子……………阿徒子家
        │                        ├─ 纽头………………………………纽头家
        │                        └─ 克且………………………………克且家
        │
        ├─ 约立……………………………………………………即儿马家
        ├─ 约吼……………………………………………………即峨边乌抛家
        └─ 哦吼……………………………………………………哦吼家
```

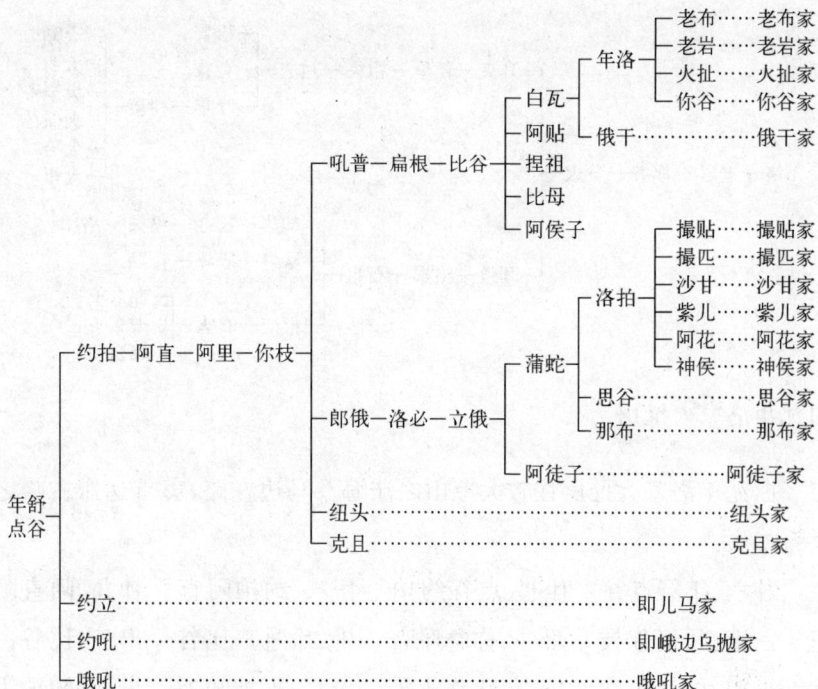

白瓦年洛家老岩房

白瓦家为乌抛家中最强大之一支,住牧大凉山之洼海及马边左路之三河口一带,黑夷约二百户,下分数房,今以老岩房之阿渣哈普兄弟为夷首,阿渣哈普毕业成都军分校垦殖班,其兄阿查苟普亦曾游历渝蓉叙乐各地,为乌抛支中后起之秀,兹录其世系如次:

	十六　甘儿普田	十七、普田月立	十八、月立月恶	十九、月恶日

德　二十、日德慈得　廿一、慈得安普　廿二、安普甘脚　廿三、甘脚说

哦　廿四、说哦脚洗　廿五、脚洗年舒　廿六、年舒点谷　廿七、点谷约

拍　廿八、约拍阿直　廿九、阿直阿里　三十、阿里你枝　卅一、你枝吼

普　卅二、吼普比谷　卅三、比谷白瓦　卅四、白瓦年洛　卅五、年洛老

岩　卅六、老岩你辟　卅七、你辟日火　卅八、日火耳夹　卅九、耳夹侯

里　四十、侯里祖夹　四一、祖夹阿渣　四二、阿渣哈普

其他诸夷世系列表如次:

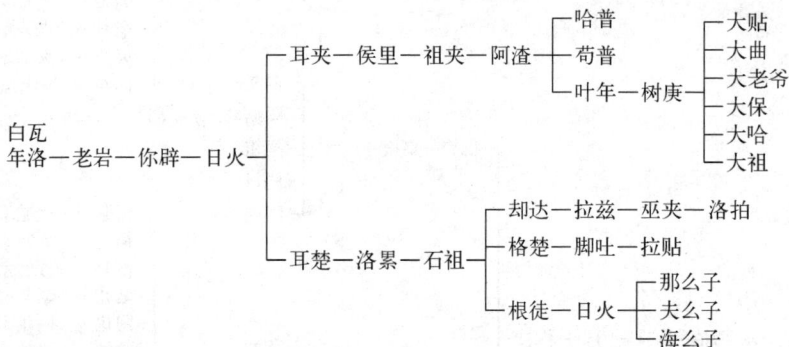

白瓦年洛家火扯房

白瓦年洛家火扯房住牧大凉山之洼海及马边左路,夷首达撒古哈之世系如次:

廿六、年舒点谷　廿七、点谷约拍　廿八、约拍阿直　廿九、阿直阿里　三十、阿里你枝　卅一、你林吼普　卅二、吼普比谷　卅三、比谷白瓦　卅四、白瓦年洛　卅五、年洛火扯　卅六、火扯知夹　卅七、知夹为果　卅八、为果阿儿　卅九、儿吼旺那　四十、旺那年祖　四一、年祖达撒　四二、达撒古哈　四三、古哈达模

其他诸夷世系列表如次:

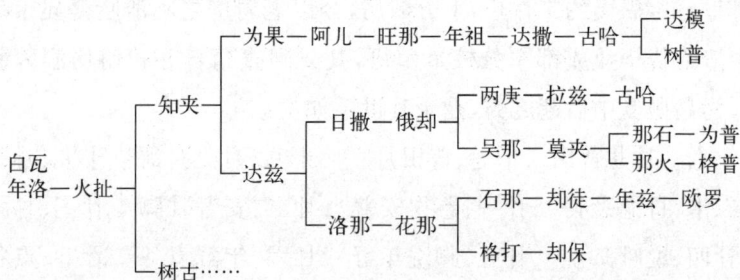

白瓦年洛家你谷房

白瓦年洛家你谷房住牧大凉山及马边左路,夷首割朱阿扯之世系如次:

廿六、年舒点谷　廿七、点谷约拍　廿八、约拍阿直　廿九、阿直阿里　三十、阿里你枝　卅一、你枝吼普　卅二、吼普比谷　卅三、比谷白瓦

瓦　卅四、白瓦年洛　　卅五、年洛你谷　　卅六、你谷夹把　　卅七、夹把捏

克　卅八、捏克树基　　卅九、树基几那　　四十、几那割朱　　四一、割朱阿

扯　四二、阿扯咩咩　　四三、咩咩丁火　　四四、丁火挖谷

其他诸夷之世系列表如次：

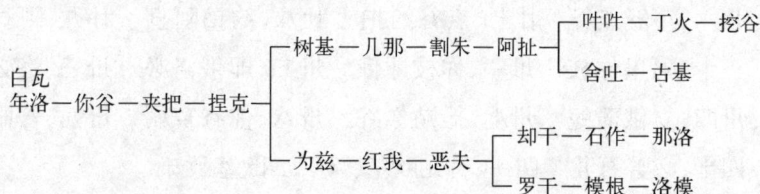

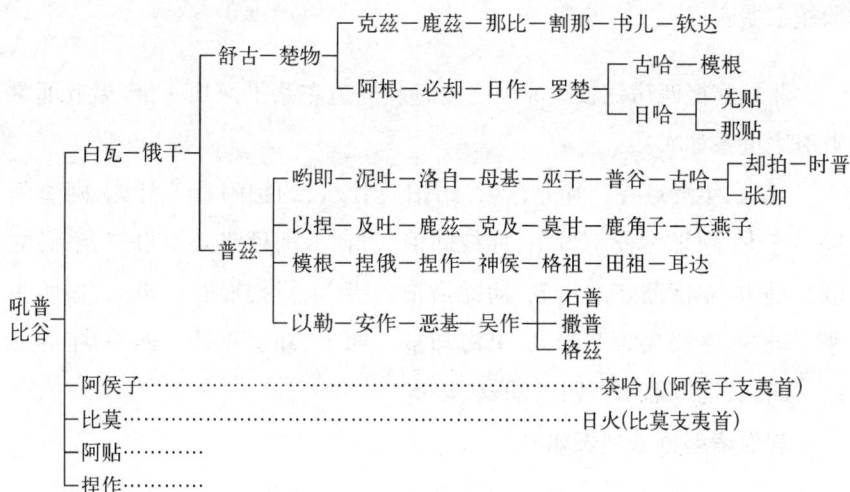

```
                                          ┌ 咩咩—丁火—挖谷
                        树基—几那—割朱—阿扯┤
                        ┌                  └ 舍吐—古基
白瓦                    │
年洛—你谷—夹把—捏克─────┤
                        │                  ┌ 却干—石作—那洛
                        └ 为兹—红我—恶夫───┤
                                          └ 罗干—模根—洛模
```

白瓦俄干家

白瓦俄干家住牧大凉山即马边左路，夷首割那书儿之世系如次：

廿六、年舒点谷　　廿七、点谷约拍　　廿八、约拍阿直　　廿九、阿直阿

里　三十、阿里你枝　　卅一、你枝吼普　　卅二、吼普比谷　　卅三、比谷白

瓦　卅四、白瓦俄干　　卅五、俄干舒古　　卅六、舒古楚物　　卅七、楚物克

兹　卅八、克兹鹿兹　　卅九、鹿兹那比　　四十、那比割那　　四一、割那书

儿　四二、书儿软达

其他诸夷世系列表如次：

```
                              ┌ 克兹—鹿兹—那比—割那—书儿—软达
                     舒古—楚物┤
                     ┌        └ 阿根—必却—日作—罗楚┬ 古哈—模根
                     │                              │      ┌ 先贴
                     │                              └ 日哈┤
          白瓦—俄干──┤                                     └ 那贴
          ┌          │
          │          │        ┌ 哟即—泥吐—洛自—母基—巫干—普谷—古哈┬ 却拍—时晋
          │          │        │                                      └ 张加
          │          └ 普兹───┤ 以捏—及吐—鹿兹—克及—莫甘—鹿角子—天燕子
          │                   │ 模根—捏俄—捏作—神侯—格祖—田祖—耳达
吼普      │                   │                      ┌ 石普
比谷──────┤                   └ 以勒—安作—恶基—吴作─┤ 撒普
          │                                          └ 格兹
          ├ 阿侯子……………………………………………………………………茶哈儿(阿侯子支夷首)
          ├ 比莫……………………………………………………………………日火(比莫支夷首)
          ├ 阿贴…………
          └ 捏作…………
```

蒲蛇家撮贴房

撮贴房住牧大凉山洼海及马边左路罗锅坝一带，夷首石儿欧基居洼海，其世系如次：

廿六、年舒点谷　廿七、点谷约拍　廿八、约拍阿直　廿九、阿直阿里　三十、阿里你枝　卅一、你枝即俄　卅二、即俄洛必　卅三、洛必立俄　卅四、立俄蒲蛇　卅七、撮贴你谷　卅八、你谷普刷　卅九、普刷必普　四十、必普石儿　四一、石儿欧基　四二、欧基敌却

其他诸夷世系列表如式：

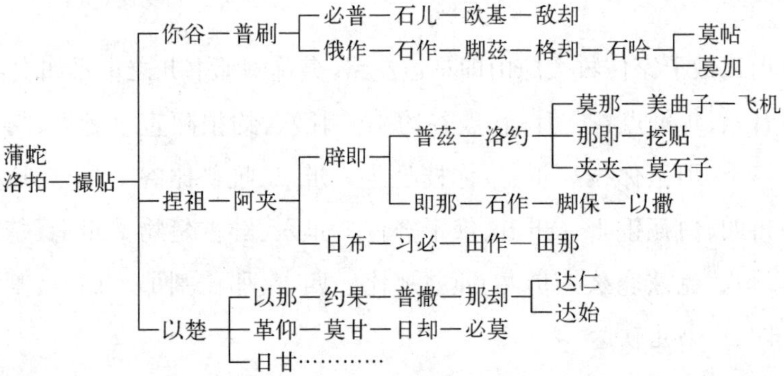
蒲蛇
洛拍
撮贴
你谷
普刷
必普
石儿
欧基
敌却
俄作
石作
脚兹
格却
石哈
莫帖
莫加
捏祖
阿夹
辟即
普兹
洛约
莫那
美曲子
飞机
那即
挖贴
夹夹
莫石子
即那
石作
脚保
以撒
日布
习必
田作
田那
以楚
以那
约果
普撒
那却
达仁
达始
革仰
莫甘
日却
必莫
日甘…………

蒲蛇家撮匹房

蒲蛇家撮匹房住牧大凉山之洼海及马边左路干河坝一带，夷首耶拿咡爷之世系如次：

廿六、年舒点谷　廿七、点谷约拍　廿八、约拍阿直　廿九、阿直阿里　三十、阿里你枝　卅一、你枝郎俄　卅二、郎俄洛必　卅三、洛必立俄　卅四、立俄蒲蛇　卅五、蒲蛇洛拍　卅六、洛拍撮匹　卅七、撮匹牛恶　卅八、牛恶吴海　卅九、吴海却富　四十、却富年兰　四一、年兰达以　四二、达以耶拿　四三、耶拿咡爷

其他诸夷世系列表如次：

```
                                   ┌ 吴海—却富—年兰 ┬ 达以—耶拿—吗爷
                        ┌ 牛恶 ┤                 └ 耳以—
                        │        │               ┌ 日达—桑儿 ┬ 忝格
                        │        └ 捏耳—洪泥 ┤           └ 弱格
                        │                      └ 日吐 ┬ 刷因—
                        │                             └ 武因—
蒲蛇                    │                  ┌ 石夹—捏其—撒普 ┬ 营长
洛拍—撮匹 ┤ 阿邦—约达—巫那 ┤               └ 连长
                        │                  │              ┌ 洪根
                        │                  │              ├ 洪慈
                        │                  └ 石达—左钦 ┼ 控哈
                        │                                 ├ 哈拍
                        │                                 └ 达帖
                        └ 辟恶—拍耳—巫仰—夹夹 ┬ 以拍—
                                               └ 那根—
```

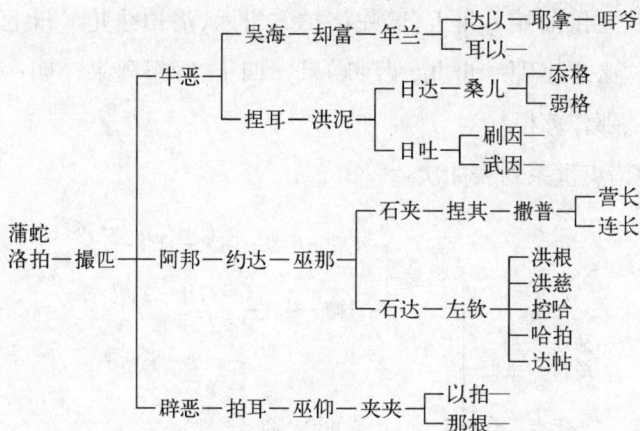

蒲蛇家沙甘房

蒲蛇家沙甘住牧大凉山及马边左路核桃坪一带,兹录黑夷那火那贴之世系如次:

廿六、年舒点谷　廿七、点谷约拍　廿八、约拍阿直　廿九、阿直阿里
三十、阿里你枝　卅一、你枝郎俄　卅二、郎俄洛必　卅三、洛必立俄
卅四、立俄蒲蛇　卅五、蒲蛇洛拍　卅六、洛拍沙甘　卅七、沙甘别夫　卅八、别夫以楚　卅九、以楚别作　四十、别作洛俄　四一、洛俄恶核　四二、恶核克普　四三、克普日甘　四四、日甘那火　四五、那火那贴

其他诸夷世系列表如次:

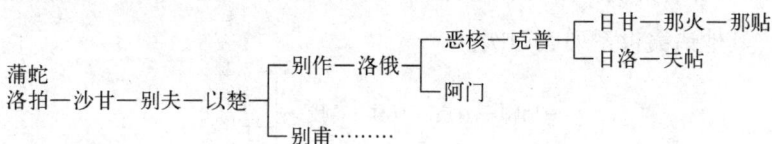

```
                                       ┌ 恶核—克普 ┬ 日甘—那火—那贴
蒲蛇                       ┌ 别作—洛俄 ┤            └ 日洛—夫帖
洛拍—沙甘—别夫—以楚 ┤            └ 阿门
                          └ 别甫………
```

蒲蛇家兹儿房

蒲蛇家兹儿房住牧大凉山及马边中路永乐溪,田坝儿,西岳庙,乱山子等处,兹录黑夷那作苏根之世系如次:

廿六、年舒点谷　廿七、点谷约拍　廿八、约拍阿直　廿九、阿直阿里　三十、阿里你枝　卅一、你枝郎俄　卅二、郎俄洛必　卅三、洛必立

俄　卅四、立俄蒲蛇　卅五、蒲蛇洛拍　卅六、洛拍兹儿　卅七、兹儿必

思　卅八、必思巫呷　卅九、巫呷哟果　四十、哟果阿果　四一、阿果那

作　四二、那作苏根

其他诸夷世系列表如次：

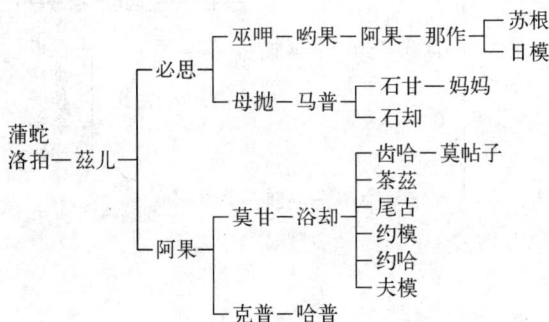

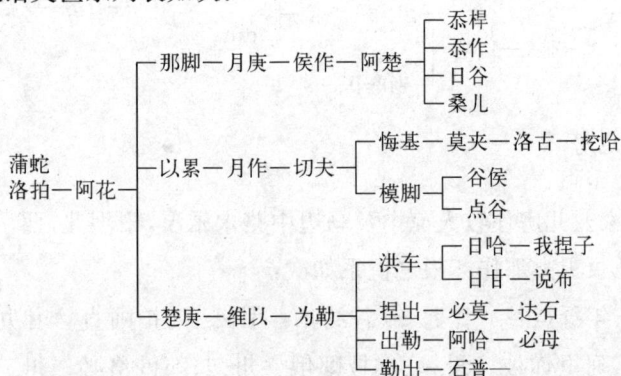

```
                        ┌ 巫呷—哟果—阿果—那作┬ 苏根
                ┌ 必思 ─┤                      └ 日模
                │       └ 母抛—马普┬ 石甘—妈妈
                │                   └ 石却
  蒲蛇          │                   ┌ 齿哈—莫帖子
  洛拍—兹儿 ─┤                   │ 茶兹
                │       ┌ 莫甘—浴却┤ 尾古
                │       │          │ 约模
                └ 阿果 ─┤          │ 约哈
                        │          └ 夫模
                        └ 克普—哈普
```

蒲蛇家阿花房

蒲蛇家阿花房住牧大凉山及马边左路小冈溪等处，兹录夷首阿楚黍杆之世系如次：

廿六、年舒点谷　廿七、点谷约拍　廿八、约拍阿直　廿九、阿直阿

里　卅、阿里你枝　卅一、你枝郎俄　卅二、郎俄洛必　卅三、洛必立俄

　卅四、立俄蒲蛇　卅五、蒲蛇洛拍　卅六、洛拍阿花　卅七、阿花那脚

卅八、那脚月庚　卅九、月庚侯作　四十、侯作阿楚　四一、阿楚黍杆

其他诸夷世系列表如次：

```
                        ┌ 那脚—月庚—侯作—阿楚┬ 忝杆
                │                            │ 忝作
                │                            │ 日谷
                │                            └ 桑儿
                │                   ┌ 悔基—莫夹—洛古—挖哈
  蒲蛇          ├ 以累—月作—切夫 ─┤
  洛拍—阿花 ─┤                   └ 模脚┬ 谷侯
                │                        └ 点谷
                │                   ┌ 洪车┬ 日哈—我捏子
                │                   │     └ 日甘—说布
                └ 楚庚—维以—为勒 ─┼ 捏出—必莫—达石
                                    ├ 出勒—阿哈—必母
                                    └ 勒出—石普—
```

蒲蛇家神侯房

蒲蛇家神侯房住牧大凉山洼海及马边左路水碾坝、灯杆堡等地,兹录黑夷宜石普模子之世系如次:

廿六、年舒点谷　廿七、点谷约拍　廿八、约拍阿直　廿九、阿直阿里　三十、阿里你枝　卅一、你枝郎俄　卅二、郎俄洛必　卅三、洛必立俄　卅四、立俄蒲蛇　卅五、蒲蛇洛拍　卅六、洛拍神侯　卅七、神侯普古　卅八、普古以夹　卅九、以夹宜女　四十、宜女该庚　四一、该庚宜石　四二、宜石普模子

其他诸夷世系列表如次:

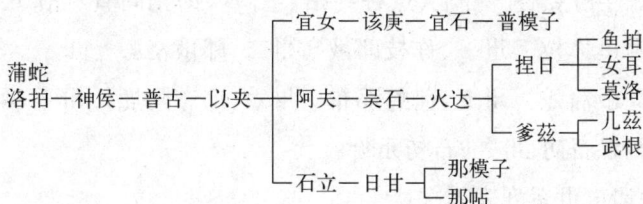

蒲蛇家思谷房

蒲蛇家思谷房住牧大凉山及马边左路回龙寺,关门口,风波树一带,兹录黑夷刷马达以之世系如次:

廿六、年舒点谷　廿七、点谷约拍　廿八、约拍阿直　廿九、阿直阿里　卅、阿里你枝　卅一、你枝郎俄　卅二、郎俄洛必　卅三、洛必立俄　卅四、立俄蒲蛇　卅五、蒲蛇思谷　卅六、思谷色特　卅七、色特耳夹　卅八、耳夹两胡　卅九、两胡哇说　四十、哇说那火　四一、那火兹图　四二、兹图刷马　四三、刷马达以

其他诸夷世系列表如次:

```
                                   ┌─两胡─哇说─那火─兹图─┬─刷马─达以
                                   │                      └─瓦帖
                                   │                           ┌─庚吐─┬─达仁
蒲蛇─思谷─色特─耳夹─┤                           │      └─史特
                                   │                           │      ┌─插达
                                   └─莫那─底及─阿谷─日达─┼─庚保─┼─那达
                                                               │      └─鲁侯
                                                               ├─史洛
                                                               └─劳武
```

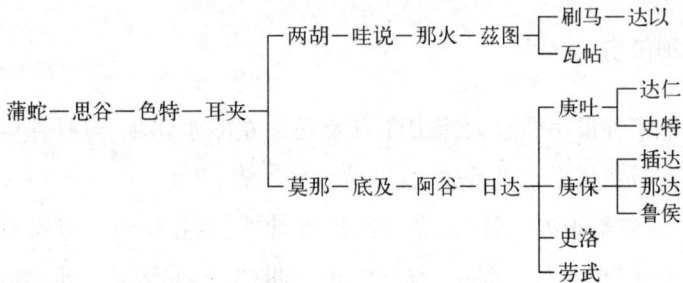

蒲蛇家那布房

蒲蛇家那布房住牧大凉山洼海及马边左路罗锅坝、水碾坝等地,兹录夷首石初元哈之世系如次:

廿六、年舒点谷　廿七、点谷约拍　廿八、约拍阿直　廿九、阿直阿里　卅、阿里你枝　卅一、你枝郎俄　卅二、郎俄洛必　卅三、洛必立俄　卅四、立俄蒲蛇　卅五、蒲蛇那布　卅六、那布阿鹿　卅七、阿鹿约果　卅八、约果石初、卅九、石初元哈

其他诸夷世系列表如次:

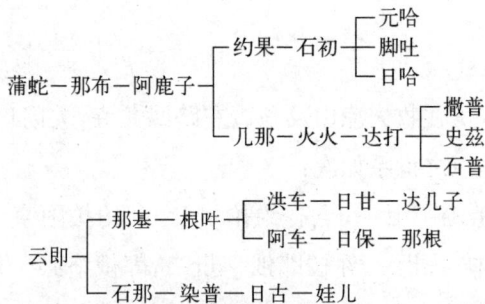

```
                              ┌─约果─石初─┬─元哈
                              │            ├─脚吐
蒲蛇─那布─阿鹿子─┤            └─日哈
                              │                     ┌─撒普
                              └─几那─火火─达打─┼─史兹
                                                    └─石普
```

```
          ┌─那基─根吓─┬─洪车─日甘─达几子
          │            └─阿车─日保─那根
云即─┤
          └─石那─染普─日古─娃儿
```

纽头家

纽头家住牧大凉山及马边中路铜厂沟,桃子坪,牛屎沟,撒干等处,黑夷十余户,兹录夷首巫呷日哈之世系如次:

廿七、点谷约拍　廿八、约拍阿直　廿九、阿直阿里　卅、阿里你枝　卅一、你枝郎俄　卅二、纽头本本、卅三、本本阿祖　卅四、阿祖扭侯

卅五、扭侯洛俄　卅六、洛俄作里　卅七、作里以勒　卅八、以勒巫呷
卅九、巫呷日哈　四十、日哈○○

其他诸夷世系列表如次：

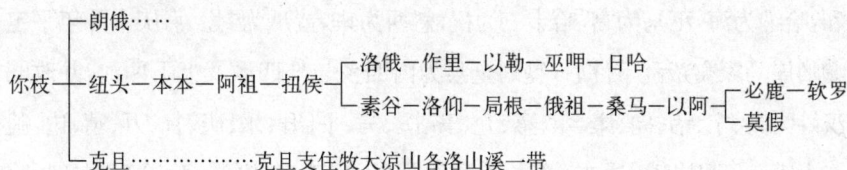

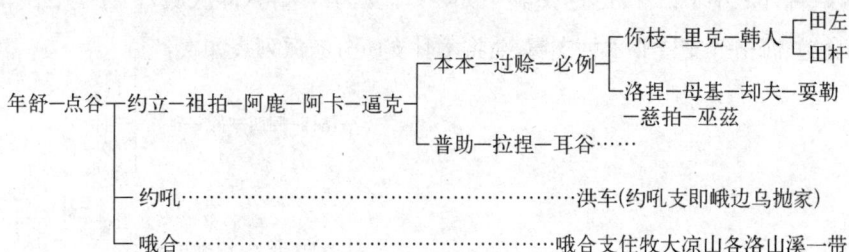

```
          ┌ 朗俄……
          │                          ┌ 洛俄－作里－以勒－巫呷－日哈              ┌ 必鹿－软罗
你枝 ───┤ 纽头─本本─阿祖─扭侯 ┤                                        ┌ 以阿 ┤
          │                          └ 素谷－洛仰－局根－俄祖－桑马─以阿        └ 莫假
          └ 克且………………………克且支住牧大凉山各洛山溪一带
```

儿马家

儿马家住牧大凉山及马边中路沙匡、业花堡、长河漏、阳河口、峰溪
等处,黑夷二三十户,夷首田左、田杆兄弟之世系如次：

廿六、年舒点谷　廿七、点谷约立　廿八、约立祖拍　廿九、祖拍阿
鹿　卅十、阿鹿阿卡　卅一、阿卡逼克　卅二、逼克本本　卅三、本本过
赊　卅四、过赊必例　卅五、必例你支　卅六、你支里克　卅七、里克韩
人　卅八、韩人田左

其他诸夷世系列表如次：

```
                                              ┌ 本本─过赊─必例 ┌ 你枝─里克─韩人 ┌ 田左
                                              │                │                └ 田杆
年舒─点谷 ┬ 约立─祖拍─阿鹿─阿卡─逼克 ┤                └ 洛捏─母基─却夫─耍勒
          │                                  │                   －慈拍－巫兹
          │                                  └ 普助─拉捏─耳谷……
          ├ 约吼…………………………………………洪车(约吼支即峨边乌抛家)
          └ 哦合…………………………………………哦合支住牧大凉山各洛山溪一带
```

木甘支

木甘支为凉山拽族中强大支系之一,黑夷一二百户,分布大小凉山即
峨边东南西三乡,亦简称为甘家。拽夷相传普车笔支与合底比鹿为兄弟
行,居地相近,笔之家居山麓,比鹿家居山中,拽语谓山下曰木甘,谓山上曰
海格,故俗称笔支家为木甘家,比鹿家为海格家云。笔支有四子,长子洛西,
次子洛里,三子比西之后,蕃殖较盛,亦称大木甘家,其第四子鹿兹之后发育

不旺,亦称小木甘家。清嘉庆十三年设峨边厅,杨芳以普雄乡边甲等地置清平安乐四乡,实施怀柔同化工作,十六年赐黑夷十三家汉姓,以胆巴为边,胃扭为宇,哈杂疏为齐,雅礼为来,白魁为归,卑鸡疏为向,哈黑疏为时,呆得为和,哈纳为海,巫马为宴,哈十三为祝,魁西为华,蜚瓜为封。嘉庆十九年平定嗰噜崖马家夷叛乱事件后,复划全县为内四乡与外四乡及上下两河,并改赐汉姓为高、宇、诸、向、康、年、惠、允、安、匡、马、平、升、乐、庆、甘、万、靖、边、疆二十家。《嘉庆四川通志》卷九八列举胆巴、哈鸡疏、野溪、哈哈疏、白魁、哈纳、胃扭、雅札、哈十三、蜚瓜、马、呆得、魁西十三家。民国元年杜明燨等《雷马屏峨边务调查表》列举雅札、魁西、哈十三、蜚瓜、白魁、哈哈布、别色落底、卑鸡疏、黑疏、胆巴、哈鸡疏、马、胃扭、别挖、哈纳、乌抛、呆得十七家。民国二十三年西部科学院《雷马屏峨考察记》列举胆巴、胃扭、鸡疏、雅札、白魁、卑鸡疏、黑疏、呆得、哈纳、马、哈十三、魁西、蜚瓜十三家。二十四年中国银行《峨边调查录》列举雅札、蜚瓜、魁西、胆巴、白魁、胃扭、乌抛、马、呆得、哈侯、胃垒、白瓦、底的十三家。二十七年《峨边年政年刊》列举别瓦、哈卜、哈花、雅札、海格、沙格、胆巴、哈子、哈十三、底底、马、魁西、胃扭十三家。各家所记名目分岐:合计之不下二十余支,然其中如马(即巫马),呆得(即底底)。胃垒哈侯、乌抛、海格等支皆非木甘支属,兹将木甘支所分家派列表如次:

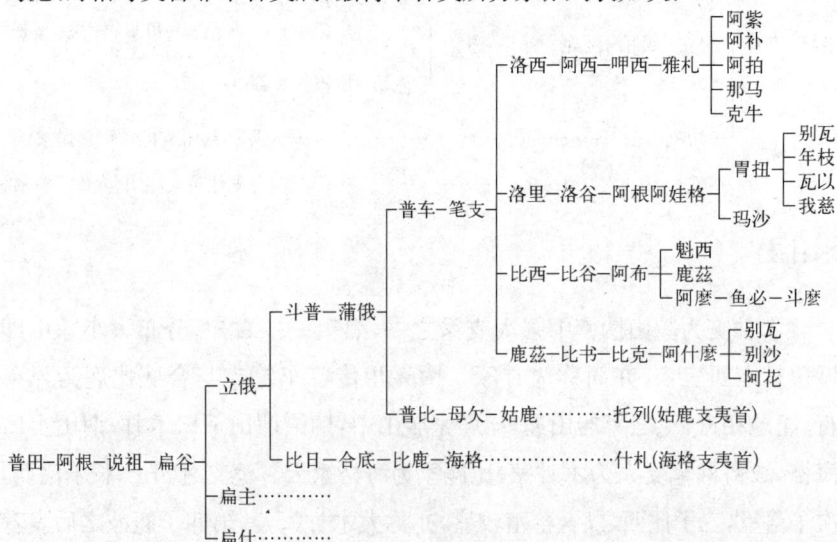

雅札阿紫家

雅札家为木甘支中最强大之支系,(一作乌札又作严赞)清嘉庆间赐氏为来,住大凉山洼海丑俄脚及峨边之金岩溪、古祝坝、大火地、莫家营、刘家沟、白蜡坪、化流坪、罗蒲坪、平心山、范山等处。阿紫支又为雅札支中最烦之一支,黑夷约三十户,夷首祖根三三儿及其娃冒火达仁娃、冒火达仁娃等为民国二十五年大叛峨边之巨魁,二十七年为峨边木业公司林警捕获,祖根三三儿被囚毙于峨边县狱,冒火洋仁娃、冒火达仁娃兄弟被送囚于乐山专员公署,后用贿逃还,边境因之不宁,至三十一年洋仁娃为驻军击毙,峨边夷患复靖。兹录冒火洋仁娃之世系如次:

十六、甘儿普田　十七、普田阿根　十八、阿根说祖　十九、说祖扁谷　二十、扁谷立俄　廿一、立俄斗普　廿二、斗普蒲俄　廿三、蒲俄普车　廿四、普车笔支　廿五、笔支洛西　廿六、洛西呷西　廿七、呷西雅札　廿八、雅札阿紫　廿九、阿紫不洛　卅、不洛格指　卅一、格指撮俄　卅二、撮俄俄根　卅三、俄根既那　卅四、既那祖根　卅五、祖根冒火　卅六、冒火洋仁　卅七、洋仁飞机

其他诸夷世系列表如次:

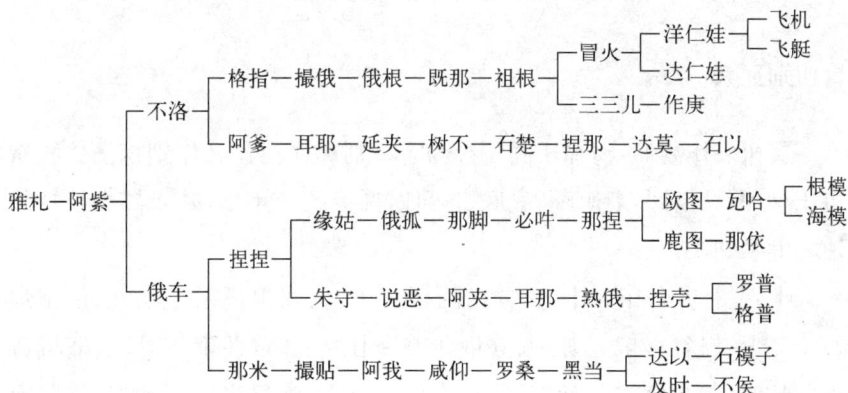

雅札阿补家

阿补一作哈卜,住牧凉山凹溪勒拖,及峨边金岩溪、古竹坝、麻柳坝、罗葡坪、平心山等地,黑夷约二十户,夷首鹿合乌梯之世系如次:

十六、甘儿普田　十七、普田阿根　十八、阿根说祖　十九、说祖扁谷　二十、扁谷立俄　廿一、立俄斗普　廿二、斗普蒲俄　廿三、蒲俄普车　廿四、普车笔支　廿五、笔支洛西　廿六、洛西呷西　廿七、呷西雅札　廿八、雅札阿补　廿九、阿补以直　卅、以直宜侯　卅一、宜侯俄祖　卅二、俄祖日姑　卅三、日姑罗普　卅四、罗普祖杜　卅五、祖杜格吐　卅六、格吐鹿合　卅七、鹿合乌梯

其他诸夷世系列表如次:

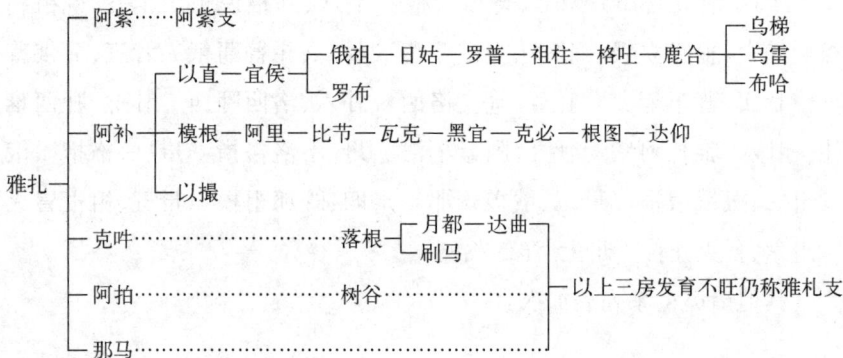

```
                 ┌─阿紫……阿紫支
                 │
                 │        ┌俄祖─日姑─罗普─祖柱─格吐─鹿合─┬乌梯
                 │─以直─宜侯┤                            ├乌雷
                 │        └罗布                          └布哈
         ┌─阿补──┼─模根─阿里─比节─瓦克─黑宜─克必─根图─达仰
         │       │
         │       └─以撮
  雅扎──┼─克吽………………落根┬月都─达曲
         │                    └刷马
         │                              ┌─以上三房发育不旺仍称雅札支
         ├─阿拍…………………树谷
         │
         └─那马…………………
```

胃扭别瓦家

胃扭一作魏溜,清嘉庆间赐氏为宇。别瓦作白瓦又作别挖。住牧峨边化汉坪,马齿冈,老鹰嘴,底底古等地,黑夷约二十户,兹录黑夷枝特黎拍之世系如次:

十六、甘儿普田　十七、普田阿根　十八、阿根说祖　十九、说祖扁谷　二十、扁谷立俄　廿一、立俄斗普　廿二、斗普蒲俄　廿三、蒲俄普根　廿四、普车笔支　廿五、笔支洛里　廿六、洛里洛谷　廿七、洛谷阿根　廿八、阿根娃格　廿九、娃格胃扭　卅、胃扭别瓦　卅一、别瓦捏祖

卅二、捏祖比节　卅三、比节逢里　卅四、逢里日夫　卅五、日夫么儿
卅六、么儿石徒　卅七、石徒枝特　卅八、枝特黎拍

其他诸夷世系列表如次：

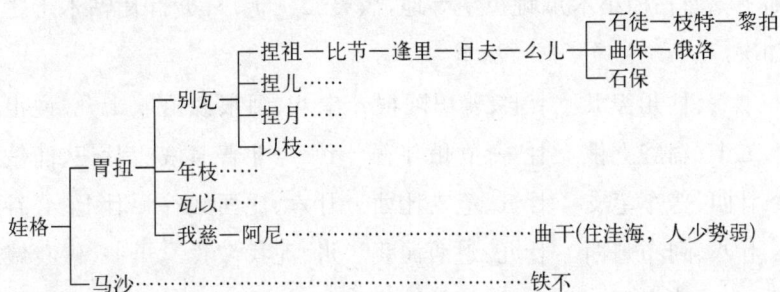

```
                                            ┌ 石徒—枝特—黎拍
                          ┌ 捏祖—比节—逢里—日夫—么儿┤ 曲保—俄洛
                      ┌ 别瓦┤ 捏儿……        └ 石保
                      │    ├ 捏月……
                  ┌ 胃扭┤    └ 以枝……
                  │    ├ 年枝……
                  │    ├ 瓦以……
          娃格 ┤    └ 我慈—阿尼……………………曲干(住洼海，人少势弱)
                  └ 马沙……………………铁不
```

胃扭年枝家

胃扭年枝家又称阿鹿子家，住牧峨边化汉坪，黑鸡坪，跑马坪，月落山，龙口等处。夷首格吐纳提之世系如次：

十六、甘儿普田　十七、普田阿根　十八、阿根说祖　十九、说祖扁谷　二十、扁谷立俄　廿一、立俄斗普　廿二、斗普蒲俄　廿三、蒲俄普车　廿四、普车笔支　廿五、笔支洛里　廿六、洛里洛谷　廿七、洛谷阿根　廿八、阿根娃格　廿九、娃格胃扭　卅、胃扭年枝　卅一、年枝阿鹿子　卅二、阿鹿吽吽　卅三、吽吽何根　卅四、何根熟土　卅五、熟土阿夹　卅六、阿夹格吐　卅七、格吐纳提　卅八、纳提营长

其他诸夷世系列表如次：

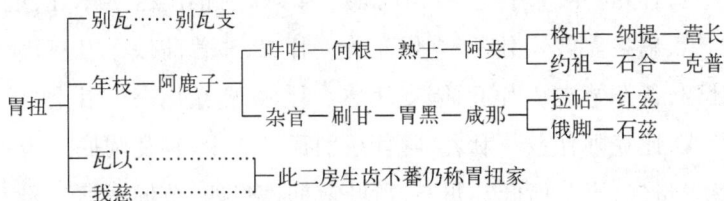

```
        ┌ 别瓦……别瓦支
        │              ┌ 吽吽—何根—熟土—阿夹┤ 格吐—纳提—营长
        │              │                   └ 约祖—石合—克普
    胃扭┤ 年枝—阿鹿子┤
        │              └ 杂官—刷甘—胃黑—咸那┤ 拉帖—红兹
        ├ 瓦以……                          └ 俄脚—石兹
        └ 我慈……┤ 此二房生齿不蕃仍称胃扭家
```

魁西家

魁西一作克西,又作克斯,清嘉庆间赐氏为华。此支住牧小凉山主马斯不觉溜马槽小木瓜鲤鱼堡等地,黑夷二三十户,夷首瓦帖木干之世系如次:

十六、甘儿普田　十七、普田阿根　十八、阿根说祖　十九、说祖扁谷　二十、扁谷立俄　廿一、立俄斗普　廿二、斗普蒲俄　廿三、蒲俄普车　廿四、普车笔支　廿五、笔支比西　廿六、比西必谷　廿七、必谷阿布　廿八、阿布魁西　廿九、魁西泥我　卅、泥我俄我　卅一、俄我咸仰　卅二、咸仰根福　卅三、根福年洛　卅四、年洛吽吽　卅五、吽吽瓦帖　卅六、瓦帖木干

其他诸夷世系列表如次:

```
                           ┌─魁西─泥我─俄我─咸仰─根福─年洛─吽吽─瓦帖─木干
笔支─比西─必谷─阿布─┼─鹿兹………
                           └─阿靡─鱼必─斗磨…………………………娃乌
```

哈什三家

哈什三亦作哈时子,阿什子,瓦什子等,此为木甘家中之一小支,故又称小木甘家,清嘉庆间赐氏为祝。此支住牧凉山洼溪勒拖及峨边之梅岭村、官料河、西溪河、罗回、杨村、物坪、至监井溪一带。黑夷约二三十户,分为别瓦、别沙、阿花三房。兹录哈十三别瓦房夷首莫达木色之世系如次:

十六、甘儿普田　十七、普田阿根　十八、阿根说祖　十九、说祖扁谷　二十、扁谷立俄　廿一、立俄斗普　廿二、斗普蒲俄　廿三、蒲俄普车　廿四、普车笔支　廿五、笔支鹿兹　廿六、鹿兹比书　廿七、比书比克　廿八、比克阿什兹　廿九、阿什兹别瓦　三十、别瓦阿底　卅一、阿底冒落　卅二、冒落所吐　卅三、所吐节仰　卅四、节仰三河　卅五、三河恰达　卅六、恰达乌那　卅七、乌那莫达　卅八、莫达木色

其他诸夷之世系列表于次:

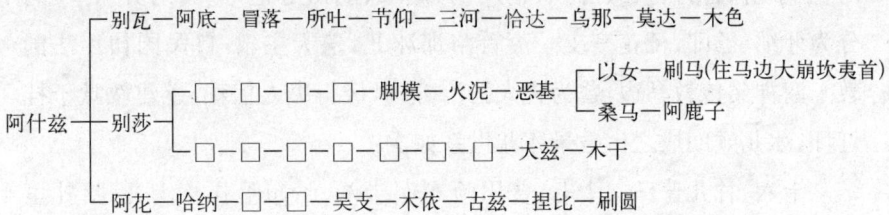

```
                 别瓦—阿底—冒落—所吐—节仰—三河—恰达—乌那—莫达—木色
                                                    ┌以女—刷马(住马边大崩坎夷首)
              ┌□—□—□—□—脚模—火泥—恶基—┤
阿什兹—别莎—┤                                       └桑马—阿鹿子
              └□—□—□—□—□—□—大兹—木干
              阿花—哈纳—□—□—吴支—木依—古兹—捏比—刷圆
```

水洛家

水洛家一作水陆家,挒语谓肉曰洛,谓炒曰水,相传吉入善炒肉,故得此称云云。此为普田系中之一小支,住牧大小凉山水洛以究、五马以打、瓦合呷克、落知以打、高竹营、马边右路烟峰、大河坝、见家溪、头二三坪,及峨边溜马槽等地。黑夷约六十户,所辖白夷约二百户,分为阿西、基休、巫除三房,夷首哈甫盖盖,兹录其世系如次:

十六、甘儿普田	十七、普田哈布	十八、哈布哈扎	十九、哈扎冷底
二十、冷底冷立	廿一、冰立吉入	廿二、吉入静祖	廿三、静祖吽尼
廿四、吽吽拉兹	廿五、拉兹月脚	廿六、月脚安乎	廿七、安乎洪洛
廿八、洪尼庚图	廿九、庚图莫姑	三十、莫姑洛兹	卅一、洛兹水甫
卅二、水洛俄取	卅三、俄取阿西	卅四、阿西阿落	卅五、阿洛哈
卅六、哈甫□□			

其他诸夷世系列表如次:

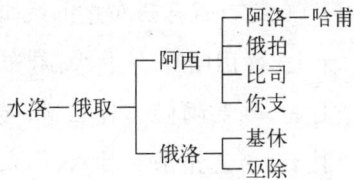

```
                          ┌阿洛—哈甫
                  ┌阿西—┤俄拍
                  │      ├比司
水洛—俄取—┤      └你支
                  │      ┌基休
                  └俄洛—┤
                          └巫除
```

水蒲家

水蒲家为普田系中之一小支,住牧马边右路之挂灯坪、稀泥沟、白家湾、羊子桥、各打营、大佛坝、铜厂沟、烟峰、胡山等地,黑夷约五六十户。分为牙纳、巴郎、桠花三支。夷首洛那冰儿,信天主教,自民国初年法国教士谢神父传教马边,曾为夷人医治癫病,极得夷人信赖,遂建教堂于挂灯坪,冰儿颇助成之。兹录冰儿世系如次:

十六、甘儿普田	十七、普田哈布	十八、哈布哈扎	十九、哈扎里
及 二十、里及阿要	廿一、阿要阿侯	廿二、阿侯阿么	廿三、阿么牛
脱 廿四、牛脱水蒲	廿五、水蒲阿妈	廿六、阿妈牙纳	廿七、牙纳牛
孤 廿八、牛孤吽吽	廿九、吽吽那图	三十、那图耳摄	卅一、耳摄白
瓦 卅二、白瓦日楚	卅三、日楚阿楚	卅四、阿楚黄蜡	卅五、黄蜡木
孤 卅六、木孤洛那	卅七、洛那冰儿		

其他诸夷世系列表如次:

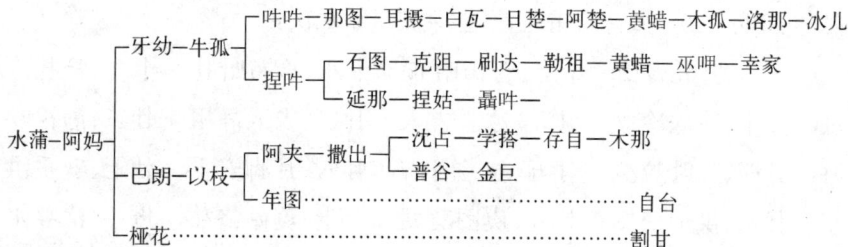

```
                                ┌ 吽吽—那图—耳摄—白瓦—日楚—阿楚—黄蜡—木孤—洛那—冰儿
              ┌ 牙幼—牛孤 ──────┤
              │                 │ 捏吽 ┌ 石图—克阻—刷达—勒祖—黄蜡—巫呷—幸家
              │                 └     ┤
              │                       └ 延那—捏姑—矗吽—
水蒲—阿妈 ────┤                       ┌ 沈占—学搭—存自—木那
              │         ┌ 阿夹—撒出 ──┤
              ├ 巴朗—以枝┤            └ 普谷—金巨
              │         └ 年图 ············································ 自台
              └ 桠花 ························································ 割甘
```

阿芝家

阿芝家为普田系中之一小支,住牧凉山五马以打、马边右路烟峰打油坪等地,黑夷约五六十户,夷首谷瓦日布之世系如次:

十六、甘儿普田	十七、普田哈布	十八、哈布哈扎	十九、哈扎里
及 二十、里及阿要	廿一、阿要阿侯	廿二、阿侯阿么	廿三、阿么牛
脱 廿四、牛脱阿芝	廿五、阿芝作来	廿六、作来那麦	廿七、那麦撒
姑 廿八、撒孤楚来	廿九、楚来年洛	三十、年洛石作	卅一、石作克
图 卅二、克图谷瓦	卅三、谷瓦日布		

其他诸夷世系列表如次:

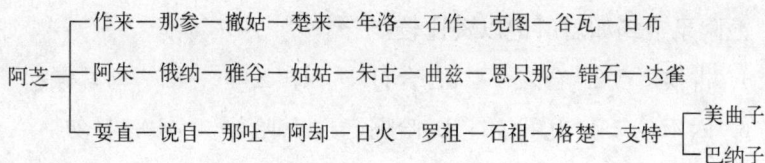

```
      ┌作来—那参—撒姑—楚来—年洛—石作—克图—谷瓦—日布
阿芝—┼阿朱—俄纳—雅谷—姑姑—朱古—曲兹—恩只那—错石—达雀
      └耍直—说自—那吐—阿却—日火—罗祖—石祖—格楚—支特┬美曲子
                                                        └巴纳子
```

勿雷家

勿雷家为普田系中之一小支,住牧凉山各洛山溪、洼海普雄等地,兹录夷首补楚依哈之世系如次:

十六、甘儿普田	十七、普田月立	十八、月立月果	十九、月果阿
普　二十、阿普勿雷	廿一、勿雷阿补	廿二、阿补阿哲	廿三、阿哲宓
依　廿四、宓依祖都	廿五、祖都祖在	廿六、祖在阿底	廿七、阿底阿
旺　廿八、阿旺守资	廿九、守资耳敌	三十、耳敌阿奴	卅一、阿奴阿
依　卅二、阿依阿蛇	卅三、阿蛇侯耶	卅四、侯耶朱倜	卅五、朱倜深
深　卅六、深深那麻	卅七、那麻木吉	卅八、木吉莫纽	卅九、莫纽补
楚　四十、补楚依哈			

```
                                  ┌阿补—阿哲—宓依……………
甘儿—普田—月立—月采—阿普—勿雷┤
                                  └各喜—慈普—咡么……………
```

姑侯宗普俄系

姑侯宗普俄系属阿和素噶慕西三家皆凉山倮族中之大支,其住牧区多在凉山腹地,冤家甚多,少与汉人接近。故调查颇难周详。兹先录其世系如次:

一、阿土姑侯　二、姑侯吼兹　三、吼兹纥得　四、纥得谋巫　五、谋巫鸟儿　六、鸟儿洛勒　七、洛勒莫阿　八、莫阿按纥　九、按纥阿兔　十、阿兔日俄　十一、日俄密吉　十二、密吉密也　十三、密也密几　十四、密几蔑家　十五、蔑家泥布　十六、泥布年连　十七、年连司都　十八、司都普紫　十九、普紫普俄兹附录毛筠如君所记以资比较：

1. 古侯　　2. 合之　　3. 合打　　4. 么哇　　5. 鸟耳倮

6. 六不　　7. 瓦我　　8. 哈啊　　9. 哈徒　　10. 日勿

11. 免节　　12. 免焉　　13. 闵儿　　14. 立不　　15. 脸面

16. 石都　　17. 普慈　　18. 普勿

廖旭君所记如次：

1. 古侯　　2. 黑兹　　3. 黑得　　4. 木瓦　　5. 吴耳

6. 勒乃　　7. 蒙阿按　8. 薛阿土　9. 日俄　　10. 闵及

11. 闵阿　　12. 米及　　13. 灭及　　14. 严那　　15. 蜀都

16. 普子　　17. 普俄

岭光电君所记如次：

1. 古侯　　2. 侯兹　　3. 侯打　　4. 毋鸟　　5. 鸟乃

6. 洛阿　　7. 安侯　　8. 阿土　　9. 日窝　　10. 米已

11. 米安　　12. 阿安　　13. 各一　　14. 耳己　　15. 且哈

16. 界波　　17. 界米　　18. 死都　　19. 坡窝

按自姑侯至普俄之世系，廖君所得为十七代，毛君所得为十八代，岭君所得为十九代，余所得亦为十九代。虽大体相同，而不无小异，是其中犹有小误，尚须继续调查。普俄系下分三大家，兹为列表如次：

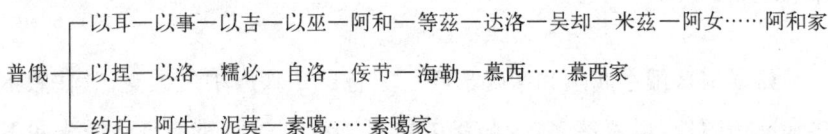

```
        ┌ 以耳—以事—以吉—以巫—阿和—等兹—达洛—吴却—米兹—阿女……阿和家
普俄 ┤ 以捏—以洛—糯必—自洛—俊节—海勒—慕西……慕西家
        └ 约拍—阿牛—泥莫—素噶……素噶家
```

阿和家

阿和家为凉山扨族中之大支，黑夷约二百余户，辖娃子约千余户，势颇强盛。住牧凉山腹地哈古以达、洼铺、猓古、普雄、连渣脑、合乎木、脚罗西、尤鲁、哈鲁、拉巴以大、五台哈罗、里母古它、母沟坪、恩打千、拉耳、瓦大石基、牛吓坝、哭古、尼哈、黄果来鸡、四万长子、得布、母抛洛、大火木、拉铺拉大、罗鼓拉大、母西落落、解兹母的等地。兹录黑夷里哈说补之世系如此：

20. 坡窝以事　21. 以事以亡　22. 以亡以五　23. 以五阿侯

24. 阿侯斗子　25. 斗子斗洛　26. 斗洛阿女　27. 阿女哈我

28. 哈我普古　29. 普古阿子　30. 阿子接洛　31. 接洛波苟

32. 波苟介补　33. 介补阿俄　34. 阿俄接八　35. 接八以里

36. 以里夫苟　37. 夫苟子肚　38. 子肚阿里　39. 阿里里哈

40. 里哈说补

按里哈说补现年不过十余岁,此据岭光电君所记。又黑夷洛帖古兹

兄弟之世系如次：

20. 普俄以耳　21. 以耳以事　22. 以事以吉　23. 以吉以巫

24. 以巫阿和　25. 阿和等兹　26. 等兹达洛　27. 达洛吴却

28. 吴却米兹　29. 米兹阿女　30. 阿女侯我　31. 侯我普古

32. 普古阿则　33. 阿则恶基　34. 恶基比兹　35. 比兹洛帖

36. 洛帖古兹

其他诸夷世系兹据傅懋勣君所记,并加增补,为表如次：

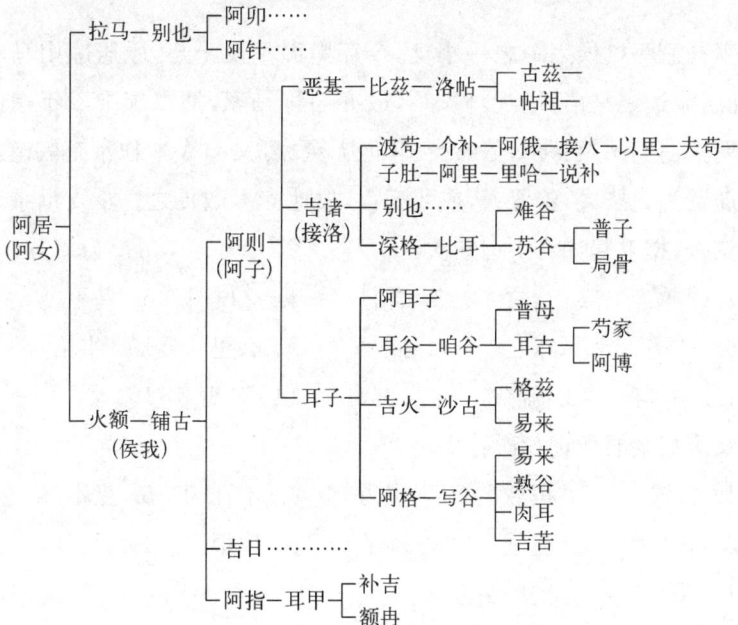

素噶家慕西家

素噶家为凉山抰族中之一大支，一作苏呷，又作树干。黑夷约二百户，辖白夷约千余户，住牧凉山腹地洼铺勒拖，猓古、连渣脑、长子耳哈、阿兹尼哈、持米垒布、里母古它、五古哈罗、哈鲁、查渣前皇、三旗罗、苦山磨、牛吽坝、撒七普雄等地，势力雄厚，但冤家亦多，与汉人少通往还。夷首哈兹老红之世系如次：

19. 普紫普俄　20. 普俄约拍　21. 约拍阿牛　22. 阿牛泥莫
23. 泥莫素噶　24. 素噶□□……□□哈兹——哈兹老红

慕西家一作么西，又作海勒家，住牧大凉山牛吽坝等地，其世系尚无详细调查，其略如次：

19. 普紫普俄　20. 普俄以捏　21. 以捏以洛　22. 以洛糯必
23. 糯必自洛　24. 自洛佞节　25. 佞节海勒　26. 海勒慕西
27. 慕西□□

姑侯宗巫马家

巫马家为姑侯宗中之一小支，今存黑夷不及十户，原居凉山马不勒拖，迁居峨边之马洛，继迁马家坪，故亦简称马家，清嘉庆十六年赐氏为宴。所辖白夷不及百户，势颇衰弱，但无冤家，又与大木甘家有戚谊。又夷首鹿资为大毕魔，善咒人，或致病亡，故他支多敬畏之。本支世系尚无详确调查，据毛筠如君所记如次：

1. 古侯　2. 合之　3. 合打　4. 么哇　5. 鸟不
6. 鸟马　7. 牛合　8. 娃子　9. 么里　10. 牛堵
11. 扁勾　12. 扁尖　13. 瓦月　14. 勿普　15. □□
又廖旭龄君所记如次：
1. 古侯　2. 黑兹　3. 黑得　4. 木瓦　5. 巫不
6. 巫马　7. 流俄　8. 阿节　9. 比根　10. 日谷
11. □□

古侯宗阿着家

阿着家为姑侯宗中之一小支，一作阿照，又作瓦竹，黑夷约四十余户，辖白夷约五百户，住牧凉山溜红、巴铺、巴基、基屋、省己、红果、毛红、哈都路、也左、沙维、俄浦、拉米、油罗冈、田家湾、果木槽、脚补、拉华、小沟、五官寨子、向阳坪、夹夹石等地。此支先辈自元明时代早已投诚，被封为雷波千万贯长官司，赐氏杨，并封百户五名。㑩语谓怂恿他人为恶曰着，不赞成其事者曰阿着。㑩夷相传姑侯之幼子日牙为人良善，每遇人怂恿为恶时，立即以阿着为对，久之遂成绰号，子孙均以此名其家。㑩族素重幼子继承制度，故阿着家以幼子房得为土司云。

余至雷波考察时适阿着家因曾叛变，掳去雷波砍柴男女数十人，深恐报仇，不敢与汉人接近，故未能详询其世系。雷波杨土司家又已绝后，仅留师爷李万钟，贾成文，管事苏占云，笔母胡占云诸君略知土司家世，因据所言录成杨土司家谱一卷，另行发表，兹录马长寿教授所记杨土司世系如次：

1. 穆乌　2. 穆乌底什　3. 底什什乌　4. 什乌尼维
5. 尼维孤纥　6. 孤纥马必　7. 马必素古　8. 素古拉烈
9. 拉烈底哦　10. 底哦补虎　11. 捕虎普姑　12. 普姑普执
13. 普执牛尔　14. 牛尔几则　15. 几则几虎　16. 几虎尔普
17. 尔普拉碟　18. 拉碟烈烈　19. 烈烈客比　20. 客比那执
21. 那执几几　22. 几几韦牛　23. 韦牛觉波　24. 觉波何何
25. 何何希朱　26. 希朱格兹　27. 格兹黛蒂

廖旭龄君所记如次：

1. 古侯　2. 麻病　3. 阿着　4. 麻按　5. 苏跨
6. 落亨　7. 吽吽　8. 阿普　9. 敌富　10. 普谷
11. 普叶　12. 普扎　13. 吽咡　14. 捏基

毛筠如君所记如次：

1. 古侯　2. 日牙　3. 树卡　4. 六特　5. 立咡

曲宜宗捏母系

曲宜宗为凉山㧑族中竞胜心较强，模仿力较大，比较进步，较易同化之部落。今四川雷波及西康宁属各县多系本宗各支之势力范围。曲宜宗下分支颇多，而捏母系繁殖尤盛，兹录其世系如次：

1. 阿止曲宜　　2. 曲宜却普　　3. 却普丝祖　　4. 丝祖必加

5. 必加比苦　　6. 比苦那克　　7. 那克阿石　　8. 阿石姐吐

9. 姐吐却格　　10. 却格阿却　　11. 阿却那马　　12. 那马女姐

13. 女姐黑姐　　14. 黑姐海阿苏　15. 海阿苏日几　16. 日几海必

17. 海必谋巫　　18. 谋巫咡巫　　19. 咡巫黑巫　　20. 黑巫阿西

21. 阿西阿都　　22. 阿都洛普　　23. 洛普捏母

附录廖旭龄君所记以资比较

1. 却里　　2. 却布　　3. 五叶　　4. 垒垒　　5. 女母

6. 拉克　　7. 阿石　　8. 毕娘　　9. 苦五　　10. 你牙

11. 阿捏　12. 纳麻　13. 雨捏　14. 黑卜　15. 毛巫

16. 慈巫　17. 勒巫　18. 阿西　19. 阿堵　20. 洛卜

21. 泥母

毛筠如君所记如次：

1. 曲里　　2. 屈不　　3. 什主　　4. 立欠　　5. 毕挖

6. 毕马　　7. 我娃　　8. 乌瓦　　9. 娃曲　　10. 那马

11. 女节　12. 合普　13. 合免　14. 么挖　15. 日勿

16. 日窆　17. 瓦此　18. 娃觊　19. 六普　29. 立门

岭光电君所记如次：

1. 曲宜　　2. 曲补　　3. 曲三　　4. 毋乌　　5. 日窝

6. 乃窝　　7. 阿色　　8. 阿都　　9. 尔普　　10.

按自曲宜至捏母之世系，岭君所记为十代，毛君所记为二十代，余所得为二十三代，其中名目相同者固多，而相异亦复不少，知其中尚有不少

漏误之点。捏母系之下分支尚多,兹列表于左:

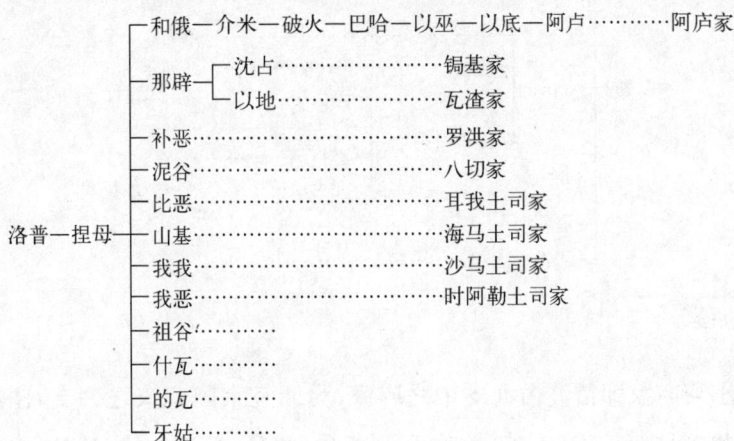

```
            ┌─和俄—介米—破火—巴哈—以巫—以底—阿卢…………阿庐家
            │        ┌─沈占………………铞基家
            ├─那辟──┤
            │        └─以地………………瓦渣家
            ├─补恶………………罗洪家
            ├─泥谷………………八切家
            ├─比恶………………耳我土司家
洛普—捏母──┼─山基………………海马土司家
            ├─我我………………沙马土司家
            ├─我恶………………时阿勒土司家
            ├─祖谷
            ├─什瓦………………
            ├─的瓦………………
            └─牙姑………………
```

大阿卢支

捏母系下各支中,以勒支蕃殖尤旺,兹记其世系以资识别:

23. 洛普捏母　24. 捏母和俄　25. 和俄介米　26. 介米破火

27. 破火巴哈　28. 巴哈以巫　29. 以巫以底　30. 以底阿庐

31. 阿庐里克　32. 里克拉布　33. 拉布日资　34. 日资比巫

35. 比巫比姐　36. 比姐阿士　37. 阿士那捷　38. 那捷格处

39. 格处格洛　40. 格洛格恶　41. 格恶阿资　42. 阿资以勒

附禄毛筍如君所记以资参证:

20. 立门　21. 不火　22. 白哈　23. 乌瓦　24. 阿奴

25. 克克　26. 娃不　27. 瓦子　28. 比我　29. 比的

30. 瓦舒　31. 勒吉　32. 各出　33. 各也　34. 各官

35. 瓦子　36. 一累

廖旭龄君所记如次:

21. 泥母　22. 吴痴　23. 阿奴　24. 刻刻　25. 阿四

26. 那节　27. 格楚　28. 格也　29. 格我　30. 阿自

31. 一耳

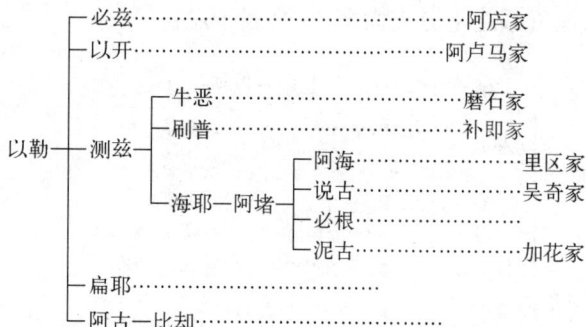

```
        ┌ 必兹…………………………………………阿庐家
        ├ 以开…………………………………………阿卢马家
        │        ┌ 牛恶…………………………磨石家
        │        ├ 刷普…………………………补即家
以勒 ─── ┤ 测兹 ─ ┤         ┌ 阿海………………里区家
        │        └ 海耶─阿堵┤ 说古………………吴奇家
        │                   ├ 必根………………加花家
        │                   └ 泥古………………加花家
        ├ 扁耶…………………………………………
        └ 阿古─比却…………………………………
```

小阿庐家

小阿庐家即雷波内九支中之庐家,为曲宜宗阿庐家之一支,住牧凉山洼苦来打、磨石阿角、特喜列妥、牛毛红、美姑、阿洛布特、竹核、离明加古、小谷堆、马家槽、庐家坪、猪耳窝、大火地、哈拉窝、双土地、三稜冈、松树坪、庐云寨、核桃坪、龙头山、下头坪等地,黑夷约三四十户,黑夷卢正安曾毕业成都军分校,现任县参议员,其世系如次:

43. 以勒必资　44. 必资织补　45. 织补月依　46. 月依阿布

47. 阿布龟兹　48. 龟兹静吉　49. 静吉矮扣　50. 矮扣矮吉

51. 矮吉沙祖　52. 沙祖必哈　53. 必哈鲁天

沙祖即卢华封,必哈即卢应珍,鲁天即庐正安。附录毛筠如君所记如次:

36. 一累　37. 毕子　38. 慈不　39. 月勿

廖旭龄君所记如次:

31. 一耳　32. 扁兹　33. 日保　34. 月哈

夷人相传织补月依有十二子,住牧牛吽坝,就所知者列表如次:

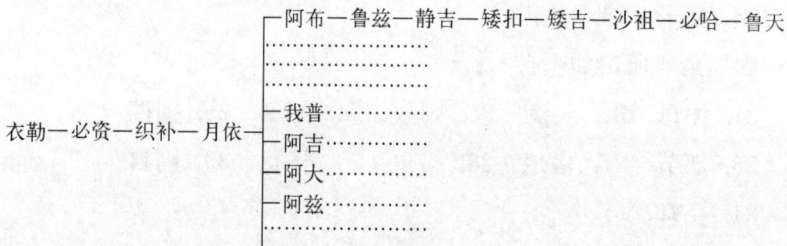

```
                    ┌ 阿布─鲁兹─静吉─矮扣─矮吉─沙祖─必哈─鲁天
                    ├ ………………
                    ├ ………………
                    ├ 我普…………
衣勒─必资─织补─月依 ┤ 阿吉…………
                    ├ 阿大…………
                    ├ 阿兹…………
                    └ ………………
```

磨石家

磨石支为曲宜宗阿卢家中之一支,一作磨什,又作摩舌,住牧凉山磨石阿角、耶路拉打、味色勒拖、叔布来它、牛毛红、施指以大、吴家坝、敏子冈、拉米、小沟、西苏角、五官寨子等地,黑夷约三四十户,分为立也、立别、别母、阿巴、那沙、刷马等房,兹录黑夷刷马木帖之世系如次:

43. 衣勒测兹　44. 测兹牛恶　45. 午恶必阿　46. 必阿阿车

47. 阿车必洛　48. 必洛扁纳　49. 扁纳克捏　50. 克捏勒必

51. 勒必罗甘　52. 罗甘你枝　53. 你枝罗果　54. 罗果以累

55. 以累火火　56. 火火巫节　57. 巫节刷马　58. 刷马木帖

附录毛筯如君所记如次:

36. 一累　37. 尺子　38. 立勿

补即家

补即家为阿庐家中之一支,一作补既,布慈,不自,等称,住牧凉山补即来拖,补即来窝、补即罗斋、补即罗锅、补即线、省己、耳保、意喜、马红、三冈、叻拖、叻窝、松树年、小沟、拉目脚、滥坝子、瓦石沟、康家坪、游罗冈、大坪子、下厂、碉楼等地,黑夷约五六十户,分为立若、拿根、梭保、阿口等房,兹录黑夷拉却刷马之世系如次:

43. 衣勒测资　44. 测资刷普　45. 刷普朱举　46. 朱举阿普

47. 阿普莫兹　48. 莫兹帖祖　49. 帖祖沈札　50. 沈札火火

51. 火火拉打　52. 拉打树庚　53. 树庚拉打　54. 拉打拉却

55. 拉却刷马

附录毛筯如君所记如次:

56. 一累　57. 尺子　58. 刷普

里区家

里区家为曲宜宗阿庐家中之一支,亦作金区,捏曲等称。住牧凉山里区拉达、里区控它，三河以达、持米垒布、长子拉达、八其罗、巴铺、挖窝、模阿、一千、迷罗、瓦尼古、及梅家坪、果木槽、田家湾、马颈子、滥坝子、拉子脚、那里沟、丁家坪、三梭冈、马道子、麻柳湾、五官寨子等地。黑夷约六十户，分为也兹，别火，别也，克叶，曲比等房，入即乌拉为此支首领，家产最富，有娃子四五百户，住居三河以达，故有三河乌拉之称，其世系如次：

43. 以勒测资　44. 测资海耶　45. 海耶阿覩　46. 阿覩阿海

47. 阿海捏资　48. 捏资必补　49. 必补以直　50. 以直洛捏

51. 洛捏都舌　52. 都舌罕仰　53. 罕仰火火　54. 火火入即

55. 入即乌拉　56. 乌拉马儿子

里区达吉之世系如次：

51. 洛捏都舌　52. 都舌罕仰　53. 罕仰祖祖　54. 祖祖勒祖

55. 勒祖捏耶　56. 捏那素补　57. 素补达吉

附录毛筠如君所记如次：

36. 一累　37. 尺子　38. 合以　39. 娃都　40. 瓦合

廖旭龄君所记如次：

31. 阿耳　32. 测兹　33. 海耶　34. 阿堵　35. 阿嘿

吴奇家

吴奇家为阿庐家中最强大之一支，住牧凉山吴奇白坡、耳普、省己、龙足、卡窝、大关、西罗、俄鲁、巴铺、俄基、千葛、一线、沙罗、黄姑罗、塔千、沙维、意喜、红宗、马红、石补来它、鹿角阿乌、马家哈路、五毛以大、及大岩洞、母狗坡、游罗冈、白岩沟、马颈子、葱子冈、那里沟、灯盏窝、互助寨、双土地、拉米、五官寨子、负主寨、安站坪、千万贯、裹脚寨、米罗溪、沙哶、俄铺、哺干等处黑夷百余户，分为黄上，毋此，也古，索古，阿里，渣波，阿咩(以上总名虐罗)门日，别扯(以上总名勾当)镇果，立乳，格稣，朗口，椏花，立兹，阿也，足体，日补，咡且，牙稣(以上总名果古)业胡，业肘，交花，镗错(以上总名立火)等房。兹录黑夷母吉必莫子之世系如次：

43. 农勒测资　44. 测资海耶　45. 海耶阿睹　46. 阿睹必巫力

47. 必巫力鹿乳　48. 鹿乳能果　49. 能果必取　50. 必取母吉

51. 母吉必莫子

附录毛筠如君所记如次：

36. 一累　37. 尺子　38. 合以　39. 娃都　40. 六乳

廖旭龄君所记如次：

31. 一耳　32. 测兹　33. 海耶　34. 阿诸　35. 说古

36. 必根

阿庐马家

阿庐马家为曲宜宗大阿庐家中之一大支,黑夷百余户,住牧凉山宁属昭觉宁南及猼子村等处。雷波内九支中之马家亦即此支中之一房。今猼子村洗马溪夷首马朝钢,曾肄业昭通中学,其世系尚未详细调查,大略如次：

43. 衣勒以匹　44. 以匹你母　45. 你母耳古　46. 耳古比曲

47. 比曲俄谷　48. 俄谷底勿　49. 底勿□□　50. □□

51. □□　52. 马朝钢

```
                            ┌底勿
衣勒—以匹—你母—耳古—比曲—俄谷┼比谷
                            └比添
```

加花家

加花家为曲宜宗大阿庐家之一支,亦作交花,呷花等称,雷波内九支中之韩家亦即此支。住牧猼子村、抓抓岩、小屋基、小马颈子、兴隆湾、癞巴石等地,清封百户一员,其世系如次：

43. 衣勒测资　44. 测资海耶　45. 海耶阿堵

46. 阿堵泥古　47. 泥古□□……　51. 韩少文

罗洪家

罗洪家为曲宜宗捏母系中一大支,住牧西康宁属泸宁区之三鸦、龙家沟、核桃泛、拖乌区之大桥、梓木沟、凹古脚、及宁东之石南部等处。兹录黑夷日达吉克之世系如次：

22.阿都洛普　23.洛普捏母　24.捏母和俄　25.和俄介米
26.介米补俄

27.补俄巴哈　28.巴哈以五　29.以五以底　30.以底阿牧
31.阿牧里尚

32.里尚克谷　33.克谷那辟　34.那辟底耶　35.底耶月里
36.月里奥底

37.奥底阿锅　38.阿锅老塞　39.老塞内格　40.内格阿留
41.阿留阿母

42.阿母沙普　43.沙普窝觉　44.窝觉吉格　45.吉格勒冒
46.勒冒骨泥

47.骨泥拉指　48.拉指耳底　49.耳底说资　50.说资祖尔
51.祖尔石姐

52.石姐那楚　53.那楚日达　54.日达吉克

又傅懋勣君所记如次：

奥抵阿锅　阿锅老塞　老塞阿依　阿依内格　内格阿留　阿留阿母

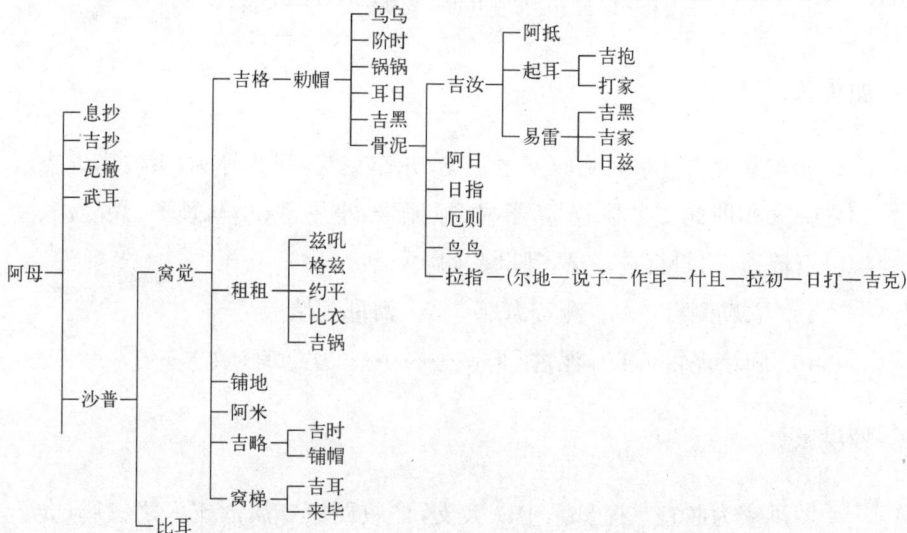

```
                                          ┌乌乌
                                          ├阶时                ┌阿抵
                              ┌吉格─勅帽 ├锅锅      ┌起耳─┬吉抱
                              │          ├耳日      │      └打家
        ┌息抄                │          ├吉黑      │      ┌吉黑
        ├吉抄                │          └骨泥  ┌吉汝─┼易雷─┼吉家
        ├瓦撒                │                  │      │      └日兹
        ├武耳                │                  │      ├阿日
        │                    │                  │      ├日指
阿母─┤          ┌窝觉─┤                  │      ├厄则
        │          │          │     ┌兹吼  │      ├乌鸟
        │          │          └租租─┼格兹  │      └拉指─(尔地─说子─作耳─什且─拉初─日打─吉克)
        │          │                  ├约平
        │          │                  ├比衣
        │          │                  └吉锅
        │          │
        └沙普─┤     ┌铺地
                   │     ├阿米
                   │     ├吉略─┬吉时
                   │     │      └铺帽
                   │     └窝梯─┬吉耳
                   │            └来毕
                   └比耳
```

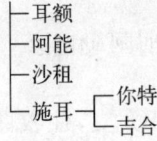

```
┤耳额
├阿能
├沙租
└施耳 ┬你特
      └吉合
```

锅基家

锅基家为曲宜宗捏母系之一大支,住牧西康宁属越隽小相岭、耳虽、竹马、柏香坪、南箐、干龙滩、甘禄塘、五里箐、冕宁、普雄、滥田坝、萝葡地、波莫、河道、和尚坪、布鸡罗、大寨、拖乌区曹姑坝、视槽沟等地,兹录黑夷月呼姑黑之世系如次:

23. 洛普捏母 24. 捏母那辟 25. 那辟沈占 26. 沈占说却 27. 说却刷解

28. 刷解忍基 29. 忍基□□………… 39. □□戈鸡 40. 戈鸡甲呷

41. 甲呷吉诗 42. 吉诗窝切 43. 窝切阿铁 44. 阿铁阿察 45. 阿察阿支

46. 阿支格支 47. 格支白兹 48. 白兹克吽 49. 克吽月拉 50. 月拉唪呷

其他诸夷世系据《越隽厅志》卷十《夷俗门》列表如下:

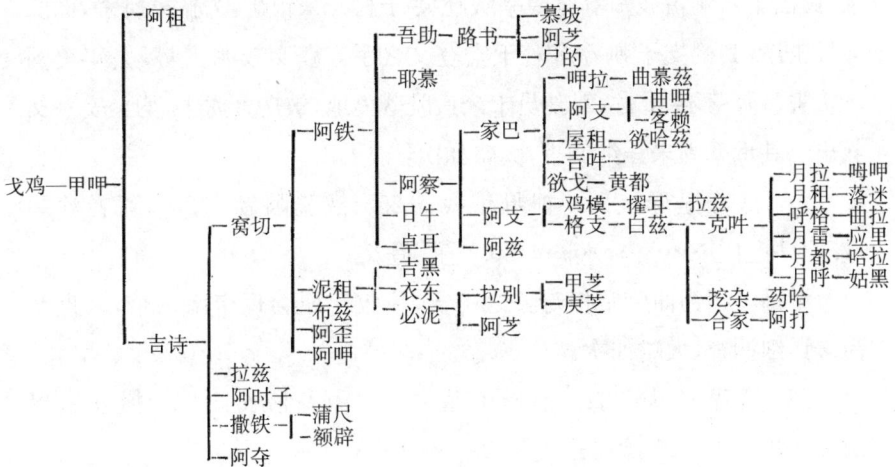

```
                 ┌阿租
戈鸡─甲呷─┤        ┌吾助─路书┬慕坡
         │        │         ├阿芝
         │        │         └尸的
         │        ├耶慕
         │        │        ┌呷拉─曲慕兹
         │        │        │      └曲呷
         │   ┌阿铁┤   ┌家巴┼阿支─客赖
         │   │    │   │    ├屋租─欲哈兹
         │   │    │   │    ├吉吽
         ├窝切┤    ├阿察┤    └欲戈─黄都
         │   │    ├日牛│             ┌月拉─唪呷
         │   │    ├卓耳├阿支─鸡模─擢耳─拉兹 ├月和─落迷
         │   │    ├吉黑│阿兹─格支─白兹─克吽┤呼格─曲拉
         │   │    │   └                   ├月雷─应里
         │   │    ├泥租┬衣东─拉别┬甲芝     ├月都─哈拉
         │   │    ├布兹│    必泥 └庚芝     └月呷─姑黑
         │   │    ├阿歪└必泥─阿芝        挖杂─药哈
         │   │    └阿呷                  合家─阿打
         └吉诗┬拉兹
              ├阿时子
              ├撒铁┬蒲尺
              │    └额辟
              └阿夺
```

瓦渣、八切、沙马、海马、耳我、时阿勒诸家

瓦渣家为曲宜捏母系之一大支,住牧西康宁属东区八且夹谷,补特梁子、菠脚梁子、落巴坝子、滤宁区龙家沟,枯木山及普雄区等地。其世系尚未详细调查,其略如次:

23. 洛普捏母　24. 捏母那辟　25. 那辟以地　26. 以地勒勒
27. 勒勒耳勒　28. 耳勒□□

八切家为曲宜宗捏母系之一大支,住牧西康宁属昭觉越嶲冕宁及宁东区等地,黑夷约五六百户。其世系尚未详细调查,其略如次:

23. 洛普捏母　24. 捏母泥谷　25. 泥谷那辟　26. 那辟立俄
27. 立俄点滴

28. 点滴罗那　29. 罗那阿兹　30. 阿兹□□　31. □□马哈

沙马宣抚司为曲宜宗捏母系之一支,住牧猓子村大坪子宁波桥仰天窝拉租双河口、呷哈坪子、米姑等处,北至昭觉雷波,东远金沙江与云南永善交界,南至落布与阿都副长官司交界,西与阿都正长官司为界,清康熙四十九年投诚,授宣抚司赐氏安,辖蛮夷一千四百六十二户,并辖那多、扼乌、咱烈山、撒凹沟、结觉五土目。今土司为安登文、登俊兄弟,其妹安登良即雷波土司杨先烈之妻。登文妻为永善龙小云土司之姊,势较强,民国十六年雷波知罗冕南率队赴猓子村开采银矿,为挞夷所杀,部队亦被击溃,其枪支子弹等多落于安登文之手。登文较明大势,去年美国飞机失事降落猓子村,驾驶员十余人跳落夷地,被挞夷掳去,均经安登文救出。其世系尚未详细调查,大略如次:

23. 洛普捏母　24. 捏母俄我　25. 俄我阿者　26. 阿者沙马
27. 沙马□□……………… 50. □□登文

海马土司为曲宜宗捏母系之一支,住牧宁属会理宁南一带,其世系尚未详细调查,大略如次:

23. 洛普捏母　24. 捏母山基　25. 山基撒安　26. 撒安里以
27. 里以海马　28. 海马□□　29. ……………

耳我土司家为曲宜宗捏母系之一支,住牧宁属,其世系尚未详细调查,大略如下:

23. 洛普捏母　24. 捏母必恶　25. 必恶勒阿　26. 勒阿模枝　27. 模枝耳我　28. 耳我阿耳　29. 阿耳防得　30. 防得底补　31. 底补□□

时阿勒土司家为曲宜捏母系之一支,住牧宁属,其世系大略如次:

23. 洛普捏母　24. 捏母我恶　25. 我恶□□

按以上所录为凉山㑩族五十余家之系谱,其中关于姑侯宗者较多凡三十七家,关于曲宜宗者较少凡十五家。姑侯宗中恩札支得八家,乌抛支得十四家,木甘支得六家,其他九家。曲宜宗中阿庐支得七家,其他八家。此外如曲宜宗之洛巫,洛米,阿尔,哲口,哲尼,哲以,界止,竹鹿,双角等家,姑侯宗之吉地,博施,则立,拉卜,界略,哲府,比色,甘使,害甘,界俄,界纽,阿俄,拔初,加拉,以比,界巴等家,则概未及调查,尚待今后继续努力。

就上录五十二家系谱计之,恩札支各家世系最多者如聂俄家之年自石耳能背诵其祖先至四十三代,尚属例外,其余则皆在四十代以下。乌抛支各家皆能背诵四十余代,最多者为四十五代,木甘支各家亦如恩札支仅能背诵三十余代,其他水洛支等九家亦仅能背诵三十余代,最多者为阿和家之四十代一例。曲宜宗各家则均能背诵至五十代以上,最多者磨石家之五十八代。马长寿教授谓曾收辑凉山㑩族系谱数十种,最多者约七十代,最少者亦至五十余代云云,见其所著《四川古代僚族问题》一文中,知其收获甚为丰富,惜迄未刊布,无从取资考证。

今凉山㑩族支别繁复,大小合计不下数十,然大体皆属姑侯曲宜二宗。姑侯宗各支多居凉山腹地及凉山东麓之雷马屏峨等县。曲宜宗各支则散布康省之宁属八县。㑩夷相传该族未至凉山以前,原居云南北部昭通东川二府之地,且已形成若干部落,其中最大者,有姑侯部,曲宜部,盘长部,安哲部,乌穆部,乌撒部等。姑侯部酋阿土,曲宜部酋阿止,盘长部酋阿仇,原系兄弟,阿仇以幼子留守本地,阿圭由昭通府而北,渡金沙江前进,遂住牧凉山之高寒地带,阿止由东川府而北,渡金沙江而住牧于凉山西麓之平原地带。然就上录各家系谱观之,则曲宜宗各支之北入凉山似较姑侯宗各支为早。

今凉山㧝族已有简单文字,相传创造此种文字者为曲宜宗阿庐家第三十七代祖大笔母阿士那捷,距今约二十代,约生于明代初叶或中叶。然普通㧝夷皆不通文字,传习之仅少数笔母。笔母之传习文字则仅用之于颂神咒鬼之经典,而于其祖先世系及前代事迹则概未有用文字记载之者。惟丁在君先生之《爨文丛刊》甲集收贵州大定县水西土司之《帝王世纪》又名《人类历史》一书,其成编似在清初,殆为罗文史书之首出者。自清康熙十二年癸丑(西历纪元一六七三)吴三桂灭水西土司,四十六年丁亥(西元一七〇七)满清征服贵州大定县起,上溯其祖世系至一百十四代之多。若以三十年为一世之标准推算,可追溯至西历纪元前一千七百年前,约当夏末殷初之际。即以二十五年为一世纪之例计之,亦可上溯至公元前一千一百四十三年,约当殷末周初。虽其所述内容未尽可据,然㧝族原来住牧地区,约在黔西北之大定、异节、威宁等县,及滇东北之镇雄、昭通、威信等县,则大体可信。

㧝族之北渡金沙江而入踞凉山及四川各路,马长寿教授假定为西历纪元四世纪中叶,即东晋康帝建元元年癸卯(公元三四三)蜀主李寿从僚入蜀之时,(见其《四川古代僚族问题》一文中)亦甚有见。余所得之㧝族世系,虽多在三十余代与五十余代之间,最多者亦仅五十八代,然此种仅凭口耳传诵之系谱必不能无遗漏。今得各考察团体中如有人能据此篇为基础,多觅各支黑夷长老口诵而校对之,必能多所增益,日久之后,当能逐渐接近真相。

㧝族之所以能追诵其祖先至数十代甚或有能至百十余代者,赖有一种父子连名制度以帮助其记忆力。所谓父子连名制者即父亲名字之末一音节或末两音节与儿子名字之首一音节或首两音节相同。罗莘田教授归纳为下列四种方式:

第一式为甲乙丙——丙丁戊——丁戊己——己庚辛

例如恩亨糯——糯笨培——苯培呙——呙高劣——等是。

第二式为甲□乙——乙□丙——丙——丁——丁□戊

例如垄亚陇——陇亚告——告亚守——守亚美——等是。

第三式为甲乙丙丁——丙丁戊己——戊己庚辛——庚辛壬癸

例如一尊老勺——老勺渎在——渎在阿宗——阿宗一衡——等是。

第四式为□甲□乙——□乙□丙——□丙□丁——□丁□戊

例如阿琼阿良——阿良阿胡——阿胡阿烈——阿烈阿甲——等是。

凉山扨族之连名制概属第三式,上录系谱五十二种皆然。

散居云南南部景栋东部及法属老挝之阿卡(亦系扨族)其连名制度则属第一式。水西土司家谱《帝王世纪》记第七十七代阿更阿文至一百十四代一分明宗之间亦属第三式。

(原文分两期刊载于 1945 年 12 月《边政公论》第 4 卷第 9~412 期合刊、1946 年 12 月《边政公论》第 5 卷第 2 期)

宋代百家争鸣初探

前　言

　　自从毛泽东同志和党中央总结了中国历史和世界历史的经验教训，提出了百花齐放、百家争鸣的正确方针，作为繁荣科学和艺术的总政策以来，全国学术界从各方面提出学术上的问题，发表不同的意见，进行自由讨论的学风有了很好的发展，反映了这一正确政策的伟大作用。

　　百家争鸣的内容可以分为广义和狭义的两个方面。广义的百家争鸣包括哲学、科学、文学和艺术等各个部门、各个学派和各种作品。整个自然界是一个整体。整个社会也是一个整体。要对自然界的整体和社会的整体获得全面了解，就必须从各个方面进行研究，这样就发生了自然科学和社会科学中的各个学科。研究愈深，分门别类也将愈细。只要对于整体的自然界和社会规律的探索，能够达到或接近达到科学的客观真理，就是对于人民和国家的贡献。正像春天的百花竞放，百鸟齐鸣，花放是为了结果，不能不放；鸟鸣是为了产卵，不能不鸣。各个学科所取得的成就都可以看作百花齐放与百家争鸣的结果。全部文化学术史也都可以看作百花齐放与百家争鸣的历史。这是百家争鸣的广义方面。

狭义的百家争鸣则是专指对某一个共同有关的问题，在同一学科之中又可以从各个不同的角度进行探索，往往由于立场、观点或方法不同而提出了不同的论点。这样就产生了同一学科中的不同学派。不同学派根据不同的论点，通过相互间的自由辩论，往往提高了认识，促进了学术的进一步发展。这是百家争鸣的狭义方面，狭义的百家争鸣方式是多种多样的，其中最主要的有下列三种：第一种是面对面的争鸣，又称为舌战或面折；第二种是不对面的争鸣，又称为笔战或论战，除近代学者多利用报纸杂志进行论战外，古代学者多利用通信讨论的方式进行；第三种是采用著书立说，对前人或同时人的学说进行批判式的争鸣。

中国学术史上百家争鸣的浪潮是一个接着一个地出现的。波浪虽然有起伏、有高低、有大小，但却是贯串古今没有中断的。全部中国学术史上，小型的争鸣不计其数，大型的争鸣也不下数十百次；但是最高潮却出现在战国、南北朝、两宋、明清之际和五四运动前后等几个阶段。这是和中国社会发展史的一般阶段相适应的。百家争鸣的历史发展，也就是整个学术史的发展，固然会有它本身的一些特殊规律，但它和整个社会经济基础的发展规律必然是相适应的。每当社会大变革时期，经济基础有了提高，社会阶级有了分化，学术思想有了解放，百家争鸣的高潮也就会随之而起。

一、宋代百家争鸣的社会背景

自十世纪直到十三世纪的三百多年中，是中国历史上封建经济和封建文化高度发展的时代，也是中国学术文化史上百家争鸣的极盛时期之一。这是和当时的社会背景分不开的。从七世纪到十世纪初的唐朝，生产力方面的发展已经比汉朝有所提高了。而宋朝生产力的发展比唐朝更有进一步的提高。江汉地区下田一亩收谷二斛，上田一亩收谷三斛①。

---

① 王炎《双溪集》卷 27《上林鄂州书》。

江浙地区上田一亩收谷五石至六石①。苏州一带中等田平年一亩收米二石至三石②。徽州一带上田产米二石③。南宋诗人周弼说:"长田一亩三石收。"④这些都反映了宋代南方农业生产水平是相当高的。

农业生产水平的提高,是和当时生产技术的提高,生产工具的发展,水利灌溉事业的发展等等分不开的。宋代农民在对自然界作斗争中获得了巨大的胜利,例如占城旱稻种移植到福建成功后,又在北方高寒地带试种成功,且产量较高。宋真宗大中祥符五年为推广占城稻良种,曾写成榜文公布,指导农民耕种方法⑤。又如北方的小麦于南宋初年在江南的江、浙、湖、湘、闽、广、赣等地试种成功,所以"春稼极目不减淮北"⑥。粮食作物除稻麦外,还有粟、菽、穄等,油料作物如芝麻等,饲料作物如苜蓿等都有大量生产。种桑养蚕事业也普及到了北方⑦。手工业原料如竹、木、漆、兰靛等也都比过去增产。水果是宋代专业性的商品生产,种类很多,分布亦广⑧。茶叶是宋朝对外贸易的主要商品之一,产量很高,北宋初年已达一千万石以上,以后逐年增加,达到年产几千万石的巨额。这些不但可以概见宋朝农业生产发展的一斑,而且反映了当时农业生产技术的进一步提高。

农业生产的发展是和水利灌溉事业的发展分不开的。宋朝兴修的大小水利灌溉工程共达一千多处⑨,比唐朝的273处增加了好几倍。这一千多处水利灌溉工程中,从北宋初年开始就已进行大规模的建设,例

---

① 高斯德《耻堂存稿》卷5《宁国府劝农文》。
② 范仲淹《范文正公全集》《答手诏陈十事》。
③ 乾道二年《新安志》。
④ 《群贤小集》内周弼的《汶阳端平诗隽》内的《丰年行》。
⑤ 《续通鉴长编》卷七七。
⑥ 庄绰《鸡肋编》上。
⑦ 秦湛《蚕书》。
⑧ 宋代水果产地分布很广,如橘、柑、橙、朱橘、金橘、柑橘、荔枝、龙眼、香蕉、甘蔗、阳桃、雪爪桃、枇杷、橄榄、雪梨、粟、余甘子等分布于南方各省,梨、枣等分布于北方各地。
⑨ 李剑农《宋元明经济史稿》18页,统计宋代水利工程1046处中,福建402处,浙江302处,江苏117处,江西56处,广东44处,山西25处,湖北21处,陕西20处,安徽16处,河南11处,湖南5处,四川5处,甘肃2处。

如宋太宗时在与辽国交界的河北高阳、信安一带利用积水作陂塘,修筑了六百里长的斗堰,引淀水灌溉稻田,播种江南早稻,获得丰收。仁宗时在河北南部及河南北部的漳水流域疏导川渠,引漳水灌溉永年、安阳一带的田亩几万亩,使瘠地变成良田。又在河南南部的唐河流域疏导旧渠,开凿新渠几十条,使荒地变成熟田。江北通、泰、楚、海四州地区连接百里的捍海堰工程,也在范仲淹的倡议和组织下完成了。江南地区,自真宗时徐奭领导当地人民修建苏州石堤九十里,恢复良田数千顷;又筑太湖石堤,疏浚渠道自吴江以东入海,使流民复业者二万六千余户。浙江地区修建了从钱塘经仁和、海宁、海盐、平湖、金山一带长达三百多里的捍海堤、钱塘江堤、西湖堤等工程。南宋时修复了越州的鉴湖(面积三百里)和润州的练湖等,修复了太湖通长江的河流。长江中游的鄱阳湖、洞庭湖以及其他中小湖泊河流,也都被利用来灌溉稻田,如候叔献在湖北鄂城的樊山引水灌田四十万亩,此类例子还很多。这些地区湖田、圩田面积既大,产量也较高。

农业生产的发展与生产工具的改进也是分不开的。从宋墓中出土成组的铁制农器,如犁、镵、耧、耙、锄、镰等,反映了当时生产步骤的增加。特别是宋墓中出土较多的中耕农具如耙、锄等,更可表明当时耕作工序的增多。这些都反映了当时农民注意精耕细作,力求提高单位面积产量。洛阳和扬州出土有尖头和圆头的两式铧犁和桃形铧犁,可入土较深,都是比较进步的生产工具。在耕牛耕马缺乏地区,推行了一种人踏犁(武允成发明),可以抵牛耕的一半收成,比使用镵耕的效率增加一倍。宋代农民在灌溉工具方面,不但普遍地利用人力转运的龙骨翻水车,而且利用水力转运的水轮筒车也开始盛行了。

农业生产工具的发展是和一般手工业的发展分不开的。宋代采矿冶金工业的场所达二百多处,每年产铁量达到八百多万斤。徐州利国监有36冶,冶主都是巨富,工人达到四千多名。他们用石炭冶铁炼钢,制造兵器。磁州锻坊炼钢,取精铁锻百余火,每锻一次则减轻一次,锻到斤两不减,就成纯钢①。江南信州铅山为当时第一大铜矿所在,坑丁十多万人②。广东韶州的永通监也有坑丁十多万人③。宋人在炼铜技术上还发明了胆水浸铜法和胆土炼铜法,是我国工人在冶金技术上的一大贡献。

宋代工人在造船工业上也有很大发展,他们能制造长达十多丈、可载五六百人、载重二千斛的海船。宋代海船具有当时世界上最先进的航海设备,如罗盘针、矴石、转轴等装置。在航行中,如遇风浪险急时,可垂下船首矴石,停止前进。船桅安上转轴,可以升降自如。这些技术都超过前代的水平。陶瓷工业也很发达。瓷器为当时对外贸易主要商品之一。当时制瓷工业场所将近 30 处,汴京官窑、河北定州窑、河南汝州窑、浙江龙泉章生一的哥窑等产品最有名。江西景德镇的制瓷业规模最大(景德即宋真宗年号)。宋代纺织工业发展到了缫丝与机织分工的阶段,民间上供的绵帛数量很大(北宋神宗时每年达到 98 万匹)。

随着农业和手工业的发展,宋代商业和都市的发展亦很快。在唐朝,十万户以上的城市只有十多个,到北宋已增加到四十多个。都城汴梁居民达二十多万户,有各种各样的工商行业组织。行有行头,代表本行业务对外和政府的联系,决定货物买卖的价格,检查质量等。对外贸易特别是海上贸易也有很大的发展,有贸易关系的国家很多,南宋达到 50 多个,其中最主要的是大食(阿拉伯),大食商人侨居中国的越来越多。从中国输出的商品,以银、铜、铅、锡、瓷器、漆器、各种绢帛为主。铜钱也大量输出,被利用作为东南亚各国的流通货币。从外国输入的商品,以象牙、犀角、胡椒、珊瑚、乳香、龙涎、木香、琉璃、苏合、香油、琉黄及倭板等为主。北宋政府在广州等地设立市舶司四处,而市舶司的收入逐渐成为政府财政收入的重要部分。南宋时海外贸易的数量和品种都比前增加,经营海外贸易的有大商贾和大官僚。

由于商业的发展,纸币也在北宋出现了。十一世纪初期,成都的十几家富商巨贾在当地政府的允许下,印行用纸制成的交子,代替铁钱流

---

① 苏轼《志林》。
②《宋会要稿》《食货》卷三十四。
③《金石萃编》卷十四《韶州永通监记》。

通，到 1023 年（仁宗天圣元年）禁止私人印行纸币，由政府发行交子。以后还有钱引、关子、会子、交钞、宝钞等种种变名。

由于生产力的发展，推动了生产关系的变革，促进了社会阶级的分化。宋朝封建政府以及封建统治的支柱地主阶级对于劳动人民的剥削和压迫仍然是十分残酷的。但由于唐末农民大规模起义以及宋代农民不断的小规模起义，魏晋南北朝形成的豪门世族地主阶级彻底崩溃了，依附于豪门世族大地主阶级的部曲制度也随之瓦解了。宋朝的客户制度比较宋以前的部曲制度已经有显著的不同。宋仁宗天圣五年"客户起移更不取主人凭由"的诏令①，南宋高宗绍兴二十三年"典买田地毋得以佃户姓名私为契约"的诏令②，都是由于当时农民不断武装起义和逃亡斗争，而被迫采取的改良措施。这些诏令贯彻执行的实际情况不能详知，但从这些诏令中却可以看出当时封建政权对于农民让步的迹象。

宋朝三百多年中民族斗争是特别激烈的。从唐朝后期以来的封建割据局面，直到北宋才基本上完成了统一，中间经过了二百多年。北宋的统一又是不完整的，它未能控制祖国的全部领土。在各边疆地区，存在着各少数民族统治阶级建立起来的好几个封建政权。首先是契丹族统治阶级建立的辽国和党项族统治阶级建立的夏国，给北宋王朝以巨大的威胁；后来是女真族统治阶级建立的金国和蒙古族建立的元朝，给宋王朝以致命性的压力。因此在十世纪至十三世纪的整个宋王朝，民族斗争都是非常复杂、非常剧烈的。自宋太宗两次攻辽失败后，辽军不断地南下掠夺，到宋真宗时，辽军更大举南下，一直达到黄河北岸的澶州（今濮阳），威胁汴京。宋朝君臣惊惶失措，准备南逃。后来勉强订立了"澶渊之盟"，宋朝允许每年送辽国银十万两和绢二十万匹，作为退兵条件。宋仁宗时，辽国又以要求进占瓦桥关以南地区为名，集中军队，进行讹诈。宋朝又允许每年加送银绢各十万，才算了事。西夏统治者向南进攻，也是从宋真宗时侵占了灵州

---

① 《宋会要稿》《食货》——《农田杂录》。
② 《建炎以来系年要录》卷一六四。

(今灵武)开始的。宋仁宗时,西夏对宋发动了几次较大规模的侵略战争,宋朝在陕西集中四十多万军队,而每次战争几乎都遭到了失败,最后还是以大量的物资(每年送夏国银七万二千两,绢十五万匹,茶三万斤)作为停战条件。宋仁宗时养兵一百二十五万九千(内禁军八十二万六千,乡兵和厢军四十三万三千),而对辽对夏战争都以失败告终,订立了丧权辱国的条约,加重了劳动人民的负担,激起了人民的极大愤慨。于是出现了以范仲淹、欧阳修、韩琦和富弼等代表中小地主阶层利益的革新派,以反对大地主阶级保守派垄断政权为目标。宋朝百家争鸣的风气也就从此开幕了。

二、宋代科学界的百花齐放

随着社会经济基础的发展,上层建筑中的文化学术也很迅速地发展起来。宋代劳动人民在农业和手工业生产上所取得的重大成就,学术界对这些成就给予了应有的注意,总结了生产经验,写成了许多专门著作。宋代科学家对于天文学、历学、数学、地理学、矿物学、生物学、医药学、物理学、建筑学、化学以及农学和园艺学等各种自然科学上都有重要的贡献,特别是磁石指南针、罗盘针的利用,火药、火炮和活字印刷技术的发明和应用,更可表现出当时科学文化达到了前所未有的水平,而且在当时的世界科学文化史上也是居于领先地位的。这些自然科学的成就,多数都是在总结广大劳动人民生产斗争经验的基础上发展起来的,而这些生产经验的总结又为生产斗争的进一步发展起了促进作用。

1. 农业生产经验的总结

宋代学者对当代农民在生产斗争上的成就给予了应有的重视,写出了一系列的专著,关于农业科学方面有陈旉的《农书》等十多种[①];关于茶

---

① 宋人关于农业科学的著作很多,如陈旉的《农书》,秦湛的《蚕书》,曾安止的《禾谱》,曾之谨的《农器谱》,范如圭的《田夫书》,熊寅亮的《农子》,何亮的《本书》,何生觉的《耕桑治生要备》,林勋的《本政书》、《本政书比较》、《治地旁通》,陈靖的《劝农奏议》、董煟的《救荒活民书》,王旻(珉)的《山居要术》,楼璹的《耕织图》诗,佚名的《农家切要》、《山居种莳要术》等书,多是农业生产经验的总结。

叶的专书有蔡襄的《试茶录》等十多种①；关于园艺学方面的专门著作有刘蒙的《菊谱》等三十多种②。这些都是根据劳动人民的生产经验而写出的总结性的著作。例如陈旉《农书》上卷论财力、地势、耕耨、天时、六种、居处、粪田、薅耘、节用、稽功、器用、念虑、祈报、根苗等 14 篇；中卷说牛和牧养役用及医治等三篇；下卷论种桑、收蚕种、育蚕、用火采桑、簇泊藏茧等五篇。自序称"躬耕西山，心知其故。……非苟知之，盖尝允蹈之，确乎能其事，乃散著其说以示人"。洪兴祖序称陈旉"于六经诸子百家之书，释、老、黄帝、神农之学，下至术数小道亦精其能。平生读书不求仕进，所至即种药圃以自给"③。可见陈旉是一位躬行实践的科学家。秦湛的《蚕书》叙种变、时食、制居、化治、钱眼、锁星、添梯、制车、祷神、戎治等十事。自序称："予闲居，妇善蚕，从妇论蚕，作蚕书"。又称"予游济河之间，见蚕者预事时作，一妇不蚕，比屋詈之，故知兖人可为蚕师。今予所书，有与吴中蚕家不同者，皆得之兖人也"。④ 蚕书虽简略，也是总结经验而作。曾安止的《禾谱》五卷，乃系官彭泽县令时所作，苏轼称其"文既温雅，事亦详实"，并为之题诗曰"秧马歌"⑤。蔡襄的《荔枝谱》，记录福建荔枝 32 种的栽种、气候、除害、加工利用等经验。韩彦直的《橘录》，记录浙

---

① 宋人关于茶叶的专书很多，如吕惠卿的《建安茶记》，蔡襄的《试茶录》，丁谓的《建安北苑茶录》，熊蕃的《宣和北苑贡茶录》，沈立的《茶法易览》，章炳文的《壑源茶录》，刘升的《北苑拾遗》，曾伉的《北苑总录》，赵汝砺的《北苑别录》，黄儒的《品茶要录》，周绛的《补茶经》，蔡宗颜的《茶山节对》，宋子安的《东溪试茶录》，佚名的《北苑煎茶法》等十多种。
② 宋人关于园艺学的专门著作更多，如张宗诲的《名花木录》，周序的《洛阳花木记》，张峋的《洛阳花谱》，僧仲林的《花品记》（一作《越中牡丹记》），欧阳修的《牡丹谱》（一作《洛阳牡丹记》），陆游的《天彭牡丹记》，邱浚的《洛阳贵尚录》，李英的《吴中花品》，沧州观察使某的《冀王宫花品》，刘攽的《芍药谱》，孔武仲的《芍药谱》，王观的《扬州芍药谱》，赵时庚的《金漳兰谱》，王贵学的《兰谱》，陈思的《海棠谱》，沈立的《海棠谱》，刘蒙的《菊谱》，史正志的《菊谱》，史铸的《百菊集谱》，范成大的《范村菊谱》和《范村梅谱》，陈景沂的《全芳备祖》，蔡襄的《荔枝谱》和《荔枝故事》，韩彦直的《永嘉橘录》，僧赞宁的《笋谱》，吴辅的《竹谱》，陈仁玉的《菌谱》，陈翥的《桐谱》，徐师闵的《莆田荔枝谱》，张增闵的《增城荔枝谱》，佚名的《四时栽接花果图》，佚名的《木谱》，佚名的《郊居草木记》等等，见于《宋史·艺文志》、《通志·艺文略》、《文献通考·经籍考》者共达三十多种。
③ 《知不足斋丛书》。
④ 《知不足斋丛书》。又《淮海集》内作秦观撰，秦湛为秦观之子。
⑤ 王桢《农书》《农器图谱》末粗门秧马条引。

江橘柑 27 种的栽培、繁殖、贮藏、制用方法等经验。这都是世界最早的果树栽培学专著,早有外文译本。我国劳动人民在长期的生产实践中,积累了丰富经验,创造了不少新知识,例如植物嫁接法,在纪元前二世纪(前汉)的氾胜之《农书》和在五世纪(后魏)贾思勰的《齐民要术》中都有过总结性的记述。宋代农学家在这方面有进一步的认识。陈旉《农书》下篇叙种桑法也谈及接枝法,"即别取好桑直上生条,不用横垂生者,三四寸长截,如接果子样接之,其叶倍好。然亦易衰,不可不知也。"刘蒙的《菊谱》也总结了菊科嫁接法的经验。苏轼的《东坡杂志》记载了汴京菊科嫁接的经验,又记载了苦楝树上接李,无复李味的经验。他的《物相感志》也记录了冬青树上接梅,则开洒墨梅的经验。这些都反映了宋代农民在生产技术上的高度水平。

由于水利灌溉事业的重大发展,水利灌溉技术的提高,总结经验的水利科学著作也出现了。宋仁宗时毕功绩总结了北方九州岛二十六县水利建设的成绩,著成了《水利图经》一书[1]。神宗时郏亶总结他自己在故乡太仓开辟圩田,沟浍场圃,获得丰收的经验,著成《吴中水利书》,得到王安石的器重。王章的《水利篇》也是总结水利建设经验的著作[2]。这些专著已失传,但在当时的水利建设中一定起了相当的作用。

2. **手工业生产经验的总结**

宋代手工业生产有重要的发展,生产技术也有显著的提高。特别是军火工业的规模很大,北宋汴京军器监的工匠约八千五百人,加上杂役兵超过一万人;分工很细,有火药作、猛火油(石油)作、金火作、大小炉作、青窑作、窑子作、皮作、大小木作等十多个操作单位。南宋临安御前军器监的工匠由二千人发展到三千人,杂役兵超过五百人。建康军器局的规模也不小,此外还有各地方的军器作院。曾公亮等编纂的《武经总要》总结了北宋前期军器工业生产的经验,特别是关于火药和火炮方面,

---

① 《宋史·河渠志》。
② 《宋史·艺文志》。

如火药法、猛火油法、毒药烟球法、霹雳火球法、金火罐法、粪炮罐法等，都详细叙述了制造方法和配药方法。这些药方中有燃烧性的，有爆炸性的，有毒性的，破坏力都很强，这在世界科学史上有其不可磨灭的贡献。

宋代的土木建筑工业也有很大发展。北宋时，封建政府内设修造司和东西八作司，所谓八作就是泥作、赤白作、桐油作、石作、砖作、瓦作、竹作、井作等。李诫的《营造法式》和喻皓的《木经》二书都是北宋时建筑工业的总结。特别是《营造法式》是一部完备的详细的建筑学专著，全书357篇中有308篇是根据工人的直接经验总结出来的。

农具的改进对于宋代农业的发展关系很大，曾之谨的《农器谱》五卷，分为耒耜、耨镈、车戽、蓑笠、铚刈、筱篑、杵臼、斗斛、釜甑、仓庾等十门，而以耒耜为全书纲领。周必大为之作序①，陆游为之题诗。曾之谨曾官耒阳县令，是《禾谱》作者曾安止的侄孙。苏轼对《禾谱》很称赞，而惜其不作农器谱，故曾之谨续成此书。二书都已失传，但以王祯《农书》相校，疑其内容都被王书吸收了②。南宋楼璹所撰的《耕织图》③虽已失传，但据传世的南宋小品《耕获图》，还可看出宋代农具中有大量的竹木器具，如戽、篓筐、飏篮、禾钩等，又有粮仓、谷物加工的磨房，有四人踏车的龙骨翻车等等。可见宋代农民在灌溉和碾磨时使用水力的情况已较普遍了。这些都可用来和王祯《农书》中的农器图谱作比较研究的资料。

宋代杰出的科学家沈括在他的《梦溪笔谈》中总结了工人毕昇所发

---

① 《文献通考·经籍考》录周必大序。

② 王祯《农书》47篇，第一为《农桑通诀》17篇，第二为《百谷谱》10篇，第三为《农器图说》20篇。其农器图说又分为田制、耒耜、镬舌、钱镈、铚艾、耙耖、蓑笠、筱篑、仓廪、鼎釜、舟车、灌溉、利用、孛麦、蚕缫、蚕桑、织纴、纩絮、苎麻等20门。分门别类比曾书为细，而篇名相同者多。可能是在曾书的基础上加以发展充实的。

③ 楼璹的《耕织图》中，《耕图》分为浸种、耕、耙耨、耖、碌碡、布秧、污荫、拔秧、插秧、一耘、二耘、三耘、灌溉、收刈、登场、持穗、簸扬、砻、舂碓、筛、入仓等21图；《织图》又分为浴蚕、下蚕、喂食、一眠、二眠、三眠、分箔、采桑、大起、捉绩、上簇、灸箔、下簇、择茧、窖茧、缫丝、香蛾、祝谢、络丝、经、纬、织、攀花剪帛等二十四图。此书系著者官临安府于潜县令时访问农民后，总结生产经验而作的。

明的活字印刷技术①,这也是世界文化科学发展史上的一件大事。

3. 对于自然现象的调查研究

宋代学者对于自然现象的调查研究也很注意。例如北宋的沈括就是一位多才多艺的杰出科学家。他不但对于天文学和历学有很大的贡献,而且对于物理学也有相当的研究。他很注意磁石指南针的实验,指出:"以磁石磨针锋则能指南。水浮多荡摇,指爪及碗唇上皆可为之,运转尤速。又取新纩中独茧缕,以芥子许蜡缀于针腰,无风处悬之,则针常指南。其中有磨而指北者。予家指南北者皆有之"②。中国劳动人民从生产实践中发明指南针和指南车等本来很早,但把磁石指南针应用到航海事业者,却始见于宋朝,朱彧关于宋朝航海家用磁石指南针定方向的记载③是其明证。

沈括对于地理学、地质学、矿物学等也有一定的贡献。当他旅行经过太行山时,看到许多螺蚌壳及卵石等,就联想到此地从前是海滨,并推想到今日的大陆可能也是由于经多年的浊泥湮积,使海面填塞而成的④。当他旅行到雁荡山时,看到峰峦耸险,都包在山谷中,就联想到地壳构成的原理和水流侵蚀的作用,并进一步联想到成皋陕西大涧中的大土丘也是水流冲积的结果⑤。当他在陕北延安看到永宁大河岸崩溃而露出竹笋化石时,就推想到西北今虽无竹,可能在旷古时代,此地因气候卑湿而适宜种竹,并进一步联想到浙江金华的松化石,以及桃核、芦根、蛇蟹等化石都是当地本有之物,因地质变化或生物变化因而古今有所不同⑥。当他在延安时又发现鄜延境内出产石油,产于水际,土人以雉尾挹之,采入缶中,颇似淳漆,燃之如麻。他除采取石油制墨外,并预料到此物后必大

---

① 沈括:《梦溪笔谈》卷十八。

② 沈括:《梦溪笔谈》。

③ 朱彧:《萍洲可谈》。

④《梦溪笔谈》卷二四。

⑤《梦溪笔谈》卷二四。

⑥《梦溪笔谈》卷二一。

行于世①。可见他当时已认识到石油的重要性。沈括也注意研究地理学和地图学,他出使边地时,实地考察山川形势,"始为木图,写其山川道路,即以面糊木屑写其形势于木案上。未几寒冻,木屑不可为,又熔蜡为之。至官所,则以木刻上之"②。

4. 天文学、历学和数学的发展

宋代学者在天文学、历学和数学方面都有很大的成就。宋代天文学家关于客星(新星)的记载有真宗景德三年、仁宗致和元年和孝宗淳熙八年等三次。北宋杰出的科学家沈括为了测定天空北极的位置,曾连续三个月在夜间进行观察,得出北极已离开极星三度有余的结论。沈括总结了我国古代以来天文学的经验,著成《浑天议》《浮漏议》和《景表议》等三篇专著。他认为旧的铜浑仪已不适用,自己重造了一种新浑仪,又另造了一种玉壶浮漏铜表。特别是他自己创造的《景表议》中的烟气尘雾出浊入浊学说,为后来西方科学家"蒙气差"学说的本源。沈括对于历学革新曾提出大胆的合理化建议。他主张以节气定月,不管月亮的朔望,把闰月完全去掉,用十二月气为一年,以立春日为孟春之一日,以惊蛰日为仲春之一日,"大月三十日,岁岁齐尽,永无闰余。十二月常一大一小相间,纵有两小相并,一岁不过一次。如此,则四时之气常正"③。这是一种抛弃前人旧历法的极大胆的改革主张,曾遭受当时保守派历学家的攻击。但在九百年后的英国科学家肖纳伯制造的《农历》中,却大体和沈括的主张相类似。肖纳伯的农历迄今仍为英国气象局统计农业气候和农业生产的依据。又如南宋历学家杨忠辅编造的《统天历》,为元代历学家郭守敬编造的《授时历》所本。它以 365.242 5 日为一岁,同地球绕太阳一周的实际周差率只差 26 秒,大致和现在世界通行的《格里哥莱历》一岁周期相同。但《统天历》比《格里哥莱历》早出三百八十多年。

---

① 《梦溪笔谈》卷二四。
② 《梦溪笔谈》卷二五。
③ 《补笔谈》卷二。

在天文学方面,北宋还有杰出的科学家苏颂制造天文钟的重大发明①。天文钟是现代钟表的祖先。而钟表的发明又是科学技术进步的重要标帜。

宋代科学家在数学方面的成就也居当时世界的最前列。南宋大数学家秦九韶的《数学九章》一书总结了前代数学家的研究成果,得出了比较完整的方程式演算方法,比英国数学家和湟(Horner)发现方程式解法早出六百年。秦九韶发展了《孙子算经》中的"求一术",称作"大衍求一术"。关于这个问题,在《孙子算经》中仅提出了解决方法,但未说明理论基础。秦九韶不仅阐明了它的理论基础,而且扩大了它的应用范围。秦九韶的"大衍求一术"比西方数学家欧拉的同一发现早出五百年。因此,世界数学上把"大衍求一术"称为中国剩余定理。

南宋数学家杨辉的著作很多,特别是他的《详解九章算法》有开方作法本源,所述"增方求廉草",和 17 世纪法国数学家巴斯噶(B. Pascal 1623—1662)发明的三角形"廉法表"相同(即求二项式各次乘方中的各项系数),而杨辉的书早于巴斯噶四百年。与秦、杨同时南方的数学家有贾宪、丁易东、彭绿等,北方有李冶、元裕、蒋周、李文一、李德载、石信道、刘汝谐、刘大鉴、杨云翼等,都有著作行于当时,对于天元一术有所贡献。其中特别是李冶的《测圆海镜》一书中的测圆术,称为九九小数,即用一种代数学的方法解决三角学的问题,可以说是天元一术的模板。李德载的《两仪群英传》书中,于天元之外,复以地元为第二未知数。刘大鉴的《乾坤囊括》书中,于天元地元之外,又以人元为第三未知数。元朱世杰的《四元玉鉴》书中,于天元地元人元之外,又加物元为第四未知数。这些都是十三世纪我国数学界百花齐放的结果。

①《宋史·苏颂传》称:苏颂的学问很博,"于图纬、律吕、星官、算法、山经、本草无所不通。以韩公廉晓算术,有巧思,奏用之,授以古法,为台三层,上设浑仪,中设浑象,下设司晨,贯以一机,激水转轮,不假人力,时至刻临,则司晨出告。星辰躔度所次,占候测验,不差晷刻。昼夜晦明,皆可推见,前此未有"。

5. 医学和药物学

宋人在医学上的著作很丰富,《宋史·艺文志》著录了医书五百多种(《新唐书·艺文志》只著录 155 种),多数都是宋人著作。其中针灸学、妇科学和法医学三方面最为显著。南宋宋慈编纂的《洗冤录》四卷是中国法医学的总结,也是世界医学史上第一部有系统的法医学著作,比欧洲人的同类著作早出 350 年。这部书有俄、德、法、英、荷、日、韩等七国译本。宋人王维德的《铜人腧穴针灸图经》总结了中国针灸学的经验,铸造了一个铜人,由过去的 313 穴,发展为 354 穴,至今仍为针灸学有价值的参考书。南宋陈自明编辑的《妇人大全良方》一书,总结了中国妇科医学的成就。宋代学者关于药物学的著作有刘翰等的《开宝本草》,苏颂的《校本草图经》,唐慎微的《经史证类备急本草》,陈士良的《食性本草》等,对于当时及以后的医学界都起了一定的作用。

宋代科学界的百花齐放,主要是在总结劳动人民的生产经验的基础上写出了不少的专门著作,而这些著作对生产力的发展又起了有力的推动作用。

三、宋代思想界的百家争鸣

宋代学术思想争鸣的中心是所谓理学和心学之争。理学亦称为道学。《宋元学案》一百卷中,除六个是元儒学案外,其他九十多个都是宋儒学案。每一个学案著录的门生和讲友一般都是好几十人,有些学案著录一百人以上(如《晦翁学案》著录 110 余人,《慈湖学案》著录 140 余人,《北山四先生学案》著录 160 余人)。有关宋儒的九十多个学案中,著录门生和讲友共达几千人。宋代不但思想家人数多、派别多,更重要的是在思想的深度上,无论是对宇宙起源问题的探讨、对人类生活实践问题的探讨以及对古代经典的研究等方面,都形成了百家争鸣的学风。但是由于学派多、论争多,这里只能列举几个主要论争,以见一斑。

1. 革新派和保守派的斗争

北宋前期宰相如赵普、吕蒙正、李沆、吕夷简、章得象等都以黄老之道处理国家大事①,而且以黄老道统传授其女婿或门人②,以把持大地主阶级保守派垄断政权的局面。宋仁宗时,宰相吕夷简任用私人,并使参知政事宋绶编例,谓曰:"自吾有此例,使一庸夫执之,皆可为相。"③反对大地主阶级保守派专政的中小地主阶层代表人物范仲淹于是上《百官图》,指其次第曰:"如此为序迁,如此为不次。如此则公,如此则私。"并提出"进退近臣,凡超格者不宜全委之宰相"的建议,又为四论以献,大抵皆讥切时政。吕夷简怒曰:"仲淹离间陛下君臣。所引用皆朋党也。"仲淹对益切④。这就是所谓"面折廷争"式的争鸣。其后,范仲淹又应诏提出明黜陟、抑侥幸、精贡举、择长官、均公田、厚农桑、修武备、推恩信、重命令、减徭役等十项改革意见⑤。同时,代表中小地主阶层利益的欧阳修、韩琦和富弼等也都提出了类似的主张和条陈⑥。这就是所谓"庆历变法"。这些意见都以政治改革为主,而对于经济改革和军事改革则仅居次要地位。由于保守派的强力反对和宋仁宗的懦弱无能,这些最起码的改革主张也都没有得到实现,但是这种敢想敢说的作风,不仅为后来王安石派的变法打开了风气,而且为宋代百家争鸣的学风开辟了道路。《宋元学案》中的前几个学案就是从这里开头的。

2. 新学派和旧学派的争斗

宋神宗时鉴于辽夏两国的威胁,企图进行一些改革,实现"富国强兵"的要求,达到维持宋政权的目标,于是起用以王安石为首的革新派官

---

① 赵普为相时,在客厅坐屏后置大瓮,凡人有投利害文字者,皆置瓮中,满则焚于通衢(《邵氏闻见录》)。李沆为相时,凡建议更张,喜矫激者一切不用(《元城语录》)。吕蒙正为相时,对太宗曰:"老子称治大国若烹小鲜。夫鱼扰之则乱。近日内外皆来上封,求更制度者甚众。望陛下行清净之化。"(《五朝名臣言行录》)章得象为相时,默然无所为,默然如不能言(《闻见后录》、《龙川别志》)。
② 李沆传其女婿王曾,赵昌言传其女婿王旦,王旦传其女婿吕公弼和韩亿,陈尧咨传其女婿贾昌朝和曾公亮等等,都是大地主阶级保守派把持政权一脉相传的典型事例。
③ 司马光《涑水纪闻》。
④《宋史》卷三一四《范仲淹传》。
⑤《宋史》卷三一四《范仲淹传》。
⑥《续资治通鉴长编》庆历三年。

僚,实行了一系列的改革措施。这就是所谓"熙宁变法"。新法的内容主要包括经济改革和军事改革两方面。经济改革有均输、青苗、市易、免役、方田均税、农田水利等。军事改革有减兵置将、保甲、保马、军器监等。这些经济方面的改良措施,在一定程度上缓和了阶级矛盾,客观上有利于社会生产的发展。军事方面的改良措施也有利于加强军事力量,以抵抗辽国和夏国的军事进攻。新法的主要目的是从宋王朝的利益出发,也是和中小地主阶层的利益符合的。它对大官僚、大地主、大商贾的利益却起了一定的压抑作用,因此引起了保守派的坚决反对。变法和反变法的斗争成了当时统治阶级内部一场尖锐的矛盾和冲突。这一场激烈的斗争,不仅反映在政治方面,而且反映在学术方面。

当时代表大官僚、大商贾、大地主阶级利益的守旧派下面又分为四派,即以王岩叟、刘安世、刘挚等为代表的"朔派",以程颢和程颐兄弟为首的"洛派",以张戬为首的"关派",以苏轼、苏辙兄弟为首的"蜀派"。这四派内部虽然也有矛盾和斗争,但对以王安石为首的新学派则是处在联合战线的地位上。斗争包括政治方面和学术方面,内容很复杂,这里只举洛学和新学的斗争为例。程颢和程颐兄弟是北宋正统派理学家的代表。他们虽公开反对佛道二家学说,但却暗地里窃取了二家学说的一些内核,来注解和篡改《大学》和《中庸》二书。所以他们反对佛道二家的学说,就显得没有力量,而对王安石派的攻击却是尖锐的。例如程颢说:"今异教之害,道家之说,则更没可辟;唯释氏之说衍蔓迷溺至深。……然在今日,释氏却未消理会;大患者却是介甫(王安石)之学,……如今日却要先整顿。介甫之学坏了后生学者。"①由此可见洛学是把王安石的新学看成势不两立的敌对集团。他们之间展开了面对面的争鸣。据邵伯温说:"荆公(王公石)尝与明道(程颢)论事不合,因谓明道曰:'公之学如

---

① 《河南程氏遗书》第二上。

上壁',言难行也。明道曰:'参政(王安石)之学如捉风'。"①这个记载虽不够详细,已可想见当时这场舌战的尖锐性。在程朱学派占统治地位的宋元明时代,王安石的新学派遭受了粗暴的排斥和打击,这就不能不引起后世爱国主义思想家的不平之鸣,清初大思想家之一颜元《评王荆公上仁宗万言书》说:"荆公之所忧,皆司马、韩、范辈所不知忧者也。荆公之所见,皆周、程、张、邵辈所不及见者也。荆公之所欲为,皆当时隐见诸书生所不肯为、不敢为、不能为者也。……嗟乎,是宋家一代人物识趣卑庸也!公何高奇哉?"②此外颜元在《朱子语类评》一书中,还有许多替王安石辩护的话,这里不一一列举了。

3. 反理学派和理学派的争论

南宋时期,民族斗争的形势比较北宋更为剧烈。北宋政权既被女真贵族所建立的金国所推翻,加重了广大人民的精神痛苦,而在金国军事威胁下所签订的丧权辱国条约,又加重了南宋人民的物质负担,因而引起了南宋人民的无比愤怒。除了广大人民群众奋起抗金之外,地主阶级内部矛盾也更加激化,这一方面表现在南宋主战派将领岳飞等的抗战行动中,另一方面也反映在学术界的百家争鸣中,当时有一种激烈的争鸣展开于唯物主义者与唯心主义者之间,亦即反理学派和理学派之间。理学派以朱熹为代表。反理学派则有以陈亮为代表的永康学派和以叶适为代表的永嘉学派。他们都是积极主张抵抗金国、力图收复中原失地的爱国主义思想家,但被朱熹讥为攻利学派。朱熹认为陆九渊派并不可怕,而最可怕的却是功利学派。他说:"江西之学(陆)只是禅,浙学(陈、叶)专是功利。禅学,后来学者摸索,一旦无可摸索,便会转去。若功利,学者习之便可见效。此意甚可怕。"③这和程氏洛学不怕释道,而最怕"新

---

① 《河南程氏遗书》第十九,引见《宋元学案》卷十三《明道学案》。又《宋元学案》卷九八《荆公新学略》引晁说之答袁季皋云:"荆公戏谓明道曰:'伯纯纵高,不过至十三级而止。'明道谢曰:'公自十三级而出,上据相轮,恐难以久安也。'"云云,也可以看出他们论争的剧烈。

② 《习斋记余》卷六。

③ 《朱子语类》卷一二三。

学"是同出一辙的。朱学对浙学的反对既如此激烈,而他遭到浙学的反击也很尖锐。他们之间的争鸣是通过书信往来的方式。陈亮答朱熹书云:"本朝伊洛诸公(指程氏)……谓'三代以道治天下,汉唐以智把持天下',其说固已不能使人心服;而近世诸儒(指朱熹等)遂谓'三代专以天理行,汉唐专以人欲行,其间有与天理暗合者,是以亦能长久'。信斯言也,千五百年之间,天地亦是架漏过时,而人心亦是牵补度日,万物何以阜蕃,而道何以常存乎?"①"秘书(朱熹)必谓其假仁义而行之,心有时而泯,可也;而谓千五百年常泯,可乎?……一生辛勤于尧舜相传之心法,不能点铁成金,而不免以银为铁,使千五百年之间成一大空阙,人道泯息,而不害天地之常运,而我(程朱派)独卓然而有见,无乃甚高而孤乎?宜亮之不能心服也!"②

浙派的叶适也和陈亮一起对程朱学派的观点进行了批判。他们认为,抽象的"道"只能存在于事物本身之中,离开了具体的客观事物,就不可能有抽象的"道"存在。他们依据这个观点批判了程朱学派把封建统治者统治的社会的"人道",看成是脱离人的实际生活和社会历史而永恒存在的谬论。他们认为只有研究具体的事物和人的实际生活,才可能认识真理,提出了"事到济处,便是有理"的观点,强调真正的知识应该以经验的观察为基础,应该能够解决生活中的实际问题。因此,他们批判了程朱学派专门玩弄心性等空虚的言论,提出这些学问实际上是自欺欺人。他们号召人们结束那种徒劳无益的烦琐议论,多做一些于实际有益的事情。朱熹讥讽他们为功利学派,叶适反驳说:"即无功利,则道义者,乃无用之虚语耳。"③

在这场争论中,唯心主义者朱熹是代表大地主阶级利益的保守学派。陈亮和叶适则是大地主阶级专政下的反对派。他们不但代表中小地主阶层的利益,而且反映了商人的要求,主张提高商人的地位,允许商

---

① 《龙川文集》卷二〇《甲辰答书》。
② 《龙川文集》卷二〇《又乙巳春书》。
③ 《习学记言》卷二三。

人分掌经济上的权利。通过争论,朱熹理屈词穷,便只得和陈亮断绝书信往来。这使当时及后来的爱国主义学者对朱熹很不满意,如清初爱国主义学者颜元《评答陕西安抚使范龙图辞辟命书》说:"朱子终日著述静坐,见一谈中兴之陈同甫(亮)便断绝之,而言'上表谏和议,志复仇也',有此理乎?"①朱熹以理学自命,而对待爱国主义者陈亮却是不讲理的。这就无怪乎引起颜元的不平之鸣了。

4. 理学派和心学派的论争

南宋时最有名的面对面的争鸣要算朱熹和陆九渊的两次争论。1175 年吕祖谦邀集了朱陆等相会于信州的鹅湖寺,1182 年陆九渊又访朱熹于白鹿洞书院,两次都进行了面对面的争鸣。鹅湖寺争论的中心内容是关于认识论的问题。关于学习方法,朱主张先纵观博览,然后归之于约。朱诗"旧学商量加邃密,新知培养转深沉",就是所谓"道问学"的主要内容。陆主张先发明人之本心,然后才能认识真理。陆诗"易简工夫终久大,支离事业竟浮沉",就是所谓"尊德性"的主要内容。白鹿洞书院争鸣主要是关于世界观问题,即无极太极问题。陆认为太极本身就是道,就是万化的根本,而不是器。太极之上不能再有无极。他认为《太极图说》与《通书》内容不合,不是周敦颐的著作,而是周敦颐传他人之文,或者是周学未成时的著作。朱认为太极之上应有无极,"不言无极,则太极同于一物,而不是为万化根本。不言太极,则无极沦于空寂,而不能为万化根本"。这两次面对面的争鸣,虽涉及两个学派世界观和方法论的差别,但却都是唯心主义内部的争鸣,只是客观唯心主义和主观唯心主义的差别罢了。他们的政治观点的基本倾向是相同的。

5. 正统派理学家内部的争鸣

正统派理学家内部也有互相讨论、互相帮助的争鸣。例如南宋理学家胡宏撰《知言》一书,他的朋友朱熹、吕祖谦和他的学生张栻等都和他往复研究。以后又收集这些辩论为《知言疑义》一书。朱熹说:"《知言》

---

① 《习斋记余》卷六。

中议论多病,近疏所言,与敬夫(张)伯恭(吕)议论,如'心以成性,相为体用;性无善恶,心无生死;天理人欲,同体异用;先识人体,然后敬有所施;先志于大,然后从事于小',此类极多。……然其思索精到处,何可及也!① 吕祖谦说:"十年前,初得五峰《知言》,见其间渗漏张皇处多,遂不细看。后来翻阅,所知终是短底。向来见其短而忽其长,正是识其小处。"② 黄宗羲说:"朱子谓《知言》可疑者,大端有八:性无善恶,心为已发,仁以用言,心以用尽,不事涵养,先务知识,气象迫狭,语论过高。"③ 这是正统派内部争鸣的显著例证。

6. 怀疑古代经典

自唐太宗颁布《五经正义》以后,唐代学者都奉为神圣不可侵犯的教科书,而不敢稍存异议。但到北宋中期以后的学者却敢于对五经提出怀疑。陆游说:"唐及国初学者不敢议孔安国、郑康成,况圣人乎?自庆历后,诸儒发明经旨,非前人所及,然排《易系辞》,毁《周礼》,疑《孟子》,讥《书》之《胤征》《顾命》,黜《诗》之'序',不难于议经,况传注乎!"④ 宋儒怀疑《周易》十翼皆非圣人之作,亦非一人之言的有欧阳修、赵汝谈、杨简等;怀疑伪《古文尚书》和伪《孔安国传》的有苏轼、吴棫、朱熹、王柏等;怀疑《诗经》大小序的有晁说之、郑樵、朱熹、王质等;怀疑《周礼》的有欧阳修、苏轼、苏辙、洪迈、胡宏、魏了翁等;怀疑《左传》的有王安石、郑樵、叶梦得、朱熹等;怀疑《孟子》的有司马光、王开祖、李觏、晁说之、叶适、陈亮等⑤。由此可见宋代学者怀疑古书已经成了一种普遍的学风。这种前无古人的气概,是宋代学者思想解放的表现,也是宋代学术界百家争鸣的一个方面。

宋代学者不但敢于怀疑唐太宗钦定的《五经正义》,而且敢于自创新

---

① 《朱子语类》。
② 《吕东莱集·与朱侍讲熹书》。
③ 《宋元学案》卷四二《五峰学案》。
④ 王应麟《困学纪闻》卷八《经说》条。
⑤ 皮锡瑞《经学历史》卷九。

说解释古代经典,正如朱熹所说:"借经以通乎理尔,理得则无俟乎经。"陆九渊说:"六经皆我注脚","我不注六经,六经注我"。这种思想解放的精神,乃是宋代学术界共有的一种特色,也是宋代学术界超越汉唐的一个表征。

7. 批评汉儒和汉学

宋代学者对于汉代学者不但一般都不重视,而且对于汉儒学术,提出了不少的批评。这种学风从北宋中年开始一直到南宋末年没有断绝,而且态度亦越来越激烈。例如孙复与范仲淹书云:"专守毛苌、郑康成之说而求于诗,吾未见其能尽于诗也。专守孔氏(安国)之说而求于书,吾未见其能尽于书也。"①石介的《忧勤非损寿论》云:"郑康成注《文王世子》,云'文王以忧勤损寿'之说,大非也。文王享年九十有七,岂为损寿乎?……后世人君皆耽于逸乐,寿命不长,康成之罪也。"②邵雍的《观物外篇》云:"汉儒以反经合道为权,得一端者也。"③郭雍的《郭氏传家易说自序》云:"汉兴诸儒仅能训诂举大义,或复归于阴阳家之流,大失圣人言易大旨","大抵自汉以来,学者以利禄为心,明经只欲取青紫而已,责以圣人之道,固不可得而闻也"。④薛季宣与朱熹书说:"汉儒之陋,则有所谓章句家法。"⑤又《河图洛书辨》云:"就龙龟之说,成无验之文,自汉儒启之,……而圣人之道隐,巫史之说行。后世暗君庸夫,乱臣贼子据之,假符命,惑匪夷,为天下患害者比比皆是。"⑥陈傅良的《进周礼序》云:"彼二郑诸儒,崎岖章句,窥测皆薄物细致。而建官分职,关于盛衰二三大指,悉晦弗著。后学承误,转失其真。"⑦这些都是对汉代学术不满意的表示。而罗从彦、陆九渊、叶适等的批评更为激烈。罗从彦的《圣宋遵尧录》云:

①《睢阳子集·与范天章书》。
②《徂徕文集》。又《宋元学案·泰山学案》。
③《皇极经世》卷八《观物外篇》。
④《宋元学案》卷二八《兼山学案》。又武英殿聚珍版《易说自序》。
⑤《艮斋浪语集》卷二二《又与朱编修书》。又《宋元学案·安定学案》。
⑥《艮斋浪语集》卷二七。又《宋元学案》卷五二《艮斋学案》。
⑦《止斋文集》卷四〇。又《宋元学案》卷五三《止斋学案》。

"自炎汉以来,未有可称者,莫不杂以霸道。"①《宋史·危稹传》云:"陆子尝问学者曰:有自信处否?对曰:只是信得几个'子曰'。陆子徐语之曰:汉儒几个杜撰'子曰',足下信得过否?学者不能对。问曰:先生所信者若何?曰:九渊只是信此心。"②叶适的《习学记言》云:"汉人不知学。"③这些对于汉代学术的批评是很尖锐的。由此可见,宋代学者对汉学的否定态度是很明显的。至于他们对唐代学术的否定态度,就更不难理解了。

总之,宋代学术思想界的百家争鸣反映了当时阶级斗争和民族斗争的剧烈性,而且在推动当时的阶级斗争、民族斗争方面亦起了一定的促进作用。

四、百家争鸣的作用与影响

百家争鸣的重要意义,既表现在相互争辩以促进学术发展的方面,也表现在相互补充、相互吸收以丰富学术内容的方面。没有争辩就不易接近真理;争辩得不深不透,也不能达到科学的真理。没有吸收和补充,学术就不能达到否定的否定,推向更高的阶段。宋代学术界的百家争鸣,既有争论的一面,也有相互吸收的一面。

关于相互吸收的情况,大体有三种:第一种情况是宋代学者从前代学术界的百家争鸣中吸取了一定的营养作为自己学派或学说中的组成部分;第二种情况是宋代学者从当时学术界的百家争鸣中吸收了一定的营养作为自己学派或学说中的组成部分;第三种情况是宋代学术界百家争鸣中的某些内容或某种精神被后代学术界所吸取成为他们学派或学说中的组成部分。这种相互吸收的内容是十分丰富的,情况是极为错综复杂的。全面的深入分析,有待于进一步的研究,这里只能提出一些初

---

① 《豫章先生集》,《遵尧录》。
② 《宋史》卷四一五。又《宋元学案》卷七七《槐堂诸儒学案》《知州危骊塘先生稹传》。
③ 《水心集》,以上并见《宋学概要》第 5—6 页。

步的看法。

1. 宋人在前代百家争鸣中吸取了营养

自魏晋南北朝儒、玄、道、佛四大派进行了激烈的争鸣以来,学术思想界彼此互相吸收、互相渗透的现象已经很明显了。隋代学者王通所提出的三教合一论①,中唐以后学者柳宗元所提出的三教调和论②等,都是北宋苏轼兄弟主张三教合一论的先导。中唐以后学者梁肃以儒家而成为佛家天台宗的护法健将,著《止观统例》,李翱以儒家而引佛入儒,作《复性书》,都是宋代各派学者引佛入儒的先声。

宋人的哲学虽有各种不同的派别,却有一个总的精神,即是都吸收了佛道二家学说的某些部分(如道家的宇宙观、佛家的认识论等),以补充儒家学说的不足,因此称为新儒学(或称道学,或称理学、心学)。这是学术发展的必然结果。但是,儒家却有一套根本的人生观,即"入世主义"和"有为主义",这和佛家的"出世主义"、道家的"无为主义"是根本对立的。正统派儒家虽然吸收了佛道二家的某些自己以为合理的东西,但仍然避讳而不肯承认其来源,因为他们始终标榜排斥佛道。

苏轼兄弟是三教合一论的代表,苏轼的《毗陵易传》,苏辙的《老子解》,是三教合一论的代表作。苏轼的《祭龙井辩才文》说:"孔老异门,儒释分宫,又于其中,禅律交攻。我见大海,有此南东。江河虽殊,其至则同。"③苏轼《跋老子解后》说:"使汉初有此书,则孔老为一。使晋宋间有此书,则佛老不为二。"④这种公开宣传三教合一的论点,受到了宋学正统派的攻击。朱熹曾对《毗陵易传》和《老子解》二书的某些论点逐条予以辩驳。

宋代正统派理学家也都曾研究过佛道二家之学,吸收了佛道二家学

---

① 《中说》:《问易篇》、《周公篇》,《文中子中说》旧题王通撰,《四库全书提要》认为是王通之子王福郊、王福畤所撰。
② 《柳河东集》:《送元十八山人南游序》、《大明和尚碑文》、《送僧浩初序》。
③ 《东坡后集》卷十六。
④ 《仇池笔记》卷二。

说中的某些内容,成为自己学说中的组成部分,这是已经为历代许多学者所考定了的。《宋元学案》的主要编纂人之一全祖望说:"两宋诸儒,门庭径路,半出于佛老。"①这是一个很有根据的论断。宋学创始人之一周敦颐的《太极图说》和《通书》(本名《易通》)都吸收了不少佛道二家的学说。陆九渊曾指出:濂溪无极之说出于老氏和禅宗。黄绾又指出:"'无名天地之始',此老氏之言也。'有物先天地生,无形本寂寥',此禅宗之诗也。濂溪《通书》之言曰:'圣可学乎?曰:可学。有要乎?曰:一为要。一者无欲也。无欲则静虚动直。静虚则明,明则通。动直则公,公则溥。明通公浦,庶矣乎!'……濂溪之言,其亦由于'本来无物'之旨乎!"②周氏的《太极图》出于道士彭晓的《明镜图诀》和道士陈抟的《太极图》③,前人早有定论。周氏又曾与禅僧寿涯、东林常总、黄龙慧南、云居佛印等交游;曾从常总学静坐,月余有所得,即与常总等结青松社。又得《先天之谒》于僧寿涯④。这些都是周氏出入释老的明证。正统派理学家程颢曾从禅宗上乘出来。叶适指出:"程氏答张氏论定性:动亦定,静亦定;无将迎,无内外;当在外时,何者为内?天地普万物而无心,圣人顺万事而无情;扩然而大公,物来而顺应;有为为应迹,明觉为自然;内外两忘,无事则定,定则明;喜怒不系于心,而系于物,皆佛老语也。"⑤黄绾指出:"《定性书》云:'天地之常,以其心普万物而无心;圣人之常,以其情顺万事而无情。是故君子之学,莫若廓然而大公,物来而顺应'云云,此乃禅宗上乘顿悟之旨。"⑥程颐则从禅宗下乘出来。李纯甫说:"伊川诸儒,虽号深明性理,发扬六经圣人心学,然皆窃我佛书者也。"⑦朱熹也曾指出:"伊川参某僧有得,遂反之,偷其说来做己使。""唐六祖始教人存养工夫,伊川

① 《鲒琦亭集·题真西山集》。
② 黄绾《明道编》。
③ 毛奇龄《西河先生全集》册七《太极图说遗言义》。
④ 朱彝尊《曝书亭集·太极图授受考》。
⑤ 叶适《习学记言》。
⑥ 黄绾《明道编》。
⑦ 刘祁《归潜志》卷九。《宋元学案》卷一〇〇《屏山鸣道集说略》。

方教人就身上做工夫。"①黄绾则指出:"伊川之学,乃由下乘而来,故其瞑目静坐,但持公案而已。因持公案,……故必求之书册,求之外物,始见其明,始见其理。"②朱熹是正统派理学集大成的人,也是从禅宗下乘出来的。他的著书很多,陆云锦曾指出:"朱子注书有本源:'虚灵不昧'出《大智度论》,'不可限量'出《华严经》,'物我之理'、'固有之性'、'心之体用'、'吾心正然后天地之心亦正'、'活活泼泼地'……皆出佛书。"③朱熹的易学来源于道士,他自己也曾明白承认,在答袁枢时说:"此非熹之说,乃康节(邵雍)之说。非康节之说,乃希夷(陈抟)之说。"④朱熹又曾为道士李筌的《阴符经》作注,为道士魏伯阳的《周易参同契》作《考异》。还作《调息箴》,曾受到朱学信徒胡居仁的批评⑤。这些都是宋学正统派吸收佛道二家的某些内容作为自己学说的组成部分的明显例证。心学派陆九渊和他的大弟子杨简也都是从禅宗上乘出来的。陈淳说:"江西之学,不读书,不穷理,只终日默坐澄心,正用佛家之说。"⑥胡居仁说:"象山见理过于高大,存心过于简易,故入于禅。"⑦此外,如谢良佐、杨时、游酢、晁说之、吕本中、陈渊、邵伯温、刘勉之、刘子翚、胡宪、张浚等的著作都与禅宗有关,吕希哲的《大学解》和张九成的《中庸解》都是援佛入儒的例证。吕希哲公开说:"佛氏之道,与吾圣吻合。"所以朱熹作《杂学辨》以批评之。相互吸收和相互补充,本是百家争鸣中合乎规律的现象,也是学术发展的必然趋势。因为思想一旦形成体系之后,它就会具有它自身的发展规律,每一思想体系都是先行思想体系的必然发展,完全脱离先行思想体系而独立发展的学术是不存在的。

宋代哲学家继承了儒家入世主义和有为主义的基本精神,吸收了佛

---

① 《朱子语类》。
② 黄绾《明道篇》。
③ 《芝园杂记·朱子注书有本源》。
④ 《朱子大全·答袁机仲问易书》。
⑤ 胡居仁《居业集》卷三。
⑥ 陈淳《北溪文集·答西蜀史杜诸友》。又见《宋元学案》卷六八《北溪学案》。
⑦ 胡居仁《居业集》卷三。

道二家对于宇宙起源和人类起源问题的某些观点和佛家认识论的某些方法,形成了一种儒释道三家混合的新儒学。这种新儒学的主张者不但人数众多,派别复杂,而且在探讨问题的广度和深度方面,都远远地超过了前人的水平。

2. 百家争鸣在当代的作用和影响

宋代百家争鸣对当时社会生产力的发展起了一些什么作用和影响呢? 前已说过,宋代学者对当时农业和手工业生产的发展和提高,给予了应有的注意。许多学者总结了劳动人民积累和创造的丰富生产经验,写出了不少有关当时的农业和手工业生产经验的著作。这些专书对当时农业和手工业生产起了一定的促进作用,对后世亦有一定的影响。例如植物嫁接法是中国劳动人民长期生产斗争中所创造和积累的宝贵经验之一,前汉氾胜之《农书》十八篇中已经总结了瓜类(瓠瓜)嫁接技术的经验,后魏贾思勰的《齐民要术》又总结了果树(梨与棠或杜)嫁接法的经验。到了宋朝植物嫁接技术更广泛地应用于园艺方面,如陈旉的《农书》总结了桑树嫁接技术的经验,各家《菊谱》中也多总结了菊科嫁接的经验。蔡襄的《荔枝谱》和韩彦直的《橘录》都是世界果树栽培学的最早专著,早已被译成外国文字(《橘录》有英法译本,《荔枝谱》有英译本),对世界果树栽培学的发展起了一定的促进作用。

宋人在百家争鸣中不但互相批判、互相否定,而且也曾相互吸收了对方学说的某些部分。如程颐教门徒学习王安石的《易传》,朱熹对门人推荐《尚书》四家注解中,也有王安石的《书经新义》。哲宗元祐初,国子司业黄隐焚毁王安石的《三经新义》时,曾遭到各旧派的反对。如朔派刘挚说:"安石经训,视诸儒义说,得圣贤之意为多,故先帝立之于学,程式多士"云云。蜀派的吕陶说:"经义之说,盖无古今新旧,惟贵其当。先儒之传注,未必尽是;王氏之解,未必尽非"云云。于是待从官上官均等皆请罢黜黄隐,以慰公论①。即此一例,可概见宋代学术界百家争鸣中,虽

---

① 《宋元学案》卷九八《荆公新学略》附全祖望《记荆公三经新义事》。

然派别很多,争论很剧烈,但各派之中对于别派的正确部分也不是全部抹煞的。

3. 宋代百家争鸣对后代学术的影响

宋代学术界百家争鸣的宏伟局面,对后代学术界的影响不仅是很巨大的,而且是很深远的。

从哲学思想来看:程朱派的理学在宋元明清四朝,都占官方哲学思想的统治地位,历时八百多年,到五四运动时才发生动摇,直到全国解放才基本上告一结束。陆九渊派的"心学",传到明朝中叶王守仁出来,还有一次大的发展,到明末才开始动摇,也直到全国解放才真正告一段落。明末清初的王夫之学派不但继承了宋儒张载学派,而且大大地发展了张载学派的朴素唯物主义和辩证法学说。颜元学派不但继承了王安石和陈亮学派的爱国主义思想,而且发展了他们的朴素唯物主义思想。

从自然科学方面说:宋代学者陈旉的《农书》,曾安止的《禾谱》和曾之谨的《农器谱》等,为元代王祯的《农书》和明代徐光启的《农政全书》所继承,而且进一步发展了。宋人刘翰、苏颂等的本草学为明代李时珍的《本草纲目》所继承,而且大为发展了。宋代大数学家秦九韶和李冶等的代数学(天元学)为清代数学家焦循、李锐与汪莱等所阐明和发展。

从语言文字学方面说:清代学者顾炎武、江永、段玉裁、王念孙、孔广森等的古韵学是从宋儒郑庠的《诗古音辨》的基础上发展的。清代王筠的《说文释例》等书是从宋儒郑樵的《六书略》的基础上发展的。清代江永的《音学辨微》和《四声切韵表》等是从宋儒司马光的《切韵指掌图》的基础上发展的。清代邵晋涵、钱坫、郝懿行、程瑶田等的《尔雅》学著作是从宋儒邢昺、陆佃、郑樵、罗愿等的《尔雅》学著作的基础上发展的。

从史学方面说:宋儒欧阳修修改《五代史》,宋祁和欧阳修等改修《唐书》,发展而为明儒柯维骐改修《宋史》,清儒邵远平、钱大昕、魏源、屠寄、柯劭忞等改修《元史》,谢启昆改修《魏书》等等。宋儒袁枢创纪事本末体,发展而有明儒陈邦瞻、清儒高士其、谷应太、李有棠等的许多纪事本末史书,使此体由杂史的附庸而蔚为大国。宋儒陈子文、熊方为《汉书》

补《兵志》,为《后汉书》补《年表》,发展而有清儒万斯同的《历代史表》,沈炳震的《二十一史四谱》,杭世骏的《历代艺文志》,陈芳绩的《历代地理沿革表》等见于《二十五史补篇》者共达数十种。宋儒王应麟的《汉书艺文志考证》,发展而有清儒梁玉绳的《汉书人表考》等二十余种。宋儒司马光的《通鉴考异》,刘攽的《两汉刊误》,发展而有清儒钱大昕的《二十二史考异》,赵翼的《二十二史札记》,王鸣盛的《十七史商榷》等为数不少。宋儒朱熹的《伊洛渊源录》为学术史的创始,发展而有明儒周汝登的《圣学宗传》,清儒黄宗羲的《明儒学案》,黄宗羲、黄百家、全祖望等的《宋元学案》。宋儒吴斗南、鲁訔、洪兴祖、薛执谊等为陶潜、杜甫、韩愈、欧阳修等作年谱所开的途径,发展而为清代学者撰名人年谱不下百种。

从地理学方面说:宋人的《太平寰宇记》、《元丰九域志》等发展而有明清《一统志》。宋儒宋敏求、范成大、朱长文、周应会、潜说友的《长安志》、《吴郡志》、《建康志》、《临安志》等发展而有元人修的方志,今存还有十一种,明修方志今存 770 种,清修方志今存 4655 种,不仅数量上的激增,而且质量亦大为提高了。

从辨伪学方面看:宋儒欧阳修、王安石、司马光、朱熹、郑樵等所开始的怀疑古书的风气,发展而有清儒姚际恒的《古今伪书考》,阎若璩的《古文尚书疏证》,惠栋的《古文尚书考》,万斯同的《周礼辨非》,刘逢禄的《左氏春秋疏证》,康有为的《新学伪经考》,崔述的《考信录》、《史记探原》等为数很多的辨伪学著作。

总之,宋代学术界百花齐放和百家争鸣的结果,对后来元明清三朝学术界的影响是非常巨大、非常深远的。此类例证极多,不胜枚举,即就上举诸例,已可概见一斑了。

后　语

从十世纪至十三世纪的宋朝,是中国历史上百家争鸣的极盛时期之一。这是和当时封建经济和封建文化的高度发展的情况相适应的,也是和当时社会阶级斗争的复杂化,特别是民族斗争的尖锐化分不开的。宋代的经济,无论从农业、手工业、商业以及都市的发展看,都比前朝大为提高了。宋朝封建社会的基本矛盾,仍然是地主阶级和农民阶级之间的矛盾。宋代农民起义者,不但在次数之多远远地超过了它的前朝,而且在阶级斗争的旗帜上也更加具体、更加鲜明了。北宋王小波和李顺等起义时,提出了"均贫富"的斗争口号,南宋钟相和杨么等起义时,提出的"均贫富"、"等贵贱"的斗争口号,鲜明地表现了农民阶级对地主阶级的土地所有制和地主阶级的政治特权等是处于势不两立的立场。这是农民阶级觉悟的进一步提高,阶级斗争的进一步发展的具体反映,只是在地主阶级知识分子的百家争鸣中反映得太少罢了。宋代地主阶级知识分子的百家争鸣中,一方面反映了汉族人民和某些兄弟民族统治集团侵略势力之间的民族矛盾,另一方面也反映了地主阶级先进派和守旧派之间的矛盾。在宋代百家争鸣中,一部分先进思想家注意到了地主阶级和人民之间的矛盾,主张统治集团减轻对人民的压迫。他们怀着改良主义的愿望,要求改进人民的物质生活。这一派人的思想多少具有素朴的唯物主义因素。另外一些保守派的思想家,则特别强调了统治阶级根本利益的重要性。他们虽然也反对统治集团中某些特权人物为着私利而破坏统治阶级根本利益的贪暴行为,但是其动机是为当时的中央集权的封建制度建立理论基础,为地主阶级政权的进一步巩固服务。这一派的思想,具有典型的唯心主义特点。前者以王安石为首的"新学"、陈亮叶适为首的"功利"学派为代表,后者以程朱学派为代表。

宋代学术界百家争鸣的结果,特别是关于当时农业和手工业生产经验的总结,对于当代以及后代农业和手工业的发展起了重要的作用。

宋人在前朝的百家争鸣(即儒玄道佛四大学派的争鸣)中吸收了不少的营养,丰富了自己学派或学说的内容,因而无论在探究宇宙起源问题(即理与气的依存关系,亦即精神和物质的依存关系问题)的深度方面,在探究人类生活的实践问题的深度方面,在探究古代经典的深度方面等等,都远远地超过了前人的水平。

宋代学术界百家争鸣中所结成的丰富果实,对于后代的学术界,特别是对清代学术界的影响是很巨大很深远的。虽然清代学者多自命为"朴学"、"实学"或"汉学",宣称和"宋学"相对敌,但是清代各种学科和各个学派的道路和方向,大体上都是从宋代各该学科或学派的基础上发展而来的。

(原载于《中国哲学》第 8 辑,三联书店 1982 年版)

从元代农业生产力的发展来看忽必烈的重农政策

一

近年来国内史学界为了配合成吉思汗八百周年纪念,举行了一些学术讨论会。其中关于元代农业生产发展问题的讨论中,还没有取得一致的意见,有些同志认为元代农业生产有了恢复和发展,有些同志不同意以上意见,认为究竟有无发展,还是值得进一步商榷的问题。

我们一向是前一种意见的主张者。我们认为元代南方受战争的破坏较少,农业生产在南宋的基础上继续有了显著的发展和提高;北方受战争的影响较大,但在忽必烈开始实行重农政策以后,农业生产力逐步恢复,并且在金和西夏的原来基础上也有一定程度的发展;长城以外的漠北,西北和东北地区,由于屯田制度的大规模推行,农业耕地也得到适当的开发。兹将从农业劳动力、耕地面积、生产工具、水利建设和灌溉工具、粮食产量、蚕桑业与棉麻业等各方面的发展情况略加分析。

农业劳动力的增长

《元史·食货志》载世祖末年户籍为一千一百六十三万余户,五千三百六十五万余口①,《元史·地理志》载至元二十七年户籍为一千三百一十九万余户、五千八百八十三万余口②,《新元史·食货志》载至元二十八年户籍为五千九百八十四万余口③,《通考·户口考》载至元二十八年户籍为六千四十四万余口④,这些数字都是大有问题的,必须进行具体分析。我们认为元朝最盛时期人口总数至少在二亿以上,也可能达到三亿左右,明朝最盛时期人口在四亿以上,清朝最盛时期人口在五亿以上,这样才可以说明我国今日占全世界人口在四分之一的六亿七千万人的伟大劳动力不是从天上掉下来的,而是从"地下"冒出来的,逐步增长的人口发展规律。我国人口总数自一世纪初的五千九百五十八万余口⑤,直到十六世纪的六千余万口⑥,时间经过了一千六百多年,而人口一直停滞在六千万左右,这是由于历代封建政府都征收繁重的人口税(包括徭役和兵役)所以"千丁共籍"、"百室合户"、"九代共炊"、"五世同堂"……都是人民为逃避人口税而采取的一些具体措施。历代封建贵族、豪族地主阶级所强占隐匿的逃税户口,比封建政府"户部"所掌握的纳税户口往往多至数倍,这是一种公开的秘密,也是历代封建政府征收繁重的人口税(包括徭役和兵役)的必然结果。清初自顺治至雍正将近百年人口数字一直在二千八百万以下,而乾隆元年骤增至四亿以上⑦,这种突然增长率,骤看起来,好像魔术家变戏法似的。如果加以分析,就可以知道这是清朝封建政府采取了人口税收合并在土地税内征收的措施⑧,人口税没有了,土地税加重了,而封建政府的税收并未减少,这虽然是一种魔术家

---

①《元史》卷93《食货志一》。

②《元史》卷58《地理志一》。

③《新元史》卷68《食货志一》。

④《通考·户口考》。

⑤《汉书·地理志》。

⑥《明史·食货志》载成祖永乐元年户籍为一千一百四十一万余户,六千六百五十九万余口,为明代户籍的最高纪录。

⑦《清高宗实录》《清宣宗实录》。

⑧ 清康熙50年诏以本年丁册为钱粮标准,后此新生者为盛世滋生人丁永不加赋,雍正元年诏将丁银并入田粮内增收,谓之丁随地起。

变戏法的行为,但究竟是一种进步的措施,人民经过几十年的长期证验后,人口真相才逐渐露出头角来,这是资产阶级经济学家马尔萨斯和新马尔萨斯派所不能了解的秘密之一。

人的劳动力是生产力诸要素中主要的决定性的因素,户口是我国历代封建政府进行剥削和压迫的主要对象。因为人的劳动力能创造出比它本身消费所需要价值更大的价值,历代封建政府的财政部门多称"户部",可以说明人的劳动力能够创造出比它本身消费所需要的价值以外的更大的价值。这个问题的性质,金朝最盛时期户籍为七百六十八万余户,四千八百四十九万余口①,蒙古灭金后,窝阔汗清理户籍时,却只得八十七万余户,四百七十五万余口②,约当金代户口的十分之一,如果加上西夏的户口,就更不到十分之一了,户口损失如此惨重,除被杀戮被俘虏者外,大部分是由于逃亡,这是蒙古帝国初期执行了落后的重牧政策并采取了大屠杀大俘虏大掠夺等措施的必然结果。

南宋的户籍原为一千二百多万户,三千多万口,《宋史·地理志》载绍兴三二年南宋境内的户籍为一千二百六十九万余户,三千一百余万口③,《元史·地理志》载江南几省(相当于南宋地区)的户籍为一千四百二十三万余户,三千五百余万口④,《元史·世祖纪》载忽必烈汗平宋时得一千一百八十四万余户⑤,可见忽必烈汗平宋时,南方人口基本上得到了保全。虽有损失,但比例不大,这是忽必烈汗停止大屠杀大俘虏大掠夺措施的结果,这也是停止重牧政策,采取重农政策的必然结果。停止重牧政策,采取重农政策,使流亡的劳动力回到生产斗争的岗位,使他们固定在一定的土地上从事生产,以便进行剥削和压迫。正如经典作家所说

---

①《金史·食货志》。
②《元史》卷93《食货志》。
③ 据《宋史》卷85~90《地理志1~6》所载户口数字统计而得。
④ 据《元史》卷59~63《地理志1~6》所载户口数字统计而得。
⑤《元史》卷9《世祖本纪6》。

的"封建压迫的根源，不是居民土地被剥夺，而是居民被固定在土地上"①，因为离开土地，不但农民便无法从事生产，而且封建政府也就没有剥削和压迫的对象了。

耕地面积的增长

《新元史·食货志》载至元二十九年大司农上诸路垦地总数为一千九百八十三万顷有奇②。这是一个有问题的数字，必须进行具体分析。我国现在已耕地数字大概为十五亿亩左右。可耕地数字大概为二十五亿亩左右。至元二十九年的十九亿八千三百余万亩，如果指可耕地说，是可能的；如果指已耕地说，则是显然错误的。北宋时的最高纳税地数字为真宗天禧五年的五亿二千余万亩③，明代的最高纳税地数字为洪武二十六年的八亿五千余万亩④，清代的最高纳税地数字为光绪元年的九亿一千余万亩⑤，我们从《元史·食货志·经理门》所载江浙、江西、河南三省的土地数字和《元史·食货志·税粮门》所载各省的税粮数字中，可以推算出元朝的纳税地大概在六亿亩左右⑥。

如所周知，历代封建贵族豪族、地主阶级为逃避土地税而强占隐匿的土地不在少数。但是元朝的土地税很轻⑦，所以逃税土地不如为逃税户口数字的庞大。我们估计，如果包括纳税地和逃税地在内，元代的耕地面积可能在十亿亩以上，比前朝还是有所增长的。王盘在《农桑辑要》序中说世祖"以劝课农桑为务，行之五六年，功效大著，民间垦辟种艺之

---

① 《马克思恩格斯全集》俄文第一版，第十六卷，第一部分，第 287 页。转引自《苏联关于游牧民族宗法封建关系问题的讨论》，第 23 页注二。
② 《新元史》卷 68《食货志一》。
③ 《宋史》卷 174《食货志二》，《通考》卷四。
④ 《明史·食货志》。
⑤ 《清实录》《东华录》。
⑥ 《元史》卷 93《食货志一·经理门》载江浙、江西和河南三省官民荒熟田数，同卷《税粮门》载有各省税粮数字，根据这些数字可以算出江浙亩税四升半，江西二升半，河南二升一合。根据江浙、江西、河南三省为标准来推算其他诸省的田亩数字，大约为四亿五千万亩以上，但因灾放免和欠税的数字都未在内，因此估计为六亿亩左右。
⑦ 元代土地税系耶律楚材所定，即下田二升，中田二升半，上田三升，水田五升。

业,增加数倍"①的说法,虽不免溢美之嫌,但也不是没有根据的。

耕地是生产力三要素中劳动资料或劳动手段内的物质条件之一。

农业生产工具的改进和提高

生产工具是生产力发展水平和性质的标志,由于忽必烈政府大力组织农业生产和鼓励农业生产的重农政策和有效措施是符合人民群众的利益的,所以得到劳动人民的支持。农民群众在重农政策的鼓舞下,发挥了一定的生产积极性和创造性,在前朝农民已经取得成就的基础上,对农作物的耕耘、播种、中耕、收割,以及农田灌溉,农产品加工等各种生产工具,在实践中都有一定程度的改进,甚至还有一些新的创造,这是可以从元朝人有关农业的著作中看到的。在忽必烈政府编印的《农桑辑要》一书颁行全国的倡导下,当时各地出现了有关农业生产经验的专书十多种,王桢《农书》为其代表。该书内容为三部分,第一为《农桑通诀》十七篇,第二为《百谷谱》十篇,第三为《农器图说》二十篇,而以农器图说为最重要。"农器图说"分为田制、耒耜、𬭎𫮃、钱镈、铚艾、杷耖、蓑笠、蓧蒉、杵臼、仓廪、鼎釜、舟车、灌溉、利用、辇麦、蚕缲、织纴、纩絮、麻苎等二十门。其中耒耜门记耕耘所用的主要农具之一犁的耕盘部分就有所改进,"耕盘旧制稍短,驾一牛或二牛,故与犁相连,今各处用犁不同,或三牛四牛,其盘以直木长五尺,中置钩环,耕时旋环、犁与轭相为本末,不与犁为一体",这样盘与犁分开,运用起来就更有灵活性了。

铚艾门的劀刀是当时新创的用于开荒的一种小犁。由于开垦芦苇蒿莱等荒地,"根株骈密,于耕犁之前,先用一牛引拽小犁仍置刃裂地,辟及一陇,然后犁铲随过,复墢截然,省力过半。又有于木犁辕首里边就置此刃,比之别用人畜,尤省便",这是在原犁的基础上加以改进发展出来的一种创造。

钱镈门有耧锄与耧车制颇同,"独无耧斗,但用耰锄之横耰桄下,柄中穿耧之仰锄刃形为杏叶。撮苗后用一驴带嘴挽之,其深过锄力三倍,

---

① 武英殿聚珍本《农桑辑要·王盘序》。

所办之田,日不啻二十亩,今燕赵间常用之,曰劐子,少异于此",这是北方劳动人民在耧车的基础上引申出来而新创的一种用于中耕的新生产工具。

耒耜门有粪耧,"耧车下种器,有独脚两脚三脚之异,关以西有四脚耧。近又有创造下粪耧种,于耧斗之右,别置筛过细粪,或拌蚕沙,耩时随种而下,复于种上,尤巧便",这也是北方劳动人民在耧车的基础上新创的一种关于改进施肥工序的工具。

钱镈门有耘锄、耘荡,"耘荡江浙之间新制也,既胜锄又代手足,所耘田数,日复兼倍",这是关于中耕除草疏泥等工序中,可以减轻费时而辛勤的劳动工具的改进。

铚艾门有推镰"速于刀刈数倍",这是关于收割工具的改进。此外灌溉门所载关于水利工具方面,利用门记关于农产品加工工具方面,都有显著普遍的改进和革新。

所有以上一些对农作物的耕耘、中耕、收割,以及农产品加工和农田灌溉等等生产工具的发展与提高,都是以汉族为主的各族人民长期以来通过辛勤的生产斗争,在实践中促进农业生产的发展和提高的反映。由于忽必烈政府对于农桑事业的重视,当时注意农业的知识分子因而有可能采纳劳动人民的成果汇编成书,加以推广,在农业知识普及以及农业生产、生产力的提高方面都起了不小的积极作用。

水利建设和灌溉工具的发展

元朝享国虽不及百年,但在水利建设工程共为二百六十四处,北方五十八处,南方二百多处。虽较宋之六百七十二处为少,但与唐朝的二百七十三处比较则相差无几①,郭守敬在水利建设上的贡献是大家都知道的②,至于水利灌溉工具的普及与提高更是值得特别提出的。王祯《农书》中"农器图说"类、"灌溉图谱"门所记当时民间使用的水车制度有刮

① 李剑农:《宋元经济史稿》,第18页。
② 《元史》卷64～66《河渠志》,《元史》卷164《郭守敬传》,《元文类》卷59《太史令郭公行状》。

车、翻车、筒车、牛转翻车、水转翻车、驴转翻车、高转筒车等七种,王氏于各种水车的形制既为之图谱又为之说明①,明代徐光启《农政全书》又引用《农书》并一一加以解释②。这些水利工具都是我国劳动人民从长期生产斗争实践中逐渐发明、不断提高的成果。元代农民由于生产积极性有所提高,因而对于生产工具在原来的基础上,有所发展和提高,这是重农政策实施后的必然结果。

粮食产量的提高

元代南方粮食产量有所提高,这是可以从某些书院学田和寺庙庄田的地租记录中推算出来的。据《大德昌国州(今浙江定海)图志》载翁州书院学田每亩租谷一石六斗③,《延祐四明志》载劓山书院学田每亩租谷二石六斗,《西湖书院田租碑》:松江学田每亩租米三斗,乌程学田每亩租米六斗五升,昆山学田每亩租米六斗五升,仁和学田每亩租米八斗,钱茂之民田每亩租米七斗八升;慈湖书院学田每亩租谷一石三斗余,义学田每亩租谷二石四斗,乡学田每亩租谷一石五斗或一石七斗④,《台州金石录》载元代光远庵莹田每亩租谷二石或二石四斗⑤。《越中金石记》载元代余姚县普济寺田每亩租谷二石二斗或三石二斗;嵊县文昌祠田,每租谷二石三斗;《绍兴路义田碑》载山阴县义田每亩租米六斗五升余,会稽县义田每亩租米六斗余;《南镇庙田碑》载一等田每亩租米七斗或八斗,二等田每亩租米五斗五升或六斗,三等田每亩租米四斗,或四斗五升,或五斗⑥,《两浙金石志》载湖州报恩光孝寺田每亩租谷一石⑦,《黄文献集·西湖书院义田记》载宜兴义田每亩租米原为五斗,减为四斗八升,汤

---

① 王桢《农书》。
② 徐光启《农政全书》。
③ 《大德晶国州图志》卷二。
④ 《延祐四明志》卷十四。
⑤ 《台州金石录》卷十三。
⑥ 《越中金石记》卷七、卷八、卷九。
⑦ 《两浙金石志》卷十四、卷十五。

氏义田每亩谷二石①。这些都是有关浙江地区田租数字的原始记载,史料价值较高,依据这些数字分析,可见当时当地租谷从最低的一石至最高的三石二斗,平均每亩约在二石左右,租米最低的三斗到最高的八斗,平均在每亩约六斗左右。由租谷或租米的数字可以推算农田产量的数额,据宋人笔记江南田租标准,一般为五五制②。兹以五五制推算,元代浙江农田产量:下田为二至三石,中田为三至四石,上田为五至六石,且有少数在石以上的。这和《知耻堂存稿》、《宁国府劝农文》所说的江浙地区上田可产五六石的说法③,王炎《上林鄂州书》所说的湖广地区上田产谷三石下田二石④的说法都可以互相印证。

江苏金石记南宋时期无锡县学田每亩租白米有的五斗,有的七斗三升,有的七斗五升五合,有的八斗九合,有的一石;常熟县学田每亩租米有的三斗,有的三斗余,吴县学田每亩租米有的八斗,有的九斗,有的一石四斗;平江府学田租米每亩七斗⑤,可见江南地区农田产量和浙江相近,一般租为三至四石,上田也有达到五至六石的。

这种产量和唐朝的平均亩产二石的数字比较,固已大为提高;就和北宋时期的产量比较,也有一定程度的提高。

蚕桑业和棉麻业的发展

蚕丝和棉花以及苎麻等都是经过劳动加工的原料,是劳动对象中的一部分,也就是生产力中的要素。《新元史·食货志·农政门》称至元二九年大司农上诸路植桑枣诸树二千二百五十二万余株⑥。我们从《马可波罗纪行》中可以看出元朝南北各地蚕桑业和丝织业都很发达⑦,从《元

---

① (原缺)。
② 洪迈《容斋随笔》卷四,"牛米"条;卷七"田租轻重"条;王炎《双溪文集》卷十一《上林鄂州书》。
③ 《宁国府劝农文》见《知耻堂存稿》卷五。
④ 王炎《双溪集》二十七卷"上林鄂州书"见"双溪集"卷。
⑤ 《江苏金石记》卷。
⑥ 《新元史·食货志》。
⑦ 《马可波罗纪行》,冯承钧译本第二册。

史·食货志》中可见元政府的税收一项每年丝料达几百万石之多①。所以元朝发行纸币多以丝料为基金,称为丝钞或丝会②。

忽必烈时代对于棉种植业和棉纺织业的提倡和推广是尽了相当努力的。木棉在我国西南的四川云南等地种植虽始于唐代,在广东福建等地民间已于宋代推行种棉业和棉纺织业。但在江东地区则直到南宋末年尚未能推广,所以谢枋得曾感叹地说:"所以木棉利,不畀江东人"③,这可能是由于江南地区蚕桑业和丝纺织业特别发达,从事蚕桑业者恐惧棉业起而夺其既得利益,故以风土不宜为借口,拒绝种棉,所以谢枋得诗说:"奈何来瘴疠,或是畏苍是"④,《农桑辑要》说:"悠悠之口率以风土不宜为辞",忽必烈在汉族知识分子王盘孟棋,畅师文、苗好谦等的帮助下,不顾顽固派的反对,毅然决然下诏设置浙东、江东、江西、福建、湖广木棉提举司。并责成这几省每年缴纳棉布十万匹⑤,这种硬性的规定,对推广种棉业和棉纺织业的发展是起了很大的促进作用的。

屯田制度的推广

忽必烈汗时期曾大力推行屯田制度,据《元史·兵志》及《地理志》所载,元代屯田总数在二十万亩以上,屯田户在三十万亩以上。这些屯田中主要是军队为供给军粮而建立的军屯,也有少数是民屯或军民合屯的。有些建立在边远地区,也有的建立在因兵灾荒度的部分中原地区,但值得特别提出的是长城以北的蒙古地区以及东北和西北地区,土地广阔,居民稀少,长期以来农业很少,人民以经营游牧的或半游牧的牧畜经济为主。游牧经济有其极大的脆弱性和局限性,这是由于(一)它的生产方式的原始性和生产率的低微,既不利于扩大再生产,又不利于扩大社会财富,也不能抵抗自然害;(二)由于居住不定,不利于发展社会生活,

---

① 《元史·食货志》。
② 《元史·食货志》。
③ 谢枋得《谢刘纯父惠木锦诗》,见《谢达山文集》,见赵翼《陔余丛考》所引。
④ 同上。
⑤ 《元史·世祖本纪》。

不利于提高文化水平;(三)由于生产和生产的不稳定性,牲畜财物常有被抢掠的危险;(四)由于财产的不稳定性(基础)容易养成好战斗,好抢劫,以战争为攫取财产的手段。(上层建筑)由于这些落后生产形态和生活方式严重地阻碍了游牧人民生产力和生产关系的发展。使蒙古社会形态长期即停滞在早期封建社会的阶段。如果不能过到定居生活,则早期宗法封建社会的进一步发展是不可能的。因为过渡到定居生活是任何民族的农业发展的首要的基本的条件。正如马克思所说的:"社会的现实财富,和社会再生产过程不断扩大的可能性,不是依存于剩余劳动的大小,而是依存于它的生产率和它所借以进行的丰度大小不等的各种生产条件"①。"随着农耕的发展,天然牧场就不够养畜业使用,也不能满足对于肉食的需要。为了达到这个目的,就必须利用耕地。"②忽必烈汗在长城以北以经营游牧的或半游牧的经济为主的广大边远地区大量推行屯田制度,是能够适应这一种历史需要的,虽然忽必烈汗本人不可能意识到这一政策的重要意义。

　　漠北的称海地区和西北的谦谦州等处,在成吉思汗时代虽曾开始屯田③,但规模不大,忽必烈时代由于对内外用兵④,曾由内地金发汉军,并招集当地区民在漠北、西北及东北屯田积粮,供给军需。上都开平,旧都和林,以及称海、五河、克鲁伦河、杭爱山、阿尔太山等地屯田四十六万余亩,军民屯田户四千六百余户⑤。上都开平附近还仿照内地已经通行的村社制度,建立以五十户为一社的村社组织作为农村的基层机构,担负劝导农民和监督农民的双重任务。西北边区有宁夏营田司、宁夏放良

---

① 马克思《资本论》第三卷,第 1073 页,1955 年人民出版社版。
② 马克思《剩余价值学说史》第二卷,第二部分,第 96 页,1936 成俄文版,转引自《苏联关于游牧民族宗法封建社会的讨论》,第 39 页。
③ 成吉思汗时曾在称海屯田,见《元史》卷 130《镇海传》及《长春真人西游记》。成吉思汗时曾在谦谦州屯田,见《长春真人西游记》。
④ 对内用兵指阿里不哥、那颜等而言,对外用兵指对日本等。
⑤ 漠北屯田除《元史·兵志》《地理志》材料外,《元文类》卷 39 抑贯撰《题郎中苏公墓志铭后》,同书卷 54 虞集撰《岭北行省郎中苏公墓志铭》亦可参考。

官、宁夏新军万户府、亦集乃等处屯田二十余万亩。别失八里元帅府侍卫新附军屯田户有一千人[1]。运至吉里吉思，撼合纳思，昂可剌乌州，谦谦州，益兰州等地也设立了行政机构，派遣汉官，迁移汉人前去屯田并传授制造农具、舟船、陶器等手工业生产技术[2]。东北边区有大宁路，成平府，金州、复州、肇州等处屯田户四千六百余户，屯田三十余万亩[3]。这种大规模的屯田对漠北、西北及东北边区的农业经济的发展有重要的意义，漠北行省实行屯田以后，"数十年来，婚嫁耕植，比于土著。牛羊马驼之畜，射猎贸易之利，自金山、称海、沿边诸塞，蒙被涵照，咸安乐富庶，忘战斗转徙之苦"[4]。这可见忽必烈的屯田政策对于长城以北兄弟民族地区由游牧生活过渡到定居生活的社会进步方面，是收到了显著效果的。

以上从农业劳动力、耕地面积、生产工具、水利建设和灌溉工具、粮食产量、蚕桑业与棉麻业以及屯田等诸方面的发展情况略加分析以后，我们可以肯定地说，元代农业生产力是有一定的发展的，这些都是忽必烈执行重农政策的直接效果。

由于农业的恢复和发展，手工业的原料来源，市场销路的更加广阔，因而无论官营和私营手工业也有所发展，特别是官营手工业中的毛纺织业、丝纺织业、棉纺织业，麻纺织业、制瓷工业以及军器工业等的畸形发展更为显著。

由农业和工业的发展，交通运输业、商业和都市也随着有很大的发展。这在《马可波罗记行》一书中看得很显著。

以上这些是重农政策实行后的间接效果。重农政策的作用，实际上也就是上层建筑对经济基础所起的推动作用。因为先进的上层建筑是建立在适应生产力发展的先进经济基础上的；它对基础的形成巩固和生

---

① 别失八里屯田，见《元史》卷 63《地理志 6·西北诸地附录》。
② 益兰州等五部设立行省机构，见《元史》卷 63《地理志 6·西北诸地附录》及《元史》卷 167《刘好礼传》。
③ 东北屯田，见《元史·兵志》及《地理志》及《高丽传》《日本传》。
④《元文类》卷 54 虞集撰《岭北行省郎中苏公墓志铭》。

产力的发展可以起促进的作用。正如毛主席所指示的"诚然,生产力、实践、经济基础,一般地表现为主要的决定作用,谁不承认这一点,谁就不是唯物论者。然而,生产关系、理论、上层建筑这些方面,在一定条件之下,又转过来表现其为主要的决定的作用,这也是必然承认的。""当着政治文化等等上层建筑阻碍着经济基础的发展的时候,对于政治上和文化上的革新就成为主要的决定的东西了"。"我们承认总的历史发展中是物质的东西决定精神的东西,是社会的存在决定社会的意识;但是同时又承认而且必须承认精神的东西的反作用,社会意识对于社会存在的反作用,上层建筑对于经济基础的反作用。这不是违反唯物论,正是避免了机械唯物论,坚持了辩证唯物论"[①]。

忽必烈的重农政策(也就是上属建筑)究竟包含一些什么内容呢?

我们认为主要包括:(一) 在边远地区及荒地较多部分中原地区扩大屯田网,利用镇戍军并招收逃亡户从事开垦;(二) 迁徙南方的新附军民充实北方特别是漠北及西北边远地区的屯田营;(三) 清理豪强霸占的土地还给农民(但未完全贯彻);(四) 限制牧场多占民田,禁止牲畜破坏农业生产;(五) 兴修水利,推广水利灌溉工具;(六) 安辑流亡,听民自实边远荒田旷土,展期科税;(七) 对贫困屯田户和迁移户,给以农具,耕牛和种粮等;(八) 释放一部分奴隶,以充农业劳动力,(九) 在南方大力提倡种棉,在北方大力提倡种麻;(十) 编印并颁发《农桑辑要》一书,改进农业技术;(十一) 减轻土地税;(十二) 在中央和地方政府中设立执行重农政策的劝农官和劝农机构;(十三) 在农村建立具有劝导农民和监视农民的双重任务的以五十户为一瞳的村社制度,以二十家为组的里甲制度(在蒙古本地则是以十家为一个牌子的军事组织);(十四) 用劝农成绩为地方官吏考课的主要标准等等。这些都是比较先进的行政措施,也就是比较先进的上层建筑。所以《元史·食货志》说世祖"即位之初,首诏天下,国以民为本,民以衣食为本,衣食以农桑为本。于是颁发《农桑辑要》之

---

① 《毛泽东选集》第一卷,第 313—314 页。

书于民,俾崇本抑末。其睿见英识,与古先帝王无异,岂辽金所能比"①,《新元史·食货志》认为"元之重农自世祖始……其劝农桑之法度越唐宋"②,元代的重农政策和措施比辽金为先进是毫无疑问的,如果说比唐宋先进,虽不免有夸大之嫌,但也不是没有根据的。列宁说:"判断历史的功绩,不是根据历史活动家没有提供现代所要求的东西,而是根据他们比他们的前辈提供了新的东西"③,忽必烈和他的集团在重农政策方面是有新的贡献的。

二

忽必烈生长在蒙古帝国勃兴时期,从成吉思汗至窝阔台汗时,蒙古军队已经征服了亚欧大陆的大部分地区,建立了疆域辽阔,民族众多的庞大军事帝国。各种复杂的矛盾都蝟集在蒙古统治者的面前,但自成吉思汗直到蒙哥汗时期,还一直停留在军事征伐阶段,他们所考虑的主要是军事上如何取得胜利以及在战争中如何争取掠夺品和俘虏等问题。至于政治上的长治久安之计,他们还无暇顾及。因此蒙古帝国初期在中原北部实行了大屠杀、大俘虏和大掠夺政策,如木华黎攻下银州(今陕西米脂西)时,"斩首数万级,获生口马驼牛羊十万"④,太宗子阔出攻下德安(今湖北安陆)时,"其民数十万皆俘戮无遗"⑤原来在女真西夏铁骑践踏之下已相当凋敝的北方,再经蒙古的铁骑蹂躏之后,更加残破不堪了。"真定……兵荒之余,骸骨蔽野"⑥,"赵州……兵乱,民废农耕,所在人相食"⑦,"关中兵后,

---

① 《元史》卷 97《食货志二·农桑门》。
② 《新元史》卷 69《食货志二·农政门》。
③ 列宁《评经济浪漫主义》,《列宁全集》第二卷,第 150 页。
④ 《新元史》卷 119《木华黎传》。
⑤ 《元史》卷 89《赵复传》。
⑥ 《元史》卷 151《赵迪传》。
⑦ 《元史》卷 151《王义传》。

积尸满野"①,"关中苦于兵革,郡县萧然"②,"平阳诸郡被兵之余,民物空竭"……,"河东杀掠殆尽"③,其余类似之例不胜枚举。蒙古帝国初期统治中原北部仍然沿袭蒙古地区的一套老经验:"天下新定,未有号令,所在长吏,皆得自生杀,少有忤意,刀锯随之,至今有室被戮,襁褓不遗者;而被州此郡,动辄兴兵相攻","诸路长吏兼领军民钱谷,往往恃其富强,肆为不法"④,"中原略定,事多草创,行台所统五十余城,州县之官,或擢自将校,或起由民伍,率昧于从政,甚者专以培克聚敛为能。官吏相与为贪私以病民","州县官相传以世,非法赋敛,民穷无以告"⑤,"自开国以来,纳土及始命之臣,咸令世守,子孙皆奴视部下,郡邑长吏皆其皂隶僮使,前古所未有"⑥,"朝元礼仪,政无法规,官无秩禄,诸王分地,各任其所为"⑦。以上这些事例反映了蒙古帝国初期统治中原北部地区的政治情况的一般形势。自成吉思汗对夏对金用兵,残酷的屠杀和俘掠,给原来夏金统治地区的农业生产,带来比夏金统治时期更为严重的破坏。夏金灭亡后,蒙古统治者又从这些地区搜括丁壮、马匹、粮食,以及其它物资来维持他们的战争。当时北方的田地大量为蒙古贵族占为牧场⑧,中原北部的劳动力大量脱离土地,庄稼受到战争的破坏和牧畜的蹂躏,桑棉遭到砍伐,耕牛耕马横遭劫杀和搜刮,形成一片土地荒芜人烟萧条的景象。在北中国严重的深刻的经济危机和政治危机的袭击下,这就不能不激起富有斗争传统的以汉族为首的各族人民的逃亡斗争和武装起义。

北方人民的武装起义

蒙古帝国初期对中原北部西夏和女真政权的战争,有如摧枯拉朽,

---

① 《元史》卷169《贺仁杰传》。

② 《元史》卷151《田雄传》。

③ 《元史》卷150《刘亭安传》。

④ 宋子贞《中书令耶律公神道碑》,《元文类》卷57。

⑤ 《元史》卷15《宋子贞传》。

⑥ (原缺)。

⑦ (原缺)。

⑧ 《元史》卷15《郑制宜传》云"安西旧有牧地,围人恃势冒夺民田十万余顷"(即千多万亩)。

势如破竹。但是由于蒙古统治者采取落后的屠杀、俘虏和掠夺政策,激起了富有斗争传统的以汉族为首的各族人民的无比愤怒,不断发动了规模不同的武装起义。西北地区有秦州赵甫、刘高二等领导的起义,有李文秀等领导的起义①,陕西有木波军的起义②,山西有中条山侯七侯八领导的起义,众至十余万,攻克河中府,杀死了投靠蒙古贵族的汉族地区地主武装黑旗军首领石天应③,河南地区有太康人刘全、付温和东平人李宁等密谋在卫辉一带起义④,亳州县人孙学究、卫辉人王深、欧荣等密谋起义⑤,而影响较大,活动地区较广,持续时间较长的则当数山东和河北地区红袄军的起义⑥,袄忠义军初起时分为四支,分散活动:一为鲁东维州北海人李全的一支,活动于安邱、临朐和涟水等地。一为鲁中青州益都人杨安儿的一支,活动于鲁东登州、莱州、莒州、维州、密州、沂州等地,众至数十万,曾建立政权,建元"天顺",署置百官。杨安儿牺牲后,其妹杨妙真代领其众。一为鲁西太安人刘二祖的一支,活动于淄州、沂州、滕州、兖州、单州、祁州等地,刘二祖牺牲,郝定代领其众,建立政权,国号"大汉",建元"顺天",自称皇帝,署置百官。郝定牺牲后,彭义斌继领其众。一为河北深州周元儿的一支,活动于深州、祁州、束鹿、安平、无极等县。周元儿牺牲后,彭义斌和他的余部取得联系。一二一五年李全与杨妙真二部结合后,一二一七年彭义斌一支也和李全部合作,势力日益强大,以山东为根据地,南向淮河流域发展,兼并各路义军,势力直达长江北岸。这些农民起义军原来虽以反抗女真统治为主要目标,但自金政权日趋衰亡,转为以反抗蒙古统治者为主要目标,其中反抗蒙古最勇敢坚决的为彭义斌的一支。和李全等之向南扩展者相反,彭义斌独率军北向,一二二二年攻克大名,受南宋政权任命为大名路总管。为谋和周元

---

① 《元史·世祖本纪》。
② 《元史》。
③ 《元史》卷119《木华黎传》,《元名臣事略·木华黎事略》。
④ 《金史》卷85《镐王永中传》。
⑤ 《金史》卷85《镐王永中传》。
⑥ 《宋史》卷476~477《李全传》,《金史》卷102《仆散安贞传》等。

儿余部取得联系,彭义斌于一二二五年更北向进攻真定并和当地的地主武装首领武仙部相结合(因原武仙部下有周元儿余部)众至数十万,虽被地主武装史天泽、石天禄、严实等所战败①壮烈牺牲;但是他的英勇坚决,代表了农民起义军的高贵品质,对蒙古贵族的影响是深远的。忽必烈汗坚持改革落后的蒙古上层建筑,以适应中原地区的先进经济基础,北方人民的武装起义的影响是不可低估的。与农民起义军相反,金末元初,中原北部也有不少的地主武装出现,如河北地区有史秉直、史天倪②、苗道润、靖安民、张柔、张进、张开(完颜开)、王福、武仙③以及崔立④等;山西地区有郭文振、郭栋、胡天作、史咏等;山东地区有石珪⑤、严实⑥等。这些地主武装都是以保全地主阶级的既得利益而组织起来的,后来分别投降了女真或蒙古政权,猎取了高官厚禄,成为统治者的爪牙,正如列宁所说的:"在任何真正严肃的重大政治问题发生时,集团都是按阶级而不是按民族划分的"⑦。地主武装之所以分别加入女真和蒙古统治集团是势所必至的。

北方人民的逃亡斗争

在蒙古贵族执行的大屠杀大俘虏大掠夺政策和惨重的剥削压迫政策之下,北方人民处于不能生存的境地。为了解脱这不能忍受的灾难,除积极的武装起义之外,就只有消极的逃亡斗争之一法了。这类的例证太多,不胜枚举。西北地区的陕、洛秦虢等州人民以及四川人民纷纷逃避山林⑧。陕西奉元路的兴平县,在金代属京兆府属十二县人口共为九万八千余户。蒙古将军塔本镇守白霫诸部时,兴平县只有七百户,塔本采取

---

① 《元史》《宋史》卷476～477《李全传》,《元史》卷148《严实传》。
② 《元史》卷147《史天倪张柔传》。
③ 《金史》卷118《苗道润传》《王福传》《武仙传》《靖安传》《郭文振传》《胡天作传》《张开传》。
④ 《金史》卷115《崔立传》。崔立为上党公张开(完颜开)的部下。
⑤ 《元史》卷193《石珪传》。
⑥ 《元史》卷148《严实传》。
⑦ 《列宁全集》卷20。第19页。
⑧ 宋子贞《中书令规公蒯道碑》。

措施,招集流亡,不过二年,就增至万户①。陕西京兆府为忽必烈封地。金代京兆府及所属诸州共有二十六万八千六百余户②,忽必烈在京兆府搞改革试点时,把原来的封地怀孟二州拨归京兆府领导。京兆府及怀孟二州合计,金代共有三十九万七千余户③。忽必烈搞改革试点时,这一府政二州共八州十二县却不过万户④,损失为三十八万七千余户,所余者不过四十分之一而已。可见元初户口逃亡的严重性。(怀孟二州金代原有十二万八千四百余户⑤,元代只存三万四千九百余户,减少了九万三千四百余户,所余仅四分之一)河北的邢州亦为忽必烈封地。金代邢州府属八县共为八万二百余户,每县平均一万户以上,邢台为首县,户口可能更多。元代顺德路九县,只存三万五百余户,十二万四千四百余口⑥,比金代增加了一县,却减少了四万九千七百余户,即减少百分之六十以上。邢台为邢州首县,金代原有万户以上,元初只存五百至七百户。忽必烈以邢台为第一次改革试点,以张耕、刘肃、李简等为安抚使,招集流亡,不久即增加十倍⑦,此外相似的例证很多,我们只要将《金史·地理志》和《元史·地理志》所载北方各地的户口数字作一比较,便可看出元代北方户口损失的一般。这种情况至忽必烈即位初年仍然存在。至元十三年谕总管万户刘黑马说:"据斜烈奏,忽都虎等原籍诸路民户一百四万六百五十六户,除逃户外,有七十二万三千九百十户。"⑧此可见逃亡者为三十一万六千七百四十六户,达总数三分之一以上。刘秉忠上书忽必烈说:"天下户过百万,自忽都那颜断事之后,差徭甚大,加以军马调发,使臣烦扰,官吏乞求,民不能当,是以逃窜"⑨,北方人民的大规模的逃亡斗争对忽必烈的影响是极为深刻的。

---

① 《元史》卷124《塔本传》。
② 《金史·地理志》。
③ 《金史·地理志》。
④ 《元史》卷159《商挺传》。
⑤ 《元史·地理志》。
⑥ 《元史·地理志》。
⑦ 《元史》卷157《张文谦传》。
⑧ 《元史》卷98《兵志一》。
⑨ 《元史》卷157《刘秉忠传》。

蒙古贵族争夺最高统治权的斗争

忽必烈生长在蒙古贵族争夺最高统治权的斗争日益表面化的时期。当成吉思汗晚年已经出现察合台与术赤争夺继承权的苗头。成吉思汗死后,蒙古贵族中有拥护成吉思汗的幼子拖雷争继承权的派别;成吉思汗的幼弟斡赤斤也有争继承权的意图。当窝阔台汗死后,尤赤系的拔都汗和窝阔台系的贵由汗之间的矛盾日趋尖锐化,当贵由汗死后,窝阔台系的失烈门和拖雷系的蒙哥汗之间的争夺愈见白热化。这些内部矛盾和冲突对忽必烈的家庭教育都有其一定的影响;特别是在蒙哥汗与失烈门的斗争中,忽必烈是亲身参与其事的成员之一,其影响之大,更不待言。忽必烈自窝阔台汗死后,以一个二十九岁的王子的地位,即开始注意政治形势,招聘各方名士,从他们学习统治经验,积极准备条件,企图参加政治活动,这都不是偶然的。忽必烈即是一个具有政治抱负同时也具有政治敏感的人。从蒙古贵族争夺最高统治的矛盾斗争中,使他不能不考虑政治上的长治久安之计。

蒙古贵族争夺最高统治权的斗争,在更确切的意义上说,就是对君临中原的统治权的争夺,因为帝国的重心在东方,大汗的直辖地也在东方。这个庞大的军事帝国,并不是一个巩固的集体。由于帝国内部极其复杂的各种矛盾日益发展,大汗的实际权力所及也越来越集中在东方的中原地区。因此,蒙古贵族争夺最高统治的斗争,就不能超越中原地区的社会矛盾而独立进行。当时中原地区的社会矛盾主要是蒙古的落后上层建筑和中原先进经济基础之间的矛盾。

落后的上层建筑是在落后的经济基础之上形成的。蒙古初入中原时期,还处在游牧的或半游牧的以牧畜经营为经济基础的早期封建社会阶段。游牧部落,随水草为转移。农业很少,需要人的劳动力也很少,因此,对人的劳动力的重要性认识不足。在初入中原时期不但执行了严重破坏农业生产力的大屠杀大俘虏大掠夺政策;而且蒙古贵族甚至建议"虽得汉人,亦无所用,不若尽去之,使草木畅茂,以为牧地"[①]。这种重牧

---

① 宋子贞《中书令耶律公神道碑》,《元文类》卷57。

政策的上层建筑,是符合蒙古地区的经济基础的。马克思和恩格斯对游牧部落的精辟分析,揭发了其中的秘密。马克思说:"蒙古人曾经使俄罗斯荒芜,他们的那种做法是适合于他们的生产、适合于畜牧的,因为大块无人居住的空地对于畜牧是主要的条件"①,"在游牧的牧部落中……战争便成为每一个这种自然形成的集体的最原始的,劳动形成之一,既用以保护财产,也用以获得财产。"②恩格斯说:"获得财富已成为他们最重要的生活目的之一","掠夺在他们看来是比创造的劳动更容易甚至更荣誉的事情"③。

但是建筑在游牧经济基础上面的重牧政策,以及由于重牧政策形成的屠杀俘掠政策,虽然适合于游牧部落,但和具有高度发展的封建经济的中原地区却形成了突出的尖锐的矛盾。由于蒙古贵族的落后统治,迫使北方人民不得不发动武装起义或进行逃亡斗争,以致中原北部形成了严重的经济危机和政治危机。这是蒙古统治者自己搬石头打自己的脚,自作自受。因此使蒙古统治者不能不考虑克服这些危机的政策和措施,以恢复被他们自己打乱的秩序。为了谋求克服危机的方法,为了谋求长治久安之计,就不能不向中原知识分子寻求帮助。

中原士大夫的帮助

忽必烈开始招聘四方名士,访问治道,积极准备条件,企图参与政治活动。正是耶律楚材忧死的时候,这应不是偶然的。耶律楚材是蒙古帝国初期实行汉化的开路先锋。他得到成吉思汗和窝阔台汗信任,对蒙古帝国初期的开国具有不可磨灭的贡献④。耶律楚材的功绩和威望对具有政治敏感的忽必烈不能不发生深刻的影响。耶律楚材的死亡,对具有政治抱负的忽必烈也不能不发生相应的刺激。忽必烈最早接近的汉族知

---

① 马克思《政治经济学批判》,人民出版社 1955 年版,第 160 页。
② 马克思《资本主义以前生产各形态》,第 26—27 页。
③ 恩格斯《家庭、私有财产和国家的起源》。
④ 宋子贞撰《中书令耶律公神道碑》,《元史》卷 146《耶律楚材传》。

识分子和以后替他招聘四方名士的赵璧①,可能就是出于耶律楚材的门下。通过赵璧所招聘的四方名士中,以刘秉忠、姚枢、窦默、许衡、郝经等为代表。这些人都曾向忽必烈陈说治道;而许衡的建议说"考之前代,北方奄有中夏,必行汉法,可以长久,故后魏、辽、金历年最多;其它不能实行汉法皆乱亡相继,史册具载,昭昭可见"②,这是一种很具有说服力,很能打动忽必烈的内心的说法。所谓"汉法"即是高度发展的封建上层建筑的代用语。蒙古贵族为了巩固其本身的统治地位,不得不改革他们原来落后的上层建筑,以适应中原高度发展的先进经济基础。这就是忽必烈采用"汉法"的主要原因,正如马克思和恩格斯所精辟分析的那样,"野蛮的征服者总是被那些他们所征服的民族的较高文明所征服。这是一条永恒的历史规律"③,"在长期的征服中,文明较低的征服者,在绝大多数场合上,不得不和那个国度被征服以后所保有的较高经济情况相适应;他们为被征服人民所同化,而且大部分甚至还采用了他们的语言"④。这种历史规律,在中国历史中不止一次地反复过,为各族知识分子所熟悉;拓拔魏、宇文周、契丹辽、女真金等族的统治经验,对忽必烈是富有吸引力的。忽必烈为其本身及其子孙帝王的利益打算,是不能不被这些说法所打动的。(未完)

(原载于《纪念成吉思汗诞生八百周年蒙古史学科讨论会集刊》,内蒙古历史学会编印,1962 年 10 月。原文刊载未完,余稿现已佚失。)

---

① 《元史》卷 159《赵璧传》。
② 《元史》卷 158《许衡传》,《元文类》卷 13 许衡《陈时务五事》。
③ 马克思《不列颠在印度统治的未来结果》,见《马、恩全集》第九卷,人民出版社 1961 年版,第 247 页。
④ 恩格斯《反杜林论》,人民出版社 1959 年版,第 189 页。

战国以来中国步犁发展问题试探

世界上凡使用耕犁和畜耕的各地区、各民族都有他们的耕犁和畜耕起源和发展的一定过程。耕犁的起源和发展一般可分为踏犁阶段、步犁阶段，乘犁和机犁阶段。①

中国是耕犁和畜耕起源和发展的最早地区之一。从跖耒而耕的踏犁阶段开始，发展到利用牲畜力拖拉的步犁阶段，是我国劳动人民在长期的生产斗争实践中不断摸索创造的重要成果之一。

关于耕犁和畜耕的起源问题，拟另文讨论，这里只就战国以来我国步犁的发展问题试作初步探索。

一

战国以前，我国劳动人民早已创造了利用牲畜力拉车和拉犁的丰富经验。《周礼·考工记》曾经总结了这些经验。当人们驯服了牲畜以后，

---

① 所谓机犁指拖拉机。所谓乘犁是同步犁相称对的名词。所谓步犁指耕者手执犁柄，随犁步行。乘犁则指犁辕安装在两个车轮的轴上，右边装有司深浅的手摇机，后面装有座椅。耕者可乘在犁上，驱畜耕地。西方乘犁有所谓单坊乘犁、双坊乘犁和圆盘乘犁等各种类型。

既然能利用它们为拉车的动力,当然也能利用它们为拉犁的动力①。世界上文化发展较早的地区,有些就是畜力拉车和畜力拉犁出现的时间相差不远的②,有些利用畜力拉犁还出现在畜力拉车之先③。我国古代劳动人民创造畜力拉车的经验可能比畜力拉犁要早一些,所以《周礼·考工记》总结我国先民造车的经验就比造犁的经验要丰富得多。考古学证明,至少在三千多年以前的殷代已经有了用四匹马拉的车④,用一头牛或一匹马拉的简单的车一定要早得多⑤。我国先民所创造的畜力车是多种多样的⑥,但大致可以分为比较笨重的大车和比较轻便的小车两大类。大车多用直辕和双辕,小车多用曲辕和单辕。直辕双辕者称为辕,曲辕单辕者则别称为辀。《周礼·考工记》载,车人为辕,辀人为辀。无论从制造工艺和制造工人的分工上说,都有显著的差别。王筠说:"辕直而辀曲,辕两而辀一。辕施之大车以驾牛,辀施之小车以驾马"⑦。朱骏声说:"大车左右两木直而平者谓之辕,小车居中一木曲而上者谓之辀,亦曰轩辕,谓共穹隆而高也"⑧。

　　辀的构造,一端为方形,置于车轴的中央,其面凸起,入于舆底所开双孔,与左右两伏兔齐平者,称为当兔。自舆底前出,渐曲为穹隆形,方棱亦渐刓,束缚之以为固者,称为桊。桊的前端置横木者,称为衡。衡的两端作缺月者,以夹贴马颈者,称为軶⑨。

　　古代的单辕曲辕犁可能就是劳动人民从单辕曲辕的小车的结构中

① 郭沫若:《奴隶制时代》,科学出版社,1962年。
② 畜力车和畜力犁出现时间相差不远的,以古代希腊和古代罗马为代表。
③ 畜力犁比畜力车出现更早的例证是古代埃及和苏美尔。
④ 石璋如:《殷墟最近之重要发现》,《中国考古学报》第二册,1947年。
⑤ 刘仙洲:《中国机械工程发明史》第一编45页。
⑥ 《周礼·考工记》有兵车、田车、乘车、大车、柏车、羊车等各种类型。
⑦ 王筠:《说文句读》。
⑧ 朱骏声:《说文通训定声》。
⑨ 軶一作軛,又作轭,亦作楅。《周礼·考工记·车人》"凡为辕……,楅长六尺",孙诒让《周礼正义》:"楅即楅之假借字。……《说文》木部云:楅,大车枙。段玉裁云:'枙当作軶。车部曰:軶,辕前也。'刘熙《释名·释车》曰:'楅,扼也,所以扼牛颈者。'"楅亦误作格,樊绰《蛮书》卷七《云南管内物产篇》记南诏地区"耕田用三尺犁,格长丈余,两牛相去七八尺"。

摸索创造出来的,而直辕双辕犁则是从直辕双辕的大车体制中模拟创造而来的,只不过用犁头和犁架代替车轮和车厢就是了。

战国以前的步犁,目前还没有发现,仍有待于考古工作者的努力。战国步犁已出现的也只有河南辉县固围村大墓中所出土 V 字形铁制犁铧(图一,2)和河北易县燕下都出土 V 字形铁制犁铧(图一,1)可供研究。

辉县铁犁铧重 465 克,其大小为斜边长 17.9、中央尖部宽 6、两侧宽 4 厘米,铁刃顶端上下两面都起脊线。犁锋的角度很大($120°$左右),两角的铁叶不及 10 厘米[①]。

有人认为这种 V 字形铁器的形制既小且轻,而且它的夹木双叶张度很小,只能纳入很薄的木板,经不住牛拉。也有人认为这种 V 字形铁犁铧角度过大,如果像汉代步犁一样的装置,似乎不易破土划沟。这些意见都值得引起注意。解决的办法只有用实验的办法试一试。看看它的实践效果如何,再作结论。

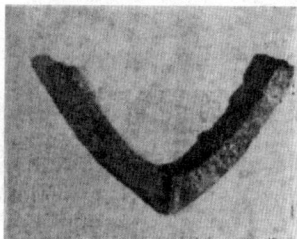

1. 河北易县燕下都战国铁犁铧

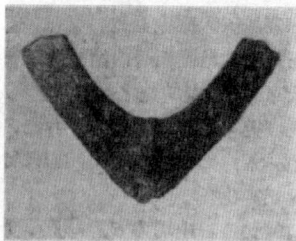

2. 河南辉县固围村 2 号墓战国铁犁铧

图一　1. 中国历史博物馆藏品　2. 采自《辉县发掘报告》图版陆肆,5

[①] 中国科学院考古研究所:《辉县发掘报告》,科学出版社,1956 年。

二

战国以来,铁制生产工具不断发展。到了汉代,铁器的制造和使用比战国时期更为普遍。特别是汉武帝及其以后,冶铁工业收归国家垄断,铁器的传播更加迅速。这时期,不但中原地区普遍使用铁器,而且边境少数民族地区也多使用铁器,有的边区还建立了自己的冶铁业。随着新中国考古工作的大发展,汉代铁器出土者已遍布全国各地,根据已发表的材料,西汉铁器出土地点早已达到六十多处,东汉则达到一百多处。铁制生产工具的出土数量和品种,比战国时期大为增加。代表社会生产力标志的先进的新型农具也在不断出现①。

汉代铁犁铧和铁耧脚出土的,东北地区有辽宁省的三道壕前汉遗址②;华北地区有北京市郊区清河镇③(图版玖,10),河北省承德县和保定县④,武安县武汲古城⑤,石家庄市东冈头村⑥,赵陵铺镇⑦等;西北地区有陕西省宝鸡县的斗鸡台⑧,甘肃省天祝县(原为古浪县)黑松驿陈家河台⑨等;中南地区有河南省洛阳市西郊遗址和西北郊烧沟工地⑩,巩县铁生沟冶铁遗址⑪,

---

① 中国科学院考古研究所:《新中国的考古收获》75 页,文物出版社,1961 年。
② 李文信:《辽宁三道壕西汉村落遗址》,《考古学报》1957 年 1 期。
③ 苏天钧:《十年来北京市所发现的重要古代墓葬和遗址》,《考古》,1959 年 3 期 134 页,全国基本建设工程中出土文物展览会工作委员会:《全国基本建设工程中出土文物展览图录》图版二,1。
④ 同注①,76 页。
⑤ 孟浩等:《河北武安武汲古城发掘记》,《考古通讯》,1957 年 4 期。
⑥ 《河北石家庄市两年来在基本建设工程中发现二百余件文物》,《文物参考资料》1955 年 9 期 145 页文物工作报道。
⑦ 河北省文物管理委员会:《河北石家庄市赵陵铺镇古墓清理简报》,《考古》1959 年 7 期。
⑧ 黄展岳:《近年出土的战国两汉铁器》,《考古学报》1957 年 3 期 101 页。
⑨ 李文信:《古代的铁农具》,《文物参考资料》1954 年 9 期。
⑩ 蒋若是:《洛阳古墓中的铁生产工具》,《考古通讯》1957 年 2 期。
⑪ 河南省文化局文物工作队:《河南巩县铁生沟汉代冶铁遗址的发掘》,《考古》,1960 年 5 期 16 页及图版玖,5。

陕县会兴镇刘家渠①等；华东地区有山东省东平县②，滕县③，临淄县齐故城④，安丘县⑤，江苏省徐州高皇庙遗址⑥，安徽省寿县⑦，福建省崇安县⑧等共达几十处。

汉代步犁的构造形式已有出土的四幅汉代犁耕图可供研究。这四幅汉画就是山西平陆县枣园村张店人民公社出土的前汉晚期墓中壁画的犁耕图⑨(图二)、陕西绥德县西山寺出土的后汉永元十二年王得元墓画像石刻犁耕图⑩(图版玖，6)、山东滕县宏道院出土的后汉画像石刻犁耕图⑪(图版玖，5)、江苏睢宁县双沟出土的后汉画像石刻犁耕图⑫(图版玖，4)。绘画中所表现的器物虽然比较简单，不一定能代表真实器物的全部结构，但是从它们所反映的大体构造中，仍不失为研究实物的重要参考资料。

从出土的四幅步犁图和一幅耧犁图中，可以很清楚地看出下列各点：

1. 汉代步犁的犁头显然都是铁器，但只有起破土划沟作用的犁铧或犁镵，都还没有起碎土松土作用的犁壁或犁镜。因此碎土松土和起垄作亩，仍须依靠锄类农具或铲类农具的帮助。

2. 犁辕虽有双辕(如滕县犁和睢宁犁)和单辕(如平陆犁和绥德

---

① 俞伟超：《河南陕县刘家渠汉唐墓墓葬发掘简报》，《考古通讯》1957 年 4 期。
② 《山东省文物管理处清理东平县芦泉屯的汉墓五座》，《文物参考资料》1955 年 12 期文物工作报道。
③ 《滕县古薛城发现战国时代冶铁遗址》，《文物参考资料》1957 年 5 期文物工作报道。
④ 山东省文物管理处：《山东临淄齐故城试掘简报》，《考古》，1961 年 6 期。
⑤ 同注 12，76 页。
⑥ 江苏省文物管理委员会：《徐州高皇庙遗址清理报告》，《考古学报》1958 年 4 期。
⑦ 同注 12，76 页。
⑧ 福建省文物管理委员会：《福建崇安城村汉城遗址试掘》，《考古》，1960 年 10 期。
⑨ 山西省文物管理委员会：《山西平陆枣园村壁画汉墓》，《考古》，1959 年 9 期 463 页图二。
⑩ 陕西省博物馆：《石刻选集》8 页 7，王得元墓室画像刻石之一部。
⑪ 王襄：《滕县汉石画记》，《燕京学报》38 期 127 页，段拭：《汉画》图版三三，中国古典艺术出版社，1958 年。
⑫ 《省(江苏)文化局把徐州市附近汉画像石集中保管》，《文物参考资料》1956 年 10 期文物工作报道；江苏省文物管理委员会：《江苏徐州汉画象石》图版陆三(图 81)，科学出版社，1959 年。

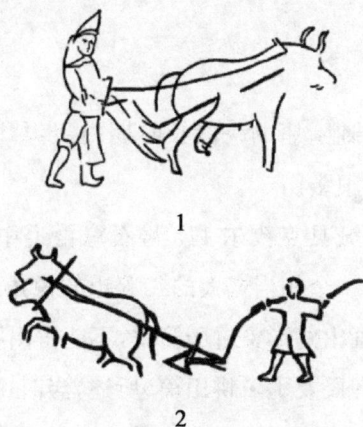

图二　山西平陆枣园村汉墓壁画（采自《考古》
1959 年 9 期图版壹,4;463 页图二）

犁)的分别,但它们都是长辕和直辕(平辕),还没有发现曲辕和短辕,使用时回头和转弯时都不很灵便。特别是在山谷或有涧水的地方更不合用。

3. 犁梢(犁柄)和犁底(犁床)还没有分开,仍然保存着原始的踏犁(拓耒而耕的耒耜)的遗迹。犁铧或犁镵的稳固性还不强。

4. 犁辕前端驾于牛颈上的横木,即车上的衡。衡的两端各有木楄以驾牛,即樊绰《蛮书》的所谓格(格即楄的误写),还没有发现犁盘的装置。

5. 犁架的装置还很简单,只睢宁犁的犁柱下面有一个横木,似乎相当于压镵。还没有可以控制犁土深浅的犁评。由于没有犁壁,所以也没捍卫犁壁的策額。

6. 犁铧或犁镵有的较短,成等边三角形,如前汉平陆犁;有的较长成二等边的锐角三角形,如后汉绥德犁和睢宁犁。

7. 滕县犁前面牵引者有一牛一马。牛驾于辕首,而马则用绳索的一端驾于马颈,另一端系于辕首。这就为后世短辕犁开辟途径。

8. 平陆出土的前汉耧犁,与后世的三脚耧(图版玖,7)近似,但播种器还不很明显。

三

从魏晋南北朝直到隋唐的一段长时期内,步犁的发展如何,考古工作者提供的材料还不很多。

新疆天山南路拜城县克孜尔 175 号石窟甬道中发现的一幅相当于晋代的犁耕图中画出一个相当宽大的二等边的锐角三角形犁头,但是步犁的结构如何,由于画出的形象过于简单,不能得出明确的印象①(图三,1)。据后魏贾思勰《齐民要术·耕田篇》所述,当时山东地区通行的是一种"蔚犁"和一种独脚耧犁;而山东以西各地(指河南、山西、陕西等地),则通行长辕犁和双脚耧犁。所谓"蔚犁"的构造如何,贾氏没有说明。但贾氏认为:"长辕耕平地尚可;于山涧之间则不任用;且回转至难,费力。未若齐人蔚犁之便也。"由此可见所谓蔚犁既与长辕犁相对称言,似乎是一种比较轻便的短辕犁。短辕犁必须用绳索驾牛。前述后汉时代山东滕县犁虽系长辕与直辕,但犁辕前既有一牛,又有一马。牛驾于辕端,而马则以绳索驾之。山东蔚犁的装置可能就是从后汉滕县犁的体制中发展而来的。

河南洛阳王湾遗址曾出土北朝铁犁铧,刃为三角形②,河南三门峡市郊出土的唐代铁犁铧也是三角形(图三,3)。新疆焉耆县也曾出土唐代铁犁铧③。但这些犁铧的形式都和《陶斋吉金录》所载的唐代原造犁有所不同。

唐代原造犁的特点是:铧底的平面飞出,形成两片单翼,空銎相对地向内缩小,因而凸面銎板向内移动,凸出更大的棱角。平面和凸面之间对称构成三角锥形的空壳。通体成一个二等边的锐角三角形,构成近代

---

① 阎文儒:《新疆天山以南的石窟》,《文物》1962 年 7、8 合期。
② 北京大学考古实习队:《洛阳王湾遗址发掘简报》《考古》1961 年 4 期 178 页,图版肆,11。
③ 黄文弼:《新疆考古的发现》,《考古》1959 年 2 期 78 页图一。

犁铧的基本形式(图三,2)①。

由于中国地区辽阔,土质不同,要求不同,步犁的发展情况也是不平衡的。直到唐五代时期,西北地区的步犁结构同汉代步犁的形式基本上没有很大差别。从敦煌莫高窟和安西榆林窟三幅壁画上的犁耕图(图版玖,1~3)中可以鲜明地看出这种情况。虽然壁画所绘的器物都很简单,只能表达大体结构形式,不一定可以作为考证实物的主要依据;但是却不妨作为重要参考资料。

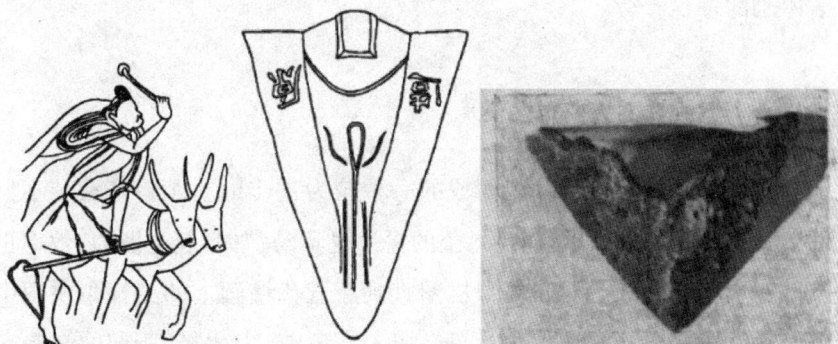

1. 新疆拜城晋代犁耕图　　2. 唐代原造犁　　3. 河南三门峡唐代铁犁铧

图三

1. 采自《文物》1962 年,7、8 合期 45 页图七
2. 采自《陶斋吉金录》卷七页五七
3. 中国历史博物馆藏品

以上三幅犁耕图中的步犁结构基本同汉代步犁相近似:第一幅盛唐犁②同后汉绥德犁相近;第二幅中唐犁③和第三幅五代犁④同前汉平陆犁

---

① 孙常叙:《耒耜的起源及其发展》71 页,上海人民出版社,1959 年。

② 敦煌莫高窟 23 窟壁画,系盛唐法华经普门品故事之一,见 1)金毓黻:《从榆林窟壁画耕作图谈到唐代寺院经济》,《考古学报》1957 年 2 期图版贰第三图;2)《考古通讯》1958 年 5 期 53、54 页编者按语;3)谢稚柳,《敦煌艺术叙录》187 页,上海出版公司,1955 年。

③ 安西榆林窟 25 窟壁画,系中唐早期弥勒变穿插故事之一,见注②。1)图版壹第一图;2) 53 页;3) 466—468 页,敦煌文物研究所:《安西榆林窟勘查简报》,《文物参考资料》1956 年 10 期 11 页。

④ 敦煌莫高窟 61 窟壁画系五代画弥勒变穿插故事之一,见注②1)图版贰第四图,2) 53 页;3) 131 页。

相近。盛唐犁的长辕直辕与绥德犁相同;但盛唐犁似乎是双辕(只画出一辕,而另一辕则未画出),而绥德犁则明系单辕。中唐犁和五代犁也都是长辕和直辕,辕的前端有衡(横木),衡的两端有楅(木轭)以驾于两牛的颈上。但中唐犁的犁辕前端有一部分未曾画出,因此有人疑系短辕;但两头牛颈上所驾的衡和楅同五代犁完全相同,可以推知仍系长辕。这三种步犁的犁头都未画出,还不能断言是否已有犁壁的装置;但就已经画出的部分看来,它们同唐末陆龟蒙《耒耜经》所述江东犁的结构是有显著差别的。

四

曲辕犁是从直辕犁发展而成的一种较为进步的耕犁。直辕犁不但回头和转弯时都较困难,而且入土的深浅也不易掌握,起土费力,效率也较低。从汉代画像上的四幅犁耕图直到唐五代壁画上的三幅犁耕图中可以鲜明地看出都是直辕犁。只有唐末陆龟蒙《耒耜经》所记的江东犁才是曲辕犁。《耒耜经》谓:"前如桯而樛者曰辕"。《周礼·考工记》:"轮人为盖……桯围倍之",郑注:"桯,盖杠也"。樛一作枓。《尔雅·释木》:"下句曰枓,上句曰乔"。《经典释文》:"枓,一本作樛,下句即下曲也。古代大车、柏车、羊车用辕,小车、田车、乘车用辀。辀一作枓,木句曲也"。由此可知,江东犁确是曲辕犁。江东犁的特点很多,例如:

1. 它是犁镵和犁壁的复合装置。

犁壁的发明是步犁的一个重大发展阶段。没有犁壁的步犁就不能达到碎土松土和起垄作亩的目的,仍须依靠锄类农具和铲类农具的帮助。欧洲的步犁直到十一世纪才有犁壁的装置[1]。江东犁的犁壁在《耒

---

[1] C. 辛格尔等:《技术史》(Charles Singer and Others, A History of Technology, Oxford,1956) 第2册89页。

耕经》中已有明确的规格,它的起源必然远在九世纪以前①。

2. 犁梢(犁柄)和犁底(犁床)已经截然分开。犁底板的前端嵌入犁镵的銎中,因而犁头的巩固性大为加强,完全消灭了过去用犁梢的尖端嵌进犁镵的銎中的踏犁遗迹②。

3. 犁辕已由直辕变为曲辕。曲辕比直辕回头和转弯都更灵便,而且入土深浅也较易掌握,起土比较省力,耕作效率较高。

4. 步犁的结构更加完备,增加了调节犁地深浅的犁评和捍卫犁壁的犁策,不但使步犁的装置更加稳固了,而且耕地的深浅也更易控制了。

陆龟蒙的《耒耜经》对江东犁(图版玖,8)的总结性记载,比欧洲十三世纪会计人员对于欧洲步犁的记载更为详明。欧洲十三世纪会计人员对欧洲步犁的记载,只有关于当时步犁结构各部分的名称和部位③(图四),而《耒耜经》的记载更有关于各部件的长短宽狭的规格,即:1. 犁镵长一尺四寸,广六寸;2. 犁壁长一尺,广一尺;3. 犁底长四尺,广四寸;4. 压镵长二尺,广四寸④;5. 策額长一尺六寸,广四寸⑤;6. 犁箭高三尺;7. 犁辕修九尺;8. 犁梢修四尺五寸;9. 犁评高一尺三寸,10. 犁槃长三尺,11. 犁楗长广不明⑥,12. 犁的全长是一丈二尺。

---

① 中国步犁的犁壁究竟始于何时,目前还不能得出结论。近年出土的所谓汉代铁犁壁的年代问题还应作进一步的研究。

② 銎者,斧斤之孔,所以受柄者。

③ 同 P637 注①90 页。

④ 原文长广失载,各本皆缺,但据下文"底过压镵二尺,广狭与底同"可以推知。

⑤ 据下文"策减压镵四寸,广狭与底同"推知。

⑥ 原文作"楗惟称"或"楗惟称绝"意义不明。按《韩非子·外储说》上篇引《墨子》曰:"吾不如为车輗者巧也,用咫尺之木,不费一朝之事,而引三十石之重,键小而所用者大矣"。可知楗是犁辕的前端同犁軛的横木(所谓衡)相连接处所用的木楗子,即木栓子或木楔子。楗子的长短大小可能是没有一定的规格,只要同犁辕和犁軛相称就行了。

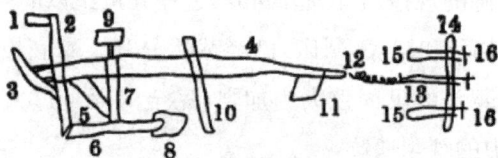

图四　十三世纪西欧步犁结构图(采自《技术史》第 2 册 90 页图 56)
1. 犁手　2. 犁梢　3. 犁柄 4. 犁辕　5. 犁耳　6. 犁头　7. 犁柱
8. 犁铧　9. 犁槌(犁箭)　10. 犁刀　11."犁评"　12. 犁链(犁索)　13. 犁杆　14. 犁衡　15. 犁轭　16. 犁栓(犁钉)

江东犁显然是中国步犁发展到比较完备阶段的典型。这种发展可能是从魏晋时期起,中原人民大量南徙,中原步犁大量应用于南方地区的水稻田以来,步犁发展阶段中的必然产物。华中和华南地区的黏土水稻田同华北地区的黄土旱地有一定程度的差异。为着适应这些不同土质的不同需要,因而犁架的结构以及犁头的形式也不得不有所改进。这些都是劳动人民在一个长期生产斗争的实践过程中不断摸索创造的成果。

南方农业经济自东吴、东晋、南朝以来,已经发展到一定水平。特别是从唐朝中期以后,北方经济受到严重破坏,南方经济则大为发展。北方军民依靠南方粮食供应的程度越来越大。客观需要的刺激对于南方生产工具的促进作用也是不可忽视的。

五

短辕犁是由长辕犁发展而成的一种轻犁,也是步犁发展阶段中的一种比较进步的形式。长辕犁不但回头和转弯时都不灵便,而且体量太重,非一牛所能负担。短辕犁改用绳索,不但体重减轻,而且回转也更灵活了。江东犁辕长九尺,显然仍是长辕。后汉崔寔《政论》说:"今辽东耕犁,辕长四尺,回转相妨"①。既然辕长四尺,应是短辕,何以回转相妨?

———————

① 严可均:《全后汉文》卷四十六。

不知是否由于双辕的缘故。后汉滕县犁和睢宁犁都是双辕。辽东地区的双辕犁，可能就是从山东地区传播去的。后魏贾思勰《齐民要术·耕田篇》记当时山东地区使用的"蔚犁"是与长辕犁相对称的，也可能是一种短辕犁；但贾氏并没有说明它的结构，无从臆断。短辕犁的图样始见于元代的王祯《农书》和明代的《农政全书》（图五，1、2）。王祯《农书》和《农政全书》中关于步犁的文字说明，都照抄《耒耜经》原文，没有任何改变，但是所附步犁图样却和唐末江东犁有所不同。这里都是短辕犁，也是一牛所能负荷的轻犁。

宋元时代，社会生产力有显著的发展，农业生产工具的制造和使用也更加多样化和更加合理化了。南方黏土水稻田用犁镵，北方黄土旱地用犁铧，播种耧犁用耧劗、耕种草莽污泽之地用犁划（一名犁镑），开垦芦苇蒿莱等荒地用犁刀（劗刀或劙刀），耕种海壖之地用耧锄。元代王祯《农书》中的农器图谱对此都有扼要的文字说明，而且绘制了比较准确的图样（图五，3~8）。

在王祯《农书》之前，南宋时代已有曾之谨的《农器谱》[1]，总结了南宋以前我国劳动人民对于农业生产工具所创造的丰富经验。王祯《农书》中的《农器图谱》就是在曾氏《农器谱》的基础上加以发展而成的。

宋辽金元时期的铁犁头、铁耧脚和铁犁壁出土的已有江苏、四川、河南、河北、辽宁、吉林和黑龙江等省的许多地区。

北京市郊顺义县大固现村 1958 年出土宋金时期铁犁铧三件和犁壁一件。犁铧中一件长 30 厘米、宽 23.5 厘米，铧头为半圆形，后端与犁架相接之裤呈半圆形，刃部锋利。另一件长 27.5、宽 20.5 厘米；又一件长 28、宽 21 厘米，此两件形式相同，铧头近椭圆形而稍尖，裤部呈直角形，有二圆孔，为铆钉之处，中央凸起一脊。犁壁置四钮，钮上有孔，为穿绷

---

[1] 曾之谨，江西泰和人，南宋绍熙元年余复榜进士，曾官零陵令，见《泰和县志》选举门。曾之谨的《农器谱》五卷，分为耒耜、钱镈、铚刈、蓑笠、菜黄、杵臼、仓庾、斗斛、釜甑、车屝等十门。周必大撰《泰和曾氏农器谱序》见《周益公文集·平园续稿》。陆放翁作《禾谱农器谱歌》见《剑南诗稿》。

绳索之用,中央有卍字形花纹[1](图六,5)。

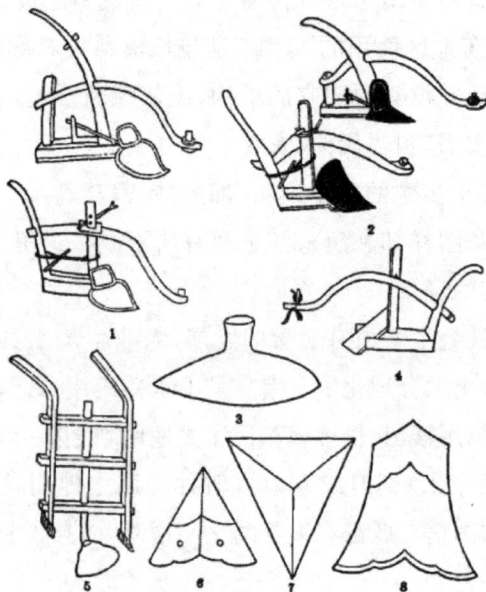

图五

1、2. 犁 3. 刬 4. 劗刀 5. 锄耧 6. 劗 7. 镵 8. 铧

(2. 采自徐光启《农政全书》卷 21 页 49,万有文库本,余采自王桢《农书》卷 12 页 154、卷 13 页 188、卷 14 页 215、卷 13 页 195,189,185,186)

北京市郊房山县焦庄村 1961 年出土宋金时期铁犁铧七件(图六,4)和犁壁一件。其中犁铧六件形式相同,长 13.5～14.5 厘米,刃部呈三角形,与犁架相接之深裤呈三角形,正面中央有脊,背面突起一短柱。另一件形式特异,长 24、宽 21 厘米,刃呈三角形,无脊,外加活刃,呈半圆形,可以更换。犁壁宽 32 厘米,与犁架相接之处呈半圆形,背面分置四钮,钮上有孔,为穿绷绳之处[2]。

河北石家庄市赵陵铺镇宋金墓 1955 年出土铁犁铧一件,铧体较长,

---

[1] 北京市文物工作队:《北京出土的辽、金时代铁器》,《考古》1963 年 3 期 140 页。
[2] 同上 142 页。

刃端为三角形,刃端与犁架相接之裤呈半圆形①。

河南洛阳市烧沟工区与涧水工区宋墓 1954 年至 1956 年出土北宋晚期铁犁铧九件。器长 20~24、后宽 20~21、脊长 13.5~16、銎高 5~7 厘米,分为尖头和圆头,有脊和无脊各类,銎腔庞大,形式与近代犁铧相近②。

江苏扬州东北郊凤凰河工地废井中 1956 年发现宋代铁犁铧一件,长 29.8、宽 22.7 厘米,尖头,刃边钢质,有光泽,背面有安装犁床的痕迹③。又扬州拆城时也发现了铁犁铧④。

辽宁新民县当前铺金元遗址 1957 年出土铁犁铧五件,其中一件残长 23.5、宽 23.5、厚 6 厘米,呈三角形⑤。

辽宁绥中县城后村金元遗址 1957 年出土铁犁铧、铁犁壁(图六,1)、犁蹄头和犁牵引各一件。犁铧长 30、宽 26.5、厚 6.7 厘米,呈椭圆形。犁壁长 33.5、宽 23、厚 1.1 厘米。犁蹄头长 19、宽 15.5、厚 1.5 厘米。犁牵引长 54 厘米⑥。

此外还有吉林长春市郊净月潭石羊石虎山出土金元时代的铁犁铧⑦(图版玖,9),黑龙江肇东县八里城出土金代铁犁壁⑧,四川綦阳县出土宋代铁犁壁(图六,3),河南禹县白沙水库出土北宋铁耧脚(图六,2)等等。

以上这些铁犁铧的形式颇不相同,有的较短,呈三角形,有的较长,呈椭圆形,有的呈半圆形。这些不同,既可说明各地区制犁技术的不平衡性,也可以说明制犁范围的扩大。制犁范围的扩大,又可以说明开垦地区的扩大与农业生产的发展。特别是北京市郊房山县出土的活动铁

---

① 同注 P632 注⑦。
② 同注 P632 注⑩81 页。
③ 蒋玷初:《江苏扬州附近出土的宋代铁农具》,《文物》,1959 年 1 期。
④ 南京博物院等:《江苏省十年来考古工作中的重要发现》,《考古》1960 年 7 期 7 页。
⑤ 王增新:《辽宁新民县当前铺金元遗址》,《考古》1960 年 2 期。
⑥ 王增新:《辽宁绥中县城后村金元遗址》,《考古》1960 年 2 期。
⑦ 同注 P636 注①69—70 页。
⑧ 肇东县博物馆:《黑龙江肇东县八里城清理简报》,《考古》1960 年 2 期。

刃,如有破坏或磨损时,可以随时卸下刃部,另换新刃。这是一种比较经济的进步形式。

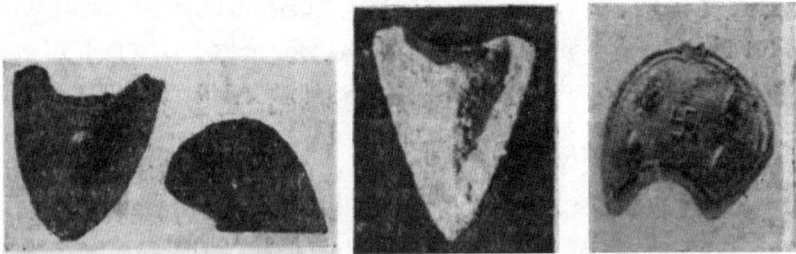

1. 辽宁绥中金元铁犁铧和犁壁　2 河南禹县北宋铁耧脚3 四川綦阳宋代铁犁壁

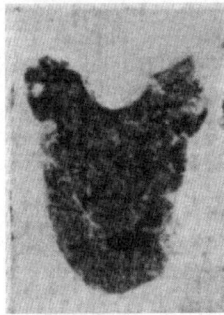

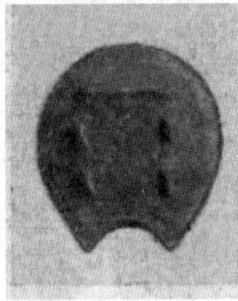

4. 北京房山辽金铁铧　　5. 北京顺义辽金铁犁壁

图六

(1. 采自《考古》1962年2期图版伍,7　2、3. 中国历史博物馆藏品　4、5. 采自《考古》1963年3期图版四,3、4)。

　　辽宁绥中县金元遗址出土的铁犁铧呈椭圆形(北京市郊顺义县出土的铁犁铧亦有呈椭圆形的),这同吉林省博物馆以及吉林师范大学所藏的椭圆形铁犁铧大体上相同①,所不同的只铁铧后端的孔,既不是三角形,也不是长方形,而是椭圆形。由此可见吉林省博物馆和吉林师范大学所藏的三器也都是金元时代的遗物。

---

① 同注 P636 注①70 页。

六

明清以来的步犁同解放以前各地使用的旧式步犁有许多是大致相同或相近的。解放以来,我国各种农业生产工具都在进行改革,除使用机耕、拖拉机逐渐在代替步犁外,也在试行各种改良农具。1958 年农业部编辑的《农具图谱》收集各种农具 3 500 多件中,就有耕作农具 1 500 多件。耕作农具中有平原旱地犁 103 件,水田犁 60 件,山地犁 26 件。在这些耕犁中大部分都是解放以后的改良犁。

中国步犁同西方步犁的发展过程中有许多是相同的,例如犁头由木器和石器发展到使用铁器,犁架的结构由简单粗糙发展到复杂和完整,犁的装置由不巩固发展到比较稳固等等,都是步犁发展过程中的共同规律。但是中国步犁同西方步犁的发展途径也有一些不尽相同的特点。例如中国步犁的装置虽然鲜明地表明是从畜力驾车的经验中模拟创出来的;但是中国古代却不曾出现带轮步犁。西方则不然,高卢人在公元前就使用了带轮步犁(图七),公元前一世纪罗马帝国征服了高卢人后,带轮步犁才逐渐传播到欧洲各地。双轮步犁的犁辕可以安置在轮轴上。这就为后来西方的乘犁开辟了道路。

另一个显著的特点是,中国南方水稻田使用的步犁,不仅比北方旱地使用的步犁发展较快,而且比西方步犁的发展也较为完整。欧洲十三世纪会计人员所记录的步犁结构虽同九世纪陆龟蒙所记的江东犁结构相近,但还不如江东犁的完善。由此可见江东犁确是当时最先进的农业生产工具之一。这是中国南方粮食高产的重要条件之一,值得特别注意。

图七 公元前一世纪罗马耕地图
(采自朱龙华《古代世界史参考图集》196 页 460 图)

（后记:这是受某农具厂的委托匆促写成的一个初稿。曾承夏鼐同志指正,特此致谢! 并希望能得到更多同志的详尽指教!)

1. 敦煌莫高窟 23 号壁画

2. 安西榆林窟 25 号壁画

3. 敦煌莫高窟 61 号壁画

4. 江苏睢宁双沟画象石

5. 山东滕县宏道院汉画象石

6. 陕西绥德王得元墓石刻

7. 三角耧的复原

8. 江东犁的复原

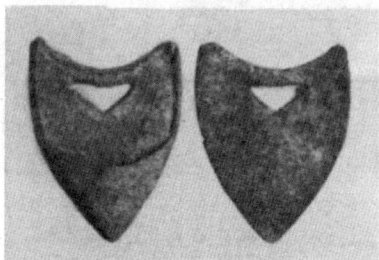

9. 长春石羊石虎山铁铧

10. 北京清和镇铁耧脚

汉唐以来犁耕、铁铧及耧脚

(1~3. 采自《考古学报》1957 年 2 期 68 页后图版一、二第一、三、四图　4. 采自《江苏徐州汉画象石》图版六三图 81　5. 采自《汉画》图版三三　6. 采自陕西省博物馆《石刻选集》8 页,7　7、8、10. 中国历史博物馆藏品　9. 采自《耒耜的起源及其发展》69 页图 24)

(原载于 1964 年第 7 期《考古》)

初论江陵望山楚墓的年代与墓主

一、一号楚墓的年代

湖北省江陵县马山区滕店公社望山大队境内望山一号墓的清理工作,于 1966 年元月 3 日完成。出土文物六百多件,其中铜器二百四十五件,陶器六十九件,漆木竹器二百十一件,玉石骨角皮革丝麻等近一百多件。

这个墓中出土的文物,不仅数量和种类都很丰富,而且器物形制也很精彩,为过去江陵已经发掘的一百四十多座楚墓所不及。

这次出土的重要文物中,有越王勾践自作用剑一具和铸有"王"字铭文的匕首二具。越王勾践剑通长 55.67,茎长 8.4,身宽 4.6,茎宽 1.5 厘米。茎身缠扎丝线,隔上嵌 15 颗绿松石,剑身饰斜格纹暗花,色泽紫黄鲜润,金光闪闪,明如澄鉴,锋锷凛凛,极为锐利,稍一不慎,即被刺破皮肤。靠近剑隔处刻有八字鸟篆铭文为"鉞王九浅自作用鐱",九浅二字也可以看成雉(鸠)浅,和越王句践之子剑(见容庚《鸟书考》,《中山大学学报》)的句践二字作九戈者极相似。按句与九两字的声母都是韵母,古韵句在侯部,九在幽部,韵部相近,是双声准叠韵字,照例可以通假。《淮南子·坠形训》："句婴民"，注谓"九婴"，是句九二字古可通假之证。今广东福建方言，九犹读如 keóu（苟、狗、垧），keòu（够、夠、彀），kǒeu（勾、钩、拘），亦其证。至于践与浅及戈，可以通假更不待说了。

越王勾践自作用剑何以会流落到楚国来？这是和楚国灭越问题分不开的。因此，这个墓葬的上限必然在楚国灭越以后，它的下限必然在楚顷襄王徙都于陈以前。因为楚国灭越以前，越国正在强盛时期，勾践宝剑不可能流落在国外；楚国徙陈以后，勾践剑也不可能埋葬在江陵。

这个墓主是何人？目前推测只有两种可能性：第一种可能是楚国贵族对于灭越有功，因而能得到这种重要战利品的赏赐；另一种可能是越国王子投奔楚国，客死郢都的随葬品。现在看来，前一种可能性比较大些。

关于楚灭越国的年代问题，比较复杂，各种记载颇不一致，拟另撰专文讨论，这里只能说一点轮廓。我们认为楚国灭越的过程，似乎不是一次完成的。《史记·越世家》载楚威王七年伐越，杀越王无强，"诸族子争立，或为王，或为君，浜于江南海上，服朝于楚"。《竹书纪年》载魏今王七年四月"越王使公师隅来（魏）献乘船始纲及舟三百，箭五万，犀角象齿"，见《水经·河水注》。《吴越春秋》和《越绝书》都载越王无强之后还有三世：即越王玉（《越绝书》作三侯）越王尊及越亲。《竹书纪年》的魏今王七年即魏襄王七年，公元前 311 年，周赧王四年，楚怀王十八年，其时越国尚未完全灭亡，故和邻国（如魏）仍有外交关系。

楚国最后灭越，当在怀王十八年以后。而怀王灭越的主要手段，似乎不是以军事打击，而是以昭滑为主要人物的政治渗透。

《韩非子·内储说下》引干象对楚王说："前时王使邵滑之越，五年而能亡越，所以然者，越乱而楚治也"。

《战国策·楚策一》载范环（一作蟓或蠓）对楚王说："且尝用召滑于越，而纳句章，昧之难，越乱，故楚南察濑湖，而野江东，计王功之所以能如此者，越乱而楚治也"。

《史记·甘茂列传》引范蜎对楚王说："且王前尝用召滑于越，而内行章义之难,越国乱,故楚南塞厉门,而郡江东。计王之所以能如此者,越乱而楚治也"。

以上三书同记一事,可见楚国最后灭越的主要方法是政治渗透,而昭滑对于楚国灭越起了巨大的作用。昭滑或作召滑,或作邵滑,《战国策·楚策四》又作卓滑,云:"齐明说卓滑以伐秦,滑不听也。齐明谓卓滑曰:云'明之来也,为樗里疾卜交子。……'卓滑因重之"。(沈钦韩曰:齐明说卓滑以伐秦,则卓滑为楚相)。

《战国策·赵策三》又作淖滑,"齐破燕,赵欲存之。乐毅谓赵王曰:……,王曰善,乃以河东易齐。楚魏憎之,令淖滑惠施之赵,请伐齐而存燕"。

贾谊《过秦论》上云:"齐有孟尝,赵有平原,楚有春申,魏有信陵……于是六国之士,有宁越、徐尚、苏秦、杜赫之属为之谋;齐明、周最、陈轸、昭滑、楼缓、翟景、苏厉、乐毅之徒通其意"。由此可见昭滑是战国后期楚国的政治活动家,和乐毅、陈轸、苏厉等并称。由于他对楚国灭越作出了巨大的贡献,故能得到像越王勾践自作用剑这样重要器物的赏赐。

望山一号和二号墓距离很近。这两座楚墓的周围还有一系列的大型墓葬。如果第一号墓是昭鱼墓的推测可以成立,则望山这个地区的楚墓群有可能是昭姓(即昭间)的墓葬区也未可知。

二、二号楚墓的墓主

望山二号楚墓的清理工作,已于1966年1月15日完成。此墓出土文物六百多件,其中铜器203件,陶器117件,漆木器144件,玉石器75件,骨角皮革丝麻等数十件,此外还有大量的果核、板栗、红枣、生姜等都保存良好。

此墓曾被盗掘,外椁板中有一块被砍成两截,中间有一个两尺多宽的盗洞,椁内头箱中的铜器被盗窃了不少。

此墓是一座有大封土堆的土坑木椁墓,棺椁四重,外椁长5.02,宽

2.82,高2.49米;内椁长2.82,宽1.66,高1.58米;外棺长2.46,宽1.28,高1.28米;内棺长1.95,宽0.56,高0.54米。内棺内壁上髹朱漆,笭床上雕花,髹朱漆,并画有几何纹花纹,还很鲜丽。内椁与内棺之间,四周各盖一木板,南边一块盖板上刻有阴文印章,文为"邵吕笒",同样的印章在同一块椁板上刻了六颗。三块内椁底板的东端和两块内椁东板的外面也都刻有同样的印章,文为"佐王即正",同样的印章刻在三处。

邵吕笒疑系墓主的姓名,即邵笒。吕字可能是間字的省写,《离骚》序称屈原曾为三闾大夫,掌屈昭景三姓。可见三闾就是屈闾、景闾和昭闾。《史记·项羽本纪》载南公曰:"楚虽三户,亡秦必楚",韦昭注为三户即屈昭景三大姓。因疑"三户",可能是"三吕"的讹字,因吕与户二字的篆文形近而误。

邵笒疑即楚相昭鱼。《史记·魏世家》载韩哀王九年魏相田需死,楚相昭鱼谓苏代曰:"田需死,吾恐张代、犀首、薛公(田文)有一人相魏者也"。

昭鱼一作昭戯。《史记·韩世家》载韩襄王十二年楚围雍氏,"司马庚三反于郢,甘茂与昭鱼遇于商于",徐广注曰:昭鱼"楚相国"。《战国策·韩策三》载楚围雍氏,"司马康三反之郢矣,甘茂与昭戯,遇于境。"康字乃庚之讹,戯字则讹作獻字,因形近而误。古代人名无定字,其例极多,昭笒一作昭鱼,又作昭戯,不足怪也。

《战国策·楚策》载:"楚王后死,未立后也,谓昭鱼曰:'公何以不请立后也?'昭鱼曰:'王不听,是知困而交绝于后也','然则不买五双珥,令其一善而献之王,明日视善珥所在,因请立之",《战国策·卷十七·楚四》这一段文字有脱误,文意不够清楚,《战国策·齐三》载有一个同样的故事,而文字较为简明:"齐王夫人死,有七孺子皆近,薛公(田文)欲知王意所欲立,乃献七珥,美其一,明日视美珥所在,劝王立为夫人"。楚王立后的问题昭鱼也可以干预,可见昭鱼在当时的地位和齐国的孟尝君田文是相当的。

从"佐王即正"的印章看来,这个墓主昭笒是佐命功臣。这个楚王为何人？根据《史记》和《战国策》所载昭鱼的事迹看来，应该是楚顷襄王。顷襄王的即位问题，在楚国统治集团内部曾经有过一番矛盾斗争。《史记·楚世家》载，顷襄王熊横是楚怀王的嫡长子，曾被立为太子，怀王二十九年秦复攻楚，怀王使太子横为质于齐以求平，怀王三十年入秦被留不得还，楚大臣中有谋立怀王庶子在国内者，昭睢首先起来反对，他说："王与太子俱困于诸侯，而今又倍王命而立其庶子，'不宜'"。乃诈赴于齐（胡三省曰：诈言楚王薨，而请太子还王楚）。齐愍王谓其相曰："不若留太子，而求楚之淮北"，相曰："不可，郢中立王，是吾抱空质而行不义于天下也"，齐王从其相计，而归楚太子。太子横立，是为顷襄王。由此可见顷襄王即王位的佐命功臣首为昭睢。

《战国策·楚策》载昭常和昭盖也都是对顷襄王即位有勋劳的。楚遣上柱国子良让地于齐，而立昭常为大司马，使守东地。子良至齐，齐使人以甲受东地。昭常谓齐使曰："我典守东地，且守死生"。齐伐之不克，东地以全。

"楚太子横因与韩魏之兵，随而攻东国。太子惧。昭盖曰：'不若令屈署以新东国为和于齐以动秦。秦恐齐之败东国，而会行于天下也，必将救我。'"（《战国策·楚策四》）。太子从之。"秦王惧，使告楚，毋齐与东国，吾与子出兵矣。"（《战国策·楚策四》。）这一个故事，（《楚策》）在另一章又记在景鲤的身上。可能是昭盖和景鲤都曾提出过同样的主张。

昭鱼的佐命事迹，虽不见《战国策》和《史记》，但他既是顷襄王的相国，其为佐命功臣之一，也是可以理解的。

从望山二号楚墓的随葬器物的风格以及铭刻文字的风格观察，都具有战国晚期的特征（两个印章的字体界于篆隶之间）。这些都和屈原的年代是相当的。屈原的文学，代表当时世界文学的最高水平。此墓出土的随器葬物似可作为研究屈原文字的物质基础和社会基础的一部分。

以上只是一些初步设想，是否妥当？还有待于进一步的探讨。

1966 年 2 月中旬于武昌小洪山

（原载于 1980 年《江汉考古》创刊号）

方鹤卿祭文

维民国十有九年(1930)一月二十九日,乃我先师族曾祖鹤老府君仙逝之期也。既逾月,而受业族曾孙彰猷始归自东瀛,惊闻噩耗,卒然若呆。以未及奔丧,乃择三月一日设位于北平寓舍,备馔焚香以告于我先师族曾祖鹤公之神位前曰:鸣呼,我祖竟溘然而长逝耶,今而后猷复何从而聆我祖之训诲耶!

忆自壬子(1912)猷始奉家祖命负笈族校,至甲寅(1914)岁,我祖掌教于斯,而猷始得亲聆训诲,猥以愚钝,谬承奖许。然不多时,而我祖遂长乡校振铎,犹复谆谆以猷升学为嘱。知猷家贫无以供膏伙,乃并嘱族中父老春汀、春堂祖等设法助之。丙辰(1916),猷始得就学振铎,自是亲随左右,日接謦欬者亘二载。课余灯下,寒暑假期,犹循循为猷讲授经史、诸子及古今文学不稍切,至于此极耶!今而后将复何从而得指导殷勤培植恩切如我祖者耶!

己未(1919)秋,我祖就养省会并掌教岳云中学,猷亦以是时奉命考入城南师范,课余假日,盖无时不随我祖左右,猷之稍知学问途径,皆赖我祖循循善诱之所致也。鸣呼,今而后将复何从而得诲我之殷如我祖者耶!

癸亥(1923)夏,猷将北来升学,而不幸值家祖弃养,复值临城匪案,举国惊疑,家父及乡族前辈皆不欲猷成行,唯我祖毅然谓猷曰:"吾为汝

656

占卜,吉则汝行,否则暂止,可也?"幸卜之曰吉,猷遂得北来升学。家贫膏伙无所出,我祖复与春堂祖等为谋,于公私筹垫四年学费所需,俾猷得终其业。呜呼,我祖逝矣,猷将复何从而得培植之挚切如我祖者耶!

丙寅(1926)猷供职沪署,而我祖亦避兵匪就养于东省,猷以金华火腿寄奉,而我祖即赐之以诗,若不胜其欣慰者。丁卯(1927)猷复掌沪学,适我祖自东省南归,道经沪滨,虽足弱不良于行,而精神矍铄,饮食如常。时猷为学课所羁,欲护送而未能,而我祖亦欣然,教猷以宜尽职守,毋事世俗之应酬。

戊辰(1928)夏,猷以省亲返里,宴亲族长辈于宗祠,我祖亦欣然亲临,且时引先年卜占事,谓冥冥中有默助者。时我祖扶杖已能行,而精神胜常,饮食有加,猷亦以我祖生平修养之富,必能臻耄耋而享期颐。呜呼,孰谓此短时间之晤叙,遂为最后之永别耶!

己巳(1929)秋,猷负笈东渡,而公之子旭祖亦携眷归湘,迎养我祖于省会,且将为我祖八旬高龄称觞,而猷亦请收辑我祖生平著作,刻印淑世以为寿。呜呼,孰知不数月而猷甫抵国门,即遽闻我祖永别之耗耶!猷于去国之前曾集我祖所赐手训数十通,汇订成册,并函恳赐以序言,以为终身服膺之资,闻之旭祖函示,我祖病中犹时以序言未撰为念。呜呼,是何我祖待猷之厚耶!今抚泽而迥诵,念音容之莫睹,诚不禁涕泗之滂沱矣夫!

以我祖之高龄硕德,孙曾林立,如旭祖之道德学问文章,皆足以继我祖之后,且将有以光而大之,是我祖之逝也复何憾?独后生之待我祖之训诲培植者,一旦失所凭依为可哀耳!我祖道德学问,夙为社会矜式,文章著述,足字为后世典型,猷当上禀旭祖之命,任校雠之役,俾早行世。猷以愚钝,得我祖训诲有方,稍知学问门径,今而后当益发愤,以期若干之成,以慰我祖在天之灵。

呜呼,云天远隔,请益无从,是惟赖我祖在天之灵之默佑矣!哀哉,敬陈薄奠,藉表愚忱,伏维尚飨!

(原载于家刻本《蟹山老人挽辞》。蟹山老人,即方宗翰,字鹤卿)

吴其昌教授事略

吴子馨先生文名播海内，交游遍朝野，一旦病逝，同深惋惜，多愿恤其遗孤，且欲知厥病原。函电纷询，势难遍复。余经营其丧葬事毕，因复撰次其事略于左，藉当总答。惟以时间仓卒，材料未备，阙所不知，留待君弟子臧之增订焉。

君姓吴，讳其昌，字子馨，浙江海宁人。清光绪三十年甲辰四月二十六日生于邑西北之硖石镇。自幼颖敏异常儿，五岁知书，十岁能文，乡里称为神童。天性至孝，民国四年乙卯，丁母忧，君年十二，而哀毁逾成人。家愈贫而学愈力，或夜以继日，或坐以待旦，以是成就早，而体质亦弱。八年己卯，君年十六，复失怙。不能续读，乃应聘赴广西某中学任国文教席。诸生年或长于其师，而莫不服其博辩，爱敬逾恒。自奉俭薄，积束修所得，复于十一年壬戌入无锡国学馆，从唐茹经先生游，学益猛进，成绩常冠伦辈。十三年甲子完婚，得内助贤能，家务有所付托，遂于次年复入国立清华大学研究院，从海宁王观堂先生治甲骨金文及古史，复从新会梁饮冰先生治文化学术史，备受二先生之奖掖。十七年戊辰，遂由梁先生之介，任天津私立南开大学文史教席。十九年庚午转任清华大学史学讲师，旋迎家属至燕，并送其弟世昌君入燕京大学，妻诸湘女士入美术专校。明年九月，沈阳事变爆发，东北数省相继不守。君"苦瘯烦悲，不可忍堪"（引《金文世族谱自叙》中语），乃率家属绝食赴京谒当局，请求明令讨伐。虽经当局多方安慰而后复食，然自是国势日危，君之忧思亦日深。二十一年壬申，始任国立武汉大学教授，益肆力于甲骨金文之学，著有《殷契解诂》十卷，《金文历朔疏证》五卷，《金文年表》三卷，《金文氏族疏证》六卷，《金文世族谱》四卷，《金文名象疏证》四卷，拟撰而未成者有《金文方国疏证》，《金文职官疏证》，《金文礼制疏证》，《金文习语疏证》等若干种。其所著述，尝"自比于屈子《哀郢》，韩非《孤愤》之笺注"云云（《金文世族谱自叙》中语），可概见其志矣。体益弱而学益勤，忧益殷，积劳积忧，久而成疾。二十六年丁丑，肋膜炎发，虽经武昌同仁医院治愈，而医嘱必须长期休养。旋国难骤起，君则兴奋异常，讲演撰文，口诛笔伐，不遗余力。次年武汉大学西迁，君随校徙居蜀西之乐山，渐患呕血之症。常于吐血之后，发炎之际，工作不辍，偶或晕倒，而稍息即强起工作如常。家属友好有劝其节劳静养者，辄以"国难严重，前方将士，效命疆场，后方教授，当尽瘁于讲坛"为辞。盖君实一热血沸腾，而不及自计之爱国志士也。三十二年癸未春，犹力疾赴陪都出席史学会成立大会，并参加青年团代表大会，病由是日剧，因以不起。三十三年甲申二月二十三日卒于乐山寓庐，年仅四十有一耳。三月五日，暂厝于乐山德胜门外武汉大学公墓。遗妻一女一，身后萧条，状极凄惨。

以君天资之敏，好学之笃，倘得享高龄，则其对于学术之贡献，将复何限？奈天夺其年，致君赍志以殁，岂非学术界之一大损失哉！嗟乎，使国难不作，则君或不病。使君病而常得静养，则或可不死。顾自入蜀以来，物价指数率增至三五百倍而有加无已，大学教授薪津所得，远不逮贩夫走卒之差足供温饱。学课之余，卖文售艺，力竭声嘶，犹不足糊口腹、赡妻子，更何暇乎节劳养疾之足云哉！更何暇乎节劳养疾之足云哉！

夫建国抗战，需才孔亟。政府培植后进，计划周详，而独于既成之才，弃之若敝屣，悉任其贫病潦倒，点缀国殇。前乎君者，既繁有徒（武汉大学教授先君而卒者为郭泽五、王进展、黄方刚三君,其余讲师助教死者尤多)。踵乎君者,恐更将接十连百而未已也!是岂国家前途之幸哉!是岂国家前途之幸哉!

(原载于 1944 年 3 月 5 日重庆《大公报》)

方壮猷年谱简编

1902 年(清光绪二十八年),1 岁

6 月 28 日(阴历五月二十三日),出生于湖南省湘潭县十四都环山乡(今青山桥区分水乡)葫芦村。父母皆为贫苦佃农。

1912 年,11 岁

3 月 8 日,始入私立明伦小学读书。该校为方氏族学,从本族各大小祠堂祭田租谷中抽取十分之一,作为族学经费,每年聘请教师一二人,工资以谷计。教师多从私塾转来,每天上午讲国文、算数,下午读四书五经。

1916 年,15 岁

7 月,毕业于明伦小学。

8 月,考入湘潭县第七区立振铎高等小学堂。该校学科略为完备,但仍以国文课为主。校长方宗𬭼(字鹤卿,1851—1930)是湖南近代教育家,本族曾祖。振铎高小有教师五六人,国文教师多是秀才或举人,理科教师多是初级师范或中学毕业生。此为接受新式教育的开端。

1917 年，16 岁

因学习成绩优异，得到校长方鹤卿的赏识，帮助从祠堂祭田学谷中，每年借贷数石，作为学费。族长方春汀、祠堂经理方春堂，亦予以方便。方鹤卿还照顾半工半读，白天上课后，晚上替学校刻写、油印讲义，赚取补贴。

1918 年，17 岁

7 月，毕业于振铎高小。

8 月，到荫棠村地主方薰生家教蒙馆（私塾）。此时家境极塞，经常无米为炊。每天只吃两顿饭：一顿干饭，一顿稀饭。中午学生吃午饭（带饭去蒸热吃）之时，不好意思坐在一旁，只好回家走一趟，挨过午饭时间再回去上课。一直要到下午放学回家才有饭吃。

1919 年，18 岁

7 月，赴长沙，入私立岳云中学附设工场为学徒。是年原振铎高小校长方鹤卿应聘为岳云中学国文教员，带其孙方华新去该校附设工场当学徒。方华新为高小同学，故带引方壮猷同去。

10 月，考入湖南省立第一师范学校，编在一年级第十八班。学膳费由公家供给，仍得到家乡族学借谷的补助。同时通过同班同学朱起鹏的父亲、长沙大公报经理朱峤的帮助，利用夜间为该报做抄写、校对，以补生活学习费用。

1920 年，19 岁

此时正值五四运动之后，学生爱国运动高涨之际。方壮猷受时事影响，曾代表一师学生会参加湖南省学联，负责宣传工作，编辑学联周刊。毛泽东时任一师附小主事（校长），方壮猷积极参加了毛泽东领导的驱逐北洋军阀张敬尧的运动，反对本省军阀赵恒惕的联省自治运动，反对湖南省议会的自治制宪运动，抵制日货运动等。

1922 年,21 岁

是年,《〈商人妇〉〈缀网劳蛛〉的批评》,发表于《小说月报》第十三卷第九期,署名方兴。

1923 年,22 岁

7 月,毕业于湖南省第一师范学校。得曾祖方鹤卿支持,继续北上求学。

8 月,考入国立北京师范大学(原名北京高师)预科。

1925 年,24 岁

7 月 6、7、8 日,参加清华学校国学研究院招生考试。

8 月 1 日,公布被录取。研究院的指导教师有梁启超、王国维、陈寅恪、赵元任、李济之等,学制一年。

1926 年,25 岁

3 月 18 日,参加爱国学生游行。

6 月,清华国学院奖励优秀学生每人 100 元奖学金,方壮猷在列。获奖者可留校继续研究一年,因此方壮猷第二年后才正式在上海找工作。

6 月 25 日,清华国学研究院第一届学生举行毕业典礼。

是年,《中国文艺的起源》,发表于《清华周刊·十五周年纪念增刊》。

1927 年,26 岁

2 月,任北京农科大学、美术专科学校中国文学讲师。

6 月 2 日,国学院导师王国维自沉于颐和园昆明湖,参加清华国学研究院师生的纪念活动。

8 月,经上海暨南大学中国文学系主任兼开明书店编译所所长、原湖南一师国文教师夏丏尊介绍,任暨南大学历史社会系中国古代史讲师,复旦大学、音乐学院中国文学史讲师,中华艺术大学中国戏曲史讲师。

是年,《词的起源和发展》,发表于《一般》1927 年 11 月第 3 卷第

3 号。

编纂《王静安先生年谱》,成稿本两册,现存。

1928 年,27 岁

任上海复旦大学、暨南大学、南洋大学(后改为交通大学)讲师,同时兼任商务印书馆编辑。

《中国戏剧之起源》,发表于《一般》第 4 卷第 4 号,1928 年 4 月。署名方欣庵。

《白话小说起源考》,发表于《国立中山大学语言历史学研究所周刊》1928 年 10 月 24 日第 5 集第 52 期。

与徐中舒合编《尚书学讲义》(在暨南大学兼课期间),现存暨南大学1929 年 10 月铅印本,全一册,共 184 页。

1929 年,28 岁

1 月 19 日,国学院导师梁启超病逝。

7 月,经夏丏尊介绍,与张芹芬女士订婚。张芹芬(字近芬),1905 年10 月 7 日出生于浙江省新昌县城关镇汉庐,毕业于振闺女学和绍兴女子师范学校,此时为上海开明书店校对。

8 月,入东京帝国大学文学部,师从白鸟库吉研究东方民族史。

12 月 3 日,张芹芬赴日,在东京正式结婚。

1930 年,29 岁

2 月底,只身归国,与北平师友商量学业和人生去向问题。4 月中旬赴日。

6 月,携妻弃学归国。本月 30 日,长子克强出生。

7 月,任国立北京女子师范大学讲师,兼文史研究所研究员。

是年,《契丹民族考》,发表于《女师大学术季刊》第一卷第二期(6 月)和第三期(9 月)。

《匈奴王号考》，发表于《燕京学报》1930年12月第8期。

《鲜卑语言考》，发表于《燕京学报》1930年12月第8期。

《匈奴语言考》，发表于《国立北京大学国学季刊》1930年12月第2卷第4号。

《三种古西域语之发见及其考释》，发表于《女师大学术季刊》1930年12月第1卷第4期。

1931年,30岁

任北京大学、师范大学、燕京大学、辅仁大学兼职讲师。12月11日，次子克定出生。

是年,《室韦考》，发表于《辅仁学志》1931年9月第2卷第2期。

1932年,31岁

1月,受傅斯年委托，编成《东北史纲》第二卷《隋至元末之东北》，以应国联调查团之需，该稿本现已佚。

是年,《鞑靼起源考》，发表于《国立北京大学国学季刊》1932年6月第3卷第2号。

1933年,32岁

8月,任国立中央大学历史系讲师。为留学法国做准备。

1934年,33岁

5月,入巴黎大学法兰西学院和民族学院，师从伯希和研究东方民族史。留法同学有王重民、陆侃如、冯沅君、徐寿轩、刘叔鹤等。

是年9月,翻译白鸟库吉《东胡民族考》由商务印书馆出版。

1935年,34岁

6月,游英国首都伦敦。

7月,游比利时首都布鲁塞尔。

8月,游德国首都柏林以及埃森、科隆、波恩、科布伦次、威尔巴登、美因茨、法兰克福等莱茵河流域诸名城。

1936年,35岁

4月,游瑞士日内瓦,意大利罗马、那不勒斯、庞培、佛罗伦萨、威尼斯,南斯拉夫贝尔格莱德,匈牙利布达佩斯,奥地利维也纳,德国慕尼黑、柏林等城市。

5月,取道莫斯科、西伯利亚回国。

8月,应武汉大学之聘,任历史系教授。

是年,武汉大学排印《元史讲义》,共216页。

武汉大学排印《俄国史》,共34页。

1937年,36岁

7月7日,卢沟桥事变爆发,日军发动全面侵华战争。本月,赴南京办理武汉大学、中央大学、浙江大学三校联合招生事宜,评阅考生试卷和录取新生。

8月13日,日军进攻上海。

12月,送眷属自武昌回湖南湘潭原籍,为迁校作准备。

是年,武汉大学排印《金史讲义》,共98页。

1938年,37岁

2月,自湖南归武昌,武汉大学校务会决议迁校,成立迁校委员会,推定杨端六、邵逸周、方壮猷、刘迺诚、曾昭安、郭霖、叶雅各为委员,杨端六为委员长。

3月,跟随学校由武昌至成都。

4月,跟随学校由成都至嘉定乐山。

6月28日,三子克立出生于湖南湘潭县老家。

12月,被聘为武大历史系代主任。

1939 年,38 岁

7月,参加中英庚款董事会组织的川康科学考察团,任社会历史考古组副组长。考察团的团长是邵逸周,武大工学院院长,社会历史考古组组长为冯汉骥,四川大学历史系教授兼四川省博物馆馆长。考察团从四川乐山出发,到川西和西康省的雅安、芦山、天全、荥经、汉源、泸定、康定等县进行调查研究,历时半年以上。

9月,组织部分历史系学生开始编纂《宋史类编》一书。

12月,被正式聘任为历史系主任。

是年,武汉大学排印《元史讲义附录》,共61页。

1940 你,39 岁

1月20日,随川康科学考察团返校。

5月,妹夫唐景远护送妻芹芬和子克强、克定由湖南湘潭原籍到达四川乐山。因长江沿线日机轰炸,旅途极为艰难,幼子克立仍留老家,由其祖父母抚养。

是年,《从历史上观察中华民族复兴问题》,收入吴其昌主编《中华民族复兴论》,重庆黄埔出版社1940年出版。

《中国第一次奴隶解放运动》,发表于《责善半月刊》1940年12月第1卷第18期,署名方心安。

《四川的岩墓》,发表于《春秋月刊》1940年12月第1卷第7期。

1941 年,40 岁

卸任武大历史系主任一职,由清华国学院同学吴其昌接任。

是年,《所谓蛮洞》,发表于《星期评论》1941年3月14日第15期。

《中国社会基础的特质》,发表于《星期评论》1941年4月18日第20期。

《谈葬制》,发表于《说文月刊》1941年10月第3卷第4期。

1942 年,41 岁

8 月,兼任武汉大学文科研究所指导教授。

10 月 6 日,小女克明出生。

是年,《中国古代商业的发展及抑商政策的实施》,发表于《黄埔季刊》第 3 卷第 3、4 期合刊;第 4 卷第 1 期。

《宋史类编及宋史校注》,发表于《斯文》1942 年 12 月 1 日第 2 卷第 23、24 合刊;重刊于《说文月刊》1943 年 11 月第 3 卷第 11 期,。

1944 年,43 岁

2 月 23 日,吴其昌病逝。撰《吴其昌教授事略》发表于 3 月 5 日的重庆《大公报》,以志痛悼。

7 月,参加边区建设研究会组织的雷波、马边、屏山、峨边、沐川、犍为、峨眉、乐山八县的彝族调查工作,任研究会副主任。本次调查研究持续了约半年时间。

是年夏,《宋史类编》编成,稿本十余册送重庆正中书局出版。抗战胜利后,此书稿不知下落。

是年,《辽金元科举年表》,发表于《说文月刊》1944 年 2 月第 3 卷第 12 期;重刊于《国立武汉大学文哲学报》1944 年 9 月第 7 卷第 3 期。

《中国中古时期之门阀》,发表于《中山文化季刊》1944 年 5 月第 1 卷第 4 期。

《南宋编年史家二李年谱》,发表于《说文月刊》1944 年 5 月第 4 卷合刊本;重刊于《史学史研究》1981 年第 1 期。

1945 年,44 岁

5 月,应清华国学院同学陆侃如之约,赴四川三台的东北大学兼课三个月,讲授宋辽金元史。期间与赵纪彬、杨荣国等左派教授相往还,初步接触到唯物史观和社会发展史观,此后即力图贯彻到自己的研究和授课中去。

8月15日,日本投降。

9月1日,武大成立复校委员会,推举杨端六、刘迺诚、葛扬焕、徐贤恭、曾昭安、赵师梅、方壮猷、张宝龄、缪恩钊、熊国藻、董永森为委员。

是年,《雷波屏山沐川等县土司家谱》,发表于《边政公论》第4卷第4、5、6期合刊,1945年6月。

《蛮夷司文等九土司家谱》,发表于《边政公论》1945年8月第4卷第7、8期合刊。

《凉山倮族系谱(附图表)》,发表于《边政公论》1945年12月第4卷第9~12期合刊。

1946年,45岁

2月5日,离开乐山,随武汉大学复原。

3月21日,全家回到武汉。

5月,妻芹芬回湘,接小儿克立到武昌。

是年,《凉山倮族系谱(续完)》,发表于《边政公论》1946年12月第5卷第2期。

1947年,46岁

1月,回湘省亲。

5月至9月,应兰州大学校长辛树帜和西北师范学院院长黎锦熙之聘,到二校任特约教授四个月。在兰大主讲宋辽金元史,在西北师院主讲中国社会史。

是年4月,《中国史学概要》由中国文化服务社出版。

1948年,47岁

7月,长子克强考入武汉大学化学系。

8月,赴长沙,任湖南大学特约教授兼史学系主任,定期一年。

是年,油印讲义稿《中国中世社会史稿(附中世封建社会)》,此稿建国后续有修订。

1949 年,48 岁

4 月 10 日,从湖南大学请假回到武昌,迎接解放。

5 月 16 日,武汉解放。

6 月中旬,武汉市军管会派工作组接管武汉大学。

9 月,在武大历史系开"史部目录学"和"宋史"等课程。

11 月,捐赠《汉州志》《嘉定府志》《崇祯存实钞》《夷门广牍》等书籍五百余册给武汉大学图书馆。

1950 年,49 岁

1 月,参加武汉市高等教育联合会主办的寒假讲习班,学习马列主义、毛泽东思想。

4 月,调任中南军政委员会文化部文物处副处长。

7 月,次子克定考上北京大学地质系。

是年,又捐赠一批书籍给武大图书馆。

1951 年,50 岁

9 月 1 日,中南图书馆正式成立,兼任代馆长。

10 月,赴湖南零陵,参加天字地乡的土改工作,任中南工作组组长。

是年长子克强参加中国人民解放军空军部队(时为武大化学系三年级学生)。

1952 年,51 岁

3 月,从湖南零陵土改工作队回到武汉。

4 月,参加中南文化部的"三反"运动,担任一个"打虎"小组的组长。

9 月,赴广州、潮州考察文物工作。

10 月,父方华崧殁于家乡。

1953 年,52 岁

2 月,赴河南新乡、安阳考察文物工作。

4 月,赴湖南衡阳、衡山考察文物工作。

1954 年,53 岁

2 月,赴广东惠州、和泰、应州一带慰问中国人民解放军。

9 月,组织本馆工作人员分别赴东北二省三市图书馆参观学习。

1955 年,54 岁

2 月,调任湖北省文化局局长。是月,在与钱运铎副局长共同视察湖北剧场建筑工程时,由于高度近视,不慎从三楼跌下来,所幸仅四肢受伤,但此后每遇天气变化,四肢即感疼痛。

1956 年,55 岁

3 月 1 日,到应城县和黄滩区胜利农业社检查农村文化工作。

3 月 8 日,到鄂城县和樊口区旭光农业社检查农村文化工作。

7 月,三子克立考上中国人民大学哲学系。

是年,曾向党组织递交入党申请书。

1957 年,56 岁

6 月,上旬,赴天门岳口参加荆州专署文化科主持召开的农村文化工作现场会议,研究农村文化工作中的内部矛盾问题。下旬,回到武汉,参加湖北省委在东湖召开的鸣放座谈会,旋即又参加省文化局党组召开的文化系统鸣放座谈会,均未发言。

7 月,陪同康生参观湖北省博物馆。

是年,筹建中国科学院武汉分院,被指定为筹备委员会委员之一。被推选为湖北省政协常务委员会委员。

1958 年,57 岁

5 月,调任中国科学院武汉分院哲学社会科学研究所研究员,担任历史组负责人。

是年秋,张芹芬从汉口武汉市直属机关健康幼儿园,调任中国科学院武汉分院幼儿园主任,全家搬到小洪山 8 号楼 1 号门宿舍,结束了八年分别住各自机关办公室或宿舍的生活。

1959 年,58 岁

10 月 15 日至 11 月 15 日,下放到红安县七里坪区柳林河人民公社经堂岗生产大队王家洼生产队参加集体生产劳动。

是年被推选为湖北省人民代表大会代表。

1960 年,59 岁

7 月,小女克明考上武汉大学化学系。

7 月 20 日至 9 月 5 日,参加湖北省政协组织的东北参观团,先后到沈阳、抚顺、鞍山、哈尔滨、长春、永吉、大连、旅顺、天津、北京等城市参观学习。

1961 年,60 岁

7 月 20 日至 8 月 19 日,参加湖北省政协组织的江西参观团,先后到九江、南昌、临川、南丰、瑞金、雩都、赣州、泰和、井冈山、吉安等地参观访问。

8 月 16 日,母左重慈殁于武昌。

1962 年,61 岁

6 月 22 日至 29 日,赴内蒙古呼和浩特参加蒙古史学术讨论会,作《从元代农业生产力的发展看忽必烈的重农政策》的发言,后收入会议论文集《纪念成吉思汗诞生八百周年蒙古史学科讨论会集刊》,1962 年 10 月。

1963 年,62 岁

12 月,参加湖北省哲学社会科学联合会议,当选为湖北省哲学社会科学联合会委员,湖北省历史学会副会长。

是年 1 月,在湖北省历史学会年会上提交《宋代百家争鸣初探》一文,后发表于《中国哲学》第 8 辑,三联书店 1982 年版。

1964 年,63 岁

7 月 15 日,调任湖北省文物管理委员会副主任委员。

9 月,当选为第三届全国人民代表大会代表。

是年 7 月,《战国以来中国步犁发展问题试探》,发表于《考古》1964 年第 7 期。写成《中国学术史上的百家争鸣》《宋代中国人口发展问题试探》等论文。

1965 年,64 岁

4 月 1 日,到湖北省文物管理委员会正式报到就职。

10 月,赴江陵领导楚墓发掘工作。出土文物一千多件,其中有越王勾践剑一柄。

1966 年,65 岁

自去年年底开始,就江陵出土剑铭的辨识问题,致书郭沫若、夏鼐、唐兰、陈梦家、于省吾、徐中舒、容庚、商承祚、罗福颐、苏秉琦、胡厚宣、王振铎、顾铁符、朱芳圃、马承源等专家,并附剑上铭文的临摹、拓片和照片,请求予以鉴定。2 月,一致确定为越王勾践用剑。

是年 1 月,写成《初论望山楚墓的年代与墓主》,后发表于 1980 年《江汉考古》创刊号。

1970 年,69 岁

3 月 30 日,病逝于湖北医学院第二附属医院,享年 69 岁。

5月28日,妻子张芹芬病逝于同一家医院,享年65岁。

1971年,过世1年后

7月20日,方壮猷与张芹芬合葬于武昌九峰山革命烈士公墓。

1987年,过世17年后

3月21日,中共湖北省文化厅党组做出《关于进一步为方壮猷同志落实政策的决定》(鄂文[87]第16号),确定召开纪念会,对方壮猷在"文革"中遭受的迫害,予以彻底平反。

3月30日,在武昌洪山礼堂举行方壮猷同志纪念会,中共湖北省委顾问委员会主任许道琦、中共湖北省委宣传部部长王重农到会并讲话。

启 事

　　20世纪初短暂存在过的清华国学院,已成为令后学仰视与神往的佳话。而三年前,本院于文化浩劫之后浴火重生,继续秉承"独立之精神,自由之思想",而更强调"中国主体"与"世界眼光"的平衡,亦广受海内外关注与首肯。

　　本院几乎从复建之日起,即致力于《清华国学书系》之"院史工程",亟欲缀集早期院友之研究成果,以逼真展示昔年历程之艰辛与辉煌。现据手头之不完备资料,暂定在本套《书系》中,分册出版文存五十一种,以整理下述前贤之著述:

　　梁启超、王国维、陈寅恪、赵元任、李　济、吴　宓、梁漱溟、钢和泰、马　衡、林志钧、梁廷灿、赵万里、浦江清、杨时逢、蒋善国、王　力、姜亮夫、高　亨、徐中舒、陆侃如、刘盼遂、谢国桢、吴其昌、刘　节、罗根泽、蓝文徵、姚名达、朱芳圃、王静如、戴家祥、周传儒、蒋天枢、王　庸、冯永轩、徐景贤、卫聚贤、吴金鼎、杨筠如、冯国瑞、杨鸿烈、黄淬伯、裴学海、储皖峰、方壮猷、杜钢百、程　憬、王耘庄、何士骥、朱右白。

　　本《书系》打算另辟汇编本两册,收录章昭煌、余永梁、张昌圻、汪吟龙、黄绶、门启明、刘纪泽、颜虚心、闻惕生、王竞、赵邦彦、王镜第、陈守实等前贤之著述。

本《书系》已被列为国家十二五重点图书。为使其中收入的每部文存,皆成为有关该作者的"最佳一卷本",除本院同仁将殚精竭虑外,亦深盼各界同好与贤达,不吝惠赐《书系》所涉之资料、线索,尤其是迄未付梓或散落民间的文字资料、照片、遗物等。此外,亦望有缘并有志之士,能够以各种灵活之形式,加入此项院史编集工程,主动承担某部文存的荟集与研究。如此,则不光是清华国学院之幸,更会是中国学术文化之幸。

惟望本《书系》能继前贤之绝学,传大师之火种,挽文明之颓势,为创造中国文化的现代形态,收到守先待后之功。

清华大学国学研究院
2012 年 8 月 11 日